2018
中国信息产业年鉴
YEARBOOK OF CHINA INFORMATION INDUSTRY

《中国信息产业年鉴》编委会 编

電子工業出版社
Publishing House of Electronics Industry
北京 · BEIJING

内容简介

本年鉴主要反映2017年中国电子信息产业的发展情况和所取得的成就，较全面地展示中国电子信息产业发展的技术现状和经济运行的有关数据等。

本年鉴原名《中国电子工业年鉴》，首次出版于1986年，2018年版为第33卷。从2009年版起更名为《中国信息产业年鉴》，主要提供给关注中国信息产业发展的各级领导，以及从事信息产业科研、生产、进出口贸易与市场营销的有关人员参考。

未经许可，不得以任何方式复制或抄袭本书之部分或全部内容。

版权所有，侵权必究。

图书在版编目（CIP）数据

2018中国信息产业年鉴 /《中国信息产业年鉴》编委会编 . -- 北京 : 电子工业出版社 , 2019.11

ISBN 978-7-121-37679-5

Ⅰ . ① 2… Ⅱ . ①中… Ⅲ . ①信息产业－中国－2018－年鉴 Ⅳ . ① F492-54

中国版本图书馆 CIP 数据核字（2019）第 246651 号

策划编辑：沈艳波

责任编辑：沈艳波

印　　刷：北京金特印刷有限责任公司

出版发行：电子工业出版社

北京市海淀区万寿路 173 信箱　邮编：100036

开　　本：889 × 1 194　1/16　印张：32.25　字数：1 032 千字

版　　次：2019 年 11 月第 1 版

印　　次：2019 年 11 月第 1 次印刷

定　　价：518.00 元

凡所购买电子工业出版社的图书有缺损问题，请向购买书店调换。若书店售缺，请与本社发行部联系，联系电话：（010）88254888，88258888。

质量投诉请发邮件至 zlts @ phei.com.cn，盗版侵权举报请发邮件至 dbqq @ phei.com.cn。

本书咨询联系方式：（010）88686098，88686260，nianjian @ cics-cert.org.cn。

2018
中国信息产业年鉴

主管　工业和信息化部

主办　国家工业信息安全发展研究中心

中国电子信息行业联合会

《中国信息产业年鉴》
编　委　会

主　　任　罗　文

高级顾问　王旭东　曲维枝　杨学山　周子学

副 主 任　乔跃山　谢少锋　尹丽波

委　　员　楼宇光　梁志峰　高东升　姜子琨　许科敏　胡　燕
郑立新　马向晖　高云虎　金　鑫　高延敏　赵永红
韩占武　熊群力　芮晓武　李　颖　范　斌　范书建
吴胜武　任爱光　侯建仁　高素梅　何小龙　赵　波
刘九如　任世强　周胜昔　崔晋秀　张占祥　张　德
申世英　高　山　方安儒　阮　力　池　宇　厉　敏
王厚亮　陈建业　王亦斌　王　晓　朱　鸣　卜江戎
熊　琛　杨鹏飞　徐莉青　陈万馨　赵　刚　皮亦鸣
姚　轶　娄　松　聂里宁　黄新波　王海峰　杨　忠
张　伟　卞明尧　夏继泽　方　巍　柯继安　卞　成
徐志斌　张远刚　宋丹阳　吕新杰　李德芳

《中国信息产业年鉴》编辑部

总　编　辑　尹丽波　高素梅

副总编辑　楼宇光　姜子琨　吴胜武　李冠宇　何小龙

编辑部主任　杨志维　李琳琳

编　　辑　林　娜　徐红梅　丁　虹　李　杰

特约编辑　（按姓氏笔画排序）

万长霞　马冬妍　王　松　王　婧　王有平　王宝艳
王威伟　王增华　丹增多吉　方　荣　尹　泉　古　群
石晓鹏　卢钦华　史惠康　曲　勃　曲晓杰　朱　振
任　骏　任　嵬　刘　睿　刘　璇　刘东巍　刘丽梅
孙　沛　孙华庆　孙靖人　苏　平　杜春梅　李　白
李　婷　李　勤　李云峰　李财莲　李建明　李慧颖
杨旭东　肖良颜　吴　平　吴　琼　吴国纲　何致君
陆红兵　武震宇　易永彤　罗家泰　金存忠　郑汪洋
郑闽红　孟　燕　孟洪涛　赵　明　赵海波　胡阳辉
钟传萍　娄　龙　夏万利　钱丽佳　徐东华　栾鹤峰
高　建　黄建平　龚明明　商　超　商立安　梁立志
董晨阳　程慧云　傅　晓　谢学科

编写说明

《中国信息产业年鉴》是一部全面反映中国电子信息产业发展状况的综合性、资料性工具书，原名《中国电子工业年鉴》，创办于1986年，逐年连续出版，曾更名为《中国信息产业年鉴(电子卷)》，从2009年起更名为《中国信息产业年鉴》，2018年版为第33卷。

《中国信息产业年鉴》由工业和信息化部主管，国家工业信息安全发展研究中心（工业和信息化部电子第一研究所）、中国电子信息行业联合会联合主办，《中国信息产业年鉴》编委会编。

2018年版《中国信息产业年鉴》全面、系统反映2017年中国电子信息产业发展状况和所取得的成就，展示中国电子信息产业经济运行相关数据，内容包括特载、大事记、产业概况、产业数据、电子信息制造业、软件服务业、信息技术应用、政策法规、科技管理、国际合作、地区概况、附录等多方面。

2018年版《中国信息产业年鉴》采用文章、条目、图表等多种表现形式，体例采用分类编辑法，全书由类目、分目、条目三个层次组成。全书设类目12个，类目下设分目78个、条目640个、图68个、表370个、文章28篇。2018年版《中国信息产业年鉴》卷首提供详细的目录，卷末建有按汉语拼音顺序排列的主题分析索引，方便读者检索信息。

2018年版《中国信息产业年鉴》稿件及数据来源于工业和信息化部的有关单位、中国广播电视设备工业协会、中国电子元件行业协会、中国电子仪器行业协会、中国电子专用设备工业协会、中国真空电子行业协会、中国电子材料行业协会、中国光学光电子行业协会，各省、自治区、直辖市，以及信息技术应用部门。其中产业数据部分由工业和信息化部运行监测协调局提供并核准。其他系统的有关数据，均由各系统主管部门审核提供。

2018年版《中国信息产业年鉴》在编辑加工和印装等方面尚有许多不足，敬请广大读者批评指正。

《中国信息产业年鉴》编辑部

2019年8月

目　　录

特　载

大　事　记

产业概况

产业数据

电子信息制造业

软件服务业

信息技术应用

政策法规

科技管理

国际合作

地区概况

附　录

索　引

特 载

全面贯彻党的十九大精神
奋力谱写制造强国和网络强国建设新篇章

——工业和信息化部部长苗圩在全国工业和信息化工作会议上的报告（节选）

（2017 年 12 月 25 日）

一、2017 年工作

（一）制造强国建设再上新台阶

制造强国战略顺利实施，配套政策措施陆续推出，纵向联动、横向协同的工作机制进一步完善。国家制造业创新体系建设不断完善，新批复 3 家国家制造业创新中心，指导培育 48 家省级创新中心。国家科技重大专项、工业强基工程实施取得新突破，重点领域“卡脖子”问题进一步缓解，高档数控系统打破国外技术垄断，高端装备创新成果丰硕，“蓝鲸 1 号”在南海成功试采可燃冰，C919 大型客机、AG600 水陆两栖飞机成功首飞。新材料产业“折子工程”扎实推进，生产应用示范平台和测试评价平台加快建设，首批次应用保险补偿机制试点启动。石墨烯、农机装备、增材制造、新型显示等重点行业政策体系日益完善。国际对接合作不断深化，中俄联合研制宽体客机 CR929 项目顺利启动，与美欧日等在智能制造、工业互联网、智能网联汽车等领域交流合作广泛开展，金砖国家工业领域合作达成多项共识。

（二）网络强国建设迈出重大步伐

信息网络建设扎实推进，光网城市全面建成，3 个新增骨干直联点全部投入运行，固定宽带家庭普及率提前完成国家“十三五”规划目标。电信普遍服务试点全面完成 3.2 万个行政村通光纤任务部署，前两批试点完工率达 95%。网络提速降费力度加大，全国 50M 以上宽带用户比例超过 60%，4G 用户平均下载速率较上年同期提高 30%，互联网骨干网间互联带宽扩容目标超额完成，手机国内长途和漫游费全面取消，手机流量资费、中小企业专线资费大幅下降。4G 对经济社会发展的支撑效应凸显，TD-LTE 项目获得国家科技进步特等奖。市场监管力度加大，治理垃圾短信、清理规范互联网网络接入服务、打击“黑广播”“伪基站”成效显著，互联网金融风险分析技术平台在互联网金融风险整治中发挥重要作用。基础电信领域混改试点实现重大突破。防范打击通讯信息诈骗成效显著，全面建成全国诈骗电话防范系统，群众财产损失数同比下降超过27%。全面落实网络安全法，出色完成党的十九大、“一带一路”高峰论坛、厦门金砖会晤等重大活动网络信息和无线电安全保障任务，以及网络反恐维稳、应急通信保障、党政专用通信保障等重点工作。

（三）制造业与互联网融合发展纵深推进

推动出台关于深化“互联网＋先进制造业”发展工业互联网的指导意见，工业互联网标准体系框架1.0发布推行，培育出一批工业互联网平台。智能制造工程大力推进，完成202个综合标准化和新模式应用项目立项，突破一批急需关键技术装备和智能成套装备，培育一批主营业务收入超10亿元的系统解决方案供应商。制造业数字化转型步伐加快，两化融合管理体系贯标扎实开展，两化融合国际标准成功立项，企业“上云”行动成效显现，一批新型工业APP实现商业化应用。大企业“双创”平台普及率持续提升，制造业骨干企业“双创”平台普及率接近70%。融合技术协同创新活跃，支持云计算、大数据、人工智能、IPv6研发应用的政策体系不断完善，高端芯片、基础软件、工业软件等产业基础持续增强，云计算骨干企业业务收入翻倍增长，大数据产业集聚效应更加明显，工业信息安全保障体系进一步完善、能力进一步提升。

（四）供给侧结构性改革重点任务成效明显

钢铁去产能超额完成全年5 000万吨目标任务，1.4亿吨“地条钢”全面出清，行业兼并重组处置“僵尸企业”扎实开展，职工安置工作平稳有序。利用综合标准依法依规推动落后产能退出成效明显，电解铝、水泥、平板玻璃等行业过剩产能进一步化解。制造业振兴取得积极进展，“放管服”改革累积效应持续显现，减税降费新措施全年为企业减负超过1 700亿元，质量品牌、绿色发展、农村网络设施等领域补短板成效明显。“三品”战略实施加速消费品工业升级步伐，累计5 000余种产品实现内外销“同线同标同质”，工业通信业标准的技术水平、国际化程度进一步提升。绿色制造工程实施225个重点项目，首批433项绿色制造示范正式发布。坚决打好污染防治攻坚战，对全国5 689家工业企业开展专项节能监察，重点行业、京津冀及周边地区、长江经济带清洁生产水平持续提升。京津冀产业协同发展扎实推进，研究支持雄安新区产业发展政策措施，城镇人口密集区危险化学品生产企业搬迁改造稳步推进，国家新型工业化产业示范基地建设质量进一步提升。脱贫攻坚力度持续加大，定点扶贫、网络扶贫、产业扶贫取得新成效。

（五）工业经济呈现稳中向好势头

消费驱动力持续增强，进一步扩大和升级信息消费持续释放内需潜力的指导意见出台实施，新型智能硬件、虚拟现实等产品层出不穷，移动支付、共享经济等新模式新业态引领全球潮流，信息消费规模达到4.5万亿元，占最终消费支出比重达到10%。先进制造业投资快速增长，发挥民间投资作用推进实施制造强国战略的指导意见发布实施，产融合作促进金融机构发放贷款超过2万亿元。传统产业改造升级步伐加快，技改投资占全部工业投资比重达到44.6%。增长新动能加快集聚，新认定70家国家技术创新示范企业、47家国家级工业设计中心和24家部重点实验室，节能环保、工业机器人、无人机、冰雪装备、邮轮游艇、智慧健康养老等领域培育一批新的消费增长点，全球首创新能源汽车双积分制度发布，全年新能源汽车应用推广超过70万辆，保有量超过170万辆，连续三年位居全球第一。中小微企业支持力度持续加大，中小企业促进法修订颁布，公共服务示范平台税收扶持政策得到落实，应收账款融资专项行动成效显现，国家小微企业创业创新示范基地创建蓬勃开展，中小微企业在支撑增长、带动就业、促进转型等方面发挥着越来越重要的作用。

二、以党的十九大精神统领新时代制造强国和网络强国建设

要把学习贯彻党的十九大精神作为当前和今后一个时期的首要政治任务，在学懂、弄通、做实上狠下功夫，自觉用十九大精神武装头脑、指导实践、推动工作，把工业和信息化事业发展提升到新高度、新境界、新水平。一是深刻领会习近平新时代中国特色社会主义思想，增强推进新时代制造强国网络强国建设的政治自觉和战略定力。二是科学认识工业和信息化发展新的历史方位，把准新时代推进制造强国和网络强国建设的着力点。三是全面贯彻党的十九大做出的战略部署，把新时代制造强国和网络强国建设不断推向前进。

要紧紧抓住我国追赶国际先进水平和面向未来升级谋篇布局的关键战略机遇期，不折不扣贯彻落实十九大部署的重大举措，坚定不移走中国特色新型工业化道路，牢牢把握高质量发展的要求，坚持稳中求进工作总基调，

坚定推进供给侧结构性改革，以制造强国建设为主题，与网络强国战略紧密扣合，推动新型工业化、信息化、城镇化、农业现代化同步发展，打造形成数字经济时代下制造业国际竞争新优势，有力支撑起质量第一、效益优先、协同发展、充满活力的现代化经济体系。

（一）着力构建产学研深度融合的技术创新体系

按照习近平总书记系统创新链思想，围绕产业链部署创新链，围绕创新链配置资金链，更加注重以企业为主体、市场为导向的应用技术研究，以国家制造业创新中心为支点，聚焦战略性、引领性、重大基础共性需求，打造高效立体的开放型创新网络体系。加快建立系统化、体系化创新机制，分梯度、分门类、分阶段推进国家信息领域核心技术和设备跨越式发展。完善普惠性支持政策，支持量大面广的中小企业提升创新能力，培育一批核心技术能力突出、集成创新能力强的创新型领军企业。

（二）着力促进我国产业迈向全球价值链中高端

坚持以供给侧结构性改革为主线，将“三品”战略理念融入工业通信业发展各领域、各层面、全过程，大力弘扬企业家精神、劳模精神和工匠精神，提升供给体系质量。坚持做强增量和调优存量并举，既聚焦关系国计民生和产业命脉的领域，加快发展先进制造业，培育世界级先进制造业集群，又瞄准国际标准大力推进企业技术改造，全面推行绿色制造，发展现代生产性服务业，提高全要素生产率，实现高质量发展。坚持引进来与走出去并重，加快构建全球研发创新网络，统筹产业链国内外布局，进一步提高开放性和灵活度。

（三）着力推动信息网络技术和实体经济特别是制造业深度融合

坚持以智能制造作为两化融合的主攻方向，发挥制造大国和网络大国的双重优势，推动工业经济向数据驱动型创新体系和发展模式转变。大幅提升网络设施支撑能力、核心技术创新能力、产业融合引领能力、网络空间防护能力和依法管网治网能力，推动互联网、大数据、人工智能等信息网络技术与制造业深度融合，前瞻布局工业互联网，大力发展智能融合型产业，打造一批具有生态控制力的平台型企业，构筑形成网络化、智能化、服务化、协同化的数字经济新形态。

（四）着力推动建设实体经济、科技创新、现代金融、人力资源协同发展的产业体系

充分发挥制造强国战略导向作用，引导技术、人才、劳动力、资本等生产要素发挥叠加效应，协同投向实体经济特别是先进制造业，促进企业技术进步、行业供需衔接和产业优化发展。更加注重政策供给能力，依靠制度创新、举措创新、机制创新，推动降低实体经济企业成本负担，推动科技成果转化为现实生产力，推动资本、资产、资金支持产业发展，推动形成多层次人才队伍，推动大中小企业融通发展，协同促进实现产业体系从数量扩张向质量提高的战略性转变。

三、2018 年重点工作

2018 年，要全面贯彻党的十九大精神，以习近平新时代中国特色社会主义思想为指导，牢固树立“四个意识”和“四个自信”，按照中央经济工作会议部署特别是高质量发展的根本要求，坚持稳中求进工作总基调，坚持新发展理念，紧扣我国社会主要矛盾变化，着眼建设现代化经济体系，立足制造强国、网络强国建设全局，以供给侧结构性改革为主线，以提高制造业供给体系质量为主攻方向，强化创新驱动、改革推动、融合带动，推动质量变革、效率变革、动力变革，加快培育壮大新动能、改造提升传统动能，实现工业通信业持续健康发展。

主要预期目标是：全国规模以上工业增加值增长 6% 左右，规模以上企业单位工业增加值能耗下降 4%，单位工业增加值用水量下降 4.5%；电信业务总量、互联网行业、软件和信息技术服务业收入分别增长 50%、30% 和 13% 左右。重点抓好以下工作：

（一）坚持创新驱动发展，深入实施制造强国战略

统筹推进制造强国战略实施，促创新、强基础、补短板、抓示范，加快先进制造业发展步伐。

（1）扎实推进制造业创新中心建设。突出协作化、市场化、产业化和可持续发展导向，开展对已成立国家级中心的评估考核，遴选 3 家左右条件成熟的省级中心升级为国家级中心。实施知识产权推进计划，培育知识产权标杆企业。抓好有关科技创新 2030—重大项目的启动实施，做好重大专项 2020 年后梯次接续的系统布局，充分发挥专业化项目管理支撑作用。

（2）深入实施工业强基工程。继续开展“一揽子”突破行动，集中力量解决动力电池系统等 50 项左右关键瓶颈。扩大实施“一条龙”应用计划，搭建供需平台，启动机器人关键部件、存储器等重点产品、工艺示范应用。支持培育一批专精特新“小巨人”，促进“四基”企业加速成长。

（3）实施新材料产业 2018 年“折子工程”。加快建设新材料重点平台。发布重点产品、重点企业、重点集聚区目录，力争实现 5 ~ 8 类重点新材料的重大突破，形成一批典型应用示范成果。建立重大技术装备和新材料协同创新的政策机制，完善新材料首批次保险补偿机制，出台促进新材料推广应用的政策措施。

（4）加快重大装备发展。开展高档数控机床与基础制造装备、关键系统部件示范应用。稳步推进 C919 大型客机研制，开展大型客机发动机验证机整机试车。实施重大短板装备专项工程。加快高技术船舶与海洋工程装备、大型高端农机装备、高端医疗装备、大型海上风电机组等重大装备研制。完善重大技术装备首台（套）保险补偿机制，落实好重大技术装备和科技重大专项进口税收优惠政策。

（二）统筹发展、管理与安全，全面推进网络强国建设

抓住网络信息技术革命的重大机遇，构建技术、设施、安全的强国基础“铁三角”，打造数字时代国家竞争新优势。

（1）开展网络强国建设三年行动。启动一批战略行动和重大工程。

（2）进一步提升网络供给能力。加大网络提速降费力度。加快百兆宽带普及，推进千兆城市建设，实现高速光纤宽带网络城乡全面覆盖、4G 网络覆盖和速率进一步提升、移动流量平均资费进一步降低、中小企业宽带和专线使用成本进一步下降。完善国际通信网络出入口布局，完成互联网网间带宽扩容 1 500G。推动三网融合全面展开。

（3）扎实抓好电信普遍服务试点。全面完成 13 万个行政村光纤宽带建设和升级改造，提前实现“十三五”有关任务目标。完善电信普遍服务长效补偿机制。

（4）加快构建信息领域核心技术体系。抓好“核高基”、新一代移动通信网络等科技重大专项。扎实推进 5G 研发应用、产业链成熟和安全配套保障，补齐 5G 芯片、高频器件等产业短板，完成第三阶段测试，推动形成全球统一 5G 标准。

（5）强化信息通信市场监管。加强互联网基础资源管理，更大力度保护个人信息和网络数据安全。开展 VoLTE 号码携带技术试验，研究制定号码携带全国推广方案。实施 IPv6 规模部署行动计划继续推进垃圾短信、骚扰电话、虚假号码治理。纵深推进防范打击通讯信息诈骗。加强互联网金融监管技术支撑。推进建设“互联网 + 应急通信”全方位综合保障体系。

（6）提升网络与信息安全监管能力和保障水平。加强行业关键信息基础设施保护、网络安全审查、数据跨境评估，体系化推进网络环境治理。制定促进网络安全产业发展指导性文件。

（7）加强无线电频率规划和电波秩序维护。全力以赴做好重大活动保障和网络反恐维稳等工作。

（三）推动互联网、大数据、人工智能与制造业深度融合，发展壮大数字经济

深入实施工业互联网创新发展战略，大力推进制造业数字化网络化智能化，加快数字经济发展。

（1）开展工业互联网发展“323”行动，打造网络、平台、安全三大体系，推进大型企业集成创新和中小企业应用普及两类应用，构筑产业、生态、国际化三大支撑。设立专项工作组和战略咨询专家委员会，推动相关部门和地方细化方案措施。

（2）实施工业互联网三年行动计划。启动工业互联网创新发展一期工程，开展网络化改造、平台体系、安全体系、IPv6 等集成创新应用。设立国家工业互联网标识解析管理机构，打造安全可控的工业互联网标识解析体系。

（3）制订出台工业互联网平台建设及推广指南。建设一批面向重点行业和区域的工业互联网平台测试床，培育 5 家左右跨行业、跨领域工业互联网平台。开展百万工业企业“上云”行动，培育一批面向特定行业、特定场景的工业 APP。

（4）实施工业互联网安全防护提升工程。制定出台工业互联网安全指导意见，健全安全标准体系。加快建设工业信息安全态势感知、信息通报平台，引导鼓励企业提升安全意识和防护水平。

（5）深入实施智能制造工程。新遴选 100 个左右试点示范项目，开展基础共性和行业应用标准试验验证。制定智能制造系统解决方案供应商规范条件。加大原材料、装备、消费品、电子、民爆等重点行业智能制造推广力度。

（6）实施制造业“双创”专项，支持一批制造业“双创”示范平台，建设信息物理系统测试验证平台。深化制造业与互联网融合发展试点示范，培育协同制造、个性化定制等网络化生产新模式。开展两化融合管理体系标准建设和贯标推广。大力发展服务型制造，遴选一批服务型制造示范企业、项目、平台。

（7）推动出台促进数字经济发展指导性文件，鼓励发展共享经济。实施促进新一代人工智能产业发展三年行动计划，支持移动互联网、云计算、物联网、智能传感等技术研发和综合应用，丰富发展高端智能产品。加快发展车联网和智能网联汽车。实施“芯火”创新计划和软件“铸魂”工程，研究出台新形势下鼓励软件产业发展的政策措施。

（8）深入贯彻国家大数据战略，推进大数据产业发展试点示范项目建设，完善大数据标准体系，深化大数据行业应用，大力发展工业大数据。推动国家大数据综合试验区和大数据示范基地建设，引导地方因地制宜发展大数据，加快构建大数据产业链、价值链和生态系统。

（四）聚力提质量增效益，加快传统产业优化升级

传统产业是结构调整的重点，要通过引入新技术、新管理、新模式，使之焕发巨大生机和活力。

（1）大力破除低端无效产能。分解落实年度钢铁去产能任务，加强对重点省份的督导检查。建立打击“地条钢”长效机制，坚决防止死灰复燃。推动出台有效处置“僵尸企业”以及金融债务处置的意见。做好钢铁等重点行业的产能置换，鼓励先进企业兼并重组并淘汰落后产能，利用综合标准依法依规倒逼落后产能退出。

（2）深入推进“增品种、提品质、创品牌”战略。瞄准国际标准，在家电、化妆品、服装家纺、家具等重点行业，建设一批消费品工业个性化定制和创新示范服务平台，推动民族品牌振兴。开展原材料质量提升专项行动，加快形成先进基础材料供给能力。实施装备制造业标准化和质量提升规划，在航空、汽车等领域完善质量管理体系。支持产业集群增强区域品牌竞争力。

（3）大力实施绿色制造工程。全面推进重点行业清洁生产改造，利用绿色信贷和绿色制造专项建成一批重大项目，建设一批绿色工厂、绿色产品、绿色园区和绿色供应链示范标杆。开展工业节能与绿色标准化行动，加强工业节能监察，继续做好京津冀及周边地区“2+26”城市大气污染防治。加快构建新能源汽车动力蓄电池回收利用体系，推进高端智能再制造。

（4）优化企业转型升级环境。制定出台促进传统产业优化升级的指导性文件。研究提出进一步优化企业兼并重组市场环境的措施，鼓励优势企业加大兼并重组力度。开展“向企业送管理”和示范推广活动，引导企业创新管理提质增效，培育一批制造业单项冠军企业。制定新时期制造业创新设计发展指导意见，启动创建国家工业设计研究院。大力推进重点领域标准体系建设，加强新产业新产品标准供给，加快中国标准走出去。

（5）推动优化产业空间布局。积极落实“三大战略”，修订发布产业转移指导目录，搭建产业转移合作交流平台，推动区域协调发展。大力支持雄安新区建设，指导制定产业准入负面清单，推进雄安新区和冬奥会信息基础设施建设。加大城镇人口密集区危险化学品生产企业搬迁改造力度，确保中小型企业和存在重大风险隐患的大型企业在2018年年底前全部启动。扎实开展扶贫领域作风年建设，大力推进精准扶贫、网络扶贫，做好对口支援工作。

（五）发挥消费和投资有效作用，促进工业经济平稳增长

增强消费对经济发展的基础性作用，发挥投资对优化供给结构的关键性作用，巩固工业经济稳中向好势头。

（1）实施新一轮重大技术改造升级工程。支持企业瞄准国际标杆，全面提高产品技术、工艺装备、能效环保、质量效益和本质安全水平。

（2）推动落实发挥民间投资作用推进实施制造强国战略的指导意见，激发民间投资活力。

（3）推动信息消费扩大升级。制订发布信息消费发展指南，深化国家信息消费试点示范城市创建，持续优化信息消费环境。推动智能家居、可穿戴设备、虚拟现实、区块链等热点产品及服务创新研发。加快消费电子智能化转型，实施超高清视频产业创新工程，带动超高清视频产业整体升级。拓展电子产品在交通、海洋、医疗等领域的新型示范应用。

（4）培育壮大消费新增长点。制定新技术新产品推广应用目录。推动出台促进科技成果转化的政策措施。研究制定支持新能源汽车、大型邮轮、智能船舶、清洁能源船舶及通用航空产业发展的政策措施，促进和规范机器人、民用无人机、增材制造、智慧健康养老、安全产业、应急产业等健康发展。抓好新能源汽车双积分管理办法的实施。推进重点行业能效领跑者计划，鼓励和引导绿色产品消费。

（5）进一步深化产融合作。完善与一行三会、各类金融机构合作机制，推广国家产融合作城市试点经验，支持地方搭建产融合作服务平台。

（6）加强经济运行监测预警。做好国内外经济金融政策动态变化对工业通信业经济运行的影响分析，协调解决经济运行重大问题。建立工业新旧动能转换评价体系。落实工业领域电力需求侧行动计划。

（7）加强与“一带一路”沿线国家、拉美地区等政策对话，推进境外合作园区建设。稳妥推进汽车、工程机械、电子、冶金、建材、纺织等领域国际产能合作，妥善应对贸易与投资摩擦。做好古巴工业中长期发展规划建议后续实施工作。

（六）深入推进改革开放，营造产业发展良好环境

2018 年是改革开放 40 周年，必须勇于变革、勇于创新，努力提升开放水平，充分释放改革红利、激发市场活力。

（1）推动降费减税。深化涉企保证金清单管理，拓展全国涉企收费目录清单查询系统查询内容和功能，完善调查和举报平台。

（2）深化“放管服”改革。推进行政许可标准化，实现网上“一个窗口”办理。拓展“双随机一公开”监管，对新技术新业态采取鼓励创新、包容审慎的监管模式。建设工信大数据。

（3）加快重点领域改革。研究进一步放开电信竞争性业务，实现移动通信转售业务正式商用。做好电信、军工企业混合所有制改革。推进中国烟草总公司公司制改革。深化盐业改革。支持部属高校持续深化教育综合改革，开展新形势下科研能力建设，推进扩大高校和科研院所自主权试点，提升科技成果转化能力。

（4）加强法治政府建设。落实法治政府建设纲要，提高依法行政水平。大力推进盐业、电信、稀有金属、道路机动车辆、原子能等重点立法进程。

（5）完善产业政策及实施机制。推动出台新时期加强产业政策工作的意见，强化产业政策评估。开展反垄断和公平竞争审查。加强战略性、前瞻性重大问题研究，强化政策储备。大力弘扬企业家精神、劳模精神和工匠精神，积极发展工业文化。开展“十三五”规划中期评估。加强行业新型智库建设。支持协会发挥桥梁纽带和支撑作用。

（6）全面落实新修订的中小企业促进法，打通政策落实“最后一公里”。完善中小企业公共服务体系、融资服务体系和运行监测体系，推进国家小型微型企业创业创新示范基地和公共服务示范平台建设。

（7）提升开放合作水平。加大制造业开放力度，健全产业安全审查机制，加强政策法规 WTO 合规性审查。加快推进重点产业领域国际化布局。积极落实“一带一路”倡议，推进智能制造、工业互联网、5G、车联网、中小企业、民用航空、核与航天、网络安全等领域国际交流合作。做好禁化武履约、控烟履约工作。

在 2017 中国两化融合大会上的致辞（节选）

工业和信息化部副部长　陈肇雄

（2017 年 8 月 25 日）

大力推进信息化和工业化融合发展，是党中央、国务院做出的一项长期性、战略性部署。习近平总书记指出，要着力推动互联网和实体经济深度融合发展，以信息流带动技术流、资金流、人才流、物资流，促进资源配置优化，促进全要素生产率提升，要做好信息化和工业化深度融合这篇大文章。李克强总理明确要求把制造强国战略、“互联网 +”和“双创”紧密结合起来，形成新动能培育与传统动能改造提升互促共进的良性循环。工业和信息化部自成立以来，始终将两化融合作为立部之本和全国工信系统的共同责任，着力推进。

当前，我国正处于建设“制造强国”和“网络强国”的关键历史时期，准确把握两化融合的新使命和新要求，持续深入推进两化融合发展，对于抢抓数字经济发展先机，加快新旧动能接续转换，意义重大。

一、两化融合是强国之路的战略选择

（一）两化融合是加快新旧动能接续转换的助推器

我国正处于新旧动能接续转换的关键时期，必须大力提高供给质量，提升产业核心竞争力，降低对劳动力、土地、资本等一般性生产要素的过度依赖，不断激发技术、管理、知识等高级生产要素的作用。两化融合促进信息技术向生产要素领域深度渗透，不仅改造土地、资本、劳动工具等传统生产要素，而且催生出数据这一新型生产要素，引领着生产方式和产业模式变革。

（二）两化融合是实现数字经济“换道超车”的必然选择

当前，世界经济正加快向数字化转型，数字经济发展浪潮席卷而来，两化融合被赋予新的内涵，进入新的阶段。以德国工业 4.0、美国工业互联网为代表，发达国家均将制造业与互联网融合发展作为“再工业化”和“制造业回归”的着力点。我国是制造大国、网络大国，深入推进两化融合发展，有助于抢抓数字经济“换道超车”机遇，实现实体经济与数字经济协同发展、融合发展。

（三）两化融合是建设制造强国和网络强国的必由之路

一方面，智能制造是两化深度融合的主攻方向，加快推动互联网等新一代信息技术与传统制造业融合发展，促进制造业数字化、网络化、智能化，成为加快制造强国建设的关键抓手。另一方面，制造业是发展数字经济的主战场，随着互联网应用领域从消费环节向制造环节的渗透扩散，网络空间范围不断扩展，深入推进两化融合，能够加快推动虚拟空间和物理空间的融合发展，构筑全方位网络综合实力，为网络强国建设提供重要支撑。

二、两化融合已经进入加速期和攻坚期

经过多年来的共同努力和持续推进，两化融合取得显著成效，为建设制造强国和网络强国奠定坚实基础。

（一）两化深度融合水平持续提升

两化融合管理体系标准持续完善，完成 9 个国家标准立项，1 个国际标准立项，3 项国家标准正式发布；5 000 余家企业开展两化融合管理体系贯标。制造业数字化、网络化、智能化水平持续提升，截至 2017 年 3 月，企业数字化研发设计工具普及率和关键工序数控化率分别达到 63.2% 和 34.1%。

（二）智能制造成效初显

推进体系不断完善，中央、地方协同配合，产学研用联合实施，各方面共同推进的工作格局初步形成。近两年，部里遴选 109 个试点示范项目，培育壮大潍柴动力重型高速柴油机数字化车间、海尔集团空调互联工厂等一批标杆，试点项目生产效率平均提升 30%，运营成本降低超过 20%，产品研制周期平均缩短 35%。

（三）工业互联网发展迈出坚实步伐

网络体系建设和关键资源布局成效初显，标识解析领域建立全球 Handle 系统顶级并联根节点。工业互联网平台形成以航天云网为代表的协同制造平台、以树根互联为代表的产品全生命周期管理服务平台和以海尔为代表的用户定制化平台等三类典型平台。工业 APP 开发应用形成以传统工业软件产品云化迁移为主导的应用格局。

（四）制造业“双创”平台建设取得积极成效

以开放式创新、协同创新、虚拟孵化为特征的互联网“双创”平台大量涌现，制造业创新创业活力深度激发。截至 2017 年 6 月，我国制造业重点行业骨干企业“双创”平台普及率为 60%。中央企业已建成各类互联网“双创”平台 110 余个，聚集科技服务机构数超过 1 200 个，实现仪器设备、技术成果等海量创新资源的在线化。

（五）新业态新模式不断涌现

网络化协同制造在汽车、航空、电子等行业快速普及，截至 2017 年 4 月底，实现网络化协同的企业比例达 30.1%。个性化定制在服装、家具、家电等行业加速推广，开展个性化定制的企业比例达到 6.7%。服务型制造成为工程机械、船舶等行业转型升级的新路径，开展服务型制造的企业比例达 22.3%，江苏、广东、山东等地开展服务型制造企业比例均超过 40%。

三、持续做好两化深度融合这篇大文章

我国两化深度融合正处于战略机遇期、发展攻坚期和成效显现期，要坚定信心、持之以恒，持续深入推进两化深度融合。

（一）抓主线，以两化融合为主线协同推进两个强国建设

两化融合是制造强国建设的主线，智能制造是主攻

方向。要坚持以两化融合为主线，通过数据驱动、技术创新和管理变革，积极培育新产品、新技术、新模式、新业态，激发制造企业创新活力、发展潜力和转型动力，提高全要素生产率，培育制造业转型升级新动能，推动制造强国和网络强国融合协调发展。

（二）抓标准，逐步探索形成管理体系标准引领两化深度融合发展的新路径

标准是推进两化融合工作的基础，标准的引导性、适宜性、有效性决定融合发展的水平、质量和效果。要紧密结合新一轮产业变革发展形势，准确把握两化融合与工业 4.0、工业互联网等理念之间的异同，优化完善两化融合标准体系，研究发布标准化建设指南。要加快成立全国信息化和工业化融合基础与管理标准化技术委员会，更加体系化地推动标准制修订工作和产业应用。要高度重视标准的国际化工作，推动两化融合标准走出去。

（三）抓平台，加快构建基于工业互联网平台的新型工业体系

以工业互联网平台为核心的融合生态之争正成为全球制造业竞争的新焦点，工业互联网平台是当前推进两化深度融合工作的切入点。要牢牢把握窗口期，采取边创新部署、边试点应用、边完善监管的策略，制定实施工业互联网平台行动计划，完善政策环境、培养专业人才队伍，建立健全工业互联网平台应用、产业和监管三大体系，抢占基于工业互联网平台的制造业生态发展主导权、主动权和话语权。

（四）抓双创，大力推进制造业与互联网融合发展

以“双创”平台促进制造业与互联网融合发展，是两化深度融合的重要路径。要进一步激发制造企业“双创”活力，开展制造业大企业“双创”平台试点示范，形成一批可复制、可推广的发展模式。大力发展众创、众包、众扶、众筹等新模式，以及创客空间、创新工场、开源社区等新型众创空间。完善制造业“双创”服务体系，营造大中小企业合作共赢的“双创”新环境，开创大中小企业联合创新创业的新局面。

（五）抓生态，健全联盟间合作机制

探索建立创新发展的两化深度融合新生态，关键在于充分发挥中国两化融合服务联盟的桥梁纽带作用。联盟要牢牢把握这个出发点和落脚点，搭好台、牵好线，引领技术研发、标准推广、试点示范和国际交流合作，激发叠加效应、聚合效应和倍增效应，推动两化深度融合，助力我国产业转型升级。

在 2017 世界物联网博览会上的讲话（节选）

工业和信息化部副部长　罗文

（2017 年 9 月 10 日）

中国物联网产业发展取得长足进步，无锡已成为推动物联网发展的重要基地，已构建较为完整的物联网产业链。发展物联网是培育经济发展新动能的战略举措，要扎实推进物联网有序健康发展，坚持创新驱动，推动物联网规划应用，完善服务平台，注重安全可靠，深化国际合作，把物联网发展提高到新的水平。当前中国经济发展进入新常态，把握信息技术发展趋势，加快发展物联网，对促进经济结构转型升级、培育发展新动能具有重要作用。

一、当前物联网发展的特点

（一）物联网新技术新产品快速发展，成为推动信息产业增长的强劲引擎

近年来，全球物联网技术创新空前活跃，物联网 MCU、窄带物联网芯片、新型传感器等新技术新产品不断推出，有力地推动物联网的应用普及。据相关研究，预计 2018 年市场规模有望超过千亿美元。物联网技术与基础软硬件、移动互联网等技术的全方位融合，开启全球智能电子产品的创新浪潮，新型智能终端、智能可穿戴设备、智能家居等领域快速发展，成为信息产业新的增长点。

（二）物联网新模式新业态不断涌现，成为驱动经济创新升级的重要动力

随着物联网在经济社会各领域应用的拓展深化，产业链、价值链、创新链不断融合，催生出以车联网、智慧城市为代表的新的商业模式和新的产业形态。比如，物联网在城市管理、节能减排、智能交通等领域的广泛应用，培育出众多个性化、多元化、高品质、高附加值的新业务。再如，智能驾驶已成为当前全球产业发展的一大热点，只有以高速、稳定、安全的物联网作为支撑，才能打造出网络化、智能化的汽车产品，并实现车与人、车与路、车与车之间的互联互通服务。

（三）物联网跨界融合应用深入推进，成为助力传统产业转型的关键要素

通过跨行业覆盖和跨领域应用，物联网与传统产业日益渗透融合，帮助传统企业实现从产品研发、设计、生产到供应链管理的全方位变革，激发出传统产业的创新潜能。比如，在美国工业互联网和德国工业4.0中，都不约而同地强调要加快物联网技术的深度应用。全球制造业领域和信息技术领域的龙头企业纷纷围绕工业物联网开展技术创新和应用部署，加速构建基于物联网的新型产业生态，推动传统产业价值挖掘和效率提升。

（四）物联网泛在基础设施加快构建，成为支撑智能经济发展的重要载体

物联网正在成为支撑经济和社会发展的新型基础设施。据统计，全球40%的运营商都在积极部署机器到机器（M2M）业务与应用，全球每天约有550万新设备加入物联网。高德纳（Gartner）预计，到2021年，全球联网设备将达到280亿，其中160亿与物联网相关。物联网在各行业各领域的加快普及，促进电网、水网、公路、铁路、港口等传统基础设施的网络化、智能化转型，也将越来越多的设备、车辆、终端等纳入到信息网络之中，使人类加速迈向万物互联、泛在感知的智能网络时代，为智能经济这一新经济形态的快速发展提供基础设施支撑。

二、中国物联网产业发展取得的进步

（一）产业生态体系日渐完善

在企业、高校、科研院所的共同努力下，中国已经形成包括芯片和元器件、设备、软件、系统集成、电信运营、物联网服务等较为完善的物联网产业链。基于全球最大、技术先进的移动通信网络，已部署的机器到机器（M2M）终端数量突破1亿。物联网产业规模已从2009年的1 700亿元跃升至2016年超过9 300亿元，年复合增长率超过25%。与此同时，涌现出一批具备较强实力的物联网领军企业，初步建成一批共性技术研发、检验检测、投融资、标识解析、成果转化、人才培训、信息服务等公共服务平台。

（二）技术创新成果不断涌现

中国在物联网领域已经建成一批重点实验室，汇聚整合多行业多领域的创新资源，基本覆盖物联网技术创新链各环节。物联网专利申请数量逐年增加，超高频和微波RFID、海量数据存储和处理、智能图像传感等技术达到国际先进水平，面向应用的无线传感器组网技术获得突破，牵带物联网引领国际发展。物联网标准体系初步构建，在国际标准制定中的话语权和主导权逐步提高。中国物联网创新体系建设初见成效。这当中，无锡国家传感网创新示范区很好地发挥先行先试的引领示范作用。

（三）行业应用领域加速拓展

通过深入开展试点示范，物联网在交通、物流、环保、医疗保健、安防、电力等领域开始规模应用，在便利百姓生活的同时，也促进传统产业的转型升级。如，三一重工建设工业物联网平台，不断强化物联网技术在企业生产经营各环节的运用，有效降低企业生产成本，提升整体运营效率。

（四）产业集群优势日益凸显

中国现已初步形成环渤海、长三角、泛珠三角和中西部地区四大区域集聚发展的空间格局，无锡、杭州、重庆等地综合运用配套政策，实施重大应用示范工程，培育重点企业，已成为推动物联网发展的重要基地，带动作用显著。以无锡示范区为例，截至2016年年末，已拥有物联网企业近1 300家，从业人员超过15万人，构建起比较完整的物联网产业链，物联网产业年营业收入超过2 000亿元。

三、进一步扎实推进物联网有序健康发展

（一）坚持创新驱动，完善物联网协同创新体系

充分利用和整合现有创新资源，打造一批面向行业

的创新中心、重点实验室等创新载体，促进应用单位与相关技术、产品和服务提供商的合作，开展协同攻关，突破产业发展瓶颈。加强无线传感器网络、数据分析与挖掘、物联网标识与解析等关键共性技术标准制定，加快车联网、智慧健康服务、智能家居等产业应用标准研制，建立健全物联网标准体系。支持各类物联网产业和技术联盟发展，促进资源共享、产需对接和产业合作，实现产业链上下游协同创新。

（二）强化示范引领，推动物联网规模化应用

围绕制造业重点行业智能化改造，实施一批试点示范项目，推动生产制造全过程、全产业链、产品全生命周期的深度感知、动态监控、数据汇聚和智能决策，促进产业提质增效升级。面向农业、物流、能源、环保、医疗等重要领域，组织实施重大应用示范工程，推进物联网集成创新和规模化应用。鼓励物联网技术创新、业务创新和模式创新，促进车联网、智能家居、智慧健康服务等领域应用快速增长。支持无锡、重庆、杭州、福州等示范区建设，推动物联网产业集聚发展。

（三）完善服务平台，提升物联网公共服务水平

加快共性技术、技术标准与检测认证、应用推广等公共服务平台建设，提升物联网技术、产业、应用公共服务能力。整合各类公共服务资源，面向物联网应用提供科技金融、政策咨询、知识产权等公共服务，形成资源共享、优势互补的公共服务平台体系。探索建立公共服务平台多方参与、合作共赢的商业模式，推动公共服务平台市场化、专业化运营，促进公共服务可持续发展。建立物联网发展评估体系，加强物联网统计监测和发展评估，为推动物联网产业有序健康发展提供支撑。

（四）注重安全可靠，增强物联网安全保障能力

加快推进关键安全技术研发和产业化，强化安全标准的研制、验证和实施。加强物联网重大应用和系统的安全测评、风险评估和安全防护工作，增强物联网重大基础设施、重要业务系统和重点领域应用的安全保障能力。完善物联网安全等级防护制度，建立健全物联网安全测评、风险评估、安全防范、应急处置等机制，全面提升物联网安全可靠保障水平。

（五）深化国际交流，提升物联网产业开放合作水平

依托政府间对话机制，大力推动中国与世界各国在物联网领域的技术交流，积极促进国内外科研机构开展深层次的合作，支持海外企业和人才参与中国物联网研究开发和项目建设。支持中国企业与国际优势企业加强物联网关键技术和产品的研发合作，联合建立国际产业技术联盟。支持物联网企业“走出去”，鼓励有条件的企业在境外设立研发机构，积极参与国际标准制定，促进全球物联网产业持续健康发展。

大　事　记

2017年电子信息产业大事记

1月

3日　工业和信息化部印发《首台（套）重大技术装备推广应用指导目录（2016年版）》，包含电子及医疗专用装备、重大技术装备关键配套基础件等14类重大技术装备，自2017年1月10日起实施。

3日　工业和信息化部印发《国家新型工业化产业示范基地管理办法》，指出国家示范基地申报条件主要包括产业实力和特色、创新能力、节能环保、两化融合等10个方面。

9日　中共中央、国务院在北京举行国家科学技术奖励大会，2016年度国家科学技术奖揭晓。信息技术领域取得多项突破性成果。其中，第四代移动通信系统（TD-LTE）关键技术与应用、北斗二号卫星工程2项成果获得国家科学技术进步奖特等奖。

12日　由中国电子工业标准化技术协会、中国电子技术标准化研究院、中关村科技园区管理委员会共同主办的第九届电子信息产业标准推动会暨中国信息技术服务标准年会（2017）在北京召开。会议发布2016年度电子信息产业标准化十大事件。

15日　中共中央办公厅、国务院办公厅印发《关于促进移动互联网健康有序发展的意见》，内容包含重要意义和总体要求、推动移动互联网创新发展、强化移动互联网驱动引领作用等6个方面。

20日　工业和信息化部印发《信息通信网络与信息安全规划（2016—2020年）》，对“十三五”时期信息通信行业网络与信息安全工作提出9个方面的重点任务。

22日　中国互联网络信息中心发布第39次《中国互联网络发展状况统计报告》，显示截至2016年12月，中国网民规模达7.31亿，互联网普及率达53.2%，超过全球平均水平3.1个百分点，超过亚洲平均水平7.6个百分点。

24日　工业和信息化部副部长刘利华会见来访的软银集团总裁孙正义以及ARM公司首席执行官希格，双方就信息技术特别是集成电路产业发展、物联网应用等内容交换意见，并就进一步深化 ARM 与中国公司合作、推动集成电路产业创新发展等进行交流。

2 月

6 日 工业和信息化部、民政部、国家卫生和计划生育委员会印发《智慧健康养老产业发展行动计划（2017—2020 年）》，指出到 2020 年，基本形成覆盖全生命周期的智慧健康养老产业体系，建立 100 个以上智慧健康养老应用示范基地，培育 100 家以上具有示范引领作用的行业领军企业。

7—9 日 工业和信息化部副部长辛国斌赴四川省调研重大专项、智能制造试点示范进展情况，并组织召开重点企业座谈会。

8 日 工业和信息化部副部长刘利华会见格罗方德半导体公司首席执行官桑杰·贾，就集成电路产业发展及合作相关议题交换意见。

10 日 工业和信息化部确定工业和信息化“十三五”规划体系，共发布 28 项，包括 11 项行业规划和 17 项专题规划。11 项行业规划包括民爆、石化、钢铁、信息产业、软件和信息技术服务、信息通信等重点行业。17 项专题规划针对重点领域和重大问题，提出发展目标、思路、重点任务和政策举措。

16 日 由中国电子信息产业发展研究院、中国光伏行业协会组织专家编制完成的《中国光伏行业发展路线图》正式发布，涉及多晶硅、硅棒 / 硅锭 / 硅片、电池、组件、平衡部件、系统等各环节的 62 项关键指标。

20—21 日 由中国信息通信研究院和工业互联网产业联盟共同主办的 2017 工业互联网峰会在北京召开。本次峰会的主题为“工业互联、融合共赢”。工业和信息化部部长苗圩出席大会并致辞，副部长陈肇雄主持开幕式。

21 日 由中国电子信息行业联合会、中国电子商会、中国软件行业协会共同主办的 2017 年中国电子信息行业发展大会在北京召开。本次会议的主题为“融合、创新、绿色”。工业和信息化部副部长陈肇雄出席会议并讲话。

21 日 工业和信息化部、内蒙古自治区人民政府在北京签订战略合作框架协议，全面推进内蒙古工业和信息化发展。工业和信息化部部长苗圩出席签约仪式，副部长陈肇雄签署合作协议。

22 日 由工业和信息化部赛迪研究院、中国电子报社主办的第八届中国家电网购高峰论坛在北京召开。论坛同期发布《2016 中国家电网购分析报告》，显示 2016 年，中国 B2C 家电网购市场（含移动终端）规模达 3 846 亿元，同比增长 27.9%。

24 日 工业和信息化部、辽宁省人民政府在辽宁沈阳签署《关于全面振兴辽宁老工业基地战略合作框架协议》，推进辽宁打造具有国际竞争力的先进装备制造基地、新型原材料基地和重要技术创新研发基地。工业和信息化部部长苗圩出席并签署协议。

3 月

1 日 由南昌市人民政府主办的南昌·北京虚拟现实 VR 产业发展交流合作座谈会暨项目合作签约仪式在北京举行。7 家虚拟现实领域相关单位和企业现场签订项目合作协议，共同推进南昌市虚拟现实产业发展。

2 日 工业和信息化部办公厅印发《2017 年工业通信业标准化工作要点》，提出 2017 年工业通信业标准化 6 项重点工作任务。

3 日 由中国信息通信研究院和新华网共同主办的网络强国和实体经济论坛在北京召开。工业和信息化部党组成员、总工程师张峰出席论坛并致辞。

8 日 工业和信息化部办公厅印发《关于做好 2017 年工业质量品牌工作的通知》，明确 5 个方面的重点工作，提出 3 项工作要求。

16 日 工业和信息化部、四川省人民政府签署《加快推进四川先进制造强省建设战略合作协议》，重点在推进先进制造业创新发展、信息化与工业化深度融合等方面开展合作。工业和信息化部部长苗圩出席签约仪式并签署合作协议。

18 日 中国制造企业双创发展联盟成立大会暨高峰论坛在北京召开。联盟旨在落实“双创”等国家战略，由中国电子信息产业发展研究院、中国人民大学信息资源管理学院、海尔集团等单位共同发起成立。工业和信息化部副部长陈肇雄出席并致辞。

19 日 由国务院发展研究中心主办的中国发展高层论坛 2017 年会在北京召开。工业和信息化部部长苗圩出席并以“创新驱动制造业转型升级”为题发表主题演讲。

20 日 新兴产业百人会成立大会暨北斗产业发展论坛在北京召开。新兴产业百人会由工业和信息化部赛迪研究院、中国中信集团有限公司联合一批有志于推进中国新兴产业发展的知名专家学者、企业家等共同发起成立。工业和信息化部副部长辛国斌出席成立大会并致辞。

21 日 工业和信息化部部长苗圩、副部长陈肇雄到国家工业信息安全发展研究中心（工业和信息化部电子第一研究所）就推动国家工业信息安全战略发展开展调研，之后出席国家工业信息安全战略发展研讨会。会上，苗圩讲话并对中心的工作提出要求，陈肇雄宣读中央编办关于工业和信息化部电子科学技术情报研究所更名为国家工业信息安全发展研究中心的批复文件。

23 日 工业和信息化部在广东广州组织召开全国信息化和软件服务业工作座谈会。工业和信息化部副部长陈肇雄出席会议并讲话。

24 日 工业和信息化部发布 2017 年第 11 号公告，废止 150 项强制性行业标准，其中电子行业标准 4 项，包括《电子设备用压敏电阻器安全要求》等；354 项强制性行业标准转化为推荐性行业标准，其中电子行业标准 7 项，包括《信息技术　通用多八位编码字符集（基本多文种平面）汉字 12 点阵字型》等。

28 日 工业和信息化部首届“工信创新创业奖学金”表彰大会暨部属高校创新创业教育成果展在北京航空航天大学举行。工业和信息化部部长苗圩出席大会并讲话。

28—29 日 由中国信息通信研究院、中国通信标准化协会共同主办的 2017 大数据产业峰会在北京召开。会上宣贯和解读《大数据产业发展规划（2016—2020 年）》，并召开国家大数据综合试验区建设论坛等 14 个分论坛。工业和信息化部副部长陈肇雄出席峰会并致辞。

30 日 工业和信息化部印发《云计算发展三年行动计划（2017—2019 年）》，提出到 2019 年，中国云计算产业规模达到 4 300 亿元，突破一批核心关键技术，云计算服务能力达到国际先进水平，对新一代信息产业发展的带动效应显著增强。

31 日 工业和信息化部副部长陈肇雄会见美国亚马逊 AWS 公司全球副总裁鲍勃・金保博，双方就云计算产业发展及亚马逊 AWS 公司在华合作等议题进行交流。

4 月

1—2 日 由深圳市人民政府、数字中国联合会共同主办的 2017 中国（深圳）IT 领袖峰会在深圳召开。本次峰会的主题为“迈进智能新时代”，设置 2 个高端对话和 5 个主题论坛。工业和信息化部副部长陈肇雄出席峰会开幕活动并致辞。

6 日 虚拟现实产业联盟在北京发布《虚拟现实头戴式显示设备通用规范》团体标准，这是中国虚拟现实领域首个自主制定的标准，也是国际上首个头戴显示设备标准。虚拟现实产业联盟国际合作委员会同期成立。工业和信息化部党组成员、总工程师张峰出席会议并讲话。

6—7 日 工业和信息化部部长苗圩出席在德国杜塞尔多夫举行的二十国集团（G20）数字化部长会议。会议通过《G20 数字经济部长宣言》和《数字化路线图》。

9—11日　由工业和信息化部、深圳市人民政府共同主办的第五届中国电子信息博览会在深圳召开。本届博览会的主题为“开启智能时代”，集中展示人工智能、高端芯片、智能制造、虚拟现实及增强现实、智慧家庭等电子信息产业创新成果。新一代信息技术产业发展高峰论坛同期举办。工业和信息化部副部长刘利华出席开幕式，并在高峰论坛上发表主旨演讲。

10日　工业和信息化部印发《中国软件名城创建管理办法（试行）》，自2017年5月15日起实施。

12日　工业和信息化部副部长刘利华会见美国英特尔公司执行副总裁斯泰西·史密斯，双方就集成电路产业发展、英特尔公司在华合作等议题交换意见。

13日　中国健康医疗大数据产业发展有限公司筹建签约仪式在北京举行。参与签约的四大央企分别为中国电子信息产业集团有限公司、国家开发投资公司、中国联合网络通信集团有限公司和中国国有企业结构调整基金股份有限公司。

25日　工业和信息化部、广东省人民政府在北京签署《工业和信息化部、广东省人民政府合作框架协议》。工业和信息化部部长苗圩出席并签署协议，副部长陈肇雄主持签署仪式。

25日　工业和信息化部办公厅印发《太阳能光伏产业综合标准化技术体系》，提出到2020年，初步形成科学合理、技术先进、协调配套的光伏产业标准体系。

26日　工业和信息化部副部长刘利华会见美国半导体行业协会总裁兼首席执行官约翰·诺伊弗，双方就集成电路发展政策及产业合作等议题交换意见。

28日　工业和信息化部党组成员、总工程师张峰会见来访的瑞典企业与创新部住房与数字发展大臣彼得·埃里克松，双方就第五代移动通信技术（5G）、智慧城市、大数据、信息技术和数字化发展等进行交流。

5月

3日　国务院办公厅印发《政务信息系统整合共享实施方案》，提出加快推进政务信息系统整合共享、促进国务院部门和地方政府信息系统互联互通的重点任务和实施路径。

4—5日　工业和信息化部在江苏南京组织召开2017年全国电子信息行业工作座谈会。工业和信息化部副部长刘利华出席会议并讲话。

5日　工业和信息化部在北京召开2017中小企业信息化服务信息发布会。工业和信息化部党组成员、总工程师张峰出席会议并致辞。

5日　促进大数据发展部际联席会议第二次会议在北京召开。会议原则审议通过《促进大数据发展2017年工作要点》《政务信息资源目录编制指南》《国家大数据专家咨询委员会设置方案》等文件。部际联席会议副召集人、工业和信息化部副部长陈肇雄出席会议。

10日　由中国工程院、工业和信息化部共同主办的2017智能制造国际会议在北京召开。工业和信息化部部长苗圩出席会议并作题为“深入推进智能制造，加快培育全球经济发展新动能”的主旨报告。

12日　国务院新闻办公室在北京举行新闻发布会。会上，工业和信息化部副部长辛国斌介绍“一带一路”沿线国家和地区产能合作有关情况，并回答记者提问。

16日　工业和信息化部软件与集成电路促进中心在北京发布《中国集成电路产业人才白皮书（2016—2017）》，对中国集成电路产业人才的供需状况进行全面的分析和总结。

23日　科学技术部会同北京市和上海市人民政府组织召开国家科技重大专项“极大规模集成电路制造装备及成套工艺”成果发布会，中国集成电路重大专项取得多项重要成果。

25—28 日　由国家发展和改革委员会、工业和信息化部、国家互联网信息办公室、贵州省人民政府共同主办的 2017 中国国际大数据产业博览会在贵州贵阳举行。本届博览会的主题为“数字经济引领新增长”。工业和信息化部共支持参与大数据优秀案例发布会等 16 场活动。工业和信息化部部长苗圩出席开幕式并宣读国务院总理李克强的贺信。国务院副总理马凯出席开幕式并讲话。

31 日　工业和信息化部印发《工业控制系统信息安全事件应急管理工作指南》，自 2017 年 7 月 1 日起施行。

5 月　工业和信息化部、中国出口信用保险公司联合签订《关于推动工业通信业“走出去”、实施“一带一路”倡议的合作备忘录》，双方将围绕推进“一带一路”倡议等，加强支持工业通信业“走出去”政策协调，促进产融合作。

6 月

4 日　绿色计算产业联盟技术研讨会暨一届二次理事会在北京召开。联盟由华为技术有限公司等国内外知名信息技术企业以及多家国内科研院校共同发起组建。工业和信息化部副部长刘利华出席会议并讲话。

6 日　工业和信息化部办公厅发布《关于全面推进移动物联网（NB-IoT）建设发展的通知》，内容分 3 个部分共 14 条举措。

6 日　工业和信息化部部长苗圩会见来访的荷兰经济事务部部长亨克·坎普，双方就两国电子信息、“互联网+”等领域合作进行交流。

7 日　国务院召开常务会议，决定部署新建一批大众创业万众创新示范基地，推动体制机制创新和经济转型升级。

7 日　信息化和工业化融合管理体系国家标准发布会在北京召开。GB/T 23000-2017《信息化和工业化融合管理体系　基础和术语》和 GB/T 23001-2017《信息化和工业化融合管理体系　要求》2 项国家标准正式发布。工业和信息化部党组成员、总工程师张峰出席会议并讲话。

7—9 日　由国家金卡工程协调领导小组办公室与中国国际贸易促进委员会电子信息行业分会共同主办的 2017 中国国际物联网博览会在北京举行。本届博览会的主题为“把握时代大势，创新驱动、跨界融合，智能物联、开创未来”。

8 日　国家工业信息安全产业发展联盟成立大会在北京召开。国家工业信息安全发展研究中心任联盟首届理事长单位，所长尹丽波担任联盟理事长。工业和信息化部部长苗圩出席大会并讲话，副部长陈肇雄主持大会。

14 日　由中国电子学会主办的第九届中国云计算大会在北京召开。本届大会的主题为“生态构建、深化应用”。工业和信息化部副部长陈肇雄出席会议并致辞。

15 日　国务院办公厅印发《关于建设第二批大众创业万众创新示范基地的实施意见》，系统部署第二批共 92 个大众创业万众创新示范基地建设工作。

20 日　中国健康医疗大数据股份有限公司投资意向签约仪式在北京举行。浪潮集团有限公司等 10 家企业参与意向签约。工业和信息化部党组成员、总工程师张峰出席会议并致辞。

20—23 日　由工业和信息化部、国家工商行政管理总局、中华全国供销合作总社等部门共同主办的第 18 届中国·青海绿色发展投资贸易洽谈会在青海西宁举行。本届洽谈会的主题为“开放合作·绿色发展”。工业和信息化部部长苗圩出席开幕式并致辞。

21 日　工业和信息化部副部长陈肇雄会见美国微软公司资深副总裁、大中华区董事长兼首席执行官柯睿杰，双方就 2017 年软博会及微软公司在华合作等议题进行交流。

26 日　工业和信息化部、国务院国有资产监督管理委员会、国家标准化管理委员会印发《关于深入推进信息化和工业化融合管理体系的指导意见》，提出到2020年，两化融合管理体系标准体系初步形成，超过5万家企业开展两化融合管理体系贯标，遴选确定200家以上贯标示范企业，培训超过100万人次，基本形成规范、有序、健全的市场化机制。

27—29日 由工业和信息化部、北京市人民政府共同主办的第21届中国国际软件博览会中关村（海淀）软件嘉年华启动仪式在北京举行。本次嘉年华的主题为“软件点亮智慧生活”，是中国国际软件博览会首次开设的分会场。工业和信息化部副部长陈肇雄出席并讲话。

29日—7月1日 由工业和信息化部、北京市人民政府共同主办的第21届中国国际软件博览会在北京举行。本届博览会的主题为“软件定义世界，智能引领未来”。国务院副总理马凯出席并在全球软件产业发展高峰论坛上讲话。工业和信息化部部长苗圩主持高峰论坛。2017中国软件和信息技术服务综合竞争力百强企业发布会同期举行，华为技术有限公司、腾讯科技（深圳）有限公司、中兴通讯股份有限公司分列前三位。由国家工业信息安全发展研究中心编著的《工业和信息化蓝皮书（2016—2017）》正式发布。

30日 由国家制造强国建设战略咨询委员会主办的2017国家制造强国建设专家论坛在北京召开。本届论坛的主题为“提高供给质量水平，振兴先进制造业”。国务院副总理、国家制造强国建设领导小组组长马凯出席论坛并致辞。工业和信息化部副部长、国家制造强国建设领导小组办公室主任辛国斌作主题演讲。

6月 中国国家标准化管理委员会正式发布国家标准《绿色制造 制造企业绿色供应链管理 导则》（GB/T33635-2017）。这是中国首次制定并发布绿色供应链相关标准，该标准由工业和信息化部提出。

7月

3日 工业和信息化部公布徐工工业云平台建设等70个项目为2017年制造业与互联网融合发展试点示范项目。

8日 国务院印发《新一代人工智能发展规划》，提出面向2030年中国新一代人工智能发展的指导思想、战略目标、重点任务和保障措施等。

11日 工业和信息化部副部长陈肇雄在比利时布鲁塞尔与欧盟委员会通信网络、内容和技术总司副总司长鲁哈纳共同主持召开第八次中欧信息技术、电信和信息化对话会议，双方就ICT政策与数字经济、5G研发、物联网与工业数字化等议题交换意见。

11—13日 由中国互联网协会主办的2017（第16届）中国互联网大会在北京召开。本届大会的主题为“广连接·新活力·融实业”，围绕物联网、农业互联网、互联网教育、互联网金融、电子竞技、信息消费、互联网法治、云计算等热点领域推出论坛22场。工业和信息化部部长苗圩出席大会开幕式并致辞。

12日 国务院总理李克强主持召开国务院常务会议，讨论通过《关于强化实施创新驱动发展战略进一步推进大众创业万众创新深入发展的意见》。

12日 工业和信息化部办公厅印发《省级制造业创新中心升级为国家制造业创新中心条件》，对拟升级为国家制造业创新中心的省级制造业创新中心提出12项条件。

13日 工业和信息化部、国家开发投资公司签署《工业和信息化部、国家开发投资公司战略合作协议》，开展全方位战略合作，深入实施制造强国和网络强国战略，深化投融资体制改革。

21日 由中国电子信息行业联合会、中国信息通信研究院和遵义市人民政府共同主办的2017年中国电子信息百强企业发布暨智能终端产业高峰论坛在贵州遵义召开。第31届中国电子信息百强企业名单揭晓。华为技术有限公司连续10届位居榜首，联想集团、海尔集团分列第二、第三名。

21 日　国务院印发《关于强化实施创新驱动发展战略进一步推进大众创业万众创新深入发展的意见》，明确大众创业、万众创新深入发展是实施创新驱动发展战略的重要载体。

22 日　中国绿色制造联盟成立大会在北京召开。联想集团董事长兼 CEO 杨元庆担任联盟理事长，工业和信息化部电子第五研究所任联盟理事长单位。工业和信息化部副部长辛国斌出席大会并讲话。

25 日　工业和信息化部办公厅印发《移动互联网综合标准化体系建设指南》，明确将开展完善顶层规划设计、加快重点和基础公益类标准制定、推动标准实施等 3 项重点工作。

27 日　工业和信息化部召开全国制造业"双创"工作电视电话会议。工业和信息化部副部长陈肇雄出席会议并讲话。

27 日　中国电子信息产业发展研究院、中国制造企业双创发展联盟在北京举办《制造业"双创"平台发展白皮书》发布仪式。该白皮书由中国电子信息产业发展研究院、中国软件评测中心、海尔集团等单位共同编写。

27 日　第三届金砖国家通信部长会议在浙江杭州召开。本届会议的主题为"数字经济时代的信息通信技术创新与融合发展"。会议通过《第三届金砖国家通信部长会议宣言》，在数字经济等方面达成多项共识。工业和信息化部副部长刘利华出席会议并讲话。

29 日　第二届金砖国家工业部长会议在浙江杭州召开。本届会议的主题为"新工业革命背景下制造业发展的机遇和挑战"。会议通过《金砖国家深化工业领域合作行动计划》。工业和信息化部部长苗圩出席会议并致辞。

31 日　工业和信息化部印发《工业控制系统信息安全防护能力评估工作管理办法》，从评估管理组织、评估机构和人员要求等方面，对工业企业开展的工控安全防护能力评估活动进行规范，自 2017 年 9 月 1 日起实施。

8 月

1 日　工业和信息化部印发《制造业"双创"平台培育三年行动计划》，设定总体目标和四大主要行动。

2 日　由工业和信息化部赛迪研究院、中国电子报社主办的第九届中国家电网购高峰论坛在北京召开。论坛同期发布《2017 上半年家电网购分析报告》，显示 2017 年上半年，中国 B2C 家电网购市场（含移动终端）规模迈上 2 000 亿元台阶，达 2 160 亿元，同比增长 16.9%。

3 日　中国互联网协会、工业和信息化部信息中心在北京联合召开 2017 年中国互联网企业 100 强发布会暨百强企业 CEO 论坛。2017 年中国互联网企业 100 强名单揭晓，深圳市腾讯计算机系统有限公司、阿里巴巴集团、百度公司分列前三位。工业和信息化部党组成员、总工程师张峰出席会议并讲话。

9 日　工业和信息化部印发《公共互联网网络安全威胁监测与处置办法》，内容共 15 条，自 2018 年 1 月 1 日起实施。

13 日　国务院印发《关于进一步扩大和升级信息消费、持续释放内需潜力的指导意见》，提出到 2020 年，信息消费规模预计达到 6 万亿元，年均增长 11% 以上，拉动相关领域产出达到 15 万亿元。

18 日　福州国家级互联网骨干直联点开通仪式在福建福州举行。福州骨干直联点开通后，全国互联网骨干直联点达到 13 个。工业和信息化部副部长陈肇雄出席开通仪式并致辞。

22 日　工业和信息化部办公厅印发《关于公布 2017 年两化融合管理体系贯标试点企业名单的通知》，确定北京动力源科技股份有限公司等 706 家企业为国家级两化融合管理体系贯标试点企业。

22 日　工业和信息化部办公厅印发《关于公布

2017 年两化融合管理体系贯标示范企业名单的通知》，确定海尔集团公司等 50 家企业为 2017 年两化融合管理体系贯标示范企业。

23—27 日　由北京市人民政府、工业和信息化部、中国科学技术协会共同主办的 2017 世界机器人大会在北京召开。本次大会的主题为“创新创业创造，迎接智能社会”，由论坛、博览会、机器人大赛三大板块组成。国务院副总理刘延东出席开幕式并讲话。工业和信息化部部长苗圩出席开幕式并致辞，副部长辛国斌出席大会主论坛并作主旨报告。

25 日　国务院总理李克强在北京主持召开推动制造强国建设、持续推进经济结构转型升级座谈会，研究部署相关工作。

25—26 日　由中国两化融合服务联盟、中国制造业与互联网融合发展联盟共同主办的 2017 中国两化融合大会在北京召开。本次大会的主题为“加快新旧动能接续转换，抢抓数字经济发展先机”，融合发展成就展同期举办。工业和信息化部副部长陈肇雄出席大会并致辞。

28 日　工业和信息化部副部长罗文会见三星大中华区总裁张元基，双方就三星在华业务发展情况等议题交换意见。

31 日　由工业和信息化部电子科学技术委员会、天津市科学技术委员会、天津市滨海新区人民政府共同主办的海洋信息系统高峰论坛在天津召开。工业和信息化部副部长罗文出席论坛并致辞。

9 月

4 日　工业和信息化部首次发布《中国电子信息产业综合发展指数研究报告》，显示 2016 年全国电子信息制造业综合发展指数为 134.48，比 2015 年提升 15.53，同比增长 13%；全国软件和信息技术服务业综合发展指数为 135.9，比 2015 年提升 13.6，同比增长 11.1%。

4 日　工业和信息化部在北京组织召开专家审查会，一致同意通过由中国电子技术标准化研究院牵头编制的《电子信息行业“十三五”技术标准体系建设方案》。

4—15 日　国际电信联盟电信标准化局第 20 研究组全体会议及各工作组会议在瑞士日内瓦召开。由国家工业信息安全发展研究中心牵头的 2 项两化融合国际标准在会上成功立项，将中国两化融合管理体系国家标准的部分核心成果成功上升为国际标准。

7 日　国家制造强国建设领导小组车联网产业发展专项委员会第一次会议在北京召开。会议由专项委员会召集人、工业和信息化部部长苗圩主持，副部长罗文参加会议。

7 日　工业和信息化部公布 2017 年（第 16 届）中国软件业务收入前百家企业名单。本届软件百家企业入围门槛为软件业务年收入 14.5 亿元，比上一届提高 1.2 亿元，增长 8.1%。华为技术有限公司以软件业务年收入 2 178 亿元连续 16 年蝉联软件百家企业之首，海尔集团公司、浪潮集团有限公司分列第二、第三名。

8—10 日　由工业和信息化部、人力资源和社会保障部、教育部、中华全国总工会、共青团中央共同主办的第二届全国工业机器人技术应用技能大赛决赛在安徽芜湖举行。工业和信息化部副部长陈肇雄出席大赛闭幕式并讲话。

8—10 日　由国家信息中心、宁波市人民政府等部门共同主办的第七届中国智慧城市技术与应用产品博览会在浙江宁波举行。工业和信息化部党组成员、总工程师张峰出席开幕式并致辞。

10 日　由工业和信息化部、公安部、江苏省人民政府共建的国家智能交通综合测试基地在江苏无锡正式揭牌。

10—13 日　由工业和信息化部、科学技术部和江苏省人民政府共同主办的 2017 世界物联网博览会在江苏无锡举行。本届博览会的主题为“物联世界、共创未来”。2017 世界物联网无锡峰会、全国物联网发展成果和生态展同期举行。工业和信息化部副部长罗文出席峰会并参观展览。

11 日　由中国电子信息产业发展研究院主办的第一届中国汽车电子大会在上海召开。会上，近 30 家产业链企事业单位共同倡议发起成立中国汽车电子产业生态联盟。

11 日　工业和信息化部印发《工业电子商务发展三年行动计划》，提出到 2020 年，工业电子商务普及应用不断深入，工业电子商务平台服务水平持续提升，工业电子商务支撑服务体系基本形成，工业电子商务发展环境日趋完善。

14 日　中国电子信息行业联合会与电子工业出版社联合在北京召开《“一带一路”国家工业和信息化发展指数》发布会。会上，中国电子信息行业联合会北京研究院宣布成立。

25 日　工业和信息化部部长苗圩会见来访的美国商务部长威尔伯·罗斯，双方就中美工业和信息通信领域关注问题交换意见。

25—26 日　由工业和信息化部电子第五研究所、广东省经济和信息化委员会等单位主办的首届中国服务型制造大会在广东广州召开。本届大会的主题为“服务型制造与中国经济新动能”。工业和信息化部党组成员、总工程师张峰出席大会并致辞。

26—27 日　由人民邮电出版社主办的 2017 中国国际大数据大会在北京召开。本届大会的主题为“数据驱动、智能引领——共享数字经济新机遇”。工业和信息化部党组成员、总工程师张峰出席大会并致辞。

27—30 日　由工业和信息化部、中国国际贸易促进委员会共同主办的 2017 年中国国际信息通信展览会在北京举行。本届展览会的主题为“促融合创新、筑网络强国”，全面展示中国信息通信业在网络设施、信息消费、数字经济等方面取得的最新进展，以及在支撑“双创”、融通发展方面的热点、亮点。工业和信息化部副部长陈肇雄出席开幕式并致辞。

10 月

11 日　工业和信息化部在浙江杭州召开全国云计算工作交流会暨企业上云现场会。工业和信息化部副部长陈肇雄出席会议并讲话。

13 日　中国人工智能产业发展联盟成立大会在北京召开。联盟由中国信息通信研究院、中国电子技术标准化研究院、国家工业信息安全发展研究中心等单位牵头，全国 200 余家人工智能相关企业机构共同发起组建。工业和信息化部副部长罗文出席会议并讲话。

13 日　工业和信息化部副部长罗文会见美国 IBM 公司全球高级副总裁罗思民，双方就 IBM 公司与中国业界进一步加强 Power 技术合作、构建 Power 产业生态体系等议题交换意见。

17 日　由中国光伏行业协会、中国可再生能源学会、工业和信息化部赛迪研究院共同主办的 2017 中国光伏大会在北京召开。本次大会的主题为“光伏引领绿色生活”。工业和信息化部副部长罗文出席会议并讲话。

18 日　工业和信息化部在北京组织召开专家论证会，一致同意通过信息光电子、印刷及柔性显示和机器人 3 个国家制造业创新中心建设方案的论证。工业和信息化部副部长罗文出席会议并讲话。

18 日　工业和信息化部印发《产业关键共性技术发展指南（2017 年）》，提出优先发展的产业关键共性技术 174 项，其中，电子信息与通信业 36 项。

23—24 日　由工业和信息化部软件与集成电路促进中心主办的 2017 中国集成电路产业促进大会在江苏昆山召开。本次大会的主题为“中国芯、新动能”。首届“中国芯”企业家峰会同期举行。

25—27 日　由中国半导体行业协会、中国电子器材总公司、上海市经济和信息化委员会共同主办的第 15

届中国国际半导体博览会暨高峰论坛在上海举行。本届博览会的主题为“开放·融合·共享”。第90届中国电子展同期同地举办，主题为“信息化带动工业化，电子技术促进产业升级”。

26日 中国首条第6代柔性AMOLED生产线——BOE（京东方）成都第6代柔性AMOLED生产线实现量产，定位于移动终端产品及新型可穿戴智能设备等领域。

27日 由中国电子元件行业协会主办的2017中国电子元件产业峰会在江苏吴江召开。会议发布2017年（第30届）中国电子元件百强企业榜单，亨通集团有限公司连续九届位居榜首，中天科技集团有限公司、瑞声科技控股有限公司分列第二、第三名。

30日 国务院总理李克强主持召开国务院常务会议，通过《深化“互联网+先进制造业”发展工业互联网的指导意见》，促进实体经济振兴、加快转型升级。

31日 国务院减轻企业负担部际联席会议召开全国电视电话会议，正式启动第六届全国减轻企业负担政策宣传周活动。工业和信息化部副部长辛国斌出席启动仪式并讲话。

31日 工业和信息化部印发《高端智能再制造行动计划（2018—2020年）》，提出到2020年，发布50项高端智能再制造管理、技术、装备及评价等标准，推动建立100家高端智能再制造示范企业、技术研发中心、服务企业、信息服务平台、产业集聚区等。

10月 工业和信息化部、北京市人民政府签署《关于建设国家网络安全产业园区战略合作协议》，将共同在北京建设国家网络安全产业园区。工业和信息化部部长苗圩出席并签署协议。

11月

1—3日 由工业和信息化部、科学技术部、国家知识产权局等六部门共同主办的第14届“中国光谷”国际光电子博览会暨论坛在湖北武汉举行。本届博览会的主题为“光联万物、智引未来”，设有“光智造”“光智联”“光智能”三大主题展馆。工业和信息化部副部长罗文出席开幕式并致辞。会议期间，工业和信息化部、湖北省人民政府和国家开发银行签订《共同推动湖北省电子信息产业跨越发展三年行动合作备忘录（2017—2019年）》。

3—5日 由益阳市人民政府、湖南省农业委员会等部门共同主办的首届生态农业智慧乡村互联网大会在湖南益阳召开。本届互联网大会的主题为“新业态、新动能、新发展、新品牌”。工业和信息化部党组成员、总工程师张峰出席并致辞。

12日 由中国产学研合作促进会、山东省人民政府共同主办的第11届中国产学研合作创新大会在山东济南召开。工业和信息化部副部长罗文出席并讲话。

14日 工业和信息化部印发《公共互联网网络安全突发事件应急预案》，自印发之日起实施。

14—16日 由未来移动通信论坛主办的2017未来5G信息通信技术国际研讨会在北京召开。本届大会的主题为“智慧与安全的5G世界”。工业和信息化部副部长陈肇雄出席会议并致辞。

15日 新一代人工智能发展规划暨重大科技项目启动会在北京召开。会上宣布成立新一代人工智能发展规划推进办公室，由科学技术部、国家发展和改革委员会、财政部、教育部、工业和信息化部等15个部门构成。会上还公布首批4家国家新一代人工智能开放创新平台名单。工业和信息化部副部长罗文出席会议。

16—21日 由商务部、科学技术部、工业和信息化部等部门共同主办的第19届中国国际高新技术成果交易会在深圳举行。本届交易会的主题为“聚焦创新驱动，提升供给质量”。工业和信息化部副部长罗文出席高交会开幕式，参观“工业和信息化5G时代专题馆”，出席由工业和信息化部主办的“5G和车联网产业发展论坛”并致辞。

19 日 国务院印发《关于深化“互联网 + 先进制造业”发展工业互联网的指导意见》，提出到本世纪中叶，工业互联网创新发展能力、技术产业体系以及融合应用等全面达到国际先进水平，综合实力进入世界前列。

20 日 科学技术部、工业和信息化部组织召开核高基国家科技重大专项成果发布会。在重大专项支持下，中国核心电子器件关键技术取得重大突破，电子器件自主保障率从不足 30% 提升到 85% 以上。

20 日 工业和信息化部在福建泉州召开 2017 年消费品工业智能制造试点示范现场经验交流会。工业和信息化部副部长罗文出席会议并讲话。

21 日 由工业互联网产业联盟、中国信息通信研究院等部门联合主办的 2017 中国工业互联网大会在广东广州召开。本次大会的主题为“工业互联、智造转型”。工业和信息化部副部长陈肇雄出席开幕式并致辞。

21 日 由国家制造强国建设战略咨询委员会主办的 2017 中国工业质量品牌建设论坛在北京召开。工业和信息化部副部长罗文出席论坛并作专题演讲。

23 日 世界 VR 产业大会筹备工作会议在江西南昌召开。工业和信息化部副部长罗文出席会议并讲话。

23 日 全国工信系统扩大和升级信息消费厅局级专题培训班在北京举办。工业和信息化部副部长陈肇雄出席，并围绕《国务院关于进一步扩大和升级信息消费、持续释放内需潜力的指导意见》进行专题解读授课。

24 日 工业和信息化部组织召开全国智能制造试点示范经验交流电视电话会议。工业和信息化部副部长辛国斌出席会议并讲话。

24—26 日 由工业和信息化部、中国国际贸易促进委员会和安徽省人民政府共同主办的第 11 届中国（合肥）国际家用电器暨消费电子博览会在安徽合肥举行。工业和信息化部副部长罗文出席开幕式并致辞。

26 日 中共中央办公厅、国务院办公厅印发《推进互联网协议第六版（IPv6）规模部署行动计划》，指出用 5 到 10 年时间，形成下一代互联网自主技术体系和产业生态，建成全球最大规模的 IPv6 商业应用网络，实现下一代互联网在经济社会各领域深度融合应用。

12 月

1 日 工业和信息化部、上海市人民政府签署关于共同推进工业互联网创新发展、促进制造业转型升级的战略合作框架协议。工业和信息化部副部长陈肇雄签署协议，并为工业互联网创新中心揭牌。

2 日 工业和信息化部与浙江省人民政府、杭州市人民政府分别签署《工业和信息化部、浙江省人民政府共同推进工业互联网发展合作协议》《工业和信息化部、浙江省人民政府、杭州市人民政府协同开展国际级软件名城创建工作合作协议》。工业和信息化部副部长陈肇雄出席签署仪式。

3—5 日 由国家互联网信息办公室、浙江省人民政府共同主办的第四届世界互联网大会在浙江乌镇召开。本届大会的主题为“发展数字经济、促进开放共享——携手共建网络空间命运共同体”。大会首次发布《中国互联网发展报告 2017》和《世界互联网发展报告 2017》。国家主席习近平为大会发来贺信。中央书记处书记王沪宁出席开幕式并发表主旨演讲。工业和信息化部副部长陈肇雄出席“数字丝绸之路”国际合作论坛、人工智能论坛等并致辞。

6 日 国务院总理李克强主持召开国务院常务会议，部署加快推进政务信息系统整合共享，以高效便捷的政务服务增进群众获得感。

6 日 由长沙市人民政府、湖南省经济和信息化委员会、中国电子信息产业集团共同主办的第二届中国（长沙）智能制造峰会在湖南长沙召开。工业和信息化部副部长罗文出席会议并致辞。

8 日 中共中央政治局就实施国家大数据战略进行

第二次集体学习。中共中央总书记习近平在主持学习时强调，审时度势、精心谋划、超前布局、力争主动，实施国家大数据战略，加快建设数字中国。

6—8 日 由工业和信息化部、中国工程院、中国科学技术协会、江苏省人民政府共同主办的 2017 世界智能制造大会在江苏南京召开。本次大会的主题为“聚 · 融 · 创 · 变”，分为智领全球高峰会、智领全球嘉年华和智领全球博览会三大版块。工业和信息化部副部长刘利华出席会议并致辞。

11 日 工业和信息化部公布中国电子信息产业发展研究院等 17 家单位列入工业和信息化部产业技术基础公共服务平台名单（第二批）。

12 日 由北京市经济和信息化委员会、北京市通信管理局共同主办的首届中国网络安全产业高峰论坛在北京召开。本次论坛的主题为“做强网络安全产业，服务网络强国建设”。工业和信息化部副部长陈肇雄出席论坛并致辞。

12 日 工业和信息化部印发《工业控制系统信息安全行动计划（2018—2020 年）》，提出到 2020 年，全系统工控安全管理工作体系基本建立，全社会工控安全意识明显增强。

13 日 由国家工业信息安全发展研究中心、工业和信息化部软件与集成电路促进中心、北京市海淀区人民政府等部门联合主办的 2017 中国产业互联与数字经济大会峰会在北京召开。本次会议的主题为“整合、融通、再造”。工业和信息化部副部长罗文出席会议并致辞。

13 日 工业和信息化部印发《促进新一代人工智能产业发展三年行动计划（2018—2020 年）》，提出通过实施 4 项重点任务，力争到 2020 年，一系列人工智能标志性产品取得重要突破，在若干重点领域形成国际竞争优势，人工智能和实体经济融合进一步深化，产业发展环境进一步优化。

14 日 工业和信息化部部长苗圩会见随韩国总统来访的韩国产业通商资源部部长白云揆，双方就加强中韩产业合作交换意见，并在两国元首见证下签署《中华人民共和国工业和信息化部与大韩民国产业通商资源部绿色—生态产业开发领域战略合作的谅解备忘录》。

15 日 中国工业技术软件化产业联盟成立大会在北京召开。联盟以行业龙头企业为核心成员，主要任务是推进中国工业技术软件化进程，促进制造业与互联网融合发展。工业和信息化部副部长陈肇雄出席会议并为联盟揭牌。

15 日 工业和信息化部副部长罗文会见美国英特尔公司首席执行官科再奇，双方就英特尔在华合作、智能网联汽车发展等议题交换意见。

19 日 工业和信息化部印发《关于培育发展工业通信业团体标准的实施意见》，提出到 2020 年，工业通信业团体标准化工作机制基本健全，团体标准的市场认可度得到较大幅度提升。

19 日 工业和信息化部、民政部、国家卫生和计划生育委员会印发《关于公布 2017 年智慧健康养老应用试点示范名单的通告》，确定 2017 年智慧健康养老应用试点示范名单，包括 53 家智慧健康养老示范企业、82 个智慧健康养老示范街道（乡镇）和 19 个智慧健康养老示范基地。

25 日 工业和信息化部在北京召开全国工业和信息化工作会议。工业和信息化部部长苗圩作题为“全面贯彻党的十九大精神，奋力谱写制造强国和网络强国建设新篇章”的讲话。

26 日 国家集成电路产业发展咨询委员会专家会议在北京召开。本次会议的主题为“智能时代，集成电路产业创新发展之路”。工业和信息化部部长苗圩出席会议并讲话。

27 日 由国家工业信息安全产业发展联盟、国家工业信息安全发展研究中心、浙江省经济和信息化委员会共同主办的 2017 工业信息安全论坛暨国家工业信息安全产业发展联盟年会在浙江杭州召开。会议发布《2017年工业信息安全态势白皮书》，这是中国首份公开发布的工业信息安全态势白皮书。

27日 工业和信息化部、国家标准化管理委员会印发《国家车联网产业标准体系建设指南（智能网联汽车）》，为《国家车联网产业标准体系建设指南》系列文件的第二部分，主要针对智能网联汽车通用规范、核心技术与关键产品应用。

28日 由工业和信息化部、民政部、国家卫生和计划生育委员会联合主办的智慧健康养老产业发展大会在北京召开。大会为2017年智慧健康养老示范企业、示范街道（乡镇）、示范基地授牌。工业和信息化部副部长罗文出席会议并讲话。

28日 工业和信息化部在北京召开工业和信息化标准工作推进会。会议公布首批工业和信息化部百项团体标准应用示范项目名单，31家单位发布的106项团体标准入选。工业和信息化部副部长罗文出席会议并讲话。

28日 由中国电子信息产业发展研究院、中国制造企业双创发展联盟共同主办的中国制造企业“双创”平台建设现场会在北京召开。首届中国工业互联网“双创”开发者大赛在会上正式启动。

29日 由国家制造强国建设战略咨询委员会主办的2017中国工业强基战略推进论坛在北京召开。本次论坛的主题为“强化工业基础，促进协同创新”。工业和信息化部副部长罗文出席论坛并讲话。

[编辑部整理]

产业概况

经济运行

【概况】 2017年，中国电子信息行业增速保持领先，结构调整深入推进，创新能力日益提升，新旧动能加快转换，质量效益不断提高，有力支撑制造强国和网络强国建设，行业整体运行呈现稳中有进、稳中向好态势。“稳”是指电子信息行业在国民经济各行业中增势突出，带动作用明显；“进”是指电子信息行业结构调整深化，质量效益提升；“好”是指电子信息行业支撑、引领和渗透作用不断得到认可和重视，国家出台大批政策规划为产业持续健康发展创造良好环境。

【行业规模】 2017年，中国电子信息行业规模持续扩大，结构调整与动能转换成效显著。规模以上电子信息制造业增加值增长13.8%，高于全国工业平均水平7.2个百分点。电子信息制造业与软件业收入超过18万亿元；其中，电子信息制造业实现收入13万亿元；软件业收入超过5.5万亿元。从结构调整与动能转换看，一方面传统规模优势继续保持，手机、计算机和彩电产量分别达到19.2亿部、3.1亿台和1.7亿台，稳居全球第一。另一方面，主要行业和产品高端化、智能化发展成果显著，智能手机、智能电视市场渗透率超过80%，智能可穿戴设备、智能家居产品、虚拟现实设备等新兴产品种类不断丰富。在虚拟现实/增强现实、无人驾驶、人工智能、无人机、智慧健康养老等新兴领域，涌现出一大批创新型企业，技术和应用在全球处于领先地位。

【创新能力】 2017年，中国电子信息行业坚持创新驱动，产业基础与创新体系日益完善。基于国产众核处理器的“神威·太湖之光”超级计算机，继续蝉联全球超算500强榜首。集成电路行业保持高速增长势头，收入规模突破5 000亿元；3D NAND闪存芯片（三维闪存芯片）从无到有；华为发布麒麟970智能芯片；飞腾、龙芯、兆芯等国产CPU性能持续提升，与国际领先水平差距进一步缩小。中国首条柔性屏生产线在成都京东方实现量产，结束国外企业在柔性手机屏领域独霸的局面。随着工业强基工程的深入实施，电池隔膜材料、微电机系统传感器、石墨烯等基础产品打破国外垄断，解决一批“卡脖子”问题。在软件和通信领域，云计算、大数据、工业互联网、人工智能等新兴技术加速推广应用；5G、下一代互联网、超高速大容量光传输技术、量子通信等前沿技术的研发和商用进程不断加快。国家制造业创新中心建设取得新突破，新增信息光电子、印刷及柔性显示、机器人等三家国家制造业创新中心，创新体系建设不断完善。

【固定资产投资】 2017年，中国电子信息行业投资增势突出。电子信息行业完成固定资产投资1.9万亿元，同比增长22.2%，高于全国制造业投资增速17.4个百分点，对制造业投资增长贡献率接近30%。从重点领域看，集成电路"大基金"累计有效承诺投资额超过千亿元，在制造、设计、封测、装备材料等各环节实现全产业链覆盖，缓解产业投融资瓶颈，有效推动上下游企业战略合作。

【资源整合】 2017年，电子信息行业资源整合与协同合作不断深化，深入贯彻协调、开放、共享的发展理念，在政府部门、行业组织和龙头企业牵头引领下，国家工业信息安全产业发展联盟、国家大数据创新联盟、中国VR产业应用创新联盟、中国云服务联盟、中国智慧交通车联网产业创新联盟、中国人工智能产业发展联盟相继成立。这些联盟的组建，瞄准产业发展热点领域，致力于打造政府和产业界的协同联动平台，有效推动资源共享，促进产学研用结合，进一步提升产业创新能力和竞争实力。

【进出口贸易】 2017年，中国电子信息行业外需市场回稳，品牌价值与国际地位持续提升。中国高新技术产品进出口总额12 514亿美元，同比增长11%；其中出口6 674亿美元，增长10.6%；进口5 840亿美元，增长11.5%；行业外贸扭转前两年的下降态势，实现稳步增长。在市场规模扩张的同时，中国品牌国际影响力和中国企业的国际分工地位不断提升。从品牌影响力看，世界品牌价值及战略咨询公司发布的"2017年度全球500强"报告显示，阿里巴巴、华为、腾讯等进入前50位；据2017年中国出海品牌30强排行榜及报告显示，联想、小米等中国品牌海外影响力日渐扩大，以创新型数字设备及服务见长；在2018年CES展览中，中国品牌参展数量占比超过30%，BAT、华为、中兴、TCL、创维等企业与谷歌、亚马逊和英伟达等公司同台竞技。从国际分工地位看，中国正从跟随代工的角色向创造引领的角色转变，在手机、彩电、语音交互和无人机等行业领域，中国产品和服务的质量不断提高，行业国际地位不断提高。在前沿领域，5G技术网络架构等技术成为国际标准，有望在2020年成为新一代宽带移动通信领域全球领跑者之一。中国提出的两化融合评估国际标准提案正式在国际标准化组织立项，为全球产业界贡献了中国智慧。

【效益水平】 2017年，中国电子信息行业效益质量提高，支撑引领与辐射带动作用增强。规模以上电子信息制造业利润总额超过7 000亿元，同比增长15%以上，行业平均利润率5.4%，比上年提高0.2个百分点。软件业利润总额超过6 500亿元，同比增长10%以上，企业平均利润率超过7.0%。电子信息制造业收入与利润占全国工业比重进一步提升，双双超过10%。除自身效益水平提升外，电子信息技术为其他产业"赋能"成为不争的事实，成为融合发展的"润滑剂""加速器"。2017年，中国工业化与信息化加速深度融合，数字驱动的工业新生态正在构建，企业"上云"行动成效显现，一批新型工业App实现商业化应用，制造业骨干企业"双创"平台普及率接近70%。信息技术与经济社会各领域跨界融合不断加深，数字经济、平台经济和共享经济广泛渗透，移动支付、网络购物和共享单车等被称为中国"新四大发明"，改变全球的经济和产业格局。信息消费从生活消费加速向产业消费渗透，成为创新最活跃、增长最迅猛、辐射最广泛的经济领域之一，预计到2020年信息消费规模将达6万亿元，拉动相关领域产出达15万亿元。

【发展趋势】 从宏观经济环境看，2018年世界经济有望继续复苏但仍将波动徘徊，突发性风险始终存在。中国经济持续发展具有许多有利条件，但也面临诸多矛盾、困难和问题，外有发达国家"再工业化"和发展中国家工业化进程加快的双重挤压，内有生产成本上升、产业增速放缓、投资低迷等挑战，中小企业和部分地区经济下行压力加大也需要密切关注。从产业自身发展看，虽然近年来中国电子信息行业取得快速发展和进步，但结构性失衡问题依然存在，主要体现为：一是创新能力整体偏弱，以企业为主体的创新体系尚不完善；二是基础配套能力不足，关键材料、核心零部件等瓶颈突出；三是产品质量和可靠性亟待提升；四是品牌建设滞后，缺少一批具有国际影响力的品牌和领军型企业。尽管面临这些困难和挑战，但中国经济发展长期向好的基本面没有改变，电子信息行业转型发展拥有广阔空间。中国已形成完备的产业体系和坚实的制造基础，拥有吸收新技术的巨大市场，具有抓住这次科技革命和产业变革机遇的产业基础条件和广阔需求空间。电子信息行业应充分利用各种有利条件，加快新旧动能转换，巩固和发展既有优势，加速实现转型升级，产业有望培育出国际竞争新优势，加快迈向全球价值链中高端。

2018年以及整个十三五期间，中国电子信息行业发展的外部经济环境良好，虽然面临一些新的挑战和深层次矛盾，但更应看到难得的历史机遇和政策支撑，预计行业增速将继续保持稳定增长，支撑、渗透作用进一步增强。

电子信息百强企业

【整体规模】 本届电子信息百强企业整体规模进一步扩大，实现主营业务收入合计3.5万亿元，比上届增长16.7%；总资产合计4.4万亿元，比上届增长10%。其中前三名企业主营业务收入均超过2 000亿元；百强企业中主营业务收入超过1 000亿元的有10家，比上届增加4家；超过100亿元的有66家，比上届增加8家；入围企业最低主营业务收入50.4亿元，比上届提高6.8亿元。

【效益水平】 本届电子信息百强企业效益水平进一步提高，共实现利润总额2 249亿元，比上届增长20.5%，超过收入增速3.8个百分点；平均利润率6.4%，比上届提高0.2个百分点，超过行业平均水平0.9个百分点；平均应收账款周转率5.6次；存货周转天数35天；资产负债率66.0%；利息保障倍数6.1倍；各项绩效指标在全行业均处于领先地位。

【研发能力】 本届电子信息百强企业研发能力进一步提升，研发投入合计2 194亿元，比上届增长16%，与收入增速保持同步，平均研发投入强度6.3%，超过全行业平均水平2个百分点以上；研发人员合计45万人，比上届增加6万人，占全部从业人员比重22.1%。截至2017年年末，百强企业专利总量34.1万件，比上届增加3.4万件；其中发明专利26.1万件，比上届增加7.2万件，发明专利占比76.6%。2017年中国发明专利授权量前十强企业中，华为技术有限公司、京东方科技集团股份有限公司、中兴通讯股份有限公司、联想集团和中芯国际集成电路制造有限公司分列第2、第4、第5、第6和第10位。

【国际竞争实力】 本届电子信息百强企业跨国经营进一步深化，2017年出口额7 737亿元，占行业总量比重达到18.4%。其中，19家企业出口额超过100亿元，22家企业海外市场收入比重超过50%。在产品出口规模扩张的同时，百强企业引领中国品牌的国际影响力和国际分工地位不断提升。

【战略转型】 本届电子信息百强企业战略转型进一步加快。百强企业积极响应国家“两个强国”战略部署，不断加快自身转型升级，夯实核心基础领域；不断推进产品和服务向高端化、智能化方向迈进；积极布局新兴领域和未来技术高点。

【责任意识】 本届电子信息百强企业责任意识进一步增强。百强企业在经济和就业方面拉动作用进一步提高，实现税金总额1 378亿元，比上届增长17%；从业人员合计205万人，比上届增加21万人；税金和从业人员占全行业总量60%和15%以上。百强企业积极承担各项社会责任。2017年，百强企业中近80%发布社会责任报告，向各类公益事业直接捐款超过20亿元。经过30多年的发展，电子信息百强企业由小到大，由弱到强，历经了经济结构、市场结构和产品服务结构多方面转型，实现规模、效益、技术、品牌的全方位跃升，在引领产业健康发展，支撑经济社会转型等方面发挥重要作用。在新时代，百强企业应积极把握新的政策和市场机遇，强化自主创新，加速应用推广，积极谋划布局，探索高质量发展路径，为实现制造强国和网络强国战略目标做出新的贡献。

【统计数据】

表 1　2018 年中国电子信息百强企业名单

序号	企业名称	序号	企业名称
1	华为技术有限公司	27	康佳集团股份有限公司
2	联想集团	28	航天信息股份有限公司
3	海尔集团公司	29	同方股份有限公司
4	比亚迪股份有限公司	30	宁波均胜电子股份有限公司
5	TCL 集团股份有限公司	31	歌尔股份有限公司
6	四川长虹电子控股集团有限公司	32	上海诺基亚贝尔股份有限公司
7	中兴通讯股份有限公司	33	广东德赛集团有限公司
8	北大方正集团有限公司	34	蓝思科技股份有限公司
9	海信集团有限公司	35	江苏新潮科技集团有限公司
10	京东方科技集团股份有限公司	36	深圳华强集团有限公司
11	小米集团	37	联合汽车电子有限公司
12	浪潮集团有限公司	38	福建省电子信息（集团）有限责任公司
13	紫光集团有限公司	39	舜宇集团有限公司
14	杭州海康威视数字技术股份有限公司	40	华勤通讯技术有限公司
15	东旭集团有限公司	41	四川九洲电器集团有限责任公司
16	中天科技集团有限公司	42	霈雄铜业集团有限公司
17	上海仪电（集团）有限公司	43	电信科学技术研究院有限公司
18	武汉邮电科学研究院有限公司	44	南通华达微电子集团有限公司
19	通鼎集团有限公司	45	浙江大华技术股份有限公司
20	中芯国际集成电路制造有限公司	46	万马联合控股集团有限公司
21	河南森源集团有限公司	47	许继集团有限公司
22	晶龙实业集团有限公司	48	江苏宏图高科技股份有限公司
23	创维集团有限公司	49	新华三技术有限公司
24	欧菲科技股份有限公司	50	深圳市大疆创新科技有限公司
25	南瑞集团有限公司	51	株洲中车时代电气股份有限公司
26	富通集团有限公司	52	浙江富春江通信集团有限公司

续表

序号	企业名称	序号	企业名称
53	天马微电子股份有限公司	77	浙江南都电源动力股份有限公司
54	陕西电子信息集团有限公司	78	昆山丘钛微电子科技有限公司
55	闻泰通讯股份有限公司	79	江西合力泰科技有限公司
56	上海华虹（集团）有限公司	80	骆驼集团股份有限公司
57	湖北凯乐科技股份有限公司	81	中电科电子装备集团有限公司
58	广州无线电集团有限公司	82	深圳市新天下集团有限公司
59	浙江晶科能源有限公司	83	中冶赛迪集团有限公司
60	普联技术有限公司	84	横店集团东磁有限公司
61	东方日升新能源股份有限公司	85	哈尔滨光宇集团股份有限公司
62	广州视源电子科技股份有限公司	86	华域视觉科技（上海）有限公司
63	铜陵精达铜材（集团）有限责任公司	87	深圳市泰衡诺科技有限公司
64	智慧海派科技有限公司	88	风帆有限责任公司
65	芜湖长信科技股份有限公司	89	利亚德光电股份有限公司
66	江苏协鑫硅材料科技发展有限公司	90	万利达集团有限公司
67	深圳市兆驰股份有限公司	91	中新科技集团股份有限公司
68	华讯方舟科技有限公司	92	中国乐凯集团有限公司
69	深圳市共进电子股份有限公司	93	福州福大自动化科技有限公司
70	阳光电源股份有限公司	94	华润微电子有限公司
71	中国四联仪器仪表集团有限公司	95	深圳市康冠技术有限公司
72	安徽天康（集团）股份有限公司	96	新大陆科技集团有限公司
73	惠科股份有限公司	97	厦门宏发电声股份有限公司
74	上海与德通讯技术有限公司	98	北京华胜天成科技股份有限公司
75	深圳市长盈精密技术股份有限公司	99	深南电路股份有限公司
76	上海龙旗科技股份有限公司	100	昆山龙腾光电有限公司

[供稿：中国电子信息行业联合会]

产业数据

说 明

1. 统计范围：电子信息制造业包括在中国境内注册（不包括中国港、澳、台地区），年主营业务收入 1 000 万元以上，从事电子信息产品生产及研发的企、事业独立法人单位；电子信息产业固定资产投资统计的是计划总投资 500 万元以上的建设项目。软件产业包括三类，一是在中国境内注册（中国港、澳、台地区除外），主要从事软件研发、系统集成及相关信息技术服务等业务，且主营业务年收入 500 万元以上，具有独立法人资格的软件企业（含软件认证企业）；二是在中国境内注册，主营业务年收入 1 000 万元以上，并有软件研发、系统集成服务及相关信息技术服务收入，且该收入占本企业主营业务收入 30% 以上的独立法人单位；三是在中国境内注册，主要从事集成电路设计的企业或其集成电路设计和测试收入占本企业主营业务收入 60% 以上，且主营业务年收入 500 万元以上的独立法人单位。

2. 数据来源：电子信息制造业主要经济指标、固定资产投资数据主要来自国家统计局；电子信息制造业主要电子信息产品产销存等主要经济指标数据来自工业和信息化部电子信息制造业统计年报；软件和信息技术服务业数据来自工业和信息化部软件和信息技术服务业统计年报。

3. 本统计数据不包括中国港、澳、台地区。软件和信息技术服务业数据暂不含西藏自治区。

4. 由于四舍五入，各项值累加与合计值有可能存在误差。

5. 本统计资料解释权在工业和信息化部运行监测协调局。

表 1　2017 年规模以上电子信息产业主要指标完成情况

项目名称	单位	2016 年	2017 年	增速（%）
主营业务收入	亿元	162 941	185 416	13.8
其中：制造业	亿元	114 709	130 313	13.6
软件业	亿元	48 232	55 103	14.2
利润总额	亿元	13 022	15 935	22.4
其中：制造业	亿元	6 464	7 180	11.1
软件业	亿元	6 558	8 755	33.5
固定资产投资	亿元	16 201	19 789	22.1

规模以上制造业统计数据

表 2　2017 年按经济类型分列的电子信息产业制造业主要经济指标完成情况（1）

项目名称	企业数（家）	亏损企业数（家）	主营业务收入（亿元）	利润总额（亿元）	平均用工人数（万人）
总计	22 561	3 625	130 313.0	7 180.4	1 085.8
国有经济	38	7	162.4	9.0	1.5
集体经济	25	2	118.9	6.8	2.2
股份合作经济	29	1	51.4	4.5	0.3
股份制经济	15 989	2 276	62 036.4	4 037.0	503.6
外商及中国港、澳、台投资经济	6 215	1 322	67 460.3	3 098.8	574.4
其他经济	265	17	483.6	24.4	3.7

表 3　2017 年大中型工业主要经济指标完成情况（1）

项目名称	企业数（家）	亏损企业数（家）	主营业务收入（亿元）	利润总额（亿元）	平均用工人数（万人）
大中型工业	6 416	915	107 412.6	5 960.5	870.2

表 4　2017 年国有控股企业主要经济指标完成情况（1）

项目名称	企业数（家）	亏损企业数（家）	主营业务收入（亿元）	利润总额（亿元）	平均用工人数（万人）
国有控股企业	813	183	10 160.6	714.6	74.3

表 5 2017 年私营企业主要经济指标完成情况（1）

项目名称	企业数（家）	亏损企业数（家）	主营业务收入（亿元）	利润总额（亿元）	平均用工人数（万人）
私营企业	10 391	1 342	26 455.8	1 606.1	228.5

表 6 2017 年通信设备工业行业主要经济指标完成情况（1）

项目名称	企业数（家）	亏损企业数（家）	主营业务收入（亿元）	利润总额（亿元）	平均用工人数（万人）
合计	1 992	415	33 551.5	1 600.9	200.2
通信系统设备制造	849	130	11 737.1	926.5	67.8
通信终端设备制造	1 143	285	21 814.4	674.4	132.4

表 7 2017 年雷达工业行业主要经济指标完成情况（1）

项目名称	企业数（家）	亏损企业数（家）	主营业务收入（亿元）	利润总额（亿元）	平均用工人数（万人）
合计	57	12	354.0	20.0	2.7
雷达及配套设备制造	57	12	354.0	20.0	2.7

表 8 2017 年广播电视设备工业行业主要经济指标完成情况（1）

项目名称	企业数（家）	亏损企业数（家）	主营业务收入（亿元）	利润总额（亿元）	平均用工人数（万人）
合计	706	103	1 941.3	141.4	24.5
广播电视节目制作及发射设备制造	52	4	132.1	11.2	1.0
广播电视接收设备及器材制造	467	70	1 272.9	88.8	18.6
应用电视设备及其他广播电视设备制造	187	29	536.3	41.4	4.9

表 9 2017 年电子计算机工业行业主要经济指标完成情况（1）

项目名称	企业数（家）	亏损企业数（家）	主营业务收入（亿元）	利润总额（亿元）	平均用工人数（万人）
合计	1 689	312	19 485.3	602 .0	121.8
计算机整机制造	190	38	12 019.9	180.3	40.5
计算机零部件制造	609	100	2 786.8	135.3	36.6
计算机外围设备制造	504	110	2 786.2	134.9	23.8
其他计算机制造	221	31	1 345.3	123.0	14.9
幻灯及投影设备制造	46	10	123.1	4.8	1.0
计算器及货币专用设备制造	119	23	424.0	23.7	5.0

表 10　2017 年家用视听设备工业行业主要经济指标完成情况（1）

项目名称	企业数（家）	亏损企业数（家）	主营业务收入（亿元）	利润总额（亿元）	平均用工人数（万人）
合计	1 080	220	8 144.2	321.0	58.7
电视机制造	202	47	4 807.6	185.6	19.8
音响设备制造	579	110	1 299.6	63.1	21.2
影视录放设备制造	299	63	2 037.0	72.3	17.7

表 11　2017 年电子器件工业行业主要经济指标完成情况（1）

项目名称	企业数（家）	亏损企业数（家）	主营业务收入（亿元）	利润总额（亿元）	平均用工人数（万人）
合计	3 154	542	18 691.9	1 280.2	170.2
电子真空器件制造	90	16	228.3	13.1	2.8
半导体分立器件制造	343	52	1 248.3	74.9	13.3
集成电路制造	499	92	3 360.6	359.3	28.9
光电子器件及其他电子器件制造	2 222	382	13 854.7	832.9	125.2

表 12　2017 年电子元件工业行业主要经济指标完成情况（1）

项目名称	企业数（家）	亏损企业数（家）	主营业务收入（亿元）	利润总额（亿元）	平均用工人数（万人）
合计	7 358	985	20 823.2	1 332.1	290.7
电力电子元器件制造	1 481	170	2 473.2	172.1	34.3
电子元件及组件制造	4 913	643	14 624.2	941.1	197.8
印制电路板制造	964	172	3 725.8	218.9	58.6

表 13　2017 年电子测量仪器工业行业主要经济指标完成情况（1）

项目名称	企业数（家）	亏损企业数（家）	主营业务收入（亿元）	利润总额（亿元）	平均用工人数（万人）
合计	1 006	140	2 456.8	251.8	22.2
环境监测专用仪器仪表制造	118	11	280.1	25.0	2.3
运输设备及生产用计数仪表制造	177	20	658.7	47.3	5.3
导航、气象及海洋专用仪器制造	73	13	166.0	9.7	1.3
农林牧渔专用仪器仪表制造	19	2	59.9	4.2	0.3
地质勘探和地震专用仪器制造	49	8	108.6	9.0	0.8
核子及核辐射测量仪器制造	8		29.2	2.5	0.1
电子测量仪器制造	174	16	272.3	32.9	3.1
医疗诊断、监护及治疗设备制造	388	70	882.0	121.2	9.0

表 14 2017 年电子工业专用设备行业主要经济指标完成情况（1）

项目名称	企业数（家）	亏损企业数（家）	主营业务收入（亿元）	利润总额（亿元）	平均用工人数（万人）
合计	2 006	272	6 858.9	453.0	66.3
电子工业专用设备制造	637	66	1 304.9	109.9	13.9
其他电子设备制造	1 369	206	5 554.0	343.1	52.4

表 15 2017 年电子信息机电工业行业主要经济指标完成情况（1）

项目名称	企业数（家）	亏损企业数（家）	主营业务收入（亿元）	利润总额（亿元）	平均用工人数（万人）
合计	3 057	534	14 902.2	911.4	111.1
微电机及其他电机制造	955	104	2 834.5	238.9	33.5
光纤、光缆制造	303	37	2 009.6	150.3	8.3
光伏设备及元器件制造	910	198	5 942.9	213.6	28.6
锂离子电池制造	784	176	3 749.3	285.8	36.7
镍氢电池制造	105	19	365.9	22.8	4.0

表 16 2017 年其他电子信息行业主要经济指标完成情况（1）

项目名称	企业数（家）	亏损企业数（家）	主营业务收入（亿元）	利润总额（亿元）	平均用工人数（万人）
合计	456	90	3 103.8	266.5	17.4
信息化学品制造	456	90	3 103.8	266.5	17.4

表 17 2017 年按省、自治区、直辖市分列的电子信息产业制造业主要经济指标完成情况（1）

省、自治区、直辖市名称	企业数（家）	亏损企业数（家）	主营业务收入（亿元）	利润总额（亿元）	平均用工人数（万人）
北京市	374	78	3 007.9	182.1	11.9
天津市	375	92	2 104.3	99.8	13.3
河北省	353	40	1 178.7	67.0	13.7
山西省	55	16	977.8	33.3	13.1
内蒙古自治区	38	15	183.2	5.5	1.4
辽宁省	207	52	806.0	95.9	8.2
吉林省	60	8	131.6	11.0	1.1
黑龙江省	38	6	57.4	2.4	1.0
上海市	672	147	6 493.1	224.7	39.9
江苏省	4 238	682	27 250.8	1 488.9	218.0

续表

省、自治区、直辖市名称	企业数（家）	亏损企业数（家）	主营业务收入（亿元）	利润总额（亿元）	平均用工人数（万人）
浙江省	2 355	363	5 925.2	452.9	63.9
安徽省	936	136	3 540.6	213.2	25.4
福建省	724	94	4 811.9	323.2	37.0
江西省	778	75	3 730.3	253.5	34.8
山东省	1 237	153	6 973.1	400.4	44.3
河南省	596	45	5 047.9	173.3	50.4
湖北省	613	100	2 672.3	107.0	18.9
湖南省	711	55	2 464.2	121.3	24.5
广东省	6 279	1 193	39 389.5	2 164.8	373.8
广西壮族自治区	167	17	2 093.2	180.1	12.5
海南省	4	2	29.5	–2.5	0.3
重庆市	540	64	4 442.2	175.2	26.1
四川省	624	72	4 271.0	167.3	33.6
贵州省	236	44	670.8	14.6	6.0
云南省	49	10	183.0	3.8	1.2
陕西省	226	37	1 377.4	157.2	8.2
甘肃省	23	9	102.4	10.4	1.1
青海省	20	8	77.7	10.4	0.5
宁夏回族自治区	14	5	157.7	21.1	0.9
新疆维吾尔自治区	19	7	162.2	22.3	1.0

表 18　2017 年按经济类型分列的电子信息产业制造业主要经济指标完成情况（2）

单位：亿元

项目名称	主营业务成本	销售费用	管理费用	财务费用	利息支出
总计	113 852.8	2 984.6	6 645.8	616.1	624.1
国有经济	138.8	2.8	11.6	1.6	1.8
集体经济	105.8	0.5	4.6	0.8	0.8
股份合作经济	42.8	1.1	2.3	0.2	0.1
股份制经济	51 538.3	2 096.5	4 291.7	485.4	387.2
外商及中国港、澳、台投资经济	61 602.4	874.8	2 315.9	124.9	232.3
其他经济	424.7	9.0	19.6	3.0	1.9

表 19　2017 年大中型工业主要经济指标完成情况（2）

单位：亿元

项目名称	主营业务成本	销售费用	管理费用	财务费用	利息支出
大中型工业	94 018.9	2 453.5	5 402.4	457.7	508.1

表 20　2017 年国有控股企业主要经济指标完成情况（2）

单位：亿元

项目名称	主营业务成本	销售费用	管理费用	财务费用	利息支出
国有控股企业	8 289.1	499.9	799.3	111.0	113.0

表 21　2017 年私营企业主要经济指标完成情况（2）

单位：亿元

项目名称	主营业务成本	销售费用	管理费用	财务费用	利息支出
私营企业	22 685.9	643.3	1 315.0	158.7	126.7

表 22　2017 年通信设备工业行业主要经济指标完成情况（2）

单位：亿元

项目名称	主营业务成本	销售费用	管理费用	财务费用	利息支出
合计	28 843.6	1 132.7	2 253.5	37.6	132.9
通信系统设备制造	8 585.1	765.2	1 598.0	66.1	58.2
通信终端设备制造	20 258.5	367.5	655.5	–28.5	74.7

表 23　2017 年雷达工业行业主要经济指标完成情况（2）

单位：亿元

项目名称	主营业务成本	销售费用	管理费用	财务费用	利息支出
合计	300.3	8.4	23.4	1.5	2.4
雷达及配套设备制造	300.3	8.4	23.4	1.5	2.4

表 24　2017 年广播电视设备工业行业主要经济指标完成情况（2）

单位：亿元

项目名称	主营业务成本	销售费用	管理费用	财务费用	利息支出
合计	1 620.1	54.5	124.5	18.7	9.0
广播电视节目制作及发射设备制造	105.6	5.7	7.6	2.1	2.1
广播电视接收设备及器材制造	1 072.5	31.2	81.3	13.3	4.2
应用电视设备及其他广播电视设备制造	442.0	17.6	35.6	3.3	2.7

表 25　2017 年电子计算机工业行业主要经济指标完成情况（2）

单位：亿元

项目名称	主营业务成本	销售费用	管理费用	财务费用	利息支出
合计	18 135.1	294.6	540.7	19.2	46.8
计算机整机制造	11 518.5	156.1	214.3	-14.9	25.4
计算机零部件制造	2 506.4	33.5	110.8	12.8	8.5
计算机外围设备制造	2 518.3	45.0	98.3	12.0	6.5
其他计算机制造	1 126.9	35.5	80.2	7.9	4.5
幻灯及投影设备制造	107.1	3.3	6.5	0.4	0.3
计算器及货币专用设备制造	357.9	21.2	30.6	1.0	1.6

表 26　2017 年家用视听设备工业行业主要经济指标完成情况（2）

单位：亿元

项目名称	主营业务成本	销售费用	管理费用	财务费用	利息支出
合计	7 368.0	265.9	298.2	26.3	35.5
电视机制造	4 375.0	211.4	141.8	17.9	25.9
音响设备制造	1 130.2	23.6	76.3	6.6	3.3
影视录放设备制造	1 862.8	30.9	80.1	1.8	6.3

表 27　2017 年电子器件工业行业主要经济指标完成情况（2）

单位：亿元

项目名称	主营业务成本	销售费用	管理费用	财务费用	利息支出
合计	16 252.3	273.6	974.5	119.1	123.0
电子真空器件制造	194.1	5.4	13.3	2.0	1.5
半导体分立器件制造	1 083.4	21.5	68.7	10.2	10.7
集成电路制造	2 794.6	38.9	271.0	27.0	22.2
光电子器件及其他电子器件制造	12 180.2	207.8	621.5	79.9	88.6

表 28　2017 年电子元件工业行业主要经济指标完成情况（2）

单位：亿元

项目名称	主营业务成本	销售费用	管理费用	财务费用	利息支出
合计	17 975.1	361.5	1 063.2	126.0	77.8
电力电子元器件制造	2 068.3	63.5	155.8	17.3	11.3
电子元件及组件制造	12 643.2	242.8	713.7	84.7	49.0
印制电路板制造	3 263.6	55.2	193.7	24.0	17.5

表 29　2017 年电子测量仪器工业行业主要经济指标完成情况（2）

单位：亿元

项目名称	主营业务成本	销售费用	管理费用	财务费用	利息支出
合计	1 888.4	129.8	206.3	18.1	12.6
环境监测专用仪器仪表制造	223.1	12.8	17.4	1.9	1.7
运输设备及生产用计数仪表制造	537.3	19.7	49.3	4.6	3.6
导航、气象及海洋专用仪器制造	143.2	4.3	9.9	0.7	0.6
农林牧渔专用仪器仪表制造	52.1	0.7	2.3	0.3	0.3
地质勘探和地震专用仪器制造	87.9	3.0	6.8	1.5	1.1
核子及核辐射测量仪器制造	25.8	0.4	1.0	0.1	0.1
电子测量仪器制造	198.6	16.0	25.4	1.9	1.6
医疗诊断、监护及治疗设备制造	620.4	72.9	94.2	7.1	3.6

表 30　2017 年电子工业专用设备行业主要经济指标完成情况（2）

单位：亿元

项目名称	主营业务成本	销售费用	管理费用	财务费用	利息支出
合计	5 868.2	157.7	358.3	56.5	19.9
电子工业专用设备制造	1 047.3	38.5	89.6	31.9	6.0
其他电子设备制造	4 820.9	119.2	268.7	24.6	13.9

表 31　2017 年电子信息机电工业行业主要经济指标完成情况（2）

单位：亿元

项目名称	主营业务成本	销售费用	管理费用	财务费用	利息支出
合计	12 972.9	265.9	677.3	148.5	127.5
微电机及其他电机制造	2 410.2	55.7	131.0	22.0	17.3
光纤、光缆制造	1 757.3	35.0	73.9	19.0	20.6
光伏设备及元器件制造	5 308.1	100.6	236.4	72.5	61.6
锂离子电池制造	3 176.2	67.6	220.2	32.4	26.2
镍氢电池制造	321.1	7.0	15.8	2.6	1.8

表 32　2017 年其他电子信息行业主要经济指标完成情况（2）

单位：亿元

项目名称	主营业务成本	销售费用	管理费用	财务费用	利息支出
合计	2 628.6	40.0	125.9	44.7	36.9
信息化学品制造	2 628.6	40.0	125.9	44.7	36.9

表 33　2017 年按省、自治区、直辖市分列的电子信息产业制造业主要经济指标完成情况（2）

单位：亿元

省、自治区、直辖市名称	主营业务成本	销售费用	管理费用	财务费用	利息支出
北京市	2 570.8	161.3	200.2	13.4	17.9
天津市	1 874.5	44.5	88.2	9.9	10.3
河北省	1 010.4	23.4	54.0	33.9	8.7
山西省	908.3	2.7	33.7	1.7	9.2
内蒙古自治区	156.9	1.9	13.5	4.0	4.0
辽宁省	642.5	23.1	56.0	7.5	6.3
吉林省	108.8	3.1	8.6	1.1	1.0
黑龙江省	42.8	2.7	8.1	2.2	1.7
上海市	5 939.4	93.4	300.1	2.0	17.0
江苏省	24 345.2	344.5	1 010.2	147.9	133.4
浙江省	4 864.3	219.5	424.5	64.9	53.9
安徽省	3 081.9	67.2	157.8	23.3	18.3
福建省	4 198.8	110.8	232.8	16.3	23.7
江西省	3 248.5	52.7	133.4	27.9	21.7
山东省	6 152.1	177.2	253.7	37.4	26.9
河南省	4 712.0	39.7	109.1	9.4	35.0
湖北省	2 375.0	67.4	139.8	14.7	8.9
湖南省	2 153.3	45.7	110.9	12.6	8.9
广东省	33 274.6	1 291.2	2 877.7	129.9	147.4
广西壮族自治区	1 857.8	11.7	35.8	3.1	2.4
海南省	26.1	2.4	2.9	0.9	1.1
重庆市	4 055.8	54.4	135.9	11.4	16.4
四川省	3 854.2	98.2	150.2	15.8	32.2
贵州省	627.6	12.9	18.9	2.2	0.7
云南省	168.9	1.9	5.6	3.7	2.9
陕西省	1 196.2	25.0	60.9	11.5	7.8
甘肃省	86.2	1.3	8.5	0.4	0.7
青海省	63.3	0.6	4.8	2.1	0.8
宁夏回族自治区	131.1	0.7	4.2	0.9	1.0
新疆维吾尔自治区	125.4	3.8	5.5	4.1	3.9

表 34　2017 年按经济类型分列的电子信息产业制造业主要经济指标完成情况（3）

单位：亿元

项目名称	流动资产	应收账款	存货	产成品	资产总计	负债合计	亏损企业亏损额
总计	74 662.4	29 167.8	13 067.4	4 686.2	114 322.0	64 859.9	589.0
国有经济	166.5	58.7	28.5	7.7	263.1	141.9	1.3
集体经济	53.7	8.0	14.7	3.7	93.7	44.1	0.1
股份合作经济	12.3	4.7	1.4	0.5	19.3	7.5	
股份制经济	39 569.1	13 363.0	7 233.3	2 681.7	63 576.4	35 098.8	296.0
外商及中国港、澳、台投资经济	34 704.9	15 672.2	5 762.0	1 983.2	50 145.5	29 414.6	290.2
其他经济	155.9	61.1	27.6	9.5	224.0	153.0	1.3

表 35　2017 年大中型工业主要经济指标完成情况（3）

单位：亿元

项目名称	流动资产	应收账款	存货	产成品	资产总计	负债合计	亏损企业亏损额
大中型工业	61 034.3	23 885.9	10 357.8	3 724.6	93 038.6	53 119.0	405.0

表 36　2017 年国有控股企业主要经济指标完成情况（3）

单位：亿元

项目名称	流动资产	应收账款	存货	产成品	资产总计	负债合计	亏损企业亏损额
国有控股企业	9 249.9	2 690.4	1 787.7	607.8	16 307.2	8 870.0	87.0

表 37　2017 年私营企业主要经济指标完成情况（3）

单位：亿元

项目名称	流动资产	应收账款	存货	产成品	资产总计	负债合计	亏损企业亏损额
私营企业	12 850.9	4 450.1	2 515.7	921.9	19 561.1	11 161.4	92.7

表 38　2017 年通信设备工业行业主要经济指标完成情况（3）

单位：亿元

项目名称	流动资产	应收账款	存货	产成品	资产总计	负债合计	亏损企业亏损额
合计	21 701.7	8 702.4	3 492.0	1 296.1	27 157.6	18 428.2	106.2
通信系统设备制造	9 105.1	3 379.4	1 530.6	617.2	12 382.6	7 188.8	20.7
通信终端设备制造	12 596.6	5 323.0	1 961.4	678.9	14 775.0	11 239.4	85.5

表 39　2017 年雷达工业行业主要经济指标完成情况（3）

单位：亿元

项目名称	流动资产	应收账款	存货	产成品	资产总计	负债合计	亏损企业亏损额
雷达工业行业	307.8	96.9	65.6	18.6	452.9	250.7	1.0
雷达及配套设备制造	307.8	96.9	65.6	18.6	452.9	250.7	1.0

表 40　2017 年广播电视设备工业行业主要经济指标完成情况（3）

单位：亿元

项目名称	流动资产	应收账款	存货	产成品	资产总计	负债合计	亏损企业亏损额
合计	1 156.3	472.5	255.3	92.7	1 725.7	798.8	12.3
广播电视节目制作及发射设备制造	60.9	16.7	15.3	3.4	84.6	37.7	0.1
广播电视接收设备及器材制造	688.9	309.5	134.7	46.5	1 075.6	486.2	6.8
应用电视设备及其他广播电视设备制造	406.5	146.3	105.3	42.8	565.5	274.9	5.4

表 41　2017 年电子计算机工业行业主要经济指标完成情况（3）

单位：亿元

项目名称	流动资产	应收账款	存货	产成品	资产总计	负债合计	亏损企业亏损额
合计	8 255.4	4 008.8	1 424.7	444.2	11 200.3	7 016.0	45.3
计算机整机制造	4 447.7	2 376.7	649.4	222.4	5 345.7	4 224.9	9.4
计算机零部件制造	1 324.9	665.8	257.7	62.9	2 089.8	1 099.1	17.2
计算机外围设备制造	1 232.6	509.9	247.8	70.7	1 942.8	877.9	11.4
其他计算机制造	851.7	328.8	183.5	54.2	1 227.0	524.2	4.8
幻灯及投影设备制造	63.0	20.0	14.9	4.9	79.2	41.9	0.7
计算器及货币专用设备制造	335.5	107.6	71.4	29.1	515.8	248.0	1.8

表 42　2017 年家用视听设备工业行业主要经济指标完成情况（3）

单位：亿元

项目名称	流动资产	应收账款	存货	产成品	资产总计	负债合计	亏损企业亏损额
合计	4 305.1	1 548.6	907.4	312.1	5 686.0	3 631.2	24.0
电视机制造	2 723.1	901.5	529.5	173.7	3 483.3	2 345.7	9.5
音响设备制造	527.6	221.5	140.2	50.5	852.4	418.4	7.0
影视录放设备制造	1 054.4	425.6	237.7	87.9	1 350.3	867.1	7.5

表 43　2017 年电子器件工业行业主要经济指标完成情况（3）

单位：亿元

项目名称	流动资产	应收账款	存货	产成品	资产总计	负债合计	亏损企业亏损额
合计	11 186.7	3 599.6	1 994.7	664.3	22 440.7	10 631.1	144.6
电子真空器件制造	147.4	44.6	24.8	10.2	313.7	198.8	2.5
半导体分立器件制造	707.3	235.7	132.2	44.0	1 319.3	611.1	7.6
集成电路制造	2 618.1	711.9	449.9	104.1	5 888.4	2 334.2	43.8
光电子器件及其他电子器件制造	7 713.9	2 607.4	1 387.8	506.0	14 919.3	7 487.0	90.7

表 44　2017 年电子元件工业行业主要经济指标完成情况（3）

单位：亿元

项目名称	流动资产	应收账款	存货	产成品	资产总计	负债合计	亏损企业亏损额
合计	10 437.3	4 629.4	1 989.7	709.1	16 522.5	8 029.8	84.0
电力电子元器件制造	1 385.1	594.9	293.8	104.3	2 226.4	1 065.2	9.8
电子元件及组件制造	6 734.9	2 974.5	1 297.6	479.4	10 579.4	5 141.0	47.7
印制电路板制造	2 317.3	1 060.0	398.3	125.4	3 716.7	1 823.6	26.5

表 45　2017 年电子测量仪器工业行业主要经济指标完成情况（3）

单位：亿元

项目名称	流动资产	应收账款	存货	产成品	资产总计	负债合计	亏损企业亏损额
合计	1 500.0	499.9	288.5	104.9	2 429.2	1 000.6	11.0
环境监测专用仪器仪表制造	165.0	47.0	27.8	9.8	271.4	98.6	0.6
运输设备及生产用计数仪表制造	312.6	121.7	56.8	26.7	494.2	211.7	1.7
导航、气象及海洋专用仪器制造	86.9	34.0	24.0	10.8	136.0	61.8	1.1
农林牧渔专用仪器仪表制造	12.3	3.9	3.4	1.7	25.7	10.0	0.1
地质勘探和地震专用仪器制造	69.7	26.2	14.2	3.9	119.9	47.9	0.8
核子及核辐射测量仪器制造	15.2	6.9	3.2	1.0	49.5	34.4	
电子测量仪器制造	202.1	68.2	38.4	12.9	258.9	116.7	0.6
医疗诊断、监护及治疗设备制造	636.2	192.0	120.7	38.1	1 073.6	419.5	6.1

表 46　2017 年电子工业专用设备行业主要经济指标完成情况（3）

单位：亿元

项目名称	流动资产	应收账款	存货	产成品	资产总计	负债合计	亏损企业亏损额
合计	4 422.8	1 382.2	752.9	269.3	6 928.7	3 616.7	21.1
电子工业专用设备制造	1 583.3	311.8	256.5	88.7	2 643.3	1 428.0	4.7
其他电子设备制造	2 839.5	1 070.4	496.4	180.6	4 285.4	2 188.7	16.4

表 47　2017 年电子信息机电工业行业主要经济指标完成情况（3）

单位：亿元

项目名称	流动资产	应收账款	存货	产成品	资产总计	负债合计	亏损企业亏损额
合计	9 611.6	3 713.7	1 645.1	677.7	15 556.2	9 247.3	118.4
微电机及其他电机制造	1 232.0	429.5	240.9	97.9	2 098.1	1 014.7	7.4
光纤、光缆制造	1 073.3	441.9	185.7	90.3	1 862.3	975.2	4.4
光伏设备及元器件制造	4 056.8	1 717.7	472.2	194.3	6 569.9	4 304.3	72.2

续表

项目名称	流动资产	应收账款	存货	产成品	资产总计	负债合计	亏损企业亏损额
锂离子电池制造	3 067.7	1 062.9	708.3	280.9	4 723.1	2 803.6	32.9
镍氢电池制造	181.8	61.7	38.0	14.3	302.8	149.5	1.5

表 48　2017 年其他电子信息行业主要经济指标完成情况（3）

单位：亿元

项目名称	流动资产	应收账款	存货	产成品	资产总计	负债合计	亏损企业亏损额
合计	1 777.8	514.1	251.6	97.2	4 222.2	2 209.5	21.1
信息化学品制造	1 777.8	514.1	251.6	97.2	4 222.2	2 209.5	21.1

表 49　2017 年按省、自治区、直辖市分列的电子信息产业制造业主要经济指标完成情况（3）

单位：亿元

省、自治区、直辖市名称	流动资产	应收账款	存货	产成品	资产总计	负债合计	亏损企业亏损额
北京市	2 775.4	675.6	474.9	183.3	4 617.9	2 380.0	36.4
天津市	1 369.2	475.4	247.1	79.6	1 970.9	1 037.7	13.1
河北省	1 369.7	305.8	135.6	47.5	2 576.3	1 495.1	12.4
山西省	958.3	409.0	114.7	48.2	1 211.6	847.4	4.6
内蒙古自治区	165.8	50.6	32.4	10.6	552.3	317.0	3.2
辽宁省	764.9	254.9	160.8	38.5	1 461.3	696.0	9.2
吉林省	74.7	16.1	13.1	7.0	140.0	63.2	0.3
黑龙江省	103.7	22.4	20.1	9.0	170.1	103.9	2.4
上海市	3 508.0	1 543.8	626.8	229.4	5 195.5	2 831.8	44.0
江苏省	12 939.7	5 550.9	2 286.4	846.3	21 319.4	10 974.0	118.9
浙江省	4 680.4	1 846.3	795.0	342.9	7 084.3	3 616.4	39.2
安徽省	2 350.4	1 041.7	290.0	113.0	3 583.0	2 056.2	15.2
福建省	2 470.2	893.0	402.8	153.9	4 166.6	2 149.6	26.9
江西省	1 768.1	606.6	295.0	116.6	3 110.2	1 869.6	5.9
山东省	2 905.0	867.4	500.9	225.2	4 424.5	2 362.9	14.1
河南省	3 945.8	1 781.7	441.5	137.5	5 107.5	3 723.9	2.7
湖北省	1 752.5	701.5	346.2	98.5	2 853.5	1614.3	13.0
湖南省	929.0	378.4	162.5	42.1	1 644.6	841.5	4.2
广东省	23 721.0	9 154.8	4 571.5	1 639.8	33 033.0	19 794.6	162.6
广西壮族自治区	417.6	211.5	78.1	16.8	615.0	375.0	1.5

续表

省、自治区、直辖市名称	流动资产	应收账款	存货	产成品	资产总计	负债合计	亏损企业亏损额
海南省	51.0	26.7	9.4	2.1	73.2	49.9	3.9
重庆市	1 631.5	789.1	248.4	80.0	2 492.8	1 609.1	19.6
四川省	2 365.7	977.4	482.6	132.7	3 566.7	2 288.2	15.9
贵州省	259.4	117.2	66.1	13.6	361.9	270.3	3.0
云南省	89.5	21.5	27.2	15.6	169.6	117.1	4.7
陕西省	821.8	309.8	147.4	43.5	1 813.2	847.7	6.5
甘肃省	71.0	20.7	20.4	4.8	200.8	70.6	0.6
青海省	68.4	23.6	12.2	2.8	158.8	97.3	0.8
宁夏回族自治区	136.5	58.7	12.1	2.3	215.2	104.0	3.6
新疆维吾尔自治区	198.4	35.7	46.4	3.0	432.4	255.7	0.6

表 50　2017 年光通信设备生产量、销售量和出口量汇总表

产品名称	计量单位	企业数（家）	本年生产量	本年销售量	本年实际出口
光端机	部	17	3 371 201	3 271 349	572 838
光缆中继设备	部	6	2 398 995	2 398 812	
光纤放大器	部	10	165 130	165 100	39 895
波分复用器	部	7	868 337	963 162	68 795
光交叉联接设备	端	2	64 349 128	58 587 956	
光分插复用设备（ADM）	部	1	1 304	1 304	
多业务传送设备（MSTP）	部	8	184 153	184 208	
电光转换器	部	13	11 265 462	8 906 097	2 344 925
无源光分路器	部	10	6 886 725	6 484 700	540 665

表 51　2017 年卫星通信设备生产量、销售量和出口量汇总表

产品名称	计量单位	企业数（家）	本年生产量	本年销售量	本年实际出口
卫星地面接收机	部	10	20 439 029	19 756 702	17 102 345
卫星接收天线	部	6	124 863	124 351	50 258
GPS 接收机	部	9	4 033 169	4 043 481	326 074
GPS 天线	部	2	50 775	45 150	840
卫星通信地面站终端机	部	6	45 795	43 888	800

表 52　2017 年微波通信设备生产量、销售量和出口量汇总表

产品名称	计量单位	企业数（家）	本年生产量	本年销售量	本年实际出口
微波收发通信机	部	10	1 912 353	1 912 338	
微波终端机	部	4	8 000	23 449	
微波天线、馈线	套	8	39 556 950	35 759 707	3 466 597

表 53　2017 年散射通信设备生产量、销售量和出口量汇总表

产品名称	计量单位	企业数（家）	本年生产量	本年销售量	本年实际出口
散射通信终端机	部	2	145 754	143 652	4 395
散射信道机	部	1	1		
散射通信天线	部	1	154 118	154 118	

表 54　2017 年载波通信设备生产量、销售量和出口量汇总表

产品名称	计量单位	企业数（家）	本年生产量	本年销售量	本年实际出口
载波终端机	部	2	44 643	43 906	1 804
电力线载波机	部	2	325 318	324 870	

表 55　2017 年通信导航定向设备生产量、销售量和出口量汇总表

产品名称	计量单位	企业数（家）	本年生产量	本年销售量	本年实际出口
飞机通信导航定向设备	部	2	2217	1 865	
航用通信导航定向设备	部	2	258	258	
地面通信导航定向设备	部	12	98 889	99 910	10 481

表 56　2017 年数字程控交换机生产量、销售量和出口量汇总表

产品名称	计量单位	企业数（家）	本年生产量	本年销售量	本年实际出口
用户交换机	线	13	10 585 862	10 608 612	2 000 205
端局交换机	线	1	214	209	
其他数字程控交换机	线	10	1 304 653	1 304 787	124

表 57　2017 年固网软交换相关设备生产量、销售量和出口量汇总表

产品名称	计量单位	企业数（家）	本年生产量	本年销售量	本年实际出口
软交换控制设备	台	2	1 305	1 296	
接入媒体网关（AG）	线	1	10 507	11 350	
中继媒体网关（TG）	线	1	109 159	114 757	

表 58　2017 年光交换机生产量、销售量和出口量汇总表

产品名称	计量单位	企业数（家）	本年生产量	本年销售量	本年实际出口
光交换机	台	4	89 417	85 388	

表 59　2017 年基站及基站控制器生产量、销售量和出口量汇总表

产品名称	计量单位	企业数（家）	本年生产量	本年销售量	本年实际出口
基站及基站控制器	万信道	10	424 394	433 969	395 187

表 60　2017 年基站天线生产量、销售量和出口量汇总表

产品名称	计量单位	企业数（家）	本年生产量	本年销售量	本年实际出口
智能天线	套	5	17 466 369	17 187 194	707 422
非智能天线	套	5	42 331 325	42 367 962	12 696 558

表 61　2017 年直放站生产量、销售量和出口量汇总表

产品名称	计量单位	企业数（家）	本年生产量	本年销售量	本年实际出口
直放站	部	12	96 158	94 192	

表 62　2017 年移动交换机（MSC）及移动软交换设备生产量、销售量和出口量汇总表

产品名称	计量单位	企业数（家）	本年生产量	本年销售量	本年实际出口
移动交换机（MSC）	万门	7	33 830 703	33 830 655	110

表 63　2017 年移动通信核心网分组域设备生产量、销售量和出口量汇总表

产品名称	计量单位	企业数（家）	本年生产量	本年销售量	本年实际出口
分组数据服务节点（PDSN）	套	2	510 938	588 238	

表 64　2017 年集群通信系统设备生产量、销售量和出口量汇总表

产品名称	计量单位	企业数（家）	本年生产量	本年销售量	本年实际出口
集群基站设备	信道	8	3 668 195	3 615 072	
集群基站天线	套	3	76 842 767	74 192 767	150 000

表 65　2017 年无源光网络（PON）生产量、销售量和出口量汇总表

产品名称	计量单位	企业数（家）	本年生产量	本年销售量	本年实际出口
光线路终端（OLT）	线	8	20 791 212	18 069 105	1 328 828
光网络单元（ONU）	部	8	26 009 239	25 491 212	18 213 917

表 66　2017 年有源光网络（AON）生产量、销售量和出口量汇总表

产品名称	计量单位	企业数（家）	本年生产量	本年销售量	本年实际出口
局端设备（CE）	台	4	520 762	498 357	1 700
远端设备（RE）	台	3	138 328	135 621	

表 67　2017 年铜缆接入设备生产量、销售量和出口量汇总表

产品名称	计量单位	企业数（家）	本年生产量	本年销售量	本年实际出口
非对称数字用户线（ADSL）					
语音分离器（POTS 分离器）	只	1	19 544	15 822	
高速率数字用户线路调制解调器（HDSL MODEM）	对	2	41 602	42 602	

表 68　2017 年电力线宽带接入设备（BPL）生产量、销售量和出口量汇总表

产品名称	计量单位	企业数（家）	本年生产量	本年销售量	本年实际出口
电力线调制解调器（电力猫）	部	3	8 817 642	8 523 751	7 126 150

表 69　2017 年固定无线接入设备生产量、销售量和出口量汇总表

产品名称	计量单位	企业数（家）	本年生产量	本年销售量	本年实际出口
其他无线固定接入设备					
基站	万信道	5	1 281	866	19
用户端设备	部	2	1 338	1 338	

表 70 2017 年网络控制设备生产量、销售量和出口量汇总表

产品名称	计量单位	企业数（家）	本年生产量	本年销售量	本年实际出口
通信控制处理机	台	4	6 888 326	6 888 339	
集中器	台	2	203 078	203 078	
终端控制器	台	8	4 380 547	4 438 860	2 730 776

表 71 2017 年网络接口和适配器生产量、销售量和出口量汇总表

产品名称	计量单位	企业数（家）	本年生产量	本年销售量	本年实际出口
网络收发器	台	4	415 257	427 021	138 356
网络分配器	台	1	3 065 280	3 085 280	
通信网络时钟同步设备	台	3	139 991 556	144 385 198	

表 72 2017 年网络连接设备生产量、销售量和出口量汇总表

产品名称	计量单位	企业数（家）	本年生产量	本年销售量	本年实际出口
集线器	台	1	15 923	16 739	
路由器	台	25	187 251 823	187 280 723	20 004 021
数字交叉连接设备	台	4	2 280 294	2 113 892	263
二层交换机	台	3	4 544 714	4 476 679	220 360
无线局域网接入点（AP）	台	4	18 990 674	18 741 587	9 600 000

表 73 2017 年固定通信终端设备生产量、销售量和出口量汇总表

产品名称	计量单位	企业数（家）	本年生产量	本年销售量	本年实际出口
收发合一中小型电台					
短波电台	部	2	178	186	
超短波电台	部	2	2 153	2 180	
超短波跳频电台	部	2	2 962	3 022	117
电话单机					
固定电话机	部	22	105 372 220	105 383 374	3 943 962
数据终端设备					
传真机	部	1	2 280 000	1 048 391	

表 74　2017 年移动通信终端设备生产量、销售量和出口量汇总表

产品名称	计量单位	企业数（家）	本年生产量	本年销售量	本年实际出口
手机	部	224	1 922 070 000	1 420 730 166	467 416 893
其中：3G 手机	部	14	156 817 688	163 749 103	121 428 034
4G 手机	部	106	1 586 223 672	579 080 508	68 802 898
其中：智能手机	部	146	1 429 000 000	1 204 670 946	334 917 146
其他移动通信终端					
集群通信终端	部	11	4 629 083	4 616 598	4 036 058
对讲机	部	4	2 108 571	2 263 319	153 266

表 75　2017 年通信配套产品和其他通信设备生产量、销售量和出口量汇总表

产品名称	计量单位	企业数（家）	本年生产量	本年销售量	本年实际出口
通信电源					
一次电源	台	8	16 383 213	16 469 377	15 804 802
二次电源	台	4	2 046 494	2 033 342	
配线分线设备	部	9	11 857 630	12 362 723	3 152 916
其他配套设备	部	93	549 724 326	513 738 190	190 642 276
其中：通信用油机	部	1	72	72	

表 76　2017 年广播电视节目制作及播控设备生产量、销售量和出口量汇总表

产品名称	计量单位	企业数（家）	本年生产量	本年销售量	本年实际出口
音频节目制作和播控设备					
广播专用录音、放音设备	部	2	95 581	86 263	58 550
调音台	部	1	110 649	157 265	6 620
视听节目制作及播控设备					
广播电视专业录、摄像机	部	1	1 920	1 920	400
视频矩阵	部	1	350	349	
非线性编辑设备	部	1	84	84	
信号源设备	部	1	1 403	1 361	

表 77　2017 年广播发射设备生产量、销售量和出口量汇总表

产品名称	计量单位	企业数（家）	本年生产量	本年销售量	本年实际出口
调频同步广播设备	部	6	3 044	2 841	
调幅同步广播设备	部	1	69	69	

表 78　2017 年电视发射设备生产量、销售量和出口量汇总表

产品名称	计量单位	企业数（家）	本年生产量	本年销售量	本年实际出口
模拟电视发射机	部	3	17 630 069	17 630 076	
数字电视发射机	部	7	18 640	18 666	14

表 79　2017 年卫星电视设备生产量、销售量和出口量汇总表

产品名称	计量单位	企业数（家）	本年生产量	本年销售量	本年实际出口
卫星电视接收转发设备	部	8	621 682 025	563 163 883	247 742 779
卫星电视配套设备	部	3	1 027 701	1 053 143	574 903

表 80　2017 年有线电视网络设备生产量、销售量和出口量汇总表

产品名称	计量单位	企业数（家）	本年生产量	本年销售量	本年实际出口
有线电视网络前端设备					
数字电视编码器、解码器	部	2	11 461 841	11 310 838	5 860 867
调制、解调器	部	1	1 480 960	1 242 000	199 200
网络管理 / 控制设备	部	4	9 306	9 156	
数字电视复用器	部	1	260 000	250 000	
有线电视光缆传输系统设备					
工作站	部	5	268 757	230 049	7 131
发射机	部	8	2 078 101	2 032 794	2 990
接收机	部	7	1 460 381	1 504 081	129 418
放大器	部	7	493 596	495 418	142 198
无源器件	部	2	47 985 370	48 819 779	11 575 846
有线电视电缆分配系统及终端设备					
分配器	部	2	1 111 100	1 201 100	1 160 000
用户端接口	部	1	12 000	12 200	11 297

续表

产品名称	计量单位	企业数（家）	本年生产量	本年销售量	本年实际出口
电缆调制解调器	部	1	5 322	5 322	

表 81　2017 年通用应用电视监控系统设备生产量、销售量和出口量汇总表

产品名称	计量单位	企业数（家）	本年生产量	本年销售量	本年实际出口
黑白、彩色监控用摄像机	部	18	14 102 536	14 111 814	2 501 643
黑白、彩色视频监视器	部	7	1 186 558	1 186 498	721 220
信号控制设备（控制主机）	套	2	1 331	1 331	
视频信号传输设备	套	2	4 095 001	4 108 001	2 720 105

表 82　2017 年特殊成像及功能的应用电视设备生产量、销售量和出口量汇总表

产品名称	计量单位	企业数（家）	本年生产量	本年销售量	本年实际出口
特殊成像及功能的应用电视设备	部	3	1 468	1 299	89

表 83　2017 年其他用途的应用电视设备生产量、销售量和出口量汇总表

产品名称	计量单位	企业数（家）	本年生产量	本年销售量	本年实际出口
其他用途的应用电视设备	部	13	10 452 854	10 794 654	1 957 496

表 84　2017 年广播电视设备专用配件生产量、销售量和出口量汇总表

产品名称	计量单位	企业数（家）	本年生产量	本年销售量	本年实际出口
激励器	个	1	32	23	3
双工器	个	3	3 114 043	3 079 771	
发射天线	套	8	3 840 871	3 333 323	631

表 85　2017 年电子计算机整机生产量、销售量和出口量汇总表

产品名称	计量单位	企业数（家）	本年生产量	本年销售量	本年实际出口
计算机工作站					
高性能计算机	台	5	58 356	58 347	
微型计算机设备					
台式微型计算机	台	59	13 180 000	55 737 216	29 405 098

续表

产品名称	计量单位	企业数（家）	本年生产量	本年销售量	本年实际出口
便携式微型计算机					
笔记本计算机	台	50	172 430 000	158 886 078	131 982 508
平板计算机	台	69	68 911 158	68 220 419	37 903 684
电子阅读器	台	5	537 509	521 291	371 044
服务器	台	32	18 410 000	5 128 528	662 785
电子计算机数字式处理部件					
高性能计算机数字式处理部件	台	3	57 661 481	54 198 620	51 972 328
微型计算机数字式处理部件	台	3	158 932	158 799	
工业控制计算机	台	16	1 513 146	1 496 734	904

表 86　2017 年电子计算机零部件生产量、销售量和出口量汇总表

产品名称	计量单位	企业数（家）	本年生产量	本年销售量	本年实际出口
微机板卡					
微机主机板	块	9	10 471 714	10 499 409	6 551 984
内存条	块	4	65 209 870	64 823 469	64 404 560
显卡	块	3	4 390 363	4 383 183	4 373 124
网卡					
有线局域网网卡	块	1	1 113 470	1 113 470	
无线局域网网卡	块	1	65 367 348	65 537 941	65 367 348
电源					
开关电源	部	23	985 043 581	990 193 041	945 543 047
UPS 电源					
在线式 UPS 电源	台	11	153 883 468	153 252 375	152 933 105
后备式 UPS 电源	台	5	2 311 958	2 304 102	
其他配套产品及耗材					
机箱	万个	18	161 447 033	109 291 188	54 184 832
鼠标器	万只	11	1 693 726	1 620 373	140 506
键盘	万只	27	36 774 776	30 670 371	18 956 389
打印头	万只	4	58 413 245	56 433 251	56 432 954
墨盒	万片	6	116 734 436	114 673 893	114 671 181

续表

产品名称	计量单位	企业数（家）	本年生产量	本年销售量	本年实际出口
硒鼓	万只	4	1 471 825	1 435 994	846 808

表 87　2017 年电子计算机显示器生产量、销售量和出口量汇总表

产品名称	计量单位	企业数（家）	本年生产量	本年销售量	本年实际出口
终端显示设备					
字符汉字终端	台	3	4 645 518	4 645 420	986
图形图像终端	台	3	74 216	74 163	
显示器					
单色显示器（CRT）	台	4	2 843 231	2 938 921	1 905 170
彩色显示器（CRT）	台	21	24 746 349	24 778 568	20 690 345
平板显示器	台	30	87 670 000	1 063 847 012	266 585 080

表 88　2017 年电子计算机外部设备生产量、销售量和出口量汇总表

产品名称	计量单位	企业数（家）	本年生产量	本年销售量	本年实际出口
输入设备					
扫描仪	台	5	574 555	5 72 977	419 864
IC 卡读写机具	台	1	7 065	6 494	
数字照相机	台	5	9 848 136	10 269 528	9 854 211
摄像头	台	23	407 275 454	377 295 911	122 127 177
触感屏	台	10	457 850 013	456 445 518	44 307 323
射频卡机（RFID 读写器）	台	2	196 744	184 767	
生物特征识别设备	台	5	241 026 194	240 030 133	8 000
输出设备					
打印设备					
针式打印机	台	9	3 275 681	3 371 841	1 132 309
激光打印机	台	4	6 320 011	6 300 058	1 337 058
喷墨打印机	台	3	13 314 239	13 325 341	6 343 952
多功能打印机	台	14	9 962 645	10 001 134	6 841 491
喷绘机	台	1	2 354	2 270	214
图形图像输出设备	台	9	54 158 040	47 992 176	42 361 399

续表

产品名称	计量单位	企业数（家）	本年生产量	本年销售量	本年实际出口
投影仪	台	9	2 464 562	2 455 636	1 316 739
外存储设备					
硬盘类存储设备					
硬盘驱动器	台	8	170 057 607	171 203 983	129 169 495
移动硬盘	台	6	82 909 348	81 650 401	81 625 371
光盘驱动器	台	4	4 232 616	4 373 968	4 372 071
半导体储存器					
半导体存储盘	台	14	158 520 000	125 674 090	7 386 742
半导体存储卡	台	4	17 682 925	8 453 518	8 404 909
固态存储器 SSD	台	3	2 750 060	2 674 787	2 204 512
网络存储设备	台	3	22	17	15
磁性存储设备	台	2	900	891	
阅读机、数据转录及处理机械					
数据转录媒体机械	台	1	1 634 588	1 598 446	1 598 446
数据处理机械	台	2	492	488	482

表 89　2017 年计算机应用产品生产量、销售量和出口量汇总表

产品名称	计量单位	企业数（家）	本年生产量	本年销售量	本年实际出口
计算机辅助教学系统	部	7	40 549	54 315	
计算器	部	3	29 953 854	29 742 457	13 070 457
金融、商业、税务电子应用产品					
点钞机	部	13	543 609	532 223	84 297
自动柜员机（ATM）	部	3	16 674	11 960	289
银行自助服务终端	部	6	39 698	30 147	3
POS 机	部	10	14 580 170	14 571 590	120 888
税控机	部	2	13 294	13 345	
鉴别仪	部	3	48 020	12 251	
汽车电子					
动力总成控制系统	套	14	24 521 080	21 196 781	2 698 100
新能源汽车电池管理系统	套	18	3 413 924	3 355 673	

续表

产品名称	计量单位	企业数（家）	本年生产量	本年销售量	本年实际出口
电机控制系统	套	26	19 579 660	19 807 552	1 167 068
ABS	套	1	980	980	
车载导航		10	83 991 878	86 621 684	9 727 103
其中：北斗导航终端		2	90 724	91 995	937
智能穿戴设备		4	8 865 766	8 875 365	26 432
其他应用产品					
会议视频系统	部	3	17 606	18 095	

表 90　2017 年信息系统安全产品生产量、销售量和出口量汇总表

产品名称	计量单位	企业数（家）	本年生产量	本年销售量	本年实际出口
边界防护类设备和系统					
防火墙、防水墙	台	1	9 432	9 432	
虚拟专用网设备（VPN）	台	3	28 035	28 035	
数据保护类设备和系统					
数据备份系统	套	3	228 890	228 890	
数据防拷贝设备	套	2	4 908	4 967	
安全检测类设备和系统					
入侵检测系统	套	1	200	183	
安全智能卡类设备和系统	套	17	408 183 278	401 660 574	16 095 859
密钥管理类设备和系统	套	6	3 517 861	3 491 607	

表 91　2017 年电视机生产量、销售量和出口量汇总表

产品名称	计量单位	企业数（家）	本年生产量	本年销售量	本年实际出口
彩色电视机					
显像管彩色电视机	台	6	1 740 000	8 686 372	3 201 973
平板电视机					
其中：液晶（LCD）电视机					
屏幕尺寸＜38cm	台	8	8 661 632	8 664 482	5 295 560
38cm ≤屏幕尺寸＜102cm	台	15	31 159 154	31 184 058	14 835 668

续表

产品名称	计量单位	企业数（家）	本年生产量	本年销售量	本年实际出口
屏幕尺寸≥ 102cm	台	17	25 726 405	25 806 774	12 967 814
等离子（PDP）电视机					
屏幕尺寸＜ 102cm	台	2	345 609	345 609	
屏幕尺寸≥ 102cm	台	10	16 330 500	15 640 395	5 000 450
其中：超高清电视	台	8	5 493 984	4 847 883	1 838 849
智能电视	台	39	109 300 000	47 775 225	15 309 935
投影电视机	台	1	8 939	9 181	75
电视接收机顶盒					
有线电视机顶盒	部	24	86 811 621	85 999 413	17 250 548
地面广播机顶盒	部	4	1 187 473	1 047 397	311 009
卫星广播机顶盒	部	6	11 369 872	11 785 570	6 242 957
网络智能机顶盒	部	6	23 987 675	22 898 242	4 571 180

表 92　2017 年摄像、录像、激光视盘机生产量、销售量和出口量汇总表

产品名称	计量单位	企业数（家）	本年生产量	本年销售量	本年实际出口
录像机					
家用摄录一体机	台	4	1 808 095	1 695 558	1 437 219
数码摄像机	台	6	2 969 584	3 054 311	1 572 341
数字激光音、视盘机	台	22	136 240 000	123 548 866	79 476 221

表 93　2017 年家用音响电子设备生产量、销售量和出口量汇总表

产品名称	计量单位	企业数（家）	本年生产量	本年销售量	本年实际出口
家用音响					
组合音响	台	51	112 480 000	77 099 186	36 410 141
MP3、MP4 播放器	台	7	6 934 131	6 941 719	1 103 741
功率放大器	台	3	207 186	179 516	47 686
数字录音机（笔）	台	6	1 438 536	1 437 900	838 362
数字化多媒体组合机	台	12	6 508 072	6 487 160	2 957 563
汽车电子音响设备	台	30	42 122 516	43 296 582	23 350 160

表 94　2017 年家用电子电器主要配套件生产量、销售量和出口量汇总表

产品名称	计量单位	企业数（家）	本年生产量	本年销售量	本年实际出口
音像盘片	万片	8	26 234	25 618	9 136
充电器	万只	32	698 871 088	694 735 149	251 951 218
遥控器	万只	20	5 137 418	5 125 111	13 526
光机引擎	套	8	20 942 892	20 624 963	178 889
各种接口					
通用串行总线接口（USB）	万只	6	3 247	3 176	
高清多媒体接口（HDMI）	万只	1	362 508	362 508	
其他接口	万只	13	2 288 867	2 287 502	1 138 650

表 95　2017 年电子测量仪器生产量、销售量和出口量汇总表

产品名称	计量单位	企业数（家）	本年生产量	本年销售量	本年实际出口
频率测量仪器					
数字脉冲频率测量仪	台	8	155 975	148 893	48 000
模拟式频率测量仪	台	3	14 212	14 212	
计数器	台	5	36 350	36 658	50
时间测量仪器	台	3	152 144	152 142	280
特种计数器	台	2	146 957	146 957	
频率标准	台	2	16 757	16 757	
电压测量仪器					
直流数字电压表	台	4	71 821	69 978	
数字多用表	台	3	4 178 876	4 106 253	2 950 526
电压电源标准装置	台	6	574 673	580 662	531 278
示波器	台	2	181	174	2
器件参数测量仪器					
数字 IC 测试仪	台	3	1 203	1 259	
光电器件测试仪	台	7	277 366	277 165	14
电力电子器件测试仪	台	20	62 057 517	63 894 559	4 829 361
半导体器件图示仪	台	2	1 442 402	1 375 048	210 158
元件参数测量仪器	台	5	456 399	527 440	7 745
脉冲测量仪器	台	5	52 696	52 672	146

续表

产品名称	计量单位	企业数（家）	本年生产量	本年销售量	本年实际出口
扫描、频谱波形分析仪器					
扫频仪	台	4	223 116	224 198	
频谱分析仪	台	1	5 272	5 272	
频偏调制度测量仪	台	1	2 510	2 500	
微波测量仪器					
雷达综合测试仪	台	3	266	246	
通信测量仪器					
载波通信测量仪	台	1	22 186	20 686	
模拟数字移动通信基台移动台	台	1	395	395	
超低频测量仪器					
滤波器、放大器	台	7	15 841 379	15 361 350	991 826
声学测量仪器					
电源、声震信号发生器	台	1	462 852	463 148	31 044
电声发生器	台	1	1 956	1 745	412
振动脉击测量仪器	台	2	3 266	3 166	
稳压电源	台	7	3 710 997	3 433 820	1 388 663
记录显示仪					
记录仪	台	9	1 437 469	1 414 056	52 074
显示仪	台	4	796 931	795 911	
信号源					
信号发生器	台	5	688 788	686 191	770
功率放大器	台	2	15 405	15 558	
其他测量仪器					
晶体振荡器	台	3	6 681 532	6 681 126	
标准电感电容电阻器	台	5	1 202 069	1 213 707	597 087
激光测距	台	10	142 328	142 227	109 117
水声设备	台	5	8 776	8 774	
气象仪器	台	3	4 582	4 657	
电子测量仪器零附件	台	20	19 782 503	20 442 167	3 648 684

表 96　2017 年医疗电子设备及器械生产量、销售量和出口量汇总表

产品名称	计量单位	企业数（家）	本年生产量	本年销售量	本年实际出口
医用电子仪器设备					
心电、生理示波及记录仪器	台	6	78 034	74 995	10
监护仪器	台	11	1 873 725	1 879 730	1 581 392
治疗急救装置	台	3	6 555	35 490	
血液测定仪器	台	5	61 667	63 066	57 692
气体分析测量仪器	台	2	3 104	3 061	
电子体温、压力测量装置	台	3	10 542 368	10 523 296	5 835 452
医用超声仪器	台	10	88 602	91 624	612
医用激光仪器及设备	台	9	3 277	3 242	63
医用生化分析仪器					
生化分析仪器	台	11	55 890	56 028	42 212
医用高频微波射线核素仪器					
医用高频设备	台	5	46 091	40 429	36 868
医用微波诊断、治疗仪器	台	2	176	172	
医用射线诊断、治疗仪器	台	4	1 703	1 636	90
医用核素诊断、治疗仪器	台	1	56	56	
中医用仪器					
诊断仪器	台	6	11 787	11 233	
各种电疗磁疗光疗针麻仪器	台	3	245 803	224 361	1 250
其他医疗电子仪器					
医用光学仪器	台	8	134 480	131 513	64 567
体外循环仪器	台	7	19 128	12 082	

表 97　2017 年应用电子仪器生产量、销售量和出口量汇总表

产品名称	计量单位	企业数（家）	本年生产量	本年销售量	本年实际出口
农业电子应用仪器					
土壤测定分析仪器	台	1	2 378	2 378	
牧副渔业仪器	台	2	4 928	4 903	
工交电子应用仪器	台	9	743 239	707 178	81 282
文教电子应用仪器	台	11	35 542 765	34 973 791	33 134 567

续表

产品名称	计量单位	企业数（家）	本年生产量	本年销售量	本年实际出口
其他仪器	台	129	64 705 840	63 993 665	22 373 337
电子电表					
直流电流电压表	万只	1			
交流电流电压表	万只	6	1 027	978	54
电平表	万只	1	9	9	
电子专用电表					
特殊用途电表	万只	7	6 148	6 103	810
IC 卡智能表及远程智能表系列	万只	30	9 456	10 416	125
安规仪器					
耐压测试仪	台	2	4 636 498	3 221 715	
接地电阻测试仪	台	1	31 485	31 485	
脉冲电压发生器	台	1	5 000	4 000	700
电化学测试仪器					
电化学测试系统	台	3	11 937	12 237	

表 98　2017 年电子工业专用设备生产量、销售量和出口量汇总表

产品名称	计量单位	企业数（家）	本年生产量	本年销售量	本年实际出口
半导体材料生产、加工设备					
太阳能级半导体材料生产、加工设备					
多晶硅铸锭炉	台	5	63 421	62 398	10
单晶炉	台	9	35 166	34 849	4
线切割机	台	8	67 515	67 514	17
清洗设备	台	2	54	54	5
集成电路、分立器件半导体材料生产、加工设备					
单晶炉	台	1	1 783	1 051	
线切割机	台	1		6	
抛光机	台	3	768	712	1
清洗设备	台	5	106 600	106 562	263
半导体器件和集成电路制造设备					

续表

产品名称	计量单位	企业数（家）	本年生产量	本年销售量	本年实际出口
晶硅太阳能芯片制造设备					
制绒清洗设备	台	1	31	31	
扩散炉	台	2	59	59	28
等离子刻蚀机	台	2	10	9	
等离子体增强化学气相淀积设备	台	2	105	74	
全自动丝网印刷机	台	2	21 466	21 309	1
网带快速烧结炉	台	1	50 000	50 000	
自动测试分选设备	台	14	22 079	22 060	
薄膜太阳能片制造设备					
沉积设备（PECVD）	台	2	13 384	13 384	
激光刻蚀机	台	2	296	296	
磁控溅射设备	台	3	282	176	6
集成电路、分立器件芯片制造设备					
外延设备	台	8	42 022	42 022	
扩散设备	台	1	5 631	5 631	
离子注入设备	台	1	1	1	
快速热处理设备	台	6	42 412	42 417	
匀胶、显影设备	台	1	112	126	6
物理气相淀积设备	台	1	154	121	
化学气相淀积设备	台	5	844	832	100
电镀铜设备	台	2	15	12	
化学机械抛光设备（CMP）	台	1	5	4	
干法刻蚀设备	台	1	5	2	
清洗设备	台	3	188	187	
自动探针测试台	台	3	2 376	2 374	
减薄机	台	1	8	8	
划片机	台	2	142	145	
粘片机	台	3	1 760	1 750	
键合机	台	1	4 131	4 131	
自动封装设备	台	17	174 262	178 521	2 469

续表

产品名称	计量单位	企业数（家）	本年生产量	本年销售量	本年实际出口
老化设备	台	1	38	37	
自动测试分选设备	台	9	132 287	132 244	
自动打标编带设备	台	3	1 543	1 529	14
电真空器件专用设备					
真空开关管生产设备	台	6	65 023	65 023	
电光源生产设备	台	4	4 116	4 193	113
平板显示器件（FPD）生产设备					
液晶显示器件（LCD）生产设备	台	11	644 065 585	641 777 993	6 287 724
等离子显示器件（PDP）生产设备	台	1	1	110	
OLED 生产设备	台	4	87 950	77 800	18 870
其他平板显示器件生产设备	台	5	361 126 513	361 126 504	
电子元件专用设备					
电阻、电位器生产设备	台	13	129 168	17 1071	1 612
电容器生产设备	台	9	146 645	143 702	3 542
陶瓷元件生产设备	台	1	1 478 616	1 478 221	234 122
磁性材料及元件生产设备	台	8	3 132 730	3 199 455	2 502 568
印制电路板生产设备	台	8	47 389 336	47 347 512	47 008 503
线缆生产设备	台	10	2 456	2 426	
敏感元器件及传感器生产设备	台	7	32 087 777	31 687 045	17 794 119
绿色电池生产设备	台	5	4 034 973	3 533 934	4 102
电感器件、特种变压器生产设备	台	21	8 854 998	8 486 170	134
压电晶体生产设备	台	1	1 108 690	1 016 760	
电声器件生产设备	台	2	38 308	38 731	241
开关接插件生产设备	台	11	238 178	221 073	183 582
气候环境模拟和可靠性试验设备					
气候环境模拟试验设备	台	4	22 210	22 079	
力学环境试验设备	台	2	482	408	
综合试验设备	台	6	1 500	1 500	
可靠性试验设备	台	2	1 747	1 655	
水、气净化设备					

续表

产品名称	计量单位	企业数（家）	本年生产量	本年销售量	本年实际出口
空气净化设备					
净化空气	台	12	228 431	225 464	68 146
净化工作台	台	5	3 298	3 319	
高效过滤器	台	5	27 200	27 222	
净化检测设备	台	8	66 856	66 767	
水纯化设备	台	7	3 987	3 987	
气体纯化设备	台	8	22 167	21 960	20
废水处理设备	台	11	13 327	12 823	
电子整机装联设备					
自动插片机	台	1	17	17	
自动贴片机	台	4	503	506	
装配生产线	台	24	44 611	46 807	23 473
波峰焊接、再流焊接设备	台	3	10 302	10 303	
表面贴装印刷设备	台	2	797	796	5
自动检测仪器（机）	台	18	332 576	333 422	924
自动 X 射线轮廓仪	台	1	2 067	2 067	
自动清洗设备	台	4	2 557	2 557	2
电子通用设备					
真空获得设备	台	6	211 503	211 159	
超声波设备	台	9	38 121	38 143	
精密焊接设备	台	15	69 290	93 219	29 298
干燥设备	台	5	1 448	1 453	
精密电子丝网印刷设备	台	3	1 440	1 424	
防静电系列产品	台	3	14 232	14 232	

表 99　2017 年电子工业模具及齿轮生产量、销售量和出口量汇总表

产品名称	计量单位	企业数（家）	本年生产量	本年销售量	本年实际出口
模具	付	54	51 238 412	51 074 692	9 929 479
模架	套	9	713 226	715 986	

续表

产品名称	计量单位	企业数（家）	本年生产量	本年销售量	本年实际出口
模具标准件	件	17	10 951 878	10 990 783	5 731 398
气动工具	件	16	395 120	395 201	
电动工具	件	46	22 551 590	22 269 965	11 820 875
焊接工具	件	8	93 606	90 621	1

表 100　2017 年其他电子设备生产量、销售量和出口量汇总表

产品名称	计量单位	企业数（家）	本年生产量	本年销售量	本年实际出口
邮政专用设备及器材制造					
邮政营业设备	台	2	31 912	33 020	
邮政投递设备	台	1	6 050	6 050	
激光设备制造	台	20	24 597 574	24 208 865	23 160 754
电子垃圾处理设备制造	台	14	5 160 334	5 008 671	139 562

表 101　2017 年电子元件及组件生产量、销售量和出口量汇总表

产品名称	计量单位	企业数（家）	本年生产量	本年销售量	本年实际出口
电容器					
纸介电容器	万只	21	129 399	129 405	3 980
塑料介质电容器					
聚酯膜电容器	万只	18	250 876	252 900	61 376
聚丙烯膜电容器	万只	19	1 077 504	1 057 730	316 362
聚苯乙烯电容器	万只	6	37 300	35 388	300
聚碳酸酯电容器	万只	1	25	15	
片式有机介质电容器（SMC）	万只	2	312 015	250 882	84 840
瓷介电容器					
圆片瓷介电容器	万只	8	631 704	625 291	31 419
多层瓷介电容器	万只	13	125 858 083	125 964 640	67 667 103
其中：片式贴装瓷介电容器	万只	4	94 103 808	94 187 062	91 009 756
超大容量电容器	万只	6	89 865	87 982	561
云母电容器	万只	2	70 354	70 354	

续表

产品名称	计量单位	企业数（家）	本年生产量	本年销售量	本年实际出口
电解电容器					
铝电解电容器	万只	52	1 814 649	185 864 979	285 023
其中：片式铝电解电容器	万只	3	310 618	234 052	43 596
钽电解电容器	万只	3	21 611	20 928	
其中：片式钽电解电容器	万只	1	681	694	
可变电容器	万只	10	180 043	180 149	26 948
真空电容器					
固定真空电容器	万只	3	84 391	83 891	30 000
可变真空电容器	万只	1	5 354	5 354	
电阻、电位器					
固定电阻器					
碳膜电阻器	万只	15	6 223 500	6 014 440	196 794
金属膜电阻器	万只	8	62 623	80 582	8 748
氧化膜电阻器	万只	5	6 413 300	6 176 610	
玻璃釉电阻器	万只	5	81 480	80 311	1 327
线绕电阻器	万只	16	6 473 133	6 004 668	14 368
合成膜电阻器	万只	1	23 322	23 322	
实芯电阻器	万只	2	15 658	15 687	
片式电阻器	万只	23	19 108 229	16 648 359	13 109 062
熔断电阻器	万只	2	453	447	45
电位器					
线绕电位器	万只	2	585	521	
碳膜电位器	万只	6	3 611 841	3 583 569	3 536 676
实芯电位器	万只	1	19	19	
玻璃釉电位器	万只	2	6 907	6 848	
导电塑料电位器	万只	1	1 000	2 216	
片式电位器	万只	2	77 620	77 618	68 322
电阻网络	万只	3	179 934	179 937	3 576
电连接器					
低频连接器					

续表

产品名称	计量单位	企业数（家）	本年生产量	本年销售量	本年实际出口
圆形连接器	万只	20	2 063 868	1 739 886	27 487
矩形连接器	万只	19	137 475 344	134 809 146	12 852 859
条形连接器	万只	46	25 840 799	25 874 160	656 808
带状电缆连接器	万只	12	3 167 626	3 100 636	3 024 657
端子	万只	36	18 116 583	14 940 766	557 333
表面贴装型低频连接器	万只	4	105 267	101 885	35 413
射频连接器	万只	35	4 249 517	3 943 741	165 541
光连接器	万只	22	15 035 162	15 736 609	46 279
特种连接器	万只	24	8 618 312	9 721 590	374 338
各类开关	万只	70	964 012	947 222	470 571
各类插座	万只	30	99 546 063	87 317 344	3 630 351
各类插塞、插孔	万只	12	48 625 416	47 707 821	32 607 760
控制元件					
电子继电器					
电磁继电器	万只	28	233 633	229 279	60 518
固态继电器	万只	8	18 086	18 033	2
磁性材料元件及感性器件					
软磁材料元件					
金属软磁					
硅钢片	万公斤	2	2 199	1 149	
金属磁粉心	万公斤	3	81	87	9
铁镍合金	万公斤	2	78	78	
铁氧体软磁					
锰锌铁氧体	万公斤	16	51 149	50 442	1 358
镍锌铁氧体	万公斤	5	195 739	186 909	186 890
镁锌铁氧体	万公斤	1	37	36	1
硬磁材料元件					
铁氧体永磁	万公斤	23	5 529 140	5 285 212	28 906
钕铁硼永磁	万公斤	28	1 600 825	164 443	407
铝镍钴永磁	万公斤	1	8	8	

续表

产品名称	计量单位	企业数（家）	本年生产量	本年销售量	本年实际出口
其他磁性材料元件	万公斤	35	1 257 954	1 285 050	656 198
感性器件					
变压器					
电源变压器	万只	42	951 580	935 766	216 226
开关电源变压器	万只	18	1 650 459	1 644 515	1 388 029
音频变压器	万只	2	2 806	2 679	1 211
脉冲变压器	万只	1	336	336	
其他功能变压器	万只	20	270 459	307 379	651
电感器					
小型电感器	万只	31	743 149	735 878	287 119
电感滤波器	万只	16	7 019	6 621	3 226
扼流圈	万只	3	120 990	120 969	100 363
发射或接收线圈	万只	4	35 920	35 024	3 936
空心线圈	万只	8	24 507	23 457	10 775
电声器件					
通信传声器件					
送话器	万只	4	47 651	47 630	412
受话器	万只	10	31 295	29 705	1 213
组合件	万只	9	653 476	585 480	31 375
传声器					
电容式传声器	万只	4	2 226	2 231	1 671
动圈式传声器	万只	1	10 612	10 608	
驻极体传声器	万只	4	37 647	38 015	11 713
硅传声器	万只	2	13 053	11 856	809
无线传声器	万只	1	136	136	
扬声器					
号筒扬声器	万只	15	894 985	826 514	346 094
直接辐射式扬声器	万只	14	315 098	327 289	278 301
球顶形扬声器	万只	4	529 242	517 943	7 225
汽车扬声器	万只	17	7 169	7 148	3 613

续表

产品名称	计量单位	企业数（家）	本年生产量	本年销售量	本年实际出口
音箱、音柱					
专业用音箱（厅堂馆所）	万只	3	9	9	6
家庭用音箱	万只	19	466 614	468 011	415 873
耳机	万只	43	391 721	399 562	684
其中：无线耳机	万只	5	22 402	21 193	21 161
蜂鸣器	万只	9	27 530	26 235	10 306
蜂鸣片	万只	4	81 375	84 650	
频率控制元件					
压电陶瓷及频率元件					
压电陶瓷滤波器	万只	10	636 466	637 252	112 912
压电陶磁谐振器	万只	3	7 632	7 478	273
压电陶瓷检频器	万只	1	610	576	13
片式压电陶瓷器件	万只	8	136 606	135 857	2 929
声表面波滤波器	万只	4	51 982	51 418	37 766
片式声表面波器件	万只	2	69 412	70 447	41 897
压电石英晶体元器件					
压电石英晶体谐振器	万只	33	978 121	961 515	483 280
压电石英晶体滤波器	万只	4	11 206	11 137	318
压电石英晶体振荡器	万只	16	617 244	612 055	273 579
片式压电晶体器件	万只	2	13 786	12 476	185
石英晶片	万片	8	389 551	310 471	110 035
其他元件及零部件					
电子陶瓷零件					
氧化铝瓷件	万公斤	8	3 078	3 088	243
氮化铝瓷片	万公斤	1	1	1	
电声器件零部件	万公斤	11	2 609 960	2 609 949	1 473
电容器用铝壳	万公斤	2	1 000 782	931 967	2 536

表 102　2017 年电子印制电路板生产量、销售量和出口量汇总表

产品名称	计量单位	企业数（家）	本年生产量	本年销售量	本年实际出口
刚性印制电路板					
刚性单面板	平方米	80	141 236 285	138 902 370	3 964 189
刚性双面板	平方米	82	663 660 576	686 716 995	140 439 550
刚性多层板	平方米	84	275 282 430	268 017 599	122 486 300
挠性印制电路板	平方米	57	368 685 132	390 364 047	54 294 011
刚－挠性印制电路板	平方米	76	123 906 657	119 994 825	76 727 488

表 103　2017 年电力电子元件生产量、销售量和出口量汇总表

产品名称	计量单位	企业数（家）	本年生产量	本年销售量	本年实际出口
继电器					
电磁继电器	万只	19	139 002	166 766	23 213
永磁继电器	万只	1	100	100	
热电继电器	万只	3	357	349	17
感应继电器	万只	3	159	159	
静电继电器	万只	1	100	100	
光电继电器	万只	4	1 338 059	1 337 809	728 320
继电器保护装置	万只	13	72 522	73 231	171
配电或电器控制设备专用零件	万只	107	4 539 527	4 540 203	6 515

表 104　2017 年敏感元件及传感器生产量、销售量和出口量汇总表

产品名称	计量单位	企业数（家）	本年生产量	本年销售量	本年实际出口
敏感元件					
力敏元件	万只	5	15 183	14 837	3 352
压敏电阻器	万只	9	148 264	143 281	15 584
光敏电阻器	万只	7	17 777	17 833	963
热敏电阻器	万只	24	266 152	261 599	12 698
磁敏感元件	万只	5	1 366 835	1 366 633	506 401
传感器	万只	117	161 136 063	159 693 039	4 554 944

表 105　2017 年真空电子器件生产量、销售量和出口量汇总表

产品名称	计量单位	企业数（家）	本年生产量	本年销售量	本年实际出口
电子管					
收讯放大管	万只	1	5	8	
发射管					
中小功率发射管	万只	2	310	310	
大功率玻璃发射管	万只	1			
调制管	万只	1	2	2	
超高频管					
磁控管	万只	4	827	688	
稳定管					
稳压管	万只	4	2 645 940	2 628 365	2 102 653
稳流管	万只	1	8	8	
离子管					
放电管	万只	2	8 975	8 717	3 985
真空开关管					
高、中压真空开关管（3kV 以上）	万只	13	133 729	145 631	22
低压真空开关管（3kV 以下）	万只	3	45 479	49 103	
其他电真空器件					
真空规管	万只	1	2 206	2 200	800
真空电子器件零件					
显像管配件					
彩色显像管电子枪零件	万只	1	46	58	
电子管零件	万件	7	129 231	137 981	18 084

表 106　2017 年半导体分立器件生产量、销售量和出口量汇总表

产品名称	计量单位	企业数（家）	本年生产量	本年销售量	本年实际出口
半导体二极管					
小信号二极管	万只	18	10 841 609	10 793 174	6 110 440
稳压、整流、开关二极管	万只	53	139 691 375	133 297 574	20 850 548
过电流保护二极管	万只	6	199 979	198 800	68 473

续表

产品名称	计量单位	企业数（家）	本年生产量	本年销售量	本年实际出口
高频（微波）二极管	万只	5	218 571	203 599	1 925
小信号晶体管					
双极晶体管	万只	11	1 100 171	1 101 654	111 238
场效应晶体管	万只	6	180 554	180 179	1 636
高频（射频与微波）晶体管	万只	4	126 209	130 306	32 340
功率晶体管					
高频（微波）功率晶体管	万只	7	477 186	464 772	117 589
高频（微波）功率晶体管模块	万只	6	3 753	3 744	
通用双极功率晶体管	万只	13	836 651	832 116	89 245
通用双极功率晶体管模块	万只	3	53	52	16
通用场效应功率晶体管	万只	12	4 018 398	3 835 896	208 142
通用场效应功率晶体管模块	万只	1	3	1	
整流管					
0.5 ~ 3.0 A（含）整流管	万只	5	14 171	13 330	163
3.0 ~ 35.0 A（含）整流管	万只	13	199 233	198 243	16 506
大于 35.0 A 整流管	万只	6	1 709	1 743	
半导体敏感器件					
压力敏感器件	万只	5	73 831	73 780	3 488
磁敏器件	万只	5	1 871	1 755	
湿敏器件	万只	1	75	80	
光敏感器件	万只	2	6 860	6 915	
热敏感器件	万只	4	4 777	4 718	1

表 107　2017 年集成电路生产量、销售量和出口量汇总表

产品名称	计量单位	企业数（家）	本年生产量	本年销售量	本年实际出口
集成电路制造					
12 英寸集成电路硅片					
线宽 45nm 及以下	万片	6	316 066	286 553	189
线宽 45nm 以上	万片	7	247 220	230 453	50

续表

产品名称	计量单位	企业数（家）	本年生产量	本年销售量	本年实际出口
8 英寸集成电路硅片					
线宽 0.18μm 及以下	万片	6	330 572	291 790	57 724
线宽 0.18 ~ 0.35μm	万片	10	8 185 503	8 185 532	602 652
线宽 0.35μm 以上	万片	2	20	21	16
6 英寸集成电路硅片					
线宽 0.8μm 及以下	万片	8	175 602	177 024	11
线宽 0.8μm 以上	万片	4	94	93	
5 英寸集成电路硅片					
线宽 0.8μm 及以下	万片	1	1 887	653	653
线宽 0.8μm 以上	万片	2	80	80	
4 英寸集成电路硅片	万片	14	17 562	24 908	2 531
4 英寸以下集成电路硅片	万片	13	19 154	19 138	1 280
集成电路封装测试					
TO 系列	万只	18	3 025 538	3 020 227	578 575
SOT（SOD）系列	万只	16	3 481 489	3 489 512	1 548 092
DIP/SIP/ZIP 系列	万只	21	664 290	635 419	112 946
SOP/SOJ 系列	万只	28	3 667 500	3 648 103	1 654 335
QFP 系列	万只	13	1 419 270	1 415 838	775 798
BGA/PGA 系列	万只	16	4 088 952	4 088 969	2 458 306
Flip Chip 系列	万只	10	530 798	529 969	315 006
CSP 系列	万只	11	4 510 972	4 470 303	2 458 238
MCP 系列	万只	5	33 512	33 413	4 903
集成电路产品					
MOS 微器件					
MOS MCU	万只	3	101 687	100 312	6 070
逻辑电路					
数字双极电路	万只	3	81	83	
MOS 逻辑电路	万只	1	32	34	
MOS 存储器					
DRAM	万只	1	2 559	2 559	2 559

续表

产品名称	计量单位	企业数（家）	本年生产量	本年销售量	本年实际出口
Flash 存储器	万只	1	71 372	64 569	60 591
模拟电路					
放大器电路	万只	5	432 473	433 161	410 754
电源电路（模拟开关、线性滤波器等）	万只	7	683 735	696 332	120 453
压控振荡器	万只	1	5	4	
DC-DC 变换器	万只	4	184	178	8
其他模拟电路	万只	2	6	5	
专用电路					
消费电子类电路	万只	8	4 056 949	4 056 392	2 934 414
计算机及外部设备电路	万只	10	538 397	534 085	31 985
通信与网络电路	万只	3	974 197	972 282	908 453
机动车专用电路	万只	7	143 817	143 609	141 698
电源管理电路	万只	6	1 314 788	1 308 563	6 991
其他专用电路	万只	9	33 559 009	20 004 287	8 743 936
智能卡芯片及电子标签芯片					
接触式智能卡芯片	万只	14	2 962 341	2 873 070	166 377
非接触式智能卡芯片	万只	8	6 910 001	6 779 787	98 298
其中：RFID 电子标签芯片	万只	9	7 238 591	7 017 542	43
读写器电路	万只	1	68	69	
传感器电路	万只	8	136 439 566	135 950 405	133 839 026
微波单片集成电路	万只	6	3 359 860	3 238 836	1 796
混合集成电路	万只	60	275 043 980	275 024 605	1 205 204

表 108　2017 年显示器件生产量、销售量和出口量汇总表

产品名称	计量单位	企业数（家）	本年生产量	本年销售量	本年实际出口
液晶显示屏					
7 英寸<尺寸≤ 11 英寸	万片	28	13 238 102	13 226 395	2 135
2.5 英寸≤尺寸≤ 7 英寸	万片	36	7 070 214	7 104 995	39 870
等离子显示器件 PDP	万片	1	195	195	
液晶显示模组及主要配套材料	万套	91	1 827 910 000	14 934 658	604 425
等离子显示模组	万套	1	14	14	3

续表

产品名称	计量单位	企业数（家）	本年生产量	本年销售量	本年实际出口
有机发光显示器件 OLED	万只	23	32 173 098	32 189 697	3 124 091
其他显示器件	万只	63	19 082 938	19 057 766	11 800 930

表 109　2017 年电力电子器件生产量、销售量和出口量汇总表

产品名称	计量单位	企业数（家）	本年生产量	本年销售量	本年实际出口
晶闸管	万只	20	358 797	347 213	130 258
绝缘栅极晶体管及模块（IGBT、IGCT）	万只	6	5 178 770	5 083 648	51 393
快恢复二极管（FRD）	万只	4	7 334	7 311	698
肖特基二极管	万只	7	1 552 588	1 569 086	1 130 631
金属氧化物半导体场效应管（MOSFET）器件及模块	万只	9	4 692 654	4 699 180	2 550 387

表 110　2017 年微电子组件生产量、销售量和出口量汇总表

产品名称	计量单位	企业数（家）	本年生产量	本年销售量	本年实际出口
集成电路模块	万只	49	70 194 151	69 655 612	3 926 786
多芯片封装组件（MCM）	万只	4	162	165	
其他微电子组件	万只	67	15 211 156	15 170 708	458 071

表 111　2017 年光电子器件及其他电子器件生产量、销售量和出口量汇总表

产品名称	计量单位	企业数（家）	本年生产量	本年销售量	本年实际出口
电子束光电器件					
光电倍增管	万只	4	429	429	21
摄像管	万只	1	4 084	3 483	3 476
光电图像器件	万只	9	95 721	96 443	52 073
电真空光电子器件					
发光器件	万只	65	15 250 486	14 922 690	2 600 072
光敏器件	万只	11	4 880 118	4 886 851	4 879 704
光电耦合器件	万只	12	21 148 613	21 040 276	21 008 220
红外器件	万只	5	1 096	1 095	
X 射线（光）管					

续表

产品名称	计量单位	企业数（家）	本年生产量	本年销售量	本年实际出口
医用 X 射线（光）管	万只	1	1	1	1
工业用 X 射线（光）管	万只	2	89	89	
其他真空光电子器件	万只	31	31 084 364	31 035 132	207 269
电光源					
白炽灯	万只	30	3 975 449	3 851 585	46 110
荧光灯	万只	45	315 273	311 781	167 812
卤钨灯	万只	17	4 611 125	4 553 234	3 003 957
气体放电灯	万只	9	6 495	6 431	385
汞蒸汽灯（含汽车灯）	万只	11	941 317	941 116	283 614
钠蒸汽灯	万只	3	537	555	301
半导体光电器件					
光电探测器件	万只	14	2 295 992	2 248 851	1 090 412
发光二极管	万只	198	103 260 000	297 615 053	24 170 953
激光器件					
半导体激光器件	万只	27	7 288 872	6 243 602	184 693
固体激光器件	万只	7	916	898	55
气体激光器件	万只	2	34	34	2

表 112　2017 年电子微电机生产量、销售量和出口量汇总表

产品名称	计量单位	企业数（家）	本年生产量	本年销售量	本年实际出口
驱动微电机					
异步电动机	万只	33	16 248 255	11 662 520	697 154
同步电动机	万只	12	807 857	808 109	43 796
直流电动机	万只	33	171 058	171 375	8 331
直线电动机	万只	2	1 443	1 442	9
冷却用小型风机	万只	7	4 794 659	4 901 858	436 762
平面无刷电动机	万只	2	3 000	3 014	2 094
其他驱动微电机	万只	66	18 756 379	18 355 084	251 560
控制微电机					
自整角机	万只	1			

续表

产品名称	计量单位	企业数（家）	本年生产量	本年销售量	本年实际出口
旋转变压器	万只	2	305	305	
感应移相器及同步器	万只	1	51	50	1
伺服电动机	万只	9	10 277	9 567	3
测速发电机	万只	2	67 293	66 193	
步进电机	万只	8	1 098 375	887 925	33
力矩电机	万只	4	141	141	8
微特电机机组及组合装置	万只	21	226 409	223 203	119 618
伺服测速机组	万只	2	20	20	
专用微特电机					
手机、BP 机用微型振动马达	万只	15	3 241 914	3 260 842	3 146 277
电源电机					
变频、变流电机	万只	5	776	703	26
发电机组	万只	16	487 325	503 779	185 252
其他电机					
洗衣机电机	万只	4	3 753 990	3 485 740	2 458 205
风扇电机	万只	12	1 267 549	1 254 623	797 998
压缩机电机	万只	10	207 473	207 009	513

表 113　2017 年电子电线电缆生产量、销售量和出口量汇总表

产品名称	计量单位	企业数（家）	本年生产量	本年销售量	本年实际出口
安装线缆					
安装线	公里	54	16 010 819	15 899 339	211
安装电缆	公里	87	33 221 989	29 320 882	9 209 651
带状电缆	公里	11	256 410	264 045	429
电话机、计算机用弹簧绳	万根	2	1 413	1 393	120
电源插头线	万根	53	25 901 765	26 500 723	11 613 090
射频电缆					
柔软同轴电缆	公里	18	1 826 586	1 783 708	482 551
其中：CATV 电缆	公里	6	117 631	118 577	1 906
半硬（半软）同轴电缆	公里	10	380 088	350 101	1 721

续表

产品名称	计量单位	企业数（家）	本年生产量	本年销售量	本年实际出口
其中：波纹管电缆（RF 电缆）	公里	3	59 499	59 306	
硬同轴电缆	公里	46	4 806 079	4 814 332	28 881
特种同轴电缆					
漏泄电缆	公里	1	922	918	
水密电缆	公里	1	83 946	85 204	
综合电缆	公里	179	238 203 890	238 523 977	3 904 383
通信及电子网络用电缆					
电话电缆	公里	18	8 014 094	8 039 065	2 780 504
井下及隧道用监控、通信电缆	公里	11	735 278	723 725	652 200
计算机网络用电缆	公里	43	23 222 993	23 200 332	1 520 310
电子线材					
电子元器件引线	吨	28	210 826 951	212 860 992	55 402
裸铜线	吨	38	2 273 164	2 283 274	103 758
铜包钢线	吨	7	134 432	134 367	11 303
铜包铝线	吨	13	45 120	45 006	95
微细漆包线（小于 0.6mm）	吨	15	87 012	86 944	448
一般漆包线（大于 0.6mm）	吨	46	5 123 387	5 179 549	4 224
纱包线及绕包线	吨	10	49 564	50 259	1 986

表 114　2017 年光纤、光缆生产量、销售量和出口量汇总表

产品名称	计量单位	企业数（家）	本年生产量	本年销售量	本年实际出口
光纤接入设备					
单模光纤	公里	21	244 219 285	225 991 622	3 715 594
多模光纤	公里	3	162 963	162 963	
塑料光纤	公里	3	200 124	199 034	
光缆					
通信用室（野）外光缆	芯公里	39	113 397 646	114 748 018	2 629 975
通信用移动式光缆	芯公里	8	792 097 782	823 665 096	2 285 300
通信用室（局）内光缆	芯公里	11	59 047 808	62 968 325	8 926 550
通信用设备内光缆	芯公里	2	15 222	15 222	89

续表

产品名称	计量单位	企业数（家）	本年生产量	本年销售量	本年实际出口
通信用海底光缆	芯公里	1			
接入网用光纤带光缆	芯公里	5	36 895 016	36 894 820	662
通信用特殊光缆	芯公里	6	1 125 863	1 123 710	986 358
非通信用光缆	芯公里	6	125 296	104 545	

表 115　2017 年电池生产量、销售量和出口量汇总表

产品名称	计量单位	企业数（家）	本年生产量	本年销售量	本年实际出口
碱性蓄电池					
锌银蓄电池	千瓦时	1	173	181	143
圆柱形密封镉镍蓄电池	千瓦时	2	8 390	8 233	6 427
镍氢蓄电池	千瓦时	17	19 361 030	19 413 529	15 975 573
酸性蓄电池					
密封铅酸蓄电池	万 kVh	75	271 972	270 387	7 443
非密封铅酸蓄电池	万 kVh	6	963	993	
锂蓄电池					
锂离子单体电池（电芯）	千瓦时	74	1 111 278	779 691 873	87 167 767
其中：液体锂离子电池	千瓦时	5	458 303	500 262	494
聚合物锂离子电池	千瓦时	22	192 420	2 072 171	1 180 919
锂离子电池组	千瓦时	42	135 718 969	122 001 885	8 962 663
原电池					
普通锌锰干电池	万只	8	235 910	228 283	67 917
碱性锌锰电池	万只	7	462 279	445 159	221 949
锌锰扣式电池	万只	5	391 879	381 141	
贮备电池					
铅激活电池	万只	1	1 014 253	1 020 176	
物理－化学电源能电源系统	套	4	11 571	11 623	
蓄电池充电器	万只	4	2 197	2 186	
电池专用配件					
镍氢电池正负极带	平方米	3	198 476	209 043	
锂蓄电池专用配件	万只	10	79 263	63 291	9 936

表 116　2017 年太阳能电池生产量、销售量和出口量汇总表

产品名称	计量单位	企业数（家）	本年生产量	本年销售量	本年实际出口
太阳能电池					
多晶硅电池	兆瓦	45	8 020 934	7 219 052	509 056
单晶硅电池	兆瓦	14	13 788 376	133 947 030	629
硅基薄膜电池	兆瓦	1	22	22	
铜铟镓硒薄膜电池	兆瓦	1			
砷化镓硒薄膜电池	兆瓦	1			
其他太阳能电池	兆瓦	56	218 203 140	228 935 224	2 170 812
太阳能电池组件					
单晶硅电池组件	兆瓦	54	1 265 580	1 181 312	303 604
多晶硅电池组件	兆瓦	82	2 427 141	2 528 203	31 335
薄膜电池组件	兆瓦	4	691	660	

表 117　2017 年电子元件材料生产量、销售量和出口量汇总表

产品名称	计量单位	企业数（家）	本年生产量	本年销售量	本年实际出口
纸绝缘板	公斤	15	270 973 510	271 237 761	95 341 956
纸基敷铜板	公斤	5	8 297 802	7 956 586	1 991 395
玻璃布基敷铜板	公斤	12	191 048 881	177 507 876	56 884 657
电子光学玻璃	公斤	24	206 499 242	201 392 972	61 221 359
电解二氧化锰粉	公斤	1	50	40	
电容器用材料					
铝箔	公斤	11	184 370 501	106 102 654	4 967 125
聚酯膜	公斤	4	68 209 892	68 844 970	1 051 077
聚丙烯膜	公斤	9	39 631 363	38 973 362	785 073
压电材料					
铌酸锂单晶	公斤	3	13 384	13 496	
人造水晶	公斤	1	53 211	53 211	53 211
光纤预制棒	公斤	4	1 096 372	1 115 047	
电解铜箔	公斤	9	254 292 325	254 258 240	1 576 254

表 118 2017 年真空电子器件材料生产量、销售量和出口量汇总表

产品名称	计量单位	企业数（家）	本年生产量	本年销售量	本年实际出口
钨制品	公斤	1	247 086	248 170	
镍基合金	公斤	1	2 277 789	2 164 718	8 950
复合金属电子材料	公斤	13	49 940 913	49 360 185	109 048
触头材料	公斤	3	289 897	300 264	1 140
其中：铜钨合金	公斤	1	83 980	80 225	34 521
电真空器件用玻璃	公斤	1	3 517	3 479	
液晶材料	公斤	9	981 914	946 420	24 805
合金材料	公斤	12	160 422 020	159 049 582	337 504

表 119 2017 年半导体材料生产量、销售量和出口量汇总表

产品名称	计量单位	企业数（家）	本年生产量	本年销售量	本年实际出口
半导体单晶					
锗单晶	公斤	1	9 098	8 685	5 288
硅单晶	公斤	26	112 724 357	101 217 292	9 981 006
化合物单晶	公斤	6	22 542 107	22 416 112	32 000
多晶硅	公斤	27	565 430 807	561 221 849	2 037 078
半导体片材					
硅抛光片	万片	6	89 592	83 785	3 549
硅外延片	万片	6	104 464 173	100 726 482	36 236 606
其他半导体片材	万片	35	100 674 206	96 589 831	65 649 224
半导体封装材料					
键合用金丝	公斤	6	58 262	52 520	286
键合用硅铝丝	公斤	1	50 468	50 468	
封装用金属管壳	万只	1	254	249	
封装用陶瓷外壳	万只	5	191 427	190 716	21 860
分立器件塑封引线框架及金属带材	万只	9	104 943 790	104 308 070	45 475 383
集成电路塑封引线框架及金属带材	万只	5	19 503 916	19 238 050	1 210 494
封装用模塑料粉及辅料	吨	7	5 969 582	5 954 008	3 776 009
石英制品	公斤	34	690 619 363	674 980 861	254 545 196

续表

产品名称	计量单位	企业数（家）	本年生产量	本年销售量	本年实际出口
导电膜玻璃	平方米	3	806 062 437	803 876 353	1 478 940

表 120　2017 年信息化学品材料生产量、销售量和出口量汇总表

产品名称	计量单位	企业数（家）	本年生产量	本年销售量	本年实际出口
荧光粉	公斤	7	4 238 688	3 627 433	114
消气剂	万只	3	402 050	352 050	
光刻胶	公斤	10	9 739 054	9 606 876	2 745 869

表 121　2017 年智慧家庭终端设备生产量、销售量和出口量汇总表

产品名称	计量单位	企业数（家）	本年生产量	本年销售量	本年实际出口
智能家居产品	台 / 套	17	14 646 593	14 173 630	70 184 161
家用智能服务机器人	台	2	425	423	

表 122　2017 年个人可穿戴智能设备生产量、销售量和出口量汇总表

产品名称	计量单位	企业数（家）	本年生产量	本年销售量	本年实际出口
智能手表	只	3	524 001	525 001	326 001
智能手环	只	3	3 977 835	3 999 265	740 218

表 123　2017 年虚拟现实设备生产量、销售量和出口量汇总表

产品名称	计量单位	企业数（家）	本年生产量	本年销售量	本年实际出口
头戴式虚拟现实设备	台	1	1	1	1
虚拟现实外围设备	台	1	1	1	1
虚拟现实相关应用电子设备	台	3	3 297	3 383	13

表 124　2017 年其他智能硬件设备生产量、销售量和出口量汇总表

产品名称	计量单位	企业数（家）	本年生产量	本年销售量	本年实际出口
智能车载设备					
车载导航终端	套	9	1 997 543	2 523 668	9 446

续表

产品名称	计量单位	企业数（家）	本年生产量	本年销售量	本年实际出口
其中：北斗导航终端	套	3	343 131	321 628	
汽车电脑报站器	套	1	9 320	9 320	
其他智能车载设备	套	8	19 036 650	20 344 029	3 179 782
智能无人机	台	2	11 192	10 920	10 919
其他智能化硬件产品	台	34	5 713 783	7 999 084	5 799 078

表 125　2017 年电子信息产业制造业固定资产投资主要指标

单位：亿元

指标名称	本年累计	上年同期	增长（%）
一、投资额和新增固定资产			
自年初累计完成投资	19 789.8	16 584.2	19.3
建筑工程	8 355.4	7 040.1	18.7
安装工程	1 569.8	1 416.4	10.8
设备工器具购置	8 906.9	7 244.4	22.9
其他费用	957.6	883.4	8.4
本年新增固定资产	11 682.7	9 203.5	26.9
二、投资项目个数			
施工项目个数	19 312	16 058	20.3
其中：本年新开工	13 696	12 120	13.0
本年投产项目数	12 399	10 337	19.9
三、固定资产投资资金来源			
上年末结余资金	7 612.3	646.1	1 078.2
本年资金来源小计	18 275.5	15 779.3	15.8
国家预算内资金	84.5	76.8	10.0
国内贷款	1 275.2	1 176.9	8.4
债券	12.5	9.2	36.5
利用外资	414.0	587.6	–29.5
自筹资金	15 824.9	13 685.7	15.6
其中：企事业单位自有资金	0	4 205.3	–100.0
其他资金来源	664.4	263.2	152.4
四、各项应付款合计	1 707.5	1 294.4	31.9

表 126　2017 年按企业登记注册类型分列的电子信息产业制造业固定资产投资指标（1）

单位：亿元

项目名称	本年累计完成投资	其中			
		建筑工程	安装工程	设备工器具购置	其他费用
总计	19 789.8	8 355.4	1 569.8	8 906.9	957.6
内资企业	16 426.8	7 531.2	1 323.0	6 705.3	867.4
国有企业	625.5	369.6	44.8	155.1	56.0
集体企业	31.5	23.6	1.9	3.8	2.4
股份合作企业	56.1	36.9	9.8	7.3	2.0
联营企业	11.0	3.2	1.7	5.1	1.1
国有联营企业	4.2	1.7	1.0	1.5	
集体联营企业	0.5	0.3	0.2		
其他联营企业	6.3	1.2	0.5	3.6	1.1
有限责任公司	7 176.0	3 313.5	572.4	2 900.8	389.2
国有独资公司	542.5	347.4	35.6	98.6	60.9
其他有限责任公司	6 633.5	2 966.2	536.9	2 802.3	328.3
股份有限公司	738.8	317.7	66.3	319.6	35.2
私营企业	7 448.3	3 272.5	583.6	3 224.1	368.0
私营独资企业	650.9	296.2	51.8	271.1	31.8
私营合伙企业	57.4	25.1	5.7	23.3	3.2
私营有限责任公司	6 467.1	2 825.8	493.3	2 828.6	319.4
私营股份有限公司	272.8	125.4	32.7	101.1	13.6
其他内资企业	339.6	194.1	42.6	89.4	13.5
中国港、澳、台商投资企业	1 342.3	331.5	70.9	896.3	43.5
与中国港、澳、台商合资经营企业	361.0	83.4	23.2	237.9	16.5
与中国港、澳、台商合作经营企业	5.0	2.6	0.1	2.2	
中国港、澳、台商独资企业	904.8	237.8	43.9	597.3	25.8
中国港、澳、台商投资股份有限公司	31.0	6.8	3.7	19.3	1.2
其他中国港、澳、台商投资企业	40.5	0.9		39.6	
外商投资企业	2 020.6	492.6	176.0	1 305.3	46.7
中外合资经营企业	714.4	155.1	131.7	410.7	16.8
中外合作经营企业	24.4	2.1	2.0	19.3	1.0
外资企业	1 211.6	303.3	39.6	843.6	25.1
外商投资股份有限公司	45.0	17.0	1.2	23.9	3.0

续表

项目名称	本年累计完成投资	其中			
		建筑工程	安装工程	设备工器具购置	其他费用
其他外商投资企业	25.2	15.2	1.4	7.9	0.8

表 127 2017 年按行业分列的电子信息产业制造业固定资产投资指标（1）

单位：亿元

项目名称	本年累计完成投资	其中			
		建筑工程	安装工程	设备工器具购置	其他费用
通信设备工业行业	2 238.2	1 064.2	173.8	866.2	134.0
通信系统设备制造	792.5	383.3	66.1	307.1	36.0
通信终端设备制造	1 445.7	680.9	107.7	559.1	98.1
雷达工业行业	86.3	35.9	6.9	41.4	2.1
雷达及配套设备制造	86.3	35.9	6.9	41.4	2.1
广播电视设备工业行业	150.7	63.6	18.7	63.0	5.4
广播电视节目制作及发射设备制造	19.8	8.6	2.8	7.4	0.9
广播电视接收设备及器材制造	80.0	30.5	7.3	39.7	2.6
应用电视设备及其他广播电视设备制造	50.9	24.5	8.6	15.9	1.9
电子计算机工业行业	1 151.1	493.7	93.7	498.1	65.7
计算机整机制造	154.1	58.9	11.7	75.8	7.7
计算机零部件制造	501.3	201.1	37.7	241.0	21.4
计算机外围设备制造	131.8	58.8	6.5	61.2	5.4
其他计算机制造	325.4	159.1	30.6	106.4	29.4
幻灯及投影设备制造	22.5	5.9	6.5	9.3	0.8
计算器及货币专用设备制造	16.1	10.0	0.7	4.4	0.9
家用视听设备工业行业	304.5	130.4	23.5	134.8	15.7
电视机制造	118.7	56.2	9.1	47.6	5.8
音响设备制造	109.5	48.9	9.0	44.8	6.8
影视录放设备制造	76.2	25.3	5.4	42.5	3.1
电子器件工业行业	4 745.7	1 612.4	381.1	2 537.0	215.2
电子真空器件制造	172.8	76.0	23.4	68.5	5.0
半导体分立器件制造	364.1	64.2	11.3	272.5	16.1
集成电路制造	1 113.4	343.8	49.9	664.8	55.0
光电子器件及其他电子器件制造	3 095.4	1 128.5	296.6	1 531.1	139.2
电子元件工业行业	3 772.2	1 738.4	267.0	1 588.8	178.0

续表

项目名称	本年累计完成投资	其中			
		建筑工程	安装工程	设备工器具购置	其他费用
电力电子元器件制造	1 096.4	521.1	99.3	419.0	57.0
电子元件及组件制造	2 165.0	990.9	139.2	929.6	105.3
印制电路板制造	510.8	226.4	28.5	240.2	15.7
电子测量仪器工业行业	653.4	303.9	54.8	264.3	30.3
环境监测专用仪器仪表制造	61.3	22.9	6.6	29.1	2.7
运输设备及生产用计数仪表制造	56.7	21.0	4.6	29.4	1.6
导航、气象及海洋专用仪器制造	34.0	13.1	2.0	16.9	1.9
农林牧渔专用仪器仪表制造	6.5	3.1	0.2	2.8	0.4
地质勘探和地震专用仪器制造	14.5	3.0	1.1	10.2	0.3
核子及核辐射测量仪器制造	5.2	1.3	0.2	3.6	0.1
电子测量仪器制造	100.2	49.0	13.7	33.6	3.8
医疗诊断、监护及治疗设备制造	375.0	190.5	26.3	138.8	19.5
电子工业专用设备行业	2 545.4	1 301.3	195.5	917.3	131.3
电子工业专用设备制造	945.6	480.8	68.2	344.8	51.9
其他电子设备制造	1 599.8	820.5	127.3	572.6	79.4
电子信息机电工业行业	3 732.4	1 466.4	320.5	1 787.4	158.1
微电机及其他电机制造	282.2	96.4	18.6	153.6	13.6
光纤、光缆制造	253.8	101.8	15.5	127.7	8.8
光伏设备及元器件制造	1 295.4	489.2	132.9	625.0	48.4
锂离子电池制造	1 832.4	745.3	146.9	853.2	86.9
镍氢电池制造	68.5	33.7	6.6	28.0	0.3
其他电子信息行业	409.9	145.1	34.5	208.5	21.9
信息化学品制造	409.9	145.1	34.5	208.5	21.9

表 128　2017 年按省、自治区、直辖市分列的电子信息产业制造业固定资产投资指标（1）

单位：亿元

省、自治区、直辖市名称	本年累计完成投资	其中			
		建筑工程	安装工程	设备工器具购置	其他费用
北京市	154.5	36.1	6.1	97.3	15.0
天津市	285.2	72.4	35.7	171.9	5.1

续表

省、自治区、直辖市名称	本年累计完成投资	其中			
		建筑工程	安装工程	设备工器具购置	其他费用
河北省	597.2	305.9	75.8	184.0	31.5
山西省	41.2	5.4	2.7	31.9	1.1
内蒙古自治区	216.2	97.4	15.9	100.3	2.7
辽宁省	234.1	22.2	2.8	206.0	3.1
吉林省	142.6	54.4	25.7	58.8	3.7
黑龙江省	66.9	17.4	1.7	45.9	1.9
上海市	184.1	39.3	10.7	120.1	13.9
江苏省	3 480.7	1078.5	174.5	2 107.3	120.4
浙江省	738.0	263.6	44.7	367.4	62.3
安徽省	1572.3	744.7	167.7	623.4	36.5
福建省	935.8	319.1	27.2	509.2	80.3
江西省	1 492.9	875.5	189.6	353.6	74.2
山东省	988.7	414.3	115.2	428.2	31.0
河南省	1 152.2	585.6	23.4	495.6	47.5
湖北省	1 156.3	561.9	112.8	399.0	82.6
湖南省	888.8	499.6	81.4	256.9	51.0
广东省	1 888.5	648.4	151.2	959.8	129.1
广西壮族自治区	362.8	138.3	40.8	168.2	15.5
海南省	19.3	14.4	0.9	3.9	0.1
重庆市	947.1	507.0	109.5	267.0	63.6
四川省	1 120.0	547.4	61.0	466.4	45.1
贵州省	250.4	170.1	14.0	53.0	13.4
云南省	102.2	64.7	4.1	28.0	5.4
西藏自治区	1.8	1.8			
陕西省	540.0	202.0	46.7	276.5	14.7
甘肃省	16.8	8.3	1.6	6.4	0.5
青海省	78.1	21.4	8.2	43.9	4.6
宁夏回族自治区	78.9	20.3	9.4	47.6	1.7
新疆维吾尔自治区	55.9	17.7	8.9	29.2	0.1

表 129　2017 年按企业登记注册类型分列的电子信息产业制造业固定资产投资指标（2）

单位：亿元

项目名称	本年新增固定资产	上年末结余资金	本年资金来源小计	其中				
				国家预算内资金	国内贷款	利用外资	自筹	其他来源
总 计	11 682.7	7 612.3	18 275.5	84.5	1 275.2	414.0	15 824.9	664.4
内资企业	9 585.2	7 373.2	15 368.6	80.7	1 124.6	46.2	13 538.0	566.6
国有企业	197.2	36.3	736.0	29.6	40.4		642.5	19.9
集体企业	37.0	0.1	28.4	0.3	1.7		22.1	4.3
股份合作企业	8.1	1.7	49.9		1.7	6.5	39.9	1.7
联营企业	6.6		11.1	0.3	2.1		8.7	
国有联营企业	0.8		4.2	0.3	2.1		1.9	
集体联营企业			0.5				0.5	
其他联营企业	5.9		6.3				6.3	
有限责任公司	3 856.2	7 182.2	6 625.9	40.1	493.1	18.0	5 761.9	309.9
国有独资公司	207.5	56.7	492.5	24.5	74.0	1.0	366.0	24.6
其他有限责任公司	3 648.7	7 125.5	6 133.4	15.6	419.0	17.0	5 395.9	285.3
股份有限公司	358.4	25.8	647.8	3.1	32.9	1.1	590.3	15.3
私营企业	4 811.6	123.3	6 953.8	7.2	525.9	20.2	6 213.4	186.2
私营独资企业	426.7	6.0	624.5		73.7	1.5	539.0	10.3
私营合伙企业	46.9	0.9	56.0		1.2	0.4	53.5	0.8
私营有限责任公司	4 158.3	103.1	6 021.1	7.2	433.7	18.2	5 395.0	166.0
私营股份有限公司	179.7	13.2	252.3	0.1	17.2		226.0	9.0
其他内资企业	310.0	3.9	315.8	0.1	26.8	0.4	259.2	29.3
中国港、澳、台商投资企业	827.2	89.1	1 092.9	1.1	31.6	44.5	978.6	37.1
与中国港、澳、台商合资经营企业	189.7	25.5	271.6	0.1	12.8	4.2	239.6	14.9
与中国港、澳、台商合作经营企业	4.8		7.8				4.3	3.5
中国港、澳、台商独资企业	575.8	50.5	742.0	0.3	17.4	39.1	666.5	18.6
中国港、澳、台商投资股份有限公司	16.5	12.7	31.5	0.7	1.4	1.2	28.2	
其他中国港、澳、台商投资企业	40.4	0.4	40.0				40.0	
外商投资企业	1 270.2	150.0	1 813.9	2.6	119.1	323.3	1 308.2	60.7
中外合资经营企业	581.7	54.7	636.8	0.2	83.0	8.7	543.9	1.1
中外合作经营企业	24.4	0.1	24.3			5.0	19.3	

续表

项目名称	本年新增固定资产	上年末结余资金	本年资金来源小计	其中				
				国家预算内资金	国内贷款	利用外资	自筹	其他来源
外资企业	621.2	78.8	1 099.2	2.4	32.8	308.4	696.9	58.7
外商投资股份有限公司	29.2	7.2	33.2		3.4	1.2	27.9	0.8
其他外商投资企业	13.7	9.2	20.4				20.3	0.1

表 130　2017 年按行业分列的电子信息产业制造业固定资产投资指标（2）

单位：亿元

项目名称	本年新增固定资产	上年末结余资金	本年资金来源小计	其中				
				国家预算内资金	国内贷款	利用外资	自筹	其他来源
通信设备工业行业	1 283.8	79.7	1 958.3	15.8	120.6	24.1	1 555.6	237.7
通信系统设备制造	509.7	24.9	702.8	11.7	31.0	3.9	640.7	15.5
通信终端设备制造	774.0	54.8	1 255.5	4.0	89.6	20.2	914.9	222.2
雷达工业行业	69.6	2.4	82.3	1.0	5.2	0.1	75.6	0.4
雷达及配套设备制造	69.6	2.4	82.3	1.0	5.2	0.1	75.6	0.4
广播电视设备工业行业	122.6	5.1	148.3	0.3	10.0	1.5	128.9	7.5
广播电视节目制作及发射设备制造	18.3	0.1	19.4	0.1	2.3	0.2	16.7	0.1
广播电视接收设备及器材制造	74.0	0.9	78.3	0.1	4.3	1.2	68.5	4.1
应用电视设备及其他广播电视设备制造	30.3	4.2	50.6	0.2	3.4	0.1	43.7	3.2
电子计算机工业行业	1 007.0	55.9	1 063.2	3.4	52.4	14.8	973.5	19.0
计算机整机制造	124.9	4.7	139.7		7.5	1.2	128.7	2.2
计算机零部件制造	617.1	30.1	458.3		21.3	7.7	426.7	2.7
计算机外围设备制造	86.4	9.3	122.0		3.7	2.5	115.0	0.8
其他计算机制造	154.9	11.2	311.8	3.3	18.0	2.7	277.5	10.3
幻灯及投影设备制造	15.0	0.2	16.1		1.2		14.9	
计算器及货币专用设备制造	8.6	0.5	15.2	0.1	0.8	0.6	10.7	2.9
家用视听设备工业行业	199.9	21.2	286.7	0.3	18.6	6.7	249.5	11.7
电视机制造	54.8	6.9	111.7	0.2	5.5		103.8	2.2
音响设备制造	79.6	11.1	102.9		6.6	0.3	89.9	6.1
影视录放设备制造	65.5	3.2	72.1	0.1	6.5	6.4	55.7	3.3
电子器件工业行业	2 251.8	458.4	4 543.9	14.0	370.7	278.4	3 795.7	84.3
电子真空器件制造	81.1	32.3	142.7	4.5	2.7	2.0	128.7	4.8

续表

项目名称	本年新增固定资产	上年末结余资金	本年资金来源小计	其中				
				国家预算内资金	国内贷款	利用外资	自筹	其他来源
半导体分立器件制造	128.4	6.8	352.7	0.3	9.5	197.6	139.4	5.7
集成电路制造	434.9	104.8	1 090.0	1.1	50.7	34.9	990.5	12.7
光电子器件及其他电子器件制造	1 607.4	314.4	2 958.5	8.2	307.7	44.0	2 537.1	61.0
电子元件工业行业	2 432.6	52.7	3 527.6	18.9	258.1	48.9	3 092.8	103.8
电力电子元器件制造	677.9	14.7	1 038.9	7.6	79.8	5.6	903.8	42.1
电子元件及组件制造	1 472.1	29.2	2 008.6	4.2	141.5	30.0	1 771.3	56.5
印制电路板制造	282.5	8.7	480.1	7.1	36.8	13.2	417.8	5.1
电子测量仪器工业行业	424.3	8.8	604.4	1.0	34.3	4.9	550.8	13.4
环境监测专用仪器仪表制造	52.7	0.4	57.1		1.4	0.1	54.6	1.0
运输设备及生产用计数仪表制造	45.3	0.7	51.7	0.1	2.8	1.3	47.1	0.4
导航、气象及海洋专用仪器制造	20.4	1.8	33.4		7.9		19.4	6.1
农林牧渔专用仪器仪表制造	6.0		6.5		1.5		5.0	
地质勘探和地震专用仪器制造	10.0		14.4		0.3		14.0	
核子及核辐射测量仪器制造	4.4	0.1	5.2			0.5	4.7	
电子测量仪器制造	59.1	0.6	93.8		2.9	0.3	89.4	1.1
医疗诊断、监护及治疗设备制造	226.4	5.3	342.4	0.9	17.6	2.6	316.6	4.7
电子工业专用设备行业	1 280.1	63.6	2 292.2	12.0	130.2	16.1	2 041.9	90.4
电子工业专用设备制造	506.9	26.2	840.2	6.8	57.5	5.3	745.7	24.3
其他电子设备制造	773.2	37.4	1 452.0	5.1	72.7	10.8	1 296.2	66.1
电子信息机电工业行业	2 364.6	127.5	3 398.4	16.7	242.0	15.6	3 043.5	80.2
微电机及其他电机制造	248.8	3.8	276.7	0.5	14.6	3.3	254.4	3.9
光纤、光缆制造	181.2	9.8	220.0	5.4	9.6	5.8	197.1	2.2
光伏设备及元器件制造	970.6	29.0	1 214.0	2.5	135.0	2.1	1 040.6	33.6
锂离子电池制造	914.7	82.9	1 627.6	8.3	81.2	4.1	1 494.5	39.5
镍氢电池制造	49.3	2.1	60.1		1.7	0.4	57.0	1.1
其他电子信息行业	246.5	6 737.0	370.3	1.1	33.1	3.0	317.1	16.0
信息化学品制造	246.5	6 737.0	370.3	1.1	33.1	3.0	317.1	16.0

表 131　2017 年按省、自治区、直辖市分列的电子信息产业制造业固定资产投资指标（2）

单位：亿元

项目名称	本年新增固定资产	上年末结余资金	本年资金来源小计	其中				
				国家预算内资金	国内贷款	利用外资	自筹	其他来源
北京市	40.3	4.2	160.2		6.2	0.4	153.5	
天津市	129.9	4.4	260.4	0.4	9.0	6.1	239.9	5.0
河北省	292.2	14.5	513.5	5.9	4.6	1.8	481.2	19.0
山西省	9.4	3.7	53.7		0.3		52.1	1.3
内蒙古自治区	223.4	5.6	207.6	0.5	30.2		176.9	0.1
辽宁省	19.2	0.7	229.2	0.6	5.4	183.1	35.1	5.0
吉林省	101.7	0.3	139.5		0.1	1.9	136.1	1.3
黑龙江省	54.7	0.4	66.3		0.5	0.5	65.3	
上海市	88.3	90.4	170.1	0.6	31.1	2.5	130.8	5.1
江苏省	2 545.7	6 792.2	3 120.3	4.2	277.3	81.5	2 710.3	46.6
浙江省	443.0	44.2	709.4	23.3	30.3	11.4	633.6	10.7
安徽省	862.7	145.6	1 387.7	1.4	34.7	8.8	1 270.5	71.8
福建省	718.4	106.3	997.6	10.3	118.3	3.1	851.5	14.0
江西省	706.5	36.1	1 353.4	12.0	136.6	4.0	1 153.5	47.2
山东省	629.6	16.7	940.7	0.3	90.8	13.8	811.8	19.3
河南省	857.1	5.9	1 044.5	1.0	89.9	5.4	936.9	11.1
湖北省	541.5	17.9	1 084.3	3.4	56.1	6.9	990.5	27.2
湖南省	545.8	12.9	813.5	3.1	37.3	3.0	736.5	33.7
广东省	1 100.2	172.9	1687.8	4.2	78.0	45.1	1 477.7	82.6
广西壮族自治区	222.4	3.2	345.7	4.0	21.1	1.1	280.2	39.1
海南省	0.4		18.9		4.0		14.9	
重庆市	745.1	103.8	913.7	1.2	115.0	3.6	622.6	166.8
四川省	322.8	5.4	1 075.4	0.4	47.1	3.3	1 005.9	18.7
贵州省	119.8	8.5	203.0	3.5	9.1	0.3	182.1	8.1
云南省	19.2	5.0	55.2	0.4	2.4	0.4	46.2	5.9
西藏自治区	1.6		1.8	1.1			0.8	
陕西省	190.8	8.3	519.8	1.9	25.9	25.5	457.5	9.0
甘肃省	6.3	0.1	15.1	0.1	0.2		13.4	1.1

续表

项目名称	本年新增固定资产	上年末结余资金	本年资金来源小计	其中				
				国家预算内资金	国内贷款	利用外资	自筹	其他来源
青海省	38.4	1.1	68.2	0.2	6.1		61.8	0.2
宁夏回族自治区	66.7	1.6	65.2	0.1	6.1		44.7	14.3
新疆维吾尔自治区	39.7	0.4	54.0	0.2	1.6	0.6	51.2	0.5

表 132　2017 年按企业登记注册类型分列的电子信息产业制造业固定资产投资指标（3）

项目名称	施工项目个数	其中	本年投产项目个数
		本年新开工	
总计	19 312	13 696	12 399
内资企业	17 318	12 451	11 292
国有企业	432	286	233
集体企业	79	58	57
股份合作企业	34	12	18
联营企业	12	5	8
国有联营企业	8	2	6
集体联营企业	1	1	
其他联营企业	2	1	2
有限责任公司	4 973	3 355	2 904
国有独资公司	188	103	74
其他有限责任公司	4 785	3 252	2 830
股份有限公司	899	556	447
私营企业	10 250	7 688	7 117
私营独资企业	1 123	904	857
私营合伙企业	162	126	108
私营有限责任公司	8 614	6 424	5 929
私营股份有限公司	351	234	223
其他内资企业	639	491	508
中国港、澳、台商投资企业	920	561	525
与中国港、澳、台商合资经营企业	244	133	128
与中国港、澳、台商合作经营企业	13	6	11

续表

项目名称	施工项目个数	其中 本年新开工	本年投产项目个数
中国港、澳、台商独资企业	613	395	354
中国港、澳、台商投资股份有限公司	44	23	30
其他中国港、澳、台商投资企业	6	4	2
外商投资企业	1 074	684	582
中外合资经营企业	316	173	157
中外合作经营企业	5	1	3
外资企业	711	485	401
外商投资股份有限公司	27	19	17
其他外商投资企业	15	6	4

表 133　2017 年按行业分列的电子信息产业制造业固定资产投资指标（3）

项目名称	施工项目个数	其中 本年新开工	本年投产项目个数
通信设备工业行业	1 740	1 213	1 009
通信系统设备制造	842	560	512
通信终端设备制造	898	653	497
雷达工业行业	83	50	46
雷达及配套设备制造	83	50	46
广播电视设备工业行业	271	199	208
广播电视节目制作及发射设备制造	52	37	46
广播电视接收设备及器材制造	146	110	119
应用电视设备及其他广播电视设备制造	73	52	43
电子计算机工业行业	1 230	864	773
计算机整机制造	127	80	68
计算机零部件制造	466	340	284
计算机外围设备制造	214	147	142
其他计算机制造	352	250	231
幻灯及投影设备制造	31	20	26
计算器及货币专用设备制造	40	27	22
家用视听设备工业行业	383	247	239
电视机制造	126	75	81

续表

项目名称	施工项目个数	其中 本年新开工	本年投产项目个数
音响设备制造	168	116	97
影视录放设备制造	89	56	61
电子器件工业行业	2 414	1 570	1 414
电子真空器件制造	138	97	105
半导体分立器件制造	209	128	133
集成电路制造	377	229	180
光电子器件及其他电子器件制造	1 690	1 116	996
电子元件工业行业	5 728	4 226	3 813
电力电子元器件制造	1 862	1 450	1 245
电子元件及组件制造	3 266	2 358	2 204
印制电路板制造	600	418	364
电子测量仪器工业行业	1 077	769	731
环境监测专用仪器仪表制造	135	103	89
运输设备及生产用计数仪表制造	107	65	81
导航、气象及海洋专用仪器制造	45	30	33
农林牧渔专用仪器仪表制造	13	12	11
地质勘探和地震专用仪器制造	20	16	12
核子及核辐射测量仪器制造	9	6	6
电子测量仪器制造	144	95	98
医疗诊断、监护及治疗设备制造	604	442	401
电子工业专用设备行业	2 764	2 023	1 835
电子工业专用设备制造	1 113	818	749
其他电子设备制造	1 651	1 205	1 086
电子信息机电工业行业	3 315	2 344	2 119
微电机及其他电机制造	584	446	427
光纤、光缆制造	289	200	190
光伏设备及元器件制造	1 337	1 011	918
锂离子电池制造	1 023	632	533
镍氢电池制造	82	55	51
其他电子信息行业	307	191	212

续表

项目名称	施工项目个数	其中 本年新开工	本年投产项目个数
信息化学品制造	307	191	212

表 134　2017 年按省、自治区、直辖市分列的电子信息产业制造业固定资产投资指标（3）

省、自治区、直辖市名称	施工项目个数	其中 本年新开工	本年投产项目个数
北京市	50	15	9
天津市	439	375	140
河北省	288	196	193
山西省	33	20	13
内蒙古自治区	121	94	90
辽宁省	84	39	29
吉林省	296	260	235
黑龙江省	97	80	73
上海市	144	52	38
江苏省	3 724	2 881	2 930
浙江省	1 748	1 291	974
安徽省	1 632	1 123	1 106
福建省	648	397	383
江西省	963	608	551
山东省	1 182	869	880
河南省	663	475	460
湖北省	659	410	360
湖南省	1 301	994	914
广东省	2 438	1 596	1 352
广西壮族自治区	850	707	632
海南省	8	3	1
重庆市	693	430	420
四川省	525	317	257
贵州省	156	95	95
云南省	48	27	16
西藏自治区	8	6	6

续表

省、自治区、直辖市名称	施工项目个数	其中	本年投产项目个数
		本年新开工	
陕西省	328	230	142
甘肃省	36	17	21
青海省	72	46	50
宁夏回族自治区	26	13	9
新疆维吾尔自治区	52	30	20

软件产业统计数据

表 135　2017 年软件和信息技术服务业主要指标汇总表（1）

单位：万元

项目名称	企业数（家）	软件业务收入	其中			其中
			软件产品收入	信息技术服务收入	嵌入式系统软件收入	软件外包服务收入
软件企业合计	34 895	551 031 187	169 835 725	306 037 090	75 158 372	22 026 631
一、按企业登记注册类型分列						
内资企业	32 356	422 609 087	142 855 093	230 146 499	49 607 495	14 352 130
国有企业	646	36 051 251	10 640 316	22 065 075	3 345 860	857 466
集体企业	39	5 072 160	621 538	3 209 297	1 241 324	65 267
股份合作企业	227	2 688 745	570 763	993 266	1 124 716	43 070
联营企业	113	936 120	295 458	568 487	72 176	190 465
国有联营企业	39	319 934	82 192	178 640	59 103	111 863
集体联营企业	35	227 469	65 646	156 071	5 752	68 941
国有与集体联营企业	13	169 157	40 534	122 302	6 321	6 289
其他联营企业	26	219 560	107 086	111 473	1 000	3 372
有限责任公司	15 977	255 477 596	87 643 559	138 596 073	29 237 964	9 775 533
国有独资公司	146	3 714 766	1 159 495	2 139 967	415 305	142 470
其他有限责任公司	12 177	176 878 782	60 036 708	98 145 572	18 696 503	6 680 474
股份有限公司	3 654	74 884 047	26 447 357	38 310 534	10 126 156	2 952 589
私营企业	14 787	116 333 074	41 214 449	61 530 222	13 588 403	3 305 710
私营独资	1 695	15 352 553	5 662 913	7 186 079	2 503 561	434 230
私营合伙	410	2 203 152	871 937	1 231 345	99 870	310 703
私营有限责任公司	11 477	87 973 494	30 848 531	47 509 481	9 615 483	2 170 696
私营股份有限公司	1 205	10 803 875	3 831 069	5 603 317	1 369 489	390 080
其他内资企业	567	6 050 141	1 869 009	3 184 079	997 052	114 620
中国港、澳、台商投资企业	868	62 329 228	14 178 426	43 121 302	5 029 500	686 769
合资经营企业（中国港、澳、台资）	195	5 479 594	1 251 076	2 890 017	1 338 502	120 410
合作经营企业（中国港、澳、台资）	12	89 117	63 356	3 668	22 093	
中国港、澳、台商独资经营企业	615	53 565 273	10 313 727	39 846 820	3 404 726	507 598
中国港、澳、台商投资股份有限公司	39	3 168 547	2 546 290	358 113	264 144	55 961

续表

项目名称	企业数（家）	软件业务收入	其中			其中
			软件产品收入	信息技术服务收入	嵌入式系统软件收入	软件外包服务收入
其他中国港、澳、台商投资企业	7	26 696	3 977	22 684	35	2 800
外商投资企业	1 671	66 092 872	12 802 206	32 769 289	20 521 377	6 987 732
中外合资经营企业	430	12 113 976	2 624 538	5 860 586	3 628 851	573 337
中外合作经营企业	19	243 469	49 910	170 299	23 260	7 308
外资企业	1 150	49 758 206	9 805 577	23 786 672	16 165 957	5 872 559
外商投资股份有限公司	43	3 485 089	198 251	2 864 398	422 439	519 691
其他外商投资企业	29	492 132	123 930	87 333	280 869	14 838
二、按控股经济分列						
国有控股	2 349	91 930 253	30 795 846	54 482 672	6 651 734	3 010 634
集体控股	3 381	68 294 229	23 102 055	40 745 842	4 446 332	1 972 765
私人控股	22 432	225 135 921	74 324 104	119 135 558	31 676 259	7 338 358
中国港、澳、台商控股	654	52 453 581	10 561 005	38 075 608	3 816 968	450 552
外商投资	1 302	55 068 345	12 435 183	24 568 719	18 064 443	5 777 476
其他	4 777	58 148 858	18 617 532	29 028 691	10 502 635	3 476 846
三、按企业规模分列						
大型企业	2 439	274 810 844	71 055 094	154 336 935	49 418 815	11 033 113
中型企业	12 640	167 651 614	61 228 262	93 636 193	12 787 159	7 853 674
小型企业	17 299	94 473 829	33 084 180	49 216 917	12 172 732	2 932 222
微型企业	2 517	14 094 900	4 468 189	8 847 046	779 666	207 622
四、按行业分列						
软件产品行业	16 025	187 914 867	144 402 298	40 797 094	2 715 476	9 459 464
信息技术服务行业	15 220	268 129 945	17 841 101	248 201 238	2 087 607	11 898 838
嵌入式系统软件行业	3 650	94 986 374	7 592 326	17 038 759	70 355 289	668 330
五、按跨国经营分列						
有并购境外企业	155	14 958 962	2 840 303	6 030 875	6 087 784	556 881
在境外有生产线的企业	288	48 276 478	8 968 361	17 517 770	21 790 347	1 315 705
在境外有研发中心的企业	293	26 427 971	5 527 787	13 075 620	7 824 565	2 342 606
在境外仅有销售网点的企业	875	33 805 611	10 756 312	18 034 026	5 015 273	1 448 727
未从事跨国经营活动的企业	33 284	427 562 165	141 742 962	251 378 800	34 440 403	16 362 713

续表

项目名称	企业数（家）	软件业务收入	其中			其中
			软件产品收入	信息技术服务收入	嵌入式系统软件收入	软件外包服务收入
六、按区域分列						
东部地区	22 929	435 593 580	127 512 527	239 218 102	68 862 950	11 785 997
中部地区	3 750	27 703 944	11 543 442	14 579 567	1 580 936	920 194
西部地区	4 850	60 099 187	19 370 424	37 583 202	3 145 561	3 718 324
东北地区	3 366	27 634 476	11 409 332	14 656 219	1 568 924	5 602 117

表 136　2017 年软件和信息技术服务业主要指标汇总表（2）

单位：万美元

项目名称	软件业务出口收入	软件外包服务出口收入	嵌入式系统软件出口收入
软件企业合计	5 411 643	1 129 262	2 247 241
一、按企业登记注册类型分列			
内资企业	3 597 062	444 172	1 818 789
国有企业	123 205	33 590	58 724
集体企业	23 222	1 632	17 421
股份合作企业	2 001	974	195
联营企业	1 305	1 174	131
国有联营企业	591	474	117
集体联营企业	654	654	
国有与集体联营企业	46	46	
其他联营企业	14		14
有限责任公司	2 947 313	337 974	1 413 624
国有独资公司	2 083	1 756	
其他有限责任公司	2 214 538	192 408	984 480
股份有限公司	730 692	143 810	429 144
私营企业	393 760	68 314	227 529
私营独资	61 453	16 822	27 841
私营合伙	2 548	219	556
私营有限责任公司	281 985	48 134	183 705
私营股份有限公司	47 775	3 139	15 427
其他内资企业	106 255	513	101 165

续表

项目名称	软件业务出口收入	软件外包服务出口收入	嵌入式系统软件出口收入
中国港、澳、台商投资企业	529 946	58 833	77 791
合资经营企业（中国港、澳、台资）	164 102	6 060	12 577
合作经营企业（中国港、澳、台资）	3 532		273
中国港、澳、台商独资经营企业	190 346	48 859	63 146
中国港、澳、台商投资股份有限公司	171 966	3 914	1 795
其他中国港、澳、台商投资企业			
外商投资企业	1 284 636	626 258	350 661
中外合资经营企业	139 421	31 364	31 821
中外合作经营企业	1 008	905	
外资企业	1 059 176	552 890	281 478
外商投资股份有限公司	50 537	40 301	3 822
其他外商投资企业	34 493	798	33 540
二、按控股经济分列			
国有控股	359 833	72 665	81 092
集体控股	190 614	104 985	32 417
私人控股	2 736 793	271 398	1 247 489
中国港、澳、台商控股	325 925	42 842	72 969
外商投资	1 182 840	560 297	386 546
其他	615 638	77 074	426 728
三、按企业规模分列			
大型企业	4 022 600	809 646	1 704 704
中型企业	657 445	183 627	223 173
小型企业	684 416	120 907	318 363
微型企业	47 182	15 083	1 000
四、按行业分列			
软件产品行业	1 033 275	482 290	17 668
信息技术服务行业	1 211 644	635 120	10 668
嵌入式系统软件行业	3 166 725	11 852	2 218 905
五、按跨国经营分列			
有并购境外企业	284 414	55 080	172 098

续表

项目名称	软件业务出口收入	软件外包服务出口收入	嵌入式系统软件出口收入
在境外有生产线的企业	2 067 693	40 676	980 781
在境外有研发中心的企业	598 075	164 276	379 950
在境外仅有销售网点的企业	528 300	121 639	82 472
未从事跨国经营活动的企业	1 933 161	747 592	631 940
六、按区域分列			
东部地区	4 683 992	660 915	2 194 657
中部地区	102 171	72 645	6 342
西部地区	304 099	129 634	36 679
东北地区	321 381	266 068	9 563

表 137　2017 年软件和信息技术服务业主要指标汇总表（3）

单位：万元

项目名称	利润总额	流动资产平均余额	资产合计	负债合计	固定资产投资额
软件企业合计	87 548 328	483 862 477	969 659 437	532 770 804	17 875 496
一、按企业登记注册类型分列					
内资企业	56 202 582	370 031 513	758 171 964	449 998 567	12 306 714
国有企业	3 569 888	33 347 784	148 400 565	70 296 597	1 592 404
集体企业	400 575	3 610 062	6 296 140	659 324	12 138
股份合作企业	324 507	859 775	9 468 050	3 892 007	116 709
联营企业	146 238	506 003	982 235	544 473	24 991
国有联营企业	36 491	116 653	259 671	93 584	20 666
集体联营企业	26 454	79 527	153 587	115 949	2 255
国有与集体联营企业	22 672	64 090	166 391	87 135	969
其他联营企业	60 621	245 734	402 585	247 805	1 101
有限责任公司	35 080 277	242 914 468	434 820 440	288 396 494	7 334 917
国有独资公司	255 371	3 815 894	7 330 580	3 777 416	89 694
其他有限责任公司	21 892 658	142 397 712	228 687 715	195 671 377	4 553 793
股份有限公司	12 932 248	96 700 862	198 802 144	88 947 702	2 691 429
私营企业	15 500 884	86 455 534	150 293 070	82 860 134	3 193 449
私营独资	1 611 895	6 561 427	15 034 750	8 488 431	160 799
私营合伙	412 643	799 338	2 356 158	968 818	15 128

续表

项目名称	利润总额	流动资产平均余额	资产合计	负债合计	固定资产投资额
私营有限责任公司	11 885 613	65 989 937	115 191 569	66 501 717	2 780 891
私营股份有限公司	1 590 733	13 104 832	17 710 593	6 901 168	236 631
其他内资企业	1 180 212	2 337 888	7 911 464	3 349 537	32 107
中国港、澳、台商投资企业	25 204 359	75 646 293	115 006 285	49 066 954	2 190 019
合资经营企业（中国港、澳、台资）	481 103	4 614 340	10 817 628	5 568 310	102 044
合作经营企业（中国港、澳、台资）	2 787	60 963	106 574	39 200	1 929
中国港、澳、台商独资经营企业	23 662 862	65 481 353	96 221 071	39 727 567	2 001 562
中国港、澳、台商投资股份有限公司	1 056 005	5 484 086	7 796 276	3 652 054	80 124
其他中国港、澳、台商投资企业	1 602	5 551	64 735	79 822	4 361
外商投资企业	6 141 388	38 184 670	96 481 188	33 705 283	3 378 762
中外合资经营企业	1 350 987	7 069 496	33 378 607	5 744 521	2 576 466
中外合作经营企业	16 925	115 395	395 642	54 720	660
外资企业	4 488 383	29 699 323	51 842 237	26 116 100	717 600
外商投资股份有限公司	259 227	766 124	9 692 190	931 634	80 745
其他外商投资企业	25 866	534 332	1 172 512	858 309	3 291
二、按控股经济分列					
国有控股	12 361 696	104 809 966	296 695 213	150 394 574	3 763 390
集体控股	8 043 680	53 872 393	93 744 180	43 853 902	1 176 625
私人控股	31 237 469	190 645 139	336 680 582	170 769 656	6 549 054
中国港、澳、台商控股	21 372 000	62 040 656	89 839 947	39 374 301	2 015 128
外商投资	6 775 659	29 740 430	61 039 965	27 437 467	858 834
其他	7 757 824	42 753 893	91 659 550	100 940 904	3 512 465
三、按企业规模分列					
大型企业	48 792 712	262 057 410	447 360 580	225 225 925	7 850 653
中型企业	24 686 358	147 786 248	255 849 699	138 969 084	5 600 914
小型企业	12 062 490	66 594 571	158 090 439	122 205 021	4 232 038
微型企业	2 006 768	7 424 248	108 358 718	46 370 773	191 890
四、按行业分列					
软件产品行业	43 221 645	180 739 600	334 095 681	148 399 782	6 140 524
信息技术服务行业	37 300 614	248 325 744	545 457 860	337 738 110	10 598 072

续表

项目名称	利润总额	流动资产平均余额	资产合计	负债合计	固定资产投资额
嵌入式系统软件行业	7 026 069	54 797 133	90 105 896	46 632 912	1 136 899
五、按跨国经营分列					
有并购境外企业	2 050 603	11 981 505	23 994 137	9 525 882	722 649
在境外有生产线的企业	4 409 769	33 543 886	50 434 363	29 088 958	555 461
在境外有研发中心的企业	4 447 290	21 184 661	58 077 516	14 582 788	2 927 130
在境外仅有销售网点的企业	7 587 593	44 568 945	81 502 608	40 329 663	1 389 140
未从事跨国经营活动	69 053 073	372 583 479	755 650 813	439 243 513	12 281 116
六、按区域分列					
东部地区	75 748 465	408 947 200	729 444 410	420 258 174	14 607 802
中部地区	3 733 933	34 619 379	62 097 344	31 668 037	1 739 639
西部地区	5 241 920	34 038 892	155 203 265	73 195 318	1 100 356
东北地区	2 824 011	6 257 005	22 914 419	7 649 275	427 699

表 138　2017 年软件和信息技术服务业主要指标汇总表（4）

单位：万元

项目名称	主营业务税金及附加	年末所有者权益	年初所有者权益	应交增值税
软件企业合计	10 306 376	436 919 460	380 834 656	15 765 979
一、按企业登记注册类型分列				
内资企业	9 209 943	308 204 222	303 201 227	12 557 265
国有企业	491 286	78 103 972	72 450 115	1 186 492
集体企业	56 362	5 636 817	253 404	30 693
股份合作企业	63 490	5 576 042	6 993 120	–47 618
联营企业	12 322	437 762	366 874	16 215
国有联营企业	2 657	166 087	151 699	5 187
集体联营企业	3 118	37 639	70 104	3 382
国有与集体联营企业	3 743	79 256	78 098	4 289
其他联营企业	2 804	154 780	66 974	3 357
有限责任公司	5 835 689	146 423 955	169 755 853	7 729 416
国有独资公司	25 965	3 553 164	2 983 273	100 127
其他有限责任公司	2 396 172	33 016 345	72 828 974	5 316 799

续表

项目名称	主营业务税金及附加	年末所有者权益	年初所有者权益	应交增值税
股份有限公司	3 413 552	109 854 446	93 943 605	2 312 490
私营企业	2 645 328	67 463 744	52 230 374	3 498 910
私营独资	339 453	6 577 108	5 501 944	338 735
私营合伙	58 369	1 387 340	468 878	50 932
私营有限责任公司	2 094 091	48 689 862	37 612 082	2 745 599
私营股份有限公司	153 415	10 809 433	8 647 469	363 645
其他内资企业	105 466	4 561 930	1 151 487	143 158
中国港、澳、台商投资企业	560 469	65 939 329	55 405 678	2 233 337
合资经营企业（中国港、澳、台资）	35 457	5 249 318	3 734 166	121 420
合作经营企业（中国港、澳、台资）	2 824	67 374	58 160	2 941
中国港、澳、台商独资经营企业	474 078	56 493 504	48 143 840	1 877 392
中国港、澳、台商投资股份有限公司	48 030	4 144 222	3 484 732	231 326
其他中国港、澳、台商投资企业	80	–15 088	–15 220	258
外商投资企业	535 964	62 775 909	22 227 751	975 376
中外合资经营企业	118 655	27 634 089	6 429 039	251 856
中外合作经营企业	7 486	340 922	62 415	3 785
外资企业	356 610	25 726 138	15 011 216	659 341
外商投资股份有限公司	46 598	8 760 556	451 561	17 658
其他外商投资企业	6 616	314 204	273 520	42 736
二、按控股经济分列				
国有控股	1 077 797	146 300 646	131 687 953	3 061 323
集体控股	947 710	49 890 278	34 379 298	1 348 668
私人控股	6 390 241	165 941 733	130 241 067	6 950 751
中国港、澳、台商控股	412 557	50 465 645	43 563 976	1 860 256
外商投资	580 774	33 602 500	19 030 600	1 013 549
其他	897 296	–9 281 341	21 931 761	1 531 432
三、按企业规模分列				
大型企业	3 533 390	222 134 655	169 876 999	8 224 024
中型企业	4 866 246	116 911 411	94 906 225	4 948 050
小型企业	1 449 756	35 885 448	55 831 184	2 248 104

续表

项目名称	主营业务税金及附加	年末所有者权益	年初所有者权益	应交增值税
微型企业	456 984	61 987 946	60 220 247	345 801
四、按行业分列				
软件产品行业	3 249 002	185 695 924	150 083 908	7 564 906
信息技术服务行业	6 217 144	207 750 550	204 943 887	5 805 847
嵌入式系统软件行业	840 230	43 472 986	25 806 860	2 395 226
五、按跨国经营分列				
有并购境外企业	2 334 153	14 468 256	8 529 885	202 621
在境外有生产线的企业	347 705	21 345 404	15 433 604	2 033 228
在境外有研发中心的企业	361 285	43 494 729	14 435 137	528 919
在境外仅有销售网点的企业	627 292	41 172 945	26 600 649	1 401 592
未从事跨国经营活动	6 635 941	316 438 126	315 835 382	11 599 618
六、按区域分列				
东部地区	7 897 611	309 217 068	277 631 465	12 869 232
中部地区	345 964	30 429 300	24 376 513	927 110
西部地区	1 181 681	82 007 947	70 697 468	1 621 797
东北地区	881 120	15 265 145	8 129 209	347 840

表 139　2017 年软件和信息技术服务业主要指标汇总表（5）

单位：万元

项目名称	应交所得税	出口已退税额	研发经费	主营业务成本
软件企业合计	11 424 567	1 947 459	56 222 822	480 362 138
一、按企业登记注册类型分列				
内资企业	7 964 857	1 042 169	44 385 612	387 337 137
国有企业	765 862	124 673	3 047 793	40 274 653
集体企业	16 579	2 290	251 740	3 911 540
股份合作企业	64 710	1 781	442 784	2 859 179
联营企业	19 089	409	94 841	956 166
国有联营企业	4 588	52	26 138	264 929
集体联营企业	2 484	255	23 203	179 334
国有与集体联营企业	3 750	41	26 584	141 032

续表

项目名称	应交所得税	出口已退税额	研发经费	主营业务成本
其他联营企业	8 267	61	18 916	370 870
有限责任公司	4 473 032	569 150	28 891 160	235 245 767
国有独资公司	55 415	2 430	283 000	3 520 429
其他有限责任公司	2 867 738	285 273	19 927 017	152 478 156
股份有限公司	1 549 879	281 447	8 681 143	79 247 182
私营企业	2 454 056	342 674	11 135 547	97 618 336
私营独资	240 245	58 842	982 427	13 492 285
私营合伙	68 440	11 635	339 915	1 877 156
私营有限责任公司	1 966 513	252 896	8 624 233	73 643 143
私营股份有限公司	178 857	19 302	1 188 973	8 605 751
其他内资企业	171 530	1 191	521 745	6 471 496
中国港、澳、台商投资企业	2 577 282	526 599	7 517 011	29 335 831
合资经营企业（中国港、澳、台资）	78 262	220 157	847 601	5 011 661
合作经营企业（中国港、澳、台资）	517	3 253	10 310	68 317
中国港、澳、台商独资经营企业	2 372 244	166 192	6 124 922	21 007 680
中国港、澳、台商投资股份有限公司	125 981	136 988	532 600	3 220 877
其他中国港、澳、台商投资企业	279	9	1 579	27 295
外商投资企业	882 428	378 691	4 320 199	63 689 171
中外合资经营企业	137 168	131 643	726 524	12 138 706
中外合作经营企业	3 094	11	26 175	226 009
外资企业	701 620	225 987	3 466 286	46 496 130
外商投资股份有限公司	39 554	393	52 294	4 237 502
其他外商投资企业	991	20 658	48 920	590 823
二、按控股经济分列				
国有控股	2 044 937	299 657	8 869 793	95 826 547
集体控股	922 109	147 304	6 462 898	55 718 121
私人控股	4 384 709	605 667	24 344 963	206 476 974
中国港、澳、台商控股	2 177 883	382 232	6 867 861	20 182 002
外商投资	827 765	367 783	3 674 970	47 353 761
其他	1 067 164	144 816	6 002 337	54 804 733

续表

项目名称	应交所得税	出口已退税额	研发经费	主营业务成本
三、按企业规模分列				
大型企业	5 430 764	1 122 379	29 263 736	220 410 533
中型企业	3 971 353	457 926	17 345 379	160 641 057
小型企业	1 770 204	358 443	8 458 622	89 480 734
微型企业	252 246	8 711	1 155 085	9 829 814
四、按行业分列				
软件产品行业	4 761 997	694 896	25 059 168	139 581 951
信息技术服务行业	5 801 331	805 616	25 061 321	270 950 693
嵌入式系统软件行业	861 238	446 947	6 102 334	69 829 495
五、按跨国经营分列				
有并购境外企业	124 928	70 965	816 342	20 793 156
在境外有生产线的企业	609 076	333 555	5 171 505	39 851 672
在境外有研发中心的企业	383 349	188 581	2 322 722	24 206 335
在境外仅有销售网点的企业	982 865	399 150	4 181 103	39 849 000
未从事跨国经营活动	9 324 349	955 208	43 731 151	355 661 976
六、按区域分列				
东部地区	9 427 976	1 750 240	44 243 556	374 819 752
中部地区	505 084	160 756	3 161 644	30 823 718
西部地区	843 159	17 030	5 786 670	55 736 891
东北地区	648 348	19 433	3 030 953	18 981 778

表 140　2017 年软件和信息技术服务业主要指标汇总表（6）

单位：万元

项目名称	应收账款	应付账款	本年折旧	本年应付职工薪酬
软件企业合计	145 966 421	106 463 650	10 931 159	84 011 570
一、按企业登记注册类型分列				
内资企业	122 198 452	87 747 179	7 214 964	63 474 141
国有企业	12 928 494	12 761 697	1 291 732	5 771 132
集体企业	127 732	149 004	23 358	194 670
股份合作企业	832 007	496 053	45 659	239 395

续表

项目名称	应收账款	应付账款	本年折旧	本年应付职工薪酬
联营企业	129 360	80 443	12 947	142 590
国有联营企业	52 316	32 278	4 131	40 619
集体联营企业	49 218	28 921	3 524	32 908
国有与集体联营企业	1 521	3 175	2 604	11 905
其他联营企业	26 305	16 069	2 688	57 159
有限责任公司	80 746 095	58 158 356	4 689 708	40 443 473
国有独资公司	1 481 599	1 166 474	66 263	610 574
其他有限责任公司	45 258 055	36 450 723	3 048 983	25 534 831
股份有限公司	34 006 441	20 541 159	1 574 461	14 298 067
私营企业	26 419 179	15 648 791	1 128 817	16 206 232
私营独资	2 018 337	1 539 190	148 172	1 747 928
私营合伙	391 390	181 132	26 261	239 141
私营有限责任公司	20 322 013	11 317 658	853 409	12 496 891
私营股份有限公司	3 687 439	2 610 811	100 976	1 722 273
其他内资企业	1 015 585	452 834	22 743	476 649
中国港、澳、台商投资企业	10 824 965	8 486 049	1 641 898	9 408 437
合资经营企业（中国港、澳、台资）	1 689 484	1 266 111	75 611	912 262
合作经营企业（中国港、澳、台资）	11 090	14 631	1 560	20 425
中国港、澳、台商独资经营企业	7 304 705	5 903 654	1 491 812	7 832 069
中国港、澳、台商投资股份有限公司	1 817 073	1 296 121	70 786	639 651
其他中国港、澳、台商投资企业	2 613	5 532	2 128	4 030
外商投资企业	12 943 004	10 230 423	2 074 297	11 128 992
中外合资经营企业	3 022 769	1 955 579	149 794	2 467 803
中外合作经营企业	28 478	52 609	9 742	22 235
外资企业	9 090 557	7 337 036	1 795 859	8 189 844
外商投资股份有限公司	415 735	717 135	28 618	369 581
其他外商投资企业	385 465	168 064	90 284	79 529
二、按控股经济分列				
国有控股	36 889 784	35 044 787	2 669 145	15 640 039
集体控股	13 891 578	13 310 301	651 678	10 253 611

续表

项目名称	应收账款	应付账款	本年折旧	本年应付职工薪酬
私人控股	65 820 489	36 969 267	2 972 150	33 358 495
中国港、澳、台商控股	7 102 308	5 588 574	1 485 398	7 891 568
外商投资	9 468 878	6 336 205	1 894 163	8 702 853
其他	12 793 384	9 214 516	1 258 625	8 165 004
三、按企业规模分列				
大型企业	71 797 963	57 043 533	5 393 506	41 265 318
中型企业	47 493 259	34 610 468	2 582 245	25 496 943
小型企业	23 189 624	13 017 330	2 612 667	15 118 306
微型企业	3 485 575	1 792 320	342 742	2 131 004
四、按行业分列				
软件产品行业	65 638 396	37 325 189	3 560 654	34 932 524
信息技术服务行业	60 811 252	54 143 592	6 055 822	42 650 128
嵌入式系统软件行业	19 516 773	14 994 869	1 314 684	6 428 918
五、按跨国经营分列				
有并购境外企业	3 326 962	3 483 138	344 281	1 953 895
在境外有生产线的企业	11 846 626	7 364 613	447 428	4 741 568
在境外有研发中心的企业	5 739 717	4 432 891	275 606	4 457 639
在境外仅有销售网点的企业	12 309 943	10 338 859	919 387	5 227 403
未从事跨国经营活动	112 743 174	80 844 150	8 944 457	67 631 065
六、按区域分列				
东部地区	118 598 776	84 865 242	8 022 254	67 390 017
中部地区	13 329 700	12 374 444	1 225 591	5 130 736
西部地区	11 225 923	7 651 709	1 518 451	7 977 437
东北地区	2 812 022	1 572 255	164 863	3 513 380

表 141　2017 年软件和信息技术服务业主要指标汇总表（7）

单位：人

项目名称	从业人员年末数	软件研发人员	管理人员	硕士以上人员	大本人员	大专以下人员
软件企业合计	6 175 562	2 368 765	925 105	644 453	3 350 891	2 180 215
一、按企业登记注册类型分列						
内资企业	5 122 263	2 000 707	756 104	529 053	2 859 611	1 733 607

续表

项目名称	从业人员年末数	软件研发人员	管理人员	硕士以上人员	大本人员	大专以下人员
国有企业	431 066	138 059	34 983	61 569	200 536	168 959
集体企业	26 720	10 421	2 583	4 129	12 653	9 938
股份合作企业	29 346	11 259	4 790	2 885	16 006	10 460
联营企业	15 625	7 506	1 621	1 136	10 692	3 794
国有联营企业	3 730	2 246	508	397	2 767	562
集体联营企业	4 330	2 298	438	222	3 464	645
国有与集体联营企业	2 165	725	271	140	1 319	706
其他联营企业	5 400	2 237	404	377	3 142	1 881
有限责任公司	3 048 675	1 215 753	474 514	323 476	1 758 961	966 269
国有独资公司	47 275	20 841	7 289	5 105	26 398	15 771
其他有限责任公司	1 865 483	783 391	304 712	220 705	1 085 368	559 446
股份有限公司	1 135 917	411 521	162 513	97 666	647 195	391 052
私营企业	1 499 079	589 799	231 539	128 462	820 047	550 547
私营独资	210 912	86 474	20 099	22 196	112 659	76 055
私营合伙	31 836	11 529	4 286	2 898	19 145	9 793
私营有限责任公司	1 095 765	438 835	178 680	92 963	601 386	401 424
私营股份有限公司	160 566	52 961	28 474	10 405	86 857	63 275
其他内资企业	71 752	27 910	6 074	7 396	40 716	23 640
中国港、澳、台商投资企业	423 581	152 027	84 950	55654	197 036	170 881
合资经营企业（中国港、澳、台资）	76 149	24 271	18 122	6 258	31 308	38 580
合作经营企业（中国港、澳、台资）	1 346	554	237	97	577	671
中国港、澳、台商独资经营企业	314 616	113 031	59 069	44 304	146 779	123 528
中国港、澳、台商投资股份有限公司	30 988	13 904	7 462	4 974	18 026	7 987
其他中国港、澳、台商投资企业	482	267	60	21	346	115
外商投资企业	629 718	216 031	84 051	59 746	294 244	275 727
中外合资经营企业	146 487	46 193	15 020	10 563	64 530	71 400
中外合作经营企业	2 675	762	568	190	1 211	1 274
外资企业	438 863	150 899	65 825	46 736	204 391	187 733
外商投资股份有限公司	35 458	15 361	2 071	2 000	21 192	12 263
其他外商投资企业	6 235	2 816	567	257	2 920	3 057

续表

项目名称	从业人员年末数	软件研发人员	管理人员	硕士以上人员	大本人员	大专以下人员
二、按控股经济分列						
国有控股	1 074 748	388 724	146 906	139 682	576 208	358 860
集体控股	722 796	251 353	78 230	75 250	408 398	239 140
私人控股	2 810 706	1 138 354	482 686	252 826	1 580 440	977 474
中国港、澳、台商控股	314 381	121 225	73 076	45 820	142 952	125 597
外商投资	520 768	207 146	76 572	52 663	247 371	220 733
其他	732 163	261 963	67 635	78 212	395 522	258 411
三、按企业规模分列						
大型企业	2 520 863	1 006 805	376 894	328 422	1 320 446	871 998
中型企业	2 117 894	815 044	341 611	201 310	1 238 154	678 437
小型企业	1 402 368	502 006	188 679	102 179	717 009	583 153
微型企业	134 437	44 910	17 921	12 542	75 282	46 627
四、按行业分列						
软件产品行业	2 506 475	1 044 906	396 067	291 110	1 457 757	757 574
信息技术服务行业	3 125 805	981 743	486 438	293 464	1 696 509	1 135 832
嵌入式系统软件行业	543 282	342 116	42 600	59 879	196 625	286 809
五、按跨国经营分列						
有并购境外企业	205 532	45 668	12 020	17 968	127 721	59 841
在境外有生产线的企业	286 195	147 169	13 983	53 641	142 583	89 961
在境外有研发中心的企业	317 957	111 575	19 003	39 031	143 219	135 705
在境外仅有销售网点的企业	404 213	165 216	33 412	44 764	182 751	176 702
未从事跨国经营活动	4 961 665	1 899 137	846 687	489 046	2 754 617	1 718 006
六、按区域分列						
东部地区	4 517 260	1 625 691	759 956	458 153	2 365 521	1 693 536
中部地区	521 761	178 214	53 355	52 992	328 217	140 554
西部地区	736 845	285 301	65 557	77 688	382 283	276 911
东北地区	399 696	279 559	46 237	55 620	274 870	69 214

表 142　2017 年软件和信息技术服务业分产品完成情况

项目名称	企业数（家）	本年收入（万元）
软件业务收入明细合计	34 895	551 031 187
一、软件产品合计	22 701	169 835 725
（一）基础软件	3 780	27 916 730
1. 操作系统	1 141	8 363 009
2. 数据库管理系统	647	3 279 564
3. 中间件	343	3 216 960
4. 办公软件	734	3 160 302
5. 其他	915	9 896 895
（二）支撑软件	737	3 035 217
1. 开发工具	292	1 230 110
2. 测试工具软件	211	712 768
3. 其他支撑软件	234	1 092 340
（三）应用软件	11 666	92 793 510
1. 通用应用软件	4 066	25 257 101
2. 行业应用软件	7 600	67 536 409
（1）通信行业软件	1 067	18 836 159
（2）金融财税软件	404	4 592 071
（3）教育软件	546	1 974 652
（4）交通运输行业软件	591	4 740 360
（5）能源控制软件	438	4 762 151
（6）动漫游戏软件	428	6 085 389
（7）物流管理软件	183	583 876
（8）医疗卫生领域软件	604	2 537 538
（9）其他行业应用软件	3 339	23 424 213
（四）工业软件	1 465	9 997 922
1. 产品研发类软件	564	3 159 470
2. 生产控制类软件	901	6 838 452
（五）嵌入式应用软件	1 626	12 438 822
（六）信息安全产品	1 213	7 505 689
1. 基础类安全产品	220	1 037 724

续表

项目名称	企业数（家）	本年收入（万元）
2. 终端与数字内容安全产品	144	778 572
3. 网络与边界安全产品	205	1 972 439
4. 专用安全产品	176	1 302 823
5. 安全测试评估与服务产品	53	275 522
6. 安全管理产品	152	936 606
7. 其他信息安全产品及相关服务	263	1 202 002
（七）移动应用软件（APP）	459	6 830 590
（八）软件定制服务	961	5 849 201
（九）平台软件	794	3 468 043
二、信息技术服务行业合计	23 912	306 037 090
（一）信息技术咨询设计服务	5 688	45 169 997
1. 信息化规划	407	3 447 998
2. 信息系统设计	1 757	16 430 438
3. 信息技术管理咨询	2 503	18 334 884
4. 信息系统工程监理	312	3 678 346
5. 测试评估	189	866 555
6. 信息技术培训	520	2 411 777
（二）信息系统集成实施服务	7 285	79 029 559
1. 基础环境集成实施服务	522	14 555 406
2. 硬件集成实施服务	1 526	17 214 326
3. 软件集成实施服务	2 060	11 300 822
4. 安全集成实施服务	416	2 188 698
5. 系统集成实施管理服务	2 761	33 770 307
（三）运行维护服务合计	4 406	20 231 855
1. 基础环境运维服务	393	2 241 204
2. 硬件运维服务	625	2 374 944
3. 软件运维服务	1 951	5 798 055
4. 安全运维服务	346	1 479 359
5. 运维管理服务	1 091	8 338 293
（四）数据服务	1 878	21 368 347

续表

项目名称	企业数（家）	本年收入（万元）
1. 数据加工处理服务	1 007	12 921 967
2. 数字内容处理服务	871	8 446 380
（1）地理遥感信息服务	116	698 159
（2）动漫、游戏数字内容服务	261	2 483 057
（3）其他数字内容处理服务	494	5 265 165
（五）运营服务	2 889	73 408 501
1. 软件运营服务	800	12 820 687
2. 平台运营服务	1 790	55 656 912
（1）物流管理服务平台	119	1 990 121
（2）在线信息平台	458	16 784 951
（3）在线娱乐平台	398	22 617 613
（4）在线教育平台	170	1 279 264
（5）其他在线服务平台	645	12 984 964
3. 基础设施运营服务	299	4 930 902
（六）电子商务平台技术服务	1 129	44 685 164
1. 在线交易平台服务	883	39 086 549
2. 在线交易支撑服务	246	5 598 615
（七）集成电路设计	637	22 143 668
三、嵌入式系统软件合计	4 816	75 158 372
（一）通信设备	1 473	34 049 360
1. 通信传输设备	539	13 710 228
（1）光通信设备	207	7 641 436
（2）卫星通信设备	80	1 224 283
（3）无线通信设备	252	4 844 508
2. 通信交换设备	140	882 678
（1）数字程控交换机	71	451 238
（2）软交换机	34	144 470
（3）光交换机	35	286 970
3. 移动通信设备	78	11 511 689
（1）基站	54	11 399 195

续表

项目名称	企业数（家）	本年收入（万元）
（2）直放站	24	112 494
4. 网络设备	716	7 944 765
（1）网络控制设备	393	4 343 238
（2）网络接口和适配器	103	822 124
（3）网络连接设备	159	2 498 579
（4）网络优化设备	61	280 824
（二）数字家用视听产品	130	2 887 677
1. 电视接收机顶盒	64	1 033 555
2. 家庭网关中心	66	1 854 122
（三）计算机应用产品	918	11 740 695
1. 金融、商业、税务电子应用产品	105	710 052
（1）银行自助服务终端	39	194 919
（2）POS 机	41	348 663
（3）税控机	25	166 470
2. 汽车电子	228	4 942 747
（1）传动系控制系统	54	1 086 993
（2）行驶系控制系统	38	130 057
（3）车身控制系统	70	2 821 736
（4）安全控制系统	66	903 962
3. 智能交通	50	112 078
（1）交通信号控制机	50	112 078
4. 医疗电子设备	186	831 334
（1）医用电子仪器设备	153	734 676
（2）医学影像设备	33	96 658
5. 智能识别装置	218	4 059 616
6. 自动检售票设备	40	58 250
7. 超大屏幕控制器	91	1 026 617
（四）信息系统安全产品	181	3 379 184
1. 边界防护类设备和系统	58	279 177
2. 密钥管理类设备和系统	123	3 100 007

续表

项目名称	企业数（家）	本年收入（万元）
（五）装备自动控制产品	2 114	23 101 456
1. 集散控制系统	727	15 953 451
2. 电气传动及控制系统	564	2 649 074
3. 装备制造工控系统	823	4 498 932

表 143　2017 年各省市软件和信息技术服务业主要指标汇总表（1）

单位：万元

地区	企业数（家）	软件业务收入	其中			其中
			软件产品收入	信息技术服务收入	嵌入式系统软件收入	软件外包服务收入
软件企业合计	34 895	551 031 187	169 835 725	306 037 090	75 158 372	22 026 631
一、按省市分列						
北京市	3 026	78 366 516	28 780 763	49 410 450	175 303	1 599 217
天津市	353	13 519 355	3 310 194	9 526 638	682 523	221 099
河北省	218	2 378 557	369 809	1 972 130	36 618	17 158
山西省	94	298 862	124 380	150 155	24 327	
内蒙古自治区	61	157 280	50 385	91 260	15 635	1 398
辽宁省	1 957	19 901 517	8 770 757	10 522 326	608 434	4 488 829
吉林省	914	5 837 083	1 961 384	3 072 615	803 084	51 311
黑龙江省	495	1 895 876	677 192	1 061 278	157 406	1 061 977
上海市	1 497	43 414 756	13 750 869	28 147 610	1 516 278	1 138 094
江苏省	4 903	89 364 545	22 433 473	38 733 310	28 197 762	1 903 658
浙江省	1 669	43 404 221	12 163 301	28 622 850	2 618 070	452 960
安徽省	269	3 411 238	1 294 735	1 682 503	433 999	45 078
福建省	2 926	24 965 223	8 828 089	13 983 811	2 153 323	219 263
江西省	152	1 066 180	365 199	687 610	13 371	42 181
山东省	3 741	42 331 438	15 998 763	18 843 275	7 489 401	3 801 304
河南省	188	3 066 831	881 947	2 101 417	83 467	11 804
湖北省	2 622	15 311 988	7 486 686	7 186 115	639 187	335 243
湖南省	425	4 548 845	1 390 495	2 771 766	386 584	485 888

续表

地区	企业数（家）	软件业务收入	其中			其中
			软件产品收入	信息技术服务收入	嵌入式系统软件收入	软件外包服务收入
广东省	4 414	96 812 075	21 620 008	49 198 710	25 993 356	2 425 065
广西壮族自治区	174	813 490	228 208	570 873	14 409	11 037
海南省	182	1 036 894	257 258	779 318	317	8 179
重庆市	1 457	12 129 036	2 859 348	7 831 006	1 438 682	1 320 269
四川省	1 731	27 822 349	10 495 827	16 686 669	639 853	644 856
贵州省	225	1 297 262	191 095	1 027 137	79 031	8 881
云南省	170	776 749	178 010	593 341	5 398	46 580
陕西省	686	15 935 959	5 063 900	9 938 248	933 810	1 670 156
甘肃省	121	457 531	126 134	325 800	5 598	3 658
青海省	14	8 744	3 720	3 648	1 376	
宁夏回族自治区	80	155 508	46 186	105 454	3 868	1 844
新疆维吾尔自治区	131	545 280	127 611	409 766	7 903	9 645
二、按副省级城市分列						
大连市	708	10 533 847	4 203 132	5 807 970	522 744	3 973 591
宁波市	635	5 406 095	1 703 819	2 872 027	830 249	95 095
厦门市	1 349	12 750 270	3 478 751	7 637 849	1 633 670	176 474
青岛市	1 697	18 736 154	5 804 881	6 960 338	5 970 935	136 824
深圳市	1 955	55 557 338	8 633 857	27 888 805	19 034 675	653 423
沈阳市	1 144	9 067 032	4 446 196	4 591 402	29 435	509 985
长春市	597	3 932 039	1 456 820	1 807 732	667 487	37 132
哈尔滨市	449	1 632 868	595 714	892 747	144 407	918 774
南京市	2 473	39 258 551	15 904 386	20 865 112	2 489 053	1 029 335
杭州市	642	36 184 716	9 942 306	24 787 420	1 454 990	303 201
济南市	1 649	21 503 058	9 669 734	10 799 413	1 033 911	3 475 741
武汉市	2 577	15 233 917	7 459 177	7 143 184	631 556	333 337
广州市	1 955	31 141 991	10 773 166	19 193 023	1 175 802	1 402 928
成都市	1 682	26 650 015	10 162 222	15 885 248	602 545	636 724
西安市	686	15 935 959	5 063 900	9 938 248	933 810	1 670 156

续表

地区	企业数（家）	软件业务收入	其中			其中
			软件产品收入	信息技术服务收入	嵌入式系统软件收入	软件外包服务收入
三、其他省会城市分列						
石家庄市	90	501 980	138 695	353 334	9 951	7 407
太原市	68	249 488	97 333	132 780	19 375	
呼和浩特市	42	121 592	38 206	69 139	14 248	1 398
合肥市	200	2 634 261	1 031 078	1 229 398	373 785	32 145
福州市	1 521	12 020 094	5 261 547	6 240 765	517 782	42 464
南昌市	110	921 112	336 198	572 299	12 615	41 742
郑州市	144	933 443	329 455	537 270	66 718	11 804
长沙市	322	3 419 212	479 372	2 579 130	360 710	452 262
南宁市	141	619 985	70 752	539 659	9 574	11 031
海口市	133	598 521	145 597	452 607	317	1 612
贵阳市	170	1 014 671	141 130	804 426	69 115	7 308
昆明市	169	775 538	177 838	592 302	5 398	46 580
兰州市	104	395 171	105 852	284 893	4 426	1 592
西宁市	12	7 336	3 180	2 781	1 376	
银川市	74	145 309	45 321	96 120	3 868	1 714
乌鲁木齐市	119	510 862	118 377	384 583	7 903	9 645

表 144　2017 年各省市软件和信息技术服务业主要指标汇总表（2）

单位：万美元

地区	软件业务出口收入	软件外包服务出口收入	嵌入式系统软件出口收入
软件企业合计	5 411 643	1 129 262	2 247 241
一、按省市分列			
北京市	249 843	249 570	241
天津市	55 913	23 236	22 950
河北省	1 086	265	
内蒙古自治区	218	218	
辽宁省	306 795	255 041	8 889
吉林省	9 421	6 213	324

续表

地区	软件业务出口收入	软件外包服务出口收入	嵌入式系统软件出口收入
黑龙江省	5 165	4 815	350
上海市	344 604	89 313	
江苏省	621 901	84 273	319 052
浙江省	344 547	25 411	26 668
安徽省	8 198	1 502	3 997
福建省	43 891	19 432	9 034
江西省	9 235	79	
山东省	240 015	31 161	175 677
河南省	302		
湖北省	22 592	9 326	2 315
湖南省	61 845	61 738	30
广东省	2 781 020	137 935	1 641 035
广西壮族自治区	6		
海南省	1 173	319	
重庆市	16 681	1 502	14 946
四川省	147 169	23 701	7 174
贵州省	3 694		2 560
云南省	200	200	
陕西省	135 853	104 013	12 000
新疆维吾尔自治区	279		
二、按副省级城市分列			
大连市	285 181	250 222	8 581
宁波市	64 882	2 025	18 973
厦门市	31 579	17 646	8 115
青岛市	187 682	8 291	148 260
深圳市	2 381 536	9 319	1 414 931
沈阳市	20 200	4 064	16
长春市	5 914	4 265	324
哈尔滨市	4 499	4 149	350
南京市	48 844	25 803	12 423

续表

地区	软件业务出口收入	软件外包服务出口收入	嵌入式系统软件出口收入
杭州市	267 876	22 488	1 295
济南市	26 058	21 392	2 627
武汉市	22 536	9 270	2 315
广州市	97 330	85 593	1 360
成都市	147 012	23 550	7 168
西安市	135 853	104 013	12 000
三、其他省会城市分列			
呼和浩特市	218	218	
合肥市	7 256	1 502	3 495
福州市	12 140	1 786	920
南昌市	9 235	79	
郑州市	285		
长沙市	61 845	61 738	30
南宁市	6		
海口市	230	71	
贵阳市	3 694		2 560
昆明市	200	200	
乌鲁木齐市	279		

表 145　2017 年各省市软件和信息技术服务业主要指标汇总表（3）

单位：万元

地区	利润总额	流动资产平均余额	资产合计	负债合计	固定资产投资额
软件企业合计	87 548 328	483 862 477	969 659 437	532 770 804	17 875 496
一、按省市分列					
北京市	9 686 849	91 011 106	161 439 056	82 334 681	1 771 215
天津市	1 402 357	11 364 312	22 032 954	14 393 872	221 462
河北省	414 077	1 311 122	3 950 425	2 376 682	189 398
山西省	50 524	474 238	775 212	336 024	4 185
内蒙古自治区	18 984	159 437	304 103	135 786	3 286
辽宁省	2 044 629	4 795 919	19 557 604	6 630 447	190 019

续表

地区	利润总额	流动资产平均余额	资产合计	负债合计	固定资产投资额
吉林省	513 992	1 140 292	2 131 394	783 997	81 134
黑龙江省	265 390	320 794	1 225 422	234 830	156 547
上海市	5 564 234	51 668 683	80 840 902	46 843 796	725 289
江苏省	13 937 599	53 145 917	159 062 702	121 925 671	4 937 214
浙江省	16 654 679	47 223 463	73 875 579	28 984 066	2 214 468
安徽省	671 503	4 258 873	7 592 849	3 608 156	147 374
福建省	2 856 197	20 618 626	34 875 620	24 238 867	1 370 830
江西省	196 590	1 009 665	2 140 115	1 054 423	15 835
山东省	6 449 096	30 683 941	44 266 966	23 392 835	902 684
河南省	327 125	4 500 856	6 611 282	3 641 861	96 663
湖北省	1 802 595	19 257 175	32 874 826	16 935 438	1 148 111
湖南省	685 597	5 118 572	12 103 059	6 092 136	327 472
广东省	18 710 355	100 105 045	145 783 292	73 919 987	2 254 202
广西壮族自治区	154 890	661 466	1 544 300	679 188	9 818
海南省	73 023	1 814 984	3 316 913	1 847 718	21 039
重庆市	902 533	6 359 541	20 476 099	8 050 191	225 986
四川省	3 107 219	11 951 346	99 512 903	44 413 549	357 957
贵州省	171 690	1 395 675	4 643 710	3 546 692	169 261
云南省	34 330	855 992	1 366 420	696 597	36 814
陕西省	733 925	11 304 979	24 726 533	14 277 569	230 877
甘肃省	43 780	542 863	1 135 594	540 440	27 861
青海省	581	26 943	43 254	21 074	1 186
宁夏回族自治区	17 580	143 603	317 158	144 190	28 178
新疆维吾尔自治区	56 407	637 046	1 133 191	690 041	9 134
二、按副省级城市分列					
大连市	810 198	3 095 400	9 315 800	5 321 239	106 640
宁波市	1 011 254	4 296 314	9 227 762	5 096 088	309 730
厦门市	1 676 371	5 250 645	15 819 308	11 259 724	181 523
青岛市	1 321 139	18 366 474	13 796 557	4 344 556	111 024
深圳市	11 036 268	63 522 509	84 684 600	47 821 921	770 342

续表

地区	利润总额	流动资产平均余额	资产合计	负债合计	固定资产投资额
沈阳市	1 200 978	1 167 819	9 182 424	942 857	71 257
长春市	350 024	948 089	1 779 079	653 592	33 634
哈尔滨市	230 258	302 568	1 079 666	217 635	142 605
南京市	8 232 354	27 298 537	60 581 275	93 835 969	1 068 039
杭州市	15 349 771	41 395 463	61 902 232	22 651 143	1 832 124
济南市	4 692 186	10 074 778	24 281 473	16 241 860	649 270
武汉市	1 788 963	19 131 905	32 597 969	16 824 915	1 142 364
广州市	5 715 359	27 059 158	50 812 357	21 593 140	1 242 532
成都市	3 030 542	10 507 496	97 328 868	43 105 721	341 346
西安市	733 925	11 304 979	24 726 533	14 277 569	230 877
三、其他省会城市分列					
石家庄市	89 861	585 867	1 119 513	467 311	14 733
太原市	41 425	382 663	644 458	288 123	2 521
呼和浩特市	12 819	127 205	238 867	100 560	3 206
合肥市	498 761	3 744 281	6 552 041	3 120 518	130 902
福州市	1 159 293	15 304 342	18 635 127	12 782 351	1 185 332
南昌市	135 278	900 432	1 852 355	967 578	14 258
郑州市	186 044	1 392 836	2 310 843	785 851	70 602
长沙市	297 194	4 587 141	8 678 897	4 970 059	258 501
南宁市	86 115	582 009	1 077 560	528 024	9 053
海口市	55 230	1 579 773	2 739 862	1 574 299	13 907
贵阳市	134 948	1 168 221	3 506 469	2 610 535	125 246
昆明市	34 284	854 871	1 365 030	695 604	36 799
兰州市	32 089	431 939	707 217	345 662	21 552
西宁市	474	26 681	37 941	19 697	363
银川市	16 630	134 921	298 329	140 840	27 672
乌鲁木齐市	50 914	524 556	958 370	577 646	4 115

表 146　2017 年各省市软件和信息技术服务业主要指标汇总表（4）

单位：万元

地区	主营业务税金及附加	年末所有者权益	年初所有者权益	应交增值税
软件企业合计	10 306 376	436 919 460	380 834 656	15 765 979
一、按省市分列				
北京市	515 565	79 104 375	71 148 789	2 244 560
天津市	116 850	7 669 871	5 522 592	268 162
河北省	19 061	1 573 743	1 304 704	117 443
山西省	2 652	439 188	398 682	17 070
内蒙古自治区	1 493	168 317	211 019	7 713
辽宁省	752 523	12 927 156	6 151 634	271 880
吉林省	96 847	1 347 397	1 059 462	27 410
黑龙江省	31 750	990 591	918 113	48 550
上海市	297 364	33 997 107	27 025 216	888 798
江苏省	3 485 140	37 137 075	50 910 552	2 101 610
浙江省	471 543	44 891 513	36 610 314	1 541 588
安徽省	27 488	3 984 693	3 289 094	143 841
福建省	827 729	10 636 752	8 709 350	562 857
江西省	9 319	1 085 692	917 499	24 625
山东省	975 339	20 874 131	13 963 073	1 409 382
河南省	25 197	2 969 417	2 607 872	84 480
湖北省	211 904	15 939 388	11 416 937	494 343
湖南省	69 404	6 010 922	5 746 429	162 751
广东省	1 182 892	71 863 305	61 303 380	3 713 802
广西壮族自治区	7 592	865 112	549 703	27 933
海南省	6 128	1 469 196	1 133 495	21 029
重庆市	178 326	12 425 909	10 376 596	441 799
四川省	841 512	55 099 355	51 169 436	753 810
贵州省	15 211	1 097 018	820 445	47 853
云南省	5 400	669 823	573 686	29 711
陕西省	114 239	10 448 963	5 904 827	271 918
甘肃省	6 423	595 153	509 252	13 951
青海省	568	22 180	21 137	904

续表

地区	主营业务税金及附加	年末所有者权益	年初所有者权益	应交增值税
宁夏回族自治区	1 753	172 968	160 534	6 578
新疆维吾尔自治区	9 163	443 150	400 832	19 627
二、按副省级城市分列				
大连市	260 006	3 994 562	3 744 831	221 831
宁波市	57 281	4 131 674	3 138 274	215 493
厦门市	188 234	4 559 585	3 959 266	62 678
青岛市	377 152	9 452 001	2 960 791	663 670
深圳市	486 743	36 862 679	32 295 872	2 239 080
沈阳市	483 836	8 239 567	1 817 423	40 516
长春市	62 399	1 125 487	900 169	20 827
哈尔滨市	27 907	862 031	801 396	42 541
南京市	2 957 189	–33 254 662	24 941 847	1 481 110
杭州市	398 577	39 251 090	32 347 843	1 252 467
济南市	556 877	8 039 613	8 283 210	678 213
武汉市	211 049	15 773 054	11 265 265	489 078
广州市	562 592	29 219 217	24 813 217	1 058 420
成都市	837 214	54 223 147	50 339 101	739 534
西安市	114 239	10 448 963	5 904 827	271 918
三、其他省会城市分列				
石家庄市	3 816	652 202	527 466	23 674
太原市	2 189	356 335	319 286	14 253
呼和浩特市	1 121	138 307	180 955	5 637
合肥市	21 165	3 431 523	2 857 255	114 313
福州市	637 779	5 852 775	4 556 984	478 796
南昌市	7 428	884 777	796 158	19 048
郑州市	8 817	1 524 988	1 320 304	73 992
长沙市	48 500	3 708 837	3 714 879	60 260
南宁市	5 539	549 535	398 038	19 961
海口市	3 906	1 165 563	870 723	14 825
贵阳市	12 571	895 934	655 601	37 705

续表

地区	主营业务税金及附加	年末所有者权益	年初所有者权益	应交增值税
昆明市	5 389	669 426	573 327	29 635
兰州市	2 466	361 555	322 262	11 735
西宁市	562	18 243	17 376	867
银川市	1 692	157 489	146 840	6 085
乌鲁木齐市	8 514	380 725	344 654	15 916

表 147　2017 年各省市软件和信息技术服务业主要指标汇总表（5）

单位：万元

地区	应交所得税	出口已退税额	研发经费	主营业务成本
软件企业合计	11 424 567	1 947 459	56 222 822	480 362 138
一、按省市分列				
北京市	1 447 273		8 411 837	45 908 657
天津市	214 426	49 691	633 875	17 718 770
河北省	60 500	2 122	84 185	2 363 025
山西省	5 671		44 964	341 358
内蒙古自治区	3 912		10 496	176 556
辽宁省	582 915	13 737	2 596 551	13 547 106
吉林省	46 008	4 328	179 512	4 012 143
黑龙江省	19 425	1 368	254 890	1 422 529
上海市	851 025	257 924	4 011 542	32 649 972
江苏省	2 122 579	614 890	4 964 675	112 449 709
浙江省	1 475 536	436 459	4 739 843	27 862 385
安徽省	84 272	16 064	383 499	4 047 815
福建省	137 267	50 960	2 168 214	22 076 333
江西省	13 292	1 982	96 278	1 174 707
山东省	876 086	17 355	6 022 106	41 605 311
河南省	48 907	1 209	180 222	2 968 195
湖北省	252 500	133 357	2 078 332	15 874 728
湖南省	100 442	8 143	378 350	6 416 915
广东省	2 222 947	320 837	13 151 161	71 283 171
广西壮族自治区	20 498	853	55 086	920 885

续表

地区	应交所得税	出口已退税额	研发经费	主营业务成本
海南省	20 336	2	56 116	902 420
重庆市	322 179	4 213	1 982 242	15 119 020
四川省	332 034	3 316	2 093 334	21 129 188
贵州省	24 123	1	84 024	1 853 031
云南省	8 709		85 141	925 360
陕西省	111 721	8 199	1 401 257	14 047 057
甘肃省	8 801	51	31 432	585 801
青海省	163		342	31 081
宁夏回族自治区	2 771		17 527	158 296
新疆维吾尔自治区	8 249	396	25 789	790 615
二、按副省级城市分列				
大连市	177 082	9 371	472 347	7 518 855
宁波市	138 191	163 145	397 753	6 952 643
厦门市	50 856	30 449	800 066	12 713 665
青岛市	57 963	11 735	2 033 074	13 314 434
深圳市	1 332 149	136 885	7 501 364	33 906 324
沈阳市	398 832	32	2 109 283	5 663 255
长春市	40 966	657	134 803	2 757 351
哈尔滨市	16 795	1 158	212 233	1 221 047
南京市	1 307 348	214 209	3 012 885	51 129 878
杭州市	1 303 326	262 788	4 184 173	18 961 003
济南市	711 849	3 607	3 775 353	24 109 079
武汉市	251 283	133 348	2 068 877	15 780 944
广州市	693 457	16 283	4 834 245	29 969 664
成都市	318 051	2 971	2 010 269	18 220 270
西安市	111 721	8 199	1 401 257	14 047 057
三、其他省会城市分列				
石家庄市	10 918	508	42 687	736 993
太原市	4 676		37 512	290 994
呼和浩特市	2 364		8 232	133 987

续表

地区	应交所得税	出口已退税额	研发经费	主营业务成本
合肥市	75 728	15 589	316 120	3 102 822
福州市	78 945	19 678	1 354 125	9 144 755
南昌市	13 529	139	79 164	1 030 366
郑州市	21 364	1 190	110 464	1 119 643
长沙市	30 587	7 304	209 968	5 001 833
南宁市	14 362		37 079	789 318
海口市	8 413	2	29 015	577 030
贵阳市	17 683		67 113	1 499 622
昆明市	8 700		85 119	921 938
兰州市	7 390	51	27 595	437 724
西宁市	163		129	30 038
银川市	2 611		13 947	150 042
乌鲁木齐市	7 452	199	21 000	711 082

表 148　2017 年各省市软件和信息技术服务业主要指标汇总表（6）

单位：万元

地区	应收账款	应付账款	本年折旧	本年应付职工薪酬
软件企业合计	145 966 421	106 463 650	10 931 159	84 011 570
一、按省市分列				
北京市	23 768 242	15 715 665	1 754 558	17 653 228
天津市	5 239 016	3 198 713	148 003	894 893
河北省	1 086 487	751 709	64 273	795 203
山西省	267 473	143 259	6 634	51 779
内蒙古自治区	83 913	54 107	3 618	27 610
辽宁省	2 252 822	1 203 929	95 008	3 001 059
吉林省	421 462	256 003	48 049	285 004
黑龙江省	137 739	112 323	21 806	227 317
上海市	11 803 733	13 728 274	446 362	7 005 920
江苏省	27 400 292	9 478 815	2 725 102	14 554 428
浙江省	8 619 417	7 783 841	963 085	5 425 226
安徽省	1 681 577	1 291 568	100 711	553 513

续表

地区	应收账款	应付账款	本年折旧	本年应付职工薪酬
福建省	5 986 978	8 925 979	106 386	2 889 101
江西省	451 861	311 166	48 750	209 045
山东省	6 842 187	4 183 951	589 650	3 577 357
河南省	2 263 531	1 888 046	36 077	413 676
湖北省	7 018 595	5 719 098	746 559	3 318 282
湖南省	1 646 663	3 021 305	286 859	584 441
广东省	27 489 633	20 886 905	1 208 254	14 391 148
广西壮族自治区	340 404	203 839	9 233	194 758
海南省	362 792	211 390	16 581	203 511
重庆市	3 361 083	2 594 903	186 727	1 238 846
四川省	4 508 004	2 512 207	433 774	3 712 453
贵州省	615 591	835 748	449 429	200 797
云南省	336 039	272 856	25 694	169 796
陕西省	1 127 453	537 479	383 131	2 202 929
甘肃省	285 544	180 181	13 692	78 583
青海省	14 025	9 782	276	6 245
宁夏回族自治区	99 254	55 992	5 400	37 220
新疆维吾尔自治区	454 614	394 616	7 477	108 201
二、按副省级城市分列				
大连市	1 440 590	823 656	72 750	1 980 472
宁波市	1 507 029	1 820 457	125 141	812 893
厦门市	3 689 353	4 752 665	647	1 611 235
青岛市	759 974	597 416	5 968	1 074 262
深圳市	16 906 170	11 162 939	642 012	6 863 313
沈阳市	537 535	268 494	15 243	985 224
长春市	316 611	214 299	29 197	215 472
哈尔滨市	117 534	102 317	17 988	201 205
南京市	15 630 152	7 946 434	379 511	7 096 302
杭州市	6 492 230	5 553 123	810 002	4 296 294
济南市	5 152 870	2 962 968	516 089	2 114 716

续表

地区	应收账款	应付账款	本年折旧	本年应付职工薪酬
武汉市	6 955 955	5 683 724	743 871	3 306 287
广州市	8 027 690	7 966 024	364 344	6 310 268
成都市	4 119 052	2 188 305	416 162	3 647 890
西安市	1 127 453	537 479	383 131	2 202 929
三、其他省会城市分列				
石家庄市	292 159	203 531	10 091	90 383
太原市	218 559	129 307	4 989	42 526
呼和浩特市	62 087	41 061	3 093	19 736
合肥市	1 459 064	1 109 404	92 678	472 898
福州市	2 214 662	4 118 860	46 362	1 250 197
南昌市	397 603	282 272	27 148	186 017
郑州市	551 373	278 554	18 235	276 434
长沙市	849 454	2 578 036	69 779	431 556
南宁市	314 904	190 160	8 689	169 473
海口市	213 423	129 064	5 561	123 126
贵阳市	549 636	769 362	441 501	166 990
昆明市	335 856	272 490	25 684	169 418
兰州市	215 389	152 765	4 909	54 616
西宁市	13 547	9 260	191	6 155
银川市	93 127	55 171	5 078	31 598
乌鲁木齐市	383 092	346 091	5 121	89 571

表 149　2017 年各省市软件和信息技术服务业主要指标汇总表（7）

单位：人

地区	从业人员年末数	软件研发人员	管理人员	硕士以上人员	大本人员	大专以下人员
软件企业合计	6 175 562	2 368 765	925 105	644 453	3 350 891	2 180 215
一、按省市分列						
北京市	739 216	321 375	417 841	88 443	391 092	259 681
天津市	64 538	17 724	6 459	4 793	32 422	27 324
河北省	38 076	8 830	2 662	3 303	19 733	15 041
山西省	8 475	3 992	1 145	438	4 689	3 349

续表

地区	从业人员年末数	软件研发人员	管理人员	硕士以上人员	大本人员	大专以下人员
内蒙古自治区	4 469	2 101	562	128	2 689	1 652
辽宁省	321 676	239 050	36 618	47 751	219 781	54 154
吉林省	47 881	18 336	5 393	5 960	31 071	10 850
黑龙江省	30 139	22 173	4 226	1 909	24 018	4 210
上海市	354 812	110 967	28 099	56 213	214 193	84 407
江苏省	1 108 113	256 143	87 784	91 722	510 515	505 861
浙江省	377 325	115 888	31 355	36 647	182 013	158 656
安徽省	54 443	19 974	5 171	5 431	33 559	15 458
福建省	304 042	134 121	37 437	17 750	163 210	123 084
江西省	27 260	5 298	3 593	1 396	12 281	13 582
山东省	510 167	130 868	47 623	56 932	311 755	141 472
河南省	32 943	10 703	3 931	2 805	17 938	12 203
湖北省	327 551	117 352	29 556	35 377	220 391	71 776
湖南省	71 089	20 895	9 959	7 545	39 359	24 186
广东省	999 463	525 463	99 076	101 524	528 777	369 139
广西壮族自治区	24 732	4 402	3 315	666	12 571	11 495
海南省	21 508	4 312	1 620	826	11 811	8 871
重庆市	169 577	46 130	12 747	16 664	105 304	47 622
四川省	303 480	62 316	28 444	31 303	154 549	117 649
贵州省	25 738	5 669	3 024	3 260	13 705	8 773
云南省	18 650	7 478	2 470	588	10 083	7 979
陕西省	161 177	150 375	11 128	24 077	66 686	70 418
甘肃省	12 496	2 796	1 457	439	7 444	4 613
青海省	777	135	138	26	364	387
宁夏回族自治区	5 132	1 854	889	196	3 214	1 721
新疆维吾尔自治区	10 617	2 045	1 383	341	5 674	4 602
二、按副省级城市分列						
大连市	200 653	153 442	19 250	25 955	138 256	36 447
宁波市	106 789	14 331	10 848	1 909	29 434	75 442
厦门市	156 272	30 568	20 140	9 818	71 884	74 570

续表

地区	从业人员年末数	软件研发人员	管理人员	硕士以上人员	大本人员	大专以下人员
青岛市	166 043	31 193	10 019	18 369	90 211	57 490
深圳市	399 089	243 746	42 448	63 264	198 270	137 535
沈阳市	112 981	82 691	16 336	21 376	78 201	13 405
长春市	33 512	14 470	3 828	4 005	22 105	7 402
哈尔滨市	26 613	19 616	3 689	1 729	20 971	3 911
南京市	499 375	159 703	49 216	72 140	307 261	119 975
杭州市	235 579	92 594	17 107	33 751	139 329	62 497
济南市	288 221	91 049	34 335	35 576	200 645	51 965
武汉市	324 741	116 388	29 144	35 294	219 107	70 333
广州市	497 671	243 165	50 768	32 442	284 275	180 960
成都市	294 433	59 566	26 984	30 365	149 934	114 156
西安市	161 177	150 375	11 128	24 077	66 686	70 418
三、其他省会城市分列						
石家庄市	13 761	4 083	1 253	416	7 595	5 750
太原市	6 772	3 236	937	379	3 756	2 636
呼和浩特市	3 146	1 223	406	96	2 106	944
合肥市	43 905	17 062	4 691	4 946	27 331	11 635
福州市	144 057	102 598	16 674	7 852	89 269	46 938
南昌市	23 468	4 461	3 155	1 249	10 870	11 348
郑州市	19 480	6 499	1 999	1 394	11 603	6 484
长沙市	51 535	14 850	7 350	5 388	29 587	16 562
南宁市	21 829	3 280	3 050	577	11 049	10 203
海口市	18 022	3 209	1 295	446	9695	7 881
贵阳市	22 197	4 734	2 550	3 122	11 728	7 347
昆明市	18 595	7 461	2 456	588	10 078	7 929
兰州市	8 626	2 559	1 162	380	5 540	2 706
西宁市	741	109	131	24	338	379
银川市	4 668	1 639	710	179	2 859	1 629
乌鲁木齐市	9 223	1 685	1 175	264	4 696	4 263

电子信息制造业

综　述

【概况】　2017年，中国电子信息制造业整体保持较快增长。据国家统计局数据，规模以上电子信息制造业工业增加值同比增长13.8%，增速较上年提高3.8个百分点，快于规模以上工业增速7.2个百分点，占规模以上工业增加值7.7%。电子信息制造业实现主营业务收入130 313亿元，同比增长13.6%。2017年，中国生产微型计算机设备3.1亿台，同比增长6.8%；生产锂离子电池111.1亿只，同比增长31.3%；生产太阳能电池9 453.9万千瓦，同比增长30.6%；生产集成电路1 564.6亿块，同比增长18.7%；生产半导体分立器件7 636.3亿只，同比增长25.3%；生产电子元件44 071.1亿只，同比增长17.8%。

2017年，中国电子信息制造业创新能力建设取得突破。高端芯片方面，采用国产超算CPU的"神威·太湖之光"超级计算机连续蝉联全球超算500强榜首；3D NAND闪存芯片研发取得重要突破。新型显示方面，中国第一条6代柔性AMOLED生产线在成都京东方量产；多家企业陆续推出各种规格的全面屏，打破国外企业市场垄断。智能手机方面，华为、OPPO、小米、vivo跻身全球智能手机出货量前六名。新一代移动通信方面，5G发展继续提速，技术研发完成第二阶段试验，中频段频谱使用规划率先发布，通信设备企业推出端到端5G预商用系统。

2017年，中国电子信息制造业骨干企业实力进一步提升。2018年（第32届）中国电子信息百强企业整体主营业务收入3.5万亿元，同比增长16.7%；总资产合计4.4万亿元，同比增长10%；实现利润总额2 249亿元，平均利润率6.4%，高于行业平均水平0.9个百分点。本届百强企业中，前三名企业主营业务收入均超过2 000亿元；主营收入超过1 000亿元的企业10家，比上届增加4家；超过100亿元的66家，比上届增加8家。百强企业研发投入合计2 194亿元，同比增长16%，与收入增速保持同步；平均研发投入强度6.3%，超过全行业平均水平2个百分点以上。2017年中国发明专利授权量前十强企业中，电子信息百强企业依旧占据半壁江山，其中华为技术有限公司、京东方科技集团股份有限公司、中兴通讯股份有限公司、联想集团和中芯国际集成电路制造有限公司分列第2、第4、第5、第6和第10位。2017年专利合作协定（PCT）国际专利申请量企业排名中，华为和中兴分别以4 024件和2 965件国际专利占据全球排行榜前两名。

【进出口情况】　2017年，电子信息产品外贸出口形势有所好转。规模以上电子信息制造业出口交货值同比增长 14.2%，快于全部规模以上工业出口交货值增速 3.5 个百分点，占规模以上工业出口交货值 41.4%。细分领域中，通信设备行业、家用视听行业、电子元件行业、电子器件行业出口交货值均保持 10% 以上增速。

【固定资产投资】 2017 年，中国电子信息制造业固定资产投资增速持续加快。电子信息制造业 500 万元以上项目完成固定资产投资额 12 914 亿元，同比增长 25.3%，增速比 2016 年提高 9.5 个百分点。电子信息制造业新增固定资产同比增长 35.3%。电子器件行业投资增长显著，同比增长 29.9%。电子元件行业投资实现较快增长，同比增速 19.0%。整机行业中，通信设备行业投资增势突出，增速 46.4%，比上年提升 16.1 个百分点；家用视听行业投资实现平稳增长，同比增速 7.6%。2017 年内资企业累计完成投资同比增长 29.1%，外商投资企业完成投资同比增长 13.7%，中国港澳台企业完成投资同比增长 10.5%。在政策取向和技术趋势引导下，一批集成电路、新型显示等领域的重大项目陆续启动和签约。

【经济效益】 2017 年，中国电子信息制造业经济效益持续改善。规模以上电子信息制造业实现利润比上年增长 22.9%，增速较 2016 年提高 10.1 个百分点。主营业务收入利润率 5.16%，比上年提高 0.41 个百分点；亏损企业亏损总额比上年下降 4.6%。截至 2017 年年末，全行业应收账款比上年增长 16.4%，高于同期主营业务收入增幅 3.2 个百分点；产成品存货比上年增长 10.4%，增速同比加快 7.6 个百分点。

【细分行业发展情况】 2017 年，在内需市场和投资带动下，中国集成电路产业继续保持快速发展态势，2017 年全行业实现销售收入 5 411.3 亿元，同比增长 24.8%；集成电路产量 1 565 亿块，同比增长 18.7%。其中，集成电路设计业全年完成销售收入 2 073.5 亿元，同比增长 26.1%，增幅比全球设计业增幅高出 14.8 个百分点，产业规模继续保持全球第二位；芯片制造业销售收入 1 448.1 亿元，同比增长 28.5%。技术水平持续提升，在微处理器（CPU）、智能终端芯片、智能电视芯片和人工智能（AI）等领域进入 28/16/14 纳米全球主流设计水平，部分已进入 10 纳米工艺节点。国际合作进一步深化，格罗方德在成都启动建设 12 英寸芯片生产线，投资超百亿美元；三星电子确定投资 70 亿美元在西安建设 12 英寸闪存芯片二期项目，新增月产能 6.5 万片；SK 海力士计划投资 86 亿美元建设无锡二期项目，新增月产 20 万片 10 纳米级芯片生产能力；联电投入 6 亿美元增资厦门联芯，启动二期扩产项目。

2017 年，移动智能终端产业整体呈现产品结构优化、垂直细分领域创新活跃的特点。在 5G 到来前，手机出货量呈现下降态势，但总体产品结构转优，高端化态势明显，国产龙头企业市场份额和竞争力进一步提升。无屏低端虚拟现实产品大量淘汰，产业呈现理智增长。智慧健康养老类、智慧城市类等垂直应用领域新兴智能硬件产品成为产业发展新增长点。

2017 年，计算机行业整体仍处在调整期，计算机产量增速明显，共生产计算机 36 376.4 万台，同比增长 7.0%，其中微型计算机 30 678.4 万台，同比增长 6.8%；服务器 5 698.0 万台，同比增长 10.9%。微型计算机中笔记本计算机 17 244 万台，同比增长 7.0%；平板计算机 8 628 万台，同比增长 4.4%。核心器件技术突破和产业化进程加快，存储技术取得突破。

2017 年，彩电行业实现平稳增长，生产彩色电视机 17 233 万台，比上年增长 1.6%。其中，智能电视 10 931 万台，比上年增长 6.9%，占彩电产量 63.4%。据市场研究机构奥维云网统计，2017 年中国市场彩电销售 4 752 万台，同比下降 6.6%，降幅为近 15 年之最，受上游面板涨价影响，整机产品价格提升，销售额回升至 1 630 亿元，同比增长 4.5%。产品方面，中国市场智能电视销售 4 105 万台，销量占比 86.4%；超高清电视销售 2 859 万台，同比增长 16.4%，销量占比 60.1%；55 英寸及以上大屏电视成为主流，销量占比 43%。彩电细分领域新技术、新产品加快发展，彩电核心关键部件配套能力持续提升，京东方科技集团股份有限公司、深圳市华星光电技术有限公司等国产面板企业产能利用率稳步提升。

2017 年，中国光伏产业发展持续向好，经济效益稳步提升，主要光伏产品产值 3 400 亿元。产业链各环节产能、产量全球占比均在 50% 以上。2017 年多晶硅产量 24.2 万吨，占全球总产量 54.8%；硅片产量 91.7GW，同比增长 41.5%，占全球硅片产量 87.2%；电池片产量 72GW，同比增长 41.2%，占全球总产量 69%；光伏组件产量75GW，约占全球总产量71.1%。应用市场快速发展，中国光伏新增装机容量高达53.6GW，再创历史新高，连续5年位居全球首位，累计并网装机量高达130.25GW，连续3年位居世界第一。生产工艺水平不断进步，P型单晶及多晶电池技术持续改进，异质结（HJT）、IBC、N型双面等技术路线加快发展；光伏组件封装及抗光致衰减技术不断改进，自动化、智能化改造加速。骨干企业多晶硅生产能耗持续下降，综合成本降至6万元/吨，行业平均综合电耗降至73kW·h/kg以下。

【存在问题】 2017年，产业发展中存在的矛盾和问题主要有三个方面。

核心技术受制于人，产业创新能力仍待加强。中国在存储器、传感器、NB-IoT、5G高频器件等关键元器件和核心技术领域仍然存在短板，逻辑电路、模数转换器、存储芯片、设计工具以及关键装备和材料高度依赖进口。中国信息技术产业创新能力距离国际先进水平还有较大差距，产业技术创新不足严重制约产业价值链迈向高端。

投资主体过于分散，重复建设问题依然存在。集成电路领域，受产业投资基金推进以及简政放权等政策利好影响，各地投资建线热情高涨，出现存储器项目以及先进生产线多地开花现象，重复和低端投资仍然存在。新兴显示领域，随着显示产业向中国内地加速集聚，地方政府和企业对面板生产线建设充满期待，投资区域范围迅速扩大，产业集聚效应减弱，项目内容同质化严重。

新兴领域规模尚小，新动能仍需培育。电子信息制造业仍处于新旧动能接续转换的发展阶段，汽车电子、智能光伏、超高清视频等一批新的产业增长点快速涌现，但仍处于孕育发展阶段，总体规模较小，尚未形成对产业发展的主导作用。与新兴增长点相适应的标准、制度仍需尽快确立，以保证新旧动能有序转换，从而推进产业持续健康发展。

[撰稿：王茜　审稿：吴胜武]

通信设备行业

【概况】 2017年，中国通信设备制造业坚持技术引进和自主开发相结合，形成较为完整产业体系，产业链逐步完善，自主创新能力明显提升，产业规模不断扩大，成为电子信息领域支柱产业。同时，存在核心技术瓶颈仍未完全突破、关键软硬件依赖国外、高端产品供给能力有待提高等问题。

2017年，中国通信设备行业继续保持较快增长。生产手机19亿部，比上年增长1.6%，增速比2016年回落18.7个百分点；其中智能手机14亿部，比上年增长0.7%，占全部手机产量74.3%。全国净增移动通信基站59.3万个，总数达到619万个；其中4G基站净增65.2万个，总数达到328万个。

中国通信设备行业投资增势迅猛，出口回暖。完成投资比上年增长46.4%，同比加快16.1个百分点。实现出口交货值比上年增长13.9%，增速比2016年上升10.5个百分点。

中国5G核心技术创新步伐加快。构建全球最大的5G试验外场，已建成15个5G外场试验基站。顺利完成5G第二阶段试验，测试结果全面满足ITU性能指标，启动第三阶段试验。率先发布5G中频段频率规划，网络架构等技术成为国际标准。

手机出货集中度进一步提升。中国手机市场出货量4.91亿部，同比下降12.3%；其中4G手机出货量4.62亿部，市场占比94.1%，相比2016年提升1.3个百分点。华为、OPPO、vivo、苹果、小米位列中国市场TOP5，合计份额达到71.3%，较2016年提高15.1个百分点，进一步扩大相对二、三线手机品牌的领先优势。

【科技进步与应用】 加快5G基站设备研发。以华为、中兴为代表的中国移动通信设备厂商为适应国际市场需求，联合中国基站芯片、器件厂商加快5G基站设备研发，完成技术验证、原型样机制作和测试工作，2018年年底推出5G中频段商用基站设备，2019年具备商用产品批量供应能力。核心器件方面，成都嘉纳海威科技有限责任公司、中电科技集团重庆声光电有限公司、南京美辰微电子有限公司等企业初步具备射频器件以及毫米波芯片设计能力。三安光电股份有限公司深度布局砷化镓（GaAs）/氮化镓（GaN）器件生产线，具备4 000片/月6英寸GaAs/GaN晶圆生产能力，未来将实现3万片/月6英寸晶圆生产能力。成都海威华芯科技有限公司完成基于砷化镓集成无源器件和0.25微米工艺开发，基本实现量产。

5G第二阶段测试顺利完成。在IMT-2020（5G）推进组的组织下，电信运营商、通信设备制造企业、芯片/仪表企业以及科研机构通力合作，顺利完成相关测试任务。一方面验证不同系统设备厂商技术方案设计，另一方面带动芯片/仪表企业研发进度，形成产业链齐头并进的态势。通过不同厂商设备、芯片、仪表等磨合，加快5G良好产业生态构建。中国企业全面布局5G典型场景，性能指标全面领先。华为技术有限公司、中兴通讯股份有限公司、中国大唐集团公司等在连续广域覆盖、热点高容量（中频/高频）、低时延高可靠和低功耗大连接场景全面布局，性能指标整体优于国外企业。

5G行业应用日渐凸显。车联网应用方面，LTE-V2X开始应用，5G V2X定位更高需求场景，将汽车与云端连接，结合精确的位置信息，提供自动驾驶、编队行驶等业务。工业互联网方面，5G在满足工业互联网大连接基础上，针对uRLLC场景，要满足工厂内高可靠、低时延、支持工业控制等要求。医疗应用方面，网络能够满足移动查房、移动护理、诊断数据传输等医疗设备联网业务，5G主要解决以远程手术为代表的对时延和可靠要求较高的应用场景问题。

通信核心芯片技术取得突破。移动芯片设计技术接近全球先进水平，2017年应用处理器和基带芯片全球市场占有率分别达到30%和26%。制造工艺实现从0.35微米到28纳米多技术节点覆盖，化合物半导体、MEMS等特色工业布局逐渐产出成果。龙头企业先进封装占比超过50%，微小型集成系统基板工艺、25微米超薄芯片堆叠工艺等达到国际前列水平。根据2017年中国市场手机出货量统计，采用国产芯片的4G手机超过9 000万部，同比增长41.3%，较2016年提高7.3个百分点。同时，智能手机面部识别的兴起，推动垂直共振腔表面放射激光（VCSEL）芯片发展，武汉光迅科技股份有限公司、华芯半导体科技有限公司、宁波睿熙科技有限公司等纷纷布局研发投入。此外，中国企业围绕5G移动通信、自动驾驶、物联网、工业互联网等新兴领域加大核心芯片布局力度。

加速布局人工智能芯片战场。华为技术有限公司（简称华为）、北京中星微电子有限公司等芯片企业以及北京中科寒武纪科技有限公司（简称寒武纪）、北京地平线信息技术有限公司（简称地平线）等初创公司布局推出人工智能芯片，重点聚焦智能手机、安防监控、自动驾驶等细分领域。2017年9月，华为推出的麒麟970芯片中集成寒武纪的深度学习内核，提升自研手机图像识别、机器翻译和语音降噪等能力。2017年12月，地平线将深度学习算法硬件化，推出“征程”和“旭日”两款ASIC芯片，前者面向自动驾驶领域，实现行人、机动车等多类目标实时检测与识别；后者面向智能安防，实现大规模人脸检测等功能。小米通过大数据积累和云服务加上深度学习促成小AI产品的诞生，vivo为X20手机上配备“智慧引擎4.0”功能。

边缘计算创新产业发展。通信企业以边缘计算为契机，致力盘活网络联接设备剩余价值，开放接入侧网络能力，挺进消费物联网和工业互联网等阵地。2017年，华为作为边缘计算产业联盟（ECC）牵头发起单位，发布轻量计算系统和融合网关设备，推动面向制造业应用场景的实时以太网TSN技术，逐步形成面向公共事业、智能制造、电力能源等行业的边缘计算整体解决方案。2017年年底，中国联通和中兴通讯、英特尔、腾讯等联合在天津建成业界首个边缘数据中心（Edge Data Center）测试床，并宣布在15个省市正式启动“Edge-Cloud”大规模试点，未来几年计划建成6 000个边缘数据中心。

光通信领域与世界先进水平差距逐步缩小。中国高校、研究所在硅基光子集成技术科技研发方面与世界水平差距逐步缩小。北京大学、中国科学院半导体研究所、上海交通大学、浙江大学、南京大学等均取得一定研究成果。在片上集成方面，北京大学2017年研制成功单片集成的100Gb/s硅基相干发射及传输系统，并基于硅基集成收发芯片成功实现100千米的系统传输。上海交通大学研制的QPSK硅基电－光调制器具有100Gb/s传输能力，可在1 000千米光纤上实现无误码传输。2017年3月，青岛海信集团在美国光纤通讯展览会及研讨会（OFC展会）推出基于硅光技术的100G PSM4 QSFP28光模块等产品。浙江大学则在单个硅基光电子器件小型化方面取得较大进步。

引领NB-IoT产业发展。技术研发方面，面向NB-IoT芯片、模组、平台、应用进行研发的企业不断增加，模组价格降至35元左右。中国信息通信研究院、华为技术有限公司、中国电信股份有限公司发现并优化3GPP的NB-IoT国际标准中终端芯片功率控制的缺陷。网络建设方面，中国初步建设全球覆盖范围最广的NB-IoT网络，中国电信实现全网部署、中国移动和中国联通实现重点城市部署。2017年，三大电信运营商物联网智能连接规模超过2.5亿。应用创新方面，通信和应用企业开展多种场景NB-IoT应用孵化和试验，累计开发出水电燃气、停车、路灯、冷链、监测等50多种行业应用。

【政策与法规】 2017年6月6日，工业和信息化部发布《关于全面推进移动物联网（NB-IoT）建设发展的通知》，指出将从加强NB-IoT标准与技术研究、打造完整产业体系，推广NB-IoT在细分领域应用、逐步形成规模应用体系，优化NB-IoT应用政策环境、创造良好可持续发展条件等三方面采取14条措施，全面推进NB-IoT建设发展。

2017年11月15日，工业和信息化部发布《关于第五代移动通信系统使用3 300~3 600MHz和4 800~5 000MHz频段相关事宜的通知》，明确3 300~3 400MHz（原则上限室内使用）、3 400~3 600MHz和4 800~5 000MHz频段作为5G系统工作频段。中国成为国际上率先发布5G系统在中频段内频率使用规划的国家。5G系统在中频段的频率使用规划，将对中国5G系统技术研发、试验和标准等制定以及产业链成熟起到重要先导作用。

【市场分析与预测】 5G将拉动全球半导体千亿美元市场规模。5G对芯片需求主要来自于设备制造商的网络和终端设备。据中国信息通信研究院预测，2022年全球5G终端将达到2亿个，5G基站达到180万个。增强移动宽带将是早期5G网络面向个人消费市场的核心应用场景，智能手机仍将是5G商用初期主要终端类型，5G手机终端预计将在2019年登场。5G基站部署包括6GHz以下中频段和毫米波频段两部分，5G部署初期仍主要以6GHz以下中低频段基站为主。预计2022年全球5G终端和基站芯片市场规模合计超过500亿美元。

移动智能终端市场继续保持活跃态势。2017年中国手机市场出货量处于下降趋势，市场集中度进一步提升，企业加大海外市场拓展力度，创新布局不断涌现。2018年，从需求增速来看，中国市场饱和度较高，海外市场优于中国；从行业竞争来看，品牌企业规模效益显著，从而强化领先优势，集中度提升趋势继续；从技术趋势来看，屏幕、摄像头、芯片、智能应用等环节创新步伐不会放缓；从核心元器件供给来看，短期内供需矛盾依然严峻。

【存在问题】 核心技术受制于人，核心电子元器件对外依存度高。在5G领域，数模转换、射频收发、氮化镓功率放大器、毫米波集成等主要核心芯片和器件被美日企业主导或垄断。在光器件及芯片领域，中国大部分企业同质化严重，产品集中在中低端领域，在技术含量和附加值较高的高速光器件方面，核心技术缺失，商用化进程缓慢。上游材料和芯片薄弱导致相应的通信器件、组件及模块发展受到制约，高端产品依赖进口，部分中低端产品采购渠道受日、美等控制。

国际竞合关系趋于严峻，产业升级面临国际环境压力。以美国为代表的发达国家综合利用外资安全审查、限制先进技术和产品出口、贸易制裁等手段阻碍中国以信息通信产业为代表的高科技产业发展。美国政府对华发动301调查，调查重点是中国集成电路等高科技领域的产业政策和活动。

［撰稿：王昊　审稿：乔跃山］

广播电视设备行业

【概况】 2017 年，广播电视设备行业发展基本保持在合理区间，总体比较平稳。行业仍处在由模拟电视向数字电视过渡阶段。本年度数字调频广播（CDR）发展较快，其他专业领域广播电视设备需求有所下降，行业利润有不同程度下滑。

根据国家有关规定，广播电视设备行业多数产品需要取得入网许可证、生产许可证等。原国家新闻出版广电总局 2017 年 12 月 31 日广播电视设备器材入网认定年检情况公告显示，自 2015 年 1 月 1 日起，三年内取得“入网认定证书”的企业及设备情况如下：广播电视节目制作和播出设备器材企业 52 家，设备型号 151 个；广播电视业务集成与支撑设备器材企业 17 家，设备型号 19 个；有线电视传输与覆盖设备器材企业 441 家，设备型号 2 875 个；无线传输与覆盖设备器材企业 120 家，设备型号 819 个；卫星电视广播传输与覆盖设备器材企业 96 家，设备型号 314 个；广播电视监测、安全运行与维护设备器材企业 8 家，设备型号 56 个；广播影视系统专用电源设备器材企业 80 家，设备型号 143 个。

【主要经济指标】 据中国广播电视设备工业协会统计，全部产品现价工业总产值 386.4 亿元，比上年增长 12.0%，其中本行业产品现价工业总产值 196.0 亿元，比上年增长 21.5%；全部产品工业增加值比上年降低 8.8%，其中本行业产品工业增加值比上年降低 20.3%；全部产品销售收入 395.3 亿元，比上年增长 14.1%，其中本行业产品销售收入 191.8 亿元，比上年增长 22.3%；税金总额 10.4 亿元，比上年增长 26.2%；利润总额 12.3 亿元，比上年减少 31.2%；固定资产净值平均余额 48.4 亿元，比上年增长 13.7%。

本行业年末产成品存货约 300 万部（台、件），其中卫星广播电视地面接收设备（包括卫星接收机顶盒以及分别销售的天线、高频头等，下同）年末产成品存货 298.6 万台（件），视、音频节目制作和播控设备年末产成品存货 13 891 台，广播电视无线发射设备年末产成品存货 571 台，广播电视配套产品及微波传输类设备年末产成品存货 304 部。

【企事业单位】 据中国广播电视设备工业协会统计，截至 2017 年年底，中国广播电视设备工业协会有会员单位 190 家，其中研究机构 5 家、研制生产企业 185 家。

会员单位中，主要从事有线电视设备与工程的 56 家；主要从事无线发射与传输设备与系统研制生产的 46 家；主要从事广播电视配套设备研制生产的 37 家；主要从事灯光、节目制作和播控设备研制生产的 31 家；主要从事卫星广播电视地面接收设备研制生产的 20 家。

按经济类型划分，股份制经济 76 家，股份合作制经济 41 家，国有经济 26 家，外商及中国港、澳、台投资经济 22 家，集体经济 14 家，其他经济 11 家。

【从业人员】 截至 2017 年年底，190 家会员单位全部在册从业人员 96 869 人，在岗人员 95 355 人，其中技术人员 27 961 人，占在岗人员总数 29.3%。

【生产与销售】 据中国广播电视设备工业协会统计，2017 年广播电视设备行业各类产品的生产量、销售量、销售收入及产成品存货情况如下：

广播（含短波、中波和调频）发射机生产量 7 174 部，比上年增加 33.9%；销售量 6 785 部，比上年增加 20.2%；销售收入 1.6 亿元，比上年下降 25.0%；年末产成品存货 323 部，比上年增加 48.2%。

电视发射机生产量 3 117 部，比上年下降 14.8%；销售量 3 094 部，比上年下降 10.7%；销售收入 2.6 亿元，比上年下降 26.0%；年末产成品存货 248 部，比上年下降 38.2%。

微波传输设备生产量 303 部，比上年下降 45.9%；销售量 295 部，比上年下降 51.8%；销售收入 1.6 亿元，比上年下降10.0%；年末产成品存货11部，比上年增加120.0%。

有线电视及网络工程销售收入9.3亿元，比上年下降86.3%。

应用电视设备销售收入6 325万元，比上年增长7.7%。

卫星电视广播地面接收设备生产量4 324万台（件）；销售量4 277万台（件）；销售收入79.4亿元。本年度卫星电视广播地面接收设备统计方法与往年有所差别，通过宏观数据分析，本年度比上年数据略有增长。

音、视频节目制作、播控及灯光设备生产量48 070部，比上年下降18.1%；销售量49 499部，比上年下降13.1%；销售收入20.1亿元，比上年增长32.0%；年末产成品存货13 891部，比上年减少28.5%。

广播电视配套设备生产量70 871部，比上年增长15.8%；销售量70 535部，比上年增长15.1%；销售收入6.3亿元，比上年下降24.9%；年末产成品存货293部，比上年增加30.2%。

【科技进步与应用】 17家业内企业的20个项目申报“2017年广播电视科技创新奖”。经过由业内专家组成的评审委员会评审，北京英夫美迪科技股份有限公司“IBD800 AOIP网络音频延时器”等10家企业的10个项目获得科技创新优秀奖；上海云视科技有限公司等10家企业获得科技创新企业奖；10人获得科技创新优秀个人奖。

【进出口贸易】 据中国广播电视设备工业协会统计，2017年全部产品出口交货值54.5亿元，比上年下降5.6%，本行业产品出口交货值30.9亿元，比上年增长15.7%。

【政策与法规】 2017年9月，原国家新闻出版广电总局正式印发《新闻出版广播影视“十三五”发展规划》（公开版），明确到2020年的发展目标与主要任务，提出“智慧广电”战略，全国省级以上广播电视台基本建立全媒体制播云平台和全台网，地市级以上广播电视台基本实现高清化，县级广播电视台全部实现数字化、网络化，高清电视和超高清电视得到进一步推广，开播4K超高清电视试验频道。有线、无线、卫星与互联网的全媒体服务云平台加快构建，广播电视网络综合业务承载能力大幅提高，广电终端标准化、智能化应用能力显著提升。

2017年11月，原国家新闻出版广电总局发布《关于规范和促进4K超高清电视发展的通知》，在4K超高清电视技术标准体系建设、内容建设等方面提出要求，强调发展4K超高清电视是一项复杂的系统工程，要充分认识其重要性和艰巨性，加强组织领导，坚持规范发展，鼓励创新发展模式，优先支持高清电视发展较好的省份和机构开展4K试点，坚持试点先行，稳中求进。

【市场分析】 广播电视设备市场包括有线电视设备与工程，机顶盒，地面无线广播电视发射设备，视、音频节目制作和播控设备等几个重要领域。

有线电视设备与工程　用户总数持续下滑。据《2017年度有线电视行业发展公报》数据，2017年中国有线电视用户总量2.45亿户，用户规模持续负增长。其中数字电视用户2.09亿户，缴费用户持续下滑至1.53亿户。

视频点播平稳增长。2017年，中国有线视频点播用户总量6 166.8万户。其中，标清视频点播用户199.3万户，总量保持平稳；高清互动点播用户5 504.6万户，比上年增长6.31%，有线高清点播逐步成为主流；4K互动点播用户加速增长，比上年增长66.87%，总量462.9万户，占视频点播总用户的7.5%。

宽带业务持续增长。2017年，广播电视行业有线宽带用户总量3 498.5万户。值得关注的是，虽然全行业有线宽带用户持续快速增长，但少数省级有线网络运营商宽带用户开始出现下滑。

智能化用户持续增长。2017年，有线电视智能终端用户总量1 253万户，全行业终端智能化进程持续提速。

网络建设持续增强。截至2017年年底，全行业有线电视双向网络覆盖用户1.6亿户，占有线电视用户总数的68.65%。双向网络渗透用户达到8 251.4万户，有线双向渗透率提升至33.89%，有线电视网络双向化支撑能力持续增强。

机顶盒　机顶盒主要包括有线、卫星、地面无线数字电视机顶盒以及IPTV、OTT电视盒子。据广电国网统计，截至2017年年底，有线电视用户规模总量2.45亿户（其中数字电视用户2.09亿户）、直播卫星电视用户总量达到1.29亿户、IPTV用户突破1.2亿户、OTT

用户总量超 1.1 亿户。有线电视用户处于持续下滑阶段，IPTV 和 OTT 用户则继续保持快速增长趋势。

智能终端产业发展迅猛。2017 年，随着有线电视朝着网络化、智能化方向发展，支撑各种复杂业务、智能应用以及智能终端的需求不断提升。

OTT 行业发展进入快车道。勾正数据《2017 年 OTT 行业发展报告》显示，2017 年年底智能电视存量规模已逼近 2 亿台，预计 2019 年智能电视存量规模将超过有线电视，到 2022 年 70% 家庭将拥有智能电视，届时智能电视市场规模将达到 3.2 亿台，OTT 行业进入发展快车道。

数字高清及超高清终端快速普及。随着中国宽带不断提速降费，4K 电视、机顶盒等终端设备快速普及，4K 超高清已成为主流趋势。

直播卫星用户总量快速发展。截至 2017 年年底，中国直播卫星用户已达 12 846 万户，中央财政累计投入资金 26 亿元，在全国 21 个省（区、市）实施直播卫星“户户通”工程。卫星直播中心与各省（区、市）广电部门协同配合，加强对“户户通”零售市场的引导和管理，共设立 36 271 个专营服务网点，覆盖全国超过 2/3 农村地区，市场秩序逐步规范。

地面无线广播电视发射设备 据中国广播电视设备工业协会统计，2017 年地面无线广播电视发射设备销售收入（包括配套设备和微波设备）12.1 亿元，比上年下降 23.5%，在 2014—2016 年连续 3 年较大幅度增长后，地面无线广播发射设备需求有所减缓。2017 年调频广播发射机生产与销售数量较上年有所增加，这是中国调频由模拟广播向数字化 CDR 广播转换发展所致。

视、音频节目制作和播控设备 据中国广播电视设备工业协会统计，2016 年和 2017 年视、音频节目制作和播控设备销售收入增长速度连续两年超过 30%，这一市场正向好的方向发展。2017 年，广播电视设备行业实现战略转型，打造超高清节目制作、传输、存储、播出等全产业链，在媒体融合背景下推动云架构节目制播新技术体系、新流程、新业务，通过融合发展，建设智慧广电；推动广电融合媒体制播云平台搭建，开展全台网建设，推进广播电视制播系统 IP 化、云化；面向用户对广播电视融合媒体服务的需求，推动有线无线卫星智能协同一体化，构建广电融合传输覆盖网；实现服务云和制播云协同联动，构建广电媒体云，推动广电行业服务向智慧广电升级。

【统计数据】

表 1　2015—2017 年广播电视设备行业主要经济指标完成情况

项目名称	单位	2015 年	2016 年	2017 年	2017 年增长率（%）
工业总产值	万元	3 304 697	3 450 285	3 863 536	12.0
其中：本行业工业总产值	万元	1 508 246	1 613 637	1 959 879	21.5
销售收入	万元	3 319 729	3 463 682	3 952 547	14.1
其中：本行业销售收入	万元	1 431 145	1 569 027	1 918 450	22.3
利润总额	万元	172 258	178 806	122 973	–31.2
税金总额	万元	85 967	82 493	104 114	26.2
出口交货值	万元	544 350	577 262	545 178	–5.6
其中：本行业出口交货值	万元	257 969	267 474	309 358	15.7
产成品存货（卫星接收 + 有线电视）	部（台、件）	1 823 388	1 393 515	2 986 436	114.3
固定资产净值平均余额	万元	348 383	425 353	483 532	13.7

表 2　2017 年广播电视设备行业企业规模及从业人员情况

类别	企事业单位数量（家）	其中		年末从业人员数（人）	其中
		研究机构（家）	企业（家）		技术人员（人）
合计	190	5	185	96 869	27 961
按专业分类					
有线电视设备与工程	56	3	53		
无线发射与传输设备与系统	46	1	45		
灯光、节目制作和播控设备	31		31		
卫星广播电视地面接收设备	20		20		
广播电视配套设备	37	1	36		
按经济类型分类					
国有经济	26	5	21		
集体经济	14		14		
股份合作经济	41		41		
股份制经济	76		76		
外商及中国港、澳、台投资经济	22		22		
其他经济	11		11		

表 3　2015—2017 年广播电视设备行业主要产品产量情况

产品名称	单位	2015 年		2016 年		2017 年	
		产量	增长率 (%)	产量	增长率 (%)	产量	增长率 (%)
中波广播发射机	部	402	-17.8	416	3.5	340	-18.3
短波广播发射机	部	147	539.1	3	-98.0	1	-66.7
调频广播发射机	部	6 752	131.3	4 937	-26.9	6 833	38.4
VHF1kW 以上电视发射机	部	335	49.6	287	-14.3	261	-9.1
UHF1kW 以上电视发射机	部	974	43.2	1 478	51.7	1 138	-23.0
VHF1kW 以下电视发射机	部	1 289	658.2	208	-83.9	486	133.7
UHF1kW 以下电视发射机	部	830	164.3	1 687	103.3	1 232	-27.0
微波传输设备	部	3 225	341.8	560	-82.7	303	-45.9
卫星广播电视地面接收设备	万台（件）	2 457	19.8	2 072	-15.7	4 324	108.7
视、音频节目制作和播控设备	部	64 137	7.1	58 687	-8.5	48 070	-18.1
广播电视配套设备	部	121 427	30.7	61 195	-49.6	70 871	15.8

表 4　2015—2017 年广播电视设备行业主要产品销量情况

产品名称	单位	2015 年		2016 年		2017 年	
		销量	增长率（%）	销量	增长率（%）	销量	增长率（%）
中波广播发射机	部	414	-13.2	384	-7.2	250	-34.9
短波广播发射机	部	139	504.3	541	289.2	120	-77.8
调频广播发射机	部	6 547	94.2	4 720	-27.9	6 415	35.9
VHF1kW 以上电视发射机	部	338	40.8	299	-11.5	257	-14.0
UHF1kW 以上电视发射机	部	962	78.1	1 303	35.4	1 108	-15.0
VHF1kW 以下电视发射机	部	1 273	607.2	200	-84.3	470	135.0
UHF1kW 以下电视发射机	部	869	144.1	1 663	91.4	1 259	-24.3
微波传输设备	部	3 169	337.7	612	-80.7	295	-51.8
卫星广播电视地面接收设备	万台（件）	1 760	-12.7	3 495	98.6	4 277	22.4
视、音频节目制作和播控设备	部	69 361	12.6	56 946	-17.9	49 499	-13.1
广播电视配套设备	部	121 747	31.4	61 307	-49.6	70 535	15.1

表 5　2015—2017 年广播电视设备行业主要产品销售收入情况

产品名称	单位	2015 年		2016 年		2017 年	
		销售收入	增长率 (%)	销售收入	增长率 (%)	销售收入	增长率 (%)
中波广播发射机	万元	2 750	-7.5	3 129	13.8	1 881	-39.9
短波广播发射机	万元	4 867	293.5	3 550	-27.1	1 375	-61.3
调频广播发射机	万元	20 006	79.5	15 299	-23.5	13 220	-13.6
VHF1kW 以上电视发射机	万元	4 295	46.7	3 884	-9.6	3 510	-10.0
UHF1kW 以上电视发射机	万元	16 293	65.7	22 231	36.4	14 650	-34.1
VHF1kW 以下电视发射机	万元	3 378	652.3	605	-82.1	1 189	96.5
UHF1kW 以下电视发射机	万元	9 839	390.5	7 869	-20.0	6 253	-20.5
微波传输设备	万元	21 747	74.6	18 029	-17.1	16 218	-10.0
有线电视及网络工程	万元	566 772	-9.5	682 593	20.4	93 470	-86.3
应用电视设备	万元	5 473	-26.4	5 875	7.3	6 325	7.7
卫星广播电视地面接收设备	万元	141 555	17.5	128 526	-9.2	793 507	517.4
视、音频节目制作和播控设备	万元	113 450	-6.9	152 198	34.2	200 885	32.0
广播电视配套设备	万元	58 183	-3.9	83 435	43.4	62 667	-24.9

表 6　2017 年广播电视科技创新奖获奖名单

2017 年广播电视科技创新优秀奖

企业名称	项目名称
北京英夫美迪科技股份有限公司	IBD800 AOIP 网络音频延时器
北京研华兴业电子科技有限公司	VEGA-3318 8 路 4K HEVC 实时编码转码卡
北京中天鸿大科技有限公司	广播电视天线与底部绝缘中波天线共塔发射应用
北京杰讯零科技有限公司	虚拟传感跟踪云台
北京蓝拓扑电子技术有限公司	嵌入式码流特征值比对仪
成都索贝数码科技股份有限公司	西安广播电视台融媒体平台项目
万维云视（上海）数码科技有限公司	裸眼 3D 拼接屏研发项目
北京中广上洋科技股份有限公司	嵌入式 4K 全功能一体化演播室
北京北广科技股份有限公司	小功率中波多频广播发射机
湖南九天信达通信设备有限公司	自组网无线回传多网络智能应急广播系统

2017 年广播电视科技创新企业奖

企业名称	企业名称
上海云视科技有限公司	北京英夫美迪科技股份有限公司
广东华晨影视舞台专业工程有限公司	沈阳广合科技有限公司
北京大洋融云科技有限责任公司	北京蓝拓扑电子技术有限公司
北京索为视界科技有限公司	湖南九天信达通信设备有限公司
万维云视（上海）数码科技有限公司	杭州杭淳广播电视设备有限公司

注：表 1～表 6 数据来源于中国广播电视设备工业协会，表 1 中本行业指广播电视设备行业，表 2～表 5 中卫星广播电视地面接收设备含高频头、天线等，表 3～表 5 中电视发射机中包括数字发射机和模拟发射机。

［撰稿：栾鹤峰　审稿：吕新杰］

视听电子行业

【概况】　2017 年，中国家用视听行业实现平稳发展。家用视听行业生产增速同比放缓，出口增速加快，出口交货值同比增长 11.8%（2016 年出口交货值增速 1.8%）。彩电出口量和出口额实现双增，中国彩电市场销量下降，销售额提升。家用视听行业持续转型升级，彩电核心关键部件配套能力持续提升，彩电细分领域新技术、新产品加快发展，彩电和机顶盒超高清化趋势明显，音响行业产品升级换代步伐加快。

【生产与销售】 据工业和信息化部数据，2017 年，中国生产彩色电视机 17 233 万台，比上年增长 1.6%，其中液晶电视机 16 901 万台，比上年增长 1.2%，智能电视 10 931 万台，比上年增长 6.9%，占彩电产量 63.4%。据市场研究机构奥维云网统计，2017 年中国市场彩电销售量 4 752 万台，同比下降 6.6%，降幅为近 15 年之最，受上游面板涨价影响，整机产品价格提升，中国市场彩电销售额回升至 1 630 亿元，同比增长 4.5%。具体产品方面，中国市场智能电视销售 4 105 万台，销量占比 86.4%；超高清电视销售 2 859 万台，同比增长 16.4%，销量占比 60.1%；55 英寸及以上大屏电视成为主流，销量占比 43.0%。

2017 年，受三大电信运营商加快视频业务布局影响，中国 IPTV 机顶盒、OTT TV 机顶盒市场快速增长。据市场研究机构格兰研究统计，2017 年国产机顶盒出货量 28 500 万台，比上年增长 3.0%，其中有线机顶盒占 14.7%、地面机顶盒占 11.9%、卫星机顶盒占 34.1%、IPTV 机顶盒占 19.1%、其他类型机顶盒（以网络智能机顶盒为主）占 20.2%。内销机顶盒以卫星机顶盒、有线机顶盒、IPTV 机顶盒为主；出口机顶盒以地面机顶盒和卫星机顶盒、网络机顶盒为主。截至 2017 年年底，中国有线机顶盒市场保有量超过 2.9 亿台，有线高清机顶盒 9 910.3 万台。2017 年，随着终端智能化发展，有线智能机顶盒领域表现出良好发展态势，中国市场新增出货量 1 282.2 万台；卫星机顶盒新增出货量 2 130.3 万台，市场保有量超过 1.2 亿台；受中国电信、中国联通加大 IPTV 机顶盒推广力度影响，IPTV 机顶盒继续保持快速增长，全年新增超过 4 200 万台，市场保有量超过 1.29 亿台；受中国移动加大对视频业务推广力度影响，网络智能机顶盒市场快速增长，截至 2017 年年底，中国网络智能机顶盒市场保有量超过 1.15 亿台。

据中国电子音响行业协会统计，2017 年中国主要电子音响产品总产值约 3 104 亿元，同比增长 6.74%；出口总额 305 亿美元，同比增长 6.27%。2017 年中国主要音响类产品基本以订单定产量，产销量基本相当。从各主要产品产销情况看，2017 年音箱产品产销量 50 693 万台，比上年增长 18.97%，其中内销 12 041 万台；耳机产品（含无线耳机）产销量 258 115 万部，比上年增长 18.49%，其中内销 38 147 万部；功放产品产销量 5 109 万台，比上年增长 3.86%，其中内销 1 547 万台；汽车多媒体机（含车载导航）产品产销量 5 969 万台，比上年下降 6.27%，其中内销 2 005 万台；激光视盘机产销量 5 509 万台，比上年下降 16.53%，其中内销 987 万台。据奥维云网统计，2017 年全球智能音箱市场规模 3 000 万台，中国市场销量 176 万台，销售额 4.9 亿元。

【科技进步与应用】 彩电核心关键部件配套能力持续提升。近年来，中国彩电产业核心技术实力不断增强，行业“缺芯少屏”现象得到缓解。京东方科技集团股份有限公司（简称京东方）、深圳市华星光电技术有限公司（简称华星光电）等国产面板企业产能利用率稳步提升，顺利通过平板显示“屏”障。中国除建立自主知识产权的 TFT-LCD 产业外，还积极布局新型显示技术 OLED 产业，京东方、华星光电、天马微电子股份有限公司、北京维信诺科技有限公司等主要面板厂在掌握 LTPS 技术的同时，也加大对 OLED、触摸屏等新一代显示技术的发展力度。据中国电子视像协会统计，2017 年中国 6 家彩电骨干企业采购大陆企业（京东方、华星光电）液晶电视面板 2 581 万片，采购金额 35.5 亿美元。

人工智能、大屏及 OLED 电视成为中国市场消费热点。据奥维云网统计，在智能化方面，2017 年，中国彩电市场智能电视销量占比达到 86.4%，多家厂商推出应用人工智能技术的电视；在大屏方面，55 英寸、65 英寸大屏电视成为中国彩电市场主流，电视机平均尺寸达到 48 英寸， 55 英寸以上产品 2018 年仍将是消费者选购热点；在 OLED 电视方面，2017 年销量强势上涨，产品销量 11.3 万台，同比增长 92%，首次达到 10 万台级别，2018 年 OLED 电视销量还会延续 2017 年的强劲势头。

彩电细分领域新技术、新产品快速发展。据奥维云网统计，2017 年，在三星、TCL、海信等主流彩电品牌带动下，中国量子点电视销量突破 20 万台。从量子点电视产业布局来看，中国企业深入程度很高，积极布局上游量子点材料、光学膜及模组，以及下游的整机产品。激光电视销量较上年增加 154%，呈现高速增长态势。从光源看，激光电视实现双色 4K 和三色 4K 光源，让色彩表现更出色；从尺寸看，主流企业推出 80 英寸、100 英寸、150 英寸激光电视，不断向更大尺寸迈进。Micro LED 是小间距 LED 下一代显示技术，当前产业链各环节仍处于研发布局和实验室演示阶段，为推动 Micro LED 商业化，中国企业与亚太、欧美地区各厂家同步发力，积极布局相关技术。

音响行业产品升级换代步伐加快。2017 年，随着国内外互联网公司纷纷推出智能音箱产品，“音箱”这个传统电声产品被赋予“智能”属性，大量双创企业、众筹品牌纷纷进入这一领域，延伸产业链，提升价值链，获得消费者极大关注，产销两旺。耳机方面，无线耳机继续保持高速增长态势，无线耳机产值首次和有线耳机基本持平，低功耗、抗干扰、降噪等技术为无线耳机产品注入新的发展动力。随着手机等便携设备导航功能不断加强，车载导航设备需求下降明显，汽车多媒体机将向与手机联屏的方向发展并在音质、传输等方面有所增强；而 DVD 产品从 2012 年开始进入下滑通道，产品淘汰趋势明显。

机顶盒产品向智能化、超高清化升级。机顶盒厂家积极利用人工智能技术布局家庭智能终端，已有多个机顶盒厂家陆续进行“人工智能机顶盒”研究和开发。2017 年，机顶盒厂家重点开发语音智能机顶盒，完善人工智能硬件产品序列，打造“人工智能 + 智慧家庭”应用场景。家庭用户可通过语音操作智能机顶盒，实现电视业务的控制和家电、安防、看护等业务的控制，助力运营商推进智慧家庭布局。4K 超高清智能机顶盒普及速度加快，IPTV 机顶盒和 OTT TV 机顶盒的超高清化发展促使有线机顶盒不断升级。格兰研究数据显示，中国超过 30% 有线电视运营商已提供 4K 业务，多地广播电视台开始筹备 4K 频道。

【进出口贸易】 据海关总署统计，2017 年中国彩电产品出口量 8 151 万台，同比增长 1.5%；出口额 138.7 亿美元，同比增长 13.2%。其中，液晶电视出口 8 028 万台，同比增长 2%，出口额 137.0 亿美元，同比增长 13.5%。

【海峡两岸合作】 据中国电子视像行业协会统计，2017 年大陆 6 家彩电骨干企业采购中国台湾地区液晶电视面板 1 651 万片，采购金额 24.27 亿美元。

【政策与法规】 2017 年，工业和信息化部依据互联网电视接收设备专项工作部署，按照国家标准化管理委员会下达的标准制定计划，开展《互联网电视接收设备技术规范》强制性国家标准制定工作，经充分研讨和广泛征求行业内相关企事业单位意见，形成标准征求意见稿，并送国家标准化管理委员会、原工商总局、原质检总局、原新闻出版广电总局征求意见。

【统计数据】

表 1　2015—2017 年视听行业主要产品产量情况

产品名称	单位	2015 年		2016 年		2017 年	
		产量	增长率（%）	产量	增长率（%）	产量	增长率（%）
彩色电视机	万台	14 476	2.5	15 770	8.9	17 233	1.6
激光视盘机	万台	7 226	–18.5	6 600	–8.7	5 509	–16.5
汽车多媒体音响	万台	5 645	–0.6	6 368	12.8	5 969	–6.3
功放	万台	4 875	3.1	4 919	0.9	5 109	3.9
音箱产品	万台	36 861	1.0	42 611	15.6	50 693	19.0
耳机（含无线）	万部	208 849	–3.2	217 830	4.3	258 115	18.5

注：数据来源于工业和信息化部、中国电子音响行业协会。

表 2　2015—2017 年视听行业主要产品出口量情况

产品名称	单位	2015 年		2016 年		2017 年	
		出口量	增长率 (%)	出口量	增长率 (%)	出口量	增长率 (%)
彩色电视机	万台	7 183	−3.0	8 064	12.3	8 151	1.5
激光视盘机	万台	6 722	−18.7	5 395	−19.7	4 522	−16.2
汽车多媒体音响	万台	4 013	−1.3	4 586	14.3	3 964	−13.6
功放	万台	3 778	4.3	3 546	−6.1	3 562	0.5
音箱产品	万台	29 339	0.5	32 680	11.4	38 652	18.3
耳机（含无线）	万部	193 379	−2.8	192 021	−0.7	219 968	14.6

表 3　2015—2017 年视听行业主要产品出口额情况

产品名称	单位	2015 年	2016 年		2017 年	
		出口额	出口额	增长率 (%)	出口额	增长率 (%)
彩色电视机	万美元	1 250 948	1 226 658	−1.9	1 386 746	13.2
激光视盘机	万美元	247 904	199 344	−19.6	153 790	−22.9
汽车多媒体音响	万美元	338 221	334 223	−1.2	254 328	−23.9
功放	万美元	190 316	176 348	−7.3	168 597	−4.4
音箱产品	万美元	531 275	552 401	4.0	683 054	23.7
耳机（含无线）	万美元	578 597	557 627	−3.6	692 449	24.2

注：表 2 ~ 表 3 数据来源于海关总署、中国电子音响行业协会。

表 4　2016—2017 年中国市场彩电销售情况

产品名称	2016 年				2017 年			
	销量（万台）	增长率 (%)	销售额（亿元）	增长率 (%)	销量（万台）	增长率 (%)	销售额（亿元）	增长率 (%)
彩色电视机	5 089	7.8	1 560	−1.8	4 752	−6.6	1 630	4.5
主要产品类别								
智能电视	4 201	21.0	1 431	7.1	4 105	−2.3	1 538	7.5
超高清电视	2 455	68.7	1 072	38.8	2 859	16.5	1 298	21.1
曲面电视	273	192.2	188	63.5	349	27.8	211	12.2
超轻薄电视	38	94.1	29	103.9	58.6	56.6	51.4	54.7
量子点电视	17	114.7	23	82.5	20.1	23.2	26.9	26.6

注：数据来源于奥维云网。

［撰稿：宋琦　审稿：乔跃山］

计算机行业

【概况】 2017 年，中国计算机行业整体仍处在调整期，计算机产量增速明显，个人计算机市场持续低迷，主要产品进出口额持续调整，行业总体效益稳中略降，总体创新能力继续提升，核心器件技术突破和产业化进程加快，存储技术取得突破。

【生产与销售】 2017 年，中国计算机行业主要产品产量明显回暖。据工业和信息化部数据，2017 年，中国计算机产量增速明显，共生产计算机 36 376.4 万台，同比增长 7.0%，其中微型计算机 30 678.4 万台，同比增长 6.8%；服务器 5 698.0 万台，同比增长 10.9%。微型计算机中笔记本计算机 17 244 万台，同比增长 7.0%；平板计算机 8 628 万台，同比增长 4.4%。微型计算机出口交货值同比增长 9.7%。

据市场研究机构 IDC 统计，2017 年，中国个人计算机市场销量约 5 360 万台，同比下降 4.1%。

【进出口贸易】 2017 年，中国计算机行业主要产品进出口额持续调整。据海关总署统计，2017 年，中国出口平板计算机的数量和金额分别为 12 337 万台和 1 408.81 亿元，同比增长 -9.2% 和 0.5%；出口笔记本计算机 14 143 万台和 4 661.95 亿元，同比增长 6.3% 和 21.0%；出口台式机 959 万台和 376.65 亿元，同比增长 23.7% 和 29.6%；出口显示器 6 297 万台和 448.92 亿元，同比增长 110.1% 和 215.6%；出口键盘鼠标 50 265 万个和 212.85 亿元，同比增长 1.5% 和 1.3%；出口打印机 4 419 万台和 649.20 亿元，同比增长 2.5% 和 -3.3%。

进口方面，2017 年中国进口计算机集成制造技术 3 149.77 亿元，同比增长 31.5%；进口中央处理部件数量和金额分别为 1 226 万台和 156.38 亿元，同比下降 3.7% 和 6.1%；进口存储部件数量和金额分别为 28 191 万台和 1 238.96 亿元，同比增长 -10.3% 和 3.3%。

【经济效益】 2017 年，中国计算机行业总体效益稳中略降。据研究机构赛迪智库统计，计算机行业企业整体营收增速 2017 年较上年小幅下滑，但整体与前几年水平基本保持稳定，未出现明显下滑趋势。以计算机行业上市公司为例，2017 年行业总营收 5 255.1 亿元，同比增长 9.84%，净利润 363.7 亿元，同比增长 9.22%。2017 年，计算机行业销售毛利率及销售净利率分别为 38.98% 和 10.13%，处在 2014 年以来最低水平，行业盈利能力呈现下降趋势。

【创新能力】 2017 年，中国计算机行业总体创新能力继续提升。3D NAND 闪存芯片研发取得重要突破；华为、寒武纪、地平线等企业发布人工智能芯片；中国第一条 6 代柔性 AMOLED 生产线在成都京东方量产，多家企业陆续推出各种规格全面屏，打破国外企业市场垄断。

【科技进步与应用】 个人计算机创新活力依然旺盛，新产品不断推出。超轻薄笔记本、游戏笔记本成为热门产品。联想在 2017 年发布游戏笔记本拯救者系列产品，包括拯救者 Y720Cube 水冷版、拯救者 Y920 电镀版、改装版拯救者 Y720，以及全新的概念计算机。新的竞争者如微软、华为、小米也持续在个人计算机领域发力。2017 年 6 月，华为在 CES Asia 2017 展会上发布全新一代笔记本计算机 HUAWEI MateBook 系列产品，其中 MateBook X 拥有 13 英寸金属化一体机身，键盘防水泼溅，质量仅为 1.05kg，是全球体积最小、屏占比最高的 13 英寸笔记本计算机。

2017 年 11 月，紫光集团旗下的长江存储历时两年，研发出 32 层 64GB 完全自主知识产权的 3D NAND 芯片，2018 年实现量产。长江存储一期于 2017 年 9 月 28 日实现提前封顶，（一期）一号生产及动力厂房建筑面积 52.4 万平方米， 2018 年投入使用，达产后总产能将达到 30 万片 / 月，年产值将超过 100 亿美元。紫光集团聚焦发展集成电路，先后收购展讯和锐迪科，依托长江存储布局存储产业，并入股中国台湾矽品、南茂在中国大陆的子公司，在设计、制造、封装等全产业链进行业务布局，形成较为完整的IDM（垂直制造）集成电路巨头的雏形。

【政策与法规】 2017年8月，国务院印发《关于进一步扩大和升级信息消费持续释放内需潜力的指导意见》（简称《意见》），部署进一步扩大和升级信息消费，充分释放内需潜力，壮大经济发展内生动力。《意见》聚焦生活类、公共服务类、行业类及新型信息产品消费等重点领域，提出三方面政策措施，着力推进信息消费升级。一是提高信息消费供给水平。大力发展高端智能终端，丰富数字家庭产品，增加信息产品有效供给。推动应用电子产品智能化升级，提升信息技术服务能力。丰富数字创意内容和服务，壮大在线教育和在线医疗，进一步扩大电子商务服务领域。二是扩大信息消费覆盖面。拓展光纤和4G网络覆盖深度和广度，力争2020年启动5G商用。继续开展电信普遍服务试点，提高农村地区信息接入能力。加快信息终端普及和升级，提升消费者信息技能。改善信息消费体验，推动信息消费全过程成本下降。三是优化信息消费发展环境。坚持包容审慎监管，深入推进“放管服”改革。加快信用体系建设，加强个人信息和知识产权保护，提高信息消费安全性。深入推进信息消费试点示范城市建设，加大财税支持力度。完善信息消费统计监测制度，建立健全信息消费评价机制。

【市场分析与预测】 计算机市场有望进入低速增长阶段。受企业更新设备、中国市场等区域增长的推动作用影响，全球计算机行业有望止跌回暖，进入低速增长阶段。个人计算机市场在持续几年低迷状态后，2018年出货量可能出现微量增长。惠普、联想、戴尔、华硕、苹果、宏碁等几大个人计算机厂商的出货量总和仍会继续扩大，全球范围内的并购仍将继续。随着世界各国节能环保要求不断提高，绿色高性能计算仍是未来几年的关注热点，计算机行业也将会迎来新一轮创新发展，尤其是在高性能计算等领域，绿色节能等将成为衡量综合计算能力的重要指标，中国、日本、美国等将继续加大在这一领域的科研投入。

人工智能将成为计算机行业创新发展突破口。人工智能快速发展，为计算机行业带来发展机遇。深度学习是人工智能重要组成部分，大规模的深度学习对数据收集、处理、分析与应用都提出更高要求，由此带来巨大的计算能力需求。各大IT巨头通过处理器产品等，以提高智能计算为突破口迅速切入人工智能领域：2017年5月，英伟达发布Volta架构产品，该产品峰值性能为120TFLOPS/s；谷歌同期发布的TPU二代产品，其峰值性能更是高达180TFLOPS/s；IBM的AlphaGo2.0计算机战胜围棋选手柯洁，其所用的计算量仅有AlphaGo1.0的1/10；IBM发布的POWER 9处理器提高了通用AI框架的性能。在人工智能大量计算需求下，处理器计算能力仍将持续大幅提升，并进一步推动计算机领域创新发展，为整个产业发展带来新机遇。

【存在问题】 个人计算机市场依然面临创新挑战。随着个人计算机产品日益成熟饱和，且受移动设备持续替代、宏观经济不景气等因素影响，国内外个人计算机出货量已连续多年下滑。在可预期的未来，个人计算机难以大幅扭转局势转向高速增长。在成熟的市场竞争中，如何增强创新驱动力、保持竞争优势依然是中国个人计算机厂商长期面临的问题。

[撰稿：宋琦　审稿：乔跃山]

电子工业专用设备行业

【概况】 2017年，中国电子工业专用设备行业呈现持续快速增长态势。行业主营产品（电子专用设备和专用工模具）销售收入同比增长34.2%，主营产品出口交货值增长38.8%。行业经济效益（利税总额）保持同步增长，同比增长54.1%，增长速度达到历史最高水平。行业主营产品中半导体设备、电子元件与机电组件设备、电子通用设备销售收入增长均超过 50%。

行业十强成为行业发展中坚企业，十强企业主营产品销售收入占全行业主营产品销售收入 2/3。

【主要经济指标】 据中国电子专用设备工业协会对行业内 68 家主营产品年销售收入 500 万元以上主要制造商的统计，2017 年中国电子工业专用设备行业完成工业总产值 333.5 亿元，其中主营产品总产值 235.5 亿元；销售收入 283.5 亿元，其中主营产品销售收入 172.3 亿元；利润总额 30.3 亿元；税金总额 14.3 亿元；出口交货值 26.4 亿元，其中主营产品出口交货值 15.0 亿元；固定资产投资 21.3 亿元。

【企事业单位】 截至 2017 年年末，行业内 68 家主要企事业单位中，电子专用设备研究制造单位 64 家，电子专用工模具制造单位 4 家。其中，国有经济 11 家（其中研究机构 2 家），股份制经济 17 家，民营经济 37 家，外商及中国港、澳、台投资企业 3 家。

2017 年国有经济单位主营产品销售收入 42.9 亿元，占主营业务收入 24.9%；股份制经济单位主营产品销售收入 82.6 亿元，占主营业务收入 47.9%；民营经济单位主营产品销售收入 33.0 亿元，占主营业务收入 19.2%；外商及中国港、澳、台投资经济单位主营产品销售收入 13.8 亿元，占主营业务收入 8.0%。

【从业人员】 截至 2017 年年末，行业内 68 家主要企事业单位从业总人数 32 706 人，同比增长 4.7%，其中工程技术人员 9 465 人，同比减少 0.8%。

【生产与销售】 2017 年行业主营产品完成工业总产值 235.5 亿元，同比增长 34.0%；工业增加值同比增长 63.1%；完成销售收入 172.3 亿元，同比增长 34.2%。

2017 年，电子专用设备总产量 139 929 台，销售量 137 373 台，产销率达到 98.2%；电子专用工具产量 27 万件，比上年增长 22.7%，销量 26 万件，比上年增长 13.0%；电子专用模具产量 854 副，销量 770 副，与上年基本持平。

在太阳能电池设备、LED 设备和集成电路设备市场的推动下，2017 年半导体设备销售收入同比增长 55.2%，达到 89.0 亿元；出口交货值同比增长 38.2%，达到 10.8 亿元。

在锂电池设备市场的推动下，2017 年电子元件与机电组件设备销售收入同比增长 54.8%，达到 33.3 亿元。

在智能手机市场推动下，2017 年电子整机装联设备和表面贴装设备销售收入增长 45.1%，达到 11.1 亿元；出口交货值同比增长 93.6%，达到 0.8 亿元。

【进出口贸易】 2017 年行业主营产品出口交货值完成 15.0 亿元，同比增长 38.8%，其中一半是太阳能电池片制造设备。2017 年半导体设备出口交货值 10.8 亿元，同比增长 38.2%，占主营产品出口交货值 72%。电子元件与机电组件设备、电子整机装联和表面贴装设备出口增长迅猛，增速均超过 90%。

【科技进步与应用】 国产高端集成电路设备技术和市场竞争力迈上一个新台阶。国产 12 英寸 28 纳米集成电路晶圆（芯片）关键设备（除光刻机外）进入主流生产线。国产 65~28 纳米集成电路晶圆生产关键设备进入量产，截至 2017 年年底至少销售 265 台。17 种 12 英寸晶圆先进封装、测试生产线设备大部分实现国产。

在光伏市场推动下，中国新一代智能化、全自动化、高效太阳能电池生产设备销售快速增长，并扩大出口。中国光伏产业一直保持快速增长，新增装机已连续 5 年世界第一，在分布式光伏装机量“井喷”推动下，2017 年国产太阳能电池设备销售收入 40.9 亿元，增长 78.4%，出口交货值 5.2 亿元，增长 123.8%。

LED 生产线关键设备实现产业化，销售成倍增长，具有自主知识产权的国产设备依靠高性价比迅速进入市场。2017 年销售收入增长 2 倍多，达到 16.9 亿元。2017 年，LED 关键设备 MOCVD 销售 65 台、刻蚀机销售 158 台、PVD 销售 30 台。

锂电池生产设备继续保持快速增长态势。在电动汽车市场推动下，动力锂电池需求不断增长，2017 年 6 家锂电池生产设备制造商销售收入总额 22.6 亿元，增长 50% 以上，继续保持快速增长态势。

【重点项目】 2017 年，国家重大科技项目（02 专项）取得重大进展：北京北方华创微电子装备有限公司等 4 家公司 8 项国产 12 英寸、14 纳米集成电路晶圆生产关键设备进入生产线验证阶段；中微半导体设备（中国）

有限公司研制的 7 纳米等离子体刻蚀机在国际顶尖集成电路生产线上量产使用，达到国际最先进水平。

【存在问题】 集成电路芯片生产设备市场占有率低。2017 年，进口集成电路芯片生产设备约 45 亿美元，国产集成电路芯片生产设备约 11 亿元人民币，国产设备在中国市场占有率仅 4%。

集成电路传统封装设备（划片机、装片机、键合机）市场占有率低，继续依赖进口。2017 年仅引线键合机进口 6.5 亿美元。

用于电子整机装联的表面贴装关键设备高速自动贴片机国产设备仍然空白。2017 年自动贴片机进口 1.4 万台，进口金额 20 亿美元。

【统计数据】

表 1　2015—2017 年中国电子工业专用设备行业主要经济指标完成情况

项目名称	单位	2015 年	2016 年	2017 年	2017 年增长率（%）
工业总产值	万元	2 871 481.1	3 372 019.9	3 334 705.5	−1.1
其中：主营产品	万元	1 348 714.8	1 757 195.6	2 354 615.5	34.0
销售收入	万元	2 677 818.6	2 793 874.4	2 834 664.1	1.5
其中：主营产品	万元	1 150 481.7	1 284 183.6	1 723 208.2	34.2
利润总额	万元	166 935.9	215 667.8	302 810.0	40.4
税金总额	万元	64 837.9	73 946.5	143 396.0	93.9
出口交货值	万元	191 862.1	147 680.3	264 477.6	79.1
其中：主营产品	万元	96 428.2	108 385.7	150 466.1	38.8
固定资产投资额	万元	653 313.1	466 974.3	212 941.0	−54.4
固定资产净值平均余额	万元	1 156 319.6	1 268 148.6	1 485 584.1	17.1

表 2　2017 年中国电子工业专用设备行业企业规模及从业人员情况

类别	企事业单位数量（家）	其中		年末从业人员数（人）	其中
		研究机构（家）	企业（家）		技术人员（人）
合　计	68	2	66	32 706	9465
按专业分类					
电子专用设备	64	2	62	30 704	9241
电子专用工模具	4		4	2 002	224
按经济类型分类					
国有经济	11	2	9	11 752	3 411
股份制经济	17		17	15 010	4 345
外商及中国港、澳、台投资经济	3		3	826	405
其他经济（民营）	37		37	5 118	1 304

表 3　2015—2017 年中国电子工业专用设备行业主要产品产量情况

产品名称	单位	2015 年		2016 年		2017 年	
		产量	增长率（%）	产量	增长率（%）	产量	增长率（%）
电子专用设备	台（套）	121 122	-0.2	125 035	3.2	139 929	11.9
电子专用工具	万件	21	1.7	22	4.8	27	22.7
电子专用模具	副	22 880	-34.8	874	-96.2	854	-2.3

表 4　2015—2017 年中国电子工业专用设备行业主要产品产值情况

产品名称	单位	2015 年		2016 年		2017 年	
		产值	增长率（%）	产值	增长率（%）	产值	增长率（%）
电子专用设备	万元	1 303 897.8	19.7	1 720 604.6	32.0	2 316 028.5	34.6
电子专用工模具	万元	44 817.0	0.3	36 591.0	-18.4	385 87.0	5.5

表 5　2015—2017 年中国电子工业专用设备行业产品销量情况

产品名称	单位	2015 年		2016 年		2017 年	
		销量	增长率(%)	销量	增长率(%)	销量	增长率(%)
半导体与集成电路器件设备	台	5 254	36.5	6 169	17.4	9 253	50.0
电子元件与机电组件设备	台	3 160	-16.8	3 331	5.4	15 717	371.8
电真空与平板显示器件设备	台	2 220	-24.3	2 112	-4.9	1 041	-50.7
气候环境模拟与可靠性试验设备	台	2 528	18.0	1 823	-27.9	817	-55.2
空气、水净化与废气、废水处理设备	台	63 230	-0.5	60 149	-4.9	32 280	-46.3
电子整机装联及表面贴装设备	台	7 147	32.5	5 629	-21.2	7 449	32.3
电子通用设备	台	38 729	-0.5	41 841	8.0	70 816	69.3
电子专用工具	万件	20.31	2.3	23	13.2	26	13.0
电子专用模具	副	22 755	-35.0	791	-96.5	770	-2.7

表 6　2015—2017 年中国电子工业专用设备行业产品销售收入情况

产品名称	单位	2015 年		2016 年		2017 年	
		销售收入	增长率(%)	销售收入	增长率(%)	销售收入	增长率(%)
半导体与集成电路器件设备	万元	471 674.9	16.4	573 279.4	21.5	889 628.2	55.2
电子元件与机电组件设备	万元	123 347.1	2.3	214 874.4	74.2	332 656.3	54.8
电真空与平板显示器件设备	万元	99 657.9	5.5	71 294.8	-28.5	75 183.1	5.5
气候环境模拟与可靠性试验设备	万元	29 248.5	7.9	28 839.0	-1.4	34 755.0	20.5

续表

产品名称	单位	2015 年		2016 年		2017 年	
		销售收入	增长率(%)	销售收入	增长率(%)	销售收入	增长率(%)
空气、水净化及废气、废水处理设备	万元	262 435.0	4.1	225 623.7	-14.0	124 404.9	-44.9
电子整机装联及表面贴装设备	万元	73 024.2	2.8	76 592.0	4.9	111 137.8	45.1
电子通用设备	万元	61 097.1	-2.0	67 410.3	10.3	124 839.9	85.2
电子专用工具	万元	8 941.0	0.6	10 161.0	13.6	12 930.0	27.3
电子专用模具	万元	21 056.0	-1.7	16 109.0	-23.5	17 673.0	9.7

表 7　2015—2017 年中国电子工业专用设备行业产品出口情况

产品类别	单位	2015 年		2016 年		2017 年	
		出口交货值	增长率（%）	出口交货值	增长率（%）	出口交货值	增长率（%）
半导体与集成电路器件设备	万元	66 232.7	50.2	78 438.2	18.4	108 386.8	38.2
电子元件与机电组件设备	万元	1 320.0	19.7	670.8	-49.2	1 333.6	98.8
电真空与平板显示器件设备	万元	7 388.4	-72.3	8 745.6	18.4	10 887.1	24.5
气候环境模拟与可靠性试验设备	万元	2 618	134.6	1 950	-25.5	2 479.0	27.1
空气、水净化及废气、废水处理设备	万元	3 677.1	19.9	3 089.8	16.0	4 123.6	33.5
电子整机装联与表面贴装设备	万元	5 848.1	29.0	4 227.8	-27.7	8 184.0	93.6
电子通用设备	万元	3 066.9	-22.9	6 360.9	107.4	8 943.0	40.6
电子专用工模具	万元	6 277	-3.8	4 902.6	-21.9	6 129.0	25.0
其他产品	万元	95 433.9	59.6	39294.6	-58.8	114 011.4	190.1

表 8　2017 年进入生产线验证阶段的国产 12 英寸、14 纳米集成电路晶圆生产关键设备

序号	设备名称	制造商
1	硅刻蚀机	北京北方华创微电子装备有限公司
2	AI pad 物理气相沉积设备（PVD）	北京北方华创微电子装备有限公司
3	LPCVD 化学气相沉积设备	北京北方华创微电子装备有限公司
4	单片退火系统	北京北方华创微电子装备有限公司
5	ALD 原子层沉积设备	北京北方华创微电子装备有限公司
6	介质刻蚀机	中微半导体设备（中国）有限公司
7	光学尺寸测量设备	睿励科学仪器有限公司
8	湿法清洗设备	盛美半导体设备(上海)有限公司

注：表 1 ~ 表 8 数据来源于中国电子专用设备工业协会。

[撰稿：金存忠　审稿：王威伟]

电子测量仪器行业

【概况】 2017 年以来，中国仪器用户购买国外高端仪器难度加大、价格提升，对行业产生较大影响。中国研发中高端电子测量仪器企业争取到更多用户，总体发展情况良好。由于全球经济不景气、中国产业结构转型调整，再加上国外仪器巨头比以往更加重视中国中低端测量仪器市场，以多种方式加强销售，中国中低端测量仪器企业面临更大竞争压力。

【主要经济指标】 据工业和信息化部数据，2017 年规模以上电子测量仪器行业企业 1 006 家，主营业务收入 2 457 亿元，同比下降 5.6%；利润总额 252 亿元，同比下降 3.8%；产成品 105 亿元，存货 89 亿元。其中，规模以上电子测量仪器制造业企业 174 家，主营业务收入 272.3 亿元，同比下降 26.0%，利润总额 32.9 亿元，同比下降 8.6%；产成品 12.9 亿元，存货 38.4 亿元。近十几年来，电子测量仪器行业首次出现负增长。2017 年，中国电子测量仪器行业中，核子及核辐射测量仪器制造子行业增长较大，增长 53.7%；地质勘探和地震专用仪器、环境监测仪器和导航、气象及海洋专用仪器有小幅增长；电子测量仪器制造业跌幅很大，其他领域小幅下降。

【科研与新产品】 2017 年，中国电子测量仪器制造企业取得一批科研成果，并且有一些产品市场情况良好。

中国电子科技集团公司第 41 研究所研发的“电磁辐射信号测试接收机系列”，在宽频段接收分析处理平台、大带宽快速接收处理方法、大动态高精度高灵敏测量体系设计方面取得重大技术创新，综合性能居国际先进水平，在高精度、高灵敏接收方面达到国际领先水平；“在线式户外多通道光伏组件评测系统”，可用于多个光伏组件在发电状态下伏安特性与发电量特性比对测试，并独家提供发电量测试、在线功率监测及网络监控功能，是世界上第一套模块化实证测试设备；“大调制带宽微波矢量信号发生器”，综合技术水平国内领先，部分技术指标国际先进；“50GHz 物理层信号完整性分析仪”，在基于宽频带混合模 S 参数的眼图生成、多端口矢量误差建模及快速校准技术和链路扩展装置设计技术方面取得重大技术创新，填补国内空白，综合性能国内领先，满足高速电路物理层信号完整性测试急需，具有完全自主知识产权；“1435 系列信号发生器”，具有优异的频谱纯度、超宽的频率范围、快速的频率切换速度、高功率输出特性、优秀模拟调制和脉冲调制功能；“2438 微波功率计系列”，综合性能指标国内领先、国际先进，性价比高；“6481A 系列光纤熔接机”，关键指标国际领先，打破国外技术垄断，提高中国光纤熔接机整体应用水平；“4456 系列数字荧光示波器”，集成示波器、逻辑分析仪、总线分析仪、函数发生器、数字电压表五种功能于一体，可以帮助用户快速发现、分析、定位和解决问题。

广东汕头超声电子股份公司研发的“CTS-409 型电磁超声测厚仪”，可以对不同材料进行匹配，满足高速自动化检测需求，检测高温管道快速便捷、安全，主要用于大型无损检测线和各种管道检测；“CTS-1010X 型单通道工务焊缝便携式数字超声探伤仪”，采用专用焊缝探伤面板设置，现场探伤操作方便快捷；“CTS-PA22 A/B 型相控阵超声检测仪”，接收检测通道可达 64 个，仪器采用防水、防油面板、无风扇设计，可触屏操作，实现检测数据全程记录；“CTS-PA22X 型超声相控阵系统”，是一个支持二次开发的相控阵平台，集成电子、软件、信号处理、超声多项先进技术，用户可在平台接口上开发应用软件；“CTS-PA22T 型相控阵全聚焦实时 3D 超声成像检测仪”，是公司自主研发的新型 64 通道全并行相控阵全聚焦（TFM）快速超声成像检测系统；“GT-20 型钢轨探伤仪”，是公司创新设计的第三代铁路专用全数字式、轻便手推式钢轨超声波探伤设备；“EGT-60 电动双轨探伤车”，可现场快速安装和拆卸，适用于 43 kg/m ~ 75 kg/m 多种轨型，双轨同时作业，检测速度快，具有优秀的缺陷检测能力和精度，检出率高。

成都玖锦科技有限公司研发的“LCR1000A 射频阻抗测试仪”，攻克诸多技术难题，是中国指标最高射频阻抗测试仪；“高频段目标模拟系统”，以通用硬件为基础，自主研发复杂信号产生算法，组成综合化高频段目标模拟系统，可用于各种雷达系统、微波组网、遥测、卫星通信、测向定位等系统的测试与维护及复杂电磁环境模拟，项目 2018 年完成；“MSA1000A 矢量信号分析仪”，可提供不同的指标特性；“MSAR1000A 大动态微波信号实时记录、分析和识别系统”，技术和功能指标基本对标国际先进产品，可打破国外垄断；“MSAR2000A 超宽带微波信号实时记录、分析和识别系统”，技术指标媲美国外先进产品，打破国外垄断，增加国产仪器仪表市场占有率。

成都前锋集团研发的“QF316RF 物联网燃气表（拉萨专用）”通过验收、招标，1.5 万台进入西藏市场；“QF306BS IC 卡燃气表”已生产 1 万台投入市场；“QF316B 内置阀工业大表”已生产 1 000 台；“QF1411 着陆导航信号发生器”频率 10kHz ~ 5.4GHz，满足航空器导航测试需求，达到国内领先、国际先进技术水平。

【重点项目】 中国电子科技集团公司第 41 研究所承担的国家科技重大专项“增强移动宽带 5G 终端模拟器研发”，研究符合增强移动宽带 5G 终端模拟器仪表的架构体系及硬件实现技术、高速可扩展的数据实时处理技术、5G 物理层及协议栈的实现技术，计划 2019 年完成；国家科技重大专项“LTE-A Pro 终端射频一致性测试仪表开发”，研究开发面向 R13 LTE-A Pro 多模多频终端射频一致性测试硬件和软件平台，项目 2018 年完成；国家重大科学仪器设备开发专项“微波矢量信号发生器开发和应用”，突破低噪声频率合成、多制式基带信号发生、67GHz 倍频器设计制造等核心技术，完成整机各电路模块加工、装配、调试，完成各个功能单元的软件模块编码和测试工作，项目 2018 年完成；国家重大科学仪器设备开发专项“高性能多功能矢量网络分析仪工程化及应用开发”，涵盖高性能多功能矢量网络分析仪的集成研制、关键微波模块研制、软件开发研制，计划 2019 年完成；国家重大科学仪器设备开发专项“高性能任意波形发生器研制及应用开发”，计划 2021 年完成；国家重大科学仪器设备开发专项“高速光网络参数综合测试仪研制及应用”，开展高速光网络参数综合测试仪集成研制，全面提升仪器性能指标，计划 2021 年完成；“LTE空中接口监测仪研发”“TD-LTE-Advanced 终端综合测试仪表开发”“面向 R12 的 LTE-Advanced 终端综合测试仪表开发”3 个项目 2017 年完成。

【统计数据】

表 1　2015—2017 年规模以上电子测量仪器行业和电子测量仪器制造业主要经济指标

类别	经济指标	2015 年		2016 年		2017 年	
		总额（亿元）	增长率（%）	总额（亿元）	增长率（%）	总额（亿元）	增长率（%）
电子测量仪器行业	主营业务收入	2 311	9.0	2 602	12.6	2 457	-5.6
	利润总额	220	5.8	262	19.1	252	-3.8
电子测量仪器制造业	主营业务收入	320	10.0	368	15.0	272.3	-26.0
	利润总额	32	10.3	36	12.5	32.9	-8.6

表 2　2017 年规模以上电子测量仪器行业主要经济指标（1）

单位：亿元

项目名称	主营业务收入	利润总额	资产总计	流动资产	应收账款	主营业务成本
总计	2 457	252	2 429	1 500	500	2 457
环境监测专用仪器仪表制造	280.1	25.0	271.4	165.0	47.0	280.1
运输设备及生产用计数仪表制造	658.7	47.3	494.2	312.6	121.7	658.7
导航、气象及海洋专用仪器制造	166.0	9.7	136.0	86.9	34.0	166.0
农林牧渔专用仪器制造	59.9	4.2	25.7	12.3	3.9	59.9
地质勘探和地震专用仪器制造	108.6	9.0	119.9	69.7	26.2	108.6
核子及核辐射测量仪器制造	29.2	2.5	49.5	15.2	6.9	29.2
电子测量仪器制造	272.3	32.9	258.9	202.1	68.2	272.3
医疗诊断、监护及治疗设备制造	882.0	121.2	1073.6	636.2	192.0	882.0

表 3　2017 年规模以上电子测量仪器行业主要经济指标（2）

项目名称	产成品（亿元）	存货（亿元）	负债合计（亿元）	企业数（家）	亏损企业数（家）	亏损企业亏损额（亿元）
总计	105	289	1 001	1 006	140	11
环境监测专用仪器仪表制造	9.8	27.8	98.6	118	11	0.6
运输设备及生产用计数仪表制造	26.7	56.8	211.7	177	20	1.7
导航、气象及海洋专用仪器制造	10.8	24.0	61.8	73	13	1.1
农林牧渔专用仪器制造	1.7	3.4	10.0	19	2	0.1
地质勘探和地震专用仪器制造	3.9	14.2	47.9	49	8	0.8
核子及核辐射测量仪器制造	1.0	3.2	34.4	8		
电子测量仪器制造	12.9	38.4	116.7	174	16	0.6
医疗诊断、监护及治疗设备制造	38.1	120.7	419.5	388	70	6.1

注：表 1 ~表 3 数据来源于工业和信息化部。

［撰稿：方荣　审稿：王威伟］

集成电路行业

【概况】　2017 年，在内需市场和投资带动下，中国集成电路产业继续保持快速发展态势。据中国半导体行业协会统计，全行业实现销售收入 5 411 亿元，同比增长 24.8%，集成电路产量 1 565 亿块，同比增长 18.7%。

【生产与销售】 2017年，中国集成电路设计业在全行业中占比最大，达到38.3%，全年完成销售收入2 073.5亿元，同比增长26.1%。技术水平不断提升，在CPU、智能终端芯片、智能电视芯片和人工智能（AI）芯片领域，已进入28/16/14纳米全球主流设计水平，部分芯片进入10纳米工艺节点，且性能达到国际先进水平。骨干企业实力进一步增强，2017年深圳市海思半导体有限公司（简称海思半导体）销售额361亿元，紫光展锐销售额110亿元。

在集成电路设计业快速发展带动下，2017年中国芯片制造业销售收入1 448.1亿元，同比增长28.5%，占全行业比重为26.8%。截至2017年年底，中国已建成投产12条12英寸生产线，28条8英寸生产线（含3条中试线）。加工工艺覆盖从0.35微米到28纳米技术节点，中芯国际集成电路制造有限公司（简称中芯国际）已着手研发14纳米制造工艺，计划于2019年上半年实现14纳米FinFET制造工艺量产。骨干企业实力持续增强，2017年中芯国际销售额201.5亿元，上海华虹（集团）有限公司销售额94.9亿元。

2017年，中国封装测试业实现销售收入1 889.7亿元，同比增长20.6%，占全行业比重为34.9%。大板集成扇出先进封装技术、高速高功率芯片新型封装技术、汽车电子智能控制传感器封装技术、微机电系统（MEMS）堆叠封装技术等领域取得新的突破。圆片级封装（WLP）、3D封装（TSV）等先进封装规模持续扩大，中高端先进封装占比提升到30%左右。骨干企业竞争力进一步增强，2017年江苏新潮科技集团有限公司销售额242.6亿元，南通华达微电子集团有限公司销售额198.8亿元，天水华天电子集团股份有限公司销售额90.0亿元。

【科技进步与应用】 2017年，随着中国集成电路产业规模不断扩大，产业链各环节表现出较强创新活力，为产业后续发展奠定较好基础。

上海兆芯集成电路有限公司兼容X86指令集的ZX-C处理器主频已达到2.2GHz。龙芯中科技术有限公司在MIPS架构基础上自主研发的龙芯3A/B3000处理器主频达到1.5GHz，能够满足日常办公需求。

海思半导体发布麒麟970手机芯片，该芯片平台是全球首款基于“寒武纪1A”、内置独立NPU（神经网络单元）的智能手机AI计算平台，采用台积电10纳米CMOS工艺，支持全球最高LTE Cat.18通信规格，支持人工智能场景识别、人脸追焦、智能运动场景检测，让手机本身具备AI能力。

中芯国际40纳米CMOS制程的ReRAM芯片已投产，预计不久将实现在28纳米工艺平台上生产。中芯国际与成都锐成芯微科技股份有限公司联合宣布推出基于中芯国际55纳米嵌入式闪存技术平台的模拟IP解决方案。

长江存储科技有限责任公司32层3D NAND闪存芯片研制完成，并交客户试用，产品2018年3季度开始量产；64层闪存制造工艺流程全部搭建完成，测试芯片通过全部电学性能测试，2018年启动量产工艺研究。

合肥晶合集成电路有限公司生产的110纳米驱动IC单片晶圆的最佳良率再创新高，通过客户产品可靠度验证，具备量产条件。

【国际合作】 2017年集成电路领域国际合作进一步深化，全球领先的半导体企业持续加大对华投资，国际先进技术、资金加速向中国转移。8月，三星电子确定投资70亿美元在西安建设12英寸闪存芯片二期项目，新增产能6.5万片/月；10月，SK海力士计划投资86亿美元建设无锡二期项目，新增20万片/月10纳米级芯片生产能力。

【进出口贸易】 2017年，中国集成电路产品进口量3 769.9亿块，同比增长10.1%；进口额2 601.2亿美元，同比增长14.6%。集成电路产品出口量2 043.5亿块，同比增长13.1%；出口额668.8亿美元，同比增长9.6%。由于存储器产品市场需求快速增长，存储器产品价格在2017年一路飙升，中国存储器产品几乎全部依赖进口，导致2017年进口额出现较大增长。出口主要集中在中低端产品，产品单价较低，导致出口额远低于进口额。

【政策与法规】 为贯彻《国务院关于印发进一步鼓励软件产业和集成电路产业发展若干政策的通知》（国发〔2011〕4号），落实现行有关税收优惠政策，财政部、国家税务总局联合发布《关于发布第三批适用退还增值税期末留抵税额政策的集成电路重大项目企业名单的通知》（财税〔2017〕5号）、《关于集成电路企业增值税期末留抵退税有关城市维护建设税 教育费附加和地方教育附加政策的通知》（财税〔2017〕17号），发展和改革委员会、工业和信息化部、财政部和海关总署联合发布2017年第21号公告。系列文件的发布，妥善解决了企业增值税期末留抵退税、进口环节税等优惠政策的落实问题。

【市场分析】 在新兴应用领域蓬勃发展以及存储器等大宗产品涨价的双重因素驱动下，2017年中国集成电路市场规模达到14 250.5亿元，同比增长19%。

从应用结构看，计算机、网络通信和消费电子仍然是中国集成电路最主要的应用市场，三者合计市场份额达79.2%。由于存储器产品大幅度涨价，计算机领域集成电路市场增速明显提升，2017年达到27.3%。得益于工业智能化水平的不断提高，工业控制领域成为2017年中国集成电路市场增长的另一个重要引擎，份额达到13.1%。

从产品结构看，存储器一直以来都是全球半导体市场最主要的产品之一，也是中国集成电路市场中份额最大的单一产品。2017年，全球存储器芯片市场一直处于供不应求状态，存储器产品价格延续2016年下半年开始的上涨态势。在此情形下，中国存储器芯片市场实现46.9%的增长，远远超过整体集成电路市场增速。

【存在问题】 产品结构较为单一，中国集成电路产品主要集中在智能手机、消费电子领域，CPU、存储器等高端芯片研发能力不足；产业链协同不足，一方面中国集成电路设计企业高端产品主要在海外代工，另一方面集成电路制造企业主要客户也来自海外，先进制造工艺、产能规模、IP数量、服务等方面的不足导致芯片制造企业无法承接国内先进设计产能；高端人才短缺，领军人才匮乏，企业技术和管理团队数量少、稳定性弱，是长期以来制约中国集成电路产业发展的主要问题之一，据不完全测算，到2020年缺口在30万人左右，特别是极具全球化视野、企业家精神的领军人才缺乏将成为影响产业可持续发展的关键因素。

【统计数据】

表1 2015—2017年中国集成电路行业主要经济指标情况

项目名称	单位	2015年	增长率（%）	2016年	增长率（%）	2017年	增长率（%）
集成电路产量	亿块	1 087.1		1 318.0		1 564.9	
集成电路行业销售额	亿元	3 609.8	19.7	4 335.5	20.1	5 411.3	24.8
其中：设计业销售额	亿元	1 325.0	26.5	1 644.3	24.1	2 073.5	26.1
制造业销售额	亿元	900.8	26.5	1 126.9	25.1	1 448.1	28.5
封装测试业销售额	亿元	1 384.0	10.2	1 564.3	13.0	1 889.7	20.8

表2 2017年中国前十名集成电路设计企业销售额

排名	企业名称	销售额（亿元）	排名	企业名称	销售额（亿元）
1	深圳市海思半导体有限公司	361.0	4	华大半导体有限公司	52.1
2	紫光展锐	110.0	5	北京智芯微电子科技有限公司	44.9
3	深圳市中兴微电子技术有限公司	76.0	6	深圳市汇顶科技股份有限公司	38.7

续表

排名	企业名称	销售额（亿元）	排名	企业名称	销售额（亿元）
7	杭州士兰微电子股份有限公司	31.8	9	格科微电子（上海）有限公司	23.5
8	敦泰科技（深圳）有限公司	28.0	10	北京中星微电子有限公司	20.5

表 3　2017 年中国前十名半导体制造企业销售额

排名	企业名称	销售额（亿元）	排名	企业名称	销售额（亿元）
1	三星（中国）半导体有限公司	274.4	6	华润微电子有限公司	70.6
2	中芯国际集成电路制造有限公司	201.5	7	台积电（中国）有限公司	48.5
3	SK 海力士半导体（中国）有限公司	130.6	8	西安微电子技术研究所	27.0
4	英特尔半导体（大连）有限公司	121.5	9	武汉新芯集成电路制造有限公司	22.2
5	上海华虹（集团）有限公司	94.9	10	和舰科技（苏州）有限公司	21.1

表 4　2017 年中国前十名封装测试企业销售额

排名	企业名称	销售额（亿元）	排名	企业名称	销售额（亿元）
1	江苏新潮科技集团有限公司	242.6	6	英特尔产品（成都）有限公司	40.0
2	南通华达微电子集团有限公司	198.8	7	安靠封装测试（上海）有限公司	39.5
3	天水华天电子集团股份有限公司	90.0	8	海太半导体（无锡）有限公司	35.0
4	威讯联合半导体（北京）有限公司	78.9	9	上海凯虹科技有限公司	30.0
5	恩智浦半导体	64.5	10	晟碟半导体（上海）有限公司	29.4

注：表 1～表 4 数据来源于中国半导体行业协会。

表 5　2015—2017 年中国集成电路产品进出口额

项目名称	单位	2015 年	2016 年	2017 年
进口额	亿美元	2 299.3	2 270.3	2 601.2
增长率	%	5.7	−1.2	14.6
出口额	亿美元	690.6	610.2	668.8
增长率	%	13.5	−11.6	9.6

注：数据来源于海关总署。

［撰稿：任爱光　审稿：乔跃山］

真空电子器件行业

【概况】 2017 年，真空电子器件行业持续深化产品结构调整和转型发展。面对固态器件和 LED 器件技术迅速发展的局面，真空电子器件企业积极应对，努力开发高端产品；而在真空无源器件等优势领域，为满足国家智能电网、新能源、高端装备发展需求，相关真空开关管企业加大新品研发力度，加快产品结构调整，新产品逐步成为转型企业主要营业收入和利润来源。传统真空电子器件保持平稳发展：大功率磁控管、X 射线管、医用 CT 球管等高性能真空微波器件的发展不容小觑，在国民经济发展各领域发挥巨大作用；真空电子管平稳发展，真空开关管及其配套件具备一定生产规模，基本满足市场需求，出现部分传统产品产能过剩、竞争加剧的局面；真空光电器件相关企业积极开发光电探测器等新型器件，真空电光源企业面对 LED 照明技术发展，加快转型步伐。

【企事业单位】 2017 年，真空电子器件行业企业结构比较稳定。据中国真空电子行业协会统计，现有会员单位 90 家（不包括彩色显示器件及其配套企业），其中研究所 4 家：中国电子科技集团公司第 12 研究所、中国电子科技集团公司第 55 研究所、中科院电子学研究所和安徽芜湖电真空研究所。

【从业人员】 据中国真空电子行业协会统计，真空电子器件行业从业人员 32 140 人（不包括彩色显示器件及其配套企业），其中技术人员 6 845 人，管理人员 4 048 人，工人 21 247 人。

【主要经济指标】 据工业和信息化部数据，2017 年，全行业实现销售收入 228.3 亿元，同比增长 14.15%；利润总额 13.1 亿元，同比增长 19.09%。销售收入和利润总额与上年相比保持较快增长。

超高频器件、发射管、磁控管等真空电子器件作为装备的核心器件，需求保持稳定增长；真空开关管得益于中国电网建设等下游行业带动，产业规模保持稳定增长。陕西宝光真空电器股份有限公司自 1975 年研发制造第一只商用真空灭弧室以来，已累计生产 600 万只真空开关管，2017 年该企业获得工业和信息化部“单项制造冠军企业”称号。

由于 LED 技术迅猛发展，逐步取代 CRT，彩色显像管、白炽灯、荧光灯等传统真空器件产销量急剧下降，给行业销售和利润的增长带来严峻考验，彩色显像管和真空照明企业加快产品转型升级步伐。

【科研与新产品】 由于固态电子技术发展对真空电子技术的冲击，真空电子行业加大高端新型产品和技术开发力度，行业科研与新品开发主要集中在真空超高频管、真空开关管、真空光电器件和电光源等领域，高端新型产品对行业发展推动作用越来越大。

真空电子器件　真空超高频管研制骨干单位有中国电子科技集团公司第 12 研究所、中国科学院电子学研究所、成都电子科技大学、南京三乐电子信息产业集团有限公司、成都国光电气股份有限公司和湖北汉光科技股份有限公司等。2017 年，20 项超高频管项目通过省部级鉴定，满足国防现代化和科学研究需要，支撑国民经济发展。

基本医疗保障是民生工程重要组成部分，医疗器械市场需求较好，但以 PET/PET-CT 为代表的高端医疗影像设备核心部件——CT 医用球管完全依赖进口，多年来一直被 GE、飞利浦和西门子三大跨国公司垄断。经过多年努力，中国电子科技集团公司第 12 研究所、昆山国力真空电气有限公司成功研制出 CT 医用球管。

随着中国城镇化率日趋提高，视频监控、入侵报警、联网平台、图像分析、安检 X 光机及其他安防技术产品需求增加，安检领域成为行业新的经济增长点。X 射线管是无损检测核心部件，中国电子科技集团公司第12研究所、成都凯赛尔电子有限公司、黄石上方检测设备有限公司、丹东荣华射线仪器仪表有限公司分别投入较大力量，研制开发出180kV以下X射线管，推动无损检测和安防技术应用。

真空无源器件 陕西宝光真空电器股份有限公司与西安交通大学、西安高压电器研究院等合作研发126kV真空开关管通过全套型式试验。宝光股份拥有126kV真空开关管全套制造技术及设备，为真空开关应用于高电压打下坚实基础。宝光股份利用电真空器件玻璃封接、真空获得等技术研制太阳能集热管，平均热损≤200W/m（400℃），平均光效率≥96%，产品性能达到国内先进水平，通过德国宇航局测试。

多年以来，中国机车牵引开关一直采用进口开关管，随着科技的不断进步，国产真空开关管逐步开始应用。

山东晨鸿电气有限公司开发的低压大电流真空开关管，最大额定电流6 300A，最大额定短路开断电流120kA，成功应用于清洁能源发电，获得淄博市科学技术二等奖。

真空光电器件 真空光电器件企业加快技术开发和应用力度，提升真空光电器件应用水平。中国电子科技集团公司第55研究所研发的新型紫外光电管，拓展探测波长范围和灵敏度。电光源产品向节能、环保等新技术方向发展，南京中电熊猫照明有限公司开发智能变功率技术应用于高压钠灯照明系统，系统节能效率提高40%；开发光效提升技术应用于大功率金卤灯，提升真空照明器件在大功率照明应用场所优势；道路照明采用钠灯和金卤灯混光技术等延续产品生命周期；在新型荧光灯产品中采用固汞和高光效荧光粉技术，节能效率提高10%，产品更加环保。

【国际合作】 2017年，真空电子行业加强国际交流和合作。真空无源器件骨干企业北京京东方真空技术有限公司、陕西宝光真空电器股份有限公司、成都旭光电子股份有限公司、成都凯赛尔电子有限公司、浙江紫光电器有限公司、湖北汉光科技股份有限公司、武汉飞特电气有限公司、宁波伟成金属制品有限公司等企业参加一年一度的德国汉诺威国际工业博览会，与国外新老客户交流沟通，为产品出口奠定基础，继续坚持走出去战略，与一带一路沿线国家交流洽谈联合建厂事宜。

【市场分析与预测】 近年来，国家整体经济形势处于增长放缓阶段，进入经济结构调整期，为企业加大科技创新投入，实现转型升级带来机会。

真空电子器件 传统的射频功率真空电子器件逐步被固态功率器件替代，但高频段、宽频带、大功率真空电子器件具有较好的比较优势，在未来5G通信中具有较好应用前景；高分辨率X射线管、高功率医用磁控管、CT球管在探伤、医疗等领域具有迫切需求。

真空无源器件 《配电网建设改造行动计划（2015—2020年）》《加快配电网建设改造的指导意见》明确未来6年配电网2万亿元的投资规模，将为真空开关管行业增加新动力。未来几年，真空开关管制造企业产品结构将会顺应国家电力政策导向，以配网、农网产品为主导，2018年配网产品需求增长将会超过两位数以上。各企业应抓住机遇，进一步控制成本、提高产品质量、缩短交货期、苦练内功、提高企业核心竞争力，在新一轮国家配电网建设中抢得先机。真空开关管制造企业应加大研发投入，联合大专院校、科研院所等单位向高电压和低电压领域延伸，不断拓展产品应用范围，为企业谋求新的经济增长点。

真空光电器件 随着国际安全、反恐形势日益严峻，高灵敏度夜视探测、成像等高端真空光电器件需求增长，有待相关企业加大技术攻关力度，实现产品工程化应用。电光源产品如白炽灯、荧光灯、卤钨灯、HID灯（高强度气体放电灯，包括高压钠灯、高压汞灯、金属卤化物灯）产量逐年均有不同程度下降，随着LED照明产品技术逐渐成熟、性价比不断提升，真空电光源产品被逐渐替换，相关企业需加快产品转型，形成新的经济增长点。

【存在问题】 真空电子器件行业发展面临的主要问题是针对固态电子技术对真空电子技术的冲击，进行新技术和新产品开发，推动真空电子器件行业新的发展。

真空电子器件和真空光电器件领域，小型化真空微波功率器件、高分辨率X射线管、高功率医用磁控管、CT球管、高灵敏度真空光电探测器件等高端器件是未来市场需求的核心器件，关键技术尚未完全突破，有待政府相关部门进一步引导和扶持企业加快研发步伐。

真空无源器件领域，产品技术门槛逐渐降低，低端产品产能过剩，利润率下降，高端产品技术成熟度及市场规模有待进一步提高。据中国真空电子行业协会不完全统计，2017 年统计范围内的 9 家真空开关管生产企业产量 196 万只，同比增长 2.48%，产值合计 229 258 万元，同比下降 6%。产量增加，产值下降，说明主要生产企业产能过剩，利润空间降低，市场竞争日趋激烈，亟待调整产品结构，开发高附加值产品；真空无源器件作为真空电子器件行业继彩色显像管之后能形成规模产业的产品，在做大的同时有待做强，进一步开拓国际市场。

【统计数据】

表 1　2017 年中国真空电子器件行业企业与人员构成情况

类　别	企业数（家）	从业人员总数（人）	其中		
			技术人员（人）	管理人员（人）	工人（人）
真空无源器件及其配套	45	13 450	2 016	1 906	9 846
真空光电器件及其配套	7	9 458	2 013	1 256	5 432
真空电子器件及其配套	18	9 232	2 816	886	5 969
合　计	70	32 140	6 845	4 048	21 247

注：数据来源于中国真空电子行业协会。

表 2　2015—2017 年中国真空电子器件行业主要经济指标完成情况

项目名称	2015 年（亿元）	增长率（%）	2016 年（亿元）	增长率（%）	2017 年（亿元）	增长率（%）
销售收入	198.77	5.8	200.00	0.62	228.3	14.15
利润总额	20.41	71.9	11.00	-46.10	13.1	19.09

注：数据来源于工业和信息化部。

表 3　2017 年度中国十大真空开关管生产企业产量

序号	企业名称	2017 年产量（只）
1	陕西宝光电器股份有限公司	700 783
2	成都旭光电子股份有限公司	421 635
3	昆山国力真空电器有限公司	330 000
4	武汉飞特电气有限公司	264 000
5	中国振华电子集团宇光电工有限公司	253 600
6	湖北汉光科技股份有限公司	207 420
7	湖北大禹汉光真空电器有限公司	143 000
8	东芝白云真空开关管（锦州）有限公司	126 555
9	山东晨鸿电工有限责任公司	110 216
10	成都凯赛尔电子有限公司	100 550

注：数据来源于中国真空电子行业协会，统计数据包含高压管（1.14kV）和低压管（1.14kV 及以下）数量。

［撰稿：尹泉　沈先锋　审稿：乔跃山］

电子元件行业

【概况】 2017年，中国电子元件行业持续加快产业转型升级、深入推进供给侧改革、深化融合发展、积极探寻和培育新的增长动能，行业整体呈现稳中向好发展态势，大部分分支行业骨干企业产销两旺，出口形势和上年相比明显好转，行业效益水平有所提升。

2017年，中国电子元件行业优秀企业发展依然突出，技术创新、并购重组、海外扩张等均取得不小成绩，国际竞争力得到进一步提升，越来越多中国电子元件生产企业正在向国际化、高端化、智能化迈进。

【主要经济指标】 据中国电子元件行业协会信息中心统计，2017年中国电子元件产品（含电池与印制电路板行业，下同）销售额21 144亿元，同比增长12.8%，是近年来增速最快的一年。实现利润总额1 126亿元，同比增长9.1%。

由中国电子元件行业协会排序的第31届中国电子元件百强企业共完成主营业务收入总额4 556亿元，同比增长25.26%；实现利润总额394亿元，同比增长23%，继上届之后，再次实现20%以上的高速增长，上缴税金总额155亿元，同比增长13.97%；出口创汇185亿美元，同比增长24.33%，出口总额约占主营业务收入总额26.5%；拉动就业近44万人。

【科研与新产品】 2017年，中国电子元件行业自主创新硕果累累，在多个技术领域取得重大突破。江苏亨通光电股份有限公司推出三大系列、10瓦至千瓦级掺镱激光光纤产品；横店集团东磁股份有限公司研发出不添加镧、钴的永磁铁氧体；歌尔股份有限公司发布面向消费类电子应用的超小尺寸（2.0mm×2.0mm×0.76mm）全新一代数字气压传感器；长飞光纤光缆股份有限公司高速二套生产线投入使用，气吹微缆二次套塑工艺生产速度达800m/min，生产效率较之前提高300%，达到世界领先水平；武汉光迅科技股份有限公司推出面向400G应用的32芯高密度MPO光纤连接器和全球领先的电信级DML CFP2 LR4模块；烽火通信科技股份有限公司发布四网合一新型光纤技术，解决骨干网、城域网、接入网以及驻地网等网络用光纤兼容问题；天通控股股份有限公司推出具有业界领先水平的6英寸压电晶体材料；深圳顺络电子股份有限公司发布填补国内空白的超小型01005封装(0.4mm×0.2mm×0.2mm)高Q值特性叠层片式射频电感；深圳市宇阳科技发展有限公司量产01005系列超微型片式多层陶瓷电容器（MLCC）。

2017年，中国电子元件行业科技奖项斩获颇丰，多家单位在国家级和部级技术奖项评比中获奖。西安交通大学、昆山双桥传感器测控技术有限公司和西安定华电子股份有限公司合作完成的“高动态MEMS压阻式特种传感器及系列产品”项目获得2017年国家技术发明奖二等奖；河南仕佳光子科技股份有限公司、中国科学院半导体研究所和武汉光迅科技股份有限公司合作完成的“光网络用光分路器芯片及阵列波导光栅芯片关键技术及产业化”项目，长飞光纤光缆股份有限公司和中国联合网络通信集团有限公司合作完成的“新型光纤制备技术及产业化”项目获得国家科学技术进步奖二等奖。江苏亨通光电股份有限公司、江苏亨通光导新材料有限公司、江苏亨通光纤科技有限公司、中国联合网络通信集团有限公司共同完成的“有机硅环保型大尺寸光纤预制棒关键技术与产业化”获得中国电子学会电子信息科学技术奖科技进步一等奖；中国科学院电子学研究所完成的“高精度硅基谐振式压力传感器关键技术及应用”项目获得中国电子学会电子信息科学技术奖技术发明二等奖；深圳市宇阳科技发展有限公司完成的“国家强基工程移动互联用超微型片式多层陶瓷电容器”，武汉光迅科技股份有限公司、武汉电信器件有限公司、烽火科技集团有限公司合作完成的“宽带接入用光电子核心芯片研发及产业化”，电子科技大学完成的“高性能LTCC材料及片式集成器件”获得中国电子学会电子信息科学技术奖科技进步二等奖；汕头高新区松田实业有限公司完成的“小型化高通流氧化锌压敏电阻器”获得中国电子学会电子信息科学技术奖科技进步三等奖。北京航空航天大学“一种小体积低功耗永磁偏置外转子径向磁轴承”获得2017年中国专利金奖；歌尔股份有限公司、中天科技精密材料有限公司、佛山市海辰科技有限公司、中国铁道科学研究院、温州宏丰电工合金股份有限公司、武汉高德红外股份有限公司、隆科电子（惠阳）有限公司、大连理工大学、中国科学院宁波材料技术与工程研究所、南京理工大学、宁波韵升股份有限公司、烟台正海磁性材料股份有限公司、横店集团东磁股份有限公司、中船重工海声科技有限公司、山东欧铂新材料有限公司、苏州晶方半导体科技股份有限公司、北大方正集团有限公司、安捷利电子科技（苏州）有限公司18个单位的相关专利获“中国专利优秀奖”。

2017年，中国电子元件行业产学研结合创新体系建设加快，企业与相关研究所以及大专院校开展多种形式的校企合作、协同创新。歌尔股份有限公司与中科院长春光机所共同出资建立青岛歌尔长光研究院，与北京航空航天大学合作共建“北航歌尔机器人与智能制造研究院”，与山东大学合作共建“山大歌尔校园俱乐部”以及“山大歌尔实践基地”；亨通集团有限公司与清华大学互联网产业研究院世纪互联数据中心有限公司签约成立亨通光载无限（江苏）信息技术有限公司，与南京邮电大学合作共建“亨通—南邮接入网实验室”；肇庆华锋电子铝箔股份有限公司与深圳清华大学研究院合作共建“先进储能技术研发中心”；中国科学院微电子研究所与湖南创一电子科技有限公司共建全国首家磁芯联合实验室“中科创一磁芯联合实验室”；湖北泰晶电子科技股份有限公司与武汉理工大学联合成立“泰晶科技—武汉理工微纳米晶体智能加工装备工程技术研究中心”。

2017年，优秀企业研发投入与专利水平创新高，第31届电子元件百强企业研发费用总额达160亿元，同比增长30.9%。从研发费用与主营业务收入比例看，第31届中国电子元件百强企业平均研发投入比为3.6%，比往年略有增长。从专利水平看，第31届中国电子元件百强企业共获得国家知识产权局授权专利5 286件，总数再创新高，其中发明专利1 345件，远超上届的1 155件。对比连续两届入围电子元件百强企业的专利数量，专利总数同比增长13.73%，发明专利数同比增长16.45%。专利统计数量分布情况显示，中国电子元件行业技术研发成果越来越多地集中在行业内资金雄厚的大企业，中小企业技术研发水平依然堪忧。

【重点项目】 2017年6月，受工业和信息化部电子信息司委托，中国电子元件行业协会组织相关协会、企业、研究所、大专院校编制《中国光电子器件产业技术发展路线图（2018—2022）》（简称《路线图》），2017年12月29日正式发布。《路线图》较为系统地梳理国内外光电子器件产业技术现状，聚焦信息光电子领域光通信器件、通信光纤光缆、特种光纤、光传感器件四大门类并进行深入分析，研究产业竞争优劣形势，剖析发展面临机遇挑战，研究发展思路和战略目标，提出若干策略建议与重点方向，力求引领产业发展导向、促进合理布局规划，凝聚行业力量共同推动中国光电子产业加快跨越升级发展。

2017年12月，工业和信息化部、中国工业经济联合会公布第二批制造业单项冠军企业和单项冠军产品名单，厦门宏发电声股份有限公司、厦门法拉电子股份有限公司、武汉光迅科技股份有限公司3家电子元件企业成为工业和信息化部第二批制造业单项冠军示范企业；宁波柯力传感科技股份有限公司入选第二批单项冠军培育企业；江苏中天科技股份有限公司生产的无金属自承式光缆、青岛海信宽带多媒体技术有限公司生产的接入网光模块、深南电路股份有限公司生产的功放类金属基印制电路板、深圳市精诚达电路科技股份有限公司生产的激光头用挠性电路板4类产品入围第二批制造业单项冠军产品。

2017年6月，工业强基信息网公示2017年工业强基工程项目招标结果，“高压直流继电器”“基于MEMS技术的压力传感器”“新能源汽车用电机硅钢与永磁材料”“高性能线缆用氟硅新型材料及系列产品”4个电子元件及专用原材料项目入围。

2017年8月，工业和信息化部办公厅发布《关于公布2017年国家技术创新示范企业复核评价结果的通知》，公布通过复核评价的126家国家技术创新示范企业，其中包括长飞光纤光缆股份有限公司、通鼎互联信息股份有限公司、贵州航天电器股份有限公司、厦门宏发电声股份有限公司、烽火通信科技股份有限公司、湖南艾华集团股份有限公司6家电子元件行业企业。

2017年9月，工业和信息化部正式发布《重点新材料首批次应用示范指导目录（2017年版）》，氮化铝陶瓷粉体及基板、片式多层陶瓷电容器用介质材料、LED用蓝宝石衬底片、新型电接触贵金属材料、电子浆料、软磁复合材料、高性能钕铁硼永磁体、新型铈磁体8类电子元件相关原材料被列入其中。

2017年10月，工业和信息化部公示2017年智能制造试点示范项目名单，中天科技精密材料有限公司“特种光纤预制棒智能制造试点示范”、通鼎互联信息股份有限公司“光缆智能制造试点示范”、浙江万马高分子材料有限公司“电缆材料智能制造试点示范”、武汉光迅科技股份有限公司“光电子器件智能制造试点示范”、昆山沪光汽车电器有限公司“汽车线束智能工厂试点示范”5个电子元件类项目入选。

2017年11月，工业和信息化部、财政部公布“2017年国家技术创新示范企业”名单，江苏永鼎股份有限公司、唐山晶玉科技有限公司、合肥华耀电子工业有限公司3家电子元件生产企业成为2017年国家技术创新示范企业。

2017年，中国电子元件行业协会发布“T/CECA 22-2017铝电解电容器用电极箔”团体标准；“T/CECA 21-2016阻燃填充用氢氧化铝微粉”入选“工业和信息化部2017年团体标准应用示范项目”，标志着中国电子元件行业协会团体标准建设初见成果。

2017年，中国电子元件行业协会和全国频率控制和选择用压电器件标准化技术委员会（SAC/TC182）向国家标准化管理委员会申报拟立项国家标准5项，向工业和信息化部申报立项行业标准3项，发布频率控制和选择用压电器件行业国家标准1项。

【进出口贸易】 2017年，中国电子元件产品海关进出口贸易总额比上年有所增长。电子元件13大类74小类产品进出口贸易总额1 481.11亿美元，同比增长8.77%，占中国海关进出口总值3.61%。实现贸易顺差288.05亿美元，同比增长14.33%。其中出口总额884.58亿美元，同比增长9.64%；进口总额596.53亿美元，同比增长7.51%。

【海外并购与投资】 2017年，中国电子元件行业内优秀企业海外并购延续上一年的高活跃度，海外扩张成果显著。歌尔股份有限公司1.6亿元购买美国Kopin公司9.8%股权；江西特种电机股份有限公司全资子公司德国尉尔电机及能源技术有限公司投资2 000万澳元（折合人民币约1.04亿元）认购澳大利亚Tawana公司约11.45%股权；德昌电机控股有限公司（简称德昌电机）以总价938.54亿韩元（约8 380万美元）收购汉拿世特科50%股权，收购完成后德昌电机持有的汉拿世特科企业股权将由30%增至80%；博创科技股份有限公司投资500万美元增持美国Kaiam公司股权，其持股上升到3.31%；苏州春兴精工股份有限公司投资1.479亿美元（折合人民币约10亿元）收购美国光路交换开关公司Calient 51%股权等。

多家企业海外投资取得重要进展。江苏亨通光电股份有限公司与英国洛克利硅光子公司共同投资约4 200万美元设立公司生产25/100G硅光模块等产品；长飞印尼光通信有限公司(PT Yangtze Optics Indonesia)光缆生产项目奠基；浙江永贵电器股份有限公司与德国博得兄弟参股有限公司共同投资1亿元设立合资公司；歌尔股份有限公司与美国高通公司签合作协议加入其VR头显加速器计划等。

【政策与法规】 2017年10月，工业和信息化部正式印发《产业关键共性技术发展指南（2017年）》（以下简称《指南》），《指南》提出对行业有重要影响和瓶颈制约、短期内亟待解决并能够取得突破的产业关键共性技术174项，其中包括4项电子元件类技术：射频发生器制造技术、半导体制造装备用高精密陶瓷部件制造技术、高速光通信关键器件和芯片技术、低损耗光纤熔接技术。

2017年11月，国家标准化管理委员会、工业和信息化部正式发布《国家工业基础标准体系建设指南》，核心基础零部件（元器件）标准研制被列为重点任务首位，其中微特电机、光电子器件、纤维光学、阻容元件、继电器、电连接器、微波和射频元件、电线电缆及组件、传感器、电池、印制电路板等11项电子元件类产品标准被列入“核心电子元器件领域急需标准研制”专栏。

【存在问题】 中国基础电子元器件行业大而不强的问题仍然十分突出，主要表现在两个方面。

产品档次低，新型电子元器件发展滞后。相对于国外电子元件发达国家和地区，中国基础电子元器件行业整体技术水平依然不高，尤其缺乏在国际上领先的电子元器件技术，大部分企业无任何专利技术。由于国产产品普遍存在一致性差、可靠性低等问题，应用领域局限在要求较低的家电、消费电子等领域，汽车、工业、能源、重大装备等电子元器件高端应用市场多被国外品牌垄断。国际电子元器件大企业在许多技术领域布下专利壁垒，对中国电子元器件企业技术创新产生不利影响。

本土企业总体实力弱，品牌影响力小。经过数十年发展，在基础电子元器件部分分支领域，一批本土优秀企业已初步具备国际竞争力，但从整体来看，中国电子元件行业本土企业以中小企业为主，实力弱小，利润微薄，基本无力支撑技术创新。在多个电子元件分支行业，本土企业与世界巨头存在巨大差距。一些优秀企业即使在产品产能和质量上接近甚至达到国外知名企业水平，但由于品牌影响力弱，在国际知名整机产品供应体系中仅能获得备选地位。在部分分支行业，为国外品牌贴牌生产的经营模式依然较为普遍。

【统计数据】

表 1　2015—2017 年中国电子元件主要分支行业经济指标完成情况

行业分类	2015 年	2016 年	2017 年	
	销售额（亿元）	销售额（亿元）	销售额（亿元）	同比增长（%）
电阻电位器	208	204	220	7.84
电容器	977	841	939	11.65
磁性材料与器件	506	514	581	13.04
电感器件	206	217	229	5.53
电子变压器	569	596	642	7.72
混合集成电路	74	79	86	8.86
电子陶瓷及器件	146	152	160	5.26
压电晶体	161	178	188	5.62
控制继电器	218	226	246	8.85
敏感元器件及传感器	547	613	645	5.22
电接插元件	2 159	2 223	2 500	12.46
微特电机	907	928	993	7.00
电声器件	790	771	933	21.01
光电线缆	4 150	4 611	5 223	13.27
光通信器件	130	152	161	5.92
印制电路板	1 791	1 809	2 007	10.95
化学与物理电源	4 413	4 634	5 391	16.34
合计	17 952	18 748	21 144	12.78

表 2 2015—2017 年电子元件产品进出口贸易完成情况

产品名称	2015 年		2016 年		2017 年			
	出口额（万美元）	进口额（万美元）	出口额（万美元）	进口额（万美元）	出口额（万美元）	增长率（%）	进口额（万美元）	增长率（%）
电容器	768 799	1 020 316	421 537	801 429	398 858	–5.38	865 062	7.94
电阻电位器	191 182	235 044	167 671	233 596	143 141	–14.63	218 296	–6.55
磁性材料与器件	216 306	60 403	206 420	54 677	235 000	13.85	58 559	7.10
电感器件	277 917	297 215	261 429	281 249	267 588	2.36	272 517	–3.10
电子变压器	184 957	87 939	186 283	88 837	184 639	–0.88	81 581	–8.17
频率元件	126 395	313 755	145 599	382 854	142 941	–1.83	358 976	–6.24
电控制元件	125 397	98 721	126 426	105 354	135 045	6.82	106 899	1.47
电接插元件	1 093 316	1 221 716	1 085 438	1 202 921	1 177 325	8.47	1 311 240	9.00
电声器件	1 553 340	382 678	1 525 650	381 449	1 826 706	19.73	478 522	25.45
微特电机	5 87 797	282 726	579 108	271 847	610 432	5.41	281 967	3.72
光电线缆	1 073 481	365 212	1 060 660	326 082	1 168 379	10.16	363 030	11.33
印制电路板	1 402 632	1 214 571	1 284 361	1 030 170	1 397 676	8.82	1 155 746	12.19
电池	961 413	359 665	1 017 356	388 014	1 158 056	13.83	412 925	6.42
合计	8 562 932	5 939 961	8 067 938	5 548 479	8 845 786	9.64	5 965 320	7.51

表 3 2018 年（第 31 届）中国电子元件百强企业

总排名	企业名称	2017 年主营业务收入（千元）	主营产品
1	亨通集团有限公司	78 026 283	光电线缆
2	瑞声科技控股有限公司	21 118 566	电声器件、微特电机
3	中天科技集团有限公司	44 653 081	光电线缆
4	立讯精密工业股份有限公司	22 826 100	连接器、电声器件
5	歌尔股份有限公司	25 536 730	电声器件
6	富通集团有限公司	32 270 245	光电线缆
7	永鼎集团有限公司	22 046 884	光电线缆、汽车线束
8	长飞光纤光缆股份有限公司	10 776 895	光电线缆
9	广东生益科技股份有限公司	10 617 995	覆铜板
10	厦门宏发电声股份有限公司	5 875 000	继电器
11	潮州三环（集团）股份有限公司	3 102 776	陶瓷插芯、基座、阻容元件、陶瓷材料
12	广东领益智造股份有限公司	15 853 712	电子结构件、磁性元件

续表

总排名	企业名称	2017 年主营业务收入（千元）	主营产品
13	中航光电科技股份有限公司	6 361 813	连接器
14	深圳市长盈精密技术股份有限公司	8 394 638	连接器、结构件
15	横店集团东磁有限公司	7 251 508	磁性元件、电感器件
16	浙江富春江通信集团有限公司	15 912 606	光电线缆
17	青岛海信宽带多媒体技术有限公司	3 791 065	光通信器件
18	通鼎互联信息股份有限公司	4 263 804	光电线缆
19	中山大洋电机股份有限公司	4 774 434	微特电机
20	深圳市特发信息股份有限公司	5 350 125	光电线缆
21	广东东阳光科技控股股份有限公司	7 157 358	电容器用电极箔
22	浙江长城电工科技股份有限公司	4 583 951	光电线缆
23	深圳市得润电子股份有限公司	5 858 655	连接器
24	国光电器股份有限公司	3 985 029	电声器件
25	贵州航天电器股份有限公司	2 601 064	连接器、继电器、微特电机
26	广东风华高新科技股份有限公司	3 272 067	阻容感元件、电子材料等
27	电连技术股份有限公司	1 409 166	连接器
28	深圳顺络电子股份有限公司	1 987 558	电感器、LTCC 射频器件
29	厦门法拉电子股份有限公司	1 670 948	薄膜电容器
30	湖南艾华集团股份有限公司	1 792 712	铝电解电容器
31	江苏俊知技术有限公司	2 657 886	光电线缆
32	杭州富生电器有限公司	2 641 965	微特电机
33	汕头超声印制板公司	2 311 423	印制电路板
34	山东太平洋光纤光缆有限公司	1 770 580	光电线缆
35	南通江海电容器股份有限公司	1 666 812	铝电解电容器
36	江苏雷利电机股份有限公司	2 022 828	微特电机
37	新疆众和股份有限公司	6 297 066	电容器用电极箔
38	浙江永贵电器股份有限公司	1 259 217	连接器
39	成都宏明电子股份有限公司	1 281 123	陶瓷电容器、电阻器
40	江苏通光电子线缆股份有限公司	1 513 885	光电线缆
41	安徽铜峰电子集团有限公司	1 796 540	薄膜电容器
42	珠海格力新元电子有限公司	1 119 909	电容器

续表

总排名	企业名称	2017 年主营业务收入（千元）	主营产品
43	江苏上骐集团有限公司	1 181 464	微特电机
44	天通控股股份有限公司	2 179 361	软磁元件
45	合肥博微田村电气有限公司	1 159 623	电子变压器
46	深圳市京泉华科技股份有限公司	1 139 911	电子变压器
47	温州意华接插件股份有限公司	1 215 024	电接插件
48	深圳市和宏实业股份有限公司	1 067 170	电接插件
49	杭州日月电器股份有限公司	1 276 148	电接插件
50	深圳市凯中精密技术股份有限公司	1 384 091	微特电机换向器
51	深圳市麦捷微电子科技股份有限公司	1 441 337	电感器、LTCC 射频器件、LCM 模组
52	南通海星电子股份有限公司	960 243	电极箔
53	三友联众集团股份有限公司	1 017 750	继电器
54	江西联创宏声电子股份有限公司	1 057 032	耳机、微型电声器件
55	湖北瀛通通讯线材股份有限公司	721 688	电子线材、线缆组件、电声器件
56	合兴集团汽车电子有限公司	1 074 396	连接器
57	珠海蓉胜超微线材有限公司	905 378	电磁线
58	江西瑞声电子有限公司	471 891	电声器件
59	绵阳开元磁性材料有限公司	957 226	磁性元件
60	金龙控股集团有限公司	853 478	微特电机
61	中国振华（集团）新云电子元器件有限责任公司	866 383	钽电解电容器
62	株洲宏达电子股份有限公司	469 617	钽电解电容器
63	深圳市海光电子有限公司	840 220	电子变压器
64	宁波科宁达工业有限公司	819 722	永磁元件
65	深圳可立克科技股份有限公司	909 984	电子变压器
66	浙江万马天屹通信线缆有限公司	869 356	光电线缆
67	山东国瓷功能材料股份有限公司	1 217 620	电子陶瓷粉料
68	四川九洲线缆有限责任公司	4 291 151	光电线缆
69	江苏华威世纪电子集团有限公司	1 201 326	铝电解电容器
70	苏州华之杰电讯股份有限公司	622 582	电接插元件
71	深圳市宇阳科技发展有限公司	691 031	多层片式陶瓷电容器
72	湖北泰晶电子科技股份有限公司	539 965	石英晶体器件

续表

总排名	企业名称	2017年主营业务收入（千元）	主营产品
73	陕西华达科技股份有限公司	666 598	连接器
74	福建火炬电子科技股份有限公司	420 943	多层片式陶瓷电容器
75	扬州升达集团	685 235	电极箔、电容器
76	杭州微光电子股份有限公司	555 549	微特电机
77	安费诺商用电子产品（成都）有限公司	490 446	连接器
78	东莞市大忠电子有限公司	594 731	电子变压器
79	常州祥明智能动力股份有限公司	481 350	微特电机
80	宁波碧彩实业有限公司	602 336	薄膜电容器
81	四川安和精密电子电器有限公司	402 268	微特电机
82	宁波福特继电器有限公司	459 353	继电器
83	四川华丰企业集团有限公司	522 140	连接器
84	北京元六鸿远电子科技股份有限公司	734 223	多层瓷介电容器
85	山东共达电声股份有限公司	767 909	电声器件
86	苏州瑞可达连接系统股份有限公司	420 364	连接器
87	上海埃斯凯变压器有限公司	486 650	电子变压器
88	嘉兴佳利电子有限公司	459 431	微波介质器件
89	深圳市创益通技术股份有限公司	278 976	连接器
90	汕头高新区松田实业有限公司	329 540	陶瓷电容器等
91	深圳市金洋电子股份有限公司	563 563	连接器
92	森霸传感科技股份有限公司	178 104	光电传感器
93	广东百圳君耀电子有限公司	390 237	电子保护元器件
94	杭州航天电子技术有限公司	368 996	连接器
95	中电科技德清华莹电子有限公司	348 890	声表面波器件
96	宁波天波港联电子有限公司	301 036	控制继电器
97	深圳振华富电子有限公司	300 218	片式电感器
98	广东惠伦晶体科技股份有限公司	327 248	石英晶体器件
99	江苏江佳电子股份有限公司	298 970	压电陶瓷器件
100	肇庆华锋电子铝箔股份有限公司	439 484	电容器用电极箔

注：表1～表3数据来源于中国电子元件行业协会信息中心。

[撰稿：古群　王威伟　娄龙　审稿：乔跃山]

电子信息材料行业

【概况】 2017 年，电子信息材料行业发展总体状况向好，全年销售收入增长 17%，销售额 4 030 亿元。

【半导体硅材料】 在半导体晶圆产业快速发展带动下，为半导体芯片配套的电子材料产业取得长足进步，研发和产业投入增加，人员结构改善，销售收入稳步增长，中低端产品严重过剩局面得到改善，中高端产品不断涌现。据中国电子材料行业协会统计，2017 年中国区熔级单晶硅产能下降到 88 吨，整体产量与 2016 年基本持平；直拉单晶硅产能约 1 700 吨；6 英寸硅抛光片产能 1 731 万片，产量 1 247 万片，8 英寸硅抛光片产能 206 万片，产量 108 万片；6 英寸硅外延片产能 660 万片，产量 583.5 万片，8 英寸硅外延片产能 263 万片，产量 203 万片。12 英寸硅片基本依赖进口，上海新昇半导体科技有限公司 12 英寸大硅片测试片自 2017 年第二季度开始销售，月销售 2 万片左右。

【宽禁带半导体材料】 碳化硅（SiC）等宽禁带半导体材料成为全球高技术领域竞争战略制高点之一，也是国际半导体集成电路、功率器件及第三代半导体材料领域研究发展热点。北京天科合达半导体股份有限公司 2017 年重点新产品 6 英寸碳化硅晶体及晶片已经上市销售，2 ~ 4 英寸碳化硅晶片合计年产能 5.15 万片，6 英寸碳化硅晶片年产能 1 500 片；山东天岳先进材料科技有限公司 N 型碳化硅衬底年产能 10 万片，产能规模居中国首位；北京世纪金光半导体有限公司 4 英寸碳化硅单晶年产能 4 万片，4 英寸碳化硅外延片年产能 5 000 片。

【电子级多晶硅】 黄河上游水电开发有限责任公司新能源分公司电子级多晶硅年产销量 2 000 吨，产品在 8 英寸硅片生产中年用量近 300 吨，其他销往高效太阳电池片用户，已形成商业销售。江苏鑫华半导体材料科技有限公司电子级多晶硅产能 5 000 吨，1 000 吨销往高效太阳电池片用户，进入集成电路硅片生产用户市场指日可待。中国生产的电子级多晶硅产品品质还未完全达到国际高端产品水平，产品质量稳定性还需进一步提升，成本还有待进一步下降。

2017 年全球多晶硅需求量 44.4 万吨，其中太阳能级多晶硅需求量 41.4 万吨、电子级多晶硅需求量 3 万吨，中国电子级多晶硅需求量 0.3 万吨。全球多晶硅供应量 43.9 万吨，其中中国多晶硅供应量 24 万吨，占比达 54.67%，国产电子级多晶硅供应量不足 0.1 万吨。中国集成电路硅片应用的电子级多晶硅仍以进口产品为主。

【引线框架】 2017 年中国铜引线框架市场规模 77.54 亿元，框架产量 9 000 亿只，需要电子铜带约 10 万吨。铜带材料总产量 10 ~ 13 万吨，铜带和框架均有所增长，铜材产量增长较快，铜基框架产销较 2016 年增长约 7%。铁镍基合金材料产量约 1 000 吨，铁镍基合金框架产量约 900 亿只。

【塑封料】 2017 年，中国从事塑封材料生产的企业约 10 家，总产能 7 万吨，销量约 5 万吨。主要企业有江苏中鹏电子有限公司、连云港衡所华威电子有限公司、江苏华海诚科新材料股份有限公司等。

【键合丝】 2017 年，中国从事键合丝生产的企业 8 家，产销量 129.67 亿米。主要品种是金线、铜线、钯铜线、银及合金线、铝线。主要生产企业有山东鲁鑫贵金属有限公司、北京达博有色金属焊料有限责任公司、宁波康强电子股份有限公司等。

【覆铜板材料】 在原材料涨价的形势下，2017 年覆铜板行业（包括覆铜板和商品半固化片）销售收入增长

30.3%，达到 593 亿元，运行态势良好。2017 年各类覆铜板总产能突破 8.3 亿平方米；总产量 59 084 万平方米，同比增长 5.1%；市场对覆铜板需求量 57 137 万平方米，同比增长 0.8%；总销售量 58 269 万平方米，同比增长 0.7%；销售收入 510.7 亿元，同比增长 28.5%。

2017 年商品半固化片（多层印制电路用粘结片）产量 53 565 万米，销量 51 422 万米，销售收入 82.3 亿元产销量和销售收入较上年都有较大幅度增长。

2017 年中国覆铜板行业总体上取得营业收入大增、营业利润大增、营收利润率提高、能耗降低的好成绩，但产能过剩问题依然存在，环保达标排放任务艰巨，产业结构调整仍需大力推进。

【电子铜箔材料】 电子铜箔是制造覆铜板和锂离子电池负极的重要材料，按生产方式可分为电解铜箔和压延铜箔。2017 年，中国铜箔行业经济运行延续 2016 年市场需求上升趋势，全行业产销两旺，各铜箔企业均取得良好经济效益。

2017 年中国电解铜箔产能（含外资在中国投建企业产能，下同）376 462 吨，同比增长 14.4%；产量 336 889 吨，同比增长 15.5%；销售量 335 462 吨，同比增长 15.3%；销售收入 265.3 亿元，同比增长 30.9%。

2017 年中国压延铜箔业迎来利好发展机遇，压延铜箔企业经营效益有较大提升。中国压延铜箔产量 7 023 吨，同比增长 96.2%；销售量 6 941 吨，同比增长 98.9%；销售收入 7.7 亿元，同比增长 154.3%。销售收入增长远大于销售量增长。

2017 年中国电子铜箔行业经济运行是有史以来效益最好的一年，也是新上项目最多的一年。虽然中国电子铜箔全行业技术进步很大，但在高档、特殊电子电路用电解铜箔和高档压延铜箔生产供应上，中国内资企业与海外先进企业相比，在生产规模和产品水平上都存在很大差距。

【电子陶瓷材料】 2017 年电子陶瓷材料产量 5 920 吨，同比提高 4.93%；销量 5 641 吨，同比提高 4.99%；出口量 971 吨，同比提高 10.59%；销售收入 2.76 亿元，同比增长 7.26%；利润 4 098 万元，与 2016 年基本持平（主要由于稀土材料价格上涨）。其中圆片瓷粉产量和销量与上年基本持平，MLCC 瓷粉产量和销量提高近 5%。

【锡焊料】 2017 年，锡材消费迎来快速增长期，锡价格维持在高位震荡。外需扩张提高中国生产商积极性，中国精锡关税政策取消，云南锡业公司锡精矿加工贸易对精锡产量也产生较大影响。中国有 4 家精锡生产企业进入 2017 年全球十大精锡生产商排名，云南锡业公司排名第一，这是自 2005 年以来，云南锡业公司连续 12 年排名全球第一。云南乘风有色金属股份有限公司排名第四，广西华锡集团排名第七，个旧自立矿冶有限公司排名第十。

全球电子行业企稳回升提振中国对锡的需求。虽然电子产品倾向于小型化，但单一设备元部件增多使得电子锡焊料消耗总量并未显著下滑，2017 年电子锡焊料行业用锡量依然保持稳定，且有小幅增长。2017 年中国锡焊料行业总产量约 15 万吨，其中锡丝产量 4.24 万吨，锡条（含带、条、棒、球等）产量 8.15 万吨，锡粉产量约 1.4 万吨（其中无铅锡粉占比约 50.58%），锡膏产量约 1.6 万吨（其中无铅锡膏占比 74% 左右）。

【压电晶体材料】 2017 年，压电晶体材料行业整个产业链都供不应求，固定资产投资力度大于往年，扩产扩线比比皆是。压电晶体材料市场规模较大的为压电人造水晶材料。2017 年，随着智能整机增量，晶体元器件需求迅速增加。水晶材料（压电、光学）进口量和国产量都翻倍增长；石英晶体材料光学片市场需求也在增大，提高精度、增加产量是各厂家主要任务。

【磁性材料】 2017 年，磁性材料行业缓慢复苏。中国磁性材料产业主要由钕铁硼永磁、永磁铁氧体和软磁铁氧体几大板块构成。

2017 年，全球钕铁硼总产量 14.6 万吨左右，其中，中国钕铁硼产量 13 万吨左右，全球占比 89%。就具体品种看，烧结钕铁硼材料占据钕铁硼主要市场，占 94% 左右。

2017 年，中国永磁铁氧体产量 80 万吨，其中烧结永磁铁氧体约 58 万吨。2013—2017 年 5 年期间，中国永磁铁氧体产量全球占比超过 70%。尽管中国铁氧体磁性材料产量增长较快，并且在多个应用领域占据世界领先位置，但是从产值看，中国产品附加值明显偏低。

2017 年，中国软磁铁氧体材料（含料粉）产量约

39万吨，全球占比65%。截至2017年年底，中国从事软磁铁氧体生产的企业约230家，初具规模的企业约110家。大多数企业生产规模500吨/年，1 000吨/年以上的企业约80家，约10家企业能达到上万吨年产能。软磁铁氧体生产企业主要集中在浙江和江苏等长江三角洲一带，软磁铁氧体产量占全国产量53%；华南地区约50家，占全国软磁铁氧体产量17%；四川、重庆等西部地区约30家，占全国软磁铁氧体产量8%；山东、山西25家，占全国软磁铁氧体产量7%；陕西、河南、湖北、安徽23家，占全国软磁铁氧体产量9%；华北地区35家，占全国软磁铁氧体产量6%。

【电子化工材料】 2017年中国对湿电子化学品需求量较大的领域包括平板显示（占41%）、半导体（占32%）、太阳能电池（占27%）。平板显示加工领域需求量较大的湿电子化学品主要是剥离液和蚀刻液，未来几年平板显示产业在中国迅速发展，将带动面板制造中湿电子化学品需求快速增长；半导体晶圆加工领域需求量较大的湿电子化学品主要是硫酸、双氧水、显影液、氨水、氢氟酸，随着新建12英寸集成电路产线逐渐建成投产，湿电子化学品需求也会稳步增长；晶硅太阳能电池片加工领域需求量较大的湿电子化学品主要是氢氟酸、硝酸、盐酸、氢氧化钾，中国太阳能电池片生产规模逐渐增大，湿电子化学品需求量也稳步增长。

电子特种气体主要包括半导体用、平板显示用、光伏太阳能电池用电子特种气体。2017年中国平板显示用电子特种气体市场规模25亿元；半导体用电子特种气体市场规模约30亿元；光伏太阳能电池用电子特种气体市场规模9.5亿元。

2017年中国半导体、平板显示、PCB三大领域用光刻胶市场规模合计86亿元。其中，半导体领域用光刻胶市场规模14亿元，占16%；平板显示领域用光刻胶市场规模47亿元，占55%；PCB领域用光刻胶市场规模25亿元，占29%。

【平板显示用主要材料】 在下游平板显示面板技术提升及市场快速增长利好形势下，本土企业加大技术研发力度，配套能力取得较好发展，中小尺寸面板用本土材料平均配套能力达到60% ~ 65%。

【科研与新产品】 安集微电子科技（上海）股份有限公司研发生产的二氧化硅化学机械抛光液（AEP D2000系列产品）主要用于集成电路制造抛光制程中隔层电介质（ILD）、金属层电介质（IMD）等隔离介质材料二氧化硅膜的抛光平坦化。产品在多家集成电路制造企业生产线上批量使用，可满足多个技术节点制程需求，并能够较好满足不同芯片制造商间不同工艺要求。

北京科华微电子材料有限公司研发的KMP DK1080深紫外正性光刻胶，是基于化学放大机理的248纳米正性光刻胶，针对超大规模集成电路制造中离子注入工艺开发，其特点是可以有效抑制基片上的反射光，消除由反射引起的驻波效应，提高工艺宽容度。

南京国盛电子有限公司研发的碳化硅MOSFET用外延片，外延参数达到国际同类产品水平，产品性能完全满足MOSFET器件对于低缺陷密度外延材料的需求。产品降低衬底缺陷影响、优化C/Si比及反应温度、复合缓冲层设计、优化硬件配置。尤其是在SiC MOSFET开发与应用方面，与相同功率等级Si MOSFET相比，导通电阻、开关损耗大幅降低，适用于更高工作频率，另由于其高温工作特性，大大提高高温稳定性。

昆山艾森半导体材料有限公司研发的GCT ECU 312系列铜蚀刻液，蚀刻均匀性好，降低侧蚀现象，而且不会形成泡沫，稳定性好。GCT ECU 312系列产品主要应用于半导体先进封装及中高端集成电路芯片制造行业，主要客户有中芯长电、晶方、长电科技、富士通等。

北京达博有色金属焊料有限责任公司研发的HS1、HSG1键合银丝，改良配方和熔铸工艺，改进表面处理技术、防氧化覆层技术、金银分离技术，大大提高产品性能。

广东华特气体股份有限公司研发的稀混光刻气，采用稀混光刻气（Kr/Ne、Ar/Xe/Ne等）作为曝光光源，输出光波波长短、强度高，数个脉冲就可以完成图形曝光要求。其创新点是高效混合气配制装置及使用该装置的配气系统设备简单，操作安全有效，保障混合气配制的精确度和精密度，同时极大减少气体产品浪费，减少大量人工，节约生产成本，符合半导体行业使用要求。

有研半导体材料有限公司研发的200mm低微缺陷（low COP）硅片，严格控制百纳米尺度的晶体微缺陷数量，减少栅氧化物完整性（GOI）受严重破坏、PN结漏电、槽型电容短路或绝缘失效等可能性，提高集成电路制造成品率，满足基于 0.13 ~ 0.11 微米集成电路制程对小尺寸 COP 敏感的 MCU（微控制器）、NOR Flash（与或闪存）存储器、CIS（互补金属氧化物半导体图像传感器）等高端集成电路要求。产品已供上海华虹宏力、中芯国际、美国 Cypress 及 Microchip 等作陪片应用，2016 年、2017 年两年累计销售 27.8 万片，销售收入 4 123 万元，含出口创汇 800 余万元。

上海新阳半导体材料股份有限公司研发的干法蚀刻清洗液 SYS9050，操作温度低，能够在较短时间内将干法刻蚀过程侧壁形成的聚合物清洗干净，同时将金属表面氧化层去除；与 Cu、Al/Cu、W、Ti、TiN、SiN、SiON 等具有良好的兼容性，经处理后芯片表面不会出现过腐蚀现象；产品超纯超净；残留物清洗效果明显；绿色环保，研发、生产过程无工艺三废产生；能耗低，相对传统工艺降耗 50%；工艺先进，兼容满足 130/110 纳米、90/65/45 纳米、32/28 纳米工艺制程要求等。产品获得中芯国际上海、北京工厂正式订单，并在其他产线开展验证工作。

【统计数据】

表 1　2017 年中国电子信息材料产业中主要产品销售收入情况

产品名称	2015 年	2016 年	2017 年	
	销售收入（亿元）	销售收入（亿元）	销售收入（亿元）	增长率（%）
多晶硅	157.0	212.0	271.4	28.0
太阳能电池用硅片	354.0	407.1	476.3	17.0
微电子用单晶硅	66.1	79.1	94.9	20.0
半导体封装材料	379.0	398.1	418	5.0
电子精细化工材料	315.0	359.1	423.7	18.0
PCB 用覆铜板	340.6	397.4	510.7	28.5
电子铜箔	140.0	197.2	273	38.4
电子锡焊料	351.3	380.0	402.8	6.0
磁性材料	365.0	390.0	413.4	6.0
压电晶体材料	111.0	113.2	114.3	1.0
光纤材料	93.0	120.0	156	30.0
平板显示主要材料	238.4	295.6	369.5	25.0
其他电子信息材料	71.0	89.1	106.9	20.0
合计	2 981.4	3 437.9	4 030.9	17.2

注：表 1 数据来源于中国电子材料行业协会，磁性材料不含磁性材料器件，压电晶体材料含压电晶体器件。

［撰稿：袁桐　徐东华　审稿：乔跃山］

光学光电子行业

【概况】 2017年，中国光学光电子行业总体发展良好，细分的激光、红外、光学元器件、LED、光电显示等行业均实现10%左右增长。行业格局呈现“两极分化，强者恒强”形势，骨干企业和龙头企业发展势头强劲，资本优势主导下的资源优化重组和行业发展拉动作用明显，规模大的行业龙头通过并购整合不断发展壮大。

【主要经济指标】 据中国光学光电子行业协会统计，2017年行业销售收入、利润、税金均增长10%以上。行业总体规模超过1万亿元（不包括光通信行业、光电显示下游以及光伏行业）。细分行业中，光电显示行业产业规模最大，LED次之，由于激光应用领域不断拓展，激光行业成为未来最有潜力的光电细分领域。

行业投资有所放缓。2017年，LCD和OLED显示面板领域新增投资约1 160亿元，同比下降57%。其中，LCD显示面板投资1 072亿元，占比92%，同比下降54%；显示上游材料及装备投资约88亿元，占比约8%，同比下降75%。截至2017年年底，已量产LCD显示面板产线30条，总投资额约4 540亿元；已知在建产线共计15条，其中包括TFT-LCD产线9条、AMOLED产线6条，总投资额约4 860亿元。

【企事业单位】 2017年，中国光电企事业单位超过1万家，其中超过70%集中在珠三角、长三角及华中等经济发达地区；70%左右为企业，30%左右为科研院所、事业单位；LED行业企业最多，超过50%，其次为激光及光学企业，约占30%，LED及OLED等光电显示企业数量最少，但是产业规模最大；从事光电相关生产及科研的企业占比最大，超过70%。

【从业人员】 据不完全统计，中国光电行业直接从业人员超过100万人，由于光电行业的高科技属性，从业人员中大学本科及以上学历占比35%左右。

【激光行业】 2017年，中国激光产品（包括激光晶体材料、各类激光器件以及激光加工制造、激光检测及医疗等应用产品）总产值约330亿元，增长约20%。

【LED行业】 2017年，LED下游应用市场需求不断扩大，带动中上游LED芯片及封装行业蓬勃发展，LED上中下游基本上都处于国际领先地位。中国成为世界上最大LED芯片生产国、LED封装器件生产基地、LED显示屏及LED照明生产及出口国。

2017年，中国LED行业整体产值6 343亿元，同比增长24.9%，增速较前两年显著回升。其中外延芯片环节产值210亿元，同比增长27%；封装环节产值915亿元，同比增长24%；应用环节产值5 218亿元，同比增长25%。

2017年，LED行业下游的LED显示应用市场总体销售规模428亿元，较上年增长28%，涨幅较大。

LED芯片制造、封装技术的发展和电子信息技术不断进步，推动LED显示应用产品和市场快速发展，产品构成日臻完善，应用市场不断拓展。由于小间距产品特别是户内小间距产品继续爆发式增长，户内户外显示屏产品各占半壁江山的局面发生变化，2017年户内显示屏市场份额所占比重超过户外，占64%。

全国各类从事LED显示应用业务的企业800~1 000家，其中具有一定规模且具备一定技术研发、生产和工程实施能力的企业500家左右。据不完全统计，2017年中国LED显示应用产业从业人员4.8万人左右，其中管理人员占10%左右，科技人员约占22%，生产工人等占50%左右。从业人员总体规模有所下降，产品标准化和生产自动化程度提高减少了管理人员和工人占比，小间距时代科技人员占比有所提高。

【光学元器件行业】 2017年，中国光学元器件市场继续增长，市场规模660亿元，比上年增长30%以上。

其中上游光学材料市场规模缓慢增长至 28 亿元，中游光学元器件市场规模大幅增长至 532 亿元，下游光学仪器市场规模 100 亿元。虽然数码相机、摄像机等传统光学市场份额持续萎缩，但是新兴光学下游行业如智能手机、安防监控、车载镜头、虚拟现实、运动 DV、无人机及家用投影机对光学元器件需求持续增长，并逐步取代相机等行业，成为新的光学下游市场龙头。

【红外行业】 2017 年，中国红外民用市场规模约 100 亿元，同比增长 10%。红外热像仪在民用市场应用快速增长，主要源于应用领域不断扩大，除传统的电力、防火领域外，生产质量控制、车载仪器等行业应用推广增幅明显。随着非制冷红外技术的发展，红外与智能家居、智能汽车、物联网、无人驾驶等技术融合发展将孕育出更为广阔的市场空间。中国有近 10 家主营红外产品的上市公司。

【光电显示行业】 据中国光学光电子行业协会统计，2017 年，中国光电显示上游及中游实现营收 2 758 亿元，同比增长 37%。其中，显示面板营收 1 998 亿元，上游材料营收 700 亿元，上游装备营收 60 亿元。显示面板企业营收绝大部分来自 TFT-LCD 面板，2017 年中国 TFT-LCD 面板营收约 1 936 亿元，全球占比 36%，位列全球第一。光电显示下游由于涉及显示器、电视、监视器、平板、手机等众多消费品，跨行业且偏向消费品，故不予统计。

显示面板出货面积 6 900 万平方米，同比增长 19%。其中，TFT-LCD 面板出货面积 6 856 万平方米，全球占比 35.7%。

【科技进步与应用】 2017 年，LED 行业 EMC（Epoxy Molding Compound，环氧模塑料封装）、COB（Chips on Board，板上芯片封装）、Flip chip（倒装，又称覆晶封装）、CSP（Chip Scale Package，芯片级封装）等新兴封装技术层出不穷。CSP 进入通用照明市场，佛山市国星光电股份有限公司、深圳市立洋光电子股份有限公司、中山市立体光电科技有限公司等多家 LED 封装企业推出 CSP 照明新品。SMD 封装专业化程度更高，COB 小间距 LED 产品持续增长，基于倒装芯片的单像素表贴三合一 LED、像素多合一 LED 集成封装技术、单像素三合一 LED 以及 COB 技术集成封装模块技术、AOB 技术、GOB 技术大量涌现。先进倒装 LED 封装方法使得单像素表贴三合一 LED 的封装尺寸 <0.4mm 成为可能，同时，共晶焊制程（无键合线、无银胶）提高了 LED 器件信耐性，LED 显示屏毛毛虫现象有望得到大大改善。

激光钕玻璃产业化制备获重大突破。中科院上海光学精密机械研究所胡丽丽团队经过 12 年攻关，成功实现大尺寸高性能稀土激光钕玻璃批量化生产，中国成为世界上第二个掌握该技术的国家。

【重点项目】 2017 年 4 月，天马第 6 代 LTPS AMOLED 产线（G6 LTPS AMOLED）在武汉成功点亮刚性和柔性 AMOLED 产品，成为中国第一条成功点亮的第 6 代 AMOLED 产线，同时也是全球第一条同时点亮刚性和柔性显示屏的第 6 代 AMOLED 产线。

2017 年 4 月，海信集团与中国电子技术标准化研究院共同牵头起草中国激光电视行业第一个国家电子行业标准《激光电视机技术规范》。

2017 年 1 月，木林森股份有限公司（简称木林森）投资 10 亿元建设“新余 LED 照明配套组件项目”，拟在江西新余高新区新建一个 LED 显示屏照明板和 LED 室内照明板生产基地；3 月，木林森以 40 亿元购买和谐明芯（义乌）光电科技有限公司（简称明芯光电）100% 股权，明芯光电间接持有全球照明巨头 LEDVANCE 公司 100% 股权；同月，木林森与江西省吉安市井冈山经济技术开发区管理委员会签署《木林森覆铜板生产项目合作框架协议》，计划总投资 30 亿元建设覆铜板生产项目。

2017 年 6 月，易美芯光（北京）科技有限公司高品质 LED 器件模组项目落户南昌高新区，预计总投资 20 亿元，首期拟建 300 条封装及模组线，达产后预计新增年产值过 10 亿元。

2017 年，世界上分辨率最高的 LED 显示屏落户深圳市龙岗区智慧运行中心投入使用，应用的是深圳市艾比森光电股份有限公司 1.2mm 小间距产品，面积 166.9 平方米，整屏超过 1 亿像素，相当于 12 个 4K 的超高清分辨率，为世界上分辨率最高的 LED 显示屏之一。

【进出口贸易】 据海关总署统计，2017 年中国共进口液晶显示板 24 亿片，进口额 301.3 亿美元，同比分别下降 0.2% 和 5.1%；全年共出口液晶显示板 19.34 亿片，同比增长 1.6%，出口额 256.36 亿美元，同比下降 0.4%。进出口逆差 44.95 亿美元，同比减少 25.2%。

全年累计进口用于制造显示面板的设备 1.29 万台，进口额 70.94 亿美元，同比分别增长 233.5% 和 66.8%。

2017 年，中国 LED 显示屏出口总额约 16.8 亿美元（折合人民币近 105 亿元），2012—2017 年年均增幅 22%。骨干企业出口占比逐年提升，深圳市洲明科技股份有限公司 2017 年 LED 显示产品海外销售收入 16.06 亿元，占公司 LED 显示屏销售收入 60.54%；深圳市艾比森光电股份有限公司 2017 年海外销售收入 12.67 亿元，占公司 LED 显示屏销售收入 82.08%；利亚德光电股份有限公司海外营业收入 23.64 亿元，营收占比 36.53%。小间距 LED 显示屏的崛起引领全球 LED 显示屏应用发展新一轮热潮，市场呈现高度火爆局面，预计在未来仍可保持较高增长，形成新的海外市场，显示屏正迎来海外市场开拓的巨大机遇。

【存在问题】 光电材料以及芯片等关键环节基础研究薄弱、关键装备不能自给，高性能激光芯片、红外探测器、高性能通信用光纤及材料、外延设备等均大量依靠进口。如果关键材料、设备的进口受到影响，将会大幅影响光电行业中下游。中国 LED 行业，封装行业利润较低，中小企业生存状态堪忧。

【统计数据】

表 1　2017 年中国主要光学元件企业营收情况

企业名称	2017 年营业收入（其中光学业务收入）（亿元）	同比增长（%）	2017 年净利润（亿元）	同比增长（%）
舜宇光学科技（集团）有限公司	223.7	53.1	29	128.3
欧菲光集团股份有限公司	338（光学 123）	26.33	10.28	43
合力泰科技股份有限公司	152（光学 10.2）	28	13	49
丘钛科技（集团）有限公司	79.39（光学 59）	59.1	4.36	128.7
联创电子科技股份有限公司	50.5（光学 6.5）	70	2.96	40.72
高伟电子控股有限公司	47	-19	1.75	-3
北方光电股份有限公司	18.9（光学 5.28）	-14.7	0.44	50
浙江水晶光电科技股份有限公司	21.46	27.71	3.56	40.22
成都光明光电股份有限公司	14.6	1.56	-0.85	-437
中山联合光电科技股份有限公司	9.34	27.4	0.82	9.56
利达光电股份有限公司	9.13	10.74	0.18	11.68
凤凰光学股份有限公司	7.94	6	0.34	129
东莞市宇瞳光学科技股份有限公司	7.7	32.5	0.69	10
湖北五方光电股份有限公司	6.24	37	1.68	22
宁波永新光学股份有限公司	5.14	22.09	1.07	24.42
广州市晶华精密光学股份有限公司	5.3	1.11	-0.34	-242.99
长春奥普光电技术股份有限公司	3.68	7.78	0.38	-27
江苏宇迪光学股份有限公司	2.94	1.8	0.32	0

表 2　2017 年中国主要经营红外产品上市公司营收情况

企业名称	2017 年营业收入（亿元）	同比增长（%）	2017 年净利润（万元）	同比增长（%）
武汉高德红外股份有限公司	10.1	25	4 196	–25
湖北久之洋红外系统股份有限公司	3.1	–34	4 454	–68
浙江大立科技股份有限公司	3.01	–11	3 016	–9
北京康拓红外技术股份有限公司	2.95	4	7 176	6
山东神戎电子股份有限公司	1.67	–6	667	–60
浙江兆晟科技股份有限公司	0.9	13	2 072	–5.9
上海热像机电科技股份有限公司	0.46	68	–178	–369

注：表 1 ~表 2 数据来源于各公司年报。

［撰稿：程慧云　洪震　胡春明　刘育青　王琳　审稿：王威伟］

汽车电子行业

【概况】　中国汽车电子行业收入和利润增长稳健。据智研咨询数据，2017 年中国汽车电子行业整体收入 2 338 亿元，较上年增长 27.99%。选取汽车电子业务收入占比超过 80% 的企业为样本计算，行业整体净利润 66 亿元，较上年增长 9.63%。其中，车联网和汽车安全驾驶辅助系统是汽车电子未来发展两大高地。

随着 AI 技术、移动互联网技术以及电子技术的发展，相关新技术逐步在汽车领域渗透。智能化、电子化以及网联化将成为未来 5 年汽车行业主要发展方向，传统汽车电子领域将迎来新一轮技术升级换代，ADAS、汽车芯片、车载毫米波雷达、人机交互等设备及功能迎来新的产业升级机遇，汽车电子供应商及产业链相关企业将从本轮技术升级中获得确定性成长。

【市场分析】　汽车电子在整车成本中占比逐步提高，在各类整车成本中占比分别为：紧凑型轿车 15%、中高档轿车 28%、混动轿车 47%、纯电动轿车 65%。随着混动、纯电动等新能源汽车产量逐渐增加，2020 年有望达到汽车电子平均占整车成本 50% 以上。在汽车整车市场高速发展和汽车电子技术渗透率不断提高刺激下，中国汽车电子市场规模持续扩大。据智研咨询数据，2017 年国内汽车电子市场总规模 5 400 亿元，同比增长 16.1%，2019 年中国汽车电子市场规模将近千亿美元。

中国车联网渗透率呈上升趋势。据中国联通预计，2020 年全球联网汽车总量将达 2.2 亿辆，中国车联网用户将超 4 000 万，渗透率将由 2017 年的 8.3% 提至 2020 年的 22%。2017 年中国车联网市场规模 114.4 亿美元，预计 2020 年中国车联网市场规模将达 338.2 亿美元。

根据技术条件和产业化发展阶段，目前处于辅助驾驶向半自动驾驶推进阶段，ADAS 作为过渡产品预计将率先普及商业化。受益于各国监管机构对主动安全技术的要求及推动，业内主要厂商在研发上大量投入，以降低 ADAS 成本，提高采用率，预计中国 ADAS 市场将呈现指数级增长。相关 ADAS 产品渗透率提升很快，据赛迪咨询数据，渗透率排名前三的 ADAS 产品分别为 BSM、AEB、PDS，2017 年在全球的渗透率分别为 18.0%、16.0%、15.5%，在中国的渗透率分别为 12.1%、10.0%、9.0%。预计未来随着技术进步和规模化生产带来的成本下降及政策的大力推动，ADAS 渗透率将持续提升。中国整车产销量的持续增长和 ADAS 的较低渗透水平为 ADAS 提供了广阔的市场空间。2017 年中国 ADAS 市场规模 272 亿元，预计 2020 年中国 ADAS 市场规模将达 963 亿元。

中国车载信息系统市场规模巨大，2017 年智能驾驶领域市场规模超过 1 200 亿元，其中智能导航市场 657 亿元，自主驾驶市场 635 亿元。预计 2018 年起，智能驾驶系统领域市场增长率保持在 25% 左右，2020 年市场规模将达 2 500 亿元。

【技术发展趋势】 主动安全技术普及率快速上升。主动安全技术通过传感器和行车电脑 ECU 的计算，主动帮助司机完成避障、刹车、预警和辅助停车等功能，对消费者吸引力大幅提升。

车载娱乐和交互功能快速渗透，中控屏越来越大。特斯拉的问世带动大尺寸中控屏风潮，其采用 17 英寸大屏幕取代传统中控按键，节省设计成本，简化生产组装工序。随着触摸屏成本下降，中控屏普及程度日益上升，单价在 10 万元以下的车型也开始配备。

车载娱乐和交互功能快速渗透，车载语音交互成为现实。高端车企和科技软、硬件巨头均开展相关研究，以宝马、四维图新、搜狗（与博世合作）为代表的车内语音助手都有初步成果问世。在高端车型上，语音识别已经与 AI 相结合，带动车内语音助手向类似 Siri 的方向发展。随着联网、算法、车内降噪功能等进一步发展，语音输入和输出将成为车内交互最主流的技术。

芯片代工潜力突出，分立器件企业机会显现。中国 Tier3 层级的电子厂商潜力突出，是汽车电子产业链中少数具有一定竞争力的子行业。近年来中芯国际集成电路制造有限公司在晶圆制造领域稳居全球第五。而封测代工厂领域，江苏长电科技股份有限公司、华天科技（西安）有限公司以及南通富士通微电子股份有限公司在业内具备一定竞争力。在核心汽车电子芯片设计领域，中国本土力量仍然较为薄弱，市场为国外巨头垄断。分立半导体器件方面，在新能源产业发展驱动下，相关功率半导体厂商纷纷投入研发。在车载功率二极管方面，江苏云意电气股份有限公司具有相当竞争力；绝缘栅双极型晶体管（IGBT）方面，吉林华微电子股份有限公司、株洲中车时代电气股份有限公司、比亚迪股份有限公司等厂商具有一定实力。

毫米波雷达成本降低，在汽车领域应用将更为广泛。智研咨询发布的《2016—2022 年中国毫米波雷达行业市场供需预测及投资战略研究报告》显示，至 2020 年，预计全球车载毫米波雷达出货量可达 7 200 万颗。随着汽车智能化程度及主动安全功能的提升，汽车毫米波雷达的需求向高精度发展，一些高端车型雷达系统正在从 24GHz 向 77GHz 升级。

【进出口贸易】 据海关总署统计，2017 年中国汽车电子产品进口额 28.02 亿美元，同比增长 5.54%；出口额 95.45 亿美元，同比下降 8%。

【政策与法规】 2017 年 4 月，工业和信息化部、国家发展和改革委员会、科技部联合印发《汽车产业中长期发展规划》，明确要推进智能网联汽车技术创新，着力推动关键零部件研发，重点支持传感器、控制芯片、北斗高精度定位、车载终端、操作系统等核心技术研发及产业化，完善测试评价体系、法律法规体系建设。

2017 年 12 月，工业和信息化部、国家标准化管理委员会联合发布《国家车联网产业标准体系建设指南（智能网联汽车）》，确立智能网联汽车标准体系建设的指导思想、基本原则和建设目标，按照智能网联汽车技术逻辑结构、产品物理结构相结合的构建方法，将智能网联汽车标准体系框架定义为“基础”“通用规范”“产品与技术应用”“相关标准”四个部分，同时根据各具体标准在内容范围、技术等级上的共性和区别，对四部分做进一步细分，形成内容完整、结构合理、界限清晰的 14 个子类，提出 99 项智能网联汽车领域标准项目。为全面推动智能网联汽车标准体系建设，全国汽车标准化技术委员会（TC114）成立智能网联汽车分技术委员会（SC34），负责标准体系建设的组织实施。

［撰稿：余雪松　审稿：乔跃山］

软件服务业

综 述

【概况】 2017年，中国软件和信息技术服务业步入转型调整期，与制造业深度融合成为主旋律，产业发展新兴动能持续拓展，以软件定义为驱动的数字经济蓬勃发展，产业生态体系加速构建和完善。同时，面临新的产业支持政策亟待出台、核心技术自主创新体系亟待构建、软件融合创新能力在行业及区域间存在较大差异、信息安全形势日益严峻、新型软件人才供给能力亟待提高等突出问题。

中国软件和信息技术服务业在制造业创新发展过程中发挥作用日益显著，两化深度融合大背景下，北京动力电池国家制造业创新中心、西安增材制造国家制造业创新中心和武汉国家信息光电子创新中心3家国家级制造业创新中心相继成立。互联网大企业通过市场化方式加快向社会开放提供优势平台资源和服务，腾讯云对外开放计算机视觉、语音识别、自然语言处理等能力，京东云推出专为人工智能打造的公有云GPU服务。安全可靠技术和产业联盟、信息技术新工科产学研联盟等15个产业联盟成立，产学研用创新合作模式，共同打造深度融合的生态环境。开源社区对产业发展支撑能力进一步加强，中日韩三国IT局长OSS会议召开，以“新技术驱动下的智能社会”为主题，加强三国开源软件产业合作与发展。“2017全球云计算开源大会”成功举办，以华为为代表的龙头企业积极参与并回馈全球主流云计算开源软件社区，与国际开源社区衔接互动不断加强，逐步构建形成创新的开放式、协作化、国际化开源生态。

【主要经济指标】 2017年，中国软件和信息技术服务业收入5.5万亿元，比上年增长14.2%。其中，信息技术服务业收入3.1万亿元，比上年增长17.3%。全行业实现利润总额8 755亿元，比上年增长33.5%，高出收入增速19.3个百分点。中国软件和信息技术服务业实现税收增长36.0%，高出全国税收增长率27.3个百分点。全国软件业实现出口541亿美元，同比增长8.3%，增速比上年提高7.3个百分点。全行业研发经费5 622亿元，研发经费占软件业务收入10.2%。全年软件著作权登记量突破70万件，比上年增长85%。

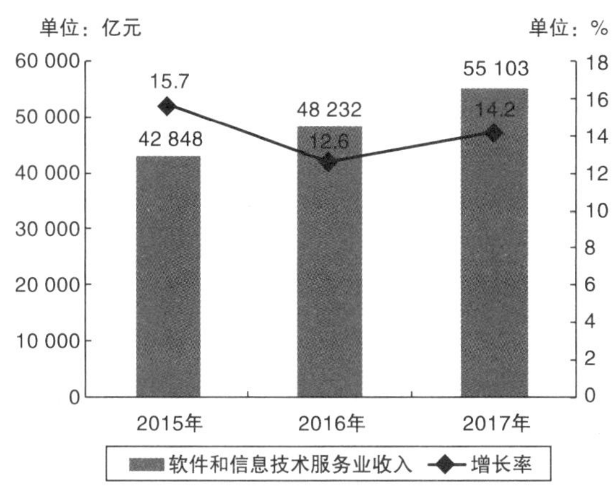

图1　2015—2017年中国软件和信息技术服务业收入增长情况

资料来源：工业和信息化部

【企事业单位】　2017年，中国软件和信息技术服务领域市场主体发展形成"创新+融合+生态"的新形式和新特点。截至2017年年底，列入工业和信息化部统计范围的企业34 895个。其中，副省级中心城市企业20 198个，在全国占比57.9%。中国软件名城城市企业14 879个，在全国占比42.6%。

【从业人员】　截至2017年年末，全国软件和信息技术服务业从业人员618万人，同比增长5.4%。其中，软件研发人员237万人，同比增长7.7%。全行业研发人员占从业人员比例38.3%。全年应付职工薪酬8 401亿元，同比增长21.5%。

【专业领域】　信息技术服务保持领先，产业继续向服务化、云化演进。2017年，全行业实现信息技术服务收入3.1万亿元，比上年增长17.3%。增速高出全行业平均水平3.1个百分点，占全行业收入55.5%。其中，云计算相关运营服务（包括在线软件运营服务、平台运营服务、基础设施运营服务等在内的信息技术服务）收入超过8千亿元，比上年增长16.5%。

软件产品平稳增长，支撑保障能力显著增强。2017年，全年实现软件产品收入1.7万亿元，比上年增长13%，占全行业收入30.8%。其中，信息安全和工业软件产品收入均超过1千亿元，分别增长14.0%和19.9%。随着核心关键技术的突破，软件产业正向构筑有力的产业基础、驱动工业智能化等方向迈进。

嵌入式系统软件加快向通信、医疗、交通、装备等各领域渗透，应用服务能力不断提升，成为产品和装备数字化改造、各领域智能化增值的关键性带动技术。嵌入式系统软件行业全年实现收入7 516亿元，比上年增长5.6%。支撑电子商务快速发展，电子商务平台技术服务收入比上年增长30.3%；助力集成电路产业发展，集成电路设计服务收入比上年增长15.6%。

【区域发展】　东部地区稳步发展，中西部地区加快增长。2017年，东部地区完成软件业务收入4.4万亿元，同比增长13.8%，占全国软件业79.2%，比上年下降0.1个百分点；中部和西部地区完成软件业务收入分别为2 497亿元和6 187亿元，分别增长15.9%和17.3%，占全国软件业4.5%和11.2%，比上年分别提高0.1和0.3个百分点；东北地区完成软件业务收入2 778亿元，增长7.1%，占全国软件业5.1%，同比下降0.3个百分点。

主要软件大省保持平稳发展，部分中西部省市快速增长。总量居前5名的广东省、江苏省、北京市、山东省、浙江省共完成软件业务收入3.5万亿元，占全国软件与信息技术服务业64.0%，分别增长14.2%、12.6%、12.2%、14.3%和20.1%。部分中西部省市增长较快，陕西省增长超过20%，云南省、青海省增长40%，安徽省增长30%。

2017年，中国软件名城城市共计实现软件业务收入3.3万亿元，占全国比重60.5%。中国软件名城创建试点城市实现软件业务收入1.3万亿元。中国软件名城及创建试点城市合计软件业务收入4.6万亿元，占全国比重83.6%。

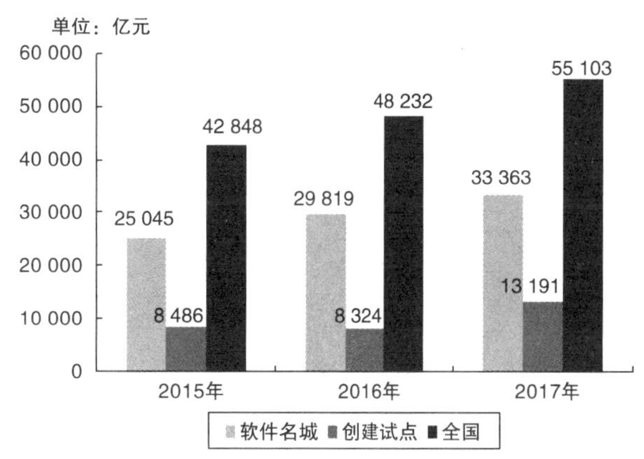

图2　2015—2017年中国软件名城（含创建试点）及全国软件产业规模

资料来源：工业和信息化部

【软件业务收入前百家企业】 2018年（第17届）中国软件业务收入前百家企业入围门槛为软件业务年收入16.2亿元，比上届提高1.7亿元，增长11.9%；前百家企业共完成软件业务收入7 712亿元，比上届增长16.5%，增速同比加快6.3个百分点，高于全行业收入增速2.3个百分点，占全行业收入14%。华为技术有限公司排首位，该公司已连续17年蝉联中国软件业务收入前百家企业之首，中兴通讯股份有限公司、海尔集团公司分别列第二名和第三名。软件业务收入过100亿元的企业13家，比上届增加4家；软件业务收入过40亿元的企业47家，比上届增加9家。本届软件业务收入前百家企业中，超过三成企业收入增长率超过20%；增速超过50%的企业9家；两年持续在榜企业中，排名提升超过10位的企业15家。软件业务收入前百家企业连续两年都在榜企业93家， 7家企业首次或重新进入名单。本届软件业务收入前百家企业共投入研发经费1 550亿元，占全行业研发投入的27.6%，企业研发经费占软件业务收入的20.1%，高于全行业平均水平9.9个百分点。本届软件业务收入前百家企业著作权登记量超过3万件，比上届增长近40%，据国家知识产权局公布的2017年国内企业专利授权量排名，华为技术有限公司、中兴通讯股份有限公司分列第二名和第五名。本届软件业务收入前百家企业在软件产品、信息技术服务和嵌入式系统软件三个领域的收入占比分别为30%、45%和25%，与上届相比，信息技术服务领域收入占比明显上升。本届软件业务收入前百家企业2017年实现软件出口257亿美元，比上届增长22.4%。本届软件业务收入前百家企业2017年上缴全行业30%的税金，吸纳从业人数99.4万人，占全行业从业人数16.1%，比上届增加17.4万人。

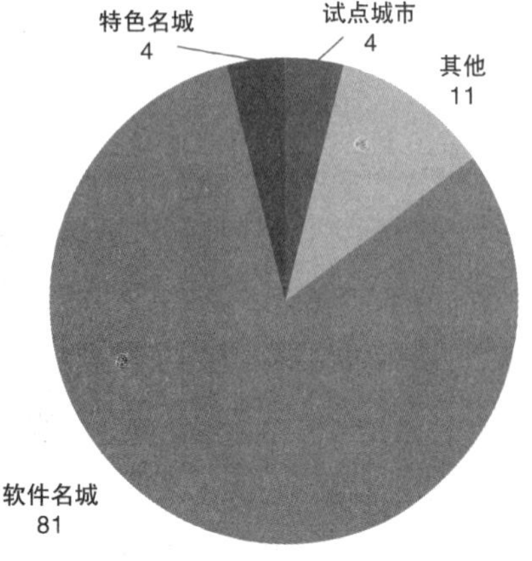

图3　2018年（第17届）中国软件业务收入前百家企业分布

资料来源：工业和信息化部

2018年（第17届）中国软件业务收入前百家企业中，89家来自中国软件名城及创建试点城市，北京保持遥遥领先，占35%，深圳、杭州、上海、南京、广州分别占11%、10%、8%、8%、5%。

【技术创新】 共性基础技术取得突破。金山软件股份有限公司WPS Office在PC端及移动端累计用户总量超过16亿，基础软件成熟度、可靠性和数据处理服务能力有所提升。国产智能操作系统终端装机量过亿，并在互联网汽车上应用；基于国产操作系统、数据库和中间件的民航客票交易系统服务全球5亿用户。面向新型智能终端、智能装备和行业应用的基础软件平台快速发展。

信息技术服务不断创新。2017年，《国务院关于进一步扩大和升级信息消费持续释放内需潜力的指导意见》出台，服务领域新模式新业态涌现。全年信息消费规模4.5万亿元，同比增长15.4%。信息技术咨询、系统方案设计、远程运维服务等信息技术服务领域多个环节取得突破性进展，产业发展逐渐向价值链高端延伸拓展。电子商务保持迅猛发展，成为拉动消费需求、发展现代服务业的重要引擎，网络零售额71 751亿元，同比增长32.2%。面向互联网金融、游戏动漫、人工智能的技术平台和解决方案取得很大进展，蚂蚁金服为超过5亿用户提供金融服务，微贷放款达到“3分钟申请、1秒钟到账、0人工干预”的服务标准，为700多万家小微企业和个体创业者提供累计超过1万亿元信用贷款；阿里云发布ET医疗大脑与ET工业大脑，以云服务模式推出人工智能开放平台，提供人工智能服务、算法和计算能力。

【科技进步与应用】 基础软件领域，苏州同元软控信息技术有限公司核心产品MWorks成为Modelica官网亚太地区唯一认定产品。应用软件领域，云计算、大数据技术不断进步，行业应用取得跨越式发展。大规模并发处理、海量数据存储、数据中心节能等关键技术取得突破，涌现出阿里飞天平台、百度大脑、微信开放技术平台等具有国际竞争力的云计算平台。阿里巴巴大数据平台在2017年“双十一”当天，数据处理超过320PB，支付成功峰值达25.6万笔/秒，流计算能力显著提升。人工智能基础理论、共性技术、应用技术研究均取得不同程度进展，特别是自然语言理解、计算机视听觉、新型人机交互、智能控制与决策等人工智能技术取得重点突破。科大讯飞语音识别准确率超过98%，达到国际领先水平，在国际语音合成比赛取得12连冠的成绩；旷视科技获得国际人工智能技术评测冠军10余项，其人工智能开放平台的API服务近7万开发者，已被调用60多亿次。无人驾驶、虚拟现实、区块链等领域技术研究和创新取得部分成效。百度Apollo2.0开放试乘，暴风影音发布可挖矿的智能硬件“暴风播控云”。

【重大工程和重点项目】 2017核高基重大专项部署“面向互联网汽车的车载操作系统平台研发及产业化”，科学技术部“科技创新2030—重大项目”方案制定和实施，面向新型智能终端智能装备等基础软件平台方面取得进展。工业和信息化部聚焦互联网、大数据、人工智能领域认定77个重点实验室；国家发展和改革委员会批复建设13个大数据领域国家工程实验室项目；科学技术部通过《国家技术创新中心建设工作指引》，布局建设20家左右国家技术创新中心，重点聚焦信息领域前沿技术。

【国际合作】 中国软件和信息技术服务领域领军企业开启“走出去”国际合作模式。海容投资集团有限公司和柬埔寨光纤公司合作共建项目亚非欧1号（AAE-1）洲际海底光缆项目竣工，柬埔寨通过该海缆实现与亚非欧18国的直接互联。华为技术有限公司坚持做“黑土地”和使能者，长期坚持开放、合作、共赢，持续开展创新研究计划（HIRP），与全球近30个国家和地区400多所研究机构及900多家企业开展创新合作，在5G算法、AI技术、网络智能、纳米材料等前沿领域，多学科联合创新，技术创新驱动产业发展。苏州同元软控信息技术有限公司作为国际Modelica标准协会的核心会员参与到Modelica国际标准制定工作中，展示出中国软件和信息技术服务领域企业在专业技术领域的国际影响力。中国软件和信息技术服务企业展示出从软件和信息技术服务基础设施建设，到专业技术能力，以及市场开拓能力，全面“走出去”实现互联互通、共同发展的国际合作格局。

【进出口贸易】 2017年，中国实现软件业务出口541亿美元，同比增长8.3%，增速比上年提高7.3个百分点。其中，外包服务出口增长5.1%，比上年提高4.4个百分点；嵌入式系统软件出口增长2.3%。中国地方政府加强政企联动，以龙头企业为主体开展重大合作示范项目建设，支持企业以市场联盟、产品合作、系统集成工程整包等多种形式开拓国际市场。浙江省鼓励企业积极参与国内外重大项目招投标，支持企业开拓国际和国内两个市场，实施“信息服务走出去”行动，推动企业加速“一带一路”沿线国家（地区）布局。深圳前海启动“一带一路”信息港项目，聚焦物流和供应链服务、现代金融、智能制造以及科技信息服务等新业态，打造数字丝路平台。

【政策与法规】 2017年，国务院、工业和信息化部等部委相继出台《关于深化“互联网＋先进制造业”发展工业互联网的指导意见》《关于进一步扩大和升级信息消费持续释放内需潜力的指导意见》《新一代人工智能发展规划》《中国软件名城创建管理办法（试行）》等多项产业政策，从支持企业创新、推动新技术新业态发展、推动产业集聚发展、促进融合发展特别是与工业制造业融合创新等方面为产业发展提供有力支持，新政策的颁布进一步拓宽产业发展空间，为软件和信息技术服务业发展营造良好氛围。

【存在问题】 新的产业支持政策亟待出台。一方面，软件企业所得税优惠政策到期后亟待新税收优惠政策跟进。另一方面，新的产业发展形势对现有软件政策提出更高要求，亟待在原有软件产业政策体系基础上进一步梳理研究，持续为新形势下产业创新发展提供有力支撑。

核心技术自主创新体系亟待构建。核心技术创新既是产业跨越式发展的重要引擎，也是构建产业竞争优势的关键环节。十九大报告强调，要突出关键共性技术、前沿引领技术、颠覆性技术创新，加强创新能力开放合作。中国软件产业核心技术研发能力薄弱，自主创新体系建设不完善。

软件融合创新能力在不同行业及区域和企业间差异

明显。十九大报告对中国软件和信息化服务业提出融合创新发展的要求，提出要加快发展先进制造业，推动互联网、大数据、人工智能和实体经济深度融合，建设数字中国。中国传统产业数字化转型才刚刚起步，与新兴产业融合创新的行业差异性巨大。

新时期下信息安全形势日益严峻。2017 年，“互联网 +”持续升温，互联网应用范围不断扩大的同时，信息安全面临的挑战也在升级。

新型软件人才供给能力亟待提高。近年来快速发展的智能制造、大数据、人工智能等新产业的特点对人才供给提出更高要求，而新型软件人才供给不足正成为中国新兴产业的最大“痛点”。

【统计数据】

表 1　2015—2017 年中国软件和信息技术服务业规模增长及占电子信息产业比重

项目名称	单位	2015 年	2016 年	2017 年
规模	亿元	42 848	48 232	55 103
规模增速	%	15.7	12.6	14.2
占电子信息产业比重	%	27.9	28.6	28.7

表 2　2017 年中国软件和信息技术服务业统计数据

项目名称	单位	2017 年	增速（%）
企业数量	个	34 895	8
软件业务收入	亿元	55 103	14.2
其中：软件产品收入	亿元	16 984	13.0
信息技术服务收入	亿元	30 604	17.3
嵌入式系统软件收入	亿元	7 516	5.6
软件业务出口	亿美元	541	8.3
利润总额	亿元	8 755	33.5
研发经费	亿元	5 622	23.7
从业人员年末数	万人	618	5.4
其中：软件研发人员	万人	237	7.7
本年应付职工薪酬	亿元	8 401	21.5

表 3　2018 年（第 17 届）中国软件业务收入前百家企业名单

序号	企业名称	序号	企业名称
1	华为技术有限公司	3	海尔集团公司
2	中兴通讯股份有限公司	4	中国银联股份有限公司

续表

序号	企业名称	序号	企业名称
5	浪潮集团有限公司	35	上海宝信软件股份有限公司
6	杭州海康威视数字技术股份有限公司	36	福州福大自动化科技有限公司
7	南京南瑞集团公司	37	国电南京自动化股份有限公司
8	海信集团有限公司	38	神州数码信息服务股份有限公司
9	国网信息通信产业集团有限公司	39	上海华讯网络系统有限公司
10	航天信息股份有限公司	40	深圳市大疆创新科技有限公司
11	北京小米移动软件有限公司	41	广州佳都集团有限公司
12	金山软件有限公司	42	广东维沃软件技术有限公司
13	北京中软国际信息技术有限公司	43	新大陆科技集团有限公司
14	软通动力信息技术（集团）有限公司	44	北京全路通信信号研究设计院集团有限公司
15	武汉邮电科学研究院	45	中科软科技股份有限公司
16	株洲中车时代电气股份有限公司	46	太极计算机股份有限公司
17	东华软件股份公司	47	深圳市金证科技股份有限公司
18	亚信科技（中国）有限公司	48	中国民航信息网络股份有限公司
19	东软集团股份有限公司	49	中国电子科技网络信息安全有限公司
20	熊猫电子集团有限公司	50	中兴软创科技股份有限公司
21	上海华东电脑股份有限公司	51	曙光信息产业股份有限公司
22	大族激光科技产业集团股份有限公司	52	北明软件有限公司
23	浙江大华技术股份有限公司	53	四川省通信产业服务有限公司
24	用友网络科技股份有限公司	54	平安科技（深圳）有限公司
25	深圳市云中飞网络科技有限公司	55	石化盈科信息技术有限责任公司
26	文思海辉技术有限公司	56	北京易华录信息技术股份有限公司
27	福建星网锐捷通讯股份有限公司	57	浙江宇视科技有限公司
28	同方股份有限公司	58	深圳天源迪科信息技术股份有限公司
29	新华三技术有限公司	59	卡斯柯信号有限公司
30	江苏省通信服务有限公司	60	中控科技集团有限公司
31	北京京东尚科信息技术有限公司	61	深圳创维数字技术有限公司
32	科大讯飞股份有限公司	62	江苏金智集团有限公司
33	中国软件与技术服务股份有限公司	63	东方电子集团有限公司
34	北京华胜天成科技股份有限公司	64	恒生电子股份有限公司

续表

序号	企业名称	序号	企业名称
65	携程旅游网络技术（上海）有限公司	83	广州海格通信集团股份有限公司
66	浙大网新科技股份有限公司	84	普天信息技术研究院有限公司
67	高德信息技术有限公司	85	南京联创科技集团股份有限公司
68	信雅达系统工程股份有限公司	86	北京神州泰岳软件股份有限公司
69	万达信息股份有限公司	87	海能达通信股份有限公司
70	江苏润和科技投资集团有限公司	88	上海汉得信息技术股份有限公司
71	金蝶软件（中国）有限公司	89	先锋软件股份有限公司
72	北京华宇软件股份有限公司	90	大连华信计算机技术股份有限公司
73	广联达科技股份有限公司	91	银江股份有限公司
74	北京千方科技股份有限公司	92	云南南天电子信息产业股份有限公司
75	天地伟业技术有限公司	93	中冶赛迪集团有限公司
76	四川九洲电器集团有限责任公司	94	北京和利时系统工程有限公司
77	启明星辰信息技术集团股份有限公司	95	山东中创软件工程股份有限公司
78	博彦科技股份有限公司	96	杭州士兰微电子股份有限公司
79	北京中油瑞飞信息技术有限责任公司	97	启明信息技术股份有限公司
80	北京立思辰科技股份有限公司	98	广州杰赛科技股份有限公司
81	广州广电运通金融电子股份有限公司	99	长城计算机软件与系统有限公司
82	北京四维图新科技股份有限公司	100	北京宇信科技集团股份有限公司

注：表 1~表 3 数据来源于工业和信息化部。

[撰稿：郭丽君　孙悦　审稿：李婷]

软件产品行业

【概况】　近年来，国家积极促进新兴产业发展，推进软件产业布局，2017 年软件产品核心关键技术取得一定突破，在军工航天、高端装备制造等重点领域带动下，高端设计和分析软件市场加速扩展，软件产业向构筑有力的产业基础、驱动工业智能化等方向迈进。

【主要经济指标】　2017 年，软件产品行业平稳增长，支撑保障能力显著增强，全行业实现软件产品收入 16 984 亿元，比上年增长 13.0%，占全行业收入 30.8%。其中，信息安全软件和工业软件产品收入均超过 1 千亿元，分别增长 14.0% 和 19.9%。

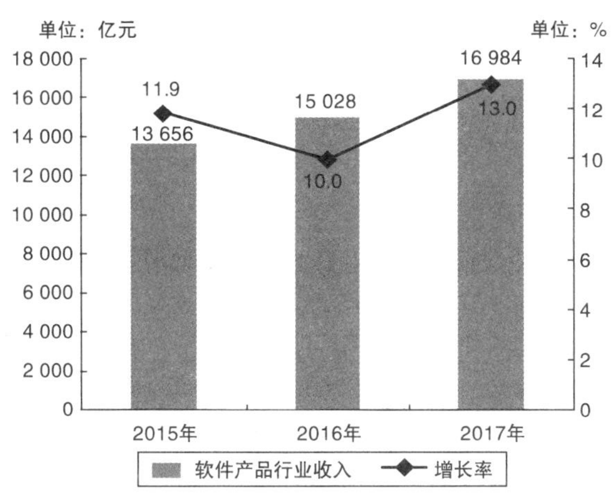

图 1　2015—2017 年中国软件产品行业收入增长情况

数据来源：工业和信息化部

【基础软件】 操作系统方面，武汉深之度科技有限公司深度操作系统，可支持 X86、龙芯、申威、ARM 等 CPU 平台；中标软件有限公司中标麒麟操作系统以安全可信为特色，打造满足政府、国防、金融、电力、机要、保密等高安全性需求的产品；中科方德软件有限公司中科方德操作系统采用核高基安全加固内核，对基于兆芯的国产整机进行全面适配优化，搭载在联想开天 M6100 台式机上对外发售。

数据库方面，武汉达梦数据库有限公司达梦数据库管理系统于 2017 年通过国家网络与信息系统安全产品质量监督检验中心安全评估保证级 4 增强级（EAL4+）认证，达到国产数据库最高安全级别；天津南大通用数据技术股份有限公司是国产数据库领军企业，发布的通用数据库 GBase 2013—2017 年连续五年位列国产数据库市场占有率第一；蚂蚁金融服务集团自研的金融级分布式关系数据库 OceanBase，在 2017 年"双十一"承载处理支付宝等海量数据并发业务，创造 25.6 万笔 / 秒的支付峰值纪录和 4 200 万笔 / 秒的请求处理峰值纪录。办公软件方面，截至 2017 年年底，金山软件股份有限公司 WPS Office 在 PC 端及移动端累计用户总量超过 16 亿，能够支持 46 种语言，覆盖 200 多个国家和地区。

【工业软件】 研发设计类软件方面，广州中望龙腾软件股份有限公司发布 CAD2017 软件，提供契合制造业、工程设计领域应用需求的整体解决方案，支持英语、法语、德语等 15 种语言，并在全球 80 多个国家开展相关合作业务；成都前沿动力科技有限公司基于最新技术和商业规范自主研发具有完整软件开发文档及源代码的一系列 CAE 软件，如 OverCFDLab、CHCFDLab 等；北京数码大方科技股份有限公司自主研发的 CAXA CAM 制造工程师软件，广泛应用于装备制造、电子电器、汽车、国防军工、航空航天、工程建设、教育等行业。

生产控制类软件方面，上海宝信软件股份有限公司提供以 MES 产品为核心的产销一体化整体解决方案，在钢铁行业市场份额常年雄踞榜首，市场占有率逐年上升，全国市场占有率超过 50%；北京和利时集团 HOLLiAS MACS 系列分布式控制系统能方便地实现工厂智能化、管控一体化，为工厂自动控制和企业管理提供全面解决方案；浙江中控技术股份有限公司推出大型分布式 SCADA 系统平台软件，广泛应用于油气田、长输管线、公用工程等多个 SCADA 领域。

【安全软件】 启明星辰信息技术集团股份有限公司研发泰合信息安全运营中心系统（TSOC），入围 2017 年 Gartner SIEM 魔力象限，成为唯一入选的中国安全管理平台产品；北京神州绿盟信息安全科技股份有限公司 Web 应用防火墙 2017 年以 17.9% 市场占有率持续领导国内市场，并服务于国内运营商、政府、金融、能源、大型企业以及美国、日本和东南亚等国家和地区近 4 000 家客户；奇虎 360 科技有限公司发布天擎终端安全管理系统 6.0，面向政府、企业、金融、军队、医疗、教育、制造业等大型企事业单位推出集防病毒与终端安全管控于一体的解决方案。

【政策与法规】 2017 年 3 月，工业和信息化部发布《云计算发展三年行动计划（2017—2019 年）》，推动云计算企业资源整合，带动产业链上核心芯片、基础软件、应用软件、大数据平台等关键环节发展，实现产业整体突破。支持软件和信息技术服务企业基于开发测试平台发展产品、服务和解决方案，加速向云计算转型。引导芯片、基础软件、网络等领域企业，在软件定义网络、新型架构计算设备、信息安全产品等方面实现技术与产品突破，带动信息产业发展，强化产业支撑能力。

2017 年 7 月，国务院印发《新一代人工智能发展规划》，确定新一代人工智能发展三步走战略目标，并将人工智能上升为国家战略层面。提出要建设布局人工智能创新平台，促进各类通用软件和技术平台的开源开放。开发面向人工智能的操作系统、数据库、中间件、开发工具等关键基础软件，推进智能制造核心支撑软件发展。

【市场分析与预测】 随着软件产品加速创新、快速迭代，软件产品将与云计算、大数据、移动互联网、物联网等领域融合创新发展，加速向政府、金融、工业、能源等各行业扩展，成为构建坚实产业基础、引领核心技术创新、驱动产业转型升级的核心推动力。

【存在问题】 基础软件方面，核心技术亟待攻克，缺乏具有自主知识产权的技术和产品，与国外优秀产品存在差距，市场占有率较低。

工业软件方面，国产工业软件产业生态基础薄弱，与国外差距较大；关键核心技术欠缺，制造业工业软件长期依赖国外进口；软件业和制造业融合程度不高，纯软件企业向工业软件企业转型难度大；国产工业软件标准缺失，综合集成应用程度不高。

安全软件方面，安全产品应用推广欠缺，市场规模较小；核心技术、产品和高端服务能力不足，对下层基础性硬件和软件的整合集成能力有待提升。

[撰稿：杨柳　审稿：李婷]

信息技术服务业

【概况】 2017 年，信息技术服务在软件服务业中依然保持强势领先地位，业务收入占比过半，产业继续向服务化、云化演进。随着相关国家政策性文件的发布及贯彻落实，政策红利不断释放，产业转型增长加快。云计算、大数据产业化发展，人工智能、虚拟现实、区块链等领域技术研发和产品创新持续活跃，为产业发展和新业态培育提供新动能。

【主要经济指标】 2017 年，信息技术服务业实现收入 3.1 万亿元，比上年增长 17.3%，增速高出全行业平均水平 2.9 个百分点，在软件和信息技术服务业中收入占比高达 53.3%。其中，云计算相关运营服务（包括在线软件运营服务、平台运营服务、基础设施运营服务等在内的信息技术服务）收入超过 8 千亿元，比上年增长 16.5%。

【科技进步与应用】 2017 年，信息技术服务标准体系进一步完善，信息消费规模持续扩大，云计算、区块链产业健康快速发展。

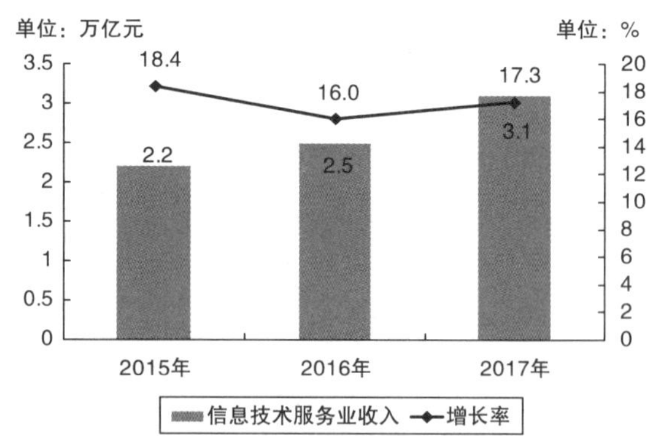

图 1　2015—2017 年中国信息技术服务业收入增长情况

资料来源：工业和信息化部

信息技术服务标准化　2017 年，信息技术服务标准体系进一步完善，引领产业迈向高端。紧密结合《信息技术服务标准化五年行动计划（2016—2020）》，继续加大力度推动 ITSS 体系建设、重点标准研制与国际标准化工作。2017 年，ITSS 体系共发布 10 项国家标准和 9 项行业标准，获批 4 项国家标准计划，推动 6 项国家标准和 2 项行业标准报批工作，完成 2 项国家标准征求意见稿，组织制定12项国家标准，组织开展系列宣贯活动。

信息消费　2017年，中国信息消费规模达4.5万亿元，同比增长15.4%，占最终消费的比重达10%，信息消费成为促进经济高质量发展的重要推动力。信息消费环境进一步优化，推动国务院出台《关于进一步扩大和升级信息消费持续释放内需潜力的指导意见》（国发〔2017〕40号）。面向地方主管部门、骨干企业召开系列信息消费研讨宣贯会，积极扩大政策文件影响力。组织举办司局级干部扩大和升级信息消费专题培训班，加快形成上下联动的局面。推动建立部际协同工作机制，统筹各部门任务落实推进安排，研究起草推动信息消费发展指导性文件。充分调动地方积极性，营造良好政策环境，筹划组建信息消费发展联盟。

云计算产业　2017年，中国云计算产业延续强劲增长态势，成为行业发展重要增长点。云计算产业发展环境不断优化，出台《云计算发展三年行动计划（2017—2019年）》。组织召开企业上云经验交流现场会，支持主管部门建立公共服务平台，推动企业加快上云步伐，支持软件企业面向云计算转型升级，培育云计算龙头骨干企业。加快推动标准体系建设，深入开展云服务能力测评。引导企业积极利用开源技术，创新发展路径。加强典型案例推介，促进供需对接。组织开展云计算典型案例征集活动，收集各地近200个案例，组织遴选55个优秀案例进行推广。

区块链产业　积极稳妥推动区块链等产业前沿发展，深入开展对区块链发展的研究。举办首届中国区块链开发大赛，遴选优秀解决方案。鼓励重庆、青岛、广州等地方出台政策，先行先试。支持企业发布自主开源社区。筹划标准组织建设，开展团体标准制定，积极参与国际标准制定。

【重大工程与重点项目】　2017年，国家新型工业化产业示范基地等重大工程与重点项目进展顺利。积极推动国家新型工业化产业示范基地建设，推动设立云计算特色产业化示范基地，开展第八批示范基地评审工作，对软件和信息服务领域17家示范基地发展情况进行质量评价。

【国际合作】　支持中国云计算开源产业联盟，加强产业链上下游协作。推动召开"2017全球云计算开源大会"，积极推动与国际开源社区衔接互动，提升中国产业力量在国际开源社区话语权。落实"一带一路"倡议，积极推动开展中巴、中印合作交流，面向云计算、大数据领域，增进信息交流协作。做好中美、中欧、中俄等双边、多边信息技术服务领域WTO谈判工作，营造良好的"走出去"环境。

【政策与法规】　2017年4月10日，工业和信息化部印发《云计算发展三年行动计划（2017—2019年）》（工信部信软〔2017〕49号），提出支持大型专业云计算企业牵头建立云计算领域制造业创新中心，积极发展容器、微内核、超融合等新型虚拟化技术。加快完善云计算标准体系，深入开展云服务能力测评。支持软件企业向云计算转型，推动产业生态体系建设。

2017年8月24日，国务院印发《关于进一步扩大和升级信息消费持续释放内需潜力的指导意见》（国发〔2017〕40号），从网络建设、终端普及、提升技能等方面，提出未来发展方向和工作重点，进一步加大网络提速降费力度，扩大信息消费覆盖面，促进新一代信息技术向消费领域广泛渗透，用安全、便捷、丰富的信息消费助力经济升级和民生改善。

【存在问题】　信息消费潜力有待进一步释放。网络速率与人民群众期望相比还存在差距，网络服务水平和安全性有待进一步提高，网络资费等消费成本也需要进一步下降。城乡"数字鸿沟"仍较为明显，农村居民、老年人数字技能缺乏，部分区域和人群信息消费覆盖水平较低，影响信息消费潜力进一步释放。消费环境亟待优化，伴随信息消费加速向各领域融合渗透，信息消费环境日趋复杂，线下线上问题聚合交错，网络安全保障形势日益严峻，对现有管理制度提出全新挑战。

中国云计算市场需求尚未完全释放。行业用户认知程度依然有限，对云计算的安全性、可靠性、可迁移性等仍存在一定顾虑，影响云计算市场空间的拓展，潜在需求未能充分释放。产业支撑供给能力有待加强，据统计，中国云计算产业规模仅为全球的5%；云计算骨干企业数量偏少、实力较弱，国内最大的云计算企业阿里云，收入不足国际云计算领军企业亚马逊的1/10。云计算发展配套环境尚需优化完善，个人隐私、数据保护等法律法规有待健全，政府采购缺乏实施细则，个别企业通过低价甚至免费中标的恶意竞争行为获取市场占有率，严重扰乱市场秩序。

［撰稿：王婧　审稿：史惠康］

嵌入式系统软件业

【概况】 随着云计算、大数据、人工智能等新一代信息技术的发展，数字化信息产品需求愈发强烈，促使嵌入式系统软件技术不断发展并加快向通信、医疗、交通、装备等各领域渗透。嵌入式系统软件成为产品和装备数字化改造、各领域智能化增值的关键性带动技术，并呈现系统化、智能化、互联化趋势。

【主要经济指标】 工业和信息化部数据显示，2017 年嵌入式系统软件业实现收入 7 516 亿元，同比增长 5.7%，占软件和信息技术服务业收入 13.6%，比上年下降 2.7 个百分点。

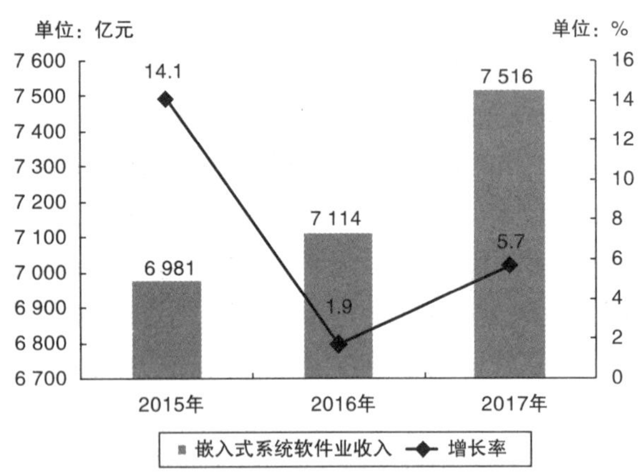

图 1　2015—2017 年嵌入式系统软件业收入增长情况

资料来源：工业和信息化部

【区域发展】 据工业和信息化部数据，按省市划分，江苏省、广东省、山东省、浙江省和福建省嵌入式系统软件业收入位列全国前 5 位，仍然沿袭 2016 年的领先优势。其中，江苏省、广东省分别实现嵌入式系统软件业收入超过 2 000 亿元，继续保持领跑地位。

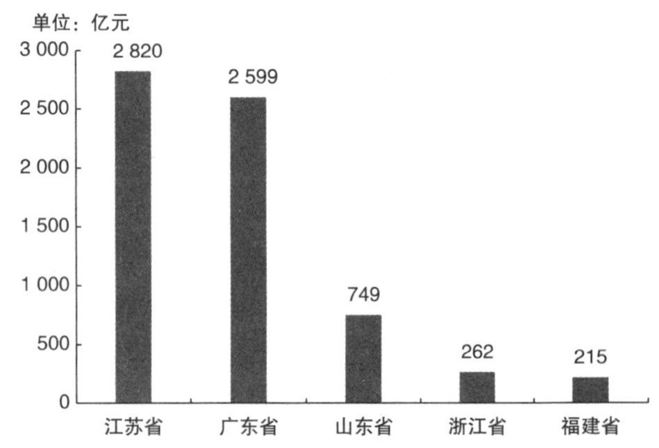

图 2　2017 年嵌入式系统软件业收入前 5 名省市

资料来源：工业和信息化部

【技术趋势】 单片机（MCU）主频、内核突破，32 位 MCU 加速取代 8 位 MCU 应用。物联网、新能源动力电池、轨道交通、低能耗电机控制、便携式医疗设备、高精度工业仪器控制、精细动力控制等新兴产业均需要大量低成本、低功耗、高集成、高精度、高稳定性 MCU。2017 年，32 位 MCU 取代 8 位 MCU 呈现加速势态。32 位 MCU 利用其更高的处理能力可以缩短算法执行时间，最终体现为响应速度，且其高处理能力可以整合加密认证、辅助传感器等更多功能。因此，在指纹识别等领域 32 位 MCU 未来也将继续大量取代 8 位 MCU。

【政策与法规】 2017 年 10 月 31 日，工业和信息化部发布《高端智能再制造行动计划（2018—2020 年）》，推进高端智能再制造关键工艺技术装备研发应用与产业化推广，推动形成再制造生产与新品设计制造间有效反哺互动机制，完善产业协同发展体系，加强标准研制和评价机制建设，探索高端智能再制造产业发展新模式。

2017 年 12 月 14 日，工业和信息化部印发《促进新一代人工智能产业发展三年行动计划（2018—2020 年）》，以信息技术与制造技术深度融合为主线，以新一代人工智能技术产业化和集成应用为重点，推进人工智能和制造业深度融合，加快制造强国和网络强国建设。

【市场分析】 虚拟现实（VR）产业规模扩大。据工业和信息化部数据，2017 年中国虚拟现实产业市场规模 160 亿元，同比增长 164%，在关键核心技术和重点应用领域取得多项突破。北京暴风魔镜科技有限公司推出新产品 Matrix 一体机，创新使用 3K 屏提高屏幕清晰度；成都虚拟世界科技有限公司发布第三代 VR 一体机 K3 及 VR 教育解决方案，是针对不同使用场景进行专属设计的一系列产品矩阵；北京小鸟看看科技有限公司发布全新头手双 6 自由度 VR 一体机 Pico Neo，主要应用于 B 端场景，成为市场先行者；小派科技（上海）有限责任公司推出 8K 分辨率 VR 头显，采用模块化设计，提供的模块包括无线模组、气味模拟模组、手势识别模组、眼球追踪模组、降温风扇模组以及定制 VR 镜架模组。

智能网联汽车发展迅速。部分老牌车企持续发力，如一汽解放继 2017 年 4 月首先完成行业第一次智能驾驶实车演示之后，又在同年 10 月完成中国首次高速公路 L3 级智能车辆路试。BAT 等互联网巨头加速布局，百度 DuerOS 侧重于自动驾驶和语音入口，阿里 AliOS 专注于打造汽车场景底层操作系统，腾讯 AI in Car 通过与广汽、长安、吉利、比亚迪、东风柳汽、一汽合作，提供解决方案。

智能家居产业迎来暴涨。阿里智能、京东微联、海尔 U-home、米家 MIJIA、美的 M-smart、华为 HiLink 等都在积极布局用户智能生活整体解决方案。其中，智能音箱市场广泛落地，各大企业展开角逐。2017 年 1 月 5 日，联想在国际消费类电子产品展览会（CES）上发布智能音箱产品；3 月 11 日，海尔在中国家电及消费电子博览会（AWE）上发布“智慧家”智能音箱；6 月 20 日，喜马拉雅 FM 推出全内容 AI 音箱“小雅”；7 月 5 日，阿里巴巴发布“天猫精灵 X1”；7 月 26 日，小米发布“小米 AI 音箱”；9 月 14 日，叮咚 2 代音箱正式在京东商城上市销售；11 月 16 日，智能音箱 Raven H 在百度世界大会上诞生；12 月 13 日，腾讯发布小 Q 机器人第 2 代。

嵌入式系统软件成为物联网、云计算、大数据、人工智能等新一代信息技术产业的基础和重要支撑。从相对独自发展，到和其他产业协同发展，嵌入式系统软件业重要性不断提升，同时也在持续进行转型。成熟软硬件平台、AI 领域基于芯片化解决方式以及平台开发模式，都使嵌入式系统研发服务中软件比重越来越大。嵌入式系统软件领域最大的关注点或将集中在嵌入式人工智能的 AI 芯片以及 IoT 芯片上。

【存在问题】 嵌入式系统软件研发需要软硬件结合，同时在新形势下融合物联网、人工智能等技术，人才需求不断提升，将继续产生人才缺口。与此同时，嵌入式系统软件以国外供应商为主。

[撰稿：刘雨菡 审稿：李婷]

信息技术应用

综　述

【信息技术与经济社会融合】 信息技术服务规模保持高速增长。《中华人民共和国国民经济和社会发展第十三个五年规划纲要》提出要牢牢把握信息技术变革趋势，实施网络强国战略，加快建设数字中国，推动信息技术与经济社会发展深度融合，加快推动信息经济发展壮大。2017年，全行业实现信息技术服务收入2.9万亿元，比上年增长16.8%，增速高出全行业平均水平2.9个百分点，占全行业收入比重达53.3%。其中，电子商务平台技术服务（包括在线交易平台服务、在线交易支撑服务在内的信息技术支持服务）收入增长30.3%；集成电路设计服务收入比上年增长15.6%；云计算相关的运营服务（包括在线软件运营服务、平台运营服务、基础设施运营服务等在内的信息技术服务）收入超过8千亿元，比上年增长16.5%。

信息技术与制造业加速融合发展。信息技术应用呈现从消费领域向制造业领域扩散的态势，新制造方式、新产业形态和新商业模式不断涌现。电子、航空、机械等行业骨干企业建立全球协同研发体系，家电、服装等行业企业打造客户深度参与设计、研发、配送全过程的研发体系。服装、家具等行业普遍兴起以大规模个性化定制为主导的新型生产方式。工程机械、电力设备、风机制造等行业服务型制造快速发展，在线诊断、远程运维等产品全生命周期管理服务开始普及。大型制造企业纷纷探索制造业与互联网融合新路径、新模式，陕鼓集团、红领集团、徐工集团等企业纷纷探索网络化协同制造、个性化定制、服务型制造等制造新模式。

大数据应用加速向全领域渗透。大数据在经济社会发展中的基础性、战略性、引领性地位日益突出，将成为新常态下经济提质增效、公共服务优化、创新能力提升的新引擎，为国民经济和社会发展提供更有力的支撑。在工业领域，通过全链条、全生产线、全周期的数据化创造更智能、更高效的产品，推动传统制造模式向数据驱动的智能制造模式转变。在服务业领域，越来越多的企业跳出原有的产业价值链，通过数据收集、整理、分类和应用，精准掌握消费者使用爱好，创新出极具生命力的服务模式和商业模式。传统商贸服务业基于大数据分析开展精准营销。信息技术服务商利用大数据开展个性化、定制化服务。此外，大数据与金融业、文化创意、医药等产业深度融合，进而衍生出互联网金融、数据服务、数据化学、数据材料、数据制药、数据探矿等一系列新兴产业。

数字经济呈高速发展态势。国家先后制定出台鼓励发展大数据、电子商务、“互联网 +”等重要政策举措，为数字经济发展营造良好的政策环境，有力助推数字经济的高速增长。首先，数字经济推动消费需求加速释放。随着网络环境改善和互联网、移动互联网普及，数字经济越发广泛地融入居民生活。2017 年，中国电子商务交易额 29.2 万亿元，同比增长 11.7%；网络零售额 7.2 万亿元，同比增长 32.2%；网络购物用户规模 5.33 亿，同比增长 14.3%；非银行支付机构发生网络支付金额 143.3 万亿元，同比增长 44.3%。其次，数字经济成为驱动引领传统产业创新发展的新引擎。云计算、物联网、大数据、机器人等新技术新装备快速发展应用，数字技术开始融入到传统产业之中，引领推动传统产业转型升级。再次，数字经济领域不断孕育出新模式新业态，倒逼传统行业领域变革，打破既有的产业发展格局，催生出越来越多的经济增长点，人工智能、分享经济、工业互联网、区块链、智慧物流等新业态、新模式为数字经济发展注入新动能。

融合性新兴技术应用不断深化。在政策支持和资本的推动下，人工智能、云计算、虚拟现实等一批融合性新兴技术加速发展，一批新的产业增长点迅速涌现。人工智能技术、应用、产业已进入爆发式增长期，中国企业在机器学习、智能机器人、商业无人机、自动驾驶汽车等新技术方面不断取得新突破。百度阿波罗计划广泛集聚全球产业资源，其打造的自动驾驶技术开放生态已处于世界领先地位。科大讯飞的智能语音输入、搜狗的语音交互引擎技术、Face++ 的人脸识别、语音管家出门问问等新技术新应用也不断涌现。在云计算领域，中国仅次于美国领先于其他国家，阿里云已进入全球云计算市场第一阵营行列，2017 年第三季度，阿里云的收入同比增长 99%，达到 4.5 亿美元，其云计算平台全球用户总量超过 230 万。虚拟现实逐步向大众消费市场渗透，带动相关技术、产品和服务加速迭代。虚拟现实在游戏领域最先爆发，并带动视频娱乐应用市场的快速发展。智能制造成为虚拟现实的重要应用领域，颠覆计算机辅助设计和辅助制造等重要环节。在零售、房地产、教育、医疗、旅游、城市及园区规划、文物重建等领域，虚拟现实也有巨大的市场空间。

【信息技术应用基础设施】 新型基础设施战略性地位不断凸显。中国高度重视信息化发展和信息通信基础设施建设，提出要建设全国一体化的大数据中心，为移动互联网时代新型基础设施建设指明道路。国务院总理李克强在国务院常务会议上提出，扩大信息消费覆盖面；完善网络安全和市场监管体系，用安全、便捷、丰富的信息消费助力经济升级和民生改善。全国各地都在加快建设新型基础设施。上海市与中国联通公司展开合作，加强城市光纤宽带网络覆盖，率先部署覆盖全市的 NB-IoT 物联专网，提升高速宽带通信网络能级，推动新一代信息技术在各领域的深度渗透，助力提升城市运营管理能力和效率。围绕上海“四个中心”建设，中国联通公司在浦江镇建设上海国际出口局第二机房、浦江数据基地和临港云数据中心基地，推动服务上海城市管理和社会服务的公共云平台、服务重点行业的云平台、大数据平台建设，打造“互联网 +”背景下的新型基础设施。

信息网络基础设施建设扎实推进。高速泛在、宽带泛在、海陆对接、天地一体是新一代信息基础设施的重要演进方向，对经济社会发展转型的战略性、基础性和先导性作用日益凸显。2017 年，中国信息网络服务质量和覆盖范围继续提升，4G 网络覆盖深度不断完善，覆盖盲点不断消除。全国净增移动通信基站 59.3 万个，总数达 619 万个，是 2012 年的 3 倍。其中，4G 基站净增 65.2 万个，总数达 328 万个。同时，不断加快光纤网络建设，提升网络空间综合实力。2017 年，新建光缆线路长度 705 万千米，全国光缆线路总长度达 3 747 万千米，比上年增长 23.2%。“光进铜退”趋势更加明显，截至 2017 年年底，互联网宽带接入端口数量达 7.8 亿个，比上年净增 0.7 亿个，增长 9.3%。其中，光纤接入（FTTH/O）端口比上年净增 1.2 亿个，达 6.6 亿个，占互联网接入端口的比重由上年的 75.5% 提升至 84.4%。xDSL 端口比上年减少 1 639 万个，总数降至 2 248 万个，占互联网接入端口的比重由上年的 5.5% 下降至 2.9%。

重点领域创新技术不断突破。信息技术应用基础设施生态创新圈不断完善，创新成果日渐丰硕。在高端芯片方面，采用国产超算 CPU 的“神威·太湖之光”超级计算机连续蝉联全球超算 500 强榜首；3D NAND 闪存芯片研发取得重要突破；华为技术有限公司、寒武纪科技公司等企业发布人工智能芯片。在新型显示方面，中国第一条 6 代柔性 AMOLED 生产线在成都京东方光电科技有限公司量产；国内多家企业陆续推出各种规格的全面屏，打破国外企业的市场垄断。在智能手机方面，年产量 14 亿台，华为、OPPO、小米、vivo 跻身全球智能手机出货量前六名。在新一代移动通信方面，5G 发展继续提速，技术研发完成第二阶段试验，中频段频谱使用规划率先发布，国内通信设备企业已推出端到端 5G 预商用系统。

【政策措施】 印发《新一代人工智能发展规划》。该规划是中国在人工智能领域印发的第一个系统全面部署的文件，重点对 2030 年中国新一代人工智能发展的总体思路、战略目标和主要任务、保障措施进行系统的规划和部署，明确确立中国人工智能发展的“三步走”目标；提出建立开放协同的人工智能科技创新体系、培育高端高效的智能经济、建设安全便捷的智能社会、加强人工智能领域的融合、构建泛在安全高效的智能化基础设施体系、前瞻布局新一代人工智能重大科技项目 6 个重点任务。

印发《关于进一步扩大和升级信息消费持续释放内需潜力的指导意见》，明确“一四二六”的政策举措，即围绕推动供给侧结构性改革这一主线，将扩大和升级信息消费聚焦在生活类信息消费、公共服务类信息消费、行业类信息消费及新型信息产品四大重点领域，大力拓展高品质消费，不断满足人民群众日益增长的信息消费需求。从供给侧和需求侧两端发力，兼顾远近目标，着力突破制约信息消费发展的瓶颈。在行业监管、信用体系建设、个人信息和知识产权保护、信息消费安全、财税支持、信息消费统计监测和评价 6 个保障措施方面全面发力。

印发《关于深化“互联网 + 先进制造业”发展工业互联网的指导意见》，提出“三步走”的发展战略，最终使中国到本世纪中叶时，工业互联网综合实力进入世界前列，网络基础设施全面支撑经济社会发展，工业互联网创新发展能力、技术产业体系以及融合应用等全面达到国际先进水平。围绕夯实网络基础、打造平台体系、加强产业支撑、促进融合应用、完善生态体系、强化安全保障、推动开放合作方面，提出七大任务，并明确 6 个方面的保障措施。

印发《云计算发展三年行动计划（2017—2019 年）》，以推动制造强国和网络强国战略实施为主要目标，以加快重点行业领域应用为着力点，以增强创新发展能力为主攻方向，全面提升中国云计算产业实力和信息化应用水平；强调应坚持打牢基础、优化环境，应用引导、统筹推进，协同突破、完善生态，提升能力、保障安全，开放包容、国际发展的基本原则，从产业规模、行业应用、绿色节能、标准制定、企业发展、安全保障等 6 个方面全面发力，提出未来 3 年的总体目标。

印发《促进新一代人工智能产业发展三年行动计划（2018—2020 年）》，对《新一代人工智能发展规划》相关任务进行细化和落实，以信息技术与制造技术深度融合为主线，着力推动新一代人工智能技术的产业化与集成应用，重点发展高端智能产品，夯实核心基础，提升智能制造水平，完善公共支撑体系；以 3 年为期限明确多项任务的具体指标，对产业发展具有较强的指导意义。

【存在问题】 两化融合深度尚待提升。一是参与主体数量不多，与 2017 年全国实有各类市场主体 9 814.8 万户相比，7 万多家次企业开展自评估、自诊断、自对标，不到千分之一；贯标企业 4 700 多家，不到两万分之一。二是推进机制有待完善，当前融合发展产业链、创新链、资金链联动发展协调推进机制尚待加强，新模式新业态监管机制尚不成熟，亟待建立完善。三是第三方公共服务平台仍需加强，两化融合管理体系效果的评价还未得到比较高的认可，融合发展生态环境不健全。

核心技术尚显薄弱。一是基础研究支撑不够，企业对基础研究的投入仅占企业研发投入的 0.1%。二是关键共性技术供给不足，多元化的关键共性技术研发创新体系尚未建立。三是产学研用协同创新不到位，创新成果没有转化为现实的生产力。四是创新人才的制约日益突出，给信息产业提质增效升级带来较大冲击。

工业信息安全保障能力亟待加强。一是顶层设计亟待完善，缺乏有效的工控安全防护管理手段，尚未形成顺畅的工作联动机制和工作合力。二是产业基础薄弱，国内工业信息安全企业服务能力不强，还不能完全满足市场实际需求。三是企业安全意识有待提升，企业管理机制不健全，相关资金投入严重不足。

信息消费引擎能力不足。一是有效供给创新能力不足，高端产业供给不足，新型应用产品缺乏统一标准。二是消费潜力尚未充分释放，“数字鸿沟”明显，农村居民、老年人数字技能缺乏，部分地区和人群信息消费覆盖水平低。三是消费环境亟待优化，网络安全保障形势日趋严峻。

【发展趋势】 信息技术加速驱动经济转型升级。党的十九大报告要求“推动互联网、大数据、人工智能和实体经济深度融合”，为互联网进一步发展指明方向。各地区、各部门将更加重视和推动形成面向信息技术与实体经济深度融合发展的政策措施，并推进示范工程落地实施。阿里巴巴集团、腾讯公司、百度公司等互联网巨头为抢占发展先机，也必将继续加快深度学习、人脸识别、智能机器人等新技术新产品在农业、工业、服务业等实体经济领域的应用。传统行业企业将结合自身优势，在技术应用、数据挖掘、服务体系建设等方面加快与互联网企业合作步伐，共同推动互联工厂、智能物流、无人商店、刷脸支付等服务体系建设，不断提升适应经济发展新阶段的能力。

信息技术与制造业全面融合进入快速发展期。新工业革命在全球蓬勃发展，信息技术加速与经济社会各领域渗透融合，其中与制造业的融合尤为深刻。机械、船舶、汽车、家电等离散型行业将加速网络化智能设备应用，数控机床、工业机器人、工业物联网应用不断扩大，生产方式向绿色化、柔性化发展。石化化工、钢铁、有色、建材等流程型行业将通过优化升级过程控制和制造执行系统，推动生产工艺和生产流程的智能优化，实现制造全过程的协同控制、在线优化和精细化管理。

物联网进入新一轮大规模部署和应用期。随着物联网等相关政策的进一步实施，窄带物联网将进入大规模部署阶段，三大电信运营商以及华为技术有限公司、中兴通讯股份有限公司等信息技术领先企业将加快部署，窄带物联网基站和商用网络建设将呈现大规模增长态势。窄带物联网将进入大规模商用阶段，基于NB-IoT的智能传感器、智能电表、智能泊车系统、智能血压计等产品将快速涌现，智能制造、智慧能源、智慧安防、智慧交通、智慧养老将成为窄带物联网重点应用领域。物联网应用创新进入生态构建期，阿里巴巴集团、腾讯公司等互联网企业以及电信运营商等企业基于自身优势将加快构建开放平台，推进产业链上下游、应用开发资源、技术产品等垂直整合，智能家居、车联网、移动医疗、物联网通信等领域物联网产业生态将加速形成。

人工智能将推动信息技术提档提质发展。信息技术企业将加快走向以深度技术创新支撑产品及服务革新发展的道路，人工智能商用化将加速，基于人工智能的产品和服务将迅速增多。百度公司、腾讯公司等提出的人工智能生态计划将进一步加快落实，BAT等投资收购人工智能创新企业的步伐将会进一步加快，帮助自身获得更强的连接、资源获取和信息服务能力。随着百度、阿里巴巴、科大讯飞等企业人工智能平台成为国家级人工智能平台，中国人工智能产业生态将更加完善和健全，更多的中小型互联网企业将基于上述人工智能平台加快产品和服务创新。人脸识别等人工智能技术将加快成熟，并从线上走到线下，将在无人零售、快捷支付、酒店入住、高铁检票、机场安检等场景得到快速应用。

［撰稿：张松　审稿：吴胜武］

两化融合

【概况】 依据《工业企业信息化和工业化融合评估规范》（GB/T23020-2013）国家标准，工业和信息化部在全国各地区和国民经济各行业全面推广，并常态化开展企业两化融合评估诊断和对标工作。截至2017年年底，全国企业上报两化融合评估数据占列入国家统计监测规模以上工业企业总数的1/4左右，能够真实反映出各地区、行业在规模、性质、生产类型等方面不同企业的两化融合发展水平。

【全国两化融合发展现状】 2017年，全国两化融合发展水平达到51.8，近年来全国两化融合发展水平持续保持2%～3%的增长速度。从企业规模来看，企业两化融合发展水平和企业规模呈正相关关系，大型企业是两化融合整体提升的重要增长极；从企业性质来看，国有企业两化融合水平处于领先地位，分别较民营和外商投资企业高出 15.5% 和 8.9%；从生产类型来看，混合型行业两化融合水平低于流程和离散行业，混合型生产企业产品加工过程中既包含流程生产模式，又包含离散生产模式，信息技术与业务融合的难度相对较大。

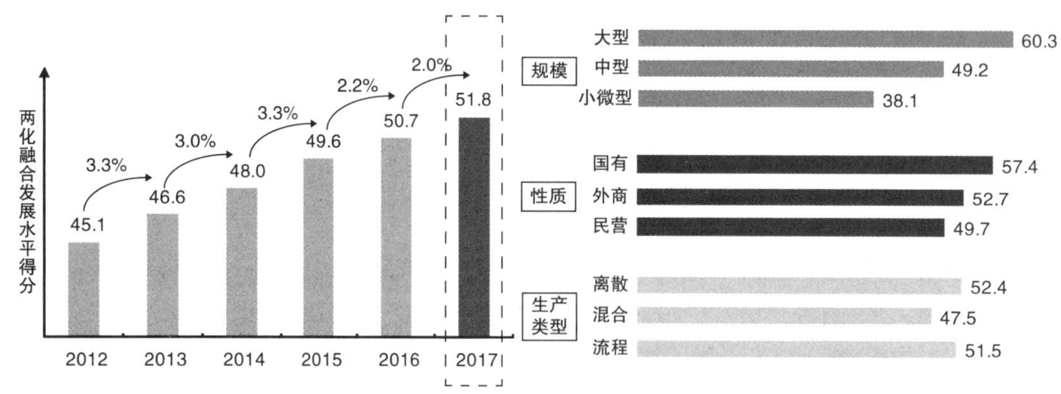

图 1　2017 年全国两化融合发展水平概览

从发展进程来看，2017 年，全国 19.3% 的企业已经实现综合集成，47.7% 处于单项覆盖阶段的企业中有 46.2% 的企业，也就是全国 22.0% 的企业在关键业务环节信息化方面已实现全面覆盖，具备开展信息化环境下的业务集成运作的良好条件，将在短期内进入集成提升阶段。相较于 2012 年，2017 年全国实现综合集成的企业占比增长近一倍。

从两化融合关键指标水平来看，全国两化融合发展的结构性问题突出，大中型企业智能化发展基础逐步增强，小微企业数字化水平低是制约全国两化融合发展的主要掣肘。2017 年，全国具备开展智能制造基础的大型企业比例达到 14.5%，远高于 5.6% 的全国平均水平；小微型企业数字化研发设计工具普及率、关键工序数控化率分别为 57.0%、28.9%。

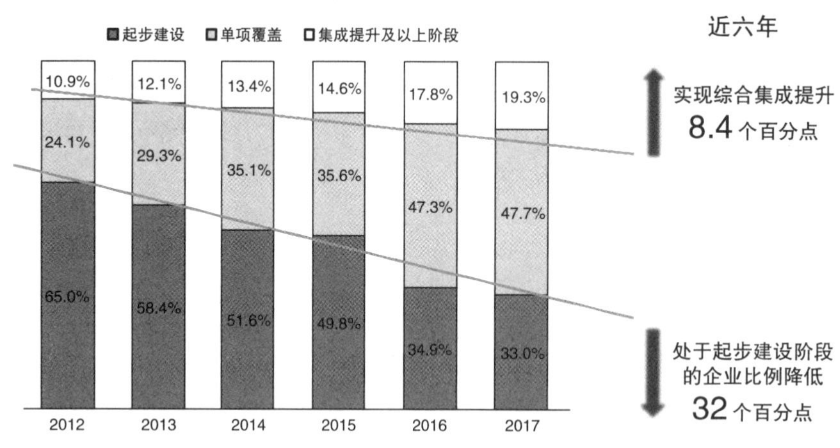

图 2　2012—2017 年全国两化融合发展阶段分布情况

【行业两化融合发展现状与特征】　全国两化融合评估样本覆盖原材料、装备、消费品、电子、采掘等 60 余个细分行业，各行业所处产业链位置、行业结构、生产特征、发展需求各有不同，两化融合发展具有鲜明的差异化特征。2017 年，电力、烟草、电子、交通设备制造、石化等行业两化融合发展水平较高，实现综合集成的企

	指标	整体 2017	整体 2016	大型企业 2017	大型企业 2016	中型企业 2017	中型企业 2016	小微型企业 2017	小微型企业 2016	两化融合目标（2017）
数字化	数字化研发设计工具普及率（%）	63.2	61.8	82.6	81.4	74.1	72.6	57.0	55.7	64%
	关键工序数控化率（%）	46.4 (34.1)	45.7 (33.3)	56.1	56.1	44.2	43.6	28.9	28.0	40%
	关键业务环节全面信息化的企业比例（%）	40.3	38.8	60.7	58.9	50.4	48.1	34.3	32.6	
	应用电子商务的企业比例（%）	55.1	54.0	66.8	64.4	59.8	58.9	52.0	51.1	
集成互联	实现设计与制造集成的企业比例（%）	18.8	17.7	36.6	33.5	23.3	23.0	14.8	14.0	
	实现管控集成的企业比例（%）	15.5	14.6	30.7	29.1	20.7	19.6	11.8	11.2	
	实现产供销集成的企业比例（%）	20.0	18.7	42.2	41.0	28.8	27.1	14.1	13.2	
智能协同	实现产品全生命周期管控的企业比例（%）	7.9	7.3	13.8	12.9	9.3	9.2	6.5	6.0	
	实现产业链协同的企业比例（%）	6.6	6.3	12.1	12.0	8.7	8.5	5.2	4.8	
	智能制造就绪率（%）	5.6	5.1	14.5	13.7	8.1	7.7	3.6	3.2	

图 3　2016—2017 年全国两化融合关键指标水平

业比例超过 20%。各行业两化融合发展水平排名从高到低依次为电力、烟草、电子、交通设备制造、石化、机械、医药、食品、轻工、纺织、建材、冶金、采矿业。对于制造业而言，装备行业两化融合发展水平较高，高于全国平均水平，原材料、消费品行业的两化融合发展水平基本持平。

各个行业单项应用、综合集成、协同创新三个一级指标水平之间的差距比率计算显示，不同行业的数字化、集成互联、智能协同发展情况的均衡程度存在差异，大体呈现出装备行业发展最为均衡，消费品、原材料行业次之的态势。数字化、集成互联及智能协同发展越均衡的行业，实现“综合集成”跃升的潜力越大。装备智能化是装备行业两化融合的重点之一，行业同步推进数字化、集成互联、智能协同水平，围绕“设备互联、数据互换、过程互动、产业互融”等方面逐步加快智能化改造。

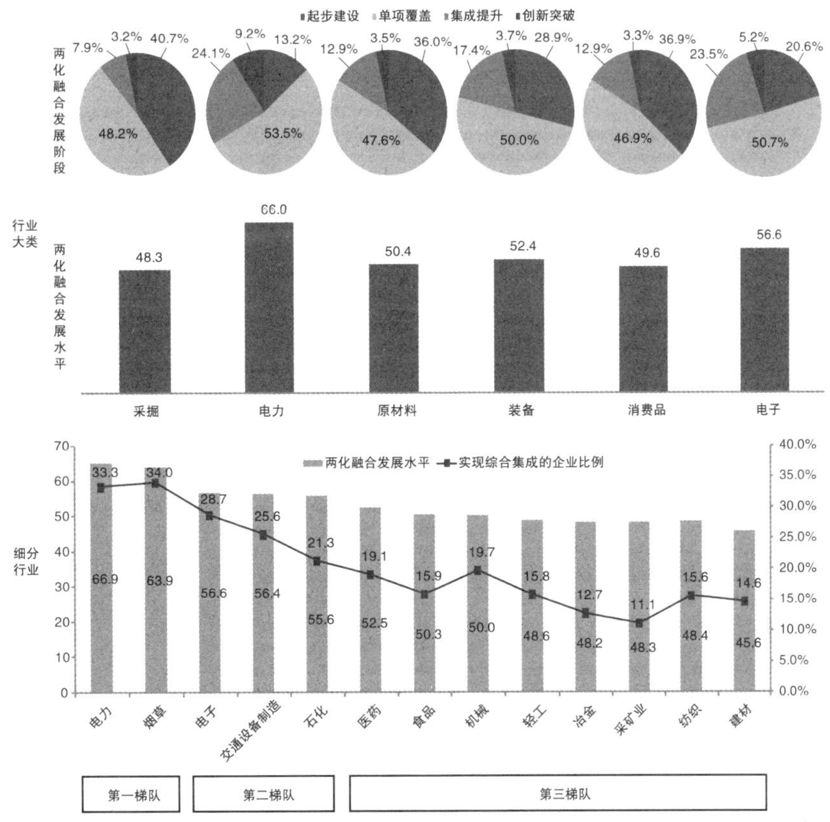

图 4　2017 年行业两化融合发展水平及阶段分布情况

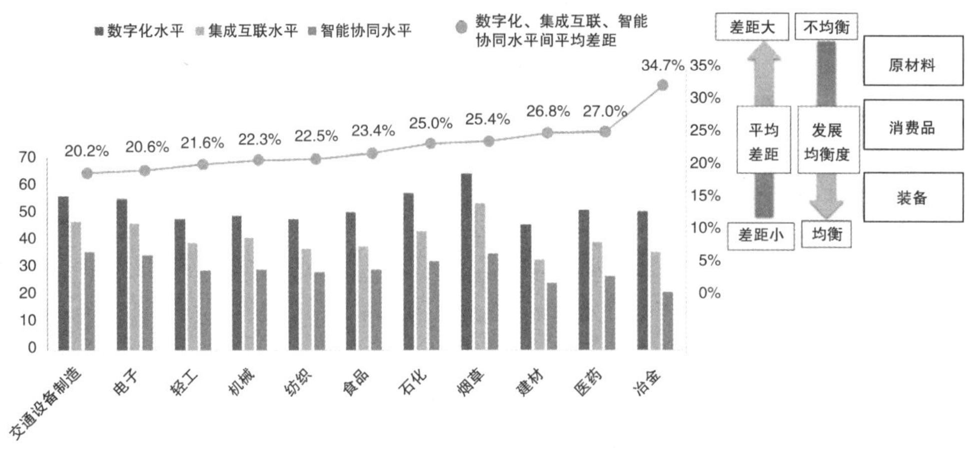

图5　2017年不同行业数字化、集成互联、智能协同发展均衡度

【地区两化融合发展现状与模式】　由于战略导向、经济基础、产业结构、资源禀赋等不同，地区两化融合发展在整体水平、数字化、集成互联和智能协同等方面表现出明显的梯级分布特征。地区的两化融合发展水平整体呈现“沿海高、西南高、西北低、东北低”的态势。第一梯队包括江苏、广东、山东、上海、北京、重庆、浙江、天津、福建、四川等省（市），主要分布于东部沿海地区，此外，围绕“川、渝”形成两化融合发展水平的西南高地；第二梯队集中在中东部地区，包括安徽、辽宁、内蒙古、河南、湖北、河北、湖南、陕西、山西等省（区）；第三梯队散布于东北、华北、中西部等地，包括江西、吉林、宁夏、贵州、海南、广西、黑龙江等省（区）；第四梯队包括甘肃、青海、新疆、西藏。

城市是推动两化融合发展的核心力量，全国地级以上城市有330多个，开展两化融合评估诊断和对标引导

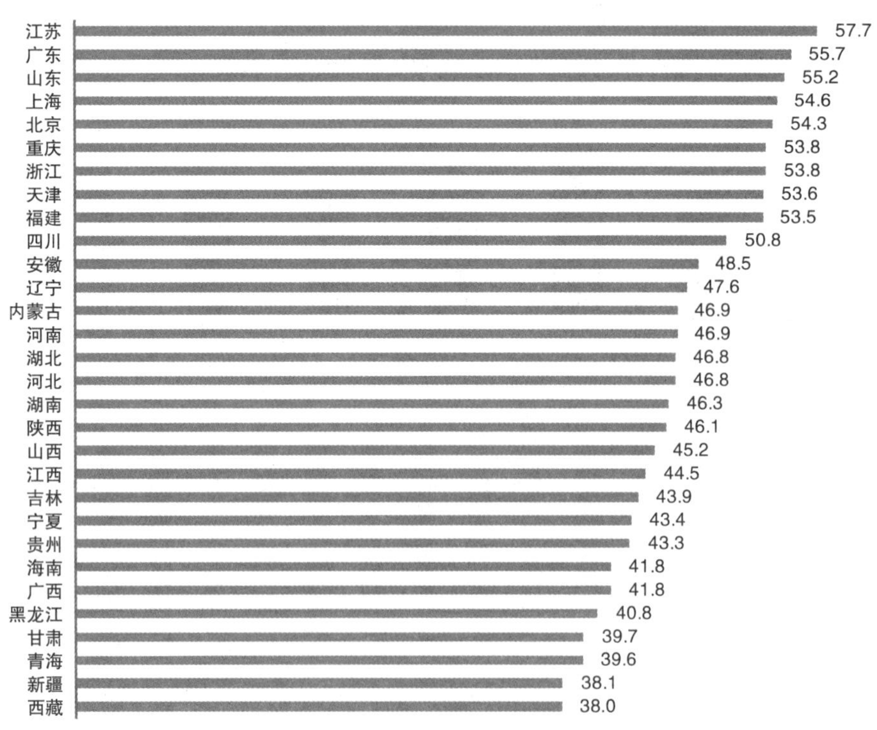

图6　2017年地区两化融合发展水平得分

工作的企业覆盖全国近 300 个主要城市。东部沿海的重点城市呈现出两化融合发展水平和 GDP“双高”态势。广州、深圳、苏州、青岛、南京等东部沿海城市两化融合发展水平和 GDP 规模总量均处于全国前列。东部沿海的重点城市在两化融合引领经济发展方面具有较强的示范作用。

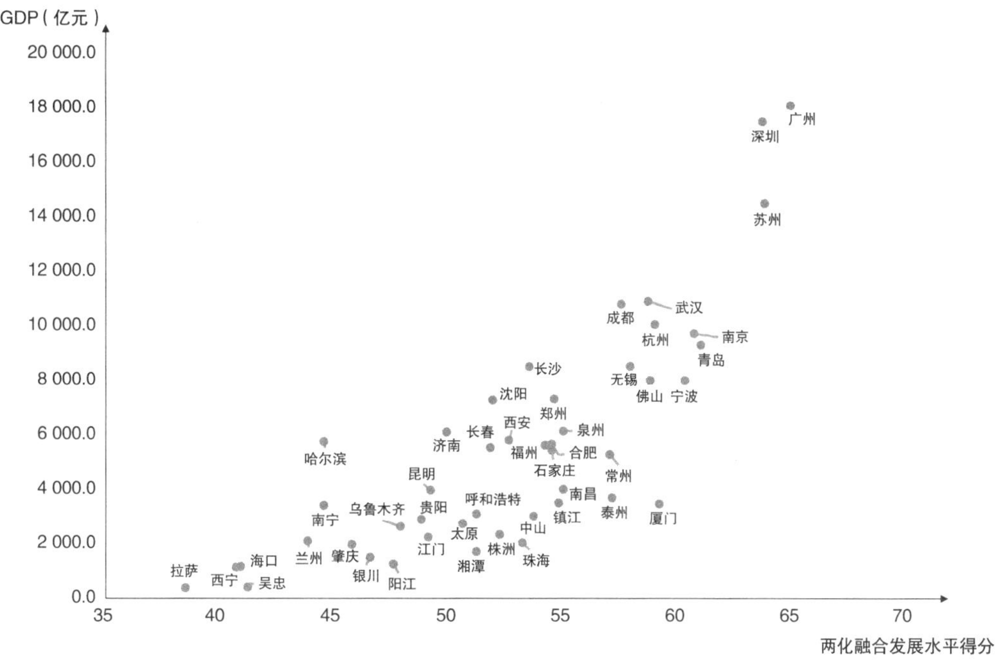

图 7　重点城市 GDP 规模和两化融合发展水平情况

【重点中央企业两化融合】　近年来，基于统一框架的评估与对标成为中央企业精准施策的共同手段，各中央企业集团组织集团内部企业积极开展两化融合评估诊断和对标引导工作，包括中车、中盐、中船、中石油等在内的 68 家中央企业不同程度地在下属子公司中开展两化融合自评估、自诊断、自对标，占中央企业数量的 2/3。

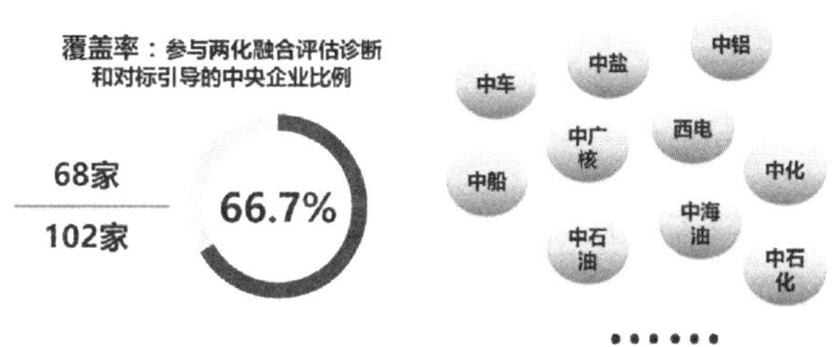

图 8　截至 2017 年中央企业开展两化融合评估诊断和对标引导的情况

中央企业作为两化融合实践的先行者，代表企业两化融合的较高水平。中央企业大力推进信息技术与业务的全面融合，与产业链上下游企业共同开展电子商务、平台资源开放共享、行业共性解决方案、产业链协同等方面的探索和实践，有效带动产业链上下游两化融合水平的协同提升。2017 年，中央企业实现综合集成突破势头明显，42.4% 的中央企业实现综合集成，在带动产业链上下游企业两化融合水平协同提升方面的辐射引领作用显著。国家电网、中国电信、中国移动、商飞、中石化、鞍钢等中央企业两化融合发展水平较高，超过 75。

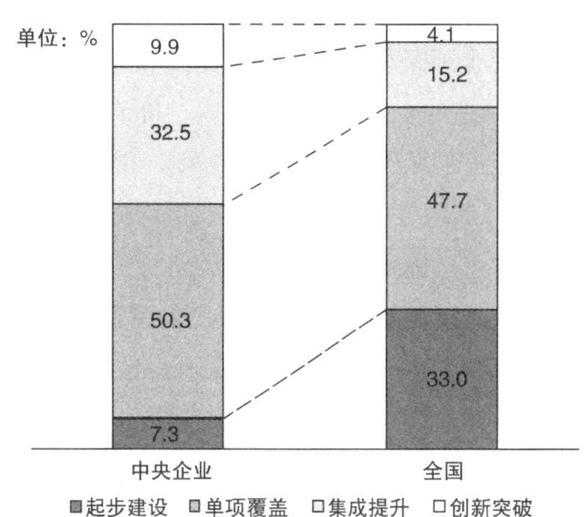

图 9　2017 年主要制造类中央企业两化融合发展阶段分布与全国对比情况

【新模式新业态培育】 网络化协同研制是指企业基于互联网分布式协同环境，开展众包设计研发、网络化制造、公共云制造平台服务等模式创新，并行协同地设计、制造产品的过程。2014—2017 年，全国离散制造企业中，实现网络化协同研制的企业比例由 25.2% 增至 31.0%。江苏、山东、广东、天津等省（市）网络化协同研制的普及广度位居全国第一阵营。基于开放平台的协同创新是领先行业发展网络化协同研制的共同特征，电子、纺织、交通设备制造等行业网络化协同水平相对领先。加强开放平台建设、加快组织模式变革是离散制造企业开展网络化协同研制的当务之急。

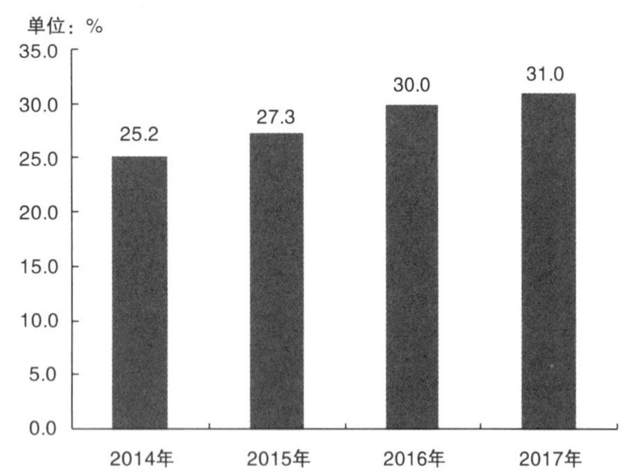

图 10 2014—2017 年离散制造企业中实现网络化协同研制的企业比例

服务型制造是制造企业不断增加服务要素在投入和产出中的比重,推动产品和服务的融合的一种制造新模式。2014—2017 年，全国离散制造企业中，开展服务型制造的企业比例翻了一番，由 11.1% 增至 24.3%。浙江、江苏和山东三省是全国探索服务型制造新模式的“领头羊”，开展服务型制造的企业比例超过 30%。价值链延伸与重构是领先行业开展服务型制造的共同诉求，电子、交通设备制造行业开展服务型制造的企业比例均接近 30%，高于全国平均水平。提升服务环节信息化水平与产品全生命周期各环节集成度是制造业服务化转型的主要手段。

个性化定制是一种以用户为中心、数据驱动生产的制造新模式，是企业提升竞争力的重要抓手。2014—2017 年，全国离散制造企业中开展个性化定制的比例由 3.1% 增至 7.3%。江苏、山东、天津、四川等省（市）开展个性化定制的企业比例较高。用户需求主导是领先行业开展个性化定制的根本出发点，纺织、轻工、交通

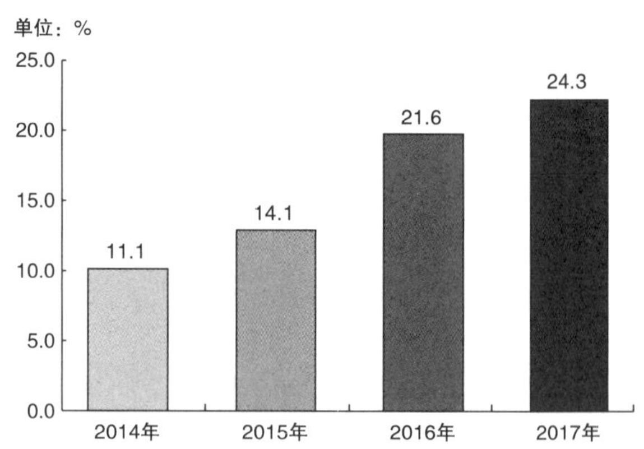

图 11 2014—2017 年离散制造企业中开展服务型制造的企业比例

设备制造、机械等行业实现个性化定制的企业比例分别达到 7.9%、6.7%、7.8% 和 7.0%，个性化定制正在从服装、家具行业向家电、汽车领域扩散。实现用户需求的精准获取与定义、提升生产柔性和提高数据流动的自动化水平是推动个性化定制的关键路径。

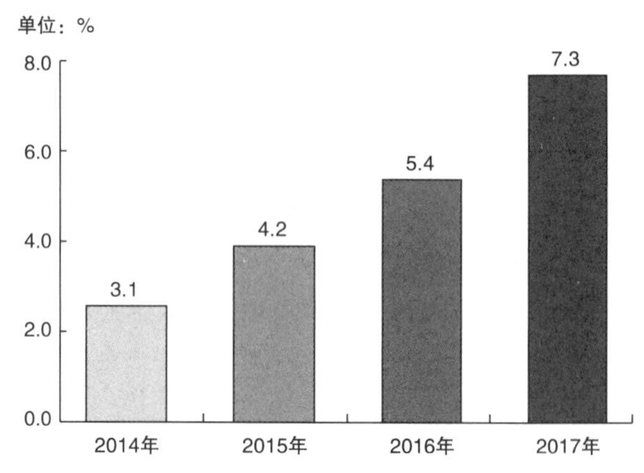

图 12 2014—2017 年离散制造企业中开展个性化定制的企业比例

平台逐渐成为要素汇聚、资源整合、能力开发、创业孵化的重要载体，成为领军企业竞争的新赛道、全球产业布局的新方向、制造大国竞争的新焦点。中国的平台化运营正步入全面实施、快速迭代、自我完善的新阶段，基于平台的制造业新生态正逐渐形成。2017 年，中国工业云平台应用率、重点行业骨干企业“双创”平台普及率分别达到 38.3% 和 60.0%。资源汇聚、生态构建是领先行业开展平台化运营的终极目标，电子、轻工等领先行业纷纷加快开展平台化运营，电子行业工业云平台应

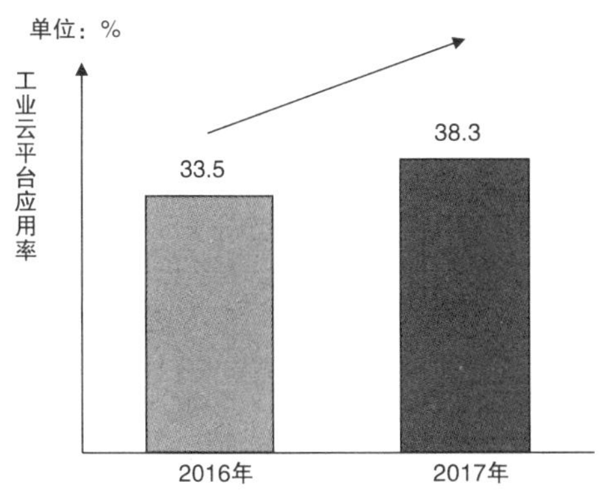

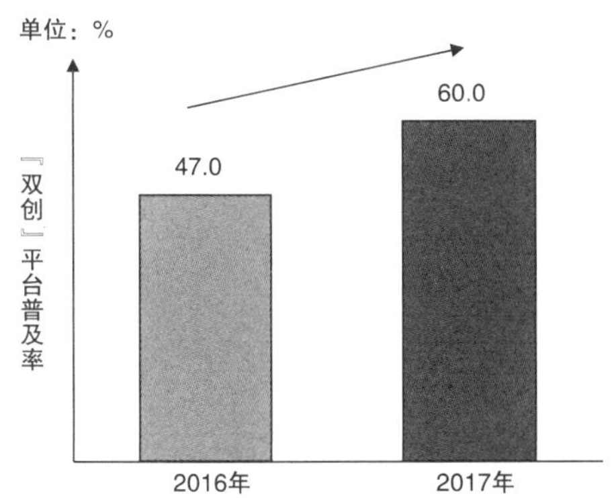

图 13　2016—2017 年全国工业云平台应用率和全国重点行业骨干企业“双创”平台普及率

用率、轻工行业的骨干企业“双创”平台普及率分别为 46.9% 和 63.4%，位居全国前列。加强数据采集与汇聚，构建平台运营新机制是实现平台化运营的重中之重。

智能制造是两化融合的主攻方向和制高点。当前，智能制造推进体系初步形成，对推动产业转型升级和创新发展的作用日益凸显。2017 年，初步具备探索智能制造条件的企业仅有 5.6%，智能制造基础尚显薄弱。江苏、山东、浙江、广东、天津等省（市）智能制造发展水平位于第一梯队。集成互联、数据驱动是领先行业发展智能制造的共同选择，电子行业中具备初步探索智能制造基础的企业比例最高，达到 9.6%。夯实新型基础设施，加强企业综合集成水平是开展智能制造的着力点。

【两化融合绩效产出】　在企业层面，企业持续推进两化融合可有效激发创新活力、加快供应能力和绩效增长、提高生产资源利用率、推动提质降本增效，对提高经济效益、获取可持续竞争优势具有显著推动作用。从投入角度来看，中国企业两化融合投入水平与世界发达国家尚存在较大差距，2017 年，中国企业信息化投入占销售

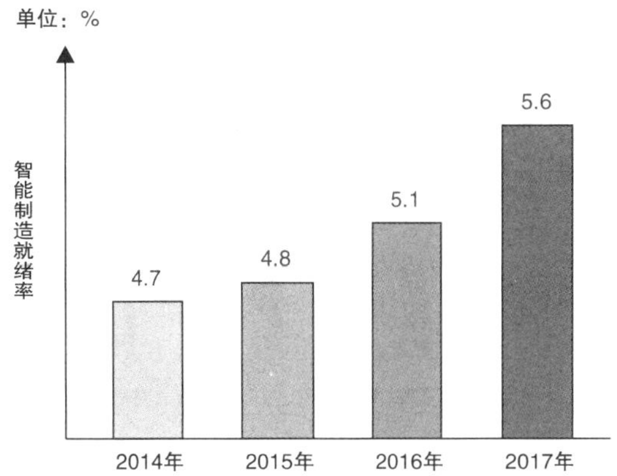

图 14　2014—2017 年全国智能制造就绪率

收入的比例仅为 0.25%，而国外企业 IT 投入一般为营业额的 1% 左右；从产出角度来看，19.3% 的企业两化融合进入集成提升和创新突破发展阶段，比其他阶段企业竞争力高出 15.1%，经济社会效益高出 13.2%；从投入和产出角度来看，集成提升及以上阶段企业的信息化投入水平比单项覆盖及以下阶段企业高出 21.7%，带动全员劳动生产率水平提高 40.0%。

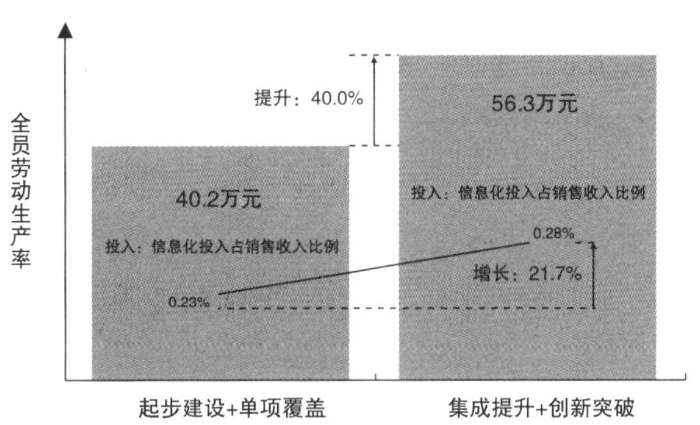

图 15　2017 年不同两化融合发展阶段企业的两化融合投入和产出情况

在行业层面，全要素生产率是表征生产效率的重要指标，是生产活动在一定时间内的效率，包括人力、物力、财力开发利用的效率，其来源包括效率改善、技术进步、规模效应。分析发现重点行业全要素生产率与两化融合呈现显著正相关关系，当行业两化融合水平接近或跨越中值线（50 分）时，两化融合水平增长速度趋于稳定，但行业全要素生产率继续增长，且增长幅度有扩大趋势。

在宏观经济层面，从产业结构优化角度来看，两化融合引导企业围绕价值链两端的研发与服务开展广泛丰富的价值创造活动，有效促进企业研发、制造、服务等

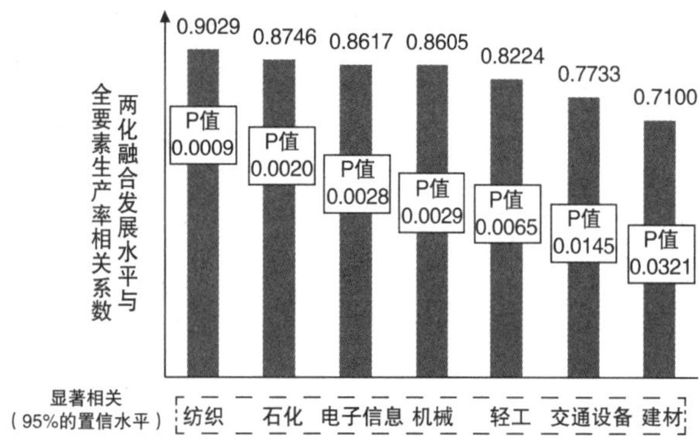

图 16　重点行业全要素生产率和两化融合发展水平相关性分析

环节附加值不断提高，加速推动制造业向产业价值链高端迈进，越来越多的企业在价值链两端的研发、服务等高附加值环节开展探索，并且各环节不断交叠融合、互促互进；从经济质量提升角度来看，两化融合有效推动技术进步、提升生产效率，促进经济发展提质升级；从投入产出、劳动生产和技术进步等反映经济发展质量的重要方面来看，两化融合发展水平与投入产出比、人均增加值呈现显著的正相关关系，第二产业两化融合发展水平增长率与全要素生产率的增长率关系也呈现明显同向变动趋势。

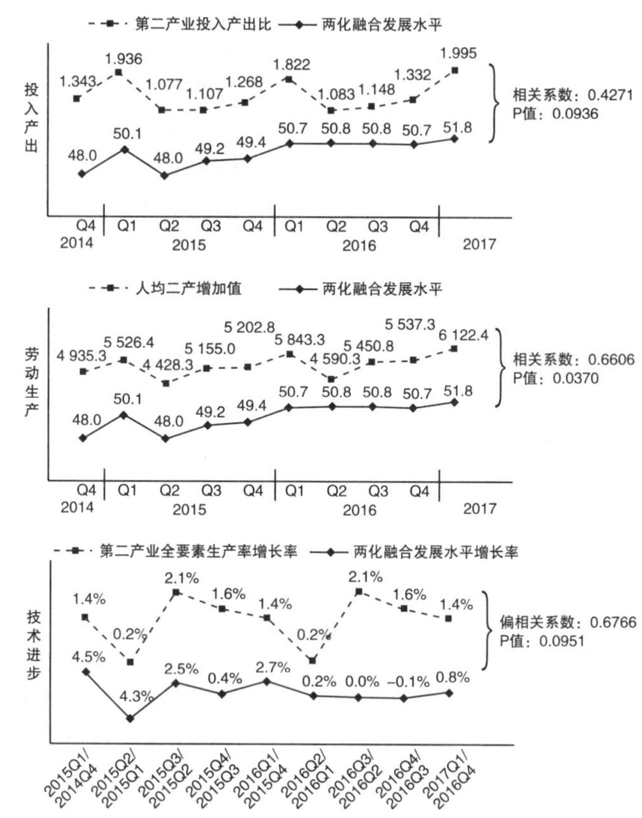

图 17　经济质量相关指标与两化融合发展水平相关性分析

【统计数据】

表 1　全国及各重点行业两化融合发展全景图

内容	指标	全国	原材料	消费品	装备	电子
总体水平	总分	51.8	50.4	49.6	52.3	56.6
	基础建设	59.3	57.5	57.0	60.7	66.1
	单项应用	51.2	51.7	49.1	51.7	55.8
	综合集成	40.6	37.8	38.3	43.4	47.0
	协同与创新	36.4	31.8	34.6	35.6	39.4
发展阶段	起步建设	33.0%	36.0%	36.9%	28.9%	20.6%
	单项覆盖	47.7%	47.6%	46.9%	50.0%	50.7%
	集成提升	15.2%	12.9%	12.9%	17.4%	23.5%
	创新突破	4.1%	3.5%	3.3%	3.7%	5.2%

续表

内容	指标	全国	原材料	消费品	装备	电子
关键指标	信息化投入占比	0.25%	0.21%	0.26%	0.28%	0.25%
	生产设备数字化率	44.8%	48.4%	43.6%	39.8%	53.1%
	数字化研发设计工具普及率	63.2%	51.1%	55.8%	78.5%	75.5%
	关键工序数控化率	46.4%（34.1%）	60.2%（39.9%）	41.7%（31.0%）	38.2%（30.3%）	52.9%（45.6%）
	关键业务环节全面信息化的企业比例	40.3%	32.1%	36.2%	47.9%	53.1%
	应用电子商务的企业比例	55.1%	46.8%	57.3%	56.6%	63.5%
	实现管控集成的企业比例	15.5%	13.5%	13.9%	16.6%	23.0%
	实现产供销集成的企业比例	20.0%	14.6%	17.9%	22.4%	32.8%
	实现产业链协同的企业比例	6.6%	6.0%	7.2%	5.6%	8.3%
新模式新业态	重点行业骨干企业“双创”平台普及率	60.0%	51.4%	66.3%	58.9%	62.3%
	实现网络化协同的企业比例	31.0%		29.0%	30.1%	35.9%
	开展服务型制造的企业比例	24.3%		19.2%	24.2%	29.5%
	开展个性化定制的企业比例	7.3%		7.0%	7.2%	8.0%
	智能制造就绪率	5.6%	5.2%	4.8%	5.7%	9.6%

注：关键工序数控化率括号外为按照企业规模设置权重的加权平均值，反映该指标国家（行业、区域）的综合水平；括号中为算术平均值，反映该指标企业平均水平。实现网络化协同的企业比例、开展服务型制造的企业比例、开展个性化定制的企业比例三个指标仅针对离散型行业计算。

［供稿：国家工业信息安全发展研究中心］

企业上云指数

【概况】 企业上云，是企业顺应数字经济发展潮流，加快数字化、网络化、智能化转型，提高创新能力、业务实力和发展水平的重要路径。2017 年 4 月，工业和信息化部发布《云计算发展三年行动计划（2017—2019 年）》，将推动制造强国和网络强国战略实施作为主要目标，要求夯实产业基础，优化发展环境，完善产业生态，健全标准体系，强化安全保障，推动中国云计算产业向高端化、国际化方向发展，全面提升中国云计算产业实力和信息化应用水平。中国企业上云正处于起步探索阶段，企业上云广度和深度均有待提升，夯实基础是企业上云的基本前提。

【指标体系介绍】 企业上云（企业云化）是指在互联网环境下，企业为降低信息化建设成本、优化运营管理流程、创新业务发展模式，以硬件、软件、数据等基础要素迁入云端为先导，快速获取数字化能力，不断变革原有体系架构和组织方式，有效运用云技术、云资源和云服务，逐步实现核心业务系统云端集成，促进跨企业云端协同，不断融入开放创新生态的转型变革过程。企业上云（企业云化）指数是旨在评价互联网环境下，企业通过运用云技术、云资源和云服务，获取数字化能力、变革管理架构、创新业务模式，实现创新转型发展的程度和水平的指示性数据。该指数围绕连接、共享、协同、智能等企业云化核心能力要求，从企业上云基础和云应用的视角出发形成三个一级指标，分别是基础云化、云化创新、管理变革。一级指标共下辖 10 个二级指标。

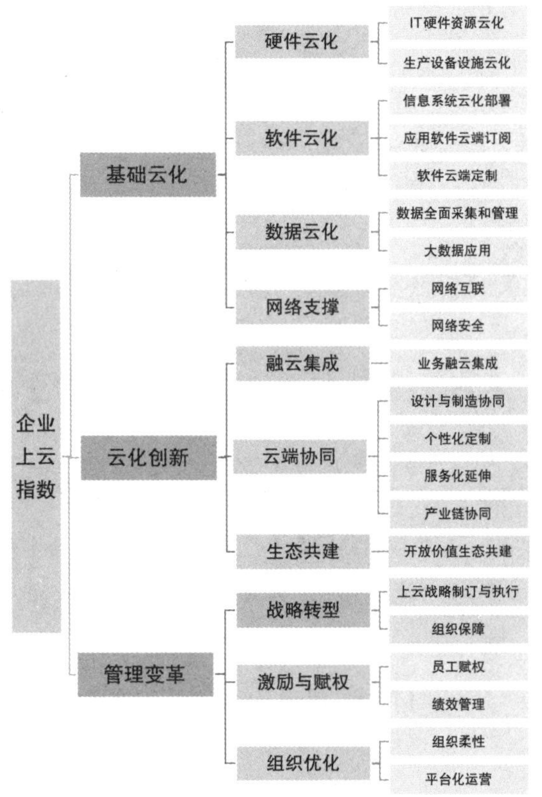

图 1　企业上云指数框架体系

基础云化用于衡量企业在迁云过程中，硬件、软件、数据、网络等企业实现全面上云的基础要素的云化水平。云化创新用于衡量企业在迁云过程中，伴随硬件、软件、数据等要素云化，实现企业融云集成、跨企业云端协同、开放生态共建等业务创新发展的水平。管理变革用于衡量企业在迁云过程中，伴随硬件、软件、数据等基础要素云化，主动适应业务的创新发展，企业进行战略转型、人员激励与赋权、组织优化等管理变革，激发全员创新潜能的水平和能力。

【发展现状】　从云平台普及广度来看，2017 年，中国仅有 40.3% 的企业使用云服务。使用公有云、私有云和混合云服务的企业比例分别为 22.4%、15.3% 和 2.6%，公有云平台作为普遍服务市场渗透明显不足。从云平台应用深度来看，2017 年中国上云企业的上云指数水平仅为 33.7（企业上云指数及相应指标水平均以已经应用私有云、公有云、混合云等形式的云平台的企业为样本计算），企业用云深度不足。企业的基础云化、云化创新、管理变革三个一级指标水平分别为 38.4、31.0 和 29.6。企业基础云化水平较低，一方面，受传统的工业封闭技术体系和价值壁垒影响，企业存在发展的惯性思维，许多企业对上云理念没有清晰的认识，尚未激发出基于云服务的业务发展需求，从而难以迈出上云步伐；另一方面，平台服务能力不强、用户安全无法保障、价值回报预期不足等，也是影响企业走出上云第一步的重要原因。部分企业在推进核心业务上云并开展业务云化创新方面初见成效，但整体来看业务云化刚刚起步，企业云化创新任重道远。伴随大型企业双创平台建设等工作推进，一些企业越来越深刻地认识到顺应企业上云要求的管理变革对企业发展的重要性，并积极推进管理变革，但大部分企业仍然受传统管理模式掣肘，管理变革水平整体较低。

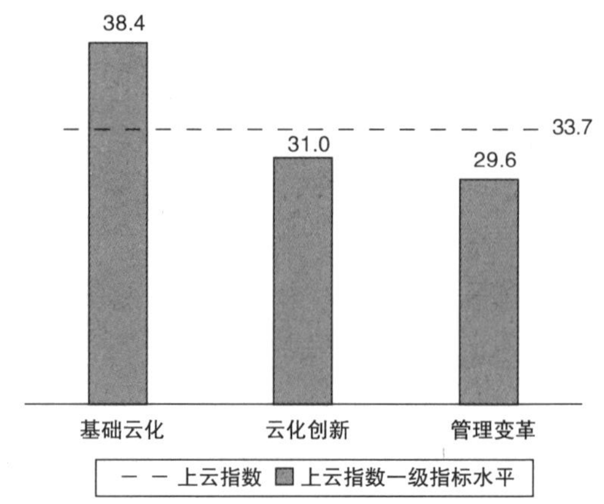

图 2　2017 年全国企业上云指数及一级指标水平

【不同维度下企业上云指数】　全国各地区企业上云指数水平表现出一定的地域特征，呈现“东高西低”的分布态势，毗邻省份的上云水平相近且表现出相近的发展趋势，基本与当地经济开放和活跃程度成正比。东南部沿海、环渤海地区部分省（市）以及北京、天津企业上云水平位于第一梯队，其中山东、江苏、浙江、福建、广东等沿海地区是传统产业的重要集聚地，具备一定规模的制造业基础，产业结构较为合理，技术力量雄厚，企业创新思维活跃，且接近以浙江为核心的东南部云服务集聚区，为企业上云奠定良好基础。内蒙古、山西、陕西、河南、湖北等地区企业上云水平位于第二梯队。甘肃、云南、新疆、西藏等西南地区企业上云水平相对较低，这些地区的产业结构有待优化，经济发展速度、效率和质量均有待提高，上云基础薄弱。

从行业维度看，电力行业企业上云水平明显高于制造业企业，在制造业中消费品行业企业上云水平领先于原材料行业和装备行业。通过对重点行业2017年企业上云指数水平进行对比和分析发现，电力行业的企业上云指数水平达到53.7，较制造业行业企业高出63.2%（制造业为32.9）。电力行业信息化和网络化程度较高，云化基础条件完备，在数据存储、传输、集成、共享等方面具有较大优势，为云化创新发展奠定良好基础。在制造业行业中，各细分行业企业上云水平差异不大，消费品行业上云指数整体水平为34.0，较原材料和装备行业分别高出4.3%和5.6%。消费品行业依托其2C的先天优势，与用户需求和终端消费者接触紧密，企业更为迫切且积极利用云计算、大数据等技术，以便能更好地基于云平台构建用户需求的精准采集、快速传导和实时响应，因而消费品行业在企业上云方面也发展较快。机械、采矿等行业企业云化发展速度相对缓慢，企业上云的意识和技术有待提高。

从规模维度来看，中小微企业需要开放式发展模式打破龙头企业构筑的技术和利益壁垒，但是受成本、人才支持等因素的影响，主要是应用技术门槛较低的公有云平台。在云平台类型选择方面，中国大型企业更倾向部署私有云平台，而中小微企业更侧重使用公有云平台。29.7%的大型企业使用私有云平台，分别超过中型与小微型企业77.8%与137.6%。一方面，大型企业具备一定的信息化基础条件和能力，各业务部门或分（子）公司对信息共享和业务协同已有强烈需求；另一方面，大型企业更加重视数据的安全性，大部分企业考虑到信息安全问题和核心能力保护问题，多采用私有云或者混合云方案进行云化改造。

中小微企业以使用公有云平台为主，但应用水平有待提高。得益于良好的管理基础和信息化基础，大型企业的上云指数达35.2，居于领先地位。中型企业和小微型企业上云指数水平分别为32.3和29.6，分别比大型企

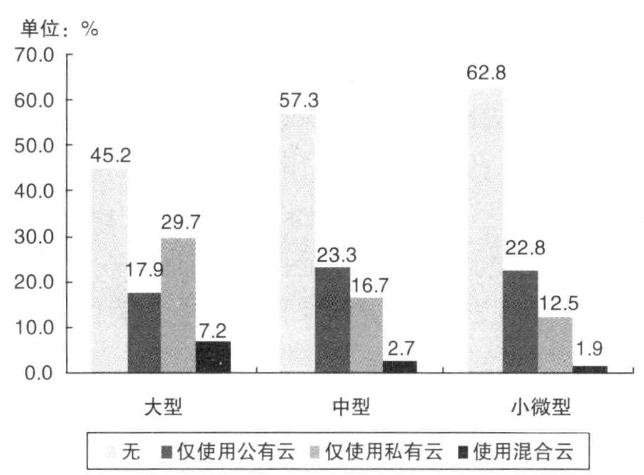

图3　2017年中国不同规模企业的云平台使用情况

业低8.2%和15.9%。通过对比不同规模企业的上云指数一级指标发现，小微企业的基础云化、云化创新、管理变革三个一级指标水平均低于其他规模，其中以基础云化的差距最大。中国中小微企业数量巨大，是上云的重要主体，且中小微企业通过平台化、开放式的发展模式，有利于弥补发展基础与关键技术短板。

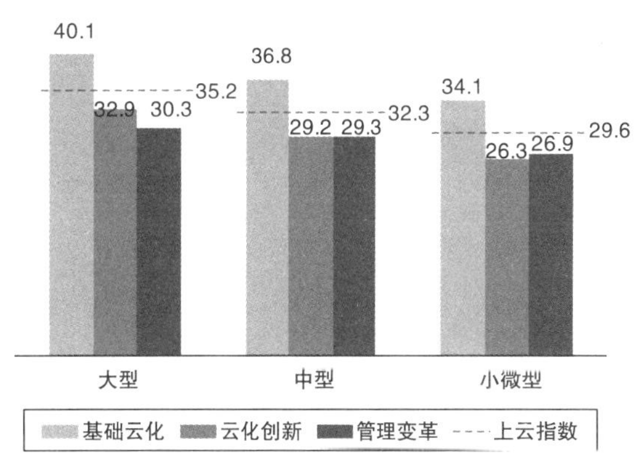

图4　2017年中国不同规模企业上云指数及一级指标水平

【夯实基础是推进企业云化的基本前提】 2017年，中国企业的基础云化水平为38.4，分别较云化创新水平、管理变革水平高24.0%和29.7%，企业基础云化下辖二级指标水平，网络支撑和硬件云化水平相对较高，分别为45.0和42.9，软件和数据云化水平较低，分别为36.0和29.6。数据表明，在网络互联和网络安全方面对企业上云的支撑水平已具备一定基础，上云企业硬件云化发展水平相对较高，软件云化和数据云化有待深化。

网络支撑主要体现在网络互联和网络安全两个方面，网络互联是实现企业硬件、软件、数据等资源实时

连接、协同、共享的基础，网络安全则是确保企业云化发挥效益、长治久安的重要保障。分析网络对企业硬件云化、软件云化和数据云化的影响程度发现，通过相关性检验，99% 的置信水平下，网络支撑水平和硬件云化水平、软件云化水平、数据云化水平均呈显著正相关关系，随着网络支撑水平的提升，企业硬件云化水平、软件云化水平、数据云化水平总体呈上升趋势；与硬件云化水平相比，软件、数据云化水平与网络支撑水平呈现更强的相关性，相关系数分别达到 0.691 和 0.702，表明网络对企业软件云化和数据云化的推动进程影响更大。

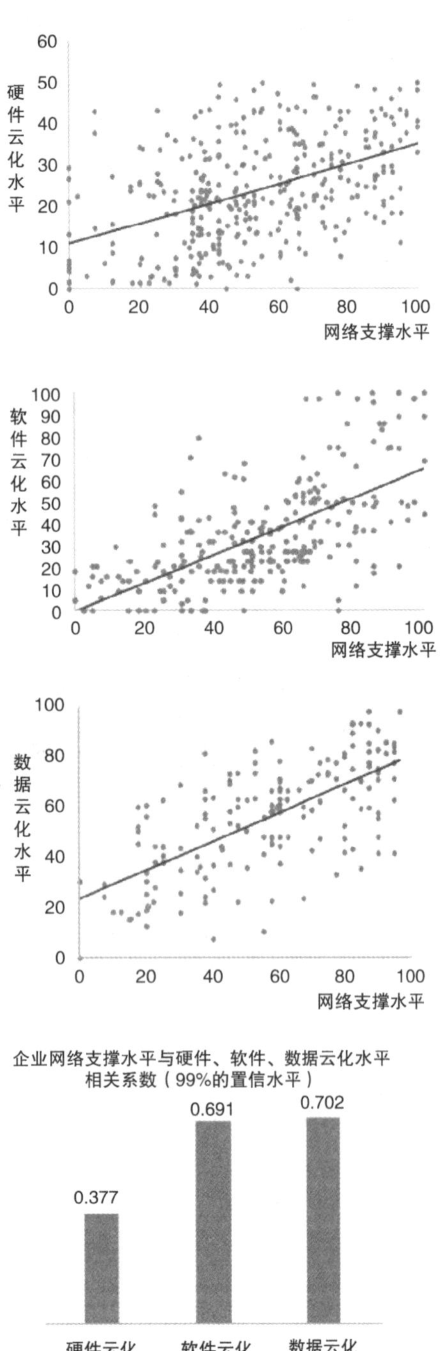

图 5　企业网络支撑水平与企业硬件、软件、数据云化水平相关关系

通过进一步分析企业在网络安全方面的具体举措发现，上云企业中超过 40% 的企业建立网络安全管理制度，超过 30% 的企业设立专门的企业网络安全管理组织、使用专业网络安全产品和服务。而未上云企业在网络安全管理制度建设和管理组织设立方面明显不足，实现的企业比例均不及上云企业的一半，在使用网络安全产品和服务以及对网络安全进行定期跟踪和评估等方面，实现的企业比例均不超过 10%。

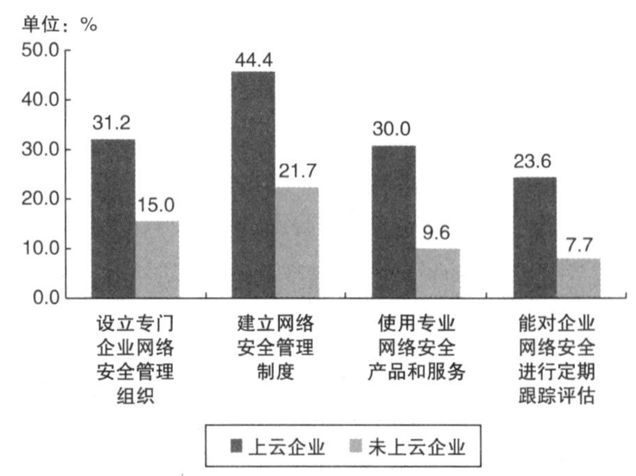

图 6　2017 年中国企业网络安全管理情况

企业硬件云化水平由 IT 硬件资源云化和生产设备设施云化两个方面来反映。2017 年，中国上云企业生产设备设施云化水平为 37.3，明显低于 IT 硬件资源云化水平 48.5。IT 硬件基础设施的云化是目前大部分企业上云的首要选择。底层设备数字化、联网化尚未全面普及，生产设备设施云化尚未就绪。

数据已经成为驱动企业创新的核心要素，数据云化是在对数据全面采集和管理的基础上，依托云服务实现多源数据在云端的汇聚、共享及大数据分析利用，进而充分挖掘企业内外部数据价值的有效手段。通过分析上云企业数据云化下辖三级指标发现，中国企业大数据应用水平显著低于数据全面采集和管理水平，仅为 17.8。进一步分析不同业务领域开展工业大数据应用情况，发现除供应链分析和优化环节外，在各业务领域开展工业大数据应用的企业比例均不超过 30%。企业在大数据应用广度方面明显不足，利用先进的数据分析工具和模型深度提取大数据价值并用于智能决策方面的实践只是刚刚起步。

整体而言，中国上云企业的基础云化处于较低水平。软件和数据云化是基础云化的主要短板，而生产设备设施云化是实现企业能力共享的重点和难点。

【深度云化助力企业自内而外实现创新与突破】 2017年，中国企业云化创新水平为31.0，云化创新下辖三个二级指标，实现企业内融云集成、跨企业云端协同、开放价值生态共建的水平分别为33.8、31.7和24.9。通过深度云化，企业打破信息孤岛，逐步实现内部业务环节间的集成互联、外部企业间的价值协同共创。由于涉及的创新主体、创新载体和创新方式更为复杂，企业对开放价值生态探索性更强，发展水平相对较低。

上云企业基于统一平台实现资源、业务等集中管控情况既是反映企业在云化环境下跨部门、跨业务环节实现综合集成的重要指标，也是衡量企业融云集成水平的重要内容。通过分析发现，2017年中国上云企业中基于统一平台实现资源和业务的全面集中管控的企业比例为16.8%和20.6%，较未上云企业分别高出1.6个百分点和7.5个百分点。在实现集中管控的基础上，上云企业分别有9.3%和7.7%的企业实现资源的全局动态优化配置和业务的全局协同优化，9.4%和7.1%的上云企业实现内外部资源的全面协同共享应用和与相关方的业务全面在线协同，均大幅高于未上云企业，基于云平台的资源、业务集中管控和优化有效提升企业集成运作水平。企业上云后，基于统一平台的资源、业务集中管控水平得到明显提升。

2017年，中国企业云端协同水平为31.7。选取目前常见的基于云端开展的协同模式进行分析发现，中国上云企业实现设计与制造协同、个性化定制、服务化延伸、产业链协同的企业比例分别为32.0%、13.2%、39.2%和19.9%，明显高于未上云企业。依托互联网云平台实现以用户服务为核心的新模式呈现良好发展态势。

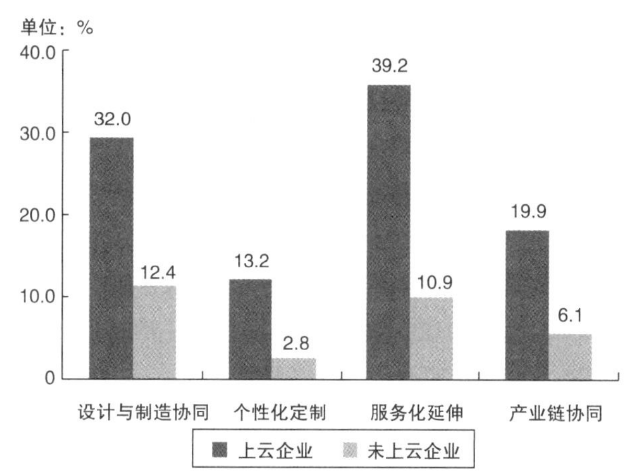

图7　2017年中国企业新模式新业态发展情况

企业对开放价值生态的认识仍处于初期起步阶段。2017年中国企业开放价值生态共建水平为24.9，上云企业中通过建立或应用互联网开放社区实现价值网络中各相关主体动态协同的企业比例为76.9%，较未上云企业高出42个百分点。具体来看，目前上云企业主要以协同制造与协同营销探索价值合作，实现的比例分别达到20.7%和17.5%，开放式研发创新和产业链金融的发展稍显滞后，实现的企业比例仅为11.8%和7.8%。依托云平台建立互联网开放社区，构建云平台运营新机制，

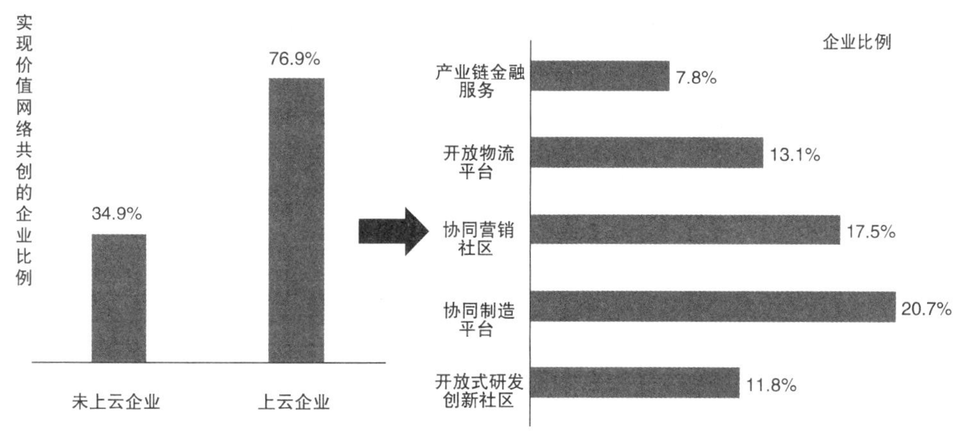

图8　2017年中国企业实现价值网络共创情况

是当前实现价值网络共创的主要模式，随着基于云平台的互联网开放社区新模式的不断涌现和深度应用，云平台对开放价值生态的培育和促进作用日趋显现。

【管理模式应深刻变革以适配企业上云】 企业云化为管理模式创新增添新动能，上云企业在管理变革方面的探索初见成效。2017 年中国上云企业管理变革水平为 29.6，反映管理变革水平的三个子指标——战略转型、激励与赋权、组织优化的发展水平分别为 28.4、29.5、30.5，发展较为均衡。但三个子指标在上云与未上云企业间表现出较大差异，上云企业各指标水平明显高于未上云企业，其中以激励和赋权水平差距最大，上云企业指标水平较未上云企业高出 50.5%。上云企业已更深刻认识到绩效管理和员工赋权的重要性，并将提高激励与赋权水平付诸于实践。

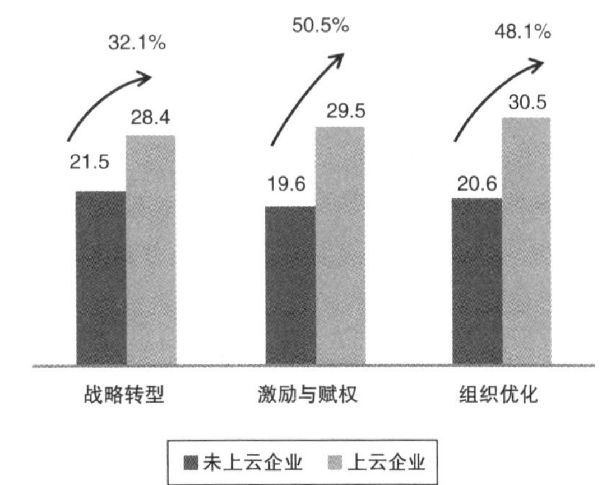

图 9 2017 年中国企业管理变革及下辖二级指标水平

战略转型是管理变革的关键所在，明确的战略引导、精准的战略执行和优化，正牵引上云企业摆脱传统管理框架掣肘。通过对比上云与未上云企业的战略转型情况发现，上云企业中，有 70.2% 的企业设置企业级专项规划，比未上云企业高 84.7%。上云企业中实现规划执行动态跟踪的比例高达 86.9%，企业上云为实时掌握规划执行情况、实现动态跟踪添加新动能。上云企业与未上云企业设置专职信息化部门的比例分别为 61.0% 和 29.7%，上云企业大幅高于未上云企业，与未上云企业相比，上云企业战略转型正逐步就绪。

在绩效管理方面，对于上云企业，基于全面内部业务数据的精准绩效管理的企业以及基于价值网络进行的绩效管理的企业占比均超过 70 %，而在未上云企业中，57.0% 的企业未开展绩效管理或停留在经验式的管理模式。上云企业积极改进绩效管理方式，鼓励员工实现自我价值，推动员工自决策、自驱动、自运转、自结算、自创新，鼓励员工知识共享、支持内部创业，进而实现企业智力资本的战略性重构，促进企业的价值创造。企业上云实现运营管理模式从传统的粗放型向以数据为核心的一体化精细管控模式转变，通过管理目标、管理过程指标、管理绩效考核的数字化、定量化、精准化和动态化，有效引导数字化转型回归其价值本源，在提质、降本、增效方面发挥巨大作用。上云企业开放的价值生态体系、平等自由的竞争机制，更利于对员工进行充分赋权，优化绩效管理方式。

网络化的组织结构打破企业内部的部门壁垒，弱化企业间的组织界限，有助于提高资源的共享应用水平，提升企业对市场的动态响应能力。2017 年上云企业的组织管理模式分析显示，29.7% 的企业实行科层制，组织柔性较差，组织结构亟待优化。上云指数水平为 0~10 的企业中，科层制管理的企业占 58.9%，组织结构网络化的企业比例仅为 3.7%；而上云指数水平超过 50 的企业，仅有 14.5% 的企业保留传统科层制，组织结构网络化的企业占比已达 28.4%。随着企业上云进程的深入，组织结构逐步趋于优化，科层制组织结构的企业比例逐渐下降，组织结构网络化的企业比例呈现大幅上升趋势，组织网络化已成为上云企业管理创新的重要趋势。

【统计数据】

表 1 中国不同规模企业上云指数

企业规模	指数
大型	35.2
中型	32.3

续表

企业规模	指数
小微型	29.6

表 2　2017 年中国重点行业企业上云指数

行业	指数	行业	指数
电力	53.7	原材料	32.6
消费品	34.0	石化	34.4
纺织	35.1	建材	31.8
食品	34.7	冶金	30.7
轻工	33.4	装备制造	32.2
医药	31.8	交通设备制造	33.0
采矿	32.5	机械	31.6
电子	32.2		

[供稿：国家工业信息安全发展研究中心]

农业信息化

【概况】　2017 年，农业信息化工作紧紧围绕推进农业供给侧结构性改革的工作主线，立足构建现代农业产业体系、生产体系、经营体系，加强农业与信息技术融合，全面提高农业农村信息化水平，引领驱动农业现代化加快发展。农业物联网试验示范成果丰硕，在设施园艺、规模种养、大田苗情、农产品质量安全追溯等方面积累丰富经验；农业电子商务基础研究进一步夯实，发展思路和重点工作更加清晰；信息进村入户进入全面实施阶段，不断创新推进机制、完善服务体系。同时，全面加强网络与信息安全工作，统筹推动农业信息化重点任务，强化农业信息化标准建设，推进农业信息技术创新，让广大农民群众在分享信息化发展成果上有更多获得感，为农业现代化加快发展和脱贫攻坚、农民增收提供强大动力。

【全国新农民新技术创业创新博览会】　2017 年 11 月，农业部与江苏省人民政府在江苏苏州共同举办首届全国新农民新技术创业创新博览会。博览会深入展示信息化时代背景下农村创业创新的最新实践成果，展示交流新技术新模式，研究探讨产业发展方向，凝聚众智众力，推动农业农村“双新双创”深入发展。据统计，本届博览会各类参展单位 1 038 个、参展省份 31 个，共吸引 56 000 余人次参观，汇聚政府部门、科研院所、企业、新农民等各方面代表人士，签约和意向合同金额超过 350 亿元。博览会同期举办全国新农民新技术创业创新大会、全国信息进村入户交流会、中国农村创业创新论坛、全国农民手机达人大赛、全国农村创业创新项目创意大赛（总决赛）5 场重大活动，农产品供应链管理高峰论坛、美丽乡村和农业特色互联网小镇高峰论坛等 5 场企业论坛和农业农村信息化成果发布、中国农业品牌创新联盟成立仪式等 36 场推介活动。博览会期间还专门举办五省（区）特色农产品推介和产销对接活动，社会反响热烈。

【信息进村入户工程】 在连续 3 年试点经验的基础上，农业部自 2017 年起全面实施信息进村入户工程，在辽宁、吉林、黑龙江、江苏、浙江、江西、河南、重庆、四川和贵州 10 个省市开展信息进村入户整省推进示范。截至 2017 年年底，全国共建成运营超过 13.1 万个益农信息社，累计培训村级信息员 47.8 万人次，为农民和新型农业经营主体提供公益服务 1 660 万人次，开展便民服务 2.25 亿人次，实现电子商务交易额 152.6 亿元。2017 年 11 月，全国信息进村入户工程交流会在苏州召开，会上发布益农信息社百佳案例，部分省份交流各自的先进做法和典型案例。实施信息进村入户工程，通过建设益农信息社，培育村级信息员，构建直通农民的“扁平化”信息服务模式，打通农村信息服务的“最后一公里”，补齐农业农村信息化短板，让农民可以便捷、高效地享受和城里人一样的各类公共服务和信息服务，在共享互联网发展成果上有更多获得感和幸福感。

【农业农村电子商务】 2017 年，农业部会同商务部出台《关于深化农商协作大力发展农产品电子商务的通知》，以农产品电商出村工程为重点，探索农产品电商上行模式，加强农产品滞销卖难舆情监测，建立应急促销联合工作制度。为进一步加强北京、河北、吉林、黑龙江、江苏、湖南、广东、海南、重庆、宁夏 10 个省（区、市）开展农业电子商务试点工作，农业部组织探索“基地＋城市社区”鲜活农产品直配、“放心农资进农家”等农业电子商务新模式，协调推动相关部门和地方政府大力加强分拣包装、仓储加工、冷链物流等基础设施建设。在首届全国新农民新技术创业创新博览会上，组织电商企业展区，举办系列电商企业论坛。组织编写《中国农业电子商务发展报告》，开展《生鲜电商农产品追溯体系的构建》《鲜活农产品电子商务分品种模式构建》等基础性研究。

【农业物联网区域试验工程】 农业物联网是智慧农业建设的重要内容，也是农业现代化的主攻方向。2017 年，农业部继续支持天津、上海、安徽 3 个省市开展农业物联网区域试验工程，同时新增吉林、江苏 2 个试点省。组织召开农业物联网区域试验研讨会，总结农业物联网区域试验的工作进展和经验，研讨新增省份工作方案、细化工作任务，进一步开展农业物联网标准研究工作，明确农业物联网标准工作的主要任务。2017 年 12 月，全国农业物联网工作会议在江西抚州召开，会议交流总结农业物联网工作的新进展新成就，研究部署当前和今后一个时期的重点工作，会上推广节本增效农业物联网软硬件产品、技术和模式，集中推介生猪、蟹、鸡、渔业养殖和叶菜、棉花、水稻、玉米种植物联网应用推广宣传片。组织编制《农业物联网发展报告 2017》。

【农业农村大数据应用】 2017 年，农业部建设运行重点农产品市场信息平台，以重点品种全产业链数据的采集、分析、发布、服务为主线，建立“一网打尽”式市场信息发布服务窗口，为农业生产经营主体提供权威、全面、及时、有效的市场信息服务。组织开展农业农村大数据试点阶段性评估工作，及时总结和推广好经验好做法，更好发挥试点先行示范的作用。面向全社会组织开展农业农村大数据实践案例推介活动，经过专家严格评审，遴选出 38 个实践案例，并在首届全国新农民新技术创业创新博览会上向社会发布，营造出社会各界关心关注农业农村大数据的良好氛围，社会反响良好。探索推进生猪、苹果、茶叶单品种大数据建设，建立完善数据采集、分析和服务机制，促进提高生产经营的科学决策能力。

【农民手机应用技能培训】 2017 年 3 月，农业部组织开展全国农民手机应用技能培训周活动。全国 31 个省（区、市）、新疆生产建设兵团以及不少地市、县区相继启动培训活动，形成上下联动、政企合作、同心为民的培训格局；组织编写《农民手机应用（精编版）》教材和《手机助农十招》口袋书，利用微信平台“小程序”研发全国农民手机应用技能培训平台；组织通信运营、电子商务、手机制造、金融服务、农业产业化、互联网和 IT 等 15 家企业以及有关培训机构举办 11 场专场培训活动，其中 9 场实现网络同步直播。据监测，培训周期间有 410.3 万人观看网络直播、登录平台学习和参与网上活动。11 月，在首届全国新农民新技术创业创新博览会期间举办全国农民手机达人大赛，来自全国各个地区的100位新农民参加此次大赛，最终决出3位新农民手机达人。

【农业网络与信息安全】 农业部进一步夯实网络安全基础。2017年5月，农业网络安全和信息化培训班在重庆召开，来自各省农业部门、部机关司局、直属事业单位网络安全和信息化有关负责同志共180人参加培训。为进一步加强《网络安全法》普法宣传，编制《<网络安全法>宣传册》《<网络安全法>有关规定一览表》和H5版本的《网络安全法介绍》，通过各种形式广泛宣传网络安全有关规定，提高网络安全意识。制定印发《农业部网络安全事件应急预警》《农业部系统网站管理暂行办法》《农业部直属单位网站页面设计规范》，研究完善《农业部网络安全信息通报工作管理办法》。组织开展2017年部系统网站安全等级保护定级工作，继续开展33个重要信息系统渗透测试和整改工作，提高农业部重要信息系统的安全防护能力。加强信息通报和临时突发事件的处理，做好“两会”和“一带一路高峰论坛”期间网络安全信息通报，确保部信息系统和个人电脑平稳运行。

【农业农村信息化】 农业部开展农业农村信息化示范基地评选及考核工作，认定104家单位为2017年度全国农业农村信息化示范基地，同时组织专家对2013年度首批认定的全国示范基地进行考核评估，将考核合格的全国示范基地资格有效期续延4年。农业部为贯彻落实党中央、国务院关于农业农村信息化和特色小城镇建设的部署要求，印发《农业部办公厅关于开展农业特色互联网小镇建设试点的指导意见》，指导各地开展农业特色互联网小镇建设工作。

【2018年工作重点】 加快信息进村入户工程实施，加大整省推进示范力度。扩大整省推进示范范围，选择工作基础好、可持续运营机制明显的省份开展整省推进。进一步强化制度规范建设，深入探索政府引导、市场主体的市场化运营模式，培育一批信息综合服务的运营企业、服务企业，培育一批能服务、会经营的信息应用主体。完善“政府+运营商+服务商”三位一体发展模式，优化运营企业与益农信息社一体运作、共建共享、风险共担的利益机制。

组织开展农业物联网区域试验，大力推进物联网在农业生产中的应用。持续推进农业物联网区域试验工程省份项目实施，发挥带动示范作用，深入推进大田种植、设施园艺、畜禽养殖、水产养殖物联网示范基地建设，继续组织有关科研院所、高校和企业开展农业物联网产品、技术研发和农业物联网成套设备熟化，推广一批节本增效农业物联网应用模式。

深入开展农民手机应用技能培训，全面提升农民信息化技能。联合有关企业进一步加强师资队伍建设，创新培训内容和方式，采取线上线下相结合的形式，办好农民手机培训周等系列活动，同步开展最受农民欢迎的APP评选，掀起农民手机培训的持续热潮，切实提升农民利用手机发展生产、便利生活、增收致富的能力。

大力发展农业农村电子商务，打通农产品上行网销通道。引导电商平台，集中有关资源，探索政府、企业、农民共同协作的农产品电商上行模式。编制《中国农业电子商务发展报告》，加强对各地先进电商模式的总结。逐步建立农产品电商发展情况监测体系。

［撰稿：王松　审稿：宋丹阳］

石化信息化

【概况】 2017年，中国石油化工集团公司（以下简称中国石化）落实国家信息化战略要求，聚焦提质增效升级，强化信息化“六统一”管理，以“智能制造”和“互联网+”为主攻方向，按照“统筹推进、融合发展，集成共享、协同智能”的工作方针，推进信息化“421 工程”建设，实施深化应用创新创效行动计划，推进两化深度融合，信息化在管理创新、优化增效、拓市扩销、安全环保等方面发挥重要作用。中国石化被评为 2017 年度两化融合突出贡献单位和国家网络与信息安全通报机制先进单位。

【经营管理平台】 中国石化直属单位 ERP 建设取得重要突破。炼化工程公司 ERP 在境内 11 家单位全面推广上线，在线管理项目 9 175 个，实现炼化工程业务管理全覆盖；石油工程公司完成 ERP 模板建设并完成本部机关和 5 家试点企业实施上线。

中国石化股份公司 ERP 大集中推广应用取得新成效。通过组织 ERP 大集中上线“回头看”活动，为企业解决跨系统集成共享、跨模块业务协同等应用问题 479 个，总结提炼典型应用方案并进行推广，油田板块推广成本结转方案，炼化板块推广装置成本分析方案，销售板块推广月结数据异常监控方案，实现流程优化、效率提升。构建新报表体系，完成财务指标报告管理系统（FIRMS）建设和全面推广，企业会计报表运算时间从 4 小时缩短为 0.5 小时；建成财务专属模型、财务指标库和新报表工具，实现国内、国际财务报告自动出具和指标化财务分析，有效支撑财务管理和经济活动分析工作。

持续深化数据仓库应用。建成价值指标体系，实现总部财务部、事业部的关键财务指标 KPI 应用展示；提升税费分析、递延所得税及税务风险管控等功能，进一步增强税务和资金等经营风险防范能力。结合 ERP 大集中推广，进一步完善分析模型，实现物资采购超平均价预警、油田经营分析按区块出具成本利润报表等新应用。

加强合同、HR、法务、审计等系统深化应用。完成境外 22 家机构合同管理系统实施上线，实现集团内单位间电子合同全流程贯通。进一步强化 HR 与 ERP 等系统集成，实现从 HR 向 ERP、会计集中核算系统的自动薪酬过账。法律系统实现纠纷处理、中介选聘、合同签订等多种业务处理贯通。审计系统有效支撑全集团千余个审计项目的查证工作，累计形成审计线索近万条，促进审计工作降本增效。

推动共享服务平台、费用报销系统推广应用。提升共享服务技术平台能力，完成费用报销系统推广实施，支持财务共享服务完成 64 家企业推广、人力资源共享服务完成 25 家单位试点上线，组建 IT 共享服务中心，推动一体化共享服务建设。

实现工程电子招投标交易平台推广应用。直属企业上线率、必招项目上线率均达到 100%，规范工程采购招标投标行为，提高招标投标监管水平，全年共支持完成 8 061 个采购标段招标任务。中国石化电子招标投标交易平台已通过国家检测认证，并获得最高等级“三星”证书。

建成党群管理、督办等系统。党群工作管理信息系统上线运行，实现党建关键业务信息化，为全集团 46 万党员、3 万多党务工作者提供统一的学习交流、日常办公的党务工作管理平台。督办系统全面推广应用，实现集团级任务督办在总部机关和直属单位的全覆盖，为确保公司各项决策的贯彻落实、提高工作效率和质量，提供技术支撑。提升公文管理系统功能并深化应用，提高公文审批效率、会签效率和移动签批率。

【生产营运平台】 中国石化改造升级总部生产营运指挥系统。综合监控上中下游重点探井、炼化装置、加油（气）站等近 6 万类生产数据、20 余万路现场视频，实现日常监控、预测预警、应急指挥、综合展示等多种应用，支持跨板块业务的协同、资源优化配置及异常预警分析，为总部及时掌握生产动态、统筹调度、应急指挥提供重要支撑。

推进油田企业生产数字化建设。120 个采油气区完成生产信息化改造，推广建设油气生产指挥系统（PCS），实现设备运行状态实时监控、油水井远程启停，设备参数远程调控，提高生产运行效率。在西南油气分公司、江汉油田分公司等 8 家企业完成勘探开发业务协同平台（EPBP）推广工作，支撑业务协同、数据共享，业务管控更加精细。勘探开发云共享管理平台上线运行，发布地震处理、综合解释、地质建模等 7 类 27 个软件的许可共享应用，已开始为企业提供远程处理服务和软件共享服务。

推进能源、环保等系统推广建设。在 9 家炼化企业推广能源管理系统，企业通过能源在线优化实现增效 6 000 余万元。在炼化企业全面开展泄漏检测与维修（LDAR）模块实施，完成 1 000 多万个密封点泄漏检测数据入库；在油田企业102个勘探开发新区实现环境敏感目标识别与分析，为绿色生产、降低排放提供支撑。完成工艺管理系统的功能研发，开展茂名石化公司、九江石化公司等4家企业试点建设。开展安全管理系统深化应用，支撑1 000余项企业级“十大风险”、30万余条二级单位检查发现的问题跟踪管理。完成操作管理系统在11家企业推广建设，装置操作平稳率提高2%；投用先进控制系统（APC）26套，累计覆盖生产装置196套，年增效近2.8亿元；炼化板块利用生产计划优化系统，实现原油采购、产品结构等整体优化，全年增效4.9亿元。

推进科研单位信息化建设。开展课题研究管理、电子实验记录、实验室设备管理等系统建设；完善提升知识管理系统，实现前期知识成果在勘探开发研究业务中的应用，建成知识管理平台和勘探开发知识库，提升知识服务能力和上游科研工作效率；完成智能化研究院建设规划和方案设计。

推进工程单位信息化建设。石油工程公司推广工程数字化集成设计系统（SIES），形成数字化、模块化、网络化的工程设计管理模式。炼化工程公司统筹管理、优化配置各类软件资源，深化智能化专业软件应用，创新工程设计模式和管理理念，提高工作效率和设计质量。

【客户服务平台】 中国石化油品销售企业加强微信、APP等线上营销融合应用。油品销售企业通过统一微信营销平台，全年开展营销活动1 481次，参与人次超过860万，实现销售线上线下良性互动，改善客户消费体验。截至2017年年末，油品销售板块微信粉丝规模超过6 300万，注册会员超过3 400万，绑卡会员超过1 400万，为打造差异化竞争新优势奠定基础。

加快推进统一电子商务建设。迭代更新系统功能，不断丰富线上服务，有效支撑“易派客”“石化e贸”等业务拓展。

推进统一支付系统建设。建立多种支付结算方式，覆盖B2B各类业务，实现订单流与资金流的线上闭环，加强在统一电子商务上的推广应用，“易派客”全年统一支付交易流水超过700亿元。

推进供应链与物流系统建设。初步搭建供应链与物流管理基础平台；完成一体化现代物流系统整体设计，启动华南区域成品油物流试点工作；完成润滑油物流管理系统建设，实现物流业务网上竞标、产品流向跟踪等创新应用上线运行，促进运输业务成本降低2.5%。

【技术支撑平台】 中国石化推进数据中心建设。完善沙河数据中心技术方案，开展南京云数据中心规划设计。完成ERP大集中等10个应用系统灾备建设，开展ERP等系统灾备演练。完善数据备份集中管理系统，提高备份数据的可靠性和安全性。

提升基础设施服务能力。初步建成从总部、区域中心到企业的一体化石化私有云，规模达56 000多核CPU、8PB存储，支撑300多个应用平稳运行。扩充主干网络带宽，总带宽达到21Gbps。强化互联网出口集中管控，关停江苏、湖北等地38家企业的所有互联网出口；对全网接入单位的主干网防火墙进行国产化更新。

开展境外机构应急通信建设。完成境外应急通信平台建设，实现尼日利亚、南苏丹、厄瓜多尔等国家派出机构与总部的应急通信；完成境外视频监控平台部署，实现与国家商务部的无缝对接。

加强IT基础设施运行维护管理。深化总部IT运维平台应用，实现IT设备的全生命周期管理；完善运维服务标准规范，进一步提高运维效率和服务质量。企业IT运行管控平台在茂名石化公司、九江石化公司上线运行，提高运维能力和精细化管理水平。全面排查总部统管数据中心IT设备运行安全，狠抓隐患治理，开展应急演练，实现全年各应用系统平稳运行，无重大运行故障发生。

【智能制造】 中国石化推进炼化智能工厂建设。完成智能工厂2.0版方案设计，成功研发出智能制造工业云平台——“石化智云（ProMACE）”，开创“平台+服务”的工业互联网应用新模式。完成国家“石化智能工厂标准”5项标准草案编制。按照新方案、新模式在镇海炼化公司、茂名石化公司等试点企业和中科炼化等7家推广企业开展实施工作。4家智能工厂试点企业持续加强深化应用，促进生产优化、效益提升。镇海炼化应用仪表健康管理系统，监控1.8万个重要控制点，及时发现设备仪表故障，提前预知运行风险，保障装置长周期安稳优运行。茂名石化公司入选2017年国家智能制造试点示范项目，通过日效益日优化应用，提升装置负荷率，增效1 600万元。《大型国产化芳烃智能工厂建设项目》

入选2017年国家智能制造新模式应用项目。

推进智能油气田建设。智能油气田建设前期基础工作稳步开展，完成云平台技术架构、业务架构和数据架构设计，启动油气藏—井—管网一体化模型构建、智能调配产、设备故障诊断与预测等智能化应用技术研究。中原普光气田入选2017年国家智能制造试点示范项目。

加强智能化管线管理系统深化应用。研发系统2.0版并推广应用，实现对1.5万余处风险隐患的分类分级管理，支撑"总部—企业—现场"三级立体应急响应，提高管线运行管理和风险隐患监管水平，在防范处置2017年"10.11"川气东送湖北恩施段、"10.19"江汉油田建万输气管道等地质灾害和外力破坏事件中发挥重要作用。

【商业新业态】 中国石化易派客（工业品采购电商）平台新增国际服务（英文站）功能，增强国外市场开拓能力，增加定制采购、服务指数评价等业务。持续强化推广应用，平台年交易额突破1 300亿元，被列为金砖国家2017年八项核心成果之一，获评国家2017年制造业和互联网融合发展示范项目。

石化e贸（化工品销售电商）平台自2016年6月推广上线以来，发展迅速，得到广大客户的一致好评，实现集团内部上下游一体化、生产运营销售一体化、物流资金流一体化。平台拥有5 869家客户，其中纯电商客户542家。2017年全年实现网上现货和竞拍交易量51万吨，实现成交量的快速增长。

加强统一客户关系管理系统推广应用。完成95388统一客服应用建设，实现加油卡、化工品销售、润滑油、易派客等客户服务统一受理，受理电话呼入27万余次、发送短信592万条。完成化工销售、炼油销售CRM系统建设，生成销售订单近110万条。油品销售CRM完成系统部署，并与微信、APP、网厅、电子券等前端入口实现互联互通，通过CRM系统开展全系统的"油非"互促活动，带动油品和非油品的经营。

【网络安全】 中国石化加强网络安全建设。通过网络安全运营平台建设，加强各级协同防御，及时处置高等级安全风险106个；推广统一身份管理系统，实现全集团70多万用户集中管理；加强网络准入控制、防病毒、桌面安全管理的推广应用，系统安装率超过90%，有效保障总部和企业终端设备安全。强化"三同步"管理，总部新建系统全部实行"三同步"管理，形成系统上线前必须签订责任书、必须进行安全检查的常态化机制。

健全网络安全保障与应急响应机制。完善网络安全通报机制，建立信息联络员制度，全年共发布网络安全通报53份、下达整改通知书300余份。建立应对重大网络安全事件的应急响应机制，采取部门领导带头值班、技术团队24小时值守、企业零报告制度等多项措施，成功应对席卷全球的"勒索"病毒入侵，圆满完成"两会"、十九大等重要时期的网络安全保障任务。

开展宣传培训、定向帮扶和检查评价。在总部和企业举办多层次的网络安全法、安全态势专题讲座，开展网络安全宣传周活动，通过视频、海报、微信、竞答等多种形式，广泛宣传网络安全法、网络安全知识，覆盖企业员工55万人。组织到20家企业开展"送技术到企业、送服务到现场"的定向帮扶活动，深入一线对存在的安全隐患和问题逐项排查，并协助企业整改。组织开展年度网络安全检查工作，对116家企业网络安全水平进行检查评价，共评出A级13家、B级57家、C级45家、D级1家。

【两化融合】 中国石化加强组织领导。定期召开信息化领导小组会议，审议年度信息化工作安排，研究推进共享服务建设、网络安全管理、大数据分析应用等重大信息化事项；党组领导牵头推进直属单位ERP建设、各板块智能化建设、统一电子商务等重点项目建设。成功召开集团公司信息化大会，进一步明确信息化统筹管理、推进两化深度融合的工作思路和目标任务。

加强顶层设计和统筹管理。加强规划计划的统筹管理。完善由信息化领导小组审议年度计划和费用预算的管理机制，进一步规范信息化计划管理流程；统一组织收集各方面需求，建立集团信息化项目库，统筹组织一体化共享服务、大物流、智能工厂2.0等重点项目的规划编制和方案设计；开展信息化费用分摊工作。

推进深化应用创新创效行动计划。印发《深化应用创新创效行动计划实施方案（2017—2018）》，各企业结合实际制订细化方案。加强对企业系统应用的远程监控和专题分析，每月进行问题通报，督促落后企业加强整改，组织跨企业多系统联合应急演练，提升系统应急处置能力。加强示范引领，评选出胜利油田公司、镇海炼化公司、齐鲁石化公司、广东石油公司等一批深化应用典型企业，发挥示范带动作用。各企业规范应用、协同应用、集成应用水平进一步提高，形成可推广案例 67 项，有效提升生产经营、资源优化、安全环保等方面管理水平。

加强队伍建设。组织常态化培训，全年共培训信息处长、技术骨干 1 000 余人次。组织人工智能、区块链等新技术应用交流。举办“创新创效综合应用”竞赛，78 家企业近 2 万名员工参加技能培训、岗位练兵，提高广大员工的信息化应用水平。开展企业信息化人员情况调研，形成加强信息化队伍建设的建议方案。

推进企业两化融合贯标。胜利油田公司、燕山石化公司等 4 家企业通过贯标认定，上海石化公司、天津石化公司等 4 家企业获评全国两化融合贯标示范单位，西北油田公司、高桥石化公司等 10 家企业入选全国 2017 年贯标试点名单。中国石化贯标企业累计达到 42 家，在央企中名列前茅。

研发与正版化管理自主知识产权软件。生产执行协同优化套件、信息安全管控平台等一批自主研发的软件取得著作权，《石化行业智能工厂解决方案》入选国家 2017 年制造业和互联网融合发展试点示范项目，石化盈科公司被选入全国第一批智能制造系统解决方案供应商推荐目录。

【2018 年工作重点】 中国石化在发展智能制造方面，完成智能工厂试点升级，启动智能工厂 2.0 版推广实施，智能油气田示范区建设取得突破；在培育商业新业态方面，建成统一的产品销售电子商务平台，推动易派客、石化 e 贸等电商平台深化应用迈上新水平；在大数据分析方面，建成统一大数据分析平台，推动大数据分析应用在精准营销、生产优化、设备运行等业务领域取得重要突破；在网络安全方面，完成互联网统一出口建设，开展网络安全专项治理工作，确保全年不发生重大网络安全事件；在深化应用方面，完成“深化应用创新创效行动计划”第一阶段任务，实现 80% 企业综合应用达标。

[撰稿：王景涛　审稿：任嵬]

政策法规

综　述

【概况】　2017年，政策法规工作牢牢把握全面深化改革和全面依法治国两大主题，积极服务于制造强国和网络强国建设，切实加强体制改革、政策研究和法治建设，不断推动改革红利释放、加强领导决策支撑、加快法律制度完善、提升依法行政水平，为工业和信息化事业发展提供有力的政策法规保障。

【体制改革】　扎实推进体制改革。一是不断深化重点领域改革。电信领域混合所有制改革取得积极进展，中国联通等企业混改方案落地；基础电信向民间资本进一步开放，移动转售业务和宽带接入网业务试点；利用市场化法治化手段化解过剩产能的长效机制初步建立。二是积极推动相关领域改革。参与国有企业改革，配合制定出台中央企业公司制改革、东北地区国有企业改革等文件，推进混合所有制改革在相关重点领域“迈出实质性步伐”；积极配合财税体制、金融体制等相关政策的制定并推动实施，推动出台关于金融支持制造强国建设的指导意见。三是大力推进企业社会责任建设。推广企业社会责任试点经验；研究工业和信息化企业社会责任指南，支持电子信息、通信等行业探索制定行业标准。

【政策研究】　切实加强政策研究。一是组织推进新型智库建设。召开工业和信息化部智库建设联席会议，构建智库建设与管理工作机制；建立工信领域智库名录（第一批56家）；组织开发工信智库信息系统，启动工业和信息化优秀研究成果征集交流活动。二是分类统筹推进课题研究。落实工业和信息化部重大软课题研究项目管理细则；牵头开展有关制造强国重大课题研究，相关成果作为制造强国领导小组会议材料印发；完善软课题管理机制，做好一般软课题项目立项审核和成果共享工作；组织开展传统产业动能、制造业制度性成本、新经济重点产业发展等课题研究工作。三是积极发挥参谋助手作用。围绕工业和信息化发展的战略性、前瞻性问题和部领导关注的重点问题，深入开展专题研究。

【法律制度建设】　加快法律制度建设。一是积极推进重点立法工作开展。推动全国人大常委会出台《中小企业促进法（修订）》；组织开展规章和规范性文件清理工作，废止和修改3件规章和11件规范性文件。二是做好过路法规和规范性文件审查。组织审查《外国投资法》《反不正当竞争法（修订）》等139件过路法规；对280多件规范性文件和其他重要文件进行合法性审核。三是加强法律咨询研究。对智能网联汽车法律问题、行业协会商会合规性审查、产业政策法治化、锂电池规范公告的合规性等有关问题，从法律层面开展专题研究并提出法律咨询建议。

【依法行政】 不断提升依法行政水平。一是深入推进“放管服”改革。2017年，工业和信息化部取消3项中央指定地方实施行政审批事项，清理规范1项行政审批中介服务事项，取消电信业务经营许可证年检；本届政府组建以来，工业和信息化部共取消、下放行政审批事项28项，实现了减少审批事项50%的目标；全面推进“双随机、一公开”监管，推行行政许可网上“一个窗口”办理。二是依法做好行政复议和应诉工作。印发《工业和信息化部行政复议实施办法》和《工业和信息化部行政应诉工作规则》；组织对节能产品惠民等法律问题召开专题论证会9次，针对办理案件中发现的问题制作行政复议意见书7份。三是加强执法培训和行业普法。举办两期通信行政执法培训；加强普法工作，印发并实施《工业和信息化系统法治宣传教育第七个五年规划（2016—2020年）》。

政策环境

【“放管服”改革】 2017年，“放管服”改革取得新进展。在积极有序推进“放”的同时，全面推进“双随机、一公开”监管，探索推进市场信誉管理机制和企业信用体系建设，建立和完善事中事后监管体系。落实行政审批事项服务指南和审查工作细则，推进行政许可标准化，推行行政许可网上“一个窗口”审批，提高审批效率和服务水平。配合相关部门将实施工业产品生产许可证管理的产品由60类减至38类。

【电信领域改革开放】 深化电信领域改革开放。围绕进一步向民间资本开放电信领域，推动自贸区增值电信业务开放，加快走出去和国际信息大通道建设，扎实工作，取得积极成效。一是落实国务院关于鼓励和引导民间投资健康发展要求，推进移动通信转售业务试点，累计发展用户超过6 000万户。二是加大宽带接入市场开放力度，出台《工业和信息化部关于进一步扩大宽带接入网业务开放试点范围的通告》，进一步扩大宽带接入网业务试点，吸引民间资本投资，带动上下游新增就业岗位超过5万个。三是推动电信领域混合所有制改革取得实质性进展，中国联通混改方案落地实施。四是落实“一带一路”倡议，积极推进跨多国陆缆合作新模式、丝路光缆、北极海缆等项目，推动建立国际海缆建设发展长效机制。

【引导金融支持实体经济】 贯彻落实第五次全国金融工作会议精神，按照全国产融合作工作座谈会有关部署，扎实推进产融合作，遴选确定37家“国家产融合作试点城市”，探索建立以城市为载体、聚合各类资源、促进产业与金融良性互动的有效机制。推动政银企互动，8 000余家企业实现与银行对接。进一步拓宽产融合作领域，深化与金融机构合作，促进企业利用资本市场改制上市、兼并重组、发行公司债券等，利用资本市场加快发展。

【推动企业降成本和减负担】 深入开展涉企保证金清理规范工作，督促各地区取消涉企保证金项目200余项，制定公布国务院部门涉企保证金清单。按照职责分工积极开展涉企经营性收费清理规范工作，取消不合法不合理收费项目。组织全国减轻企业负担专项督查，督促各地区、各部门将降成本、减负担政策落到实处，加强对违规行为的查处和问责。开展第六届全国减轻企业负担政策宣传周系列活动，对中央和地方出台的各项降成本政策措施进行全面的宣传解读。推动实施涉企收费目录清单管理，建立并试运行全国涉企收费目录清单查询系统。开展对全国6 000家企业的负担调查和第三方评估研究。

【推进中小企业和民营经济发展】 发展环境进一步优化。推动国家中小企业发展基金运营工作，设立195亿元规模的4支实体直投基金，完成出资项目125个，投资金额36.06亿元。与财政部联合印发《关于推动中小企业公共服务平台网络有效运营的指导意见》，印发《中小企业公共服务规范评价指标（试行）》，进一步提升和规范中小企业公共服务。继续实施企业经营管理人才素质提升工程和中小企业银河培训工程。

“双创”工作进一步推进。开展“互联网 +”小微企业创业创新培育行动，实施中小企业信息化推进工程。遴选公告第三批 103 家国家小型微型企业创业创新示范基地。举办 2017 年“创客中国”创新创业大赛，参赛项目 5 275 个，比 2016 年增长 65%。引导各地积极参与全国“双创”活动周活动，推进中小企业“专精特新”发展，推动智慧集群建设试点。

融资支持进一步加大。与邮储银行、建设银行签订《中小企业金融服务战略合作协议》，引导银行业金融机构加大对小微企业的信贷支持力度。联合中国人民银行等 7 部门制定《小微企业应收账款融资专项行动工作方案（2017—2019 年）》，在全国开展为期 3 年的小微企业应收账款融资专项行动。完善中小企业信用担保体系，组织北京等 6 个试点省（市）推进中小企业信用担保代偿补偿试点工作。

法治建设

【法律法规立法】 配合全国人大做好《中小企业促进法》修订工作。2017 年 9 月全国人大常委会第二十九次会议审议通过新修订的《中小企业促进法》，为新时期促进中小企业发展工作提供法律制度保障。完善《电信法（草案稿）》，并征求 20 个相关部门意见。

【规章立法】 制定公布《电信业务经营许可管理办法（修订）》《工业和信息化部行政许可实施办法（修订）》《互联网域名管理办法 》《无线电频率使用许可管理办法 》《工业和信息化部行政复议实施办法》及《工业和信息化部关于废止和修改部分规章、规范性文件的决定》等规章。

同时，组织开展涉及工业和信息化部“放管服”改革和生态文明建设、环境保护方法的规章和规范性文件清理工作，废止《互联网新闻信息服务管理规定》《无线电设备发射特性核准检测机构认定办法》2 件规章及 11 件规范性文件。

【过路法规和文件审查】 组织对《标准化法（修订）》《外国投资法》《反不正当竞争法（修订）》《政府信息公开条例（修订）》等 139 件过路法规进行审查，积极反映行业和企业立法诉求。组织对 280 多件规范性文件和其他重要文件进行合法性审核，提出法律意见和建议，从源头上确保依法行政的要求。

【执法监督】 全面履行行政复议和行政应诉工作职责，2017 年收到的行政复议申请及应诉通知均按照法定时限和程序办理，依法化解行政争议。完善行政复议和行政应诉制度，印发《工业和信息化部行政复议实施办法》和《工业和信息化部行政应诉工作规则》，规范行政复议和应诉工作职责、程序。做好行政执法和疑难案件指导，组织对相关案件召开专题论证会 9 次，针对案件办理中发现的问题制作行政复议意见书 7 份。

【执法培训和行业普法】 2017 年举办 2 期通信行政执法培训班，邀请国务院法制办、法院、律师事务所、研究机构等专家，就依法行政、政府信息公开、复议应诉案例等内容对 100 多名行政执法人员进行培训。推进法律顾问和公职律师制度建设，组织起草印发工业和信息化部《关于建立健全部系统法律顾问和公职律师制度的通知》（工信厅政〔2017〕133 号），明确工作目标、队伍建设、监督管理和组织实施等要求。加强普法工作，印发并实施《工业和信息化系统法治宣传教育第七个五年规划（2016—2020 年）》，组织落实普法责任制部际联席会议各项工作安排。

［撰稿：孙华庆　审稿：范斌］

工业和信息化部办公厅关于印发《太阳能光伏产业综合标准化技术体系》的通知

工信厅科〔2017〕45号

各省、自治区、直辖市及计划单列市工业和信息化主管部门，相关行业协会、标准化机构和技术组织：

为进一步促进太阳能光伏产业的健康有序发展，大力提升标准对产业发展的指导、规范、引领和保障作用，我部组织制定了《太阳能光伏产业综合标准化技术体系》。现印发给你们，请结合实际，抓好贯彻落实。

工业和信息化部办公厅

2017年4月25日

太阳能光伏产业综合标准化技术体系

一、产业发展概述

太阳能光伏产业（以下简称光伏产业）是围绕太阳能电池制造及应用而延伸的产业链总和。根据主要材料不同，太阳能电池技术可分为晶硅电池技术、薄膜电池技术（主要为硅基薄膜电池、碲化镉薄膜电池、铜铟镓硒薄膜电池、砷化镓薄膜电池等）、染料敏化电池技术等。目前，晶硅电池占据市场的主流地位。

随着全球能源短缺和环境问题日益突出，光伏产业作为具有发展前景的可再生能源产业之一，日益受到世界各国的高度重视并快速发展。近年来，我国光伏产业发展迅速，成为能够同步参与国际竞争并取得优势的产业之一。目前我国主要光伏企业已掌握晶硅电池全套生产工艺及万吨级多晶硅生产技术，部分指标处于全球领先水平。2016年，我国光伏产业总产值达到3360亿元，光伏电池产量约为49GW，光伏组件产量约为53GW，光伏新增并网装机量达到34.5GW，产业规模继续位居全球首位。

光伏产业链按生产过程和产品分为光伏材料、光伏电池、光伏组件、光伏部件、光伏发电系统、光伏应用以及光伏设备等（如图1所示）。

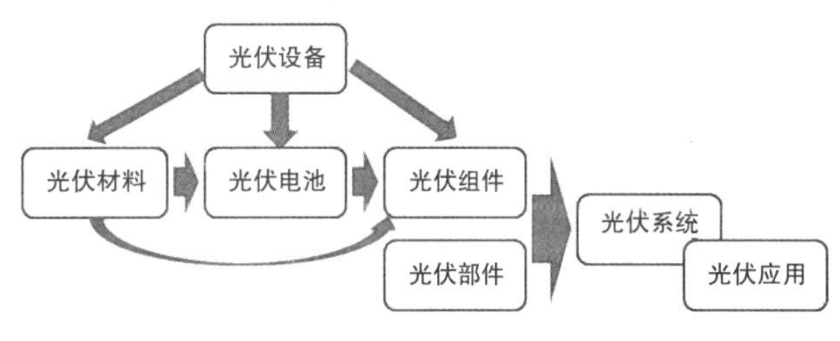

图1　光伏产业链

二、总体思路和工作目标

（一）总体思路

深入贯彻落实《国务院深化标准化工作改革方案》的精神，围绕光伏产业链的构建，以提升产品质量和技术水平、满足应用需求为出发点，进一步加强光伏产业标准化工作的总体规划和顶层设计。按照统筹全局、突出重点、紧扣实际、循序渐进的原则，成体系开展相关标准的制修订与实施，完善和优化光伏产业综合标准化技术体系，促进光伏产业的持续健康发展。

（二）工作目标

到2020年，初步形成科学合理、技术先进、协调配套的光伏产业标准体系，基本实现光伏产业基础通用标准和重点标准的全覆盖，总体上满足光伏产业发展的需求。

三、综合标准化技术体系

光伏产业综合标准化技术体系框架主要包括基础通用、光伏制造设备、光伏材料、光伏电池和组件、光伏部件、光伏发电系统及光伏应用等 7 大方向、35 小类（见图 2）。

光伏产业综合标准化技术体系表涵盖国家标准和行业标准，包括现有标准、制修订中的标准、拟制修订的标准和待研究的标准，共 500 项（领域分布见表 1）。

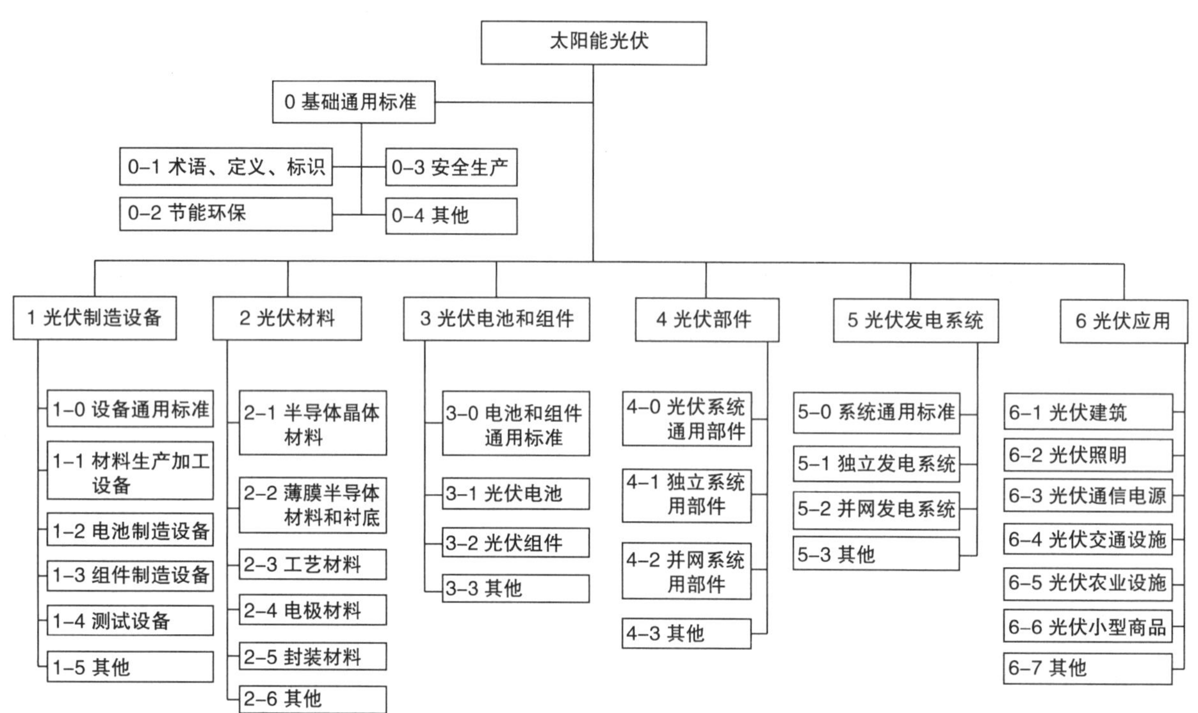

图 2　光伏产业综合标准化技术体系框架

表 1　光伏产业标准统计表

序号	子领域	现行	在现行标准中：修订中	在现行标准中：拟修订	制定中	待制订	待研究	总计
1	基础通用	7	0	2	5	3	14	29
2	光伏制造设备	5	1	0	6	24	22	57
3	光伏材料	43	5	0	23	61	38	165
4	光伏电池和组件	20	7	6	25	43	26	114
5	光伏部件	9	0	0	11	20	5	45
6	光伏发电系统	28	2	0	10	12	12	62
7	光伏应用	19	0	0	5	3	1	28
	总计	131	15	8	85	166	118	500

基础通用标准主要包括术语、定义、标识、节能环保和安全生产等，标准项目共29项。光伏制造设备标准主要包括材料加工设备、电池制造设备、组件制造设备和测试设备等，标准项目共57项。光伏材料标准主要包括半导体晶体材料、薄膜半导体材料和衬底、工艺材料、电极材料和封装材料等，标准项目共165项。光伏电池和组件标准主要包括相关的性能要求、测试方法等，标准项目共114项。光伏部件标准主要包括通用部件、独立系统用部件、并网系统用部件等，标准项目共45项。光伏发电系统标准主要包括独立发电系统和并网发电系统等，标准项目共62项。光伏应用标准主要包括光伏建筑、光伏照明等，标准项目共28项。具体标准项目见附表。

四、重点工作

（一）加强综合标准化工作的统筹协调。围绕我国光伏产业链的构成，加强产业链上中下游的合作，注重标准制定与产业发展的结合、国家标准与行业标准的结合、国内标准与国际标准的结合，大力构建科学合理、技术先进、协调配套的光伏产业综合标准化技术体系。

（二）成体系开展急需标准的制修订。根据光伏产业发展需求，系统推进相关标准的制修订工作，积极落实综合标准化技术体系中提出的标准制修订项目。按照基础优先、急用先行的思路，优先开展基础通用标准、试验方法标准，关键技术和产品标准的制定，加快修订技术指标已落后的标准，全面提升标准对产业发展的整体支撑和引领作用。

（三）充分发挥企业、行业组织等各方作用。鼓励光伏产业链上中下游的企业、标准化技术组织、行业协会和专业机构等加强合作、形成合力，共同开展光伏产业综合标准化工作。支持光伏产业的龙头企业、有实力的科研机构在承担国家标准和行业标准制修订工作的基础上，同步参与国际标准制定，推动我国技术成为国际标准。

附表：光伏产业综合标准化技术体系标准明细表（略）

工业和信息化部关于印发《工业控制系统信息安全事件应急管理工作指南》的通知

工信部信软〔2017〕122号

各省、自治区、直辖市及新疆生产建设兵团工业和信息化主管部门，有关中央企业：

为贯彻落实《中华人民共和国网络安全法》《国务院关于深化制造业与互联网融合发展的指导意见》（国发〔2016〕28号），指导做好工业控制系统信息安全事件应急管理相关工作，保障工业控制系统信息安全，制定《工业控制系统信息安全事件应急管理工作指南》，现印发你们。

工业和信息化部指导和管理全国工业控制系统信息安全应急工作，并根据实际情况对指南进行修订。地方工业和信息化主管部门根据工业和信息化部统筹安排，指导和管理本行政区域内的工业控制系统信息安全应急工作。

特此通知。

工业和信息化部

2017年5月31日

工业控制系统信息安全事件应急管理工作指南

第一章 总则

第一条 为加强工业控制系统信息安全（以下简称工控安全）应急工作管理，建立健全工控安全应急工作机制，提高应对工控安全事件的组织协调和应急处置能力，预防和减少工控安全事件造成的损失和危害，保障工业生产正常运行，维护国家经济安全和人民生命财产安全，依据《中华人民共和国突发事件应对法》《中华人民共和国网络安全法》以及《国务院关于深化制造业与互联网融合发展的指导意见》等法规政策，制定本指南。

第二条 本指南适用于工业和信息化主管部门、工业企业开展工控安全应急管理工作。

第三条 工控安全事件是指由于人为、软硬件缺陷或故障、自然灾害等原因，对工业控制系统、工业控制系统数据造成或者可能造成严重危害，影响正常工业生产的事件。

第四条 坚持政府指导、企业主体，坚持预防为主、平战结合，坚持快速反应、科学处置，充分发挥各方力量，共同做好工控安全事件的预防和处置工作。

第二章 组织机构与职责

第五条 工业和信息化部指导地方工业和信息化主管部门、应急技术机构、工业企业做好工控安全应急管理工作。

第六条 地方工业和信息化主管部门负责指导本地区工控安全应急管理工作。

第七条 工控安全应急技术机构负责具体开展工控安全风险监测、态势研判、威胁预警、事件处置等工作。

第八条 工业企业负有工控安全主体责任，应建立健全工控安全责任制，负责本单位工控安全应急管理工作，落实人财物保障。

第三章 工作机制

第九条 工业和信息化部指导地方工业和信息化主管部门、应急技术机构、工业企业等建立工控安全联络员机制，指定工控安全应急工作联络员，报工业和信息化部备案，联络员和联络方式发生变化时需及时报工业和信息化部。工业和信息化部根据工作需要组织召开联络员会议。

第十条 地方工业和信息化主管部门指导本地区应急技术机构、工业企业建立工控安全应急值守机制，实行领导带班、专人值守工作制度，做好工控安全风险、威胁、事件信息日常监测和报告工作。应急响应状态下，实行“7×24”小时值守，加强信息监测、收集与研判，做好信息跟踪报告。

第四章 监测通报

第十一条 工业和信息化部指导国家工业信息安全发展研究中心等技术机构，组织开展全国工控安全风险监测、预警通报等工作，提升情报搜集、态势分析、风险评估和信息共享能力。

地方工业和信息化主管部门组织开展本地区工控安全风险监测工作。工业企业组织开展本单位工控安全风险监测工作。

第十二条 地方工业和信息化主管部门、工业企业定期将重要监测信息报国家工业信息安全发展研究中心，国家工业信息安全发展研究中心负责汇总、整理和研判，并将结果报工业和信息化部；针对可能超出本地区应对能力范围的安全风险和事件信息，及时上报，必要时工业和信息化部协调应急技术机构提供支持。

第十三条 工业和信息化部对可能影响我国工业控制系统的重大漏洞和风险，及时向有关行业、地区和工业企业发布情况通报。

第五章　敏感时期应急管理

第十四条　在国家重要活动、会议等敏感时期，工业和信息化部指导地方工业和信息化主管部门、应急技术机构、工业企业开展工控安全事件预防和应急管理工作。

第十五条　地方工业和信息化主管部门、工业企业加强工控安全监测和风险研判，对可能造成重大影响的风险和事件信息应及时上报，必要时实行 24 小时零报告制度。重点单位、重要部位实施 24 小时值守，保持通信联络畅通。相关工业企业应加强对工业控制系统的巡检巡查，原则上不在敏感时期对工业控制系统进行调整或升级。

第六章　应急处置

第十六条　对于可能发生或已经发生的工控安全事件，工业企业应立即开展应急处置，采取科学有效方法及时施救，力争将损失降到最小，尽快恢复受损工业控制系统的正常运行。当事发工业企业应急处置力量不足时，可请求上级主管部门协调应急技术机构提供支援。

第十七条　有关地方工业和信息化主管部门和工业企业应及时向工业和信息化部报告事态发展变化情况和事件处置进展情况。报告信息一般包括以下要素：事件涉及的工业控制系统名称及运营管理单位、时间、地点、原因、来源、类型、性质、危害、影响范围、发展趋势、处置措施等。

第十八条　工业和信息化部指导、督促事发企业开展应急处置工作，必要时派出工作组赴现场指挥协调应急处置工作，协调应急技术机构提供技术支援。

第十九条　应急处置结束、系统恢复运行后，相关工业企业要尽快消除事件造成的不良影响，做好事件分析总结工作，总结报告应在 30 天内以书面形式报工业和信息化部。

第二十条　对于工控安全事件性质、起因、范围、损失等，工业和信息化主管部门和相关人员应做好舆论宣传和引导工作。

第七章　保障措施

第二十一条　工业和信息化部、地方工业和信息化主管部门、工业企业制定本级工控安全事件应急预案，定期组织应急演练。

第二十二条　工业和信息化部建立国家工控安全应急专家组，为工控安全应急管理提供技术咨询和决策支持。地方工业和信息化主管部门建立本地区工控安全应急专家组，充分发挥专家在应急管理工作中的作用。

第二十三条　加强对工控安全事件应急装备和工具的储备，及时调整、升级软硬件工具，建设完善工控安全事件应急技术服务平台，不断增强应急技术支撑能力。

第二十四条　各有关部门应积极利用现有政策和资金渠道，申请新增预算，支持工控安全应急技术机构建设、专家队伍建设、基础平台建设、技术研发、应急演练、物资保障等，为工控安全应急管理工作提供必要的经费支持。

第二十五条　本指南自 2017 年 7 月 1 日起施行。

工业和信息化部关于印发《工业机器人行业规范管理实施办法》的通知

工信部装〔2017〕161 号

各省、自治区、直辖市及计划单列市、新疆生产建设兵团工业和信息化主管部门，中央企业（集团）公司：

为做好《工业机器人行业规范条件》（工业和信息化部公告 2016 年第 65 号）实施工作，我部组织制定了《工业机器人行业规范管理实施办法》。现予印发，请遵照执行。

工业和信息化部

2017 年 7 月 7 日

工业机器人行业规范管理实施办法

第一章　总则

第一条　为促进工业机器人行业持续健康发展，根据《工业机器人行业规范条件》（以下简称《规范条件》）有关规定，制定本办法。

第二条　工业和信息化部对符合《规范条件》的工业机器人企业实行公告管理，企业按自愿原则进行申请。

第三条　本办法适用于中华人民共和国境内的工业机器人本体生产企业和工业机器人集成应用企业。

第二章　职责分工

第四条　工业和信息化部负责对申请公告企业材料进行审核、公示并公告发布符合《规范条件》的工业机器人企业（以下简称规范企业）名单，负责对规范企业监督检查、变更、整改、撤销公告等工作。

第五条　各省、自治区、直辖市工业和信息化主管部门（以下统称省级工业和信息化主管部门）、中央企业（集团）总公司（以下简称央企集团）负责本地区（本集团）申请公告企业的初审、数据汇总及材料报送，对本地区（本集团）规范企业进行监督管理。

第六条　规范企业应自觉保持符合《规范条件》，按照本办法的要求认真开展自查自评，积极配合监督、检查。

第三章　申请、审核及公告

第七条　申请企业编报《工业机器人行业规范公告申请报告》（格式见附件 1）并按要求提供相关证明材料，通过所在地省级工业和信息化主管部门或所属央企集团向工业和信息化部提出申请。申请企业应对其材料真实性、完整性负责。

第八条　省级工业和信息化主管部门、央企集团负责对本地区（本集团）的企业申请材料进行初审，并按照《规范条件》要求对企业相关情况进行核实。初审合格后将企业申请材料报送工业和信息化部。

第九条　工业和信息化部委托第三方机构组织专家对申请企业进行评审。

第十条　工业和信息化部对通过专家评审的企业进行公示，公示无异议后予以公告。

第四章　监督检查

第十一条　监督检查采取企业自查自评和现场检查相结合的方式，主要检查规范企业达标项和年度指标符合《规范条件》的情况。

第十二条　规范企业应于每年 4 月 30 日前提交上一年度的自查自评报告（格式见附件 2），由省级工业和信息化主管部门或央企集团审核后于 5 月 31 日前报工业和信息化部。央企集团所属企业的自查自评报告应同时抄送所在地省级工业和信息化主管部门。

第十三条　省级工业和信息化主管部门、央企集团应适时对本地区（本集团）的规范企业进行现场检查。对每个规范企业的现场检查原则上不应少于每两年一次。

第十四条　工业和信息化部委托第三方机构组织专家对规范企业自查自评报告进行审查，并根据实际情况和管理需要，不定期组织对规范企业保持符合《规范条件》情况进行现场抽查。

第十五条　鼓励社会组织、公众和媒体对规范企业出现不符合《规范条件》的情况进行监督。

第五章　变更

第十六条　规范企业发生下列情况之一时，应于变更发生之日起 30 日内提出变更申请报告（格式见附件 3）。

（一）企业名称发生变化的；

（二）企业注册地址发生变化的；

（三）中央企业隶属的央企集团发生变化的；

（四）规范企业之间兼并、重组导致公告内容发生变化的。

第十七条 省级工业和信息化主管部门或央企集团对企业变更申请报告进行初审，合格后报工业和信息化部。

第十八条 工业和信息化部审核合格后进行变更公告。

第十九条 规范企业发生下列情况之一时，企业应于发生变化之日起 1 年内提出重新公告申请：

（一）企业生产地址搬迁的；

（二）企业发生分立的；

（三）与非公告的工业机器人企业进行兼并、重组的。

第二十条 逾期未重新提出申请的，视为自动放弃原规范企业公告。

第六章 整改

第二十一条 规范企业发生下列情况之一时，应进行整改：

（一）未按时上报年度自查自评报告的；

（二）年度自查或年度检查发现问题的；

（三）经核实自查自评报告存在虚假统计数据的；

（四）其他不符合《规范条件》要求的。

第二十二条 省级工业和信息化主管部门或央企集团应督促企业在规定期限内进行整改。被要求进行整改的规范企业，应在完成整改后及时将有关情况经相应的省级工业和信息化主管部门或央企集团报工业和信息化部。

第二十三条 企业在 3 个月内没有完成整改或整改不合格的，将按照相关程序撤销其规范企业公告。

第七章 撤销公告

第二十四条 规范企业有下列情况之一的，经核实确认后，工业和信息化部将撤销其规范企业公告：

（一）一年以上无机器人销售业绩的；

（二）两年以上无新接机器人订单的；

（三）已停产，并宣布破产或进入破产清算程序的；

（四）被兼并，无独立法人资格的；

（五）填报相关资料有重大弄虚作假行为的；

（六）拒绝接受监督检查的；

（七）不能保持符合《规范条件》，并且拒绝整改或在规定期限内整改仍未达到要求的；

（八）发生经相关政府部门认定的重大责任事故并造成严重社会影响的；

（九）发生其他不符合《规范条件》要求的重大事项的。

第二十五条 对拟撤销规范企业公告的，工业和信息化部将书面告知相关企业，听取企业的陈述和申辩。相关企业在收到书面告知函之日起 30 日内，可书面提出陈述或申辩。逾期未提出的，视为自动放弃陈述和申辩。

第二十六条 被撤销规范企业公告的，从被撤销之日起 2 年内不得再次申请《规范条件》公告。

第八章 附则

第二十七条 本办法由工业和信息化部负责解释，并根据行业发展情况适时进行修订。

第二十八条 本办法自 2017 年 8 月 15 日起实施。

附件：1. 工业机器人行业规范公告申请报告（略）

2. 工业机器人行业规范企业年度自查自评报告（略）

3. 工业机器人行业规范企业变更申请报告（略）

两部门关于开展支持中小企业参与“一带一路”建设专项行动的通知

工信部联企业〔2017〕191 号

各省、自治区、直辖市及计划单列市、新疆生产建设兵团中小企业主管部门，各省、自治区、直辖市、新疆生产建设兵团、副省级城市贸促会，各行业贸促会：

推进“一带一路”建设是党中央、国务院统筹国际国内两个大局作出的重大决策。中小企业是“一带一路”沿线各国对外经贸关系中最重要的合作领域之一，也是促进各国经济社会发展的重要力量。随着“一带一路”建设的不断推进，我国中小企业迎来了新的发展机遇和广阔的发展空间。为加强我国中小企业与“一带一路”沿线各国的经济技术合作和贸易投资往来，支持中小企业“走出去”“引进来”，工业和信息化部、中国国际贸易促进委员会（以下简称中国贸促会）决定开展支持中小企业参与“一带一路”建设专项行动。有关事项通知如下：

一、总体要求

贯彻落实党中央、国务院支持中小企业发展的决策部署，以“一带一路”建设为统领，坚持共商共建共享原则，完善双边和多边合作机制，发挥中小企业在“一带一路”建设中的重要作用，深化我国中小企业与沿线各国在贸易投资、科技创新、产能合作、基础设施建设等领域的交流与合作，构建和完善支持中小企业国际化发展的服务体系。支持中小企业技术、品牌、营销、服务“走出去”，鼓励中小企业引进沿线国家的先进技术和管理经验，加快培育中小企业国际竞争新优势。

二、重点工作

（一）助力中小企业赴沿线国家开展贸易投资

1. 支持中小企业参加国内外展览展销活动。创新中国国际中小企业博览会办展机制，推进国际化、市场化、专业化改革，重点邀请沿线国家共同主办，并设立“一带一路”展区，继续为中小企业参展提供支持。鼓励中小企业参与工业和信息化部、中国贸促会举办的境内外展会和论坛活动。支持各地中小企业主管部门与贸促会分支机构合作开展专门面向沿线国家中小企业的展览活动，帮助中小企业特别是“专精特新”中小企业展示产品和服务，为中小企业搭建展示、交易、合作、交流的平台。

2. 建立经贸技术合作平台。共同搭建“中小企业‘一带一路’合作服务平台”，为中小企业提供沿线国家经贸活动信息，支持各地中小企业主管部门、中小企业服务机构和贸促会分支机构联合开展企业洽谈、项目对接等活动。鼓励中小企业服务机构和企业到沿线国家建立中小企业创业创新基地，开展技术合作、科研成果产业化等活动。吸引沿线国家中小企业在华设立研发机构，促进原创技术在中国孵化落地。

3. 鼓励中小企业运用电子商务开拓国际市场。支持各地中小企业主管部门积极参与中国贸促会跨境电子商务示范园区和单品直供基地建设，鼓励并支持创新性的中小型跨境电商企业入驻发展。大力推进中国贸促会“中国跨境电商企业海外推广计划”，针对中小企业在通关报检、仓储物流、市场开拓、品牌建设等方面的需求，引入第三方专业机构，提供定制化服务，帮助中小企业利用跨境电子商务开展国际贸易。

4. 促进中小企业开展双向投资。支持在有条件的地方建设我国与沿线国家中小企业合作区，进一步发挥合作区引进先进技术、管理经验和高素质人才的载体作用，在中小企业服务体系建设、技术改造、融资服务、小型微型企业创业创新基地建设、人才培训等方面提供指导和服务。大力培养外向型产业集群。组织中小企业赴境外园区考察，引导企业入园发展，协助园区为入驻企业提供展览展示、商事法律、专项培训等服务，帮助中小企业提高抗风险能力。通过以大带小合作出海，鼓励中小配套企业积极跟随大企业走向国际市场，参与产能合作和基础设施建设，构建全产业链战略联盟，形成综合竞争优势。促进与沿线国家在新一代信息技术、生物、新能源、新材料等新兴产业领域深入合作。

（二）为中小企业提供优质服务

5. 加强经贸信息、调研等服务。加大信息收集、整理、分析和发布力度，用好网站、微信公众号、报刊杂志等载体，提供沿线国家的政治环境、法律法规、政策准入、技术标准、供求信息、经贸项目、商品价格、文化习俗等信息，重点发布沿线国家投资风险评估报告和法律服务指南。注重收集并向沿线国家政府反映我中小企业合理诉求，维护其在当地合法权益。支持建立产学研用紧密结合的新型智库，重点面向中小企业，围绕沿线国家产业结构调整、产业发展规划、产业技术方向等开展咨询研究。实施“中小企业‘一带一路’同行计划”，聚合国际合作服务机构，加强信息共享，强化服务协同，助力中小企业走入沿线国家。鼓励中小企业服务机构、商业和行业协会到沿线国家设立分支机构，发挥中国贸促会驻外代表处、境外中资企业商协会和企业作用，探索在条件成熟的沿线国家设立“中国中小企业中心”，为中小企业到沿线国家投资贸易提供专业化服务。

6. 强化商事综合服务。构建面向中小外贸企业的商事综合服务平台，提供商事认证、商事咨询、外贸单据制作、国际结算、出口退税等综合服务。继续完善“中小企业外贸综合服务平台”功能，为广大中小企业提供贸易投资咨询、通关报检、融资担保、信用评级等一揽子外贸服务。

7. 完善涉外法律服务。建立健全中小企业风险预警机制，帮助中小企业有效规避和妥善应对国际贸易投资中潜在的政治经济安全和投资经营风险。开通中小企业涉外法律咨询热线，及时解答企业涉外法律问题并提供解决方案。建立健全中小企业涉外法律顾问制度，提供一体化综合法律服务。组织经贸摩擦应对，帮助中小企业依法依规解决国际经贸争端，维护海外权益。深入实施中小企业知识产权战略推进工程，提升中小企业知识产权创造、运用、保护和管理能力。完善知识产权管理和专业化服务，降低中小企业知识产权申请、保护、维权成本，推动知识产权转化。帮助中小企业开展境外知识产权布局，妥善应对涉外知识产权纠纷。

（三）提升中小企业国际竞争力

8. 开展专题培训。围绕中小企业关注的焦点问题，开展多层次专题培训，帮助中小企业提升经营管理水平和国际竞争能力。进一步发挥国家重大人才工程的作用，深入实施中小企业领军人才培训计划，共同开展中小企业国际化经营管理领军人才培训，加大对中小企业跨国经营管理人才培训力度。

9. 提高中国品牌海外影响力。开展“中国品牌海外推广计划”，引导企业增强品牌意识，提升品牌管理能力。通过帮助中小企业有选择地赴海外参展，组织产品发布会等活动，宣传推介自创品牌及产品，为中国品牌“抱团出海”搭建促进平台。

10. 引导企业规范境外经营行为。引导中小企业遵守所在国法律法规，尊重当地文化、宗教和习俗，保障员工合法权益，做好风险防范，坚持诚信经营，抵制商业贿赂。注重资源节约利用和生态环境保护，主动承担社会责任，实现与所在国的互利共赢、共同发展。

三、保障措施

（一）加强组织领导

工业和信息化部与中国贸促会联合成立工作组，负责指导专项行动的落实，制定年度工作计划，定期评估成效。建立工作机制，整合服务资源，创新服务模式，完善政策措施，形成工作合力。

各地中小企业主管部门、中国贸促会各部门各单位、各地方和行业贸促会要加强组织领导，建立支持中小企业参与“一带一路”建设专项行动的工作协调机制，结合本地实际制定工作计划，明确工作目标及责任人。

（二）发挥多双边机制作用

工业和信息化部继续深化中小企业领域的多双边政策磋商机制，鼓励和支持各地中小企业主管部门、中小企业服务机构与沿线国家有关政府部门、行业协会、商会等建立合作机制，扩大利益汇合点，加强在促进政策、贸易投资、科技创新等领域的合作，探索更多更有效的互利共赢模式。

中国贸促会发挥多双边工商合作机制作用，与有关国际组织、沿线国家贸易投资促进机构、商协会建立并拓展合作关系，为中小企业参与“一带一路”建设营造良好环境。

（三）加强政策与舆论引导

各地方中小企业主管部门要结合本地区产业发展情况，加强产业政策引导，指导和鼓励本地区有条件的中小企业积极参与“一带一路”建设。及时总结中国中小企业国际合作的经验，推介成功案例并做好风险提示，通过示范引领，为中小企业“走出去”提供参考和借鉴。大力宣传中小企业在推进“一带一路”建设中的重要作用，及时准确通报信息，讲好“中国故事”，突出平等合作、互利共赢、共同发展的合作理念，积极推介我国中小企业产品、技术和优势产业。

特此通知。

工 业 和 信 息 化 部

中国国际贸易促进委员会

2017 年 7 月 27 日

工业和信息化部关于印发《工业控制系统信息安全防护能力评估工作管理办法》的通知

工信部信软〔2017〕188 号

各省、自治区、直辖市及新疆生产建设兵团工业和信息化主管部门，有关中央企业：

为贯彻落实《国务院关于深化制造业与互联网融合发展的指导意见》（国发〔2016〕28 号）等文件精神，督促工业企业做好工业控制系统信息安全防护工作，检验《工业控制系统信息安全防护指南》（工信部信软〔2016〕338 号）的实践效果，综合评价工业企业工业控制系统信息安全防护能力，制定《工业控制系统信息安全防护能力评估工作管理办法》。现印发你们，请参照执行。

工业和信息化部

2017 年 7 月 31 日

工业控制系统信息安全防护能力评估工作管理办法

第一章　总则

第一条　为规范工业控制系统信息安全（以下简称工控安全）防护能力评估工作，切实提升工控安全防护水平，根据《中华人民共和国网络安全法》《国务院关于深化制造业与互联网融合发展的指导意见》（国发〔2016〕28 号），制定本办法。

第二条　本办法适用于规范针对工业企业开展的工控安全防护能力评估活动。

本办法所指的防护能力评估，是对工业企业工业控制系统规划、设计、建设、运行、维护等全生命周期各阶段开展安全防护能力综合评价。

第三条　工业和信息化部负责指导和监督全国工业企业工控安全防护能力评估工作。

第二章　评估管理组织

第四条　设立全国工控安全防护能力评估专家委员会（以下简称评估专家委员会），负责定期抽查与复核工控安全防护能力评估报告，并对评估工作提供建议和咨询。

第五条　设立全国工控安全防护能力评估工作组（以下简称评估工作组），负责具体管理工控安全防护能力评估相关工作，制订完善评估工作流程和方法，管理评估机构及评估人员，并审核评估过程中生成的文件和记录。评估工作组下设秘书处，秘书处设在国家工业信息安全发展研究中心。

第三章　评估机构和人员要求

第六条　评估工作组委托符合条件的第三方评估机构从事工控安全防护能力评估工作。

第七条　评估机构应具备的基本条件：

（一）具有独立的事业单位法人资格。

（二）具有不少于25名工控安全防护能力评估专职人员。

（三）具有工控安全防护能力评估所需的工具和设备。

第八条　评估机构应建立并有效运行评估工作体系，完善评估监督和责任机制，以确保所从事的工控安全评估活动符合本办法的规定。评估机构应对其出具的评估报告负责。

第九条　对于违反本办法、相关法律法规及不遵守评估工作组管理要求的评估机构，评估工作组有权暂停或撤销其从事工控安全评估活动的委托。被撤销委托的机构，5年内不得重新申请。

第十条　评估人员须遵守相关的法律、法规和规章，按照所在评估机构确定的工作程序和作业指导从事评估活动，对评估报告的真实性承担相应责任，并应对评估活动中接触到的信息履行保密义务。

第四章　评估工具要求

第十一条　评估过程中使用的相关评估专用软硬件工具需符合相关可靠性和安全性要求。

第十二条　评估工具需由评估工作组委托国家相关质检机构进行检测和校验，未通过检测和校验的评估工具不得应用于评估工作。

第五章　评估工作程序

第十三条　受理评估申请。评估工作组承担工业和信息化主管部门的专项评估任务，各评估机构可自行受理市场化的评估工作委托，并在评估工作组备案。

第十四条　组建评估技术队伍。评估机构组建评估项目组，原则上每个评估项目组由不少于5名专职评估人员（含1名组长）组成。

第十五条　制定评估工作计划。评估机构在实施评估前，应与被评估企业充分协调，梳理清晰企业工业控制系统基本情况，并参照《工业控制系统信息安全防护能力评估方法》（见附件）形成书面评估工作计划。评估工作计划的内容至少应包括：评估工作计划名称和编号、评估范围、评估具体任务与方案、评估工作日程安排、应急预案等。

第十六条　开展现场评估工作。评估项目组按照评估工作计划，在现场对被评估企业实施工控安全防护能力评估。

第十七条　现场评估情况反馈。现场评估工作结束后，评估项目组应对现场评估工作形成书面的现场评估情况反馈表，描述存在的安全问题并提出相应的整改建议。

第十八条　企业自行整改。企业应在收到反馈表后30日内自行开展整改工作，根据整改情况申请复评估。

第十九条　开展复评估工作。评估项目组在收到企业复评估的请求后，根据需要对现场评估反馈表中的问题进行确认。需要时，开展现场复评估。

第二十条　形成评估报告。评估项目组在总结现场评估和复评估工作后，出具企业工控安全防护能力评估结论，经由被评估企业确认后，形成评估报告，报工业和信息化部备案。

第六章　监督管理

第二十一条　评估工作组建立国家工控安全防护能力评估工作管理平台，通过平台定期公示评估机构、评估人员、评估工具和评估报告。

第二十二条　评估工作组不定期委托评估专家委员会对评估报告开展必要的抽查与复核，经抽查与复核发现评估报告不符合本办法有关规定、标准的，应当要求企业限期改正或者重新评估，并在30日内提交评估材料。

第二十三条　评估工作组受理针对违反本办法、相关法律法规及不遵守评估工作组管理要求的评估机构和人员的举报和投诉。

第七章　附则

第二十四条　本办法自2017年9月1日起实施。

附件：工业控制系统信息安全防护能力评估方法（略）

工业和信息化部关于印发《公共互联网网络安全威胁监测与处置办法》的通知

工信部网安〔2017〕202 号

各省、自治区、直辖市通信管理局，中国电信集团公司、中国移动通信集团公司、中国联合网络通信集团有限公司，国家计算机网络应急技术处理协调中心、中国信息通信研究院、国家工业信息安全发展研究中心、中国互联网协会，域名注册管理和服务机构、互联网企业、网络安全企业：

为深入贯彻习近平总书记关于网络安全的重要讲话精神，积极应对严峻复杂的网络安全形势，进一步健全公共互联网网络安全威胁监测与处置机制，维护公民、法人和其他组织的合法权益，根据《中华人民共和国网络安全法》等有关法律法规，制定《公共互联网网络安全威胁监测与处置办法》。现印发给你们，请结合实际，切实抓好贯彻落实。

工业和信息化部

2017 年 8 月 9 日

公共互联网网络安全威胁监测与处置办法

第一条　为加强和规范公共互联网网络安全威胁监测与处置工作，消除安全隐患，制止攻击行为，避免危害发生，降低安全风险，维护网络秩序和公共利益，保护公民、法人和其他组织的合法权益，根据《中华人民共和国网络安全法》《全国人民代表大会常务委员会关于加强网络信息保护的决定》《中华人民共和国电信条例》等有关法律法规和工业和信息化部职责，制定本办法。

第二条　本办法所称公共互联网网络安全威胁是指公共互联网上存在或传播的、可能或已经对公众造成危害的网络资源、恶意程序、安全隐患或安全事件，包括：

（一）被用于实施网络攻击的恶意 IP 地址、恶意域名、恶意 URL、恶意电子信息，包括木马和僵尸网络控制端，钓鱼网站，钓鱼电子邮件、短信 / 彩信、即时通信等；

（二）被用于实施网络攻击的恶意程序，包括木马、病毒、僵尸程序、移动恶意程序等；

（三）网络服务和产品中存在的安全隐患，包括硬件漏洞、代码漏洞、业务逻辑漏洞、弱口令、后门等；

（四）网络服务和产品已被非法入侵、非法控制的网络安全事件，包括主机受控、数据泄露、网页篡改等；

（五）其他威胁网络安全或存在安全隐患的情形。

第三条　工业和信息化部负责组织开展全国公共互联网网络安全威胁监测与处置工作。各省、自治区、直辖市通信管理局负责组织开展本行政区域内公共互联网网络安全威胁监测与处置工作。工业和信息化部和各省、自治区、直辖市通信管理局以下统称为电信主管部门。

第四条　网络安全威胁监测与处置工作坚持及时发

现、科学认定、有效处置的原则。

第五条 相关专业机构、基础电信企业、网络安全企业、互联网企业、域名注册管理和服务机构等应当加强网络安全威胁监测与处置工作，明确责任部门、责任人和联系人，加强相关技术手段建设，不断提高网络安全威胁监测与处置的及时性、准确性和有效性。

第六条 相关专业机构、基础电信企业、网络安全企业、互联网企业、域名注册管理和服务机构等监测发现网络安全威胁后，属于本单位自身问题的，应当立即进行处置，涉及其他主体的，应当及时将有关信息按照规定的内容要素和格式提交至工业和信息化部和相关省、自治区、直辖市通信管理局。

工业和信息化部建立网络安全威胁信息共享平台，统一汇集、存储、分析、通报、发布网络安全威胁信息；制定相关接口规范，与相关单位网络安全监测平台实现对接。国家计算机网络应急技术处理协调中心负责平台建设和运行维护工作。

第七条 电信主管部门委托国家计算机网络应急技术处理协调中心、中国信息通信研究院等专业机构对相关单位提交的网络安全威胁信息进行认定，并提出处置建议。认定工作应当坚持科学严谨、公平公正、及时高效的原则。电信主管部门对参与认定工作的专业机构和人员加强管理与培训。

第八条 电信主管部门对专业机构的认定和处置意见进行审查后，可以对网络安全威胁采取以下一项或多项处置措施：

（一）通知基础电信企业、互联网企业、域名注册管理和服务机构等，由其对恶意 IP 地址（或宽带接入账号）、恶意域名、恶意 URL、恶意电子邮件账号或恶意手机号码等，采取停止服务或屏蔽等措施。

（二）通知网络服务提供者，由其清除本单位网络、系统或网站中存在的可能传播扩散的恶意程序。

（三）通知存在漏洞、后门或已经被非法入侵、控制、篡改的网络服务和产品的提供者，由其采取整改措施，消除安全隐患；对涉及党政机关和关键信息基础设施的，同时通报其上级主管单位和网信部门。

（四）其他可以消除、制止或控制网络安全威胁的技术措施。

电信主管部门的处置通知应当通过书面或可验证来源的电子方式等形式送达相关单位，紧急情况下，可先电话通知，后补书面通知。

第九条 基础电信企业、互联网企业、域名注册管理和服务机构等应当为电信主管部门依法查询 IP 地址归属、域名注册等信息提供技术支持和协助，并按照电信主管部门的通知和时限要求采取相应处置措施，反馈处置结果。负责网络安全威胁认定的专业机构应当对相关处置情况进行验证。

第十条 相关组织或个人对按照本办法第八条第（一）款采取的处置措施不服的，有权在 10 个工作日内向做出处置决定的电信主管部门进行申诉。相关电信主管部门接到申诉后应当及时组织核查，并在 30 个工作日内予以答复。

第十一条 鼓励相关单位以行业自律或技术合作、技术服务等形式开展网络安全威胁监测与处置工作，并对处置行为负责，监测与处置结果应当及时报送电信主管部门。

第十二条 基础电信企业、互联网企业、域名注册管理和服务机构等未按照电信主管部门通知要求采取网络安全威胁处置措施的，由电信主管部门依据《中华人民共和国网络安全法》第五十六条、第五十九条、第六十条、第六十八条等规定进行约谈或给予警告、罚款等行政处罚。

第十三条 造成或可能造成严重社会危害或影响的公共互联网网络安全突发事件的监测与处置工作，按照国家和电信主管部门有关应急预案执行。

第十四条 各省、自治区、直辖市通信管理局可参照本办法制定本行政区域网络安全威胁监测与处置办法实施细则。

第十五条 本办法自 2018 年 1 月 1 日起实施。2009 年 4 月 13 日印发的《木马和僵尸网络监测与处置机制》和 2011 年 12 月 9 日印发的《移动互联网恶意程序监测与处置机制》同时废止。

国务院关于进一步扩大和升级信息消费持续释放内需潜力的指导意见

国发〔2017〕40 号

各省、自治区、直辖市人民政府，国务院各部委、各直属机构：

近年来，随着互联网技术与经济社会深度融合，我国信息消费快速发展，正从以线上为主加快向线上线下融合的新形态转变，网络提速降费深入推进，消费主体不断增加、边界逐渐拓展、模式深刻调整，带动其他领域消费快速增长，已成为当前创新最活跃、增长最迅猛、辐射最广泛的经济领域之一，对拉动内需、促进就业和引领产业升级发挥着重要作用。但与此同时，我国信息消费有效供给仍然创新不足，内需潜力仍未充分释放，消费环境亟待优化。为进一步扩大和升级信息消费、持续释放发展活力和内需潜力，现提出以下意见。

一、总体要求

（一）指导思想。

全面贯彻党的十八大和十八届三中、四中、五中、六中全会精神，深入贯彻习近平总书记系列重要讲话精神和治国理政新理念新思想新战略，认真落实党中央、国务院决策部署，统筹推进“五位一体”总体布局和协调推进“四个全面”战略布局，坚持稳中求进工作总基调，牢固树立和贯彻落实创新、协调、绿色、开放、共享的发展理念，以推进供给侧结构性改革为主线，优化信息消费环境，进一步加大网络提速降费力度，加速激发市场活力，积极拓展信息消费新产品、新业态、新模式，扩大信息消费覆盖面，加强和改进监管，完善网络安全保障体系，打造信息消费升级版，不断释放人民群众日益增长的消费需求，促进经济社会持续健康发展。

（二）基本原则。

坚持创新驱动。推动信息消费与大众创业万众创新、“互联网 +”深度融合，鼓励核心技术研发和服务模式创新，促进新一代信息技术向消费领域广泛渗透，创造更多适应消费升级的有效供给，带动多层次、个性化的信息消费发展。

坚持需求拉动。以满足人民群众期待和经济社会发展需要为出发点和落脚点，加快拓展和升级信息消费，推动信息产品供给结构与需求结构有效匹配、消费升级与有效投资良性互动，用安全、便捷、丰富的信息消费助力经济升级和民生改善。

坚持协同联动。以企业为主体，促进信息消费产业链协同发展，加强网络、平台、支付、物流等支撑能力建设，构建完善的信息消费生态体系。统筹促发展与保安全，持续优化信用安全、市场环境和权益保护，营造“能消费、敢消费、愿消费”的环境，形成政府、企业、消费者多方协同的良好发展格局。

（三）发展目标。

到 2020 年，信息消费规模预计达到 6 万亿元，年均增长 11% 以上；信息技术在消费领域的带动作用显著增强，信息产品边界深度拓展，信息服务能力明显提升，拉动相关领域产出达到 15 万亿元，信息消费惠及广大人民群众。信息基础设施达到世界领先水平，“宽带中国”战略目标全面实现，建成高速、移动、安全、泛在的新一代信息基础设施，网络提速降费取得明显成效。基于网络平台的新型消费快速成长，线上线下协同互动的消费新生态发展壮大。公共数据资源开放共享体系基本建立，面向企业和公民的一体化公共服务体系基本建成。网络空间法律法规体系日趋完善，高效便捷、安全可信、公平有序的信息消费环境基本形成。

（四）重点领域。

生活类信息消费。创新发展满足人民群众生活需求的各类便民惠民服务新业态，重点发展面向社区生活的线上线下融合服务、面向文化娱乐的数字创意内容和服务、面向便捷出行的交通旅游服务。

公共服务类信息消费。推广高效、均等的在线公共服务，重点发展面向居家护理的智慧健康服务、面向便捷就医的在线医疗服务、面向学习培训的在线教育服务、面向利企便民的“互联网＋政务服务”。

行业类信息消费。培育支撑行业信息化的新兴信息技术服务，重点发展面向垂直领域的电子商务平台服务，面向信息消费全过程的网络支付、现代物流、供应链管理等支撑服务，面向信息技术应用的综合系统集成服务。

新型信息产品消费。升级智能化、高端化、融合化信息产品，重点发展面向消费升级的中高端移动通信终端、可穿戴设备、数字家庭产品等新型信息产品，以及虚拟现实、增强现实、智能网联汽车、智能服务机器人等前沿信息产品。

二、提高信息消费供给水平

（五）推广数字家庭产品。鼓励企业发展面向定制化应用场景的智能家居“产品＋服务”模式，推广智能电视、智能音响、智能安防等新型数字家庭产品，积极推广通用的产品技术标准及应用规范。加强“互联网＋”人工智能核心技术及平台开发，推动虚拟现实、增强现实产品研发及产业化，支持可穿戴设备、消费级无人机、智能服务机器人等产品创新和产业化升级。依托消费品工业“三品”专项行动，促进信息产品相关企业争创“中国质量奖”。

（六）拓展电子产品应用。支持利用物联网、大数据、云计算、人工智能等技术推动各类应用电子产品智能化升级，在交通、能源、市政、环保等领域开展新型应用示范。推动智能网联汽车与智能交通示范区建设，发展辅助驾驶系统等车联网相关设备。推进农业物联网区域试验工程，推动信息技术与农业生产经营、市场流通、资源环境保护等相融合。

（七）提升信息技术服务能力。支持大型企业建立基于互联网的“双创”平台，为全社会提供专业化信息服务。发挥好中小企业公共服务平台作用，引导小微企业创业创新示范基地平台化、生态化发展。鼓励信息技术服务企业积极发展位置服务、社交网络等新型支撑服务及智能应用。支持地方联合云计算、大数据骨干企业为当地信息技术服务企业提供咨询、研发、培训等技术支持，推动提升“互联网＋”环境下的综合集成服务能力。鼓励利用开源代码开发个性化软件，开展基于区块链、人工智能等新技术的试点应用。

（八）丰富数字创意内容和服务。实施数字内容创新发展工程，加快文化资源的数字化转换及开发利用。构建新型、优质的数字文化服务体系，推动传统媒体与新兴媒体深度融合、创新发展。支持原创网络作品创作，加强知识产权保护，推动优秀作品网络传播。扶持一批重点文艺网站，拓展数字影音、动漫游戏、网络文学等数字文化内容，丰富高清、互动等视频节目，培育形成一批拥有较强实力的数字创新企业。发展交互式网络电视（IPTV）、手机电视、有线电视网宽带服务等融合性业务。支持用市场化方式发展知识分享平台，打造集智创新、灵活就业的服务新业态。

（九）壮大在线教育和健康医疗。建设课程教学与应用服务有机结合的优质在线开放课程和资源库。鼓励学校、企业和其他社会力量面向继续教育开发在线教育资源。推动在线开放教育资源平台建设和移动教育应用软件研发，支持大型开放式网络课程、在线辅导等线上线下融合的学习新模式，培育社会化的在线教育服务市场。加强家庭诊疗、健康监护、分析诊断等智能设备研发，进一步推广网上预约、网络支付、结果查询等在线就医服务，推动在线健康咨询、居家健康服务、个性化健康管理等应用。

（十）扩大电子商务服务领域。鼓励电商、物流、商贸、邮政等社会资源合作构建农村购物网络平台。支持重点行业骨干企业建立在线采购、销售、服务平台，推动建设一批第三方工业电商服务平台。培育基于社交电子商务、移动电子商务及新技术驱动的新一代电子商务平台，建立完善新型平台生态体系。积极稳妥推进跨境电子商务发展。

三、扩大信息消费覆盖面

（十一）推动信息基础设施提速升级。加大信息基础设施建设投入力度，进一步拓展光纤宽带和第四代移动通信（4G）网络覆盖的深度和广度，促进网间互联互通。积极参与“一带一路”沿线重要国家、节点城市网络建设。加快第五代移动通信（5G）标准研究、技术试验和产业推进，力争2020年启动商用。加快推进物联网基础设施部署。统筹发展工业互联网，开展工业互联网产业推进试点示范。推进实施云计算工程，引导各类企业积极拓展应用云服务。积极研究推动数据中心和内容分发网络优化布局。

（十二）推动信息消费全过程成本下降。重点在通信、物流、信贷、支付、售后服务等关键环节全面提升效率、降低成本。深入挖掘网络降费潜力，加快实现网络资费合理下降，充分释放提速降费的改革红利，支持信息消费发展。建立标准化、信息化的现代物流服务体系，推进物流业信息消费降本增效。鼓励金融机构开发更多适合信息消费的金融产品和服务，推广小额、快捷、便民的小微支付方式，降低信息消费金融服务成本。

（十三）提高农村地区信息接入能力。深化电信普遍服务试点，助力网络扶贫攻坚、农村信息化等工作，组织实施“百兆乡村”等示范工程，引导社会资本加大投入力度，重点支持中西部省份、贫困地区、革命老区、民族地区等农村及偏远地区宽带建设，到2020年实现98%的行政村通光纤。全面实施信息进村入户工程，开展整省推进示范，力争到2020年村级信息服务站覆盖率达到80%。

（十四）加快信息终端普及和升级。支持企业推广面向低收入人群的经济适用的智能手机、数字电视等信息终端设备，开发面向老年人的健康管理类智能可穿戴设备。推介适合农村及偏远地区的移动应用软件和移动智能终端。构建面向新型农业经营主体的生产和学习交流平台。推动民族语言软件研发，减少少数民族使用移动智能终端和获取信息服务的障碍。鼓励各地采用多种方式促进信息终端普及。

（十五）提升消费者信息技能。实施消费者信息技能提升工程，选择部分地区开展100个以上信息技能培训项目，通过多种方式开展宣传引导活动，面向各类消费主体特别是信息知识相对薄弱的农牧民、老年人等群体，普及信息应用、网络支付、风险甄别等相关知识。组织开展信息类职业技能大赛，鼓励企业、行业协会等社会力量开展信息技能培训。

（十六）增强信息消费体验。组织开展“信息消费城市行”活动。鼓励地方和行业开展信息消费体验周、优秀案例展示等各种体验活动，扩大信息消费影响力。鼓励企业利用互联网平台深化用户在产品设计、应用场景定制、内容提供等方面的协同参与，提高消费者满意度。支持企业加快线上线下体验中心建设，积极运用虚拟现实、增强现实、交互娱乐等技术丰富消费体验，培养消费者信息消费习惯。

四、优化信息消费发展环境

（十七）加强和改进监管。坚持包容审慎监管，加强分类指导，深入推进“放管服”改革，继续推进信息消费领域“证照分离”试点，进一步简化优化业务办理流程，推行清单管理制度，放宽新业态新模式市场准入。强化事中事后监管，积极应用大数据、云计算等新技术创新行业服务和管理方式，在信息消费领域推行“双随机、一公开”监管，完善守信联合激励和失信联合惩戒制度。严厉打击电信网络诈骗、制售假冒伪劣商品等违法违规行为，整顿和规范信息消费环境。深化电信体制改革，鼓励民间资本通过多种形式参与信息通信业投融资。做好自由贸易试验区电信领域开放试点，加大基础电信领域竞争性业务开放力度，适时在全国其他地区复制推广。

（十八）加快信用体系建设。健全用户身份及网站认证服务等信任机制，提升网络支付安全水平。结合全面实施统一社会信用代码制度，构建面向信息消费的企业信用体系，加强信息消费全流程信用管理。规范平台企业市场行为，加大对信息消费领域不正当竞争行为的惩戒力度，推动建立健全企业“黑名单”制度，将相关行政许可、行政处罚等信息纳入全国信用信息共享平台和国家企业信用信息公示系统，并依法依规在“信用中国”网站公示，营造公平诚信的信息消费市场环境。

（十九）加强个人信息和知识产权保护。贯彻落实网络安全法相关规定，加快建立健全个人信息保护法律法规体系和管理制度。严格落实企业加强个人信息保护的责任，全面规范个人信息采集、存储、使用等行为，防范个人信息泄露和滥用，加大对窃取、贩卖个人信息等行为的处罚力度。健全知识产权侵权查处机制，提升网络领域知识产权执法维权水平，加强网络文化知识产权保护。

（二十）提高信息消费安全性。加强网络信息安全相关技术攻关，为构建安全可靠的信息消费环境提供支撑保障。落实网络安全等级保护制度，深入推进互联网管理和网络信息安全保障体系建设，加强移动应用程序和应用商店网络安全管理，规范移动互联网信息传播。完善网络安全标准体系，建设标准验证平台，支持第三方专业机构开展安全评估和认证工作。做好网络购物等领域消费者权益保护工作，依法受理和处理消费者投诉举报，切实降低信息消费风险。

（二十一）加大财税支持力度。深入推进信息消费试点示范城市建设。鼓励各地依法依规采用政府购买服务、政府和社会资本合作（PPP）等方式，加大对信息消费领域技术研发、内容创作、平台建设、技术改造等方面的财政支持，支持新型信息消费示范项目建设。落实企业研发费用加计扣除等税收优惠政策，促进社会资本对信息消费领域的投入。经认定为高新技术企业的互联网企业，依法享受相应的所得税优惠政策。

（二十二）加强统计监测和评价。完善信息消费统计监测制度，进一步明确统计范围，将智能产品、互联网业务、数字内容等纳入信息消费统计。加强中央、地方、行业、重点企业间的协调联动，强化信息消费数据采集、处理、发布和共享。建立健全信息消费评价机制，研究建立并定期发布信息消费发展指数，加强督查检查，指导和推动信息消费持续健康发展。

各地区、各部门要进一步统一思想，充分认识新形势下扩大和升级信息消费对释放内需潜力、促进经济升级、支持民生改善的重要作用，按照本意见要求，根据职责分工，加强组织实施，抓紧制定出台配套政策措施，强化协调联动，形成工作合力。各地方要因地制宜制定具体实施方案，明确任务、落实责任，扎实做好相关工作，确保各项任务措施落实到位。

附件：重点任务分工方案（略）

国务院

2017 年 8 月 13 日

互联网域名管理办法

中华人民共和国工业和信息化部令第 43 号

《互联网域名管理办法》已经 2017 年 8 月 16 日工业和信息化部第 32 次部务会议审议通过，现予公布，自 2017 年 11 月 1 日起施行。原信息产业部 2004 年 11 月 5 日公布的《中国互联网络域名管理办法》（原信息产业部令第 30 号）同时废止。

部长　苗圩

2017 年 8 月 24 日

互联网域名管理办法

第一章　总则

第一条　为了规范互联网域名服务，保护用户合法权益，保障互联网域名系统安全、可靠运行，推动中文域名和国家顶级域名发展和应用，促进中国互联网健康发展，根据《中华人民共和国行政许可法》《国务院对确需保留的行政审批项目设定行政许可的决定》等规定，参照国际上互联网域名管理准则，制定本办法。

第二条 在中华人民共和国境内从事互联网域名服务及其运行维护、监督管理等相关活动，应当遵守本办法。

本办法所称互联网域名服务（以下简称域名服务），是指从事域名根服务器运行和管理、顶级域名运行和管理、域名注册、域名解析等活动。

第三条 工业和信息化部对全国的域名服务实施监督管理，主要职责是：

（一）制定互联网域名管理规章及政策；

（二）制定中国互联网域名体系、域名资源发展规划；

（三）管理境内的域名根服务器运行机构和域名注册管理机构；

（四）负责域名体系的网络与信息安全管理；

（五）依法保护用户个人信息和合法权益；

（六）负责与域名有关的国际协调；

（七）管理境内的域名解析服务；

（八）管理其他与域名服务相关的活动。

第四条 各省、自治区、直辖市通信管理局对本行政区域内的域名服务实施监督管理，主要职责是：

（一）贯彻执行域名管理法律、行政法规、规章和政策；

（二）管理本行政区域内的域名注册服务机构；

（三）协助工业和信息化部对本行政区域内的域名根服务器运行机构和域名注册管理机构进行管理；

（四）负责本行政区域内域名系统的网络与信息安全管理；

（五）依法保护用户个人信息和合法权益；

（六）管理本行政区域内的域名解析服务；

（七）管理本行政区域内其他与域名服务相关的活动。

第五条 中国互联网域名体系由工业和信息化部予以公告。根据域名发展的实际情况，工业和信息化部可以对中国互联网域名体系进行调整。

第六条 “.CN”和“.中国”是中国的国家顶级域名。

中文域名是中国互联网域名体系的重要组成部分。国家鼓励和支持中文域名系统的技术研究和推广应用。

第七条 提供域名服务，应当遵守国家相关法律法规，符合相关技术规范和标准。

第八条 任何组织和个人不得妨碍互联网域名系统的安全和稳定运行。

第二章　域名管理

第九条 在境内设立域名根服务器及域名根服务器运行机构、域名注册管理机构和域名注册服务机构的，应当依据本办法取得工业和信息化部或者省、自治区、直辖市通信管理局（以下统称电信管理机构）的相应许可。

第十条 申请设立域名根服务器及域名根服务器运行机构的，应当具备以下条件：

（一）域名根服务器设置在境内，并且符合互联网发展相关规划及域名系统安全稳定运行要求；

（二）是依法设立的法人，该法人及其主要出资者、主要经营管理人员具有良好的信用记录；

（三）具有保障域名根服务器安全可靠运行的场地、资金、环境、专业人员和技术能力以及符合电信管理机构要求的信息管理系统；

（四）具有健全的网络与信息安全保障措施，包括管理人员、网络与信息安全管理制度、应急处置预案和相关技术、管理措施等；

（五）具有用户个人信息保护能力、提供长期服务的能力及健全的服务退出机制；

（六）法律、行政法规规定的其他条件。

第十一条 申请设立域名注册管理机构的，应当具备以下条件：

（一）域名管理系统设置在境内，并且持有的顶级域名符合相关法律法规及域名系统安全稳定运行要求；

（二）是依法设立的法人，该法人及其主要出资者、主要经营管理人员具有良好的信用记录；

（三）具有完善的业务发展计划和技术方案以及与从事顶级域名运行管理相适应的场地、资金、专业人员以及符合电信管理机构要求的信息管理系统；

（四）具有健全的网络与信息安全保障措施，包括管理人员、网络与信息安全管理制度、应急处置预案和相关技术、管理措施等；

（五）具有进行真实身份信息核验和用户个人信息保护的能力、提供长期服务的能力及健全的服务退出机制；

（六）具有健全的域名注册服务管理制度和对域名注册服务机构的监督机制；

（七）法律、行政法规规定的其他条件。

第十二条 申请设立域名注册服务机构的，应当具备以下条件：

（一）在境内设置域名注册服务系统、注册数据库和相应的域名解析系统；

（二）是依法设立的法人，该法人及其主要出资者、主要经营管理人员具有良好的信用记录；

（三）具有与从事域名注册服务相适应的场地、资金和专业人员以及符合电信管理机构要求的信息管理系统；

（四）具有进行真实身份信息核验和用户个人信息保护的能力、提供长期服务的能力及健全的服务退出机制；

（五）具有健全的域名注册服务管理制度和对域名注册代理机构的监督机制；

（六）具有健全的网络与信息安全保障措施，包括管理人员、网络与信息安全管理制度、应急处置预案和相关技术、管理措施等；

（七）法律、行政法规规定的其他条件。

第十三条 申请设立域名根服务器及域名根服务器运行机构、域名注册管理机构的，应当向工业和信息化部提交申请材料。申请设立域名注册服务机构的，应当向住所地省、自治区、直辖市通信管理局提交申请材料。

申请材料应当包括：

（一）申请单位的基本情况及其法定代表人签署的依法诚信经营承诺书；

（二）对域名服务实施有效管理的证明材料，包括相关系统及场所、服务能力的证明材料、管理制度、与其他机构签订的协议等；

（三）网络与信息安全保障制度及措施；

（四）证明申请单位信誉的材料。

第十四条 申请材料齐全、符合法定形式的，电信管理机构应当向申请单位出具受理申请通知书；申请材料不齐全或者不符合法定形式的，电信管理机构应当场或者在 5 个工作日内一次性书面告知申请单位需要补正的全部内容；不予受理的，应当出具不予受理通知书并说明理由。

第十五条 电信管理机构应当自受理之日起 20 个工作日内完成审查，作出予以许可或者不予许可的决定。20 个工作日内不能作出决定的，经电信管理机构负责人批准，可以延长 10 个工作日，并将延长期限的理由告知申请单位。需要组织专家论证的，论证时间不计入审查期限。

予以许可的，应当颁发相应的许可文件；不予许可的，应当书面通知申请单位并说明理由。

第十六条 域名根服务器运行机构、域名注册管理机构和域名注册服务机构的许可有效期为 5 年。

第十七条 域名根服务器运行机构、域名注册管理机构和域名注册服务机构的名称、住所、法定代表人等信息发生变更的，应当自变更之日起 20 日内向原发证机关办理变更手续。

第十八条 在许可有效期内，域名根服务器运行机构、域名注册管理机构、域名注册服务机构拟终止相关服务的，应当提前 30 日书面通知用户，提出可行的善后处理方案，并向原发证机关提交书面申请。

原发证机关收到申请后，应当向社会公示 30 日。公示期结束 60 日内，原发证机关应当完成审查并做出决定。

第十九条 许可有效期届满需要继续从事域名服务的，应当提前 90 日向原发证机关申请延续；不再继续从事域名服务的，应当提前 90 日向原发证机关报告并做好善后工作。

第二十条 域名注册服务机构委托域名注册代理机构开展市场销售等工作的，应当对域名注册代理机构的工作进行监督和管理。

域名注册代理机构受委托开展市场销售等工作的过程中，应当主动表明代理关系，并在域名注册服务合同中明示相关域名注册服务机构名称及代理关系。

第二十一条 域名注册管理机构、域名注册服务机构应当在境内设立相应的应急备份系统并定期备份域名注册数据。

第二十二条 域名根服务器运行机构、域名注册管理机构、域名注册服务机构应当在其网站首页和经营场所显著位置标明其许可相关信息。域名注册管理机构还应当标明与其合作的域名注册服务机构名单。

域名注册代理机构应当在其网站首页和经营场所显著位置标明其代理的域名注册服务机构名称。

第三章 域名服务

第二十三条 域名根服务器运行机构、域名注册管理机构和域名注册服务机构应当向用户提供安全、方便、稳定的服务。

第二十四条 域名注册管理机构应当根据本办法制

定域名注册实施细则并向社会公开。

第二十五条 域名注册管理机构应当通过电信管理机构许可的域名注册服务机构开展域名注册服务。

域名注册服务机构应当按照电信管理机构许可的域名注册服务项目提供服务，不得为未经电信管理机构许可的域名注册管理机构提供域名注册服务。

第二十六条 域名注册服务原则上实行“先申请先注册”，相应域名注册实施细则另有规定的，从其规定。

第二十七条 为维护国家利益和社会公众利益，域名注册管理机构应当建立域名注册保留字制度。

第二十八条 任何组织或者个人注册、使用的域名中，不得含有下列内容：

（一）反对宪法所确定的基本原则的；

（二）危害国家安全，泄露国家秘密，颠覆国家政权，破坏国家统一的；

（三）损害国家荣誉和利益的；

（四）煽动民族仇恨、民族歧视，破坏民族团结的；

（五）破坏国家宗教政策，宣扬邪教和封建迷信的；

（六）散布谣言，扰乱社会秩序，破坏社会稳定的；

（七）散布淫秽、色情、赌博、暴力、凶杀、恐怖或者教唆犯罪的；

（八）侮辱或者诽谤他人，侵害他人合法权益的；

（九）含有法律、行政法规禁止的其他内容的。

域名注册管理机构、域名注册服务机构不得为含有前款所列内容的域名提供服务。

第二十九条 域名注册服务机构不得采用欺诈、胁迫等不正当手段要求他人注册域名。

第三十条 域名注册服务机构提供域名注册服务，应当要求域名注册申请者提供域名持有者真实、准确、完整的身份信息等域名注册信息。

域名注册管理机构和域名注册服务机构应当对域名注册信息的真实性、完整性进行核验。

域名注册申请者提供的域名注册信息不准确、不完整的，域名注册服务机构应当要求其予以补正。申请者不补正或者提供不真实的域名注册信息的，域名注册服务机构不得为其提供域名注册服务。

第三十一条 域名注册服务机构应当公布域名注册服务的内容、时限、费用，保证服务质量，提供域名注册信息的公共查询服务。

第三十二条 域名注册管理机构、域名注册服务机构应当依法存储、保护用户个人信息。未经用户同意不得将用户个人信息提供给他人，但法律、行政法规另有规定的除外。

第三十三条 域名持有者的联系方式等信息发生变更的，应当在变更后30日内向域名注册服务机构办理域名注册信息变更手续。

域名持有者将域名转让给他人的，受让人应当遵守域名注册的相关要求。

第三十四条 域名持有者有权选择、变更域名注册服务机构。变更域名注册服务机构的，原域名注册服务机构应当配合域名持有者转移其域名注册相关信息。

无正当理由的，域名注册服务机构不得阻止域名持有者变更域名注册服务机构。

电信管理机构依法要求停止解析的域名，不得变更域名注册服务机构。

第三十五条 域名注册管理机构和域名注册服务机构应当设立投诉受理机制，并在其网站首页和经营场所显著位置公布投诉受理方式。

域名注册管理机构和域名注册服务机构应当及时处理投诉；不能及时处理的，应当说明理由和处理时限。

第三十六条 提供域名解析服务，应当遵守有关法律、法规、标准，具备相应的技术、服务和网络与信息安全保障能力，落实网络与信息安全保障措施，依法记录并留存域名解析日志、维护日志和变更记录，保障解析服务质量和解析系统安全。涉及经营电信业务的，应当依法取得电信业务经营许可。

第三十七条 提供域名解析服务，不得擅自篡改解析信息。

任何组织或者个人不得恶意将域名解析指向他人的IP地址。

第三十八条 提供域名解析服务，不得为含有本办法第二十八条第一款所列内容的域名提供域名跳转。

第三十九条 从事互联网信息服务的，其使用域名应当符合法律法规和电信管理机构的有关规定，不得将域名用于实施违法行为。

第四十条 域名注册管理机构、域名注册服务机构应当配合国家有关部门依法开展的检查工作，并按照电信管理机构的要求对存在违法行为的域名采取停止解析等处置措施。

域名注册管理机构、域名注册服务机构发现其提供服务的域名发布、传输法律和行政法规禁止发布或者传输的信息的，应当立即采取消除、停止解析等处置措施，防止信息扩散，保存有关记录，并向有关部门报告。

第四十一条 域名根服务器运行机构、域名注册管理机构和域名注册服务机构应当遵守国家相关法律、法规和标准，落实网络与信息安全保障措施，配置必要的网络通信应急设备，建立健全网络与信息安全监测技术手段和应急制度。域名系统出现网络与信息安全事件时，应当在24小时内向电信管理机构报告。

因国家安全和处置紧急事件的需要，域名根服务器运行机构、域名注册管理机构和域名注册服务机构应当服从电信管理机构的统一指挥与协调，遵守电信管理机构的管理要求。

第四十二条 任何组织或者个人认为他人注册或者使用的域名侵害其合法权益的，可以向域名争议解决机构申请裁决或者依法向人民法院提起诉讼。

第四十三条 已注册的域名有下列情形之一的，域名注册服务机构应当予以注销，并通知域名持有者：

（一）域名持有者申请注销域名的；

（二）域名持有者提交虚假域名注册信息的；

（三）依据人民法院的判决、域名争议解决机构的裁决，应当注销的；

（四）法律、行政法规规定予以注销的其他情形。

第四章 监督检查

第四十四条 电信管理机构应当加强对域名服务的监督检查。域名根服务器运行机构、域名注册管理机构、域名注册服务机构应当接受、配合电信管理机构的监督检查。

鼓励域名服务行业自律管理，鼓励公众监督域名服务。

第四十五条 域名根服务器运行机构、域名注册管理机构、域名注册服务机构应当按照电信管理机构的要求，定期报送业务开展情况、安全运行情况、网络与信息安全责任落实情况、投诉和争议处理情况等信息。

第四十六条 电信管理机构实施监督检查时，应当对域名根服务器运行机构、域名注册管理机构和域名注册服务机构报送的材料进行审核，并对其执行法律法规和电信管理机构有关规定的情况进行检查。

电信管理机构可以委托第三方专业机构开展有关监督检查活动。

第四十七条 电信管理机构应当建立域名根服务器运行机构、域名注册管理机构和域名注册服务机构的信用记录制度，将其违反本办法并受到行政处罚的行为记入信用档案。

第四十八条 电信管理机构开展监督检查，不得妨碍域名根服务器运行机构、域名注册管理机构和域名注册服务机构正常的经营和服务活动，不得收取任何费用，不得泄露所知悉的域名注册信息。

第五章 罚则

第四十九条 违反本办法第九条规定，未经许可擅自设立域名根服务器及域名根服务器运行机构、域名注册管理机构、域名注册服务机构的，电信管理机构应当根据《中华人民共和国行政许可法》第八十一条的规定，采取措施予以制止，并视情节轻重，予以警告或者处一万元以上三万元以下罚款。

第五十条 违反本办法规定，域名注册管理机构或者域名注册服务机构有下列行为之一的，由电信管理机构依据职权责令限期改正，并视情节轻重，处一万元以上三万元以下罚款，向社会公告：

（一）为未经许可的域名注册管理机构提供域名注册服务，或者通过未经许可的域名注册服务机构开展域名注册服务的；

（二）未按照许可的域名注册服务项目提供服务的；

（三）未对域名注册信息的真实性、完整性进行核验的；

（四）无正当理由阻止域名持有者变更域名注册服务机构的。

第五十一条 违反本办法规定，提供域名解析服务，有下列行为之一的，由电信管理机构责令限期改正，可以视情节轻重处一万元以上三万元以下罚款，向社会公告：

（一）擅自篡改域名解析信息或者恶意将域名解析指向他人IP地址的；

（二）为含有本办法第二十八条第一款所列内容的域名提供域名跳转的；

（三）未落实网络与信息安全保障措施的；

（四）未依法记录并留存域名解析日志、维护日志和变更记录的；

（五）未按照要求对存在违法行为的域名进行处置的。

第五十二条 违反本办法第十七条、第十八条第一款、第二十一条、第二十二条、第二十八条第二款、第二十九条、第三十一条、第三十二条、第三十五条第一款、第四十条第二款、第四十一条规定的，由电信管理机构依据职权责令限期改正，可以并处一万元以上三万元以下罚款，向社会公告。

第五十三条 法律、行政法规对有关违法行为的处罚另有规定的，依照有关法律、行政法规的规定执行。

第五十四条 任何组织或者个人违反本办法第二十八条第一款规定注册、使用域名，构成犯罪的，依法追究刑事责任；尚不构成犯罪的，由有关部门依法予以处罚。

第六章 附则

第五十五条 本办法下列用语的含义是：

（一）域名：指互联网上识别和定位计算机的层次结构式的字符标识，与该计算机的IP地址相对应。

（二）中文域名：指含有中文文字的域名。

（三）顶级域名：指域名体系中根节点下的第一级域的名称。

（四）域名根服务器：指承担域名体系中根节点功能的服务器（含镜像服务器）。

（五）域名根服务器运行机构：指依法获得许可并承担域名根服务器运行、维护和管理工作的机构。

（六）域名注册管理机构：指依法获得许可并承担顶级域名运行和管理工作的机构。

（七）域名注册服务机构：指依法获得许可、受理域名注册申请并完成域名在顶级域名数据库中注册的机构。

（八）域名注册代理机构：指受域名注册服务机构的委托，受理域名注册申请，间接完成域名在顶级域名数据库中注册的机构。

（九）域名管理系统：指域名注册管理机构在境内开展顶级域名运行和管理所需的主要信息系统，包括注册管理系统、注册数据库、域名解析系统、域名信息查询系统、身份信息核验系统等。

（十）域名跳转：指对某一域名的访问跳转至该域名绑定或者指向的其他域名、IP地址或者网络信息服务等。

第五十六条 本办法中规定的日期，除明确为工作日的以外，均为自然日。

第五十七条 在本办法施行前未取得相应许可开展域名服务的，应当自本办法施行之日起十二个月内，按照本办法规定办理许可手续。

在本办法施行前已取得许可的域名根服务器运行机构、域名注册管理机构和域名注册服务机构，其许可有效期适用本办法第十六条的规定，有效期自本办法施行之日起计算。

第五十八条 本办法自2017年11月1日起施行。2004年11月5日公布的《中国互联网络域名管理办法》（原信息产业部令第30号）同时废止。本办法施行前公布的有关规定与本办法不一致的，按照本办法执行。

工业和信息化部关于印发《公共互联网网络安全突发事件应急预案》的通知

工信部网安〔2017〕281号

各省、自治区、直辖市通信管理局，中国电信集团公司、中国移动通信集团公司、中国联合网络通信集团有限公司，国家计算机网络应急技术处理协调中心、中国信息通信研究院、中国软件评测中心、国家工业信息安全发展研究中心，域名注册管理和服务机构、互联网企业、网络安全企业：

为进一步健全公共互联网网络安全突发事件应急机制，提升应对能力，根据《中华人民共和国网络安全法》《国家网络安全事件应急预案》等，制定《公共互联网网络安全突发事件应急预案》。现印发给你们，请结合实际，切实抓好贯彻落实。

工业和信息化部

2017 年 11 月 14 日

公共互联网网络安全突发事件应急预案

1. 总则

1.1 编制目的

建立健全公共互联网网络安全突发事件应急组织体系和工作机制，提高公共互联网网络安全突发事件综合应对能力，确保及时有效地控制、减轻和消除公共互联网网络安全突发事件造成的社会危害和损失，保证公共互联网持续稳定运行和数据安全，维护国家网络空间安全，保障经济运行和社会秩序。

1.2 编制依据

《中华人民共和国突发事件应对法》《中华人民共和国网络安全法》《中华人民共和国电信条例》等法律法规和《国家突发公共事件总体应急预案》《国家网络安全事件应急预案》等相关规定。

1.3 适用范围

本预案适用于面向社会提供服务的基础电信企业、域名注册管理和服务机构（以下简称域名机构）、互联网企业（含工业互联网平台企业）发生网络安全突发事件的应对工作。

本预案所称网络安全突发事件，是指突然发生的，由网络攻击、网络入侵、恶意程序等导致的，造成或可能造成严重社会危害或影响，需要电信主管部门组织采取应急处置措施予以应对的网络中断（拥塞）、系统瘫痪（异常）、数据泄露（丢失）、病毒传播等事件。

本预案所称电信主管部门包括工业和信息化部及各省（自治区、直辖市）通信管理局。

工业和信息化部对国家重大活动期间网络安全突发事件应对工作另有规定的，从其规定。

1.4 工作原则

公共互联网网络安全突发事件应急工作坚持统一领导、分级负责；坚持统一指挥、密切协同、快速反应、科学处置；坚持预防为主，预防与应急相结合；落实基础电信企业、域名机构、互联网服务提供者的主体责任；充分发挥网络安全专业机构、网络安全企业和专家学者等各方面力量的作用。

2. 组织体系

2.1 领导机构与职责

在中央网信办统筹协调下，工业和信息化部网络安全和信息化领导小组（以下简称部领导小组）统一领导公共互联网网络安全突发事件应急管理工作，负责特别重大公共互联网网络安全突发事件的统一指挥和协调。

2.2 办事机构与职责

在中央网信办下设的国家网络安全应急办公室统筹协调下，在部领导小组统一领导下，工业和信息化部网络安全应急办公室（以下简称部应急办）负责公共互联网网络安全应急管理事务性工作；及时向部领导小组报告突发事件情况，提出特别重大网络安全突发事件应对措施建议；负责重大网络安全突发事件的统一指挥和协调；根据需要协调较大、一般网络安全突发事件应对工作。

部应急办具体工作由工业和信息化部网络安全管理局承担，有关单位明确负责人和联络员参与部应急办工作。

2.3 其他相关单位职责

各省（自治区、直辖市）通信管理局负责组织、指挥、协调本行政区域相关单位开展公共互联网网络安全突发事件的预防、监测、报告和应急处置工作。

基础电信企业、域名机构、互联网企业负责本单位网络安全突发事件预防、监测、报告和应急处置工作，为其他单位的网络安全突发事件应对提供技术支持。

国家计算机网络应急技术处理协调中心、中国信息通信研究院、中国软件评测中心、国家工业信息安全发展研究中心（以下统称网络安全专业机构）负责监测、报告公共互联网网络安全突发事件和预警信息，为应急工作提供决策支持和技术支撑。

鼓励网络安全企业支撑参与公共互联网网络安全突发事件应对工作。

3. 事件分级

根据社会影响范围和危害程度，公共互联网网络安全突发事件分为四级：特别重大事件、重大事件、较大事件、一般事件。

3.1 特别重大事件

符合下列情形之一的，为特别重大网络安全事件：

（1）全国范围大量互联网用户无法正常上网；

（2）.CN 国家顶级域名系统解析效率大幅下降；

（3）1 亿以上互联网用户信息泄露；

（4）网络病毒在全国范围大面积爆发；

（5）其他造成或可能造成特别重大危害或影响的网络安全事件。

3.2 重大事件

符合下列情形之一的，为重大网络安全事件：

（1）多个省大量互联网用户无法正常上网；

（2）在全国范围有影响力的网站或平台访问出现严重异常；

（3）大型域名解析系统访问出现严重异常；

（4）1 千万以上互联网用户信息泄露；

（5）网络病毒在多个省范围内大面积爆发；

（6）其他造成或可能造成重大危害或影响的网络安全事件。

3.3 较大事件

符合下列情形之一的，为较大网络安全事件：

（1）1 个省内大量互联网用户无法正常上网；

（2）在省内有影响力的网站或平台访问出现严重异常；

（3）1 百万以上互联网用户信息泄露；

（4）网络病毒在 1 个省范围内大面积爆发；

（5）其他造成或可能造成较大危害或影响的网络安全事件。

3.4 一般事件

符合下列情形之一的，为一般网络安全事件：

（1）1 个地市大量互联网用户无法正常上网；

（2）10 万以上互联网用户信息泄露；

（3）其他造成或可能造成一般危害或影响的网络安全事件。

4. 监测预警

4.1 事件监测

基础电信企业、域名机构、互联网企业应当对本单位网络和系统的运行状况进行密切监测，一旦发生本预案规定的网络安全突发事件，应当立即通过电话等方式向部应急办和相关省（自治区、直辖市）通信管理局报告，不得迟报、谎报、瞒报、漏报。

网络安全专业机构、网络安全企业应当通过多种途径监测、收集已经发生的公共互联网网络安全突发事件信息，并及时向部应急办和相关省（自治区、直辖市）通信管理局报告。

报告突发事件信息时，应当说明事件发生时间、初步判定的影响范围和危害、已采取的应急处置措施和有关建议。

4.2 预警监测

基础电信企业、域名机构、互联网企业、网络安全专业机构、网络安全企业应当通过多种途径监测、收集漏洞、病毒、网络攻击最新动向等网络安全隐患和预警信息，对发生突发事件的可能性及其可能造成的影响进行分析评估；认为可能发生特别重大或重大突发事件的，应当立即向部应急办报告；认为可能发生较大或一般突发事件的，应当立即向相关省（自治区、直辖市）通信管理局报告。

4.3 预警分级

建立公共互联网网络突发事件预警制度，按照紧急程度、发展态势和可能造成的危害程度，公共互联网网络突发事件预警等级分为四级：由高到低依次用红色、橙色、黄色和蓝色标示，分别对应可能发生特别重大、重大、较大和一般网络安全突发事件。

4.4 预警发布

部应急办和各省（自治区、直辖市）通信管理局应当及时汇总分析突发事件隐患和预警信息，必要时组织相关单位、专业技术人员、专家学者进行会商研判。

认为需要发布红色预警的，由部应急办报国家网络安全应急办公室统一发布（或转发国家网络安全应急办公室发布的红色预警），并报部领导小组；认为需要发布橙色预警的，由部应急办统一发布，并报国家网络安全应急办公室和部领导小组；认为需要发布黄色、蓝色预警的，相关省（自治区、直辖市）通信管理局可在本行政区域内发布，并报部应急办，同时通报地方相关部门。对达不到预警级别但又需要发布警示信息的，部应急办和各省（自治区、直辖市）通信管理局可以发布风险提示信息。

发布预警信息时，应当包括预警级别、起始时间、可能的影响范围和造成的危害、应采取的防范措施、时限要求和发布机关等，并公布咨询电话。面向社会发布预警信息可通过网站、短信、微信等多种形式。

4.5 预警响应

4.5.1 黄色、蓝色预警响应

发布黄色、蓝色预警后，相关省（自治区、直辖市）通信管理局应当针对即将发生的网络安全突发事件的特点和可能造成的危害，采取下列措施：

（1）要求有关单位、机构和人员及时收集、报告有关信息，加强网络安全风险的监测；

（2）组织有关单位、机构和人员加强事态跟踪分析评估，密切关注事态发展，重要情况报部应急办；

（3）及时宣传避免、减轻危害的措施，公布咨询电话，并对相关信息的报道工作进行正确引导。

4.5.2 红色、橙色预警响应

发布红色、橙色预警后，部应急办除采取黄色、蓝色预警响应措施外，还应当针对即将发生的网络安全突发事件的特点和可能造成的危害，采取下列措施：

（1）要求各相关单位实行24小时值班，相关人员保持通信联络畅通；

（2）组织研究制定防范措施和应急工作方案，协调调度各方资源，做好各项准备工作，重要情况报部领导小组；

（3）组织有关单位加强对重要网络、系统的网络安全防护；

（4）要求相关网络安全专业机构、网络安全企业进入待命状态，针对预警信息研究制定应对方案，检查应急设备、软件工具等，确保处于良好状态。

4.6 预警解除

部应急办和省（自治区、直辖市）通信管理局发布预警后，应当根据事态发展，适时调整预警级别并按照权限重新发布；经研判不可能发生突发事件或风险已经解除的，应当及时宣布解除预警，并解除已经采取的有关措施。相关省（自治区、直辖市）通信管理局解除黄色、蓝色预警后，应及时向部应急办报告。

5. 应急处置

5.1 响应分级

公共互联网网络安全突发事件应急响应分为四级：Ⅰ级、Ⅱ级、Ⅲ级、Ⅳ级，分别对应已经发生的特别重大、重大、较大、一般事件的应急响应。

5.2 先行处置

公共互联网网络安全突发事件发生后，事发单位在按照本预案规定立即向电信主管部门报告的同时，应当立即启动本单位应急预案，组织本单位应急队伍和工作人员采取应急处置措施，尽最大努力恢复网络和系统运行，尽可能减少对用户和社会的影响，同时注意保存网络攻击、网络入侵或网络病毒的证据。

5.3 启动响应

Ⅰ级响应根据国家有关决定或经部领导小组批准后启动，由部领导小组统一指挥、协调。

Ⅱ级响应由部应急办决定启动，由部应急办统一指挥、协调。

Ⅲ级、Ⅳ级响应由相关省（自治区、直辖市）通信管理局决定启动，并负责指挥、协调。

启动Ⅰ级、Ⅱ级响应后，部应急办立即将突发事件情况向国家网络安全应急办公室等报告；部应急办和相关单位进入应急状态，实行24小时值班，相关人员保持联络畅通，相关单位派员参加部应急办工作；视情在部应急办设立应急恢复、攻击溯源、影响评估、信息发布、跨部门协调、国际协调等工作组。

启动Ⅲ级、Ⅳ级响应后，相关省（自治区、直辖市）通信管理局应及时将相关情况报部应急办。

5.4 事态跟踪

启动Ⅰ级、Ⅱ级响应后，事发单位和网络安全专业机构、网络安全企业应当持续加强监测，跟踪事态发展，检查影响范围，密切关注舆情，及时将事态发展变化、处置进展情况、相关舆情报部应急办。省（自治区、直辖市）通信管理局立即全面了解本行政区域受影响情况，并及时报部应急办。基础电信企业、域名机构、互联网企业立即了解自身网络和系统受影响情况，并及时报部应急办。

启动Ⅲ级、Ⅳ级响应后，相关省（自治区、直辖市）通信管理局组织相关单位加强事态跟踪研判。

5.5 决策部署

启动Ⅰ级、Ⅱ级响应后，部领导小组或部应急办紧急召开会议，听取各相关方面情况汇报，研究紧急应对措施，对应急处置工作进行决策部署。

针对突发事件的类型、特点和原因，要求相关单位采取以下措施：带宽紧急扩容、控制攻击源、过滤攻击流量、修补漏洞、查杀病毒、关闭端口、启用备份数据、暂时关闭相关系统等；对大规模用户信息泄露事件，要求事发单位及时告知受影响的用户，并告知用户减轻危害的措施；防止发生次生、衍生事件的必要措施；其他可以控制和减轻危害的措施。

做好信息报送。及时向国家网络安全应急办公室等报告突发事件处置进展情况；视情况由部应急办向相关职能部门、相关行业主管部门通报突发事件有关情况，必要时向相关部门请求提供支援。视情况向外国政府部门通报有关情况并请求协助。

注重信息发布。及时向社会公众通告突发事件情况，宣传避免或减轻危害的措施，公布咨询电话，引导社会舆论。未经部应急办同意，各相关单位不得擅自向社会发布突发事件相关信息。

启动Ⅲ级、Ⅳ级响应后，相关省（自治区、直辖市）通信管理局组织相关单位开展处置工作。处置中需要其他区域提供配合和支持的，接受请求的省（自治区、直辖市）通信管理局应当在权限范围内积极配合并提供必要的支持；必要时可报请部应急办予以协调。

5.6 结束响应

突发事件的影响和危害得到控制或消除后，Ⅰ级响应根据国家有关决定或经部领导小组批准后结束；Ⅱ级响应由部应急办决定结束，并报部领导小组；Ⅲ级、Ⅳ级响应由相关省（自治区、直辖市）通信管理局决定结束，并报部应急办。

6. 事后总结

6.1 调查评估

公共互联网网络安全突发事件应急响应结束后，事发单位要及时调查突发事件的起因（包括直接原因和间接原因）、经过、责任，评估突发事件造成的影响和损失，总结突发事件防范和应急处置工作的经验教训，提出处理意见和改进措施，在应急响应结束后10个工作日内形成总结报告，报电信主管部门。电信主管部门汇总并研究后，在应急响应结束后20个工作日内形成报告，按程序上报。

6.2 奖惩问责

工业和信息化部对网络安全突发事件应对工作中作出突出贡献的先进集体和个人给予表彰或奖励。

对不按照规定制定应急预案和组织开展演练，迟报、谎报、瞒报和漏报突发事件重要情况，或在预防、预警和应急工作中有其他失职、渎职行为的单位或个人，由电信主管部门给予约谈、通报或依法、依规给予问责或处分。基础电信企业有关情况纳入企业年度网络与信息安全责任考核。

7. 预防与应急准备

7.1 预防保护

基础电信企业、域名机构、互联网企业应当根据有关法律法规和国家、行业标准的规定，建立健全网络安全管理制度，采取网络安全防护技术措施，建设网络安全技术手段，定期进行网络安全检查和风险评估，及时消除隐患和风险。电信主管部门依法开展网络安全监督检查，指导督促相关单位消除安全隐患。

7.2 应急演练

电信主管部门应当组织开展公共互联网网络安全突发事件应急演练，提高相关单位网络安全突发事件应对能力。基础电信企业、大型互联网企业、域名机构要积极参与电信主管部门组织的应急演练，并应每年组织开展一次本单位网络安全应急演练，应急演练情况要向电信主管部门报告。

7.3 宣传培训

电信主管部门、网络安全专业机构组织开展网络安全应急相关法律法规、应急预案和基本知识的宣传教育和培训，提高相关企业和社会公众的网络安全意识和防护、应急能力。基础电信企业、域名机构、互联网企业要面向本单位员工加强网络安全应急宣传教育和培训。鼓励开展各种形式的网络安全竞赛。

7.4 手段建设

工业和信息化部规划建设统一的公共互联网网络安全应急指挥平台，汇集、存储、分析有关突发事件的信息，开展应急指挥调度。指导基础电信企业、大型互联网企业、域名机构和网络安全专业机构等单位规划建设本单位突发事件信息系统，并与工业和信息化部应急指挥平台实现互联互通。

7.5 工具配备

基础电信企业、域名机构、互联网企业和网络安全专业机构应加强对木马查杀、漏洞检测、网络扫描、渗透测试等网络安全应急装备、工具的储备，及时调整、升级软件硬件工具。鼓励研制开发相关技术装备和工具。

8. 保障措施

8.1 落实责任

各省（自治区、直辖市）通信管理局、基础电信企业、域名机构、互联网企业、网络安全专业机构要落实网络安全应急工作责任制，把责任落实到单位领导、具体部门、具体岗位和个人，建立健全本单位网络安全应急工作体制机制。

8.2 经费保障

工业和信息化部为部应急办、各省（自治区、直辖市）通信管理局、网络安全专业机构开展公共互联网网络安全突发事件应对工作提供必要的经费保障。基础电信企业、域名机构、大型互联网企业应当安排专项资金，支持本单位网络安全应急队伍建设、手段建设、应急演练、应急培训等工作开展。

8.3 队伍建设

网络安全专业机构要加强网络安全应急技术支撑队伍建设，不断提升网络安全突发事件预防保护、监测预警、应急处置、攻击溯源等能力。基础电信企业、域名机构、大型互联网企业要建立专门的网络安全应急队伍，提升本单位网络安全应急能力。支持网络安全企业提升应急支撑能力，促进网络安全应急产业发展。

8.4 社会力量

建立工业和信息化部网络安全应急专家组，充分发挥专家在应急处置工作中的作用。从网络安全专业机构、相关企业、科研院所、高等学校中选拔网络安全技术人才，形成网络安全技术人才库。

8.5 国际合作

工业和信息化部根据职责建立国际合作渠道，签订国际合作协议，必要时通过国际合作应对公共互联网网络安全突发事件。鼓励网络安全专业机构、基础电信企业、域名机构、互联网企业、网络安全企业开展网络安全国际交流与合作。

9. 附则

9.1 预案管理

本预案原则上每年评估一次，根据实际情况由工业和信息化部适时进行修订。

各省（自治区、直辖市）通信管理局要根据本预案，结合实际制定或修订本行政区域公共互联网网络安全突发事件应急预案，并报工业和信息化部备案。

基础电信企业、域名机构、互联网企业要制定本单位公共互联网网络安全突发事件应急预案。基础电信企业、域名机构、大型互联网企业的应急预案要向电信主管部门备案。

9.2 预案解释

本预案由工业和信息化部网络安全管理局负责解释。

9.3 预案实施时间

本预案自印发之日起实施。2009 年 9 月 29 日印发的《公共互联网网络安全应急预案》同时废止。

工业和信息化部关于印发《工业控制系统信息安全行动计划（2018—2020 年）》的通知

工信部信软〔2017〕316 号

各省、自治区、直辖市及新疆生产建设兵团工业和信息化主管部门，有关中央企业：

为贯彻落实《国务院关于深化制造业与互联网融合发展的指导意见》《国务院关于深化“互联网 + 先

进制造业”发展工业互联网的指导意见》等文件精神，加快我国工业控制系统信息安全保障体系建设，提升工业企业工业控制系统信息安全防护能力，促进工业信息安全产业发展，制定《工业控制系统信息安全行动计划（2018—2020 年）》。现印发你们，请结合实际，抓好贯彻落实。

工业和信息化部

2017 年 12 月 12 日

工业控制系统信息安全行动计划（2018—2020 年）

工业控制系统信息安全（以下简称工控安全）是实施制造强国和网络强国战略的重要保障。近年来，随着中国制造全面推进，工业数字化、网络化、智能化加快发展，我国工控安全面临安全漏洞不断增多、安全威胁加速渗透、攻击手段复杂多样等新挑战。为全面落实国家安全战略，提升工业企业工控安全防护能力，促进工业信息安全产业发展，加快我国工控安全保障体系建设，制定本行动计划。

一、总体要求

（一）指导思想

全面贯彻落实党的十九大精神，以习近平新时代中国特色社会主义思想为指引，坚持总体国家安全观，以落实企业主体责任为关键，紧紧围绕新时期两化深度融合发展需求，重点提升工控安全态势感知、安全防护和应急处置能力，促进产业创新发展，建立多级联防联动工作机制，为制造强国和网络强国战略建设奠定坚实基础。确保信息安全与信息化建设同步规划、同步建设、同步运行。

坚持落实企业主体责任。确立企业工控安全主体责任地位，强化责任意识，把工控安全作为工业生产安全的重要组成部分，将安全要求纳入企业生产、经营、管理各环节。

坚持因地制宜分类指导。准确把握工控安全在不同行业、不同地区的发展基础和特征，结合工控安全威胁的多样性和复杂性，分类别、分层次、分步骤精准施策。

坚持技术和管理并重。统筹技术防护与安全管理，充分运用先进技术提升工控安全防护能力，创新企业安全管理机制，全面落实安全管理制度。

（二）主要目标

到 2020 年，全系统工控安全管理工作体系基本建立，全社会工控安全意识明显增强。建成全国在线监测网络，应急资源库，仿真测试、信息共享、信息通报平台（一网一库三平台），态势感知、安全防护、应急处置能力显著提升。培育一批影响力大、竞争力强的龙头骨干企业，创建3~5个国家新型工业化产业示范基地（工业信息安全），产业创新发展能力大幅提高。

二、主要行动

（一）安全管理水平提升

落实企业主体责任。企业依据《中华人民共和国网络安全法》建立工控安全责任制，明确企业法人代表、经营负责人第一责任者的责任，组建管理机构，完善管理制度。贯彻落实《工业控制系统信息安全防护指南》安全要求，持续加大工控安全投入，落实防护技术改造和隐患治理专项经费，积极开展防护能力评估。

落实监督管理责任。工业和信息化部统筹制定工控安全政策标准，开展宣贯培训，定期组织全国检查评估，对纳入审查范围的工业控制系统产品与服务实施安全审查。地方工业和信息化主管部门加快工控安全地方性法规建设，建立重要工业控制系统目录清单，加强日常监督管理，安排专项资金推动地方监测、预警、应急等保障能力建设，持续完善地方工控安全保障体系。

（二）态势感知能力提升

建设全国工控安全监测网络。支持国家级工业信息安全技术机构持续完善主动监测、被动诱捕、威胁情报获取等工控安全在线监测手段，扩展工业控制系统资产识别种类，提高识别精准度和搜索效率。建设以国家工控安全在线监测平台为中心，涵盖省级重要节点的监测网络，实现对全国重要工业控制系统运行状态、风险隐患的实时感知、精准研判和科学决策。

实施信息共享工程。鼓励行业主管部门、企业、科研院所、联盟协会等机构和个人积极参与信息共享工作，建立共享清单，明确共享内容，推动形成政府引导、企业主体、社会参与、利益共享的工作机制。充分利用云计算、大数据等技术手段，建设国家工控安全信息共享平台，实现信息的安全、可靠、及时共享。

（三）安全防护能力提升

加强防护技术研究。支持建设工控安全靶场、仿真测试等共性技术平台，研发工控安全防护技术工具集，加强分区隔离、安全交换、协议管控等关键技术攻关。开展防护能力建设试点示范，形成可复制、可推广的安全防护整体解决方案。探索工业云、工业大数据等新兴应用的安全架构设计，开展工业互联网安全防护技术研究和创新。

建立健全标准体系。制定工控安全分级、安全要求、安全实施、安全测评类标准，加快工控安全防护能力评估、工业控制系统设备产品安全、工业互联网平台安全等急用先行标准的发布和应用，鼓励企业、科研院所、行业组织等参与国际标准化工作。

（四）应急处置能力提升

开展信息通报预警。制定《工业信息安全信息报送与通报管理办法》，建立信息通报员、日常信息通报、应急信息通报、风险预警等制度。建设工控安全信息通报预警平台，及时发布风险预警信息，跟踪风险防范工作进展，形成快速高效、各方联动的信息通报预警体系。

建设国家应急资源库。按照《国家网络安全事件应急预案》总体要求，支持国家级工业信息安全技术机构建设应急资源库，实现信息采集、辅助决策、预案演练等功能。在突发工业信息安全事件时，支撑行业主管部门协调技术专家和专业队伍对事件开展分析研判，并调动相关应急资源及时有效地开展处置工作。

（五）产业发展能力提升

培育龙头骨干企业。面向工控安全领域产业发展需求，加快培育一批技术水平高、业务规模大、竞争能力强的工业控制系统生产企业和安全服务商，支持龙头骨干企业突破核心技术，研发关键产品、提高服务能力、创新商业模式，联合工业企业开展优秀产品及解决方案示范，推动行业应用。

创建国家新型工业化产业示范基地（工业信息安全）。选择工业基础雄厚、产业链条完备、聚集效应明显的地区建设国家新型工业化产业示范基地（工业信息安全）。围绕工业控制系统技术研发、应用示范、产融合作、人才培养等关键环节，探索产业发展路径，促进产业集聚发展，发挥先行先试和示范带动作用。

三、保障措施

（一）加强组织协调

在国家制造强国建设领导小组统一领导下，加强工控安全保障体系重大决策、重大工程和重大问题的统筹协调，全面落实行动计划各项任务。各地工业和信息化主管部门要加强本地区统筹管理，做好行动计划的贯彻落实和组织保障。

（二）加大政策支持

坚持政府引导和市场运作相结合，充分调动社会力量支持工控安全保障体系建设。支持有条件的地方设立专项，加大对工控安全基础设施建设、关键技术验证测试平台建设、产业创新发展的支持力度。利用国家政策性信贷资金支持工业信息安全产业示范基地建设。

（三）加快人才培养

鼓励工业企业加强与院校合作，联合培养工控安全专业人才。打造国家工控安全高端智库，为工控安全战略部署、规划制定、决策咨询、重大问题提供智力支持和技术支撑，培养一支门类齐全、技术精湛的工控安全专业人才队伍。

（四）鼓励社会参与

充分发挥行业协会、产业联盟等中介组织的积极作用，支持开展技术研发、技能竞赛、标准推广、公共服务、国际合作等工作，促进技术交流、加强信息沟通，形成政产学研用高效联动的发展格局。

科技管理

技术创新

【国家制造业创新中心建设工程】 工业和信息化部印发《省级制造业创新中心升级为国家制造业创新中心条件》，确定22个国家制造业创新中心建设领域总体布局。组织召开制造业创新中心建设工作座谈会，指导辽宁省、上海市、江苏省等9省市加快推进制造业创新中心建设。新批复成立国家机器人创新中心、国家印刷及柔性显示创新中心、国家信息光电子创新中心。

【科技成果产业化】 实施重大专项与重大工程，推动科技成果产业化。营造中小微企业发展环境，支持中小微企业创新创业。促进军民创新成果双向转移转化。建立首台（套）重大技术装备保险补偿机制，加快新技术、新产品、新装备首台（套）示范应用。推动工业和信息化部属单位加强技术转移专业机构建设，落实促进科技成果转化具体措施。通过工业和信息化部知识产权推进计划，促进科技成果产权化、知识产权产业化。加强产业技术基础公共服务平台建设，为制造业重点领域企业研发与成果转化提供诊断、试验、分析、改进、验证服务。

【车联网】 工业和信息化部会同20个部门组成车联网产业发展专项委员会，指导开展LTE-V无线通信、先进传感器、智能处理平台等关键技术和产品研发，制定《国家车联网产业发展标准体系指南》，推进5G和车联网融合发展，与公安部、江苏省共建智能交通综合测试基地。

【国家技术创新示范企业】 2017年，工业和信息化部联合财政部认定70家企业为国家技术创新示范企业。开展2011年、2014年认定的127家国家技术创新示范企业复核评价工作，126家企业通过考评。

【工业和信息化部重点实验室】 确定第三批24家工业和信息化部重点实验室，为2017年认定的18个工业和信息化部重点实验室聘任实验室主任和学术委员会主任。

［供稿：工业和信息化部科技司］

高技术与物联网

【科技体制改革】 认真贯彻落实党中央、国务院关于科技体制改革和创新体系建设各项决策部署，推动各项改革政策落实落地，不断优化创新环境、促进科技成果转移转化、激发科研人员和科研机构创新活力。召开部科技体制改革和创新体系建设座谈会，要求部属高校、科研机构、项目管理专业机构确保各项改革举措落实落地，营造风清气正的科研环境。指导推动项目管理专业机构下放科研项目管理权限，优化重大科研项目管理流程。组织四家部属单位开展扩大高校和科研院所自主权，赋予创新领军人才更大人财物支配权、技术路线决策权试点。

【物联网】 大力发展物联网，成功主办2017世界物联网博览会和物联网发展成果展，工业和信息化部副部长罗文和阿里巴巴集团董事局主席马云等知名人士参会演讲。加强顶层设计，印发《信息通信行业发展规划物联网分册》。发挥好物联网发展部际联席会议办公室和无锡国家传感网创新示范区部际建设协调领导小组办公室作用，加强对无锡、福州、杭州、重庆等重点区域的指导，完成国家新型工业化产业示范基地发展质量评价，支持鹰潭新增为产业示范基地并加快NB-IoT等技术示范应用。

【人工智能和实体经济融合】 推动人工智能和实体经济深度融合，组织全国范围的调研，出台《促进新一代人工智能产业发展三年行动计划（2018—2020年）》，明确重点发展的8类产品和9个重要方向，深入发展智能制造，引导业界加快构建新一代人工智能产业体系。制定2018年工作方案，与北京市、上海市、江苏省等地区加强联动，推动重点地区突破发展。搭建行业合作交流平台，举办世界互联网大会人工智能论坛，工业和信息化部副部长陈肇雄和百度公司董事长李彦宏、小米科技公司董事长雷军等知名人士与会演讲，会同有关部门成立人工智能产业发展联盟。

【科技重大专项管理】 统筹重大专项组织实施，解决国家重大科技需求。一是统筹组织核高基、新一代宽带移动通信、高档数控机床等国家科技重大专项成效显著，核心电子器件自主保障率达到85%以上，建成全球最大4G网络，国产高、中档数控系统国内市场占有率达到30%，一批关键技术实现突破，产业发展水平整体提升。二是梳理总结重大专项进展，参加重大专项组织实施推进会，向刘延东副总理汇报工作进展，并配合三部门向习近平总书记做重大专项实施情况汇报，根据2017年重大专项监督评估报告，研究解决专项存在的问题，有力推动专项实施。三是紧密跟进科技创新2030重大项目进展，组织部内相关司局积极参与天地一体化信息网络、重点新材料创新和应用、大数据、智能制造和机器人等重点项目的实施方案编制工作。

［供稿：工业和信息化部科技司］

质量管理

【先进质量管理方法推广】 组织编写全面质量管理教材，支持开展质量管理小组、信得过班组等群众性质量改进活动，弘扬工匠精神。2017 年全国共注册质量管理小组 178 万个，创可计算经济效益 570 亿元，涌现出 1 809 个全国优秀质量管理小组，964 个全国质量信得过班组。

【质量控制和技术评价实验室复评】 开展工业质量品牌建设工作，印发《工业和信息化部 国家质检总局关于联合开展 2017 年工业质量品牌行动的通知》，充分发挥行业指导与监督管理相结合的作用，切实推动工业企业质量品牌提升。支持地方政府部门系统开展质量品牌工作，20 余个省区市制定发布年度工作计划或实施方案。

【质量标杆学习活动】 深化开展质量标杆活动，委托中国质量协会遴选发布 33 项质量标杆经验，1 600 多家企业、2 700 多人次参与标杆经验现场交流活动，标杆网站全年访问数量超过 12 万人次。开展“标杆经验进千企”活动，组织专家深入优秀企业，挖掘企业质量创新成果，总结提炼成功经验并在行业宣传推广。

【全国工业企业品牌培育试点示范工作】 继续开展工业企业品牌培育试点示范工作，新增试点企业近千家，示范企业 44 家，在青岛、厦门、武汉和成都等 4 地组织开展 4 期全国性工业品牌培育经验交流活动，500 余家企业 1300 多人次参与交流活动，广泛宣传推广品牌培育典型经验。推动机械、轻工、纺织、食品、建材、通信、电子、石化、有色、钢铁等 10 个行业制定品牌培育行业标准，同步组织编写标准宣贯教材。超过 95% 试点企业在品牌培育意识、能力和绩效方面得到提升。委托中国质量协会开展品牌故事演讲比赛，参与省份 20 余个，企业上千家，有力地提高了广大企业的品牌意识和品牌形象。

【工业质量品牌公共服务平台建设】 开展全国全面质量管理知识竞赛活动，委托中国质量协会组织开展“全国企业员工全面质量管理知识竞赛活动”，参与答题企业员工累计超过 200 万人次，普及全面质量管理知识，提高广大企业员工的质量意识和质量素质。

推进产业集群区域品牌建设。探索将产业集群区域品牌建设与新型工业化示范基地建设工作相结合，引导产业集群转型升级，在此基础上，继续加强区域品牌建设试点示范工作，新增河北省石家庄高新技术产业开发区管委会等 34 家产业集群区域品牌建设试点单位。引导产业集群开展团体标准建设、质量提升、知识产权保护等工作，提高区域品牌竞争力，促进产业转型升级。在深圳、成都召开 2 期产业集群区域品牌建设经验交流活动，交流产业集群区域品牌建设经验，促进区域品牌与企业品牌良性互动发展。

促进产品实物质量提升。完善发挥高水平实验室对行业支撑作用，对第二批工业产品质量控制和技术评价实验室进行复核，并编制行业质量分析报告。依托工业强基工程、工业转型升级专项等，开展质量提升工艺优化行动和共性质量问题攻关行动，重点对“大中型高压电驱动系统质量可靠性”及“智能家电及高端消费类电子产品可靠性”技术的推广应用进行招标。联合质检总局，针对监督抽查中发现的突出质量问题，进行调研分析，形成解决方案，促进相关产品质量提升。

加大质量品牌工作的宣传力度。在上海市、山东省、河北省等地开展“中国工业品牌之旅”活动，交流品牌建设经验，宣传推广优秀国产品牌。与发展和改革委员会、中共中央宣传部等 8 部门联合举办首个“中国品牌日”系列活动。开展“标杆经验进千企”活动，组织专家深入优秀工业企业，挖掘企业质量创新成果，总结提炼成功经验并在行业宣传推广。召开“2017 中国工业质量品牌建设论坛”，研讨推进制造强国质量品牌各项目标战略。积极参与组织“3.15”“质量月”“诚信兴商宣传月”等重要宣传活动，配合质检总局等部门开展“中国质量奖”评选，宣传优秀企业。

【供稿：工业和信息化部科技司】

行业标准管理

【技术标准体系建设】 持续完善电子、信息化和软件服务业、通信等行业技术标准体系方案，编制印发《太阳能光伏产业综合标准化技术体系》《移动互联网综合标准化体系建设指南》等，与国家标准化管理委员会、发展和改革委员会、科技部联合印发《国家机器人标准体系建设指南》，加强标准化工作顶层设计，明确标准制定重点领域和方向，为推动相关产业发展提供整体技术支撑。

【标准制修订】 紧密围绕信息产业发展重点，积极开展标准制修订工作。全年共安排254项信息产业行业标准制修订计划，包括《车联网信息服务平台安全防护要求》等重点和基础公益类项目109项。共批准公布183项信息产业行业标准，其中制定标准159项，修订标准24项，标准体系的系统性和先进性进一步提升，较好地适应产业发展需要。

【标准宣传】 组织召开“工业和信息化标准工作推进会”，罗文副部长出席并致辞。会议以“强化标准引领，建设制造强国”为主题，全面总结十八大以来工业通信业标准化工作取得的成绩，分析产业标准化工作面临的形势，研究部署下一步重点工作。公布首批106项“百项团体标准应用示范项目”名单，其中信息产业58项，发挥了先进团体标准对产业高质量发展的引领作用。

【标准国际化】 积极推动信息产业标准国际化工作。在行业标准制修订计划中优先安排国际标准转化项目，安排《频率控制和选择用压电器件》等一批国际标准的转化工作，大力推动国内基础标准、方法标准、安全标准与国际水平接轨，提升国际标准话语权；积极推动中国标准“走出去”，全年共支持128项由中国牵头制定的信息产业国际标准项目，其中《信息技术传感器网络测试框架》等65项已成为国际标准，两化融合国际标准成功在ISO立项。

[供稿：工业和信息化部科技司]

知识产权管理

【行业知识产权服务支撑能力】 统筹部署2017年工业和信息化系统年度知识产权工作，印发《2017年工业和信息化部知识产权推进计划》《〈“十三五”国家知识产权保护和运用规划重点任务分工方案〉部内任务分工》等，分解落实国家任务，全面部署2017年工业和信息化系统知识产权工作；围绕工业互联网、新能源汽车、集成电路、智能终端、绿色制造、人工智能和机器人等重点领域开展专利分析与风险预警，为重点领域专利布局、协同运用提出建议；组织开展第二批产业技术基础公共服务平台遴选工作，其中有6家信息服务类公共服务平台，平台重点围绕知识产权、科技情报、行业信息等建设专题数据库，支撑政府决策，服务行业企业。

【工业企业知识产权运用能力】 支持制造业创新中心知识产权能力建设，引导国家动力电池创新中心、增材制造创新中心开展知识产权管理体系建设和共性关键技术知识产权平台建设；完善工业企业知识产权管理与运用能力指标体系，完成面向百家技术创新示范企业开展知识产权服务工作，与北京市、天津市、河北省、山东省、湖北省等地方工业和信息化主管部门组织开展工业企业知识产权培训活动；提升电子商务、大数据、云计算等新业态、新领域企业的知识产权保护能力，针对新业态、新领域的重点和关键技术，绘制主要专利申请人分布地图，开展知识产权界定研究和使用规范研究，并向企业提供知识产权保护相关专业服务。

[供稿：工业和信息化部科技司]

获国家科学技术奖励情况

【获国家自然科学奖情况】

序号	编号 / 获奖等级	项目名称 / 主要完成单位	主要完成人
1	Z-102-2-01 二等奖	新型半导体深能级掺杂机制研究 中国科学院半导体研究所	李京波，盖艳琴，康　俊， 李树深，夏建白
2	Z-107-2-01 二等奖	仿生机器鱼高效与高机动控制的理论与方法 中国科学院自动化研究所	谭　民，侯增广，喻俊志， 程　龙，王　硕
3	Z-107-2-02 二等奖	编码混叠成像与计算重建理论方法研究 西安电子科技大学	石光明，董伟生，吴金建， 李　甫，林　杰
4	Z-107-2-03 二等奖	网络化动态系统的分析与控制 北京大学，西安电子科技大学	王　龙，谢广明，肖　峰， 孙元功，郑元世
5	Z-107-2-04 二等奖	若干低维半导体表界面调控及器件基础研究 南京大学	施　毅，潘力佳，王欣然， 胡　征，濮　林
6	Z-107-2-05 二等奖	预测控制的原理研究与系统设计 上海交通大学，西安交通大学	席裕庚，李少远，丁宝苍， 李德伟，郑　毅
7	Z-108-2-02 二等奖	面向太阳能利用的高性能光电材料和器件的结构设计与性能调控 中国科学院上海硅酸盐研究所	黄富强，王耀明，林天全， 毕　辉，陈立东

【获国家技术发明奖情况】

序号	编号 / 获奖等级	项目名称 / 主要完成单位	主要完成人
1	F-303-2-01 二等奖	矿井灾害源超深探测地质雷达装备及技术 中国矿业大学（北京），中矿华安能源科技（北京）有限公司	杨　峰，彭苏萍，许献磊， 郑　晶，崔　凡，白崇文
2	F-305-2-02 二等奖	黄酒绿色酿造关键技术与智能化装备的创制及应用 江南大学，浙江古越龙山绍兴酒股份有限公司，会稽山绍兴酒股份有限公司，上海金枫酒业股份有限公司	毛　健，刘双平，傅建伟， 金建顺，俞剑燊，邹慧君

续表

序号	编号 / 获奖等级	项目名称 / 主要完成单位	主要完成人
3	F-30701-2-02 二等奖	高性能锂离子电池用石墨和石墨烯材料 清华大学深圳研究生院，天津大学	康飞宇，杨全红，李宝华，黄正宏，贺艳兵，吕　伟
4	F-30701-2-03 二等奖	低发散角半导体光子晶体激光器关键技术及应用 中国科学院半导体研究所，青岛镭创光电技术有限公司	郑婉华，渠红伟，王宇飞，马长勤，王海玲，刘安金
5	F-30801-2-02 二等奖	高动态 MEMS 压阻式特种传感器及系列产品 西安交通大学，昆山双桥传感器测控技术有限公司，西安定华电子股份有限公司	赵玉龙，赵立波，田　边，蒋庄德，王　冰，王　瑞
6	F-30901-2-01 二等奖	构造强磁共振系统的关键技术与成像方法 中国科学院电工研究所，浙江大学，宁波健信核磁技术有限公司，深圳市贝斯达医疗股份有限公司，武汉工程大学	王秋良，李　毅，夏　灵，许建益，陈文波，汪建华
7	F-30901-2-02 二等奖	交互式显示关键技术及应用 北京理工大学，北京水晶石数字科技股份有限公司，中国人民解放军总医院	王涌天，翁冬冬，刘　越，卢正刚，杨　健，梁　萍
8	F-30901-2-03 二等奖	人机交互遥操作机器人的力觉感知与反馈技术 东南大学，北京空间飞行器总体设计部	宋爱国，宋光明，李会军，崔建伟，胡成威，徐宝国
9	F-30901-2-04 二等奖	高效视觉特征分析和压缩关键技术 北京大学，青岛海信网络科技股份有限公司，北京理工大学	黄铁军，田永鸿，段凌宇，陈维强，王耀威，陈　杰
10	F-30902-2-01 二等奖	智慧协同网络及应用 北京交通大学，中兴通讯股份有限公司，神州高铁技术股份有限公司	张宏科，杨　冬，江　华，董　平，谢大雄，王志全
11	F-30902-2-02 二等奖	光纤输出高功率全固态激光器关键技术及应用 中国科学院半导体研究所，北京京冶轴承股份有限公司，江苏中科四象激光科技有限公司	林学春，罗　虹，林培晨，李　达，赵鹏飞，刘燕楠
12	F-30902-2-03 二等奖	22-14 纳米集成电路器件工艺先导技术 中国科学院微电子研究所，武汉新芯集成电路制造有限公司，复旦大学	叶甜春，徐秋霞，陈大鹏，殷华湘，霍宗亮，张　卫
13	F-30902-2-04 二等奖	远海域定位导航与通信融合关键技术 北京邮电大学，北京华力创通科技股份有限公司，上海达华测绘有限公司，上海华测导航技术股份有限公司，厦门雅迅网络股份有限公司	邓中亮，路　骏，刘　雯，崔银秋，赵延平，陈典全
14	F-30902-2-05 二等奖	密集无线通信系统的网络化资源管控技术 西安电子科技大学，中国移动通信集团陕西有限公司，华为技术有限公司	李建东，盛　敏，李红艳，苏　郁，俞新民，张　琰

【获国家科学技术进步奖情况】

序号	编号 / 获奖等级	项目名称 / 主要完成单位	主要完成人
1	J-206-1-01 一等奖	中国电子网络安全与信息化科技创新工程 中国电子信息产业集团有限公司	
2	J-205-2-01 二等奖	电能表智能化计量检定技术与应用 国网浙江省电力公司	黄金娟
3	J-213-2-03 二等奖	锂离子电池核心材料高纯晶体六氟磷酸锂关键技术开发及产业化 多氟多化工股份有限公司	侯红军，杨华春，薛旭金，闫春生，于贺华，李云峰，郝建堂，陈宏伟，尚钟声，李凌云

续表

序号	编号 / 获奖等级	项目名称 / 主要完成单位	主要完成人
4	J-216-2-01 二等奖	高性能数控系统关键技术及产业化 华中科技大学，广州数控设备有限公司，武汉华中数控股份有限公司，大连机床集团有限责任公司，沈阳飞机工业（集团）有限公司，上海航天设备制造总厂，四川普什宁江机床有限公司	陈吉红，曾德勇，朱志红，周会成，李叶松，杨建中，熊清平，向　华，杜宝瑞，周宝庆
5	J-219-2-01 二等奖	光网络用光分路器芯片及阵列波导光栅芯片关键技术及产业化 河南仕佳光子科技股份有限公司，中国科学院半导体研究所，武汉光迅科技股份有限公司	安俊明，吴远大，胡雄伟，胡家艳，钟　飞，王红杰，张家顺，王亮亮，李建光，宋琼辉
6	J-219-2-02 二等奖	工业智能超声检测理论与应用关键技术 东南大学，中国广核集团有限公司，武汉大学，苏州热工研究院有限公司，中广核检测技术有限公司，广东电网有限责任公司电力科学研究院	丁　辉，東国刚，李　明，李晓红，张　俊，陈怀东，吕天明，马官兵，赵兴群，马庆增
7	J-220-2-01 二等奖	面向互联网开放环境的重要信息系统安全保障关键技术研究及应用 中国人民解放军信息工程大学，北京天融信科技有限公司，郑州信大捷安信息技术股份有限公司，北京数字认证股份有限公司	陈性元，杜学绘，景鸿理，孙　奕，詹榜华，杨　智，曹利峰，任志宇，何　骏，吴亚飚
8	J-220-2-02 二等奖	税务大数据计算与服务关键技术及其应用 西安交通大学，税友软件集团股份有限公司	郑庆华，张未展，刘　烃，田　锋，陶　敬，董　博，刘　均，屈　宇，张镇潮，施建生
9	J-220-2-03 二等奖	密码芯片系统的攻防关键技术研究及应用 上海交通大学，北京智芯微电子科技有限公司，上海华虹集成电路有限责任公司，上海市信息安全测评认证中心，上海观源信息科技有限公司，中国电力科学研究院	谷大武，李荣信，赵东艳，陈清明，郭　筝，张海峰，刘军荣，张俊彦，赵　兵，陆海宁
10	J-220-2-04 二等奖	复杂路网条件下高速铁路列控系统互操作和可靠运用关键技术及应用 北京交通大学，北京和利时系统工程有限公司	唐　涛，蔡伯根，闻映红，莫志松，董海荣，徐　悦，李开成，杨世武，何春明，赵林海
11	J-236-2-01 二等奖	新型光纤制备技术及产业化 长飞光纤光缆股份有限公司，中国联合网络通信集团有限公司	王瑞春，罗　杰，王光全，韩庆荣，龙胜亚，朱继红，张　磊，杨　晨，沈世奎，王润涵
12	J-236-2-02 二等奖	大规模接入汇聚体系技术及成套装备 中国人民解放军信息工程大学，中兴通讯股份有限公司，工业和信息化部电信研究院，河南有线电视网络集团有限公司	兰巨龙，张建辉，申　涓，胡宇翔，王　鹏，张校辉，王　翔，赵　锋，张兴明，李　光
13	J-236-2-03 二等奖	高精度高可靠定位导航技术与应用 上海交通大学，上海司南卫星导航技术股份有限公司，上海复控华龙微系统技术有限公司，上海华测导航技术股份有限公司，上海市计量测试技术研究院	郁文贤，刘佩林，王永泉，戴忠东，裴　凌，陈　新，吴建英，王杰俊，刘若普，李　蔚

［供稿：工业和信息化部科技司］

电子行业标准与国家标准

【2017 年批准发布的电子行业标准】

序号	标编号	标准名称	实施日期
1	SJ/T 10617-2017	电子元器件详细规范 低功率非线绕固定电阻器 RT13 型碳膜固定电阻器 评定水平 E	2018/1/1
2	SJ/T 10774-2017	电子元器件详细规范 低功率非线绕固定电阻器 RT14 型碳膜固定电阻器 评定水平 E	2018/1/1
3	SJ/T 11141-2017	发光二极管（LED）显示屏通用规范	2018/1/1
4	SJ/T 11281-2017	发光二极管（LED）显示屏测试方法	2018/1/1
5	SJ/T 11445.4-2017	信息技术服务 外包 第 4 部分：非结构化数据管理与服务规范	2017/7/1
6	SJ/T 11564.5-2017	信息技术服务 运行维护 第 5 部分：桌面及外围设备规范	2017/7/1
7	SJ/T 11659-2017	城轨列车运行状态智能监测系统技术规范	2017/7/1
8	SJ/T 11667-2017	电真空器件氢气炉能源消耗规范	2017/7/1
9	SJ/T 11668-2017	电真空器件真空炉能源消耗规范	2017/7/1
10	SJ/T 11669-2017	双通道推板式电窑能源消耗规范	2017/7/1
11	SJ/T 11670-2017	工业生产综合监控系统工程设计规范	2017/7/1
12	SJ/T 11671-2017	工业生产综合监控系统工程施工及质量验收规范	2017/7/1
13	SJ/T 11672-2017	电子工业生产设备二次配管配线技术规范	2017/7/1
14	SJ/T 11673.3-2017	信息技术服务 外包 第 3 部分：交付中心规范	2017/7/1
15	SJ/T 11674.1-2017	信息技术服务 集成实施 第 1 部分：通用要求	2018/1/1
16	SJ/T 11674.2-2017	信息技术服务 集成实施 第 2 部分：项目实施规范	2017/7/1
17	SJ/T 11674.3-2017	信息技术服务 集成实施 第 3 部分：项目验收规范	2017/7/1
18	SJ/T 11675-2017	信息技术 一体化系统建模方法	2017/7/1
19	SJ/T 11676-2017	信息技术 元数据属性	2017/7/1
20	SJ/T 11677-2017	信息技术 交易中间件性能测试规范	2017/7/1
21	SJ/T 11678.1-2017	信息技术 学习、教育和培训 协作技术 协作空间 第 1 部分：协作空间数据模型	2017/7/1
22	SJ/T 11678.2-2017	信息技术 学习、教育和培训 协作技术 协作空间 第 2 部分：协作环境数据模型	2017/7/1
23	SJ/T 11678.3-2017	信息技术 学习、教育和培训 协作技术 协作空间 第 3 部分：协作组数据模型	2017/7/1
24	SJ/T 11679.1-2017	信息技术 学习、教育和培训 协作技术 协作学习通信 第 1 部分：基于文本的通信	2017/7/1

续表

序号	标编号	标准名称	实施日期
25	SJ/T 11680-2017	信息技术 软件项目度量元	2017/7/1
26	SJ/T 11681-2017	C# 语言源代码缺陷控制与测试指南	2017/7/1
27	SJ/T 11682-2017	C/C++ 语言源代码缺陷控制与测试规范	2017/7/1
28	SJ/T 11683-2017	Java 语言源代码缺陷控制与测试指南	2017/7/1
29	SJ/T 11685-2017	平衡车用锂离子电池和电池组规范	2018/1/1
30	SJ/T 11686-2017	透明液晶显示终端测试方法	2018/1/1
31	SJ/T 11687-2017	透明液晶显示终端通用技术要求	2018/1/1
32	SJ/T 11688-2017	智能电视智能化技术评价方法	2018/1/1
33	SJ/T 11689-2017	音频编码质量主观测试规范	2018/1/1
34	SJ/T 11690-2017	软件运营服务能力通用要求	2018/1/1
35	SJ/T 11691-2017	信息技术服务 服务级别协议指南	2018/1/1
36	SJ/T 11692-2017	电子电气产品限用物质检测样品拆分指南	2018/1/1
37	SJ/T 11693.1-2017	信息技术服务 服务管理 第 1 部分：通用要求	2018/1/1
38	SJ/T 11694.1-2017	交互式电子白板技术规范 第 1 部分：红外交互式电子白板	2018/1/1
39	SJ/T 11695-2017	电动汽车电机控制器电源线通用规范	2018/1/1
40	SJ/T 11696.1-2017	电子产品实现过程 质量管理 第 1 部分：设计和开发	2018/1/1

【2017 年批准发布的电子行业国家标准】

序号	标准号	标准名称	实施日期
1	GB 31241-2014	便携式电子产品用锂离子电池和电池组 安全要求《第 1 号修改单》	2018/5/1
2	GB/T 12192-2017	移动通信调频发射机测量方法	2018/7/1
3	GB/T 12193-2017	移动通信调频接收机测量方法	2018/7/1
4	GB/T 14715-2017	信息技术设备用不间断电源通用规范	2018/7/1
5	GB/T 15174-2017	可靠性增长大纲	2018/5/1
6	GB/T 15412-2017	应用电视摄像机云台通用规范	2018/5/1
7	GB/T 15844-2017	移动通信专业调频收发信机通用规范	2018/7/1
8	GB/T 16697-2017	单传感器应用电视摄像机通用技术要求及测量方法	2018/5/1
9	GB/T 17540-2017	台式激光打印机通用规范	2018/5/1
10	GB/T 17974-2017	台式喷墨打印机通用规范	2018/5/1

续表

序号	标准号	标准名称	实施日期
11	GB/T 18142-2017	信息技术 数据元素值表示 格式记法	2018/5/1
12	GB/T 20090.13-2017	信息技术 先进音视频编码 第 13 部分：视频工具集	2018/7/1
13	GB/T 20441.5-2017	电声学 测量传声器 第 5 部分：工作标准传声器声压校准的比较法	2018/4/1
14	GB/T 20441.6-2017	电声学 测量传声器 第 6 部分：用于测定频率响应的静电激励器	2018/5/1
15	GB/T 25074-2017	太阳能级多晶硅	2018/5/1
16	GB/T 25102.6-2017	电声学 助听器 第 6 部分：助听器输入电路的特性	2018/5/1
17	GB/T 25102.7-2017	电声学 助听器 第 7 部分：助听器生产、供应和交货时质量保证的性能特性测量	2018/4/1
18	GB/T 25102.8-2017	电声学 助听器 第 8 部分：模拟实际工作条件下的助听器性能测量方法	2018/5/1
19	GB/T 25498.5-2017	电声学 人头模拟器和耳模拟器 第 5 部分：测量助听器和以插入方式与人耳耦合的耳机用 $2cm^3$ 声耦合器	2018/4/1
20	GB/T 26231-2017	信息技术 开放系统互连 对象标识符（OID）的国家编号体系和操作规程	2018/7/1
21	GB/T 26683-2017	地面数字电视接收器通用规范	2018/4/1
22	GB/T 26684-2017	地面数字电视接收器测量方法	2018/4/1
23	GB/T 26685-2017	地面数字电视接收机测量方法	2018/4/1
24	GB/T 26686-2017	地面数字电视接收机通用规范	2018/4/1
25	GB/T 29265.102-2017	信息技术 信息设备资源共享协同服务 第 102 部分：远程访问系统结构	2018/5/1
26	GB/T 29265.1-2017	信息技术 信息设备资源共享协同服务 第 1 部分：系统结构与参考模型	2018/5/1
27	GB/T 29265.204-2017	信息技术 信息设备资源共享协同服务 第 204 部分：网关	2018/5/1
28	GB/T 29265.205-2017	信息技术 信息设备资源共享协同服务 第 205 部分：远程访问基础协议	2018/5/1
29	GB/T 29265.206-2017	信息技术 信息设备资源共享协同服务 第 206 部分：远程访问服务平台	2018/5/1
30	GB/T 29265.307-2017	信息技术 信息设备资源共享协同服务 第 307 部分：远程用户界面	2018/5/1
31	GB/T 29265.403-2017	信息技术 信息设备资源共享协同服务 第 403 部分：远程音视频访问框架	2018/5/1
32	GB/T 29265.407-2017	信息技术 信息设备资源共享协同服务 第 407 部分：音频互连协议	2018/5/1
33	GB/T 29265.502-2017	信息技术 信息设备资源共享协同服务 第 502 部分：远程访问测试	2018/5/1
34	GB/T 30269.502-2017	信息技术 传感器网络 第 502 部分：标识：传感节点标识符解析	2018/7/1
35	GB/T 30269.503-2017	信息技术 传感器网络 第 503 部分：标识：传感节点标识符注册规程	2018/5/1
36	GB/T 30269.602-2017	信息技术 传感器网络 第 602 部分：信息安全：低速率无线传感器网络网络层和应用支持子层安全规范	2018/7/1
37	GB/T 30269.801-2017	信息技术 传感器网络 第 801 部分：测试：通用要求	2018/7/1
38	GB/T 30269.803-2017	信息技术 传感器网络 第 803 部分：测试：低速无线传感器网络网络层和应用支持子层	2018/7/1
39	GB/T 30850.4-2017	电子政务标准化指南 第 4 部分：信息共享	2018/5/1

续表

序号	标准号	标准名称	实施日期
40	GB/T 32419.5-2017	信息技术 SOA 技术实现规范 第 5 部分：服务集成开发	2018/4/1
41	GB/T 32419.6-2017	信息技术 SOA 技术实现规范 第 6 部分：身份管理服务	2018/5/1
42	GB/T 32910.1-2017	数据中心 资源利用 第 1 部分：术语	2018/5/1
43	GB/T 33846.4-2017	信息技术 SOA 支撑功能单元互操作 第 4 部分：服务编制	2018/5/1
44	GB/T 34678-2017	智慧城市 技术参考模型	2018/5/1
45	GB/T 34679-2017	智慧矿山信息系统通用技术规范	2018/5/1
46	GB/T 34680.1-2017	智慧城市评价模型及基础评价指标体系 第 1 部分：总体框架及分项评价指标制定的要求	2018/5/1
47	GB/T 34680.3-2017	智慧城市评价模型及基础评价指标体系 第 3 部分：信息资源	2018/5/1
48	GB/T 34835-2017	电气安全 与信息技术和通信技术网络连接设备的接口分类	2018/7/1
49	GB/T 34941-2017	信息技术服务 数字化营销服务 程序化营销技术要求	2018/5/1
50	GB/T 34943-2017	C/C++ 语言源代码漏洞测试规范	2018/5/1
51	GB/T 34944-2017	Java 语言源代码漏洞测试规范	2018/5/1
52	GB/T 34945-2017	信息技术 数据溯源描述模型	2018/5/1
53	GB/T 34946-2017	C# 语言源代码漏洞测试规范	2018/5/1
54	GB/T 34947-2017	信息技术 汉语拼音双拼和三拼输入通用要求	2018/5/1
55	GB/T 34948-2017	信息技术 8 路（含）以上服务器功能基本要求	2018/5/1
56	GB/T 34949-2017	实时数据库 C 语言接口规范	2018/5/1
57	GB/T 34950-2017	非结构化数据管理系统参考模型	2018/5/1
58	GB/T 34951-2017	信息技术 基于数字键盘的锡伯文字母布局	2018/5/1
59	GB/T 34952-2017	多媒体数据语义描述要求	2018/5/1
60	GB/T 34957-2017	信息技术 基于数字键盘的朝鲜文字母布局	2018/5/1
61	GB/T 34958-2017	信息技术 朝鲜文通用键盘字母数字区的布局	2018/5/1
62	GB/T 34959-2017	音频、视频、信息技术和通信技术设备 环境意识设计	2018/5/1
63	GB/T 34960.1-2017	信息技术服务 治理 第 1 部分：通用要求	2018/5/1
64	GB/T 34960.2-2017	信息技术服务 治理 第 2 部分：实施指南	2018/5/1
65	GB/T 34960.3-2017	信息技术服务 治理 第 3 部分：绩效评价	2018/5/1
66	GB/T 34960.4-2017	信息技术服务 治理 第 4 部分：审计导则	2018/5/1
67	GB/T 34961.2-2017	信息技术 用户建筑群布缆的实现和操作 第 2 部分：规划和安装	2018/5/1
68	GB/T 34961.3-2017	信息技术 用户建筑群布缆的实现和操作 第 3 部分：光纤布缆测试	2018/5/1
69	GB/T 34962-2017	信息技术 系统间远程通信和信息交换 休眠主机代理	2018/5/1

续表

序号	标准号	标准名称	实施日期
70	GB/T 34963-2017	彩色激光打印机用有机光导鼓	2018/5/1
71	GB/T 34964-2017	喷墨打印机打印速度测试方法	2018/5/1
72	GB/T 34969-2017	彩色激光打印机测试版	2018/5/1
73	GB/T 34970-2017	彩色激光打印机印品质量测试方法	2018/5/1
74	GB/T 34971-2017	半导体制造用气体处理指南	2018/5/1
75	GB/T 34972-2017	电子工业用气体中金属含量的测定 电感耦合等离子体质谱法	2018/5/1
76	GB/T 34973-2017	LED 显示屏干扰光现场测量方法	2018/5/1
77	GB/T 34974.1-2017	识别卡 机器可读旅行文件 第 1 部分：机器可读护照	2018/5/1
78	GB/T 34979.1-2017	智能终端软件平台测试规范 第 1 部分：操作系统	2018/5/1
79	GB/T 34979.2-2017	智能终端软件平台测试规范 第 2 部分：应用与服务	2018/5/1
80	GB/T 34980.1-2017	智能终端软件平台技术要求 第 1 部分：操作系统	2018/5/1
81	GB/T 34980.2-2017	智能终端软件平台技术要求 第 2 部分：应用与服务	2018/5/1
82	GB/T 34981.1-2017	机构编制统计及实名制管理系统数据规范 第 1 部分：总则	2018/5/1
83	GB/T 34981.2-2017	机构编制统计及实名制管理系统数据规范 第 2 部分：代码集	2018/5/1
84	GB/T 34981.3-2017	机构编制统计及实名制管理系统数据规范 第 3 部分：数据字典	2018/5/1
85	GB/T 34982-2017	云计算数据中心基本要求	2018/5/1
86	GB/T 34983-2017	光伏用树脂金刚石切割线	2018/5/1
87	GB/T 34984-2017	信息技术 系统间远程通信和信息交换 局域网和城域网 超高速无线个域网的媒体访问控制和物理层规范	2018/5/1
88	GB/T 34985-2017	信息技术 SOA 治理	2018/5/1
89	GB/T 34986-2017	产品加速试验方法	2018/5/1
90	GB/T 34987-2017	威布尔分析	2018/5/1
91	GB/T 34988-2017	信息技术 单色激光打印机用鼓粉盒通用规范	2018/5/1
92	GB/T 34996-2017	800/900MHz 射频识别读 / 写设备规范	2018/5/1
93	GB/T 34997-2017	中文办公软件 网页应用编程接口	2018/5/1
94	GB/T 34998-2017	移动终端浏览器软件技术要求	2018/5/1
95	GB/T 35102-2017	信息技术 射频识别 800/900MHz 空中接口符合性测试方法	2018/5/1
96	GB/T 35103-2017	信息技术 Web 服务互操作基本轮廓	2018/5/1
97	GB/T 35292-2017	信息技术 开放虚拟化格式（OVF）规范	2018/7/1
98	GB/T 35293-2017	信息技术 云计算 虚拟机管理通用要求	2018/7/1

续表

序号	标准号	标准名称	实施日期
99	GB/T 35294-2017	信息技术 科学数据引用	2018/7/1
100	GB/T 35295-2017	信息技术 大数据 术语	2018/7/1
101	GB/T 35297-2017	信息技术 盘阵列通用规范	2018/7/1
102	GB/T 35298-2017	信息技术 学习、教育和培训 教育管理基础信息	2018/7/1
103	GB/T 35299-2017	信息技术 开放系统互连 对象标识符解析系统	2018/7/1
104	GB/T 35300-2017	信息技术 开放系统互连 用于对象标识符解析系统运营机构的规程	2018/7/1
105	GB/T 35301-2017	信息技术 云计算 平台即服务（PaaS）参考架构	2018/7/1
106	GB/T 35305-2017	太阳能电池用砷化镓单晶抛光片	2018/7/1
107	GB/T 35306-2017	硅单晶中碳、氧含量的测定 低温傅立叶变换红外光谱法	2018/7/1
108	GB/T 35307-2017	流化床法颗粒硅	2018/7/1
109	GB/T 35308-2017	太阳能电池用锗基Ⅲ－Ⅴ族化合物外延片	2018/7/1
110	GB/T 35309-2017	用区熔法和光谱分析法评价颗粒状多晶硅的规程	2018/7/1
111	GB/T 35310-2017	200mm 硅外延片	2018/7/1
112	GB/T 35312-2017	中文语音识别终端服务接口规范	2018/7/1
113	GB/T 35315-2017	LED 行业用氨气处理指南	2018/7/1
114	GB/T 35316-2017	蓝宝石晶体缺陷图谱	2018/7/1
115	GB/T 35319-2017	物联网 系统接口要求	2018/7/1
116	GB/T 35320-2017	危险与可操作性分析（HAZOP 分析） 应用指南	2018/7/1
117	GB/T 35321-2017	多声道数字音频编解码技术一致性测试方法	2018/7/1
118	GB/T 35589-2017	信息技术 大数据 技术参考模型	2018/7/1
119	GB/T 35590-2017	信息技术 便携式数字设备用移动电源通用规范	2018/7/1
120	GB/T 35591-2017	地面数字电视室内接收效果评测方法	2018/7/1
121	GB/T 7289-2017	电学元器件 可靠性 失效率的基准条件和失效率转换的应力模型	2018/5/1
122	GB/T 9414.9-2017	维修性 第 9 部分：维修和维修保障	2018/7/1

［供稿：中国电子技术标准化研究院］

国内授权专利情况

【概况】　2017 年，中国国家知识产权局授权的中国申请人所持有的电子信息技术类发明专利 126 382 件，比 2016 年的 97 243 件增加 30.0%。

2017 年授权的电子信息技术类发明专利中，测量测试类专利 23 186 件，基本电气元件类专利 21 782 件，计算机软硬件类专利 29 780 件，电通信类专利 23 898 件，其他类发明专利 27 736 件。各专业获得授权的发明专利数量比 2016 年均有提升。计算机软硬件、其他类和电通信 3 类授权发明专利增幅最大，年增长率分别为 52.4%、31.4% 和 26.3%，测量测试类年增长率 21.1%，基本电气元件类年增长率 17.6%。

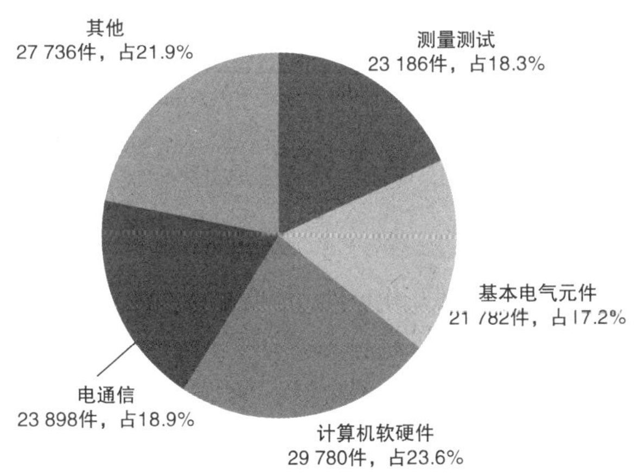

图 1　2017 年国内授权的电子信息技术类发明专利专业分布情况

2017 年授权的电子信息技术类发明专利专业分布相对于 2016 年有所侧重。计算机软硬件类发明专利授权量在各专业占比排名第一，为 23.6%，比 2016 年上升 3.5 个百分点。其他类发明专利占比排名第二，占 21.9%，比 2016 年微弱上升 0.2 个百分点，排名比 2016 年下降 1 位。排名第三位的是电通信类，占 18.9%，比 2016 年下降 0.6 个百分点，降幅并不明显。测量测试类发明专利占比排名第四，占 18.3%，比 2016 年降低 1.4 个百分点。基本电气元件类发明专利占 17.2%，比 2016 年下降 1.8 个百分点，排名仍旧垫底。

2013—2017 年期间，电子信息技术类发明专利授权量年均增长率 25.3%，与 2012—2016 年期间年均增长率 33.7% 相比，降低 8.4 个百分点，充分表明我国电子信息技术领域专利事业进入由数量取胜逐步向质量提升迈进的发展新时代。在 5 个专业中，2013—2017 年期间计算机软硬件类年均增长率最高，为 41.7%；电通信类年均增长率最低，为 13.9%；其他 3 类年均增长率在 20% ~ 30% 之间，发展相对平稳。从总的发展趋势而言，电子信息技术类专利申请保持快速增长趋势，5G 技术、汽车智能计算平台、超高清视频、虚拟现实等领域将成为电子信息行业发展重点。

【测量测试类发明专利】　测量测试类发明专利授权量 2017 年有较大幅度增长，比 2016 年增加 4 042 件，增长 21.1%，年增长率在各专业中位列第四。2013—2017 年期间，测量测试类发明专利授权量年均增长率 20.0%，在各专业中同样名列第四，相比于 2012—2016 年期间的年均增长率 25.7%，下降 5.7 个百分点。

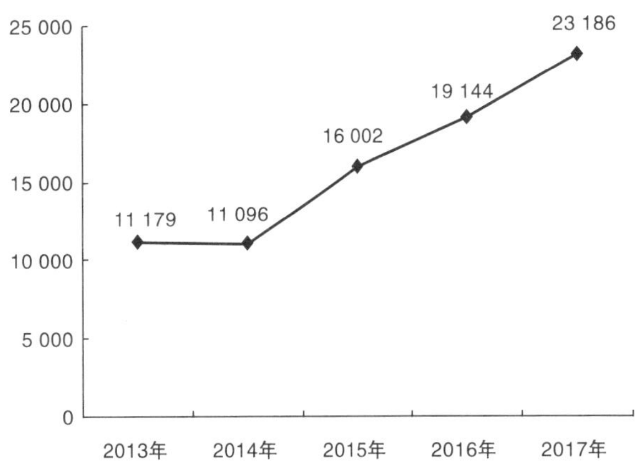

图 2　2013—2017 年国内测量测试类发明专利授权情况

【基本电气元件类发明专利】 基本电气元件类发明专利授权量在2013年和2014年平稳发展后，2015年开始迅速增长，2017年增长率17.6%，在各专业中位列第五。2013—2017年期间，基本电气元件类发明专利授权量年均增长率24.9%，在各专业中位列第三位，相比于2012—2016年间的年均增长率49.8%，下降24.9个百分点。从历年增幅看，2017年基本电气元件类发明专利授权量增速有所下降，这充分表明虽然中国已初步建立起一批具有自主创新能力、具备国际竞争力的电子材料和元器件公司，企业实力进一步增强，但美国、日本等电子产品制造大国仍占据电子元器件核心技术和产品设计能力主导地位，中国在该技术领域专利布局还有待增强。

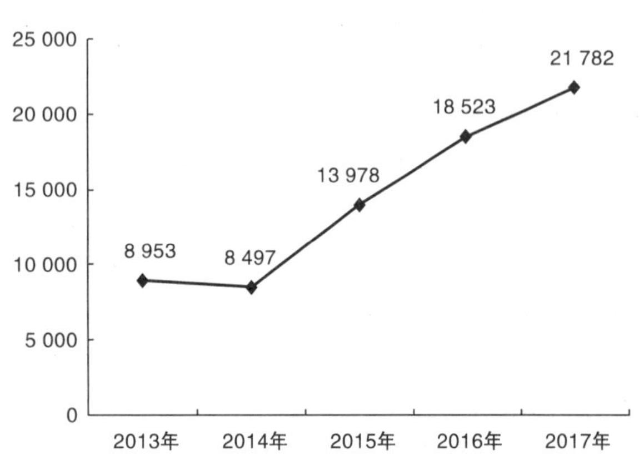

图3 2013—2017年国内基本电气元件类发明专利授权情况

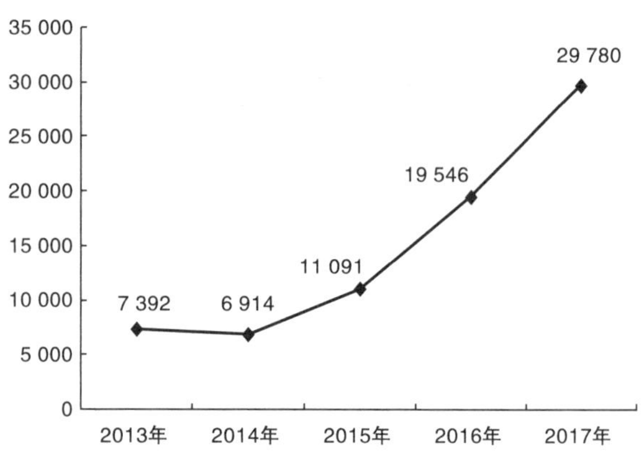

图4 2013—2017年国内计算机软硬件类发明专利授权情况

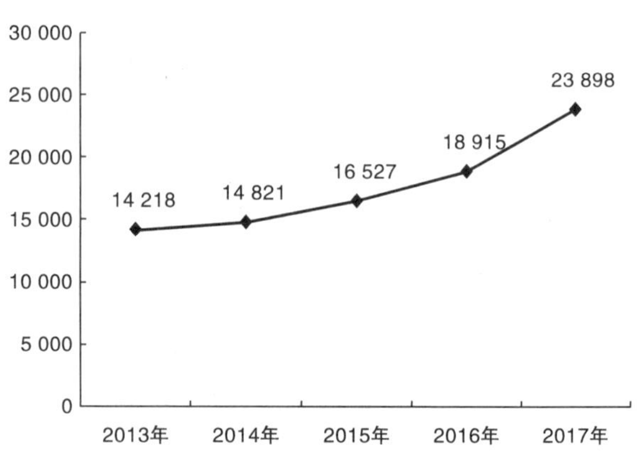

图5 2013—2017年国内电通信类发明专利授权情况

【计算机软硬件类发明专利】 计算机软硬件类发明专利授权量2017年增长迅速，年增长幅度52.4%，在各专业中排名第一。2013—2017年期间，计算机软硬件类发明专利授权量年均增长率41.7%，在各专业中位列第一，相比于2012—2016年期间的年均增长率31.3%，上升10.4个百分点，是增长幅度最大的专业。这充分说明中国对计算机软硬件类技术发展高度重视，投入人力、物力、政策等多方面支持，全面推进中国软硬件产业进程良性发展。

【电通信类发明专利】 电通信类发明专利授权量2013—2017年增长较为平稳，2017年在保持较大体量的基础上，授权量增长26.3%，年增长率在各专业排名第三位。2013—2017年期间，电通信类发明专利授权量年均增长率13.9%，相比于2012—2016年期间的年均增长率29.0%，降低约15个百分点。过去几年随着4G通信发展，电通信类发明专利迎来一个高速发展时期，以射频器件为例，从最初的2G网络到现在的NFC、3G/4G网络、WiFi、蓝牙、FM等，通信终端技术发展不仅提升设备价值，也加速电通信行业技术创新。5G是电通信行业未来发展焦点，预计未来3年其相关发明专利会有大幅提升。

【其他类发明专利】 其他类发明专利授权量2017年增长数量和幅度都较大，年增长率31.4%，在各专业中排名第二位。2013—2017年期间，其他类发明专利授权量年均增长率30.4%，相比于2012—2016年期间的年均增长率38.6%，下降8.2个百分点。

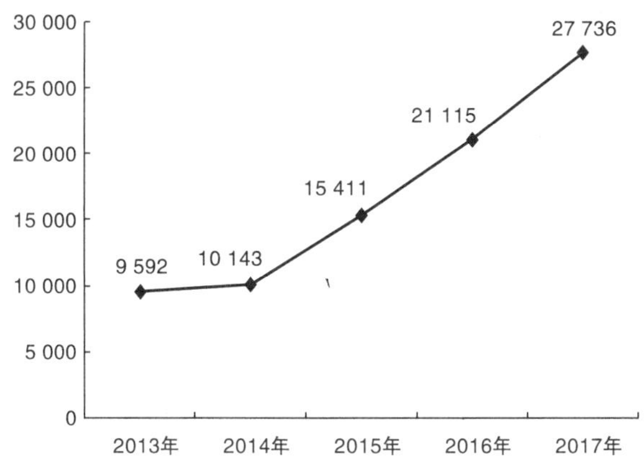

图 6 2013—2017 年国内其他类发明专利授权情况

【2017 年电子信息产业知识产权诉讼案例】

AMD 诉联发科等四公司专利侵权 2017 年 1 月 24 日，Advanced Micro Devices（简称 AMD）向美国国际贸易委员会（ITC）提出诉讼，称 Lucky Goldstars（简称 LG）、中国台湾联发科技股份有限公司（简称联发科）、Vizio（乐视旗下）、Sigma Designs 等企业在美国销售的产品侵犯其专利，要求停止相关产品的进口与销售。

从起诉书内容分析，AMD 瞄准的是 ARM 的 GPU 架构。如果 AMD 胜诉，LG 和 Vizio 多个产品线都会受到冲击，且 AMD 指出的侵权并未限定指定产品，其可能会扩大侵权诉讼范围，也将会有更多厂商与产品受到相应指控。该案除非达成庭外和解，否则这一诉讼将持续数年。诉讼期间，LG 与 AMD 达成和解。2018 年 8 月，ITC 做出有利于 AMD 的裁定，采用 Sigma 公司 SoC 芯片的 Vizio 品牌电视机也被暂停向美国进口。

ParkerVision 诉苹果旗下多款设备基带侵权 早期，佛罗里达州 RF（射频）技术研发商 ParkerVision 公司提起诉讼，称 Apple Inc.（简称苹果公司）iPhone 6、iPhone 6s 和 iPad Air 2 等产品使用来自高通公司制造的无线接收器侵犯 ParkerVision 公司专利。2017 年 2 月 14 日，其德国全资子公司 ParkerVision GmbH 修改诉讼请求，将苹果公司 iPhone 7 和 iPhone 7 Plus 也加进来，理由是两款设备均采用英特尔 PMB5750 基带芯片，涉及侵犯 ParkerVision 公司欧洲专利德国部分 1135853 号。应 ParkerVision 公司要求，新的起诉独立于第一起诉讼案，由德国慕尼黑地方法院受理。

格力诉奥克斯专利侵权 2017 年 1 月 25 日，珠海格力电器股份有限公司（简称格力电器）向广州知识产权法院提起诉讼，认为宁波奥克斯空调有限公司（简称奥克斯）及广州晶东贸易有限公司未经许可生产、销售、许诺销售使用格力电器专利技术的 8 个型号空调产品，侵犯其专利权。请求法院判令两被告立即停止侵权，奥克斯赔偿格力电器经济损失及合理费用合计 4 000 万元。2017 年 10 月 10 日及 11 月 16 日广州知识产权法院两次公开开庭审理，涉案空调在法庭上被现场拆解，以便法官与技术调查官比对技术细节。2018 年 4 月 24 日，广州知识产权法院作出判决，判决奥克斯赔偿格力电器 4 600 万元经济损失。

苹果高通互诉案 2017 年 1 月，苹果公司向加利福尼亚圣迭戈联邦法院起诉高通公司利用市场支配地位随意征收专利使用费。2017 年 4 月，苹果公司正式宣布停止向高通公司支付专利费用，高通公司提出反诉。2017 年 5 月，高通公司以拒付专利费为由，起诉苹果公司四大供应商违反许可协议。2017 年 7 月初，高通公司再诉苹果公司，称苹果公司部分机型侵犯其专利并请求美国国际贸易委员会对苹果公司在亚洲组装的手机发布“有限排除令”。2017 年 7 月中旬，苹果公司四大供应商反诉高通公司，称高通公司违反谢尔曼法案。2017 年 8 月，高通公司起诉要求法院颁布初步禁令，强制苹果公司四大供应商向高通公司支付专利费。2017 年 9 月 29 日，高通公司向北京知识产权法院提起 3 项诉讼，指控苹果公司在中国侵犯高通公司 3 项中国非标准必要专利。2017 年 11 月，福州中院对高通公司起诉苹果公司四家子公司案进行立案。苹果公司与高通公司围绕标准必要专利展开厮杀。2018 年 12 月 10 日，福州中院裁定，由于苹果公司侵犯高通公司专利，禁止苹果公司向中国进口并销售多款 iPhone 机型。2019 年 4 月 16 日，苹果公司与高通公司达成协议放弃所有诉讼，并且两家公司签订芯片供应协议，但是苹果公司要向高通公司支付专利费。

高德诉滴滴不正当竞争案 2017 年 2 月，高德软件有限公司（简称高德）以侵犯商业秘密、构成不正当竞争为由起诉北京小桔科技有限公司（简称滴滴）。高德认为滴滴伙同高德内部高级经理拉拢掌握核心机密的 6 位员工跳槽，给公司造成严重损失，要求滴滴及跳槽员工赔偿损失总计 7 500 万元。同时，高德表示滴滴广告语使用最高级用语和虚假数据进行夸张和引人误解的片面宣传，属于虚假宣传，构成不正当竞争。

西电捷通诉索尼专利侵权一审胜诉 2017 年 3 月，北京知识产权法院就西安西电捷通无线网络通信股份有限公司（简称西电捷通）诉索尼移动通信产品（中国）

有限公司（简称索尼）侵犯专利权案作出一审判决，判令索尼立即停止侵权行为，并支持原告主张的以许可费率 3 倍为计算基础的赔偿请求，最终确定索尼赔偿西电捷通经济损失 862 万余元及合理支出 47 万余元。

2002 年 11 月，西电捷通就 WAPI 中一项核心技术“一种无线局域网移动设备安全接入及数据保密通信的方法”提交发明专利申请，并于 2005 年 3 月获得授权，专利号为 02139508.X。同时，西电捷通针对该技术在美国、日本、韩国和欧洲等十几个国家和地区提交专利申请，并先后获得授权。2015 年 7 月，西电捷通向北京知识产权法院提起诉讼，称日本索尼公司生产销售的多款手机侵犯其上述发明专利，请求法院判令索尼立即停止侵权并赔偿损失。索尼随即针对涉案专利提出无效宣告请求。国际知识产权局专利复审委员会经审理后作出审查决定，维持该发明专利权有效。

华为诉三星专利侵权案　2017 年 4 月，福建泉州中院对华为终端有限公司（简称华为）诉三星（中国）投资有限公司（简称三星）专利侵权案作出一审判决。认定三星 22 款产品构成专利侵权，判决其停止制造、许诺销售、销售搭载涉案专利技术方案的移动终端共计 22 款 Galaxy 系列手机，并赔偿华为经济损失 8 000 万元及为制止侵权所支付的合理费用 50 万元。

三星不服法院判决，提出复议后被驳回。2017 年 9 月 30 日，国家知识产权局专利复审委员会发布 8 份与三星专利相关的专利无效宣告复审决定，仅 2 件专利维持有效。2017 年 12 月 22 日，福建省高院经二审终审判决，仅修改了禁售产品的范围，维持其他部分判决，驳回三星上诉请求。

尼康诉阿斯麦和卡尔蔡司侵权　2017 年 4 月 24 日，尼康株式会社（简称尼康）对荷兰半导体行业光刻系统供应商阿斯麦（ASML）和德国光学及光电子学设备厂商卡尔蔡司（Carl Zeiss）正式提起诉讼，指控这两家公司未经授权使用其光刻技术。阿斯麦否认有侵权行为，并试图与尼康谈判，希望延期交叉授权协议。调解无效后，尼康起诉并希望法庭颁布强制令，禁止阿斯麦向市场发售浸润式光刻系统，并寻求赔偿，但并未透露索赔金额。

大众点评诉百度不正当竞争案　2017 年 8 月 30 日，上海知识产权法院作出二审判决，驳回百度公司上诉请求，认定百度公司在百度地图和百度知道产品中大量使用来自大众点评网用户的评论信息，已对大众点评网构成实质性替代，属于不正当竞争，百度公司需立即停止以不正当方式使用汉涛公司运营的大众点评网点评信息，并赔偿汉涛公司经济损失 300 万元及为制止不正当竞争行为所支付的合理费用 23 万元。

美光诉联华电子盗用内存芯片　2017 年 12 月 11 日，美光科技有限公司（简称美光）在美国加州起诉中国台湾联华电子及下属的福建省晋华集成电路公司盗用其内存芯片技术。美光称，美光的两位前员工通过闪存盘盗取公司技术资料，然后交给新东家联华电子公司高管，而联华电子也计划和旗下的福建晋华集成电路公司分享这些技术。联华电子否认美光的指控，表示并未侵犯第三方公司的知识产权。

【统计数据】

表 1　2013—2017 年国内授权的电子信息技术类发明专利总体分布情况

产品分类	2013 年	2014 年	2015 年	2016 年	2017 年	合计
测量测试	11 179	11 096	16 002	19 144	23 186	80 607
基本电气元件	8 953	8 497	13 978	18 523	21 782	71 733
计算机软硬件	7 392	6 914	11 091	19 546	29 780	74 723
电通信	14 218	14 821	16 527	18 915	23 898	88 379
其他	9 592	10 143	15 411	21 115	27 736	83 997
合计	51 334	51 471	73 009	97 243	126 382	399 439

注：表 1 中的合计数据均采用各专业技术领域简单累加的数据，未去重。

［撰稿：杨先娜　郝明英　审稿：李慧颖］

国际合作

综　述

【概况】 2017年，工业和信息化部围绕建设制造强国、网络强国的中心工作，进一步发挥双多边合作机制作用，积极参与国家高层和重大外事活动，切实推进产业战略对接与合作，务实推进重要国际合作项目，积极有力服务中国特色新型工业化道路和中国特色大国外交实践，不断提升中国信息产业全球竞争力和影响力，营造对外交流与合作新格局。

亚　洲

【工业和信息化部与日中经济协会产业交流活动】 2017年11月22日，工业和信息化部副部长刘利华出席与日中经济协会联合访华团交流活动。刘利华在致辞中介绍了中国工业、通信业发展情况，表示中日两国产业互补性强，合作潜力大，希望双方业界加强交流合作，共同推动两国产业合作。双方就产业结构调整和转型升级、先进制造业领域日中合作、未来汽车发展趋势、下一代移动通信系统（5G）、网络安全等议题进行深入交流。工业和信息化部相关司局、部属事业单位有关负责人以及250余名日本产业界代表参加交流活动。此次交流是工业和信息化部第七次举行的与日中经济协会访华团的交流活动。

【第十二次中国—东盟电信部长会】 2017年12月1日，第十二次中国—东盟电信部长会议在柬埔寨暹粒举行，工业和信息化部总工程师张峰和柬埔寨邮电部部长陈友德共同主持会议，来自东盟十国主管信息通信事务的部级官员率团出席。会议充分肯定近年来中国—东盟信息通信合作取得的积极成效，审议通过中方提出的2018年度中国—东盟信息通信领域合作计划，确定将在2018年就信息通信发展和监管政策、信息通信基础设施互联互通、数字经济、5G技术与产业化、网络安全、中小微企业跨境电子商务等领域开展合作。会上，中方还提出关于开展中国—东盟网络安全实地培训项目的倡议，获得东盟各国通信部长一致通过。该倡议旨在通过中方向东盟国家派遣专家开展网络安全培训，分享彼此经验，提升中国和东盟国家网络安全事件监测分析处置水平及协调应对能力，维护地区网络安全，促进经济社会可持续发展。此外，会议同意在2018年商讨续签中国—东盟信息通信合作谅解备忘录。东盟各国代表对中方长期以来为推动中国—东盟合作所作积极努力及双方合作取得的丰硕成果给予高度评价。

会议期间，张峰应邀出席第十二次东盟及对话伙伴国电信部长会议开幕式、2017年东盟信息通信科技奖颁奖仪式以及东盟电信部长新闻发布会、柬埔寨信息通信展、亚非欧1号海缆柬埔寨段竣工仪式等活动，并与柬埔寨、菲律宾、新加坡、日本等国通信部长就加强双边合作广泛交换意见。

【中国—阿富汗签署信息技术合作备忘录】 2017年4月17日，工业和信息化部部长苗圩与阿富汗通信和信息技术部代理部长萨达特在北京签署《中华人民共和国工业和信息化部与阿富汗伊斯兰共和国信息技术合作谅解备忘录》，双方确定在卫星、信息技术和人员培训领域开展合作。

欧洲和非洲

【第八次中欧信息技术、电信和信息化对话】 2017年7月11日，工业和信息化部副部长陈肇雄与欧盟委员会通信网络、内容和技术总司副总司长鲁哈纳在欧盟总部布鲁塞尔共同主持召开第八次中欧信息技术、电信和信息化对话会议。陈肇雄介绍了中国ICT政策和行业发展情况，包括信息通信行业发展规划、信息基础设施建设、5G研发和产业化进程、物联网、工业互联网、ICT监管政策，以及网络信息安全体系建设等；鲁哈纳介绍了欧盟立法及进一步实施“欧洲数字单一市场（DSM）战略”的情况，包括2017年5月启动的正式中期评估强调的近期优先领域：在线平台政策、欧洲数字经济，以及网络安全等。双方围绕ICT政策和数字经济、ICT监管、5G研发、物联网和工业数字化等议题交流发言并进行深入讨论，达成广泛共识。双方对中欧信息技术、电信和信息化对话取得的进展和成效表示满意，将在该机制下继续开展对话和更加具体的技术交流。

【中俄通信与信息技术分委会第十六次会议】 2017年6月8日，中俄总理定期会晤委员会通信与信息技术分委会第十六次会议在莫斯科举行。工业和信息化部副部长刘利华与俄罗斯联邦通信与大众传媒部副部长德米特里·阿尔哈佐夫共同主持会议。双方就中俄在电信、信息技术与网络安全、无线电频率协调、邮政等领域的合作深入交换意见，达成广泛共识。

【与东非五国加强信息通信领域合作】 为落实工业和信息化部与国际电信联盟和相关国家在中非合作论坛约翰内斯堡峰会期间签署的《关于共建东非信息通信基础设施合作谅解备忘录》，工业和信息化部国际合作司、国际电联和中国信息通信研究院共同组成调研组，分别于2017年7月和11月赴坦桑尼亚、乌干达、卢旺达、布隆迪、肯尼亚五国开展实地调研。联合调研组先后走访五国政府通信主管部门代表、监管机构、电信运营企业，并与中国驻当地使领馆及中资企业进行座谈和交流。联合调研组收集整理各国ICT行业发展现状，分析各国对东非信息通信基础设施建设项目诉求，撰写调研报告，并分别向工业和信息化部、国际电联、东非五国发出正式反馈并得到各方确认。

美洲和大洋洲

【中巴高委会工业和信息产业分委会第五次会议】 2017年6月22日，工业和信息化部副部长辛国斌与巴西工业、外贸和服务部常务副部长利马在巴西首都巴西利亚共同主持召开中巴高委会工业和信息产业分委会第五次会议。双方就两国工业发展战略、能源与可持续发展、装备制造、出口加工区、物联网等议题及中巴产业合作全面交换意见，形成广泛共识。双方同意在分委会框架下探讨成立汽车、新能源、绿色冶金三个工作组，进一步开展交流合作，并同意会后商签会议纪要。

【编制古巴工业中长期发展规划建议】 2017年6月26日，工业和信息化部副部长辛国斌与古巴工业部副部长马丁内兹共同签署联合编制古巴工业中长期发展规划建议工作成果确认书。为落实好李克强总理提出的“中古智力合作”倡议，工业和信息化部积极申请政府对外援助资金，与古方密切合作，组建联合工作组，开展资料整理、实地调研、交流研讨等一系列工作，2017年6月编制完成《古巴工业中长期发展规划建议报告》。报告分为1个总报告和机械、冶金与回收、轻工、化工、电子、可再生能源等6个分领域报告，在对古巴工业发展现状和形势进行全面分析基础上，提出古巴到2030年工业（包括各分领域）发展目标、思路、路径、保障措施，以及中古工业合作建议，报告质量得到古方高度认可。

【与智利加强信息通信领域合作】 2017年10月13日，工业和信息化部副部长刘利华访问智利并与智利交通通信部副部长罗德里格·皮诺共同签署《中华人民共和国工业和信息化部与智利共和国交通通信部关于信息通信领域合作的谅解备忘录》，一致同意本着平等协商、互利共赢的原则，加强新一代移动通信产业发展、无线电频谱资源管理等政策交流，探讨开展光纤网等宽带网络基础设施建设、运营和利用模式，以及物联网、大数据等技术试验、应用推广合作，促进两国信息通信产业共同发展。

国际组织

【二十国集团数字化部长会议】 2017年4月6－7日，工业和信息化部部长苗圩出席在德国杜塞尔多夫举行的二十国集团（G20）数字经济部长会议。

6日，苗圩在G20数字经济部长工作晚宴上就数字化技能问题发言，指出数字技能已成为驱动创新、促进增长的重要推动力，并提出三点建议：一是重视技能短缺对可持续发展带来的风险和挑战；二是共同致力于缩小数字鸿沟；三是促进数字技术在中小学教育以及非正式教育中的使用。7日上午，苗圩在G20数字经济部长工作会发言时指出，以网络信息技术为依托的数字经济蓬勃发展，给世界经济加快复苏带来新动力。本次会议是对G20杭州峰会的延续和深化，也是对数字经济未来发展的展望，意义重大。苗圩并就推动数字经济发展提出五点倡议：一是加快网络基础设施建设，促进互联互通；二是推动融合应用创新发展，大力发展智能制造、工业互联网等创新实践，鼓励分享经济深度扩展，推动传统产业数字化转型；三是推动包容性发展，帮助提升公众特别是弱势群体的数字技能；四是构建安全的网络环境，发展安全的信息基础设施；五是加强数字经济治理，完善数字经济对话协商机制，鼓励多层次对话交流。7 日中午，苗圩在 G20 数字经济代表团团长工作午餐会上发言，就数字经济背景下如何激发企业家精神、促进中小微企业发展提出三点建议：一是赋予企业数字化技能，支持中小微企业创新；二是打造创新创业平台，降低创新创业门槛；三是营造良好发展环境，强化市场支撑，降低中小微企业研发、融资成本。

会议通过《G20 数字经济部长宣言》和《数字化路线图》。与会期间，苗圩还分别与德国、俄罗斯、澳大利亚、西班牙、荷兰、印度、南非、印度尼西亚、巴西、国际电信联盟等国家和国际组织相关负责人进行双边会晤，就共同关心的问题和下一步合作重点领域进行探讨。

【2017 年世界移动通信大会】 2017 年 2 月 27 — 28 日，工业和信息化部副部长陈肇雄出席在西班牙巴塞罗那举办的 2017 年世界移动通信大会和全球移动通信倡议（GTI）巴塞罗那峰会。

陈肇雄在发言中充分肯定 GTI 在促进全球移动通信产业发展，特别是 4G 应用普及方面发挥的重要作用，同与会各界分享中国在推进第四代移动通信（4G）网络建设和融合应用、第五代移动通信（5G）研发试验等方面开展的工作、取得的成效，并倡议各方扩大交流、增进共识、深化合作，推动形成 5G 全球统一标准，构建合作共赢产业生态。陈肇雄还参观了企业展台，与主要信息通信企业负责人就协同推动移动通信技术未来演进、5G 研发试验和标准制定、国际产业合作等问题进行广泛交流。

【国际电信联盟 2017 年理事会】 2017 年 5 月 16 日，工业和信息化部副部长刘利华出席在瑞士日内瓦举行的国际电信联盟 2017 年理事会。

刘利华在会议上发言指出，国际电联长期以来一直致力于推动全球信息通信事业发展，为人类文明和社会进步做出积极贡献。近年来中国信息通信业发展迅速，积极参与国际电联等相关国际组织工作，不断深化与世界各国政策和技术层面的交流合作，支持和推动全球信息通信持续协调发展。中国将一如既往地支持国际电联在全球信息通信事务中发挥更大作用，并继续努力在资金、技术和能力建设方面提供力所能及的支持。刘利华宣布，自 2018 年起，中国将认担的国际电联会费由原来的 14 个会费单位提高到 20 个会费单位。同时中国政府将推荐国际电联现任秘书长赵厚麟在 2018 年全权代表大会上竞选连任秘书长职位，希望各成员国继续支持赵厚麟竞选连任。会议期间，刘利华分别会见国际电联秘书长赵厚麟、副秘书长琼森、电信发展局主任萨努、无线电局主任朗西、标准化局主任李在摄，就国际电联竞选、中国与国际电联在“一带一路”框架下合作、无线电频谱管理和卫星监测、电信标准化等领域的合作以及国际职员输送及人才培养等问题交换意见。

【国际电信联盟 2017 年世界电信发展大会】 2017 年 10 月 9 — 10 日，工业和信息化部副部长刘利华出席在阿根廷布宜诺斯艾利斯举行的国际电信联盟 2017 年世界电信发展大会（WTDC-17）。

刘利华会议发言围绕“信息通信技术实现可持续发展目标”这一主题，从加快高速宽带网络建设、推动数字经济发展两个方面，介绍中国数字经济和信息通信业的发展经验和取得的成绩，并就利用信息通信技术促进可持续发展提出相关倡议，呼吁各成员国推进信息基础设施建设，探索数字经济发展，希望国际电联积极发挥协调作用，共同构筑创新、协调、绿色、开放、共享的发展新格局。10 月 10 日中午，刘利华主持中国代表团招待会。中国驻阿根廷大使杨万明、国际电联秘书长赵厚麟出席招待会并致辞，国际电联选任官员、各国出席大会的部级官员及代表参加招待会。会议期间，刘利华与出席大会的阿根廷、美国、日本、波兰、尼日利亚、布基纳法索和科特迪瓦等国代表团团长以及国际电联秘书长赵厚麟、国际电联电信发展局主任萨努和大会主席等进行双边会谈。

世界电信发展大会是国际电信联盟主办的以全球电信发展为主题的高级别会议，每四年召开一次，旨在交流各国电信政策和发展经验，制定国际电信联盟电信发展部门未来四年发展战略和工作计划。本次大会主题为“信息通信技术促进实现可持续发展目标”，大会议题涉及数字经济、网络安全、ICT 技术和应用、电信市场环境和监管、数据统计等多个领域。来自国际电信联盟141个成员国、相关国际组织以及全球知名企业的1 500多名代表参加会议。

【第三届金砖国家通信部长会议】 2017年7月27日，工业和信息化部在浙江杭州举办第三届金砖国家通信部长会议。工业和信息化部副部长刘利华，巴西科技、创新与通信部副部长宝格斯，俄罗斯通信与大众传媒部部长尼基福罗夫，印度通信部部长辛哈，南非通信与邮政服务部部长奎莱和国际电信联盟秘书长赵厚麟以及来自金砖五国政府和企业界的160余名代表出席会议。会议围绕"数字经济时代的信息通信技术创新与融合发展"这一主题，就金砖国家信息通信创新发展、信息基础设施建设与互联互通等各国共同关注的议题进行深入探讨，会议通过《第三届金砖国家通信部长会议宣言》，并达成广泛共识。

刘利华在会议上指出，当前全球信息通信技术进入不断融合和创新发展的新阶段，新一代信息通信技术创新步伐不断加快，创新活力、集聚效应和应用潜能快速释放，对于促进各国经济社会实现可持续发展发挥着日益重要的作用。近年来，金砖国家纷纷出台促进信息通信产业发展的战略举措，推动信息通信技术广泛应用于经济社会各个领域，取得显著成效。本次金砖国家通信部长会议的召开，对于金砖各国加强交流、增加了解、扩大共识，不断深化信息通信领域互利共赢合作具有重要意义。金砖国家通信部长会议已成为金砖国家全方位、多领域对话合作机制的重要组成部分，希望各方积极落实本次会议达成的各项共识，不断挖掘合作潜力，拓展合作空间，共同推动信息通信技术更好地服务于金砖各国经济社会发展。

会议期间举行了金砖国家行业对话会、企业圆桌会等会议配套活动。来自金砖各国的电信运营商、设备供应商、互联网企业等40余家信息通信企业、研究机构和行业协会围绕会议主题进行广泛交流，提出许多建设性的合作建议。

【第24次APEC中小企业部长会议】 2017年9月15日，工业和信息化部党组成员、总工程师张峰出席在越南胡志明举行的第24次亚太经合组织（APEC）中小企业部长会议。

张峰在发言中指出，新一代信息通信技术蓬勃发展，正在加速向各行各业渗透、融合、发展，催生出一批新的经济增长点，为初创企业带来巨大的发展机遇和广阔的发展空间。中国深入推进大众创业、万众创新，加快转变政府职能，优化营商环境，推出近百项改革措施，大幅减少政府对资源的直接配置，充分发挥市场对企业创新方向、路径选择和各类创新要素配置的决定性作用，打造开放型经济和稳定公平、可预期的营商环境。

会议通过《APEC中小企业部长联合声明》和《关于促进APEC中小企业创新创业的倡议》。

【国际电联2017年世界电信展】 2017年9月25—28日，国际电联在韩国釜山举办2017年世界电信展。中国电信、中国移动、中国联通、中国铁塔、中国普天、长城工业集团、华为以及车载信息服务产业应用联盟等国内企业和行业协会参展。国际电联秘书长赵厚麟、韩国未来创造科学部长官（部长）俞英民及各国部长参观了中国国家展团。

本次电信展展览部分由国家展团展示、行业服务与解决方案展示、创新技术展示、主题展团展示等组成。展会期间还举办40余场论坛、专题研讨活动，涉及5G、智慧城市、人工智能、大数据、数字经济等领域。中国移动联合TD-LTE全球发展倡议（GTI）、TD产业联盟等单位举办"TDD技术与频谱研讨会"。会上，上海特金信息科技有限公司获得"全球中小型企业信息通信技术最佳创新奖"。

【中国—国际电联签署电信和信息网络合作意向书】 2017年5月14日，工业和信息化部部长苗圩与国际电信联盟秘书长赵厚麟在京签署《中华人民共和国工业和信息化部与国际电信联盟关于加强一带一路框架下电信和信息网络领域合作的意向书》，双方确定在"一带一路"框架下加强互联互通等重点领域合作。

【中国—国际电联签署干扰检测活动合作备忘录】 2017年9月18日，无线电管理局局长谢远生与国际电信联盟无线电通信局主任弗朗索瓦·朗西在京签署《中华人民共和国工业和信息化部与国际电信联盟关于协助国际电信联盟执行空间业务有害干扰检测活动的谅解备忘录》，双方确定在空间业务有害干扰等方面开展合作。

［供稿：工业和信息化部国际合作司］

地区概况

北　京　市

【电子信息制造业】 2017 年，北京市电子信息制造业实现工业产值 1 895.4 亿元，同比增长 7.7%。年初高位开局，随后月度增速逐级放缓。形成 2017 年高增速的原因，一方面是由于上年同期基数过低；另一方面是由于行业结构进一步优化，高附加值产品、新产品占比进一步增加。从细分行业看，传统手机组装制造业占比大幅下降，取而代之的是以设计、研发、品牌营销为主，生产委外代工的新型制造业运营模式。

2017 年，以小米、锤子为代表的移动互联网公司产销智能手机超过 6 000 万部，实现工业产值超过 600 亿元。数字电视（半导体显示）产业保持较好发展，产值占比接近 25%。京东方八代线实现满产满销，五代线实现传感器转型。核心元器件制造业的增长支撑全行业增加值增速的大幅提升。集成电路产业受国家政策影响持续增长，整体产值占北京市电子信息产业的 15%，其中，中芯国际项目实现满产，中芯北方项目支撑北京市电子信息行业的固定资产投资，智芯微电子科技有限公司等企业呈现良好发展态势。计算机产业受移动互联网产业发展影响，整机产品产值逐年减少，约占北京市电子信息产业的 15%，其中，同方股份有限公司减少超过 2/3，联想集团减少至 200 亿元规模。

2017 年，工业和信息化部监测的北京市电子信息制造业规模以上企业 104 家。1—12 月全行业实现主营业务收入 2 958.0 亿元，同比增长 5.2%；利润总额 224.0 亿元，同比增长 71.7%；税金总额 53.2 亿元，同比增长 138.6%；工业销售产值 1 801.5 亿元，同比增长 4.5%；出口交货值 532.1 亿元，同比增长 4.6%；新增固定资产投资额 105.7 亿元，同比下降 9.3%。主要产品移动手机、显示器、液晶面板、电子元件产量同比下降，计算机、集成电路产量同比上升。

2017 年，北京市完成集成电路制造业重金属排放指标；梳理集成电路产业发展现状并对标国内省市情况，形成《北京加快科技创新发展集成电路产业的指导意见》；主办北京微电子国际研讨会、中国集成电路设计分会年会，为全市集成电路产业发展搭建国际交流平台，取得良好反响。

【软件和信息技术服务业】 2017 年，北京市引导骨干企业转型升级，其中神州数码集团股份有限公司、用友网络科技股份有限公司等企业转型初见成效；互联网企业加快布局人工智能、大数据等新兴领域。百度公司牵头筹建首个国家级的人工智能工程实验室。360 公司获批建设 2 个国家级重点大数据工程实验室。35 家企业入选 2017 年中国软件业务收入百强企业，入选数量为历年最高。32家企业入选2017年中国互联网百强企业，入选数量居全国首位。25家企业入选人工智能创新公司50强，入选数量占全国一半。27家企业入选CB Insights公布的214家全球独角兽公司榜单，入选数量居全国首位。

2017年，北京市落实软件企业所得税优惠政策，完成2批共541家企业所得税备案材料的初审。开展软件和信息服务业“走基层、下企业、强服务”调研活动，共计完成130家重点软件企业调研，做好精准服务。举办第21届中国国际软件博览会，以“软件定义世界、智能引领未来”为主题，在形式、内容、参与度等多方面进行创新，创下多个“首次”，极大提高北京市在国内外的影响力。

2017年，北京市对接国家创新中心工作部署，推动组建“基础软件先进制造创新中心”，形成应用软件生态体系；筹建北京前沿国际人工智能研究院，形成国际知名的人工智能科研和创新高地；与工业和信息化部签署国家网络安全产业园区合作协议，举办首届中国网络安全产业高峰论坛。

【信息基础设施】 2017年，北京市完成有线政务专网升级改造方案和800兆无线政务网覆盖任务，百兆宽带用户占比超过50%，在900多个公共场所实现免费无线上网。4G基站累计7.5万个，移动宽带用户3 055万户，占移动电话用户数的83.4%，4G用户超过2 600万户。固定宽带家庭用户累计777.3万户，其中100兆及以上宽带用户占比48.9%。截至2017年10月，市级网络接入单位2 328家，政务外网承载的业务系统132套，开通33家市级单位与国家政务外网的连通，政务物联数据专网五环路内信号覆盖率达90%以上，入网用户1.9万户。无线政务专网在网用户总数10.8万户，其中，政务用户3.5万户，公安用户6.8万户。年度新增服务场所651个，提前完成市政府为民办实事的年度任务目标，累计超过1 000个场所提供免费无线上网服务，累计注册人数超过58万人，累计上网人次超过1 086万人次，累计上网时长737万小时。

【电子政务】 2017年，北京市电子政务网处理各类任务174项，其中，新增接入59项，网络迁移26项，网络配置89项。内网传输网接入单位近400家，接入业务链路约500条，全年总体网络可用性99.99%。政务物联数据专网完成市公安局808大楼室内分布系统、集美家居站的开通工作。政务云平台用户入云系统276个，同比增长72%。北京政务云极大地支撑市级业务系统的安全稳定运行，也为市政府搬迁通州区城市副中心提供信息化基础设施保障，初步实现资源集中、节约能耗、节约成本的集约化效果。

北京市医保网络与北京市政务外网正式实现全面整合，医保业务链路接入34家医保经办机构、326家社保卡服务网点、2 218家定点医疗机构和89家定点药店。通过政务外网链路新接入554家新农合定点医疗机构、173家定点药店和42家定点医疗机构。为153家经办机构和二级以上定点医疗机构更新接入设备。市医保信息系统、经办机构网络可用性100%；A、B级接入医院网络可用性99.9%，社保所及C级接入医院网络可用性高于99.8%。共受理各类服务请求3 236例，处理用户网络故障1 694例，故障响应率100%，故障恢复及时率100%。

为优化政务服务、打造信息惠民战略，“北京通”App于2017年4月正式上线，并分别于6月和9月上线V1.6.0版本和V1.8.0版本。2017年，“北京通”卡发卡总数量1 935.2万张，新增发放717.3万张，提前完成2017年为民办实事任务“持续推进‘北京通’建设，新增多功能卡片500万张以上”的目标。其中，居民健康卡发卡12.6万张，京医通临时卡1 044.1万张，居住证发卡572.1万张，民政一卡通253.2万张，残疾人证发卡53.2万张。

2017年，北京市法人使用一证通证书进行登录认证约5 782万次，电子签名约1.4亿次，加解密约1.4万次。超过76%的法人使用一张一证通证书办理2个以上政务服务事项，并有21%的法人办理5个以上政务服务事项。税务、人力社保、公积金、工商、民政、政府采购中心等部门的证书用户量较大，身份认证、电子签名等证书业务量在全市一证通证书业务量中的占比超过95%。“法人一证通”证书服务依托北京市法人网上统一认证平台开展服务，对接33个政府部门47个业务系统，涉及政务服务事项1 200余个。

2017年，北京市按照“一网四库一平台”的总体框架，在全市企业信用信息公示系统、个人信用信息系统、社团信用信息系统、事业单位信用信息系统的基础上，建设完成全市统一的公共信用信息服务平台。平台归集 55 个部门的企业信用信息、27 个部门的个人信用信息、9 900 余家社团的信用信息、1.1 万家事业单位的信用信息。平台实现政府部门间信用信息的共享应用，实现与国家以及天津、河北信用平台的对接，并向社会提供个人信用信息的查询服务。同时，北京市依托信用平台，进一步完善全市行政处罚和行政许可等信息“双公示”机制，完成 140 余万家市场主体统一社会信用代码的全部转换工作。

2017 年，北京市开展关于对失信政府机构的专项治理工作，已按时全部完成 57 家治理任务，并启动电子商务领域和涉及金融领域失信企业的专项治理工作。同时，依托市信用平台，建设全市统一的信用联合奖惩信息管理系统，将公共信用信息嵌入北京市行政服务中心审批平台，实现与各相关政府部门间信用联合奖惩的协同功能，取得良好社会效果。据统计，累计将 18 万家次企业列入异常经营名录，限制任职资格 1 653 人次；累计将 65 家次企业列为重大税收违法案件当事人，将 140 余名法定代表人列为限制出境对象；累计将 10 万余人次列入失信被执行人“黑名单”，并阻止购买高等级车票 2 万余人次；冻结违法建设当事人房产 4 436 处。在全市联合惩戒机制的威慑下，17% 的“老赖”自动履行义务，近 50% 的重大税收违法案件当事人补交税款。

2017 年，北京市个人信用数据已归集 1.6 亿条，涵盖 1 300 万户籍人口，覆盖公安局、民政局等 28 家单位 93 项数据。法人信用数据汇集 110 余万企业法人的 7 500 万条信用信息、133 万条双公示信息、140 余万条统一社会信用代码信息、2 万余家社团和事业单位的基本信息。为 25 家委办局和社会公众提供个人信用信息在线查询服务。完成 46 个政务部门、489 条信息资源目录在国家政务信息资源目录管理系统的填报，其中，可共享目录 482 条，可开放目录 312 条。支撑 56 个政务部门的 133 个业务系统的在线共享应用，日均访问量 70 万次。完成包括企业法人营业执照、施工企业资质证书等在内 11 个部门 42 类共 278.4 万条法人证照数据的汇聚入库。梳理形成年度数据开放建议清单，共包括 46 家单位、860 项数据（其中建议新增 418 项、已开放需要更新 442 项）。新增完全开放数据 361 项，更新完全开放数据 82 项。

【信息安全】 2017 年，北京市对 105 家市级单位及主要区级单位的 177 个电子政务信息系统进行远程安全性测试。现场抽查 14 个单位和区，向存在安全问题的单位发整改通知并督促整改。继续做好党政机关信息系统等级保护测评的服务和支撑工作，促进各单位形成定级、备案、建设和整改的全流程安全管理体系。结合党政机关搬迁城市副中心的信息化工作推进情况，开展城市副中心智慧城市信息安全策略研究，提出城市副中心在应用云计算、大数据、物联网、移动互联网、工业控制系统等新技术方面所对应的信息安全策略。结合工业和信息化部部署的工控系统信息安全防护工作，开展北京市智能制造网络安全策略研究。

【两化融合】 2017 年，北京市持续做好两化融合管理体系贯标工作，向工业和信息化部推荐服务型制造示范企业 18 家、制造业与互联网融合发展试点示范企业 23 家；向工业和信息化部推荐两化融合管理体系贯标示范企业遴选单位 8 家、产业互联网集成服务解决方案 19 家、中德智能制造合作试点示范企业 4 家；遴选推荐 40 多家企业申报 2017 年度国家级两化贯标试点企业；推进 2017 年北京市企业信息化及电子商务发展状况调查工作；多次组织开展贯标评定工作会和培训会。

【重点项目】 2017 年，北京市在云计算、大数据、信息安全等领域，形成以百度开放云、金山云、用友大型企业互联网开放平台、北京可信开放高端计算系统产业化、基于滴滴大脑的新一代智能交通服务平台等为代表的重点项目库，并加速产业化应用落地。

2017 年，北京市加快疏解非首都核心功能、加强环境治理，发挥骨干企业的总部优势、创新资源优势，电子信息产业在调整中落实大项目，实现工业固定资产投资约 120 亿元。持续推进中芯北方项目建设，截至 2017 年年底，实现月产能 2.9 万片，年度投资约 60 亿元，累计投资约 185 亿元。中芯北方项目入选国家重点布局集成电路产业项目，是国家集成电路发展纲要发布实施以来国内最大的集成电路制造项目。聚焦集成电路领域，推动燕东 8 寸线项目建设，总投资 48 亿元，已完成立项开工和部分主要设备采购。

发挥高精尖产业资金引导作用，重点支持小米松果芯片研发项目贷款贴息 2 375 万元。支持智芯微电子科技有限公司、京东方科技集团股份有限公司等 10 个高精尖项目 6 682 万元。小米移动互联网产业园（海淀）、小米互联网电子产业园（亦庄）、集成电路设计园、联想（北京）园区等一批项目按计划施工，为北京市电子信息产业未来持续发展提供新动能。

在 13 个郊区、135 个村持续推进智慧乡村建设，全市全年已建设完成 111 个智慧乡村、187 个标准型益农信息社、598 家专业型益农信息社，重点围绕村庄产业、乡村治理、村庄公共服务、村民信息化能力培养、便捷化网络服务等，提升村庄的发展水平，提高服务的全面性和便捷性，探索长效机制建设。依托有线电视网络，建设北京“美丽智慧乡村”信息服务平台。截至 2017 年年底，北京“美丽智慧乡村”信息服务平台发布信息 1 970 条，累计访问量 45.9 万次。

完善“北京现代农业物联网应用服务平台”（原北京 221 物联网应用服务平台），扩大用户规模，延伸服务。以平台为依托，选择 45 家重点农业园区针对不同经营主体深化服务，提升园区管理能力、宣传展示能力。平台接入农场 633 个，涉及农业设施数量 19 398 个，种植面积 30.9 万亩，农作物品种 336 个，安装物联网传感器 1 463 个，摄像头 831 个。

2017 年，北京市搭建市内各区与河北省 13 个地市的常态深度对接机制，标志着京冀两地产业协同发展提升到新阶段，产业转移实现从自发到有序、从小到大、从点到面的重要转变。组织开展京津冀产业协同发展招商推介专项行动，其中，唐山市曹妃甸区、京津合作示范区、张北云计算产业基地、天津临港经济区做重点招商推介，量身定做电子信息（软件）产业、通州区等 5 个精准对接的特色专场。促成推出 10 个签约项目，累计投资额 311.7 亿元。组织工作团队赴雄安新区调研考察，配合河北省研究雄安新区产业准入目录和负面清单。

【产业环境】 2017 年，北京市制定《北京市政府网站集约化平台建设方案》和《北京市政府网站集约化建设实施方案》，初步形成平台开发的规范性文档；制定《北京市企业技术中心建设管理办法》；制定《北京市深入推进“互联网 + 政务服务”实施方案》，明确北京市“互联网 + 政务服务”工作的总体目标。

持续推进落实《北京市“十三五”时期软件和信息服务业发展规划》，加快形成软件、网络与数据协同驱动创新发展新格局。编写《北京市加强科技创新加快发展软件和信息服务业的指导意见》，为软件产业发展谋划新布局，促进产业转型升级迈向新阶段。发布实施《北京市推进两化深度融合推动制造业与互联网融合发展行动计划》，加快形成全社会推动两化深度融合的合力。编写《北京市人民政府关于进一步扩大和升级信息消费持续释放内需潜力的实施意见》。组织检测机构启动修订地方标准《软件产品登记测试通用技术规范》（DB11/T 1012–2013）。组织编写《北京软件企业服务指南（2017 版）》。

修订《政府投资信息化项目技术评审规范（2017 版）》等 34 项评审工作规则，切实做到评审工作有据可依。修订《北京市企业技术中心建设评估规范》。印发《“北京通”惠民服务体系建设实施方案》，推进“北京通”建设工作。

【统计数据】

表 1　2017 年北京市电子信息制造业人员构成情况

企业类别	企业数（家）	从业人员年末人数（人）	其中：研发人员（人）
国有企业	15	5 803	1 642
有限责任公司	35	24 281	5 463
股份有限公司	21	16 513	5 711
私营企业	6	1 236	233
港、澳、台商投资企业	11	21 409	3 116
三资企业	16	16 811	902

表 2　2015—2017 年北京市电子信息制造业基本情况

项目名称	单位	2015 年	2016 年	2017 年
工业总产值（现行价）	万元	18 516 586	17 601 565	18 954 229
工业销售产值	万元	18 254 674	17 264 981	18 015 324
出口交货值	万元	5 517 057	5 087 689	5 320 511
流动资产平均余额	万元	24 319 941	25 597 232	21 994 498
固定资产净值平均余额	万元	4 411 961	4 550 858	4 812 261
资产总计	万元	43 759 981	49 735 154	55 761 722
负债合计	万元	23 195 603	26 949 892	30 505 957
主营业务收入	万元	26 574 403	28 276 354	29 579 787
税金总额	万元	340 214	223 493	532 434
利润总额	万元	524 861	1 246 192	2 239 758
应交所得税	万元	132 669	212 651	232 020
从业人员年末人数	人	106 217	105 910	86 053
从业人员年工资总额	万元	1 593 433	1 544 970	1 763 367

表 3　2015—2017 年北京市电子信息制造业三资企业基本情况

项目名称	单位	2015 年	2016 年	2017 年
工业总产值（现行价）	万元	12 955 449	11 024 624	13 411 948
工业销售产值	万元	13 046 743	10 937 398	12 772 995
出口交货值	万元	4 216 185	3 698 124	3 773 842
流动资产平均余额	万元	8 276 780	10 540 356	13 008 087
固定资产净值平均余额	万元	1 724 097	1 575 569	2 292 984
资产总计	万元	10 873 340	13 501 077	17 587 743
负债合计	万元	7 910 211	10 164 441	11 427 063
主营业务收入	万元	16 738 499	16 883 034	18 567 192
税金总额	万元	136 938	107 423	176 521
利润总额	万元	292 205	655 629	1 161 214
应交所得税	万元	53 059	54 573	101 292
从业人员年末人数	人	42 935	35 349	36 043
从业人员年工资总额	万元	628 590	575 104	654 419

表 4 2015—2017 年北京市电子信息制造业主要经济效益指标完成情况

项目名称	单位	2015 年	2016 年	2017 年
全员劳动生产率	元 / 人	282 150	323 765	595 161
流动资产周转率	次	1.09	1.10	1.09
产品销售率	%	98.6	98.1	95.1
总资产贡献率	%	3.1	3.4	4.8
资产保值增值率	%	107.9	121.7	144.2
资产负债率	%	53.0	54.2	54.7

表 5 2015—2017 年北京市电子信息制造业三资企业主要经济效益指标完成情况

项目名称	单位	2015 年	2016 年	2017 年
全员劳动生产率	元 / 人	309 289	410 731	617 308
流动资产周转率	次	2.0	1.6	1.4
产品销售率	%	100.7	99.2	95.2
总资产贡献率	%	4.1	5.7	6.9
资产保值增值率	%	106.0	112.9	176.5
资产负债率	%	72.8	75.3	65.0

表 6 2015—2017 年北京市主要电子信息产品产销量情况

产品名称	单位	产量			销量		
		2015 年	2016 年	2017 年	2015 年	2016 年	2017 年
移动手持机	万部	9 269.3	6 907.8	7 494.4	8 913.5	7 336.8	7 256.4
微型计算机	万台	801.9	634.7	820.6	800.8	655.0	788.4

表 7 2015—2017 年北京市三资企业主要电子信息产品产销量情况

产品名称	单位	产量			销量		
		2015 年	2016 年	2017 年	2015 年	2016 年	2017 年
移动手持机	万部	8 511.9	5 439.0	7 275.7	8 166.2	5 891.4	7 037.8
微型计算机	万台	671.3	498.4	689.6	671.9	500.3	691.0

表 8　2017 年北京市软件和信息技术服务业人员构成情况

企业类别	企业数（家）	从业人员年末人数（人）	人员构成			
			管理人员（人）	在总人数中所占比例（%）	软件开发研究人员（人）	在总人数中所占比例（%）
内资企业	2 550	529 083	302 415	57.2	226 668	42.8
国有企业	15	2 690	1 092	40.6	1 598	59.4
集体企业	1	30	5	16.7	25	83.3
股份合作企业	3	204	143	70.1	61	29.9
有限责任公司	1 103	262 409	155 481	59.3	106 928	40.7
股份有限公司	322	122 262	66 160	54.1	56 102	45.9
私营企业	1 106	141 488	79 534	56.2	61 954	43.8
港、澳、台商投资企业	197	106 622	61 962	58.1	44 660	41.9
外商投资企业	279	103 511	53 469	51.7	50 042	48.3

表 9　2015—2017 年北京市软件和信息技术服务业基本情况

项目名称	单位	2015 年	2016 年	2017 年
软件业务收入	万元	54 228 650	64 160 228	78 366 516
软件业务出口收入	万美元	227 364	256 703	249 843
流动资产平均余额	万元	58 279 187	74 890 823	91 011 106
固定资产投资额	万元	1 487 294	1 682 703	1 771 215
资产合计	万元	92 582 940	132 297 864	161 439 056
负债合计	万元	44 141 105	62 471 997	8 233 468
利润总额	万元	6 982 427	7 180 064	9 686 849
应交所得税	万元	1 122 621	1 103 743	1 447 273
从业人员年末人数	人	682 813	704 488	739 216
从业人员工资总额	万元	12 827 484	15 216 851	17 653 228

表 10　2015—2017 年北京市软件和信息技术服务业港、澳、台商投资及外商投资企业基本情况

项目名称	单位	2015 年	2016 年	2017 年
软件业务收入	万元	20 777 455	20 878 438	24 949 760
软件业务出口收入	万美元	175 610	176 326	169 265

续表

项目名称	单位	2015 年	2016 年	2017 年
流动资产平均余额	万元	21 393 049	25 974 861	31 613 361
固定资产投资额	万元	470 566	505 898	585 364
资产合计	万元	29 495 934	36 629 156	45 221 402
负债合计	万元	13 183 920	16 571 974	22 424 443
利润总额	万元	3 026 858	2 445 230	4 717 111
应交所得税	万元	572 900	481 758	696 295
从业人员年末人数	人	239 530	218 413	210 133
从业人员工资总额	万元	6 152 086	6 558 473	7 027 070

表 11　2015—2017 年北京市软件和信息技术服务业主要经济效益指标完成情况

项目名称	单位	2015 年	2016 年	2017 年
资产保值增值率	%	125.2	119.7	111.2
资产负债率	%	47.7	47.2	51.0

表 12　2015—2017 年北京市软件和信息技术服务业港、澳、台商投资及外商投资企业主要经济效益指标完成情况

项目名称	单位	2015 年	2016 年	2017 年
资产保值增值率	%	122.9	115.3	112.7
资产负债率	%	44.7	45.2	49.6

注：表 1 ～表 12 数据来源于北京市经济和信息化局。表 3、表 5 ～表 7 均包括港、澳、台商投资企业。

[供稿：北京市经济和信息化局]

天　津　市

【概况】　根据《数字中国建设发展报告（2017 年）》，2017 年，天津市信息化发展水平位列全国第 7 位，其中，产业数字化指数位列第 5 位，信息基础设施发展指数位列第 7 位，信息技术产业指数位列第 10 位，处于全国前列。

【电子信息制造业】　2017 年，天津市电子信息制造业实现销售收入 1 801 亿元，占全市工业比重 12.7%。聚

集效应逐步显现。滨海新区和西青区电子信息制造业产值占全行业总产值的 90% 以上，是全市集成电路、通信、新型元器件、计算机等产业的主要聚集区。拥有开发区电子信息、高新区软件园 2 家国家新型工业化产业示范基地。形成一批龙头骨干企业，产值过百亿元的企业有鸿富锦精密电子（天津）有限公司等 4 家，产值过 50 亿元的企业有飞思卡尔半导体（中国）有限公司等 5 家，产值过 20 亿元的企业有天津市环欧半导体材料技术有限公司等 7 家。

【软件和信息技术服务业】 2017 年，天津市软件和信息技术服务业实现收入 1 352.6 亿元，同比增长 14.1%。其中，信息技术服务、软件产品和嵌入式软件收入分别达 952 亿元、332 亿元和 68 亿元。利润总额突破 170 亿元，上缴税收 12.6 亿元。

软件和信息技术服务业规模以上企业超过 700 家，从业人员 7.6 万人，系统集成获证企业 184 家。业务收入超过10亿元的企业有22家，超过亿元的企业有108家，过亿元企业收入占总收入的 90% 以上，龙头企业对产业的带动效果明显，招商引资成果显著。

从特色领域上来看，以国家超级计算天津中心、腾讯天津数据中心等为代表的云计算、大数据领域蓬勃发展，核心及关联产业规模达 350 亿元。以凯发电气股份有限公司、恒银金融科技有限公司等为代表的行业应用软件领域稳步增长，规模已经突破 200 亿元。数字内容领域汇集乐道互动（天津）科技有限公司、未来电视有限公司等代表性企业，产业发展后劲十足，规模实现 200 亿元。

2017 年，全市软件著作权申请超过 1 万件，软件研发投入同比增长 38%，从业人员薪酬同比增长 12%，本科以上学历的人员占比超过 54%。“天河三号”验证系统研发稳步推进，曙光“星云”计算机连续 8 年位居中国高性能计算机市场份额首位。在人工智能及关联领域，科大讯飞人工智能语音识别研发中心、中科院智能识别产业技术研究院、京东智慧物流产业基地等项目相继落户。

【科技进步与应用】 2017 年，天津市拥有电子信息产业国家级企业技术中心 4 家、市级企业技术中心 54 家。其中，曙光信息产业股份有限公司等行业龙头企业相继建立国家级、市级企业技术中心和工程中心，培育一批新产品和新业态。九安医疗 iHealth 智能云血压计及其他可穿戴设备、邦盛医疗产销量位居国内前三位的数字影像设备，以及恒银金融的自助发卡机、多媒体服务终端、移动金融终端等金融智能产品，成为电子信息制造业发展新动能。打造以曙光服务器、南大通用和神舟通用数据库等知名品牌为代表的产业链。

【信息基础设施】 2017 年，天津市加快建设一流网络强市。先后制定出台《天津市公共电信基础设施建设和保护条例》《天津市加快推进通信基础设施建设实施方案》《天津市通信基础设施专项规划》等政策法规，以实施宽带天津建设为抓手，推进固定和移动宽带网络升级，全面提升网络基础设施服务能力，为推动互联网和实体经济深度融合、营造良好营商软环境以及建设“五个现代化天津”提供强力网络支撑。互联网城市出口带宽 17 300Gbps，光纤接入用户 314.5 万户，占宽带用户数量的 94.1%。实施“2046”工程，全市新增站址 2 500 个，规模 1.4 万个，移动通信网络承载能力提高 1 倍。光纤宽带网络覆盖全市 3 340 个行政村，实现全市行政村全覆盖，助推乡村振兴战略实施。

【信息产业基地和园区】 天津国家信息安全产业基地是国家信息安全工程技术研究中心、天津市科学技术委员会和天津市西青区人民政府共同支持建设的天津市重大产业项目，被列入天津市第三批自主创新产业化重大项目。基地建设总投资预计 120 多亿元。已投资近 60 多亿元，已开工建设 200 多万平方米，已建成投入使用近 100 万平方米。截至 2017 年年底，引进和培育各类企业 200 多家；实现年产值 20 亿元，利税 1.9 亿元。基地入驻企业先后承担国家各类科技项目立项近 100 多项，获得各类政府资助资金约 3 000 多万元，200 多家企业通过天津市科技型中小企业认定，10 多家企业通过高新技术企业认定。专利申请 400 多项，授权 300 多项，申请商标 40 多项，银企对接 5 项，完成上市企业 2 家，有效推动基地的发展。

天津滨海信息安全产业园秉承招商运营同步、提供全方位贴身服务的宗旨，累计入驻企业 90 家，注册资本金超过 13 亿元。与《滨海时报》形成合作模式，建设微信公众号，实时报道园区内容，并链接滨海新区、滨海高新区、海洋高新区板块，多位一体交织呈现，推介互通。引入第三方服务机构，在金融、科技、OTC、人才、司法保障、财税管理等方面为企业提供帮扶。海洋管委会及园区内部多方链接外部优质服务资源，开展园区企业家专访、科技大讲堂等服务，为企业架接知识与市场的桥梁。

【电子政务】 2017 年，天津市出台《天津市加快推进“互联网＋政务服务”工作实施方案》，推进服务事项办理网络化，降低制度性交易成本，让企业和群众少跑腿、好办事、不添堵，共享“互联网＋政务服务”发展成果。编制《天津市关于推进公共信息资源开放的实施方案》《天津市政务信息资源共享实施办法》《天津市进一步加快政务信息系统整合共享实施方案》，运用“互联网＋”思维，提高政务服务效率和透明度，为群众办事创业提供便利，把政府职能转变引向新的深度和广度。

以推行电子政务、建设智慧城市、推动“政务一网通”改革等为抓手，加快构建全市政务信息资源共享体系，搭建全市政务信息资源统一共享交换平台，实现与国家共享平台级联交换。加强市级部门政务信息系统梳理，共梳理出 1 235 类、29 530 项政务信息，市级政府部门信息资源编目存储数据 2 753.5 万条。对全市近 300 个政务信息化重点应用项目进行前置审核，节省财政资金 1.7 亿元。

制定《天津智慧城市专项行动计划》，依托“津云”大数据平台，加快提升智慧医疗、智慧交通、智慧安全等建设水平。天津城市建设管理综合监管平台集纳 16 个部门 30 多项审批事项、1 万多个建设项目、8 000 余万项信息，实现基础数据、专业数据、审批数据的自动汇集、动态匹配、集成应用，最大化便民利民。智慧社保覆盖全市城乡 20 万家用人单位、1 500 万名个人。推广应用“掌上路路通”“车来了”等一批移动 App 和微信公众号，进一步方便城乡居民出行。

【两化融合】 2017 年，天津市着力提升两化融合发展水平。重点企业数字化研发设计工具普及率 76.7%，关键工序数控化率 54.8%，数字化设备联网率 44.6%。

首次将两化融合工作纳入全市市区两级政府绩效考核指标，同时将智能制造与“互联网＋”应用纳入天津市新一轮中小企业创新转型行动计划转型路径。下发《天津市推进京津冀大数据综合试验区建设实施方案》等指导性文件，开展“两化融合深度行”活动，面向静海、西青、北辰等区工业企业，邀请国内和天津市行业专家针对当前信息技术在制造业各行业的应用趋势和发展热点进行深入剖析，全面解读两化融合相关指导性文件，提高企业认知水平。

推进工业企业两化融合管理体系建设，引导企业以融合和创新理念系统推进两化深度融合，逐步探索管理体系标准引领两化深度融合发展的新路径。2017 年，全市 400 余家工业企业参加两化融合发展现状自评估、自诊断、自对标，9 家单位被评为 2017 年国家级两化融合试点企业，国家两化融合管理体系贯标试点单位累计 49 家，1 家企业被评为贯标示范企业，遴选市级贯标试点企业 20 家，累计 21 家试点企业通过认定，贯标企业运营成本平均下降 8.8%，经营利润平均增长 6.9%。全市 10 人被评为全国优秀首席信息官。

推广个性化定制、网络化协同制造等互联网制造新模式，在全市范围内选择 40 个制造业与互联网融合示范项目。“天津市国资系统创新创业服务平台”等 7 个项目入选工业和信息化部制造业“双创”平台试点示范，重点行业骨干企业“双创”平台普及率 71.4%。中环易企采电商平台、天纺集团电子采购平台等开放型集采集销平台，以及天天印网络自助印刷服务平台、百利 MRO+ 工业电商平台等面向特定领域的电商平台应用不断深化，重点工业企业电子商务应用水平显著提高，工业电子商务普及率 64.2%。

【信息安全】 2017 年，天津市成立网络安全应急保障队伍，开展网络安全应急演练，组织党政机关开展门户网站自查，进行远程监测和实时监测，发现并整改高危风险隐患 2 000 多处。制定第 13 届全运会网络安全保障方案，对票务系统进行远程监测，对 72 个高危漏洞、342 起僵尸木马事件进行及时整改，确保网络安全。

印发《天津市贯彻实施＜网络安全法＞工作方案》，以全面加强网络安全建设为抓手，做好依法治网、依法管网。开展首届“网安中国行”系列活动，组织网安主题高端论坛、网安竞技大赛等活动。举办第四届网络安全宣传周，举办网络安全大讲堂、警示教育展、网络安全技术高峰论坛等活动，引导网民树立正确的网络安全观，筑牢信息安全防线。

建成网络安全态势感知平台，对全市各类网站进行实施监测，成功处置安全事件 764 起，从源头降低网络安全风险。组织开展年度关键信息基础设施检查，确定近 800 个关键信息基础设施，对存在的病毒、漏洞等隐患进行检查、评估和整改。妥善处置应对 WannaCry 勒索蠕虫病毒等突发事件，对党政机关、重点新闻网站和科研院所近 7 万台主机进行漏洞扫描，发现并排除近 500 个主机漏洞。

【信息消费】 2017 年，天津市印发《天津市进一步扩大和升级信息消费实施方案》，聚焦生活类信息消费、公共服务类信息消费、行业类信息消费和新型信息产品消费等多个领域，明确发展目标和重点任务。根据《中国信息消费发展态势暨综合指数报告（2018 年）》显示，2017 年全市信息消费发展指数处于国内 10 强，排名居第 6 位。

信息产品和服务供给能力不断增强。新一代信息技术产业整体发展质量和水平不断提升，智能产品种类和形态不断丰富，行业领域不断扩大，涵盖智能家居、可穿戴设备、智能医疗、机器人、3D 打印、智能汽车、无人机系统等诸多科技前沿领域。软件和信息技术服务保持良好发展势头，产业结构日益优化，企业实力逐渐增强，曙光高性能服务器、飞腾芯片、麒麟操作系统、南大通用数据库等具有自主知识产权的产品日趋成熟，形成天津开发区、滨海高新区、中新生态城等软件和信息服务业聚集区。

便民信息服务不断深入。推进信息惠民、改善民生，深入挖掘、正确引导信息消费需求，不断提升信息消费在市民日常生活中的影响力。“天津政务网”、食品安全监管服务平台、金财应用支撑平台、数字化城管平台等公共服务平台促进政府部门间信息共享和业务协同，方便群众办事。交通、旅游、医疗等领域便民信息服务得到有序推进，智能公交大数据平台、手机 App 便民供水服务平台、e 管家智能社区服务平台、交管 12123 手机 App、智慧门诊、家庭医生签约 App 等一批便民惠民信息化项目应用效果日益彰显，使市民感受到信息技术带来的高效和便捷。

电子商务应用不断深化。渤商网、融通物贸电商平台、百利 MRO 工业品电商、津港通、中环易企采电商平台等一批电商应用不断深化，形成东疆保税港区、天津港保税区、空港航空物流区、中心商务区于家堡环球购、东丽航空商务区、武清开发区、红桥大龙网龙工场等一批跨境电商创新试验区。农村电商建设日益完善，不断促进农民增收，农村电子商务村级服务站点创建得到有力推动。天津品牌企业、B2B 企业、中小企业借助互联网拓展网络销售渠道、扩大市场销售规模，网上销售额和网上社零额均有较好增长。

【物联网】 2017 年，天津市加快推进物联网技术应用，物联网加快发展，天津工业云具备对外服务能力，建成窄带物联网基站 6 000 多个，基本实现城镇区域全覆盖。

【云计算与大数据】 2017 年，“天津滨海工业云 2.0 版”正式上线，为企业规划、研发生产、销售服务提供一站式综合云服务，节省企业信息化建设成本 10 亿元。e 企云平台开通运营，天津工业云进入试运行阶段，海尔云、华为云、阿里云、海康视频云、卓朗科技云等一批行业云平台发展壮大，为企业提供优质、高效的云服务。

参与京津冀大数据综合试验区建设，推动数据资源对接、数据企业合作、数据园区共建，打造国内首个跨区域大数据综合试验区。京津冀大数据协同处理中心正式成立，以国家超级计算天津中心为基础，为京津冀协同发展提供国际水准的大数据处理支撑能力。腾讯、太平洋电信、华为、华录 4 个大数据中心落地天津。首批国家绿色数据中心有 4 家，分别为空港数据中心、华苑国际数据港、天津生态城南部机房、华胜蓝泰科技天津互联网数据中心。

全年数据库实现软件业务收入 3.3 亿元，产品深入金融、电信、电力、交通、能源、国防等 17 个行业领域，覆盖英国、哥伦比亚、美国、泰国、南非等 30 多个国家和地区，有效改变行业和用户对国产数据库的认识。在高可用方面取得重大进展，弥补国产安全数据库的空白。2017 年，南大通用数据技术有限公司发布新版 GBase 8s 安全数据库，率先具备两地三中心容灾能力，可用性 99.999%。该产品采用共享存储集群技术，实现同机房服务故障的自动快速切换和负载均衡；采用实时复制技术，实现同城数据中心服务备份，可达到数据零丢失；采用准实时多路复制技术，实现数千千米远程异地数据中心容灾。

【重点信息化项目】 2017年，按照从芯到云的战略布局，紫光集团在天津市注册成立紫光云全国总部公司，并在重庆市等地设立区域中心节点。紫光云总部计划在天津市投资120亿元，逐步到位5 000人的团队（初期2 000人），凭借紫光集团和新华三集团全产业链优势，着力建设成为国内前三的公有云服务商。按照测算，紫光云总部3年内市值可达300亿元，5年可达1 000亿元，打造“智能天津”“数字天津”样板工程。

天津中环电子信息集团全年实施固定资产投资项目48项，完成投资48.1亿元，获得国家和市级专项资金支持1 179万元。中环股份内蒙古光伏三期等7个项目竣工，光电集团有限公司多功能信息安全一体机产业化等3个项目通过中央预算内投资项目验收。“无线通信国家专业众创空间”被列为国家级示范基地。七一二通信广播股份有限公司参与研制的北斗卫星导航系统首次在国产民机应用试飞成功。七六四通信导航技术有限公司自主研制的全向信标/测距仪设备成为进入民航市场的首套国产地面导航核心设备。

【产业热点】 2017年，首届世界智能大会在天津市举办。大会由国家发展和改革委员会、科学技术部、工业和信息化部等部门和天津市人民政府共同主办，以“迈向大智能时代”为主题，以“高起点、人主流、国际化、有特色”为定位，举办“一会一展一赛”等活动，在传播先进理念、推广科技成果、加快产业聚集、推动投融资对接、促进全球高端合作等方面取得丰硕成果。

与中国工程院签署《科技合作协议》和《共建中国新一代人工智能发展战略研究院协议》，推动天津市不断汇聚全球人工智能的高端资源。与蚂蚁金服集团签署合作协议，共同推进天津“无现金城市”建设。建立300亿元智能科技产业基金，打造中德工业4.0智能制造中心、集成电路中心等多个智能产业聚集区。

制定《关于大力发展智能科技产业推动智能经济发展建设智能社会的实施意见》。突出构筑智能产业新高地、打造经济发展新引擎、形成国际合作新平台、壮大智能经济新主体“大智能经济”。推进产业引领工程、科技支撑工程、人才引育工程、试点示范工程、国际合作工程五大工程。强化产业政策支持，创新政策支持，强化人才政策支持，强化财政金融政策支持，强化国际化政策支持。进一步制定《天津市加快推进智能科技产业发展总体行动计划》“1+10”计划体系，推进智能制造、智能医疗与健康、智能农业等十大专项行动。

【产业环境】 2017年，天津市推进“互联网+制造”。构建基于互联网的大型制造企业“双创”平台和为中小企业服务的第三方“双创”服务平台，重点行业骨干企业“双创”平台普及率60%以上。启动智能制造示范区试点建设，加快发展制造业大数据，增强支撑制造业与互联网融合发展的基础技术、解决方案、安全保障等能力。

培育服务型制造。开展创新设计、定制化服务、供应链管理、网络化协同、服务外包、产品全生命周期管理、系统解决方案、信息增值服务等服务型制造行动，发展工业设计，促进文化创意、研发服务和制造业融合，推进生产型制造向服务型制造转变。

推进工业互联网。夯实发展基础，推进4G、全光网普及，加快5G、软件定义网络等新型网络部署，推进现有网络改造升级。推进云制造、众包设计和网络化制造等新模式，加快滨海工业云、华为企业云等云平台建设，启动工业互联网试点示范。

加强工控安全保障。建立工业信息安全常态化检查评估机制，搭建工控产品安全审查、在线监测预警等平台，推进工控安全信息共享。发展和推广工控技术、工控软件、工控安全产品，开展工控安全培训，在全市范围内逐步实行工控系统信息安全员持证上岗。

【统计数据】

表 1　2015—2017 年天津市主要电子信息产品产量情况

产品名称	单位	2015 年	2016 年	2017 年
智能手机	万部		4 283.7	3 830.8
电子计算机整机	万台	2 933.1	1 679.4	1 662.1
集成电路	亿块	14.9	16.0	14.4
光电子器件	亿只	110.8	120.0	100.6

注：数据来源于天津市统计局。

表 2　2015—2017 年天津市软件和信息技术服务业基本情况

项目名称	单位	2015 年	2016 年	2017 年
软件业务收入	万元	10 078 453	11 854 590	13 526 430
软件业务出口收入	万美元	9 024	8 347	5 591
软件产品销售收入	万元	2 502 559	2 824 402	331 049
流动资产平均余额	万元	5 044 907	4 812 827	13 029 104
固定资产投资额	万元	128 482	151 724	226 712
资产合计	万元	13 930 913	14 166 910	23 738 175
负债合计	万元	2 403 157	2 119 840	15 135 881
利润总额	万元	992 373	929 617	1 705 202
应交所得税	万元	98 354	95 949	270 580
从业人员年末人数	人	81 873	87 553	75 716
从业人员工资总额	万元	884 792	992 055	1 043 689

注：数据来源于天津市工业和信息化局。

［撰稿：高建　审稿：张恒毅］

河　北　省

【概况】　2017 年，河北省电子信息产业总体保持快速增长，以大数据、智能化、移动互联网、云计算（以下简称“大智移云”）为核心的信息技术产业呈现快速发展态势，成为发展新动力。全行业入统企业 587 家，从业人员约 20 万人，累计完成主营业务收入 1 551.6 亿元，同比增长 17.7%；实现利税 174.5 亿元，同比增长 4.3%；完成出口创汇 25.5 亿美元，同比下降 5.7%。生产晶硅太阳能电池组件 4 901.2 兆瓦，铅酸蓄电池 2 044.9 万 kVh，锂离子电池 6 592.7 万只，通信及电子网络用电缆 154 793 对千米。

【电子信息制造业】 经过多年发展，河北省电子信息制造业形成以太阳能光伏、通信及导航设备、半导体照明、新型显示、行业电子等为主导的产业格局。2017 年，电子信息制造业入统企业 285 家，从业人员约 16 万人，同比增长 5.0%；完成主营业务收入 1 210.7 亿元，同比增长 18.6%；累计实现利税 119.2 亿元，同比增长 0.7%，其中，利润总额 82.8 亿元，同比增长 10.6%。晶龙实业集团有限公司、英利集团、东旭集团有限公司主营业务收入超百亿元，富士康精密电子（廊坊）有限公司、乐凯集团有限公司、宏启胜精密电子（秦皇岛）有限公司等主营业务收入超 50 亿元。晶龙实业集团有限公司、东旭集团有限公司、风帆有限责任公司入选中国电子信息百强企业。

【软件和信息技术服务业】 2017 年，河北省软件和信息技术服务业总体保持平稳增长，以“大智移云”为核心的网络信息技术产业保持高速发展，数据处理运营、信息技术咨询、数字内容服务等高端环节比重不断提升，打造石家庄行业应用软件、秦皇岛生命健康产业、唐山智能工控、廊坊大数据存储、保定智能电网等软件产业聚集区。2017 年，河北省软件和信息技术服务业入统企业 302 家，从业人员约 4 万人，完成主营业务收入 340.9 亿元，同比增长 15.1%。其中，软件产品收入 37.7 亿元，同比增长 0.5%；信息技术服务收入 197.7 亿元，增速较快，同比增长 14.3%；嵌入式系统软件收入 3.7 亿元。累计实现利税 55.3 亿元，同比增长 12.9%，其中，利润总额 41.4 亿元，同比增长 13.7%。华为技术服务有限公司主营业务收入超百亿元。

【电子产品进出口贸易】 根据石家庄市海关统计数据，2017 年，河北省机电产品出口 648.6 亿元，同比增长 19%；高新技术产品（与机电产品有交叉）出口 147.6 亿元，同比增长 18.1%，其中，电子技术出口 50.6 亿元，同比增长 17.9%；机电产品进口 198.9 亿元，同比增长 1.3%，其中，电器及电子产品进口 57.3 亿元，同比增长 23.6%；高新技术产品进口 68.7 亿元，同比下降 3.5%，其中，计算机集成制造技术进口 31.2 亿元，同比下降 15.6%。

【科技进步与应用】 截至 2017 年年底，河北省电子信息行业拥有高新技术企业超过 320 家，涉及新型显示、通信导航、集成电路、太阳能光伏等多个领域；拥有 175 个省级以上企业技术中心、工程（技术）研究中心、工程实验室等研发机构，其中，国家级研发机构 20 个；“十二五”以来，全行业累计 823 项新产品新技术列入省开发指导计划；拥有国家技术创新示范企业 3 家；入统企业 2017 年度申请专利 1 519 项。中国电子科技集团公司第 13 研究所成功申报 2017 年新一代宽带无线移动通信网国家重大专项，中国电子科技集团公司第 54 研究所顺利通过工业产品质量控制和技术评价实验室复核，石家庄旭新光电科技有限公司被评为国家工业品牌培育示范企业。

【信息基础设施】 2017 年，河北省光纤线路总长 171.4 万千米，省级出口带宽 17 254Gbps；全省固定互联网宽带接入用户 1 910.1 万户，光纤宽带用户 1 785.5 万户，占固定互联网宽带接入用户的 93.5%，比全国平均水平高出 9.1 个百分点；50Mbps 以上的固定互联网宽带接入用户占比 88.5%，比全国平均水平高出 18.5 个百分点；移动电话用户 7 581.8 万户，4G 用户 5 199 万户，占移动电话用户的 68.6%；固定电话用户 763.8 万户，IPTV 用户 901.4 万户。

【信息产业基地和园区】 石家庄市、秦皇岛市、廊坊市、保定市、邢台市 5 个电子信息产业基地规模位居全省前列。石家庄市形成光电、通信导航、平板显示三大主要产业；秦皇岛市以软件开发、大数据、行业电子为主导，产品涉及智能安防、智慧医疗、智慧旅游等领域；廊坊市依托国家新型工业化产业示范基地（电子信息），重点发展通信网络产品、平板显示、新材料、大数据等，代表企业有京东方（河北）移动显示技术有限公司、华为技术服务有限公司、富士康精密电子（廊坊）有限公司等；保定市是国家新能源与能源装备产业基地、国家可再生能源产业化基地，主导产业为太阳能光伏、电力电子、汽车电子；邢台市是国家新型工业化（光伏）产业示范基地、国家光伏高新技术产业化基地，主要涉及太阳能光伏、应用电子、锂离子电池等产业。首批认定的鹿泉光电与导航产业、固安新型显示产业、廊坊大数据产业省级战略性新兴产业示范基地建设初见规模，促进资源要素聚集，提升发展质量和水平。

【电子政务】 2017 年，河北省出台《关于加快推进“互联网 + 政务服务”工作的实施意见》《河北省政务信息系统整合共享实施方案》，推进部门应用系统整合，推动互联网、大数据在社会治理和公共服务领域应用。电子政务内网实现纵向贯通省、市、县三级党政部门，横向联通省直部门；组织、档案、编委办等部门通过电子政务内网实现与中央部门的对接。省、市、县三级党政机关电子政务外网基础架构已经完成，横向连接 100 多个省直部门，纵向连接 13 个市（含定州市、辛集市）及县（区）和雄安新区，全省电子政务外网网络覆盖率 100%。全省一体化网上政务服务平台已上线试运行，提高行政效率。

【两化融合】 2017 年，河北省开展两化融合试点示范创建，培育省级两化融合重点企业 711 家、示范企业 94 家，其中国家级示范企业 10 家；组织实施 34 个省级“制造业 + 互联网”和工业云与工业大数据试点示范项目；培育两化融合公共服务平台 176 个、省级示范平台 42 个；实施中小企业信息化推进工程，建设 4 个智慧产业集群试点。实施智能制造示范工程，河钢集团唐钢公司、冀东水泥股份有限公司等 14 家企业入选国家智能制造试点示范，培育认定省级智能工厂 / 数字化车间 72 个。河北省列入国家首批企业两化融合整体性评估试点，唐山暨曹妃甸国家级两化融合试验区和安平国家级县域经济信息化试点建设通过国家验收，全省两化融合指数由 2012 年的 52.6 提高到 2017 年的 78.07，排名前移 6 位。

【信息安全】 2017 年，河北省深入推进网络空间法治化建设，建立健全互联网管理制度，完善网络治理体系，提高网络管理水平。加强对网站的日常管理，做好重点涉冀舆情信息、专题性舆情信息的监看研判工作。严格落实信息安全等级保护制度，强化提升党政机关网络安全防护能力。构建网络安全监测预警体系，统筹河北省信息安全测评中心、河北互联网应急中心等 10 支网络安全技术队伍，构建全时段立体型监测体系。组织各市开展工控系统信息安全检查工作，配合工业和信息化部在河钢集团宣钢公司开展全国工业控制系统信息安全事件应急演练活动。

【云计算与大数据】 2017 年，河北省加快推进京津冀大数据综合试验区建设，建立推进京津冀大数据综合试验区建设联席会议制度，成立联席会议组织机构；石家庄市、承德市、张家口市、秦皇岛市、廊坊市 5 个承担大数据示范区建设任务的地市完成建设方案编制，安排省级专项资金支持综合试验区重点项目建设；召开京津冀大数据创新应用论坛，举办京津冀大数据应用感知体验展，集中展示宣传综合试验区建设应用成果；河北省工业和信息化厅、北京市经济和信息化委员会、中国互联网协会、张家口市人民政府共同举办第二届“中国数坝”暨中国互联网大会“支撑冬奥张家口赛区”峰会；张承廊大数据产业基地初见规模，润泽信息港、华为廊坊云基地、中国联通廊坊云中心、中国移动保定基地等一批数据中心建成投入使用，全省 56 万台服务器投入运营，产业规模不断扩大，支撑能力不断增强。

【重点信息化项目】 2017 年，河北省工业和信息化厅审核信息化项目 81 个，项目计划投资 7.3 亿元。省综治办建成全国首家信息资源共享与网上协同办案系统；“智慧法院”得到国家高院领导肯定；“冀检云”平台覆盖全省各级检察机关；“智慧公安”围绕“六个公安”核心任务推进信息化建设；公共法律服务平台“冀法通”建成使用；省卫健委在前期全省预约挂号平台基础上，整合全省各级各类医疗资源，推进“健康河北”信息惠民平台建设，实现与国家平台互联互通；实施文化信息资源共享工程，在 507 个城市社区、4.8 万余个农村建立服务点；“智慧环保”可实现多个排污口污染物排放数据在线监控，空气自动检测站和水质自动检测站检测数据实时接收；“互联网 + 安全生产综合监管信息平台”一期工程实现省、市、县、乡四级安全监管部门和企业通过一个平台开展各类安全生产监管业务的办理；省民政厅推动建设 1 871 个社区综合信息平台，居家养老呼叫服务网络实现城乡全覆盖；在质量监管领域建设河北省工业产品质量监督抽查管理服务系统、工业企业产品质量分类监管及风险预警系统和煤质检验信息统计分析系统，实现监督抽查双随机和数据统计分析、分类监管风险预警以及煤质检验数据的快速上报、综合查询、统计分析和科学监管；药品检验报告电子管理平台已覆盖药品生产、批发、零售企业和医疗机构 1.8 万家。

【产业环境】 2017 年，河北省印发《关于加快发展“大智移云”的指导意见》，实施“大智移云”引领计划，实施大数据示范、云上河北建设、电子政务整合、信息资源共享、数据开放五大工程，增强信息基础设施服务、网络信息技术产业创新发展、经济社会智能化、政府大数据治理和信息惠民 5 种能力，建立完善体制机制、技术创新、发展政策、制度标准、人才队伍、信息安全保障六大支撑体系。

【主要问题】 河北省电子信息产业发展基础比较薄弱，产业结构不合理，配套率低，抗风险能力较差，缺少终端、平台类企业，缺乏引领带动产业发展的大项目、好项目，产业整体发展不平衡，产业链带动作用不突出；企业、产品基本处于产业链和价值链低端的同质化低水平竞争状态，缺乏龙头企业带动上下游产业发展，国内外市场占有率较低；缺乏一大批高端、复合型产业急需人才，特别是通信与导航、集成电路领域，人才引不进、留不住问题仍然较为突出。

电子政务和大数据区域、部门间数据开放共享程度和数据有效应用率较低，跨区域的数据整合、开放、共享还处于局部探索示范阶段，基于政府数据资源的大数据应用仍需进一步深化。

在两化融合领域，因全省软件与信息服务业规模小，软件企业水平偏低，各类信息化服务机构和公共服务平台支撑能力不足，缺乏针对细分行业的两化融合解决方案，两化融合的效能没有得到充分发挥和体现。

【统计数据】

表 1　2017 年河北省电子信息制造业人员构成情况

企业类别	企业数（家）	从业人员年末人数（人）	其中：研发人员（人）
内资企业	256	104 930	14 910
国有企业	10	7 134	1 972
集体企业	1	113	
股份合作企业	3	222	24
国有独资公司	4	10 634	1 922
其他有限责任公司	110	60 162	7 587
股份有限公司	27	8 000	1 186
私营独资企业	13	1 243	234
私营合伙企业	2	397	4
私营有限责任公司	75	9 262	1 370
私营股份有限公司	10	4 413	611
其他	1	3 350	
港、澳、台商投资企业	5	1 345	180
三资企业	24	54 528	5 141

表 2　2015—2017 年河北省电子信息制造业基本情况

项目名称	单位	2015 年	2016 年	2017 年
工业总产值（现行价）	万元	9 709 901	11 165 847	11 722 433
工业销售产值	万元	9 175 959	10 109 233	11 707 317
出口交货值	万元	1 527 656	1 628 705	1 626 619
资产总计	万元	14 838 277	16 985 207	19 217 194
负债合计	万元	6 939 860	6 898 068	8 246 526
主营业务收入	万元	9 901 865	10 208 053	12 107 093
税金总额	万元	227 990	435 199	364 013
利润总额	万元	575 481	748 668	828 316
应交所得税	万元	74 468	78 402	123 761
从业人员年末人数	人	153 323	145 702	160 803
从业人员工资总额	万元	603 038	1 100 370	860 844

表 3　2015—2017 年河北省电子信息制造业三资企业基本情况

项目名称	单位	2015 年	2016 年	2017 年
工业总产值（现行价）	万元	2 086 048	1 898 813	1 857 726
工业销售产值	万元	2 061 172	1 879 474	1 953 890
出口交货值	万元	638 844	633 120	518 156
资产总计	万元	4 303 655	4 067 638	3 466 200
负债合计	万元	2 496 307	2 375 197	2 179 061
主营业务收入	万元	2 493 124	2 165 766	2 150 038
税金总额	万元	76 990	94 774	79 109
利润总额	万元	–116 614	115 024	7
应交所得税	万元	33 587	19 959	10 475
从业人员年末人数	人	53 646	47 033	54 528
从业人员工资总额	万元	157 688	277 329	307 777

表 4　2015—2017 年河北省电子信息制造业主要经济效益指标完成情况

项目名称	单位	2015 年	2016 年	2017 年
产品销售率	%	94.5	90.5	99.9
资产保值增值率	%	122.8	79.2	123.6
资产负债率	%	46.8	40.6	42.9

表 5　2015—2017 年河北省电子信息制造业三资企业主要经济效益指标完成情况

项目名称	单位	2015 年	2016 年	2017 年
产品销售率	%	98.5	98.9	105.2
资产保值增值率	%	93.6	98.5	98.1
资产负债率	%	58.0	57.7	62.9

表 6　2015—2017 年河北省主要电子信息产品产销量情况

产品名称	单位	产量			销量		
		2015 年	2016 年	2017 年	2015 年	2016 年	2017 年
晶硅太阳能组件	兆瓦	2 710.1	2 977.6	4 901.2	2 673.8	3 427.5	6 082.0
基板玻璃装配生产线	台	15	20	26	15	20	26
铅酸蓄电池	万 kVh	1 405.5	1 607.3	2 044.9	1 421.5	1 544.0	2 012.4

表 7　2015—2017 年河北省三资企业主要电子信息产品产销量情况

产品名称	单位	产量			销量		
		2015 年	2016 年	2017 年	2015 年	2016 年	2017 年
晶硅太阳能组件	兆瓦	1 405	1 179	1 429	1 359	1 690	2 636
流量仪表	台	36 352	33 538	42 308	39 422	31 026	40 517

表 8　2017 年河北省软件和信息技术服务业人员构成情况

企业类别	企业数（家）	从业人员年末人数（人）	人员构成			
			管理人员（人）	在总人数中所占比例（%）	软件开发研究人员（人）	在总人数中所占比例（%）
内资企业	299	37 359	3 030	8.1	8 561	22.9
国有企业	7	2 321	109	4.7	482	20.8

续表

企业类别	企业数（家）	从业人员年末人数（人）	人员构成			
			管理人员（人）	在总人数中所占比例（%）	软件开发研究人员（人）	在总人数中所占比例（%）
集体企业	1	615	16	2.6	26	4.2
股份合作企业	1	123	15	12.2	60	48.8
国有联营公司	1	159	25	15.7	28	17.6
国有独资公司	5	449	65	14.5	148	33.0
其他有限责任公司	119	17 218	1 006	5.8	3 507	20.4
股份有限公司	38	7 838	688	8.8	1 824	23.3
私营独资企业	8	380	40	10.5	131	34.5
私营合伙企业	2	40	9	22.5	13	32.5
私营有限责任公司	106	6 572	851	12.9	1 909	29.0
私营股份有限公司	7	1 535	189	12.3	410	26.7
其他	4	109	17	15.6	23	21.1
港、澳、台商投资企业	1	172	13	7.6	135	78.5
三资企业	2	3 139	21	0.7	802	25.5

表 9　2015—2017 年河北省软件和信息技术服务业基本情况

项目名称	单位	2015 年	2016 年	2017 年
软件业务收入	万元	1 845 785	2 119 711	2 391 272
软件业务出口收入	万美元	4 165	3 833	1 110
软件产品销售收入	万元	337 939	374 909	376 689
流动资产平均余额	万元	1 843 551	1 320 255	1 397 414
固定资产投资额	万元	40 773	326 664	192 603
资产合计	万元	2 573 318	3 182 603	4 117 302
负债合计	万元	1 497 185	1 889 234	2 443 531
税金总额	万元	107 706	125 734	138 928
利润总额	万元	275 290	364 570	414 487
应交所得税	万元	35 693	43 205	60 974
从业人员年末人数	人	36 850	37 465	40 670
从业人员工资总额	万元	564 998	709 098	807 324

表 10　2015—2017 年河北省软件和信息技术服务业三资企业基本情况

项目名称	单位	2015 年	2016 年	2017 年
软件业务收入	万元	87 806	86 140	90 834
软件业务出口收入	万美元	1 098	752	730
软件产品销售收入	万元	70 885	72 125	72 634
流动资产平均余额	万元	353 628	391 325	393 951
固定资产投资额	万元	2 742	1 741	2 368
资产合计	万元	414 301	445 069	435 839
负债合计	万元	122 869	124 358	95 628
税金总额	万元	20 433	22 252	24 521
利润总额	万元	79 126	85 875	87 343
应交所得税	万元	19 937	22 054	23 516
从业人员年末人数	人	3 453	3 340	3 139
从业人员工资总额	万元	26 515	25 323	26 652

表 11　2015—2017 年河北省软件和信息技术服务业主要经济效益指标完成情况

项目名称	单位	2015 年	2016 年	2017 年
资产保值增值率	%	109.6	122.4	119.3
资产负债率	%	58.2	59.4	59.4

表 12　2015—2017 年河北省软件和信息技术服务业三资企业主要经济效益指标完成情况

项目名称	单位	2015 年	2016 年	2017 年
资产保值增值率	%	97.2	109.9	105.7
资产负债率	%	29.6	34.3	21.9

注：表 1 ～表 12 数据来源于河北省工业和信息化厅。

[供稿：河北省工业和信息化厅]

山　西　省

【电子信息制造业】 2017 年，山西省电子信息制造业实现主营业务收入 977.8 亿元，同比增长 16.9%。

光伏制造全产业链条初步形成。全省共有光伏制造企业 12 家，晋能清洁能源科技股份公司、山西中电科新能源技术有限公司、山西潞安太阳能科技有限责任公司 3 家重点企业占行业规模的 73%。晋能清洁能源科技股份公司在中国光伏品牌排行榜上入围光伏组件企业十强，全年实现主营业务收入 28.6 亿元，同比增长 53.7%。

碳化硅三代半导体材料达到国际先进水平。中国电子科技集团公司第二研究所集 SiC 材料工艺研究与设备研发于一体，高纯碳化硅粉居国际领先水平，具备 4 ~ 6 英寸 SiC 单晶生长设备研制生产能力。山西中聚晶科半导体有限公司、山西汇聚晶科半导体有限公司、中科钢研节能科技有限公司等三代半导体材料制造项目投资均在 10 亿元左右。

锂离子电池产业初具规模。全省已建或在建企业共 16 家，其中，临汾市沃特玛电池有限公司实现主营业务收入 15.5 亿元，同比增长 101%，同时在建总投资为 43.2 亿元的“3GWh32650 钢壳圆柱电池生产线”，占行业规模的 60%。晋城市的山西皇城相府中道能源有限公司、阳泉市的山西贝特瑞新能源科技有限公司、忻州市的山西中科忻能科技有限公司均有在建项目。

LED 产业大企业项目支撑优势明显。全省 LED 制造产业形成芯片制造—封装灯珠—应用产业链条，共有 LED 制造企业 12 家。山西高科华烨集团实现销售产值 17 亿元，占全省规模的 76%；集团上下游产业配套共 7 家企业，产业化协作优势明显，生产规模已进入全国前三位。信息安全产业集聚初具雏形。中国电子科技集团公司第 33 研究所、山西天地科技有限公司、中科同昌信息技术集团有限公司等近 20 家信息安全企业在山西转型综改示范区形成集聚态势。

典型企业　晋能清洁能源科技股份公司创立于 2013 年 12 月，隶属于晋能集团清洁能源业务板块，致力于成为全球领先的光伏制造企业和清洁能源提供商。公司运营管理和研发团队集合国家“千人计划”专家、国内外光伏行业专家及优秀人才。坚持技术迭代的核心战略，通过技术革新和精益生产，形成跻身全球前列最具技术和成本竞争力的电池、组件生产能力，成为首批通过国家领跑者认证的企业。公司文水及晋中生产基地共拥有 1.8 吉瓦太阳能电池及组件产能，实现高效多晶硅太阳能组件、高效背钝化单晶组件和超高效异质结组件大规模量产。2017 年，公司光伏电池组件产品实现工业总产值 22.1 亿元，同比增长 77.1%。

【软件和信息技术服务业】 2017 年，山西省实现软件业务收入 29.9 亿元，同比增长 25.0%。其中，软件产品收入 12.4 亿元，同比增长 18.9%；信息技术服务收入 15.0 亿元，同比增长 19.0%；嵌入式软件收入 2.4 亿元，同比增长 166.6%。

全省拥有规模以上软件和信息技术服务企业 85 家，2017 年营业收入排名前五位的有：太原罗克佳华工业有限公司（5.7 亿元）、中科同昌信息技术集团有限公司（2.5 亿元）、太原风华信息装备股份有限公司（2.1 亿元）、山西四和交通工程有限责任公司（1.7 亿元）、山西精英科技股份有限公司（1.6 亿元）。企业主要集聚于山西转型综改示范区，服务于社会各领域信息化建设。

典型企业　中科同昌信息技术集团有限公司是以软件开发为核心，综合 IT 咨询、IT 资产运维管理、信息安全、军民融合、产学研联动为一体的高新技术企业。公司致力于大数据、云计算、物联网、信息安全保障等产品研发，先后承接国家火炬计划、863 课题研究及应用等数十项国家重点工程项目建设。公司还是国家级软件示范企业、省级行业技术中心、省级优秀软件企业、国家千人计划试点单位。

【电子产品进出口贸易】 2017年，山西省出口机电产品468.5亿元，同比下降2.3%；进口机电产品282.7亿元，同比增长9.8%。

【科技进步与应用】 山西云时代技术有限公司（以下简称云时代公司）于2017年8月在太原市正式揭牌成立，是山西省首家国有独资大数据企业，以太原钢铁（集团）有限公司旗下信息与自动化技术公司为基础更名组建。根据山西省人民政府赋予云时代公司的职能，公司主营业务包括省政务云系统平台的总体规划建设、开发运营平台数据资源、协助政府各部门购买政务云服务及原有业务信息系统的迁移、为各行业客户提供大数据产品和服务等。

山西全球蛙电子商务有限公司由山西省本土龙头企业美特好集团、大昌集团、阳光集团于2015年共同投资创办，是全国首家区域新零售OMO平台，定位“实体店的电商”，为全国区域中小实体店进行新零售技术、全渠道运营、云供应链、大数据、互联网金融五大赋能，助力中小实体店坪效、人效提升。公司自2017年10月上线以来，实体店在线数超过3 000家，在线会员120万人以上，单日线上交易额1 500万元以上。

【信息基础设施】 截至2017年年底，山西省电话用户总数3 950.2万户，比上年年末增加240.8万户。全省固定电话用户302.3万户，比上年年末减少41.4万户，占电话用户总数的7.7%；移动电话用户3 647.9万户，比上年年末增加282.2万户，占电话用户总数的92.3%。其中，4G电话用户2 583.3万户，比上年年末增加697.9万户，占全省移动电话用户数的70.8%。移动宽带用户（3G和4G）2 893.5万户，占全省移动电话用户数的79.3%，移动宽带用户普及率78.6%。

全省固定互联网宽带接入用户872.9万户，比上年年末增加125.7万户。“宽带中国”战略继续推进，光纤宽带建设进度加快，FTTH/0（光纤接入）用户811.5万户，比上年年末净增178.9万户，占宽带用户数的93.0%；提速降费行动继续加快，宽带提速效果日益显著。全省20Mbps以上宽带用户814.2万户，占固定互联网宽带接入用户数的93.3%；50Mbps以上宽带用户619.9万户，占固定互联网宽带接入用户数的71.0%；100Mbps以上宽带用户223.6万户，占固定互联网宽带接入用户数的25.6%。全省家庭宽带用户799.2万户，固定宽带家庭普及率70.2%。移动互联网用户2 956.1万户，比上年年末净增470.8万户。其中，手机上网用户2 879.1户，比上年年末净增468.2万户；4G上网用户2 428.1万户。

全省互联网宽带接入端口数量1 840万个，比上年年末新增257万个，其中，FTTH/0端口总数1 615万个，比上年年末新增347万个。移动通信基站总数18.5万个，其中，4G基站总数8.9万个，比上年年末新增1.9万个。WLAN公共运营接入点（AP）33.2万个。互联网省际出口带宽扩容5 195Gbps，累计12 207Gbps。

全省广播电视台114座，电视台2座，中短波转播发射台15座，调频转播发射台119座，100瓦以上电视转播发射台145座。广播人口覆盖率98.8%，电视人口覆盖率99.6%，有线电视用户471.1万户。

【两化融合】 2017年，山西省扎实推动两化深度融合。推荐中国重汽集团大同齿轮有限公司、山西复晟铝业有限公司、太重集团榆次液压工业有限公司等12家企业入选2017年两化融合管理体系贯标试点企业。培育两化融合管理体系咨询服务机构，在中国两化融合服务联盟发布的两化融合管理体系贯标咨询服务机构评级企业名单中，山西省信息化协会、山西精英科技股份有限公司被认定为合格咨询服务机构。

【信息安全】 2017年，山西省制定实施工控系统信息安全“十三五”规划、工控安全管理指导意见和应急管理指南。成立山西省网络安全和信息化行业技术中心、山西省网络安全和大数据信息技术标准化技术委员会。举办山西省网络信息安全标准宣贯培训班、全省工业控制系统信息安全培训班。对11个重点行业15家单位的关键信息基础设施网络安全情况进行专项抽查和风险评估。同时，推进山西省信息安全产业基地、山西国控大众百信电子信息科技产业园的建设，促进信息安全产业集群集聚发展。

【云计算与大数据】 2017年3月，山西省印发《山西省云计算发展三年推进计划（2017—2019年）》；在晋商晋才回乡创业创新工程启动大会上组织召开大数据发展主题峰会，吸引互联网大数据领域300余人参会，部分大数据项目成功签约；5月，组织省内部分大数据企业参加第十届中部博览会“AI 大数据跨国投资贸易论坛”，鼓励大数据企业走出去寻求合作、引进投资；6 月，在山西招商引资（珠三角）活动中，组织召开以“晋粤携手、数赢未来”为主题的大数据产业发展座谈会，为推动山西省大数据及关联产业发展、促进山西省与珠三角地区大数据企业洽谈合作搭建平台。

推进省级政务云平台建设工作。制定《山西省级政务云平台建设推进实施方案》《山西省政务云平台建设方案》，全面做好政务云平台系统架构、部门系统迁移等基础性工作。

加强与龙头企业合作。省政府与阿里、华为、百度、浪潮等 9 家国内知名企业签订合作协议，共同推进大数据及相关产业发展。

促进大数据项目落地。国家北斗导航位置服务数据中心山西分中心、百度云计算（阳泉）中心、吕梁云计算中心项目等陆续开工建设。

【产业热点】 2017 年，山西省信息化发展的主要热点是大数据产业发展应用。编制出台《山西省大数据发展规划（2017—2020 年）》《山西省促进大数据发展应用的若干政策》《山西省促进大数据发展应用 2017 年行动计划》，完善顶层设计；印发《关于设置山西省大数据产业办公室的通知》（晋编办字〔2017〕72 号），成立大数据产业办公室；由 11 家企业和高校共同发起成立山西省大数据发展联盟；成立山西省云时代技术有限公司，培育本土大数据市场运营力量，打造大数据领军企业；山西大学成立大数据学院和大数据科学与产业研究院，太原理工大学设立大数据学院。

【主要问题】 2017 年，山西省电子信息产业发展仍然滞后。全省电子信息产业龙头企业较少，带动能力不强。布局散乱、产业链不健全，以电子信息产业为主导的园区较少，招商引资缺少对产业链的整体招引，产业配套能力较弱，企业运营成本高。高层次领军人才缺乏，企业创新能力较弱，电子信息制造和软件产业总体上规模较小、基础薄弱。

互联网发展应用水平总体不高。全省互联网发展应用总体上处于起步阶段。互联网应用主要集中在娱乐、社交、餐饮、电商、购物等服务行业，在工业生产领域以内网、局域网形式开展应用，尚未构成研发、生产、管理、销售等环节紧密衔接、协调有序的发展生态。同时，网络基础设施、数据基础设施等尚不完善，互联网技术服务缺口较大，难以满足智能化、网络化、高速化的需求。

【统计数据】

表 1 2017 年山西省电子信息制造业人员构成情况

企业类别	企业数（家）	从业人员年末人数（人）	人员构成					
			工程技术人员（人）	在总人数中所占比例（%）	管理人员（人）	在总人数中所占比例（%）	研发人员（人）	技术工人（人）
有限责任公司	66	131 000	7 208	5.5	4 390	3.4	4 989	112 370

表 2 2015—2017 年山西省电子信息制造业基本情况

项目名称	单位	2015 年	2016 年	2017 年
工业销售产值	万元	7 149 028	8 892 131	9 367 240
出口交货值	万元	4 362 108	6 049 138	6 118 809
主营业务收入	万元	6 684 153	8 366 510	9 778 000
税金总额	万元	147 210	149 158	150 125

续表

项目名称	单位	2015 年	2016 年	2017 年
利润总额	万元	370 212	324 775	333 000
应交所得税	万元	55 364	60 460	36 609
从业人员年末人数	人	98 397	118 747	131 000
从业人员工资总额	万元	525 629	480 268	599 030

表 3　2015—2017 年山西省主要电子信息产品产销量情况

产品名称	单位	产量			销量		
		2015 年	2016 年	2017 年	2015 年	2016 年	2017 年
智能手机	万部	2 038	2 693	1 979	1 960	2 789	2 008

表 4　2017 年山西省软件和信息技术服务业人员构成情况

企业类别	企业数（家）	从业人员年末人数（人）	人员构成			
			管理人员（人）	在总人数中所占比例（%）	软件开发研究人员（人）	在总人数中所占比例（%）
私营企业	93	8 475	1 124	13.3	3 457	40.8

表 5　2015—2017 年山西省软件和信息技术服务业基本情况

项目名称	单位	2015 年	2016 年	2017 年
软件业务收入	万元	241 541	239 172	298 862
软件产品销售收入	万元	116 210	104 621	124 380
利润总额	万元	37 901	29 973	50 524
应交所得税	万元	5 472	5 925	5 671
从业人员年末人数	人	8 457	7 961	8 475
从业人员工资总额	万元	45 871	66 004	51 779

注：表 1 ～表 5 数据来源于山西省工业和信息化厅。

［供稿：山西省工业和信息化厅］

内蒙古自治区

【电子信息制造业】 2017 年，内蒙古自治区（以下简称内蒙古）电子信息制造业实现销售收入 183.2 亿元，同比增长 42.3%。全区多晶硅产量 20 837.4 吨，同比增长 16.3%；单晶硅产量 30 787.3 吨，同比增长 110.9%；智能电视产量 137.4 万台，同比增长 25.7%。

【软件和信息技术服务业】 2017 年，内蒙古软件和信息技术服务业完成销售收入 29 亿元，同比下降 10%；实现软件产品收入 5.0 亿元，信息技术服务收入 9.1 亿元，嵌入式系统软件收入 1.5 亿元，软件业务出口 218 万美元。

【科技进步与应用】 2017 年，内蒙古呼和浩特市立信电气技术有限责任公司基于自有知识产权、应用大数据分析技术独立研发燃料精细化智能管控系统，实现电厂燃料采购、检质、掺配、燃烧的全过程管控，形成全过程可溯源的精细化管理模式。系统已应用于华能集团、大唐集团、华电集团下属 50 多家发电企业，覆盖内蒙古、山东省、陕西省、河北省等 10 余个省、市、自治区，推进能源节能技术的融合发展，树立用信息化手段改造传统发电企业燃料管控方式的标杆（成为集团公司燃料供应验收的标准），成为发电企业扭亏增盈、节约生产成本的主要抓手。

赤峰拓佳光电有限公司的研发团队在现有液晶显示产品基础上研发新型节能 LCM（LCD 显示模组、液晶模块）产品，从源头解决产品的续航能力和高分辨率显示效果难以兼顾的问题。新型节能 LCM 产品可广泛应用在手机、平板、穿戴式设备、航空航天工控以及数位终端显示领域，依托先进的工艺技术和产品的过硬质量，先后进入荷兰、意大利、加拿大等国际市场。公司已签约国外公司 12 家，有洽谈签约意向的公司 8 家，2017 年出口突破 200 万部。

内蒙古亨达海天网络技术有限责任公司结合市场需求，形成具有自主知识产权的“公文交换系统”，有效解决异构 OA 系统间的公文传输问题，为客户提供便捷、高效的应用体验，降低客户系统重构的成本。

内蒙古中环光伏材料有限公司独立开发 N 型高效太阳能电池用硅单晶技术，太阳能电池光电转换效率最高可达 24%，广泛应用于高效太阳能电池；DW 超薄太阳能硅片切片技术能提高单位长度硅单晶的出片数，应用于特殊结构的太阳能电池；CFZ 太阳能硅单晶技术能提供更高效的转换效率，提升装机系统发电效率，大幅度提升发电企业的经济效益。公司自主开发的高拉速高品质直拉单晶晶体生长工艺，实现太阳能级直拉单晶在晶体材料品质和生产效率两方面的大幅度提升，达到国际领先水平。

鄂尔多斯市源盛光电有限责任公司独立开发的第 5.5 代 LTPS/AMOLED 生产线，是中国自主创新、自主技术的全球最先进新型半导体显示器件生产线之一。项目总投资 220 亿元，建筑面积约 47 万平方米，玻璃基板投片量每月 6.8 万片。项目整体分两期建设，一期项目投资 108 亿元，设计产能每月 3.3 万张玻璃基板，于 2014 年投产，目前产线满产稳定运行；二期项目投资 112 亿元，设计产能每月 3.5 万张玻璃基板，从 2015 年 10 月开始实施工程建设，2017 年投产。

【信息基础设施】 2017 年，内蒙古信息基础设施建设发展迅速。贯彻落实《内蒙古自治区人民政府办公厅关于加快高速宽带网络建设的实施意见》，促进提升宽带服务质量和降低资费。进一步推动有关盟市做好“宽带中国”示范城市建设，持续推动光纤网络改造，宽带网络光纤接入用户已提升至 75%，20Mbps 以上城市用户光纤宽带率 89%，农村 4Mbps 以上宽带用户率 99%。全区固定宽带平均带宽比上年提升约 4 倍，费用下降 40%。全区互联网省际出口带宽突破 4 000Gbps，全区互联网用户总普及率 98.9%。规模以上工业企业 50Mbps 以上宽带用户比例超过 60%，网络提速降费力度加大，规模以上工业企业下载速率较上年同期提高 25%，资费下降 20%。中小企业专线资费大幅下降。

推进三网融合提升信息基础设施建设。中国联通内蒙古分公司、内蒙古广电网络公司等企业以全光网络宽带能力为依托，加大 IPTV 与 CDN 业务平台的建设力度，支持符合双向进入条件的企业在全区内开展三网融合业务，促进信息消费和民生改善。全区交互式网络电视互联网用户实现 80 万户增长目标。

【电子政务】 2017 年，内蒙古电子政务外网网络“四级”纵横贯通，全区 14 个盟市（含 2 个计划单列市）、101 个旗县（市、区）全部接入电子政务外网，接入率均达到 100%；471 个乡镇接入电子政务外网，接入率约 37%；自治区、盟市、旗县三级政务部门横向接入率分别为 100%、95% 和 80%，内蒙古统一政务云数据中心为 23 个部门托管设备 440 台，为 37 个部门分配虚拟机服务器 716 份，承载业务系统 540 个，分配 VPN 账号 23 826 个。完成外网云中心核心网络升级扩容改造工程，新增设备 122 台。

政务外网云中心旧资源池向新资源池共迁移 12 个部门的 39 个业务系统，新增部署 12 个部门的 23 个业务系统，新增托管 6 个部门的 86 台设备。运维中心处理完成各类故障（事件）263 件，处理客户服务请求 110 件，完成各类业务变更 153 件，确保链路纵向连通率平均为 98.6% 以上，互联网出口总带宽平均利用率在 75% 以下。2017 年 5 月，“勒索病毒”全球爆发，中心及时采取措施应对，确保全区接入外网的 6 000 多个部门、500 多台服务器、约 10 万台终端病毒感染“零报告”。

【两化融合】 2017 年，内蒙古推进信息化与工业化融合，全区两化融合贯标企业 101 家，其中，国家级贯标试点企业 57 家，全国排名居第 15 位。启动评定企业 41 家，完成待评企业 9 家，通过评定企业 8 家。全区开展两化融合对标企业累计 1 931 家，覆盖全区规模以上企业数比例达到 44%。制定下发《内蒙古自治区两化融合管理体系行业和区域贯标试点工作实施意见（试行）》，明确内蒙古两化融合贯标工作的总体原则、各级各部门职责、项目的管理和验收流程，确保达到“实质贯标”要求。积极探索精准贯标，先后组织相关服务机构赴乌兰察布市、兴安盟对两化融合贯标企业进行贯标方向诊断，帮助贯标企业找准切入点，提供个性化的指导和服务。

建立内蒙古两化融合推进体系。先后组建内蒙古两化融合咨询服务联盟、内蒙古首席信息官（CIO）联盟，确定联盟章程、联盟结构和理事会组成，选定服务支撑机构，为内蒙古全面推进信息化和工业化深度融合工作提供有力的智力支撑。同时，推动产业生态联盟建设，推动形成开放自主、良性互动的产业生态体系。发布内蒙古两化融合发展水平指数和数字地图，为内蒙古党委政府决策提供有力支撑。全年组织各类两化融合培训 2 次，培训人数超过 350 人。

【信息安全】 2017 年，内蒙古加强网络安全协调，开展工业信息安全检查和培训，组织全区重点部门企业召开全区工业控制信息系统安全培训会议，对全区涉及民生的重要工业控制进行调研摸底，组织参加工业和信息化部《工业控制信息安全指南》的宣贯工作，并出台《内蒙古自治区工业领域网络安全工作指南》。

组织内蒙古工控安全企业自查，开展 10 个盟市、21 个旗县区的 10 个企业工控安全试点回访和 22 个工控安全申报试点测评工作。开展内蒙古政务信息安全灾备日常协调指导，政务灾备中心运维服务单位共计为 17 个厅局提供巡检服务 5 802 次、数据测试服务 112 次、故障处理 377 次，配合 18 家用户单位（61 个关键信息系统）组织灾难应急恢复演练。为内蒙古 5 个厅局因突发情况导致的 7 次数据丢失进行及时、完整的数据恢复，避免因数据丢失引起的损失和影响。

开展政务信息安全监测预警，内蒙古政务信息安全监测预警系统共扫描网页 115 万多个，发现安全漏洞总数 62 万多个，经研判确认漏洞 634 个，同比新增漏洞 52 个，其中，高危漏洞 83 个，中危漏洞 212 个，低危漏洞 339 个。根据漏洞危险程度及时通知有关部门 230 多次。督促有关部门依据监测预警信息整改漏洞 44 个。

【云计算与大数据】 2017 年，内蒙古推进云计算与大数据产业发展，产业形态初步形成。围绕 2020 年大数据产业实现 1 000 亿元的目标，制定兑现优惠政策。编制大数据基金支持目录，建立大数据产业重点项目推进制度，做好已签约的 93 个重点项目的跟踪服务，重点推动呼和浩特市、乌兰察布市、鄂尔多斯市、赤峰市、通辽市等地区云计算与大数据产业园规划和建设。

按照大数据集聚区建设指南要求，支持以呼和浩特市为中心的大数据产业发展聚集区建设。呼和浩特市大数据和云计算产业基础不断夯实，一批国内外知名互联网、云计算企业先后入驻；在政务、乳业、农林畜牧、能源、工业、电商物流等领域开展大数据深度应用，进一步加快内蒙古国家大数据基础设施统筹发展综合试验区建设。

进一步贯彻落实《内蒙古促进大数据发展应用的若干政策》，编制《自治区大数据产业发展“十三五”规划》等一系列政策，为推进大数据产业提供更好的发展环境。开展内蒙古云计算大数据推广工作。在深圳、上海、沈阳等市举办云计算推介活动，深圳、上海等市的 IT 企业踊跃加盟内蒙古电信云计算产业园，签约合同额突破 6 亿元。截至 2017 年年底，全区云计算数据中心承载能力为 110 余万台，实际运行突破 50 万台。

【统计数据】

表 1　2017 年内蒙古自治区电子信息制造业人员构成情况

企业类别	企业数（家）	从业人员年末人数（人）	其中：研发人员（人）
内资企业	17	4 282	536
国有企业	1	93	22
有限责任公司	9	3 429	417
私营企业	5	636	63
其他内资企业	2	124	34

表 2　2015—2017 年内蒙古自治区电子信息制造业基本情况

项目名称	单位	2015 年	2016 年	2017 年
工业总产值（现行价）	万元	634 273	548 891	630 798
工业销售产值	万元	592 251	496 448	627 609
出口交货值	万元	27 753	14 978	21 099
资产总计	万元	779 009	1 057 839	1 630 394
负债合计	万元	508 250	653 975	1 340 085
主营业务收入	万元	608 749	498 986	632 476
税金总额	万元	4 391	5 789	7 345
利润总额	万元	29 121	9 200	-12 859
应交所得税	万元	1 296	3 644	1 169
从业人员年末人数	人	4 117	4 001	4 282
从业人员工资总额	万元	24 225	24 735	25 470

表 3　2015—2017 年内蒙古自治区电子信息制造业主要经济效益指标完成情况

项目名称	单位	2015 年	2016 年	2017 年
流动资产周转率	次	2	1.1	0.7
产品销售率	%	90	4	99
资产保值增值率	%	100	112	75
资产负债率	%	60	67	82

表 4　2016—2017 年内蒙古自治区主要电子信息产品产销量情况

产品名称	单位	产量		销量	
		2016 年	2017 年	2016 年	2017 年
智能电视	万台	109.3	137.4	108.5	138.2
太阳能电池组件	兆瓦	228.2	220.0	221.4	323.8
钕铁硼磁材	万千克	764.9	428.4	707.1	365.8

表 5　2017 年内蒙古自治区软件和信息技术服务业人员构成情况

企业类别	企业数（家）	从业人员年末人数（人）	人员构成			
			管理人员（人）	在总人数中所占比例（%）	软件开发研究人员（人）	在总人数中所占比例（%）
内资企业	61	4 631	597	12.9	2 101	45.4
国有企业	2	566	48	8.5	489	86.4
有限责任公司	47	3 375	444	13.2	1 357	40.2
股份有限公司	8	540	80	14.8	235	43.5
私营企业	4	150	25	16.7	20	13.3

表 6　2015—2017 年内蒙古自治区软件和信息技术服务业基本情况

项目名称	单位	2015 年	2016 年	2017 年
软件业务收入	万元	300 979	281 517	157 280
软件业务出口收入	万美元	73		218
软件产品销售收入	万元	134 459	163 718	50 385
流动资产平均余额	万元	170 206	130 442	69 089

续表

项目名称	单位	2015 年	2016 年	2017 年
固定资产投资额	万元	7 548	10 701	3 288
资产合计	万元	298 233	304 198	317 891
负债合计	万元	133 998	127 968	139 197
税金总额	万元	12 905	12 308	9 504
利润总额	万元	15 389	23 687	18 927
应交所得税	万元	5 129	2 196	4 014
从业人员年末人数	人	4 568	4 594	4 631
从业人员工资总额	万元	24 257	27 583	27 698

表 7　2015—2017 年内蒙古自治区软件和信息技术服务业主要经济效益指标完成情况

项目名称	单位	2015 年	2016 年	2017 年
流动资产周转率	次	2	2.2	1.1
总资产贡献率	%	15	12	9
资产保值增值率	%	140	140	80
资产负债率	%	40	37	43

注：表 1 ~表 7 数据来源于内蒙古自治区工业和信息化厅。

[撰稿：武震宇　审稿：霍航雄]

辽　宁　省

【概况】　2017 年，辽宁省电子信息产业总体延续稳中向好的发展态势，实现产值 2 771 亿元，同比增长 8.4%。其中，电子信息制造业持续回升，软件和信息技术服务业继续平稳运行。

全年生产手机 2 580 万部，同比增长 34.9%；打印机 21 万台，同比增长 16.7%；液晶电视机 146 万台，同比增长 0.7%；汽车音响 926 万部，同比下降 8.9%；激光视盘机 189 万部，同比下降 11.3%。

【电子信息制造业】　截至 2017 年年底，辽宁省电子信息制造业纳入国家统计范畴的企业有 308 家，从业人员 17.2 万人，实现产值 787 亿元，同比增长 18.4%；出口交货值 361 亿元，同比增长 21.6%。

【软件和信息技术服务业】　2017 年，受宏观经济形势下行和市场需求不振的影响，辽宁省软件和信息技术服务业发展增速趋缓，规模以上企业软件业务收入稳步增长，软件出口小幅回暖。全省软件和信息技术服务业规模以上（软件业务收入 500 万元以上）企业 1 970 家，全年实现软件业务收入 1 984 亿元，实现出口 30.7 亿美元，从业人员 34 万人。

2017 年年初因日元汇率下降，辽宁省出口业务受到小幅影响，对日出口占出口总量的 41%，比上年有所下降；欧美外包收入与上年相比有小幅增加，占出口总量的 40%。

全省软件和信息技术服务业主要集聚在沈阳市和大连市，2 个市的软件和信息技术服务业主营业务收入占全省比重 98%。通过推动软件产业集群发展，促进产业集聚，全省重点产业集群沈阳浑南软件和电子信息产业集群、大连软件和信息技术服务产业集群实现平稳发展。

【信息基础设施】 2017 年，辽宁省 IPTV 用户 260 万户，广电互联网宽带用户 36 万户。组织各市及省直相关部门全面梳理前期工作，完成《关于全省三网融合工作情况的汇报》；以问题导向，研究制定全面推进三网融合工作的任务和措施，并下发《关于在全省范围全面推进三网融合工作深入开展的通知》，将各市三网融合推进工作纳入政府绩效考核指标；召开系列三网融合推进工作协调会，协调处理问题、宣传相关政策，听取铁岭市三网办情况汇报，现场督察锦州市、本溪市、营口市等部分地市，促进各市三网融合工作有序开展；开展三网融合技术产品供需调研，筹办产业发展对接活动，促进相关产业发展；完成锦州市、丹东市、营口市的电信普遍服务试点验收，配合相关部门组织开展 2017 年度电信普遍服务试点，下发《做好 2017 年度电信普遍服务试点申报准备工作的通知》（辽政办明电〔2017〕21 号），争取国家资金补贴，促进农村网络通信基础设施建设；保障政务外网互联互通，省政务外网上联国家外网、下联各市外网、横向连接 135 家省直部门（单位），保持互联互通，为各类业务应用系统建设提供网络支持，并推进省电子政务外网数据中心资源利用，新增受理 23 项业务，其中，新增接入业务 11 项，外网迁移和托管业务 7 项，应用业务 5 项。

【两化融合】 2017 年，辽宁省持续推动两化融合管理体系贯标。组织 4 期企业两化融合贯标培训，培训企业 200 余家，推动全省规模以上工业企业开展两化融合自评估、自诊断、自对标工作；新增 19 家企业成为 2017 年国家两化融合管理体系贯标企业；开展制造业与互联网融合发展试点。

组织推荐东软集团“智能工厂解决方案应用推广”等 21 个项目申报国家制造业与互联网融合发展试点，东软集团和沈阳机床集团成为国家试点。推动沈阳机床集团“iSESOL 工业云平台”应用迈上新台阶，沈阳机床集团在浙江省等地联合地方政府建设 7 个智能制造共享基地，近 5 000 余台 i5 机床连接云平台，制造能力“分享经济”模式初见雏形。

推动工业互联网发展试点。组建工业互联网产业联盟，聚焦联盟成员优势资源与能力，指导并依托省工业互联网联盟推动第一批工业互联网百家试点企业发展，培育全省工业互联网典型企业，加强与试点企业的沟通，组织试点企业参加工业互联网专题培训，指导试点企业做好工业互联网相关工作；支持省工业互联网联盟筹备召开 2017 年工业互联网（大连）峰会；贯彻落实《国务院关于深化“互联网 + 先进制造业”发展工业互联网的指导意见》（国发〔2017〕50 号）文件，制定《辽宁省人民政府关于深化“互联网 + 先进制造业”发展工业互联网的实施方案》（征求意见稿），征求相关部门意见，待上报省政府同意后发布。

落实工业和信息化部工业电商三年行动计划。围绕网上采购、互联网营销、供应链管理、信息追溯、个性化定制等关键环节，开展省级工业电子商务试点，推进工业企业电子商务创新发展。

【产业环境】 2017 年，辽宁省推动云计算产业创新发展，培育信息产业发展新业态。全球首个软件开发云——华为大连软件开发云上线，召开云计算发展三年行动计划宣贯会暨云平台建设经验交流现场会，大连市以软件开发云为重点加快推动云计算产业发展经验做法获得工业和信息化部认可，由此形成“大连模式”在全国推广；推动物联网产业发展，依托辽宁物联网产业联盟，重点在全国推广应用“互联网 + 电梯安全”产品服务，打造物联网示范应用新名片。协同开展人工智能发展情况摸底调研，形成《关于人工智能发展情况有关建议的报告》，提出在智能制造、机器人、机器视觉、机器翻译等领域重点加大支持力度，扶持已经具有自主核心技术的企业做大做强，确保辽宁省人工智能科技水平跻身全国前列。贯彻《智慧健康养老产业发展行动计划(2017—2020年)》(工信部联电子〔2017〕25号)，面向省内IT骨干企业，召开智慧健康养老产业座谈会，推动东软集团与省政府签订《大健康产业战略合作协议》，共同建设健康医疗国际产业园，推动医疗健康大数据产业发展，推荐东软熙康医疗系统有限公司等企业为智慧健康养老应用试点示范企业。

在沈阳市召开信息技术服务咨询设计标准应用交流研讨会，推动信息技术服务标准(ITSS)试点；电子信息、软件和信息技术服务2个标准化技术委员会先后启动10个行业地方标准制修订工作；成立一支20人的信息技术标准化专家队伍，为物联网、云计算、大数据等新一代产业发展提供智力支撑。

发展工业软件产品及智能制造整体解决方案，推动物联网、工业互联网、云计算、大数据等新一代信息技术在工业企业中的应用。组织2017年度工业软件优秀解决方案展示对接会——大连专场，中国仿真云平台上线，大连华信计算机技术股份有限公司的智能制造项目有力提升中车集团的信息化水平和核心竞争力。推动与华为技术有限公司开展合作，围绕智能制造开展多次研讨。推动沈阳市与华为技术有限公司签订《华为沈阳云中心项目合作协议》，推动华为软件开发云应用推广，打造智能制造云，建设城市产业云，带动全省软件产业创新发展。推动开展与中兴通讯股份有限公司、浪潮集团的合作。中兴公司计划建设智慧沈抚物联网产业示范基地，浪潮集团将在沈抚新区投资30亿元，建设浪潮大数据产业园。开展与江苏省的对口合作，推动大连华信公司与中国中车南京浦镇车辆公司的合作，大连华信公司研发的精益物流、智能制造等软件解决方案已全面应用，企业运行效率提升两成，生产差错降低八成。帮助企业开拓市场，组织省内近百家企业参加中国电子信息博览会、中国国际软件和信息服务交易会(大连)、中国国际软件博览会、中国智慧城市创新大会(沈阳)，展示辽宁省电子信息产业发展的良好形象和独特优势。

[供稿：辽宁省工业和信息化厅]

吉 林 省

【概况】 2017年，吉林省电子信息产业加快创新驱动，深化转型升级，全年实现规模总量1 064亿元。信息化建设扎实推进，两化融合进一步提升，信息技术在制造企业产业链各环节的集成应用有所增强，信息化发展环境明显改善。

【电子信息制造业】 2017年，吉林省电子信息制造业初步形成以国家智能网联汽车应用示范为先导，以光电子、汽车电子、新型元器件等产品领域为特色，以集成电路等新一代信息技术为引领的产业格局。

企业产品涵盖面广，地域分布相对集中。全省纳入统计口径的电子信息制造业规模以上企业217家，主要分布在长春市和吉林市，集聚现象明显，产品涵盖光电子、汽车电子、新型元器件等多个领域。

经济指标整体收缩。全年电子信息制造业累计完成产值480.7亿元，同比下降8.6%；完成销售产值470.5亿元，同比下降8.7%；实现主营业务收入463.0亿元，同比下降8.7%；实现利润28.4亿元，同比下降10.3%；从业人员3.3万人。

光电显示产业创新链获得集聚突破。奥来德光电材料股份有限公司建成技术国际领先、规模国内最大的OLED新型显示材料生产基地。博立电子科技有限公司基于GPU的异构计算技术国际领先，为新一代智能全景视觉感知产品提供高性能计算支撑。长春希达电子技术有限公司大瓦数高功率密度LED照明产品达到国际先进水平，在北京市等地应用示范；LED精准杀虫灯、植物补光灯填补国内空白；高密度LED集成三合一显示产品具有自主知识产权，已批量生产。

智能网联汽车应用示范取得进展。国家智能网联汽车应用示范区完成一期建设，具备 11 个大场景、233 个小场景的测试示范功能，首批一汽自主品牌智能网联汽车进驻示范区，实现信息提示、安全预警等智能网联化应用。启明信息技术股份有限公司自主研发的智能决策单元、智能感知组件已在智能网联汽车上应用。

电子信息领域强基工程取得成效。长光辰芯光电技术有限公司 CMOS 图像传感器设计水平继续保持国际领先，市场占有率快速增长。长光圆辰微电子技术有限公司的国内首条独立背照式 CMOS 图像传感器生产线项目建设进展顺利，建成后将进一步提升产品附加价值。吉湾微电子有限公司基于“吉湾一号”CPU 云终端在朝阳区政府规模化应用，“吉湾二号”CPU 正在华硕公司进行前期测试。鸿达集团具有国内领先水平的生物特征识别技术产品出口欧美、中东、东南亚等 30 多个国家和地区，为“一带一路”国家提供服务。

典型企业　吉林华微电子股份有限公司是国内功率半导体器件领域首家上市公司。以半导体二极管、半导体三极管而被工业和信息化部评为第一批制造业单项冠军培育企业；经科学技术部等国家机构认证，被列为国家博士后科研工作站、国家创新型企业；在 2017 年中国半导体行业协会评选活动中，位列中国半导体十大功率器件企业之首。公司应对多变的市场环境，加快产品、技术结构调整，推进技术营销，提升公司在新兴领域的拓展速度，逐步由单一双极型产品供应商成长为以功率智能模块和 IGBT、MOSFET 等新型电子器件为核心的多产品多方向的电子信息制造企业。

【软件和信息技术服务业】　2017 年，吉林省软件和信息技术服务业面临良好的发展机遇。产品结构不断完善，种类不断丰富，软件产业自身发展模式实现由单一向多元化的转变。

全年实现软件业务收入 583.7 亿元，同比增长 14.2%。其中，软件产品收入 196.1 亿元，占软件业务收入的 33.6%；信息技术服务收入 307.2 亿元，占软件业务收入的 52.6%；嵌入式系统软件收入 80.3 亿元，占软件业务收入的 13.8%。实现利润 51.4 亿元，同比增长 14.1%，从业人员 47 066 人。

全省现有符合统计范围的软件和信息技术服务企业 913 家，其中，通过软件企业认定 564 家，登记软件产品 2 367 个，系统集成资质企业 154 家，信息系统工程监理资质企业 4 家；软件和信息服务企业中主营业务收入超亿元的企业 70 家，超 5 000 万元的企业 98 家；国家规划布局内重点软件企业 1 家，上市公司 19 家，筹备上市的企业 20 家，认定软件企业技术中心 25 家。全年通过减免税企业 20 家，减免税费 1 685 万元。

全省软件和信息技术服务业产业规模逐步扩大，产业结构服务化趋势突出，数据处理和运营服务收入增速加快；技术整合更加明显，软件渗透生产生活各领域，推动传统产业的发展。

典型企业　启明信息技术股份有限公司在汽车管理软件产品研发与服务、车载信息系统研制及服务 2 个领域的市场份额居国内同行业前列，在全国百强软件企业中排名第 94 位。东北师大理想软件股份有限公司研究开发十一大系列 700 多种能够有效支撑教育信息化工作的系列软件产品，已推广到全国 31 个省、市、自治区；职业教育软件产品已推广到 50 多所职业院校。

【信息基础设施】　2017 年，吉林省信息基础设施服务保障能力明显提高，全省云计算数据中心初具规模。启明数据灾备中心、吉林云数据基地等 6 个大中型云计算数据中心已经建成，具备 1 万个标准机架、10 万台服务器规模。三网融合稳步推进，推动完成 IPTV 集成播控平台建设，IPTV 业务用户（联通）累计超过 120 万户。广电试点企业双向准入许可申报获得工业和信息化部批复，吉视传媒光纤入户解决方案成为二个国家标准之一。

【信息产业基地和园区】　吉林省国家汽车电子高新技术产业化基地作为国家级产业园区，以“创客空间—孵化器—加速器—产业园—产业集聚”有机融合为发展模式，以物业服务中心、工程服务中心、双创中心、技术服务中心、信息服务中心等五大中心为基础，为入园企业提供全方位、高品质服务。2017 年，双创中心建立的“壹车间创业服务中心”开展一站式服务、创新创业帮帮团、大讲堂等活动，为初创型企业提供创业服务；信息服务中心建设汽车电子产业化基地公共服务平台，构建市场对接、人才资源、投资融资、成果转化等十大公共信息服务板块，通过信息技术手段提升服务质量。截至 2017 年年底，园区注册企业 65 家，已入驻企业 43 家，实现产值 6.7 亿元。

【电子政务】 2017 年，吉林省按照国家电子政务外网管理中心统一部署，加强网络基础设施建设，保障电子政务外网平稳运行。进行政务外网扩容升级改造，外网已实现省、市、县三级覆盖，建成统一的全省政务部门接入公共服务承载网络。做好政务外网接入工作，完善电子政务外网信息交换平台，为政务部门信息交换共享提供技术支撑。

【融合发展】 2017 年，吉林省工业化和信息化融合发展水平不断提升。根据两化融合服务平台发布的 2017 年数据，吉林省两化融合发展水平指数 70.18，比上年提升 4.4，位居全国第 22 位。两化融合评估诊断和对标引导持续深入。汽车、石化、医药、食品等行业累计 1 100 余家企业，依托两化融合服务平台开展常态化自评估、自诊断、自对标，企业两化融合发展意识不断提升。工作推进机制不断健全，成立工信系统两化融合项目谋划推进组，建立两化深度融合项目库。

制造业与服务业融合发展趋势更加明显。确定长春新区为首批试点开发区、吉林市为两业融合发展试点城市，培育吉林通用机械有限公司等 30 家制造业服务化试点企业，通化东宝药业股份有限公司等 5 家企业入选全国首批服务型制造示范企业，组织专家在全省宣讲制造业服务化转型 12 次，1 000 余家企业参加。制造业服务化有所体现，建新科技有限公司等企业向服务化延伸，开展远程运维服务；长光卫星技术有限公司加快建设信息化服务平台，向信息技术增值服务发展；东北袜业园区内制造企业与研发、物流、电商等服务业融合发展的产业生态正在形成。软件企业向系统解决方案服务商转变意识不断提升，博立电子科技有限公司由工控系统开发向智能制造整体解决方案服务商转型，东杰科技开发有限公司由系统集成商向非煤矿山整体解决方案提供商转型。

制造业与互联网融合发展基础有效聚焦。智能网联汽车、食品溯源、能源清洁利用三大跨行业、跨领域平台和一批行业级、企业级云平台取得成效。“启明星云”汽车行业工业互联网平台投入运营，整合数据采集、云基础设施服务、通用平台、数据和云应用 5 个方面的服务能力。食品溯源工业互联网平台推动省农业投资公司与相关企业洽谈合作事宜，已沟通两轮，下一步将实地进行考察，确定合作相关事宜。建材、纺织、医药行业云平台已建设完成，亚泰集团虚拟云和吉林化纤纺织云注册供应商分别达 5 100 家和 900 家，通钢自信医药云已为 70 余家医药企业提供制造资源、工业软件等云服务，提升产业链上下游的协同水平，起到提质增效作用。

【大数据】 2017 年，吉林省大数据产业数据采集手段多样。“吉林一号”卫星及无人机能够采集空间遥感数据，北斗导航位置信息服务中心、高分辨率对地观测系统能够提供对地观测数据服务，吉林大学智慧海洋研究中心海洋水声系统可监测水下动态环境数据，重载荷智能化物探技术填补航磁梯度探测系统空白，吉大高分中心地质勘探云平台能够对矿山环境、黑体退化和地质灾害等进行动态监测。

遥感卫星及应用产业形成集群化发展。长春航天信息产业园形成年产 30 颗卫星和 200 架无人机的制造能力；航天信息应用综合服务平台已上线运行；测绘地理信息产业孵化基地在长春市北湖科技园落地，吸引上海华测导航技术股份有限公司等 30 余家企业入驻。

发展要素加速集聚。吉林大学、东北师范大学、长春理工大学建立 3 家大数据相关的重点实验室，长春理工大学等 8 所高校设立大数据专业；浪潮长春双创中心与 26 家省外大数据开发企业达成落户吉林省意向，已有 7 家企业入驻；华为技术有限公司带动大连楼兰科技股份有限公司等 10 家企业落地长春新区，参与智能网联汽车应用示范、现代农业服务平台、新区大数据产业园以及大数据交易中心等建设。

应用领域不断拓展。以“吉林一号”卫星遥感数据为核心的数据应用服务更加广泛，长光卫星技术有限公司已为百余家政府部门、科研院所、企业和墨西哥、新西兰的地震等自然灾害应对提供服务，并与伊朗等国初步达成卫星制造及发射意向。

【网络安全】 2017 年，吉林省强化预警防护和应急处置，组建网络安全保障工作组，印发《工业控制系统信息安全防护自评估指南》《吉林省工业控制系统信息安全防护与应急管理工作实施办法（试行）》等文件，统筹协调并保障十九大、第 11 届东北亚博览会和第 19 届中国科协年会网络安全无事故，构建在线监测平台，与省网信办等部门联合处置蠕虫勒索病毒等网站安全突发事件。强化安全教育培训，组织省市两级网络安全管理人员学习《网络安全法》，组织工业领域关键信息基础设施运营单位技术骨干进行网络安全培训。

【主要问题】 吉林省电子信息制造业企业结构不优，小微企业多，龙头大企业少，抵御风险能力较弱；产品结构不优，基础元器件多，终端整机产品少，产业链延伸能力不强，配套体系不健全；集成电路设计等新兴产业还处于发展初期阶段，新动能对经济增长尚未形成有效支撑，产业转型升级压力依然较大。

软件和信息技术服务业自主创新能力薄弱，虽然全省有近千家软件企业，数量不少，但核心技术缺乏，企业发展后续乏力；软件人才结构性矛盾突出，虽然具备基础人才优势，但高层次的技术人才、复合型人才缺乏，发展受限。

【统计数据】

表 1　2015—2017 年吉林省电子信息制造业基本情况

项目名称	单位	2015 年	2016 年	2017 年
工业总产值（现行价）	万元	5 342 991	5 697 969	4 806 519
工业销售产值	万元	5 250 233	5 591 191	4 705 091
出口交货值	万元	157 324	75 263	133 821
资产总计	万元	3 235 307	3 409 752	3 859 733
负债合计	万元	1 482 780	1 493 045	1 698 369
主营业务收入	万元	5 115 196	5 481 044	4 629 683
税金总额	万元	122 950	107 740	103 815
利润总额	万元	265 375	337 395	283 926
应交增值税	万元	91 748	78 779	76 442
从业人员年末人数	人	32 783	31 635	33 306

表 2　2015—2017 年吉林省电子信息制造业主要产品产量情况

产品名称	单位	2015 年	2016 年	2017 年
半导体分立器件	万只	344 070	423 206	442 619

表 3　2015—2017 年吉林省电子信息制造业主要经济效益指标完成情况

项目名称	单位	2015 年	2016 年	2017 年
全员劳动生产率	元 / 人	406 843	439 386	372 305
流动资金周转率	次	3.3	3.2	2.3

续表

项目名称	单位	2015 年	2016 年	2017 年
产品销售率	%	98.2	98	97
总资产贡献率	%	13.9	14.3	12
资产负债率	%	45.8	43.7	44

注：表 1 ~表 3 数据来源于吉林省统计局。

表 4　2017 年吉林省软件和信息技术服务业人员构成情况

企业类别	企业数（家）	从业人员年末人数（人）	人员构成			
			管理人员（人）	在总人数中所占比例（%）	软件开发研究人员（人）	在总人数中所占比例（%）
内资企业	856	40 345	4 606	11.4	15 366	38.1
国有企业	14	2 221	93	4.2	246	11.1
股份合作企业	2	42	10	23.8	10	23.8
联营企业		15	5	33.3	9	60.0
有限责任公司	582	22 875	2 524	11.0	8 622	37.7
股份有限公司	65	6 111	680	11.1	2 517	41.2
私营企业	188	8 680	1 270	14.6	3 922	45.2
其他内资企业	5	401	24	6.0	40	10.0
港、澳、台商投资企业	3	147	7	4.8	42	28.6
三资企业	26	6 574	147	2.2	554	8.4

表 5　2015—2017 年吉林省软件和信息技术服务业基本情况

项目名称	单位	2015 年	2016 年	2017 年
软件业务收入	万元	4 405 089	5 110 168	5 837 083
软件业务出口收入	万美元	11 019	8 261	9 421
软件产品销售收入	万元	1 275 661	1 668 621	1 961 373
流动资产平均余额	万元	1 161 255	773 722	1 140 292
固定资产投资额	万元	149 189	72 450	81 134
资产合计	万元	2 566 913	1 505 907	2 131 394
负债合计	万元	960 006	572 420	783 997
税金总额	万元	86 892	139 953	164 445

续表

项目名称	单位	2015 年	2016 年	2017 年
利润总额	万元	478 454	454 197	513 992
应交所得税	万元	35 288	22 366	46 008
从业人员年末人数	人	52 814	42 204	47 066
从业人员工资总额	万元	247 415	245 223	285 004

表 6　2015—2017 年吉林省软件和信息技术服务业三资企业基本情况

项目名称	单位	2015 年	2016 年	2017 年
软件业务收入	万元	591 236	639 094	697 699
软件业务出口收入	万美元	2 619	1 186	1 535
软件产品销售收入	万元	413 865	456 907	49 855
流动资产平均余额	万元	88 928	27 914	23 841
固定资产投资额	万元	9 134	3 714	3 323
资产合计	万元	858 987	33 968	23 523
负债合计	万元	329 779	15 146	10 451
税金总额	万元	49 985	55 133	607 402
利润总额	万元	126 890	38 856	51 963
应交所得税	万元	13 022	3 492	22 456
从业人员年末人数	人	8 173	2 889	2 851
从业人员工资总额	万元	60 233	12 662	16 420

表 7　2015—2017 年吉林省软件和信息技术服务业主要经济效益指标完成情况

项目名称	单位	2015 年	2016 年	2017 年
全员劳动生产率	元 / 人	125 257	138 910	152 801
流动资产周转率	次	692	747	536
产品销售率	%	30	33	33.6
总资产贡献率	%	24.7	27.3	27.6
资产保值增值率	%	177	127.5	125.7
资产负债率	%	37	38	37

注：表 4 ~表 7 数据来源于吉林省工业和信息化厅。

［撰稿：盛延鹏　杨锁　审稿：王增华］

黑龙江省

【电子信息制造业】 2017 年，黑龙江省规模以上电子信息制造企业完成工业总产值 121.1 亿元，完成主营业务收入 115.8 亿元。动力电池、光电半导体材料及器件、汽车电子和铁路电子等电子信息制造业具有一定基础，发展势头良好。

典型企业　黑龙江省在动力电池方面有较好的基础，龙头企业哈尔滨光宇集团在 2017 年全国电子信息百强企业中居第 82 位。光宇集团主要产品分四大类：一是铅酸蓄电池；二是锂离子汽车电池、锂离子自行车电池、手机电池芯等；三是网络游戏，包括软件开发、网络运营；四是汽车制造（电动汽车）。2017 年，光宇集团销售铅酸蓄电池 153 万 kVh、锂离子电池 11 583 万只、镍氢电池 5 303 万只，实现主营业务收入 73.5 亿元；主导产品锂离子电池已成功配套各种车型，包括纯电动客车、混合动力客车、纯电动轿车、混合动力轿车等物流、环保、特种车型。充分挖掘全省石墨资源优势发展石墨负极材料。亚洲第一大石墨矿位于鹤岗市，储量超过 6 亿吨，鸡西市石墨储量 3.9 亿吨。先后成功引进贝特瑞公司入驻鸡西市、国信通集团入驻鹤岗市。全省锂离子电池负极材料生产企业 3 家，产能 2.1 万吨，2017 年产量约 6 000 吨，其中，鸡西贝特瑞公司生产负极材料 5 000 吨。

哈尔滨奥瑞德光电技术有限公司蓝宝石晶体材料产能继续保持全球首位，并向产品下游延伸，在切磨抛环节基础上延伸到图形化，通过自主研发和并购，成为晶体生长设备和切磨抛设备蓝宝石装备供应商；积极开拓手机市场，将业务从单一蓝宝石领域拓展到 3D 热弯设备及工艺技术、陶瓷加工等产业。大庆佳昌晶能信息材料有限公司是国家级高新技术企业，主要产品砷化镓抛光片是微电子和光电子工业重要的支撑材料之一，涉及国民经济和国防建设诸多领域；目前生产能力为月产 2 英寸、4 英寸砷化镓抛光片 11 万片，国内市场份额位居第一，覆盖欧、美、日、韩等国市场。哈尔滨海格科技发展有限责任公司的红外接收组件产量位居全球第二、全国第一，公司不仅是国内电视机、空调企业的主流供应商，产品还出口日本，为日本主要家电公司提供配套；公司还为国内各主要电表厂提供红外接收器。

全省共有汽车电子企业 5 家，其中上市企业 2 家。企业生产的汽车仪表产品为国内 30 余家整车厂提供配套，占据国产车 20% 以上的市场份额；汽车喇叭产品在为国产汽车提供配套的同时，成功进入国际市场，成为德国宝马、奥迪和美国通用等世界著名车企的配套商；行车记录仪等行车产品在前装和后装市场占据很大份额，在多个省建立信息平台。哈尔滨威帝电子股份有限公司的汽车 CAN 总线控制系统、汽车轮胎压力温度无线监测系统产品达到国际先进水平，彩色液晶仪表产品达到国内领先水平。

黑龙江瑞兴科技股份有限公司是国内通过铁路总公司 CRCC 认定的两家轨道电路产品供应商之一，通过与铁道科学研究院重组，企业从单一的轨道电路产品拓展到全信号系列，市场从单一的铁路市场外延到城市轨道交通。哈尔滨铁路局哈尔滨铁路科研所将 4 家下属经营公司进行整合成立的哈尔滨铁路科研所科技有限公司，在机车、车辆、计轴、视频监控等行车安全保障设备等方面成为行业标准的制定者，自主研发的多项产品在铁路行业中广泛推广应用。车辆轴温红外线探测设备、车号识别设备、地铁洗车专用设备在国内市场占有率分别达 54%、90% 和 70%；以铁路货车技术管理信息系统、铁路客车管理信息系统、铁路机务管理信息系统为支柱的信息化产品体系，均已列入铁路信息化总体规划，市场占有率达 100%。公司还在美国、澳大利亚等地设立分公司和分支机构，产品销往美国、澳大利亚、伊朗、南非等地。

重点项目　国信通集团动力电池、智能手机、负极材料项目总投资 60 亿元，是推动鹤岗市加速转型发展的龙头项目。项目规划用地 20 万平方米，分三期建设。

首期于2017—2018年上半年完成投资额20亿元，完成首期工程建设70 000平方米，建设动力电池与通信手机生产线，形成年产手机750万台、电池1亿只与动力电池550万组的产能，投产达效后可实现年产值50亿元，年可创税收1.5亿元；第二期于2018—2019年上半年完成投资15亿元，完成二期工程建设50 000平方米；第三期于2019—2020年完成投资25亿元，完成三期工程建设80 000平方米。总体项目投产达效后，形成年产手机1 750万台、电池2亿只与动力电池3 460万组的产能，可实现年产值150亿元，年可创税收5亿元。项目于2017年6月在鹤岗市开工建设。

【软件和信息技术服务业】 2017年，黑龙江省软件和信息技术服务业发展平稳，受到全省宏观经济负向拉动，增速保持在11% ~ 15%缓升区间。软件和信息技术服务业营业收入224.5亿元，同比增长12.3%，占全国同期的0.3%。其中，软件业务收入189.6亿元，同比增长12.5%；利润总额26.5亿元，同比增长7.7%；从业人员约3万人，同比增长4%。

全省软件和信息技术服务企业共计495家，90%以上的企业分布在哈尔滨和大庆两市。其中，数据中心领域的代表企业有中国移动通信集团黑龙江有限公司、中国联合网络通信有限公司黑龙江省分公司、中国电信股份有限公司黑龙江分公司、黑龙江广播电视网络股份有限公司、哈尔滨国裕数据技术服务有限公司、哈尔滨云谷名气通数据服务有限公司；大数据和云计算产业的代表企业有哈尔滨航天恒星数据系统科技有限公司、哈尔滨凯纳科技有限公司、黑龙江北斗天宇卫星导航信息科技有限公司、哈尔滨工业大学科软有限公司、黑龙江亿林网络有限公司、哈尔滨工业大学软件工程股份有限公司；信息安全产业的代表企业是哈尔滨安天科技有限公司。

《黑龙江省加快电子商务平台建设、促进电子商务加快发展的实施方案》等产业促进政策相继出台，鼓励软件产业发展的政策得到较好落实。全省软件企业所得税减免超过3 000万元，增值税退税7 000万元，软件企业享受政策优惠额度超过1亿元。

【信息产业基地和园区】 哈尔滨科技创新城、大庆服务外包园、哈南数据城等园区企业入驻率持续提高。其中，大庆服务外包园是国家级软件园、国家级服务外包产业园和国家级孵化器“三位一体”的综合性高技术企业园区。园区有25栋楼25.49万平方米房屋，出租率86.2%，入驻企业750家，包括国家级高新技术企业29家、国家级技术先进型服务企业5家、国家级软件企业26家、服务外包企业210家，5家企业通过CMMI等资质认证，累计获得软件著作权登记560项、国家专利46项。园区有招商企业206家，到位金额3亿元，获批3个省级创新创业平台，新增软件著作权及专利173项。2017年，园区落实高新区的“创业六条”和“促进新兴业态发展”的相关政策，帮助企业兑现网络、电力、人才培训等补贴，为118家新进科技企业提供房租、IDC机房环境等优惠措施，使企业获得实际支持；在多渠道融资服务方面，先后组织企业与工商银行、建设银行、交通银行、龙江银行及北京、深圳、上海等地的投资公司接触融资。

【两化融合】 2017年，黑龙江省推进两化深度融合，以信息化培育新动能、用新动能推动新发展，加快制造业转型升级，推进工业强省建设，重塑龙江制造竞争新优势。两化深度融合政策举措不断丰富创新，制定出台《黑龙江省制造业转型升级“十三五”规划》《黑龙江省人民政府办公厅关于深化制造业与互联网融合发展的实施意见》等文件，发展目标和工作重点进一步明确，跨部门协作和区域协同的工作机制逐步建立。装备、食品、石化、医药等重点行业两化深度融合扎实推进，企业“大智移云”新一代信息应用水平快速提升，在精益管理、风险管控、供应链协同、市场快速响应等方面的竞争优势不断扩大。

两化融合管理体系贯标持续开展，在引领企业组织方式变革、加快转型发展等方面发挥积极作用，全省国家级两化融合管理体系贯标试点企业累计28家，其中11家企业通过评定成为两化融合管理体系达标企业。制造业与互联网融合发展，催生网络协同制造、个性化定制、服务型制造等新模式，工业云、工业大数据等新业态加速发展，中国一重集团有限公司基于“双创”平台的专项产品机加装配生产车间数字化升级改造试点、省科学院自动化研究所的黑龙江省智能制造协同创新平台被工业和信息化部评为2017年度制造业“双创”平台试点示范项目，中国船舶重工集团公司第703研究所的基于大数据技术燃气轮机远程诊断及专家支持系统入选全国 100 个大数据优秀产品和应用解决方案。

【信息安全】 2017 年，黑龙江省贯彻落实《中华人民共和国网络安全法》《工业控制系统信息安全防护指南》《国务院关于深化制造业与互联网融合发展的指导意见》等文件精神，以工业控制系统信息安全（以下简称工控安全）为着力点，不断加强工业领域信息安全。工控安全逐步科学化、系统化和标准化，相继制定《黑龙江省工业信息安全管理条例》《黑龙江省工业企业网络安全工作人员培训制度管理办法》《黑龙江省工业网络安全岗位分类规范及能力指南》《黑龙江省工业信息安全人才培养规划大纲》等文件，全省工控安全规章制度进一步完善。

工控安全宣贯培训有序开展，在工业和信息化部信息化和软件服务业司的指导下，分层次、分结构、有针对性地开展一系列工控安全培训，面向从业人员加强国家工控安全政策法规的宣贯培训，普及工控安全知识和防护技能，累计培训 2 000 余人次。

工控安全在线监测能力得到提升，在原黑龙江省工业和信息化委员会的专项资金支持和国家工业信息安全发展研究中心的技术支持下，黑龙江省工业控制系统在线安全监测平台基本建成并投入使用，逐步开展工控资产统计分析、漏洞统计分析、脆弱性统计分析等方面的工作，为全省工业企业抵御网络攻击、保障安全生产提供重要支撑。

工控安全人才队伍建设不断加强，原黑龙江省工业和信息化委员会会同黑龙江省电子技术研究所、黑龙江科技大学等单位，按照长期与短期相结合、理论学习和实战演练相结合的形式，面向工控安全技术服务机构、主管部门、工业企业工控技术岗位开展定向培养，为全省工控安全培养实用技能型后备人才。

【主要问题】 黑龙江省电子产品大多为价值不高的产业链前端或市场规模有限的产品，除哈尔滨光宇集团入选全国电子信息百强企业外，其他企业经济规模普遍较小，即使是在同类产品市场份额中名列前茅、处于该领域领军地位的企业，由于该产品整体市场经济规模有限，其经济规模对全省的行业拉动也是有限的。

由于地处高寒地区，企业的上下游产业链和市场都在省外，生产和运输成本较大，导致产业规模无法做大。

电子信息制造业与传统产业相比规模小，基础薄弱，在优惠政策制定、资金扶持力度等方面，具体措施不多，缺少政策支持和资金投入。

【统计数据】

表 1　2015—2017 年黑龙江省电子信息制造业基本情况

项目名称	单位	2015 年	2016 年	2017 年
工业总产值（现行价）	万元	1 457 802	1 580 575	1 210 652
工业销售产值	万元	1 395 687	1 522 862	1 160 056
出口交货值	万元	112 832	134 755	174 686
流动资产平均余额	万元	1 627 629	1 472 655	1 537 413
固定资产净值平均余额	万元	233 386	245 854	288 517
资产总计	万元	2 955 728	3 086 024	2 627 805
负债合计	万元	941 126	1 378 279	1 353 020
主营业务收入	万元	1 447 195	1 525 948	1 157 501

续表

项目名称	单位	2013 年	2014 年	2015 年
税金总额	万元	22 891	15 032	10 767
利润总额	万元	209 155	162 740	85 793
应交所得税	万元	18 066	18 472	9 965
从业人员年末人数	人	20 061	21 609	18 134
从业人员工资总额	万元	83 513	83 830	30 863

表 2　2015—2017 年黑龙江省软件和信息技术服务业基本情况

项目名称	单位	2015 年	2016 年	2017 年
软件业务收入	万元	1 506 691	1 679 761	1 895 825
软件业务出口收入	万美元	4 159	4 200	5 165
软件产品销售收入	万元	653 839	608 601	677 191
流动资产平均余额	万元	310 657	214 466	381 485
固定资产投资额	万元	50 427	70 117	179 882
资产合计	万元	1 188 247	1 045 107	2 391 018
负债合计	万元	174 314	91 374	299 418
税金总额	万元	57 261	80 795	99 725
利润总额	万元	218 600	246 045	265 390
应交所得税	万元	12 338	18 906	19 425
从业人员年末人数	人	29 831	28 531	30 139
从业人员工资总额	万元	176 289	207 903	227 317

注：表 1 ~表 2 数据来源于黑龙江省工业和信息化厅。

[供稿：黑龙江省工业和信息化厅]

上　海　市

【电子信息制造业】　2017 年，上海市电子信息制造业深化供给侧结构性改革，规模、增速稳步提升。全年电子信息制造业实现工业总产值 6 505 亿元，比上年增长 7.6%，增速高于工业平均增速 0.8 个百分点；销售收入 6 970 亿元；利润 285 亿元，比上年增长 31%，其中，以代工为主的电子计算机制造业利润大幅增长，电子组装加工业等传统产业提质增效效果显现。新一代信息技术体系不断完善、产业加速向中高端迈进。新一代信息技术产业全年实现工业总产值3 656亿元，占战略性新兴产业产值的1/3。在前期培育积累下，全年电子专用设备制造业完成工业总产值365亿元，比上年增长26%。产业核心环节取得突破，中微半导体公司MOCVD设备进入大规模产业化，全年实现销售订单200台，设备发货106台，占据国内市场60%的份额，年收入11亿元。

启动重大产业项目。总规模达500亿元的集成电路产业基金全面启动，正式进入运营阶段；已开工中芯南方、华力二期、和辉二期等重大产业项目加快实施；与中国电子信息产业集团有限公司合作的IDM（集成器件制造）等集成电路重大项目完成落沪。聚焦科创中心建设，提升产业创新影响力。集成电路功能性平台入选首批4个市级功能性平台之一；ASML（阿斯麦）全球培训中心落户上海集成电路研发中心；国家集成电路制造业创新中心、MEMS（微机电系统）传感器国家制造业创新中心等国家制造业创新中心进入筹备。国产桌面计算机应用绽放光彩。上海兆芯CPU的国产整机进入十九大会议采购清单，主要应用于全部38个代表团会议现场办公和民族语言翻译，在会议期间运行稳定，机器性能良好，易用性强。

新兴产业形成突破。经过近2年的培育，上海市涌现出一批智能硬件细分行业领军企业，8家企业销售规模上亿元，其中1家达到10亿元。5G物联网产业初具先发优势，华为技术有限公司在上海市率先签约，建设全球移动物联网研发和运营中心。ADAS（辅助系统传感器）和人工智能、大数据等产业热点融合发展。禾赛光电科技有限公司、加特兰微电子科技（上海）有限公司等专精特新企业业绩凸显，专注打造细分领域突出优势。

完善产业政策。《关于本市进一步鼓励软件产业和集成电路产业发展的若干政策》完成修订，《软件和集成电路专项资金管理办法》和《上海集成电路工程产品首轮流片专项奖励实施细则》等相关配套实施细则完成编制和发布，全面落实产业优惠政策、做好企业服务工作，推进电子信息制造业持续发展。

【软件和信息技术服务业】 2017年，上海市软件和信息技术服务业实现营业收入7 600亿元，比上年增长13%。推动重点工业软件企业建设工业互联网重大项目，共涉及项目13个、总投资4.5亿元。推动软件正版化工作，完成微软软件产品和服务、国产软件产品和服务的采购工作。

聚焦软件新技术的发展，培育产业新的增长点。在人工智能领域，编制《上海人工智能产业全景图》，推进人工智能技术的深度发展。在云计算领域，持续实施“云海计划”，发布《上海市关于促进云计算创新发展、培育信息产业新业态的实施意见》，支持骨干云计算服务平台的建设和运营；发挥专项资金的示范引导作用，支持和培育优刻得科技股份有限公司、浪潮云计算服务有限公司等龙头云计算企业；开展企业上云工作，与中小企业服务中心以及各区主管部门合作，支持用户企业应用云服务；落实国家云计算标准，围绕云计算综合标准的实施，推动上海市企业参与云服务标准、可信云计算等专业评估。在产业布局方面，提升布局水平，建设空间载体新引擎。拓展软件和信息服务业园区空间布局，推进浦东软件园（浦东板块）、市西软件信息园（浦西板块）、紫竹高新科技产业开发区（市南板块）、市北高新技术服务园（市北板块）四大集聚区建设，形成浦东、市西、市北、市南“四方”新格局；推动市西软件信息园建设，联合青浦区政府谋划并启动“市西软件园”筹建工作，编制园区建设指引及上海市信息服务产业基地分布图服务手册。在企业引进方面，与华为技术有限公司开展合作，推动华为研发中心及人才公寓、华为开发云项目落地青浦区；与腾讯公司、阿里巴巴集团、百度公司等互联网平台企业合作，在上海市布局创业孵化器，打造软件新技术生态环境。

【信息基础设施】 2017年，上海市加快部署千兆宽带网络，在国内率先开展千兆光纤网络技术论证和小区接入示范，全面推进千兆光纤宽带接入网络改造，累计完成千兆覆盖300万户。提高光纤宽带实际使用用户数，推出100Mbps及以上的宽带接入服务，全市家庭光纤宽带用户580万户，全市家庭宽带用户平均接入带宽超过100Mbps。

持续优化4G网络，推进网络优化升级。探索基站建设与路灯等市政公共设施融合发展的集约化新模式，重点聚焦居民住宅区完成300处4G网络区域弱覆盖区域的优化建设。开展公益 WLAN 优化升级，启动 i-Shanghai 提速工程，完成原有 1 400 处场所从 2Mbps 到 10Mbps 的普遍提速，按新标准新增 600 处场所，全市 i-Shanghai 覆盖场所总数 2 000 处。推动浦东、虹口等区公益 WLAN 实现与 i-Shanghai 的互联互通。启动 5G 关键技术研究和外场实验，三大运营商均选择上海市作为首批开展 5G 试点的城市，已在浦东金桥、嘉定汽车城等区域开展 5G 外场实验。

开展新型无线城市建设试点，推动设施转型发展。推进城域物联专网和下一代无线广播电视网络（NGB-W）建设，在全市完成基于 NB-IoT（基于蜂窝的窄带物联网）技术的物联网部署，在虹口区、杨浦区建成基于 LoRa（超远距离无线传输方案）技术的城域物联网络和下一代无线智能网络。推进虹口极速北外滩示范区建设，实现区域基站设施与公共设施融合布局，推进区域商务楼宇万兆覆盖。探索建设全球最快的公共 WLAN 网络，实现吉比特级接入，在虹口滨江试点部署“超•爱上海”信息亭及立杆共 12 处，并服务于全国双创周主会场。推进控江路街道“社区大脑”建设，结合街道网格化管理，融合公共安全、公共管理和公共服务的需求，部署 7 000 余个传感器，开展 25 项社区物联服务。初步建成运营与管理平台、业务数据可视化平台和社区大脑平台，探索开展城市管理精细化和智能化建设。举办第二届“理想杯”大学生大数据创新应用与建模大赛，推动信息通信领域大数据在技术、产业、业态和模式等方面的创新。举办长三角三网融合创新产品大赛上海赛区决赛，促进长三角地区三网融合新业务、新产品、新服务创新发展与应用推广。

【两化融合】 2017 年，上海市注重制造业与互联网融合制度设计和机制建设。发布《上海市加快制造业与互联网融合创新发展实施意见》《上海市工业互联网创新发展应用三年行动计划（2017—2019 年）》，以及全国首个落实国家新一代人工智能发展规划的地方性文件——《关于推动新一代人工智能发展的实施意见》，明确工业互联网和人工智能发展的主要目标、任务及产业层面推进思路。编制完成《深化智慧城市建设，提升城市科学化、精细化、智能化管理水平行动计划（2018—2020）》，明确新时代智慧城市建设的主线和目标任务。在中国国际工业博览会设立工业互联网展示专区，围绕“工业互联、世界之路”的主题举办 2017 国际工业互联网大会，成立工业互联网联盟上海分联盟。

推进制造业与互联网融合重大项目。组织上海数据交易中心“大数据城市精细化管理应用示范项目”、金棕榈“旅游大数据示范项目”申报国家发展和改革委员会大数据创新应用项目。建成全国首个实体化运作的工业互联网创新中心，成立工业互联网联盟首个地方分联盟。组织静安区、松江区分别申报国家新型工业化基地（大数据、工业互联网）。推进全市政务信息系统上云迁移工作，梳理形成超过 200 个上云项目清单并列入上云计划。依托“市民云”为市民提供一站式政务公共服务，上线超过 110 项服务事项，注册用户超过 750 万，全面超额完成市政府实事项目任务。

推动重大项目落地和试点示范。建成全国首个实体化运行的工业互联网创新中心，推动工业互联网功能型平台建设，建设方案已编制完成。设立工业互联网专项扶持资金，出台《工业互联网创新发展支持实施细则》，支持一批工业互联网重点项目建设，全年完成近 50 个项目 1.5 亿元的资金支持。全市 4 个项目入选工业和信息化部 2017 年度制造业和互联网融合试点示范。

【信息安全】 2017 年，上海市印发《关于开展工业领域网络与信息安全检查工作的通知》，部署 303 家重要工业企业安全检查，组织专业机构对宝武钢铁集团有限公司等 6 家涉及国计民生的重要企业实施现场评估检查，做好工业控制领域关键信息基础设施安全抽查。出台《关于加强工业控制系统信息安全风险评估的指导意见》，强化工业领域信息安全督导，完成对全市重要工业企业在线信息系统及联网工控系统的安全检测与扫描巡检。

布局平台设施建设。按照全市科创中心建设总体布局，完成工业控制系统安全研发与转化功能型平台建设方案和平台公司组建，平台建设顺利启动，进一步深化城市网络安全基础支撑。完成市网络与信息安全应急基础平台建设，发起成立国内外 19 家知名机构共同参与的网络与信息安全监测预警共建、威胁信息共享服务联盟，形成智慧城市信息安全态势感知体系框架，实现与国家、行业、区监测资源有效对接。支持筹建国家工业控制系统安全质量监督检验中心，打造集功能安全、环境安全、电磁兼容、信息安全等方面的一体化平台。推动完成电子认证基础设施、法人网上身份统一认证公共服务平台、公务人员统一身份认证公共服务平台等支持国产密码算法的升级改造，全面支持基于国产密码算法的各类认证服务。

网络安全创新发展。全市工业系统推进优化信息安全环境，谋划网络安全产业创新发展。围绕金融安全、城市公共安全管理和安全预警等应用需求，推进战略性新兴产业项目建设。推进国产密码算法在金融、物联网等行业领域的应用，支持相关软件产业项目建设。与中国国际工业博览会和全球城市信息化论坛同期举办首届全球网络安全产业创新论坛，启动筹建上海赛博网络安全产业创新研究院。

【互联网】 2017年，上海市推进互联网服务促进平台的建设和使用。推动区块链在相关行业的应用和规范发展，指导区块链技术应用联盟开展前瞻性研究和探讨，指导举办区块链年度峰会和沙龙活动；推动申报金融信息高技能人才培养基地；指导举办2017上海区块链和大数据技术发展论坛、3•15上海金融信息安全论坛、第八届上海金融信息年度峰会以及三期金融信息下午茶活动；发布《2017上海网络信贷服务业白皮书》和《中国•上海不良资产处置行业发展白皮书（2017）》，指导编写《大数据对消费金融风险控制作用的研究》。

在互联网网络视听领域，指导举办2017年“金桥汇”系列活动——“微”言大义：视听短内容的新玩法论坛、中国网络视听大会分会场“金桥移动视听+VRAR（灵境技术人工环境）产业推介会”；推动建设特殊影像中心，完成特殊影像数据采集及处理、特殊影像数据设计及交互能力等项目的立项；推进建设网络视听高技能人才培养基地，启动微视频课件制作、多媒体软件制作等培训项目，培训超过3 000人次；完成网络视听多媒体作品制作及编辑联合实训系统建设。

在互联网教育领域，组织中国互联网教育联盟成员企业参加各类行业活动，交流国内外互联网教育发展趋势，展示企业科技成果，营造良好的互联网教育创新创业发展环境；推动杨浦区建设互联网教育创新示范区，开展互联网教育基地展示大厅建设，启动《杨浦区互联网教育产业三年行动计划》专题研究。

【云计算与大数据】 2017年，上海市突出应用驱动，充分发挥人工智能、云计算、大数据等引领支撑作用，深化智慧应用，促进城市管理科学化、精细化、智能化。强化部、市、区三级联动，推进产业落地、政策对接、企业示范等，促进数据管理机构建设及工作机制优化，推进上海市城市建设。

推进国家大数据综合试验区建设，开展数据资源开放体系探索试点，推动国家工程实验室建设、社会治理示范项目等部市合作项目。推进上海大数据创新应用中心建设，加强城市管理和社会治理领域大数据运用，举办第四届上海开放数据创新应用大赛。完善大数据产业生态协同创新体系，开展大数据基地和企业示范点认定，支持大数据联盟、开源社区、大数据试验场等创新载体建设，加强相关规范标准研究。拓展信息化应用服务面。推动城市网格化管理平台与“12345”等热线系统对接，建成河长制管理、市场协同监管、社区综合管理等信息平台。推动全市体育综合管理、各区文化云、旅游信息管理等平台建设。完善为老服务、大规模智慧学习平台功能，提高大数据公共服务水平，提升惠民便捷感知度。组织申报国家大数据创新应用项目，开展全国公共数据开放试点工作，筹建上海大数据创新应用中心。推动政府数据共享开放，累计开放1 500项。

2017年，上海市智慧城市发展水平指数99.53，比上年提高1.88。其中，网络就绪度指数99.03，比上年提高6.13；家庭光纤入户率、固定宽带用户网络下载感知速率明显提升。智慧应用指数105.74，比上年提高0.04；生活服务类指标，如公共停车场（库）系统联网率、上海健康信息网联网率等大幅提高。发展环境指数95.3，比上年提高6.87，连续多年实现全市重大安全事件零发生。按各区所属区域划分，中心城区智慧城市发展水平指数111.14，郊区智慧城市发展水平指数91.39。静安区、徐汇区、黄浦区依次为各区智慧城市发展水平总指数的前三名，指数值分别为117.81、116.57和111.67；各区普遍重视智慧城市发展环境建设，建立健全保障机制，区域创新特色应用成效凸显。

［供稿：上海市经济和信息化委员会］

江 苏 省

【概况】 2017年，江苏省电子信息产业实现销售收入41 950亿元，增长12.2%。其中，电子信息制造业实现产品销售收入32 720亿元，增长12.1%；软件产业完成业务收入9 230亿元，增长12.6%。

【电子信息制造业】 2017年，江苏省电子信息制造业实现主营业务收入32 720亿元，同比增长12.1%；规模以上企业5 376家，其中，国有企业5家，集体企业19家，股份合作企业6家，股份制企业3 378家，其他内资企业89家，三资企业1 879家；资产总计24 908亿元，同比增长11.7%；全行业实现利润1 814亿元，同比增长12.4%。

苏南地区增速提升。2017年，苏南地区实现主营业务收入22 380.7亿元，同比增长12.4%，比上年同期提升8.7个百分点，占全省产业比重达68.4%，比上年同期提升0.7个百分点；苏中地区实现主营业务收入6 675.6亿元，同比增长18%，占全省产业比重达20.4%；苏北地区实现主营业务收入3 664.5亿元，同比增长22.2%，占全省产业比重达11.2%。

主要产品产量保持增长。2017年，全省重点监测的主要产品中有6种产品产量出现增长：数码相机797万台，同比增长21.2%；手机6 442万台，同比增长20.7%；集成电路517亿块，同比增长13.3%；半导体分立器件2 265亿只，同比增长11.9%；微机5 617万台，同比增长7.8%，其中，笔记本电脑4 135万台，同比增长3.6%；光缆9 313万芯千米，同比增长7.4%。产量出现下降的有：彩电1 659万台，同比下降10%；显示器6 722万台，同比下降5.2%。

对外贸易有所回暖。2017年，全省电子信息制造业延续触底反弹的态势，全行业实现出口交货值12 173亿元，同比增长14.5%，比上年同期提升12.6个百分点。全行业出口依存度达36.3%，比上年同期的37.5%下降1.2个百分点。实现内销产值21 320亿元，同比增长16.6%。

新兴领域快速发展。以物联网、新型显示、集成电路、信息通信设备、智能硬件和北斗导航等为代表的新一代信息技术产业快速发展，产业规模全国领先，向产业链和价值链中高端攀升，成效显著。2017年，全省物联网产业实现业务收入5 300亿元，同比增长20%；新一代信息技术产业实现收入1.4万亿元，同比增长17%左右。内资企业实力、内销市场占比不断提高，涌现出一大批具有核心竞争力的内资骨干企业。

内资企业增速较快。2017年，全行业内资企业实现产值14 456亿元，同比增长16.5%，比上年同期提升2.5个百分点，占产业比重达42.9%，比上年同期提升1.4个百分点；三资企业实现产值19 277亿元，同比增长13.1%，其中，港、澳、台资企业和外资企业分别增长13.9%和12.7%。

【软件和信息技术服务业】 2017年，江苏省软件和信息技术服务业继续保持平稳增长，收入增速比上年同期有所放缓，产业结构处于持续调整期。在全省软件和信息技术服务业加快转型的背景下，传统软企把握江苏省由制造大省向制造强省演进的历史契机，以制造业的数字化、网络化、智能化转型为切入点，开展工业软件的研发、推广、应用，打造新的业务增长点。

软件业务收入增速趋缓，但仍保持2位数增长。2017年，全省软件和信息技术服务业累计完成业务收入9 230亿元，同比增长12.6%，比上年同期下降1.8个百分点。实现利润总额875亿元，同比增长9.7%，比上年同期下降7.1个百分点。实现软件业务出口99亿美元，同比增长6.4%，比上年同期提升1.5个百分点。

全年软件产品实现收入2 243亿元，同比增长11.0%，低于全行业平均水平1.6个百分点；占全行业业务比重达24.3%，比上年同期下降1.5个百分点。信息技术服务实现收入4 026亿元，同比增长13.2%，高于全行业平均水平 0.6 个百分点；占全行业业务比重达 43.6%，比上年同期提升 4 个百分点。嵌入式系统软件实现收入 2 962 亿元，同比增长 13.0%，高于全行业平均水平 0.4 个百分点；占全行业业务比重达 32.1%，比上年同期下降 2.5 个百分点。

苏南地区 5 个市产业规模较大，苏中地区、苏北地区增速较快。2017 年，苏南地区 5 个市实现软件业务收入 8 613 亿元，占全省业务收入的 93.3%，比上年提升 0.5 个百分点，其中，以南京市、苏州市、无锡市最为突出，软件业务收入分别占全省业务收入的 42.3%、24.5% 和 12.7%，合计占全省业务收入的 79.5%；苏中地区 3 个市实现软件业务收入 435 亿元，占全省业务收入的 4.7%；苏北地区 5 个市实现软件业务收入 182 亿元，占全省业务收入的 2.0%。在整体增速方面，苏南地区、苏中地区、苏北地区分别达 11.9%、20.2% 和 28.7%。

百强企业发展平稳，转型压力依然存在。2017 年第 16 届中国软件业务收入前百家企业榜单中，江苏省有 8 家企业入围，较上届减少 2 家，入围企业分别为南京南瑞集团公司（第 6 位）、熊猫电子集团有限公司（第 13 位）、江苏省通信服务有限公司（第 27 位）、国电南京自动化股份有限公司（第 34 位）、中兴软创科技股份有限公司（第 45 位）、江苏金智集团有限公司（第 70 位）、江苏润和科技投资集团有限公司（第 90 位）、南京联创科技集团股份有限公司（第 98 位）。上榜的 8 家企业软件业务总收入占全国百家企业软件总收入的 5.6%，比上届下降 0.97 个百分点。其中，3 家企业的软件业务收入增幅超过 10%，5 家企业的软件业务收入增幅不大，有 2 家出现负增长。软件产业在稳定增长的同时，企业转型压力依然存在。

知名企业纷纷落户，加快完善产业生态。中国科学院计算技术研究所与南京市人民政府签署合作协议，将在南京麒麟科创园打造千亿级的空天地一体化移动通信与计算产业城，同时，筹建首批国家技术创新中心，形成中国科技创新支撑和引领产业化发展的示范；科大讯飞股份有限公司与南京市人民政府签署战略合作协议，将在南京市江心洲设立区域中心，双方将共同推进南京市人工智能产业规模化发展，打造人工智能应用示范城市；小米科技华东总部项目落户南京市建邺区，进一步带动南京创新要素和未来产业发展，实现合作共赢；苏州市相城区与京东集团达成战略合作，共建京东智谷项目，构建“以云计算为支撑、以大数据为驱动”的智能城市生态；浪潮集团与南京市鼓楼区人民政府签署战略合作协议，浪潮集团将在鼓楼区设立浪潮江苏区域总部，共同规划和打造领先的云计算、大数据产业链；华勤通讯无锡研发中心项目正式落户无锡高新区，项目总投资达 7 亿元，将建成全国领先的移动终端、智能产品研发基地；阿里巴巴江苏总部正式落户南京市建邺区，项目初期将入驻 3 000 名阿里巴巴正式员工并带动“阿里生态圈”1.5 万人创新创业，双方将共同推进“新金融”“新技术”“新资源”“新制造”变革。

【信息基础设施】 2017 年，江苏省完成信息基础设施建设投资超过 440 亿元，重点推动骨干网扩容、光网城市、城乡 4G 网络、农村地区光纤网络、广电网络数字化双向化改造、互联网数据中心等重点工程建设。截至 2017 年年底，全省光网城市全面建成，4G 网络和窄带物联网城乡基本实现全覆盖。推动阿里巴巴江苏云计算数据中心等一批互联网数据中心工程建设，全年新增 1 万个标准机架，总规模超过 7 万个标准机架；全省固定宽带用户数突破 3 000 万，固定宽带家庭普及率 104%，提前完成全省“十三五”规划目标，平均接入速率 45Mbps；4G 用户超过 6 100 万，高清互动电视用户超过 550 万；智慧江苏门户平台升级改造工程基本完成。

制定 2017 年“企企通”工程推广方案，组织召开全省工业互联网“企企通”建设工作会议，组织开展工业互联网“企企通”专题推介、现场调研、案例解读等活动 126 场。进一步完善“企企通”供需对接平台，拓展试点企业申报、工业互联网在线培训、产品服务定制化等系统功能，引入 100 多种信息产品和服务，先后为上万家企业提供信息化解决方案咨询服务。组织推进面向工业和生产性服务业的提速降费专项行动，新增互联网高带宽专线服务企业约 4 000 家，总量超过 1 万家，互联网高带宽专线价格同比下降约 10%，云存储、云通信等产品和信息服务价格同比下降约 20%，帮助企业降低生产经营成本超过 15 亿元。

【两化融合】 2017 年，江苏省企业两化融合水平进一步提高，两化融合发展水平为 57.7，连续 4 年位居全国首位，涌现出一批两化融合典型企业，共有省级制造业与互联网融合创新示范企业 50 家、试点企业 230 家。

省级两化融合管理体系贯标试点企业259家，省级制造业“双创”示范平台企业13家，通过贯标企业264家。国家级贯标示范企业6家，国家级制造业与互联网融合创新示范企业6家，国家级制造业“双创”平台示范企业7家，全国优秀级两化融合贯标咨询服务机构2家（全国仅2家）。

【信息化推进】 2017年，江苏省推进实施一批智慧江苏示范工程。一是培育智慧江苏标杆示范工程，联合公安、教育、卫计、交通、住建、国土等省有关部门，在企业服务、政务服务、民生服务、社会治理、智慧城市等领域组织实施38项示范试点工程，其中，示范工程21项，试点工程17项，重点推进交通领域的“畅行江苏”、卫生领域的“智慧健康”、公安领域的“警务大数据”、国土领域的“一张图”等重大平台项目；二是加大项目资金扶持力度，重点支持智慧江苏重点示范项目，共支持27个重大项目，资金总额达2 012万元，涵盖智慧医疗、智慧社区、智慧交通、智慧旅游、智慧水利和智慧城市等重要领域；三是创建一批智慧江苏行业示范，联合省审计厅、旅游局开展智慧江苏重点行业示范试点创建工作，共同制定创建标准、推动项目实施，共创建40个重点行业示范。

重点支持一批行业电商平台。一是加大对重点电商平台的项目资金支持，工业电商、农业电商、物流电商以及房地产交易和售后服务等领域，集中支持13个重点电商平台项目，补助资金1 280万元，重点支持焦点科技股份有限公司的“服务于大中型制造企业的工业品电子商务平台”、苏州盛泽东方市场纺织电子交易中心有限公司的“盛泽云纺城”、南京云田网络科技股份有限公司的“农产品O2O农村电商平台”等一批行业电商平台项目；二是开展电商拓市环省行活动，针对泰州医药、南通家纺、盐城化工、宿迁电子商务、昆山电子等特色产业，组织15家电商平台服务企业开展专场对接，通过政策宣讲、现场咨询和走进企业等多种形式，为当地工业企业提供精准诊断和定制化解决方案服务。

组织开展重大示范试点。一是树立信息消费标杆示范，结合前两批省信息消费试验区的经验、成效和做法，推进全省信息消费示范区建设，初步评选出8家省级信息消费示范区；二是推进农村信息化应用示范，联合省委组织部、省委农工办、省农委、省商务厅等部门，在经济和社会领域认定17个农村信息化应用示范基地；三是创建两化融合示范（试验）区，调整两化融合示范区创建办法及评价指标，认定10家两化融合示范区、7家两化融合试验区；四是认定两化融合网络信息安全示范试点，组织开展网络信息安全示范试点工作，初步评选出两化融合网络信息安全试点企业51家，两化融合网络信息安全示范企业7家。

落实起草一批信息化政策文件。推动《国家信息化发展战略纲要江苏实施意见》（苏办发〔2017〕22号）正式出台，将对江苏省“十三五”时期乃至更长一段时间信息化发展起重要指导作用；印发《2017年“智慧江苏”建设工作要点》（苏信息化办〔2017〕1号）；制定工业电商发展政策文件，根据工业和信息化部工业电商发展行动计划，结合江苏省特色和优势，制定江苏省工业电子商务发展二年行动计划；按照扬子江城市群发展规划要求，起草《扬子江城市群信息化协调发展行动计划（2018—2020年）》，统筹推进苏南地区、苏中地区8个市的信息化协同发展。

［供稿：江苏省工业和信息化厅］

浙　江　省

【概况】 2017年，浙江省电子信息产业规模以上企业5 247家，从业人员130.7万人。全省电子信息产业实现主营业务收入18 564.8亿元，同比增长22.8%；实现利税总额2 392.1亿元、利润总额1 987.4亿元，分别同比增长17.5%和18.4%；完成出口交货值2 827.1亿元，比上年增长12.4%。根据工业和信息化部发布的报告显示，2017 年，浙江省电子信息制造业、软件和信息技术服务业综合发展指数分别达 73.34 和 74.47，均居全国第3位。根据 2017 年全省信息经济发展水平综合评价报告，全省信息经济发展指数 119.8%，较上年提高 19.8%，其中，基础设施、核心产业、个人应用、企业应用和政府应用发展指数分别达 133.0%、110.0%、141.1%、104.4% 和 103.6%，均呈现良好发展势头。

【电子信息制造业】 2017 年，浙江省电子信息制造业引领工业增长，全年生产增速分别高出八大万亿产业中的高端装备制造业、时尚制造业、环保制造业、健康制造业和文化制造业增加值增速 6 个百分点、11.7 个百分点、2.7 个百分点、0.8 个百分点和 8.4 个百分点。2017 年，全省规模以上电子信息制造业完成总产值 8 315.7 亿元、销售产值 8 041.2 亿元，分别同比增长 17.5% 和 17.6%，均高出全省规模以上工业 3 个百分点。智能化、网络化等高端产品优化升级加快，产销较快增长。全年生产智能手机 4 916.4 万部，增长 5.5%；高端路由器 467.9 万台，增长 70.9%；智能电视 497.5 万台，增长 81.9%；卫星导航定位接收机、移动通信基站、发光二极管、射频元器件和光纤等产量分别增长 87.5%、85.4%、69%、93.8% 和 43.5%。

2017 年，全省规模以上电子信息制造业实现利税总额 803.4 亿元、利润总额 566.4 亿元，分别同比增长 12.5% 和 10.6%，分别高出上年同期 4.6 个百分点和 1.7 个百分点。发展质量不断提升，主营业务收入利润率、杠杆水平和企业成本等指标均好于面上工业，全省电子信息行业的主营业务收入利润率从 2012 年的 5.9% 提高至 2017 年的 7.2%。2017 年，电子行业主营业务收入利润率比规模以上工业高 0.4 个百分点；每百元主营业务收入中成本为 82.6 元，比规模以上工业低 1.1 元；电子信息制造业劳动生产率从 2012 年的 12.2 万元 / 人提高至 2017 年的 20.5 万元 / 人，比上年增长 9.6%。

2017 年，全省新一代信息技术产业完成增加值同比增长 21.5%，增幅高出全省战略性新兴产业 9.3 个百分点并居首位，占全省战略性新兴产业比重 16.3%、对全省贡献率 26.5%，拉动全省战略性新兴产业增长 3.2 个百分点。在人工智能、虚拟现实、云计算、大数据等重点领域形成先发优势，涌现出一批领先成果和典型案例。全省人工智能领域企业数量、融资规模总量均居全国第 4 位，平均单笔融资额连续 2 年居全国首位；虚拟现实领域新开发的重点产品和应用服务项目 70 余项，拥有专利 62 件。物联网产业快速发展，数字安防成为全国安防产业集群之首，2017 年，全省物联网产业实现主营业务收入 1 770.1 亿元，同比增长 28.8%。

2017 年，全省电子信息行业完成工业投资 382.5 亿元、技改投资 283.1 亿元，分别增长 12.9% 和 12.5%，分别高出规模以上工业 6.8 个百分点和 10.8 个百分点，成为工业投资新亮点。组织引导各地在集成电路、新一代通信网络、云计算大数据、人工智能等关键领域谋划实施一批重大项目，智能网联汽车创新中心落户萧山区，推进企业申报 01、02 等国家重大科技专项，入选 2017 年国家 01 重大科技专项课题 12 项，涉及总投资 43 亿元，申请中央财政资金 8.7 亿元；多个集成电路产业重大项目顺利实施，带动整个产业快速增长，全年集成电路产业总产值、销售收入、利润和税金分别增长 16.3%、14.6%、18.8% 和 133.4%，利润和税金增势良好，分别高出全省电子行业 8.2 个百分点和 116.2 个百分点。

【软件和信息技术服务业】 2017 年，浙江省软件产业实现软件业务收入 4 340.4 亿元，比上年增长 20.6%；实现利税 1 866.8 亿元、利润 1 665.5 亿元，分别比上年增长 33.5% 和 43.1%；收入利润率 38.3%。杭州市、宁波市、金华市等大力推进软件产业集聚发展，引领全行业增长。全年杭州市实现软件业务收入 3 618.5 亿元，同比增长 20.8%，占全省软件业务收入的 83.4%；宁波市、金华市、嘉兴市和温州市分别实现软件收入 540.6 元、60.3 亿元、45.9 亿元和 29.2 亿元，分别增长 16.2%、14.6%、33.8% 和 83.6%。天猫、淘宝、网易网络、阿里云等一批行业龙头企业带动性突出，综合实力明显提升。制定出台《关于进一步加快软件和信息服务业发展的实施意见》，贯彻落实软件产业税收优惠政策，全年软件企业享受税收优惠总额 196.13 亿元；做好双软核定工作，完成 224 家企业核查工作。加快培育发展软件和信息技术服务新业务、新业态，推进杭州市国际级软件名城建设。

【科技进步与应用】 2017 年，浙江省电子信息产业创新发展势头良好，新品开发、研发投入等创新指标高于面上工业，成为全省工业创新的高产区。

新产品增势良好。2017 年，规模以上电子信息制造业完成新产品产值4 824.6亿元，同比增长21.6%，新产品产值占规模以上工业比重近20%；新产品产值率创近年来最高水平，已连续28个月超过50%，2017年达58%，高出规模以上工业22.6个百分点，居31个工业制造行业前列。列入国家“三新”统计的10种新产品，其中智能电视（81.8%）、光纤（43.5%）、太阳能电池（21.7%）和工业机器人（15.6%）等电子行业新产品快速增长。

研发投入持续增强。2017年，电子信息行业科技活动经费支出300.7亿元，同比增长26.4%，科技经费支出占主营业务收入的比重3.8%，高出规模以上工业企业2.3个百分点。企业为主体的创新体系加快建设，一批创新能力强的高新技术企业快速发展，推动产业向高端化发展，水晶光电科技股份有限公司等4家企业被认定为全国单项冠军示范企业，聚光科技（杭州）股份有限公司被认定为国家技术创新示范企业，水晶光电科技股份有限公司等4家入选全省领军型创新（创业）团队。

创业创新活力不断增强。以数据驱动为特征的创新创业日益活跃，根据第四届世界互联网大会发布的《中国互联网发展报告2017》，浙江省创新能力指数、数字经济发展指数居全国第3位。构建“互联网+”创业创新生态系统，国家级双创基地8个，省级以上众创空间270个，全年新增高新技术企业2 010家、科技型中小微企业8 856家，杭州市的梦想小镇、云栖小镇成为全省互联网领域创业创新的样板。

【信息基础设施】 2017年，浙江省组织实施《“宽带浙江”发展“十三五”规划》，编制发布《浙江省数据中心“十三五”发展规划》，起草《浙江省信息基础设施建设三年行动计划》，加速发展面向未来发展的新基础设施，推进基础设施智能化转型，“宽带浙江”（网）、“云上浙江、数据浙江”（云）、“泛在浙江”（端）建设成效明显。杭州国家级互联网骨干直联点建成开通，CNNIC国家域名服务平台浙江节点正式上线，全省固定宽带家庭普及率和移动宽带普及率在全国率先实现双突破100%，分别达119.6%和107.6%；全省累计建成NB-IoT基站3万余个，实现全域11个地市全覆盖，发展物联网用户近1 300万户，在智慧路灯、智慧停车、智能抄表等多个领域广泛应用；建成“i-zhejiang”WiFi热点20 698个、无线接入点182 206个，实现主要公共场所广泛覆盖和便捷使用。截至2017年年底，全省固定互联网宽带用户2 465万户，固定互联网宽带普及率44.1户/百人；移动互联网用户7 456万户，同比增长17.1%，移动电话普及率135.8部/百人。

【信息产业基地】 2017年，浙江省聚焦增强创新力，强力推动之江实验室、阿里达摩院、杭州城西科创大走廊、嘉兴科技城、浙南科技城等重大创新平台载体建设，一批创新能力突出、辐射带动力强的产城融合发展新基地加速形成。产业集聚发展趋势加快，全年新建集成电路产业基地6个、新兴产业培育基地2个，推动芯火平台、射频产业联盟、虚拟现实产业联盟、智能硬件产业联盟等一批公共服务平台建设，形成通信和计算机网络、软件和信息技术服务、通信电缆及光缆、电子信息机电和新型电子元器件及材料等5个超千亿元产业集群，分别完成主营业收入1 675.4亿元、4 252.2亿元、1 137.4亿元、2 438.1亿元和1 944.9亿元。

杭州高新（滨江）区围绕自主创新、中国智造和网络安全，打造网络信息技术产业完整产业链，信息软件、电子商务、物联网、数字安防、文化创意产业全国领先，全年高新（滨江）区信息技术产业实现收入2 489.6亿元，同比增长26.7%，其中，电子商务、云计算及大数据、物联网等新兴产业分别增长30.3%、29.4%和25.7%，全区拥有上市企业40家、“新三板”挂牌企业103家，在全国147个国家级高新区（含苏州工业园）综合排名中居第3位。嘉兴南湖区以谋划重大项目推进信息技术产业发展，打造互联网产业和科技创新平台，全年共推进重点项目35个，总投资20.6亿元，嘉兴南湖区信息经济核心制造业实现工业产值239.7亿元，同比增长32%，总量位列嘉兴市7个县市区第2位，增速位列首位。

【龙头企业培育】 2017年，浙江省电子信息制造业30强企业实现主营业务收入2 691.2亿元、利润总额252.8亿元，分别同比增长18.8%和13.2%，分别占全省规模以上电子信息制造业（3 578家）的34%和44.6%，销售利润率9.4%，高于全行业利润率2.3个百分点。软件20强企业实现软件业务收入2 480.9亿元、利润总额1 223.2亿元，分别同比增长43.9%和34.2%，分别占全省软件行业（1 669 家）的 58.3% 和 89.2%。2017 年，全省超百亿元企业 18 家（比上年新增 3 家），其中，超千亿元企业 1 家，超 200 亿元企业 7 家；电子行业重点监测企业中收入超亿元企业 480 家（新增 30 家），超 10 亿元企业 110 家。2017 年，全省分别有 15 家、20 家、8 家和 12 家企业入选全国电子信息百强、电子元件百强、互联网百强和软件业百强，入选企业数分别居全国第 2 位、第 2 位、第 4 位和第 3 位。

【两化融合】 2017 年，浙江省两化融合应用不断深入，助力实体经济加快转型升级。制定出台《浙江省人民政府关于深化制造业与互联网融合发展的实施意见》，召开全省两化深度融合国家示范区建设工作会议，制定《浙江省两化深度融合国家示范区建设 2017 年工作方案》。开展试点示范，加快推广应用。全年新认定 20 个省级两化深度融合国家示范区域，5 个项目入选工业和信息化部制造业与互联网融合发展试点示范项目；12 个项目入选工业和信息化部制造业“双创”平台试点示范项目。培育省级制造业与互联网融合发展示范试点企业 175 家，其中，示范企业 107 家，试点企业 68 家；制造业与互联网融合发展“双创”示范基地 3 家；164 家企业列入工业和信息化部两化融合管理体系贯标试点企业，居全国第 4 位，其中 68 家企业通过两化融合管理体系贯标评定。

实施“互联网 +”“标准化 +”“人工智能 +”，两化融合水平不断提升，全省两化融合指数 102.54，位居全国第 2 位。重点企业的数控率、机器联网率、电子商务普及率均居全国前列，全省在役工业机器人数量超过 4 万台，居全国首位。通过实施“机器换人”，近 3 年全省累计减少低端劳动用工近 200 万人，提高劳动生产率近 30%。将“企业上云”作为推动传统企业提质增效和产业转型升级的重要途径，制定《十万企业上云行动计划》，全年新增上云企业超 12 万家，为企业“互联网 +”和大数据、物联网、人工智能的应用找到切入点，并带动云计算产业的快速发展，形成以 30 多家云平台服务商为主导、200 多家云应用服务商和产业链合作伙伴共同参与的良好产业生态。

【智慧城市】 2017 年，浙江省智慧应用建设持续深入，全省 20 个智慧城市示范试点项目全部建成并投入应用，20 个省级智慧城市示范试点项目和 14 个省级智慧城市示范推广项目在第七届中国（宁波）智慧城市技术与应用产品博览会进行集中展示。阿里云“数据大脑”用于杭州市城市道路治堵，平均通行速度提升 15%。

运用“互联网 + 政务服务”和大数据，全面推进“最多跑一次”改革。建设统一的省电子政务云平台，部署 63 个省级单位的 372 个应用系统。打破信息孤岛，推动数据共享，构建统一的公共数据基础平台和贯通省、市、县三级的公共数据交换体系，归集涵盖 5 000 万常住人口的信息以及 1 200 万余企业、个体工商户、社会团体等法人单位的信息，形成统一的人口综合库、法人综合库、信用信息库等，数据总量超过 60 亿条，满足省级部门主要政务服务事项 90% 以上的数据共享需求。以办理量最高的 100 个事项为突破口，32 个省级单位实现办事“最多跑一次”。投资项目领域打通全省 123 个涉及项目审批的信息系统，实现企业投资项目审批 100% 网上办理。在便民服务领域，打通全省国土、住建、地税部门信息系统，实现不动产交易登记全流程“最多跑一次”，办理时限平均缩短 80% 以上。在商事登记领域，实现 12 个“多证合一、一照一码”事项数据共享，办理材料平均从 75 份减少到 12 份。

【云计算与大数据】 2017 年，浙江省组织实施《浙江省促进大数据发展实施计划》，加快推进云计算与大数据发展。争创建设国家大数据综合试验区，将长三角地区打造成为国家大数据资源开放共享先行区、大数据创新应用示范区、大数据产业发展集聚区、大数据创新创业示范基地、大数据安全标准应用推广示范区。开展大数据领域省级重点企业研究院建设，抓好 2 批 14 家大数据省级重点企业研究院建设。加强关键技术攻关，补齐产业创新短板，全省认定 75 家大数据应用示范企业。推动工业大数据发展，在萧山区启动工业大数据创新中心筹建工作。编制发布《浙江省大数据产业地图 1.0 版》，收录 33 个细分领域的 337 家大数据企业，涵盖基础架构、数据分析、数据应用、产学研合作、培训与服务五大板块，全景展现浙江省大数据产业生态。2017 年，全省云计算与大数据产业实现主营业务收入 2 599.8 亿元，同比增长 31.6%。

【产业热点】 2017 年，浙江省跨境电商、网约租车、共享单车、互联网金融、互联网医疗等新经济、新业态、新模式、新服务蓬勃发展，新实体经济加速崛起，为全省经济增长提供新动能。

淘宝网、阿里巴巴和支付宝分别成为全球最大的网络零售、产业电商和网上支付平台。2017年，全省网络零售额突破万亿元，达13 336.7亿元，跨境网络零售出口438.1亿元，分别同比增长29.4%和37.2%。全省共有淘宝镇78个、淘宝村793个，均居全国首位。智慧物流能力持续提升，规模以上快递服务企业完成业务收入668.2亿元、业务量79.3亿件，分别同比增长23.5%和35.8%，均居全国前两位。阿里云成为全国最大、全球第三大的公有云公司，付费用户超过100万，全国1/3的500强企业、80%互联网创业者都在使用阿里云。

互联网金融创新活跃，在第三方支付、P2P、互联网金融理财、股权众筹融资等领域，据“网贷之家”数据，截至2017年年底，全省运行的P2P平台233个，成交量367.6亿元，主要指标居全国前列。各地推进平台经济、体验经济等新型服务业态发展，以网约租车、共享单车为代表的分享经济快速发展，杭州市已跻身国内分享经济第一梯队。杭州市成为全球最大的移动支付城市和最便捷的“无现金城市”，“无人超市”杭州首秀，超过95%的超市便利店、超过98%的出租车、5 000余辆公交车都支持移动支付。天猫无人超市在第四届世界互联网大会期间实现首秀，开放体验16小时，有4 014人进店，其中，2 316人体验情绪营销“HAppy购”，1 891人体验无感支付购买商品。

【合作交流】 2017年，浙江省推进与阿里巴巴集团、中国电子科技集团公司及北京大学、清华大学等名企名院名校的合作交流与产业对接，推进华为技术有限公司与杭钢集团战略合作，拓展海内外引智渠道，吸引国内外知名企业和优秀人才来浙江省进行项目合作和投资发展。北京大学杭州信息高等研究院、清华大学柔性电子产业园等多个重大项目已顺利推进。

举办第四届世界互联网大会，组织开展第四届世界互联网大会“互联网之光”博览会和浙江数字经济分论坛。先后组织举办浙江省云计算大数据产业大会、2017“互联网+”数字经济峰会、中国工业大数据大会钱塘峰会等多场重要活动论坛，组织参加第五届中国电子信息博览会、2017国际VR/AR技术与产业大会等活动，并联合各大媒体强化信息经济宣传报道，发挥典型引路、示范推广效应，助推全省信息经济全面快速发展。

贯彻落实部省战略合作，推进杭州西湖区和桐乡市的5G车联网示范工程建设。推进国家信息经济发展示范区和乌镇互联网创新发展试验区建设工作。

【产业环境】 2017年，浙江省组织编制《浙江省国家信息经济示范区实施方案》和《浙江省信息经济人才发展规划》。加强集成电路产业支持政策，起草《浙江省人民政府办公厅关于进一步加快集成电路产业发展的实施意见》。

落实电子信息行业发展各项政策措施，组织开展软件及集成电路设计企业所得税退税核查工作，全省软件行业享受税收优惠政策总额196.1亿元，其中，软件企业所得税退税金额148.5亿元，软件产品增值税退税金额47.6亿元。强化省财政专项资金对信息经济示范区、两化深度融合、软件和信息技术服务业发展等的支持；协助推进政府产业基金的运用，支持信息经济发展，截至2017年年底，全省政府产业基金投资信息经济领域项目2 083个，投资总额2 998.3亿元，其中，政府产业基金投资306.8亿元，带动社会资本投资2 691.4亿元。谋划设立浙江省集成电路产业基金和募资参股国家集成电路产业基金。指导相关企业申报各类国家专项资金，入选2017年国家01重大科技专项课题12项，涉及总投资43亿元，申请中央财政资金8.7亿元。组织申报国家智慧健康养老应用试点示范项目，推荐示范企业3家、示范街道9个和示范基地3个。

做好国家电子信息行业规范公告审核上报工作，其中，锂电池行业规范公告审核上报8家、光伏制造行业规范公告审核上报3家；组织开展2家软件及集成电路设计企业所得税优惠核查工作；做好网络电视接收设备信息安全保障工作，组织相关企业签署信息安全保障承诺书；加强自主品牌、质量和标准化工作。定期发布产业动态运行分析报告，完善产业预测预警机制。组织开展2017年全省11个设区市及90个县（市、区）的信息经济综合评价和分类排序，发布《2017年信息经济发展综合评价报告》和《2017年全省信息经济发展研究报告》等多个发展报告。

【主要问题】 浙江省电子信息产业效益增长缓慢，全省电子信息产业效益受光伏行业疲软、企业异常波动等因素影响呈现一定下滑态势，增速仍低于全省规模以上工业；杭州市、湖州市、绍兴市、台州市总产值增长较快，高于全行业平均水平，分别增长 20.2%、26.2%、25.2%和 27.2%，衢州市、舟山市分别下降 1% 和 6.3%，区域发展不平衡较为突出。

全省新一代通信网络、物联网、云计算与大数据、软件和信息技术服务及集成电路等新一代技术产业引领行业增长，但总量规模仍然偏小，对全行业增长的带动作用还不够；对新技术、新产业和新业态的战略布局还有待加强，关键核心技术的攻关和研发还有待突破，尚未形成全国有影响力的信息产业集聚中心。

【统计数据】

表 1　2017 年浙江省电子信息制造业规模以上企业人员构成情况

企业类别	企业数（家）	从业人员年末人数（人）	企业类别	企业数（家）	从业人员年末人数（人）
内资企业	3 035	604 102	有限责任公司	589	150 407
国有企业	2	740	股份有限公司	183	103 275
集体企业	2	397	私营企业	2 235	346 967
股份合作企业	23	2 290	港、澳、台商投资企业	270	100 256
联营企业	1	26	外商投资企业	273	146 259

表 2　2015—2017 年浙江省电子信息制造业规模以上企业基本情况

项目名称	单位	2015 年	2016 年	2017 年
工业总产值（现行价）	万元	67 460 059	74 757 595	83 156 640
工业销售产值	万元	65 015 788	71 972 636	80 412 026
其中：出口交货值	万元	17 833 618	18 120 050	19 809 587
流动资产平均余额	万元	44 775 562	50 042 117	57 906 115
资产总计	万元	70 507 723	80 125 925	92 802 835
负债合计	万元	37 186 130	40 967 736	47 444 404
主营业务收入	万元	64 314 916	70 608 817	79 053 391
税金总额	万元	1 944 973	2 062 965	2 369 710
利润总额	万元	4 811 929	5 340 939	5 663 923
从业人员年末人数	人	788 257	812 891	850 617
从业人员工资总额	万元	4 869 735	5 572 704	6 427 850

表 3　2015—2017 年浙江省电子信息制造业规模以上三资企业基本情况

项目名称	单位	2015 年	2016 年	2017 年
工业总产值（现行价）	万元	23 820 332	23 991 385	26 532 615
工业销售产值	万元	22 908 047	22 983 686	25 603 906
其中：出口交货值	万元	9 705 713	8 727 900	8 871 203
流动资产平均余额	万元	15 413 320	15 902 516	17 494 356
资产总计	万元	22 735 876	24 365 170	26 410 481
负债合计	万元	10 338 700	11 704 101	12 588 173
主营业务收入	万元	22 426 396	22 474 834	24 684 584
税金总额	万元	630 130	686 400	754 346
利润总额	万元	2 294 135	2 364 355	2 304 439
从业人员年末人数	人	262 707	248 360	246 515
从业人员工资总额	万元	1 810 946	1 929 402	2 252 962

表 4　2015—2017 年浙江省电子信息制造业规模以上企业主要经济效益指标完成情况

项目名称	单位	2015 年	2016 年	2017 年
全员劳动生产率	元 / 人	176 186	196 818	204 738
流动资产周转率	%	143.6	141.1	136.5
产品销售率	%	96.4	96.3	96.7
总资产贡献率	%	11.2	10.7	10.1
资产保值增值率	%	135.7	117.5	115.2
资产负债率	%	52.7	51.1	51.1

表 5　2015—2017 年浙江省电子信息制造业规模以上三资企业主要经济效益指标完成情况

项目名称	单位	2015 年	2016 年	2017 年
全员劳动生产率	元 / 人	186 664	206 735	225 409
流动资产周转率	%	145.5	141.3	141.1
产品销售率	%	96.2	95.8	96.5
总资产贡献率	%	14.2	14.1	12.9
资产保值增值率	%	112.3	102.1	114.6
资产负债率	%	45.5	48.1	47.7

注：表 1 ~表 5 数据来源于浙江省统计局。

表 6　2015—2017 年浙江省主要电子信息产品产销量情况

产品名称	单位	产量			销量		
		2015 年	2016 年	2017 年	2015 年	2016 年	2017 年
移动通信手机	万部	4 958	5 485.9	5 495.7	5 017	5 465.9	5 358.3
程控交换机	万线	145	163.4	353.5	140	161.9	346.4
彩色电视机	万台	389	528.9	609.6	389	527.2	597.4
其中：液晶电视机	万台	389	528.9	609.6	389	527.2	597.4
液晶显示模组	万套	3 677	2 781	8 483	3 718	2 685	8 058.8
集成电路	亿块	41.7	40.9	79.9	37.6	41.1	78.3
半导体分立器件	亿只	709.7	718.7	741.9	632.9	824.2	719.6
电子元件类	亿只	781.5	785.6	1 044.7	785.6	750.3	1 023.8
笔记本电脑	万部	120	178.9	188.6	120	177.7	184.8

表 7　2017 年浙江省软件和信息技术服务业人员构成情况

企业类别	企业数（家）	从业人员年末人数（人）	人员构成			
			管理人员（人）	在总人数中所占比例（%）	软件开发研究人员（人）	在总人数中所占比例（%）
内资企业	1 550	299 460	26 931	9.0	85 406	28.5
国有独资	7	1 278	62	4.9	100	7.8
国有企业	22	17 377	680	3.9	4 637	26.7
集体企业	2	122	9	7.4	81	66.4
股份合作企业	7	990	129	13.0	185	18.7
有限责任公司	488	91 028	7 446	8.2	26 646	29.3
股份有限公司	228	80 844	7 310	9.0	34 374	42.5
私营企业	774	104 720	11 103	10.6	17 938	17.1
其他内资企业	22	3 101	192	6.2	1 445	46.6
港、澳、台商投资企业	60	62 118	2 901	4.7	25 114	40.4
外商投资企业	59	15 747	1 523	9.7	5 368	34.1

表 8　2015—2017 年浙江省软件和信息技术服务业基本情况

项目名称	单位	2015 年	2016 年	2017 年
软件业务收入	万元	30 374 129	36 000 230	43 404 221
软件业务出口	万美元	279 731	351 179	344 547

续表

项目名称	单位	2015 年	2016 年	2017 年
流动资产平均余额	万元	29 693 613	37 843 615	47 223 463
固定资产投资额	万元	588 894	937 002	2 214 468
资产总计	万元	48 679 085	57 783 941	73 875 579
负债合计	万元	18 594 120	22 086 357	28 984 066
税金总额	万元	1 525 476	2 345 939	2 013 131
利润总额	万元	7 913 457	11 639 661	16 654 679
应交所得税	万元	1 008 297	1 203 486	1 475 536
从业人员年平均人数	人	280 666	288 872	377 325
从业人员工资总额	万元	3 958 017	4 849 475	5 425 226

表 9　2015—2017 年浙江省软件和信息技术服务业主要经济效益指标完成情况

项目名称	单位	2015 年	2016 年	2017 年
流动资产周转率	%	102.3	95.1	91.9
销售利润率	%	26.1	32.3	38.4
总资产贡献率	%	22.6	25.4	28.1
资产保值增值率	%	139.9	124.7	122.6
资产负债率	%	38.2	38.2	39.2

注：表 6 ~表 9 数据来源于浙江省经济和信息化厅。

[撰稿：郑闽红　审稿：魏振华]

安　徽　省

【电子信息制造业】　2017 年，安徽省电子信息制造业实现工业总产值 4 067 亿元，近 5 年来连续完成 3 个千亿元台阶的大跨越。全年工业增加值同比增长 19.1%，分别比全国同行业、全省工业高 5.3 个百分点和 10.1 个百分点，工业增加值占全省工业 GDP 的 8.5%；5 年来累计提高 3.2 个百分点，年均提高 0. 6 个百分点，对全省工业增长贡献率居各行业前列。

2017 年，安徽省规模以上电子信息制造业完成主营业务收入 3 541 亿元，同比增长 22.6%，分别比全国同行业、全省工业高 9.4 个百分点和 10.2 个百分点。全年实现利润总额 213 亿元，同比增长 31.7%，分别比全国同行业、全省工业高 11.6 个百分点和 12 个百分点，对全省工业利润增长贡献率达 13.5%。

受“屏—芯—端”联动发展带动，安徽省智能整机生产快速取得突破。全年生产彩色电视机 1 400 万部，同比增长 34.3%，高于全国 32.7 个百分点，产量占全国比重升至 8.1%；生产笔记本电脑 1 877 万台，同比增长 13.1%，高于全国 6.3 个百分点，产量占全国比重 10.9%。

新型显示、集成电路等新一代信息技术产业的支撑带动作用日益突出。全年液晶显示屏产量占全国比重首次突破 10%，达到 12.6%，显示器件业对全行业主营业务收入增长贡献率达 12.8%；集成电路产量实现从零星分布到规模化量产的突破，2017 年生产量同比增长 143%，增速高于全国 125 个百分点。在新能源产业加速发展带动下，锂离子电池、太阳能光伏电池等新兴领域快速发展，锂离子电池产量同比增长 129%，太阳能光伏电池产量同比增长 38.9%，实现主营业务收入合计突破 600 亿元，同比增长 38%，对全行业增长贡献率达 26.9%。

典型企业　2017 年，安徽省规模以上电子信息制造企业 936 家，比上年年末净增 139 家。年产值超 50 亿元企业突破 10 家，联宝（合肥）电子科技有限公司、合肥京东方光电科技有限公司、合肥鑫晟光电科技有限公司等企业年产值超百亿元。联宝（合肥）电子科技有限公司成为全省电子信息行业首家年主营业务收入超 500 亿元企业，成立 5 年多时间累计生产笔记本电脑 8 000 万台，连续 3 年蝉联全省第一大进出口企业。芜湖长信科技股份有限公司、安徽天康（集团）股份有限公司、铜陵精达铜材（集团）有限责任公司、阳光电源股份有限公司 4 家企业入选第 31 届中国电子信息百强企业名单，安徽铜峰电子集团有限公司、合肥博微田村电气有限公司 2 家企业入选第 30 届中国电子元件百强企业名单。

安徽华米信息科技有限公司的智能可穿戴手环、阳光电源股份有限公司的光伏逆变器等产品出货量跃居全球第一，量子信息等前沿技术在全球率先突破，蚌埠玻璃设计院的全球最薄 0.15 毫米信息显示触控玻璃实现量产。

【软件和信息技术服务业】　2017 年，安徽省软件和信息技术服务业主营业务收入超亿元的企业有 80 家，其中，科大讯飞股份有限公司、安徽四创电子股份有限公司、安徽华米信息科技有限公司、阳光电源股份有限公司、安得物流股份有限公司、安徽继远软件有限公司、安徽电信工程有限责任公司、合肥美亚光电技术股份有限公司、安徽巨一自动化装备有限公司 9 家企业超 10 亿元。科大讯飞股份有限公司连续 3 年入选中国软件业务收入前百家企业名单，在第 16 届全国百强名单中排名第 50 位。通过信息系统集成与服务资质认证企业 322 家，科大国创软件股份有限公司等 7 家企业获得一级资质。

智能语音持续领跑。科大讯飞股份有限公司在语音合成、语音识别和机器翻译国际大赛中连续夺冠，持续保持在智能语音及人工智能领域的行业龙头地位；合肥美亚光电技术股份有限公司嵌入式技术领先同行，色选机成为行业标杆，产品远销近 100 个国家和地区；安徽华米信息科技有限公司自主研发的小米手环累计销售逾 4 000 万只，智能穿戴出货量居全球第一。智能电网国内知名。以安徽继远软件有限公司、安徽继远电网技术有限责任公司、安徽中兴继远信息技术股份有限公司、科大智能科技股份有限公司等为代表的软件企业在电力自动化、配电网自动化、电力线载波等领域，是国家电网信息化建设重要力量，相关技术国内领先。

依托各地优势，突出发展特色，加快产业集聚。合肥市打造智能语音和人工智能产业聚集区，2017 年实现软件产业收入 476.9 亿元，同比增长 55.4%；芜湖市是动漫游戏、文化创意产业集中区；马鞍山市是电子商务、软件服务外包产业集中区；安庆市是筑梦新区产业园；铜陵市的智能交通、行业应用软件集中区各具特色，构成沿江软件产业城市集聚带。合肥市、芜湖市、马鞍山市软件产业规模占全省总量的 95%。

【科技进步与应用】　2017 年，安徽省电子信息制造业持续保持较高投入水平和增幅，500 万元以上电子信息制造业项目完成固定资产投资额同比增长 24.6%；实现工业投资 926 亿元，同比增长 25.9%；完成技术改造投资 448 亿元，同比增长 33.1%。

行业重大标志性项目建设进展顺利。总投资 458 亿元的合肥京东方全球首条最高世代 TFT-LCD10.5 代线提前点亮投产，形成 65 英寸以上 8K 显示面板批量供货能力，合肥市成为全球唯一拥有 6 代线、8.5 代线、10.5 代线的城市；总投资 135 亿元的安徽省首家 12 英寸晶圆制造厂合肥晶合显示驱动芯片正式量产，实现安徽高端晶圆制造“零的突破”；总投资100亿元的蚌埠凯盛铜铟镓硒薄膜太阳能高效电池模组一期成功投产；布局存储器产业，进军通用芯片领域，首期研发投资180亿元的合肥长鑫12英寸DRAM存储器基地建设稳步加快；总投资240亿元的滁州惠科TFT-LCD 8.6代线以及蚌埠中建材国内首条自主研发8.5代显示玻璃基板生产线、京东方智能整机等一批重点项目开工建设。

【信息基础设施】 2017年，安徽省编制印发《安徽省信息网络基础设施发展专项规划（2017—2021年）》，对未来5年的安徽省信息网络建设提出目标任务。组织实施电信普遍服务试点建设，完成3 529个试点行政村的光纤改造，完成8 752个行政村的村部热点WiFi建设。新建通信基站22 800个，全面完成行政村通光纤建设任务，超额完成年度目标任务。在固定宽带领域，开展城区光纤网络改造，城市地区家庭基本具备光纤接入能力，全面完成光纤到行政村建设。在移动宽带领域，4G网络实现城市城区、县城城区、乡镇和高速、高铁的连续覆盖，所有行政村基本实现4G覆盖。

截至2017年年底，安徽省光缆线路长度179.7万千米，移动电话交换机容量8 563.2万户。互联网宽带接入端口比上年年末增加500.5万个，达到2 927.7万个，其中，FTTH/O端口比上年年末增加628.4万个，达到2 639.6万个，占总端口的90.2%。互联网省际出口带宽6 492Gbps。移动电话基站数比上年年末净增2万个，达到21.6万个。截至2017年年底，安徽省电话用户比上年年末增加510.4万户，达到5 550.8万户，普及率89.6户/百人。固定电话用户数比上年年末减少62.5万户，达到551.4万户，普及率8.9户/百人。移动电话用户比上年年末增加572.9万户，达到4 999.4万户，普及率80.7户/百人。截至2017年年底，安徽省固定互联网宽带接入用户比上年年末净增260.8万户，达到1 367.2万户，固定家庭宽带用户1 202.1万户，固定家庭宽带普及率63.6%。20Mbps以上用户1 253.6万户，占总用户的91.7%；50Mbps以上用户920.5万户，占总用户的67.3%；FTTH/O用户1 144.7万户，占总用户的83.7%。移动互联网用户比上年年末增加460.2万户，达到4 647万户，其中，手机上网用户4 512.9万户，占总用户的97.1%。

【信息产业基地和园区】 2017年，安徽省16个市电子信息产业均实现较快发展，中国“IC之都”“光伏第一城”等城市产业名片影响力日益扩大，合肥经济技术开发区新桥产业园等20余家省级电子信息产业基地园区建设成效显著，汇聚规模以上电子信息企业600余家，主营业务收入占全行业比重70%。全省形成以一大核心区（合肥）为引领，两大增长极（芜湖、蚌埠）为支撑，辐射带动多个特色优势基地发展的“一核双极多基地”的电子信息产业发展新格局。

中国声谷作为中国唯一定位于人工智能领域的国家级产业基地，先后获得国家级众创空间（粒子空间）、国家新型工业化产业示范基地、国家小型微型企业创业创新示范基地、国家级科技企业孵化器四大“国”字头荣誉。中国声谷依托科大讯飞股份有限公司先进的智能语音技术研发基础，围绕提升智能语音及人工智能产业创新能力，加快建设公共服务平台，构建形成智能语音及人工智能产业创新体系。智能语音技术和产品已广泛渗透教育、医疗、广电、汽车、家电、移动互联网等多个领域，全国首家智慧医院挂牌运行。中国声谷入园企业200家，跟进在谈项目超过200个。随着一批龙头企业入驻，形成产业特色明显、技术领先、配套齐全、辐射全球的人工智能产业集群。

【两化融合】 2017年，安徽省推动出台《安徽省人民政府关于深化制造业与互联网融合发展的实施意见》（皖政〔2017〕3号）和《安徽省“十三五”信息化发展规划》（皖政〔2017〕86号），形成较为完善的信息化和两化融合发展政策体系，为促进信息化发展营造良好发展环境。

推进两化融合管理体系在企业的普及和推广，构建开放式、扁平化、平台化的中小企业组织管理新模式，提升企业核心竞争力。2017年，安徽省36家企业通过国家两化融合管理体系认定，数量居全国第4位。广泛开展两化融合自对标、自评估。利用国家两化融合技术评估大平台和省两化融合自评估服务平台为企业进行两化融合“体检”，帮助企业认识到自身所处的两化融合发展阶段等级和在行业中的能力位置。2017年，全省5 752家工业企业开展对标自评估，数量居全国第5位。

2017年，安徽省4个项目入围国家级制造业与互联网融合试点示范，数量位居全国第2位。涌现出一批“互

联网 + 制造”的优秀案例和“互联网 + 物流”领域的亮点，包括安徽洲峰电子科技有限公司、安徽共生物流科技有限公司等物流信息化平台。

2017 年，安徽省 6 家企业 7 个项目被工业和信息化部认定为制造业首批“双创”试点示范项目，数量居全国第 2 位。合肥荣事达电子电器集团有限公司被国务院授予“双创”示范基地。

【信息安全】 2017 年，安徽省继续贯彻落实《工业控制系统信息安全防护指南》等文件精神，开展全省工控系统信息安全检查工作，对 52 家重点工业企业 2 134 套工控系统进行重点检查；组织 46 家企业参加国家工控安全培训；及时发布“WannaCry”勒索病毒等安全风险提示，指导落实安全防护措施，完成涉及安徽省 23 套联网工业控制系统安全风险排查和落实整改。

提升电子认证服务的能力和水平，拓展数字证书应用新领域，开展数字证书“一证通”服务，为“互联网 + 政务服务”提供电子认证服务新方案。安徽省面向社保、税务、医疗卫生、住建、电子招投标等领域累计发放证书约 50 万张，全年新增数字证书量突破 9 万张。

开展第四届网络安全宣传周系列活动，围绕“网络安全为人民、网络安全靠人民”的活动主题，编印《工业控制系统信息安全知识读本》《电子认证宣传手册》等宣传材料，组织召开安徽省工业网络信息安全交流研讨会、开展网络宣传等活动，增强企业信息安全防护意识。

完成 55 家成员单位网络与信息安全评估工作；配合安徽省网信办制定出台安徽省网络安全规划、促进移动互联网健康发展指导意见等文件。

【信息消费】 2017 年，安徽省在信息消费领域抓典型促带动，推进合肥市、芜湖市、马鞍山市 3 个国家级示范城市以及马鞍山市花山区等 9 个省级示范城市建设，加强试点示范引领发展。评选安徽省信息消费创新产品（第四批）100 件，挖掘出智能钢琴、虚拟现实、可穿戴设备等一批示范应用产品。评选第二批信息消费体验中心 50 家，涉及智能硬件、智能制造、服务平台、文化创意、创客空间等多个领域。

【云计算与大数据】 2017 年，安徽省大数据产业形成以合肥市为龙头，以淮南、宿州云基地为两翼的发展格局。涌现出一批大数据助力产业发展的企业，挖掘出华升泵阀、容知日新、飞常准、百助网络等企业大数据典型案例。推动成立安徽省大数据产业联盟，已有 300 多家企业加入联盟。创建“蜀峰论坛”大数据沟通平台，受众超千人。开展大数据产业、云计算建设情况普遍调查，为进一步推进企业上云夯实基础工作。促成深圳市腾讯计算机系统有限公司与安徽省人民政府签约，协议涉及“智慧产业”“智慧民生”“智慧双创”等内容。

【产业环境】 2017 年，安徽省制定出台《安徽省人民政府关于进一步扩大和升级信息消费、持续释放内需潜力的意见》，明确 2020 年达到 5 000 亿元的发展目标，引导合肥市、芜湖市、淮北市、池州市、黄山市等地出台奖补措施。评选第 5 批信息消费创新产品 104 件，累计 316 件，以加强供给引领产业升级。评选第 3 批信息消费体验中心 45 件，累计认定信息消费体验中心 126 家，涉及智能硬件、智能制造、服务平台、文化创意、创客空间。

发布《安徽省“十三五”软件和大数据产业发展规划》，举办“十三五”安徽省软件企业发展战略研讨会，全年 71 家软件企业享受税收优惠政策，发布软件企业 20 强名单。研究制定《中国（合肥）智能语音及人工智能产业基地（中国声谷）发展规划（2018—2025 年）》，提出发展思路、发展重点和战略措施，总体目标是 2020 年实现销售收入 1 000 亿元。推动出台《安徽省人民政府关于印发支持中国声谷建设若干政策的通知》，首次设立专项资金 8 亿元，设立专项基金 50 亿元。研究制定《支持中国声谷建设若干政策实施细则》，推动各项政策落实。2017 年征集智能语音与人工智能类投资项目 221 项，总投资 95 亿元，遴选支持中国声谷建设项目共 11 类 138 项，支持资金共计 3.1 亿元。

【统计数据】

表 1　2015—2017 年安徽省电子信息制造业基本情况

项目名称	单位	2015 年	2016 年	2017 年
工业总产值（现行价）	万元	28 067 323	33 894 191	40 671 095
资产总计	万元	26 965 920	29 886 128	35 829 569
负债合计	万元	15 925 513	17 472 093	20 562 080
主营业务收入	万元	25 357 481	30 282 000	35 405 674
税金总额	万元	472 133	618 004	696 452
利润总额	万元	1 603 344	1 759 000	2 132 492

表 2　2015—2017 年安徽省电子信息制造业主要经济效益指标完成情况

项目名称	单位	2015 年	2016 年	2017 年
资产负债率	%	59.1	58.5	57.4

表 3　2015—2017 年安徽省主要电子信息产品产销量情况

产品名称	单位	产量			销量		
		2015 年	2016 年	2017 年	2015 年	2016 年	2017 年
彩色电视机	万台	1 176.9	1 277.1	1 399.6	1 176.9	1277.1	1 399.6
微型计算机	万台	1 801.5	1 659.8	1 876.8	1 801.5	1659.8	1 876.8
液晶显示屏	万片	26 562	33 801.8	71 726.3	26 562	33 801.8	71 726.3

注：表 1 ~表 3 数据来源于安徽省统计局。

表 4　2015—2017 年安徽省软件和信息技术服务业基本情况

项目名称	单位	2015 年	2016 年	2017 年
软件业务收入	万元	2 055 824	2 600 306	3 411 238
软件业务出口收入	万美元	11 806	15 314	8 198
软件产品销售收入	万元	854 767	909 752	1 294 735
流动资产平均余额	万元	2 226 224	2 527 433	4 258 873
固定资产投资额	万元	116 806	104 503	147 374
资产合计	万元	4 279 058	6 541 004	7 592 849

续表

项目名称	单位	2015 年	2016 年	2017 年
负债合计	万元	1 728 166	2 690 577	3 608 156
税金总额	万元	97 593	123 745	171 329
利润总额	万元	405 738	481 567	671 503
应交所得税	万元	47 215	49 724	84 272
从业人员年末人数	人	45 770	50 789	54 443
从业人员工资总额	万元	337 749	433 364	553 513

表 5　2015—2017 年安徽省软件和信息技术服务业主要经济效益指标完成情况

项目名称	单位	2015 年	2016 年	2017 年
资产负债率	%	40.4	41.1	47.5

注：表 4 ~表 5 数据来源于安徽省经济和信息化厅。

［供稿：安徽省经济和信息化厅］

福　建　省

【电子信息制造业】　2017 年，福建省规模以上电子信息制造业主营业务收入同比增长 11.8%。宸鸿科技（厦门）有限公司、友达光电（厦门）有限公司等 10 家电子信息制造业企业销售收入超百亿元。福建省电子信息（集团）有限责任公司、万利达集团有限公司、福州福大自动化科技有限公司、厦门宏发电声股份有限公司 4 家企业入围第 31 届中国电子信息百强企业名单。触控模组、显示器、智能网络交换机、二维码支付、LED 芯片、聚合物锂电池、动力锂电池、金融 POS 机等产品市场占有率居全国前列。全省拥有国家级企业中心 17 家、省级企业技术中心 83 家、行业技术开发基地 11 个。

细分领域　在新型显示领域，为补齐产业链缺失的上游面板环节，福建省加快“填屏”步伐，引进的厦门天马微、福清京东方和莆田华佳彩等重点项目陆续投产。其中，厦门天马微第 5.5 代低温多晶硅和彩色滤光片项目建成投产，2017 年实现收入超百亿元；福清京东方 8.5 代面板项目于 2017 年 2 月投产，创造从打桩建设到点亮投产仅用 15.8 个月的业界全球最快速度，生产线实现全球首次 43 英寸 10 切设计，极大提高玻璃基板利用率，同时具备业界 8.5 代线最薄基板直投能力；莆田华佳彩高新技术面板项目一期产品于 2017 年 6 月投产，自主研发的 5.2 英寸和 5.5 英寸屏幕新产品实现 3 项技术的全球首创。

在集成电路领域，上游集成电路设计企业有 100 多家，瑞芯微电子股份有限公司等少数优势企业达到 14 纳米国际先进水平。厦门联芯 12 英寸集成电路项目于 2017 年上半年引进 28 纳米制程，年底总产能 1.6 万片，填补全省高端集成电路制造空白。福联砷化镓项目厂房和无尘室施工顺利完成，一年内实现动工到试产。

在计算机和网络通信领域，计算机制造业、通信设备行业克服市场竞争加剧等不利因素影响，2017 年产值分别同比增长 9.8% 和 33.2%。冠捷电子(福建)有限公司、星网锐捷通讯股份有限公司等龙头企业稳中有升。新大陆科技集团有限公司成为国内 O2O 领域最大的条码支付设备供应商。联迪商用设备有限公司的 POS 机产品占国内市场 40% 以上的份额，居国内首位。

在 LED 产业领域，三安光电股份有限公司持续在上游外延片、芯片领域加大研发投入，2017 年产能同比增长 100%，市场占有率 17%，将产能扩增目标定在具有高获利的四元 LED、Micro LED、植物照明等；强力巨彩光电科技有限公司从“千店万点”到“旗舰店建设”再到“三公里服务圈”，领跑全国室内全彩和室外全彩行业；厦门立达信绿色照明集团有限公司、厦门海莱照明有限公司等企业产品出口居全国前列，其中，厦门立达信绿色照明集团有限公司入选中国照明电器行业十强企业和轻工百强企业，LED 球泡灯和筒灯出口稳居全国第一。

在锂电池产业领域，依托宁德新能源科技有限公司、宁德时代新能源科技股份有限公司等锂电行业的龙头企业，围绕打造锂电新能源千亿产业集群目标引导上下游产业不断集聚，有效延伸产业链，2017 年产值同比增长 32.6%，宁德市成为全球最大的聚合物锂离子电池生产基地。

【软件和信息技术服务业】 2017 年，福建省完成软件业务收入 2 505 亿元，同比增长 16.1%。完成软件产品收入 919.8 亿元，占软件业务收入的 36.7%，同比增长 16%；信息技术服务收入 1 319.5 亿元，占软件业务收入的 52.7%，同比增长 16.6%，其中，集成电路设计收入 107 亿元，占软件业务收入的 4.3%，同比增长 16.6%；嵌入式系统软件收入 265.7 亿元，占软件业务收入的 10.6%，同比增长 14.6%。

得益于福州市、厦门市创建“中国软件名城”和获批“中国服务外包示范城市”以及福州软件园和厦门软件园的聚集效应，2017 年，福州市软件产业实现业务收入 1 175 亿元，同比增长 16%；厦门市软件产业实现业务收入 1 282 亿元，同比增长 16.4%。

两大骨干园区福州软件园和厦门软件园发展形势良好，2017 年，福州软件园全年技工贸总收入 648 亿元，同比增长 25%；厦门软件园在 43 个国家火炬计划软件产业基地中综合评价排名全国第 7 位，成长性指标排名全国第一，全年实现产值 838.7 亿元，同比增长 16.9%。福州软件园、厦门软件园总收入占全省软件产业业务收入的 59%。

龙头骨干企业发展势头良好，福大自动化科技有限公司、星网锐捷通讯股份有限公司、新大陆科技集团有限公司 3 家企业入选第 16 届中国软件业务收入百强企业，福大自动化科技有限公司、福建星网锐捷通讯股份有限公司、网龙网络控股有限公司、美亚柏科信息股份有限公司 4 家企业入选 2017 年中国软件和信息技术服务综合竞争力百强企业，网龙网络控股有限公司、四三九九网络股份有限公司等 7 家企业入选 2017 年互联网企业百强企业，上市企业累计 150 多家(含新三板)。近 40 家企业产品或技术在行业应用软件、移动互联网、动漫游戏、大数据、物联网、VR/AR、IC 设计等细分领域处于领先地位。

【信息基础设施】 2017 年，福建省固定宽带家庭普及率 90.1%，比上年提升 12.9 个百分点。固定互联网宽带接入用户比上年累计新增 229.0 万户，达到 1 373.6 万户。全省光纤接入 FTTH/O 宽带用户新增 301.5 万，达到 1 068.2 万户，在固定宽带用户中占比 77.8%，进一步强化光宽带在全省固定宽带发展中的主体地位。移动宽带用户普及率 90.2%，比上年提高 11.6 个百分点。移动互联网用户比上年累计新增 241.3 万户，达到 3 508.8 万户，同比增长 7.4%。互联网宽带接入端口总量 2 861.8 万个，同比增长 15.3%。其中，光纤接入（FTTH/O）端口同比大幅增长，增速达 34.5%，总数 2 257.5 万个，占互联网宽带接入端口总量的 78.9%。xDSL 端口总数 74.2 万个，占互联网宽带接入端口总量的 2.6%。4G 基站规模占比 55.3%。

8 ~ 20Mbps 宽带用户比上年年末累计减少 30.7 万户，达到 44.0 万户，占固定宽带用户总数的 3.2%；20Mbps 及以上宽带用户快速提升，达到 1 259.1 万户，占固定宽带用户总数的 91.7%。城市光网覆盖率 219.0%，城市光端口占比 97.6%，所有设区市和平潭综合实验区均达到光网城市标准。

完成第 1 批、第 2 批电信普遍服务试点 3 868 个行政村建设任务，试点行政村宽带平均接入速率超50Mbps。率先将海岛行政村纳入第3批试点，并进入建设阶段。全行业实施信息扶贫攻坚计划加快宽带进乡入村、信息进村入户覆盖面，农村宽带用户占比超过1/3，城乡差距进一步缩小。农村宽带用户总数460.0万户，同比增长29%，占固定宽带用户总数的33.5%，较上年提高2.3个百分点，“数字鸿沟”进一步缩小。

实施窄带物联网工程，开通NB-IoT基站约2.5万个，基本实现NB-IoT全省全覆盖。参与举办2017年中国物联网大会。举办海峡两岸物联网产业发展及应用论坛，促进闽台信息通信业交流合作。

【两化融合】 2017年，福建省推动企业开展贯标，规范两化融合进程。截至2017年年底，全省1 131家企业参与两化融合管理体系贯标，占全国总数的16%，数量居全国第2位。其中，323家企业通过国家贯标评定，占全国总数的21%，数量居全国首位。东南（福建）汽车工业有限公司和盛辉物流集团有限公司被工业和信息化部评为全国两化融合管理体系贯标示范企业。

加强工业互联网平台建设。在广泛听取企业、园区意见建议的基础上，向全省征集工业互联网平台项目9个，涵盖工业云制造平台、物联网通用接入平台、智能装备大数据平台、新能源汽车全生命周期数据运营平台、服装生产服务平台、泛家居个性化定制平台等多个领域。推进试点示范工作，福州软件园、厦门软件园等12家园区获批国家新型工业化产业示范基地，入选总数位居全国前列。中德福州产业园获批2017中德智能制造合作试点示范园区，基于工业4.0的智能化工业发展模式深入推进，在全国率先开展NB-IoT规模商用，初步建成福州物联网水漏损治理监控平台，“物联网＋水务”发展新生态加快形成。

支持企业实施智能化改造，争取国家智能制造专项支持。2017年，全省9个企业项目入选国家智能制造专项、6个企业项目列入试点示范项目，获得首批补助资金8 900万元，入选项目数量、获得补助资金居全国前列；新认定省级智能制造试点示范企业24家，省级智能制造样板工厂6家。项目实施直接带动企业智能化技改投入超过50亿元，实现节省人力超过4 000人，提高企业生产效率约20%，降低运营成本约15%。

组织实施以“百企示范、千企贯标、万企行动”为目标的“百千万”企业两化融合提升工程，组织全省两化融合宣传推广对接八闽行等相关活动，重点依托第三方咨询服务机构开展两化融合宣传、推广、评估、咨询、对接等公共服务，先后在全省各地市累计组织对接活动数十场，广泛引导企业参与两化融合行动。

【信息消费】 2017年，福建省信息消费规模4 728亿元，同比增长21.4%。其中，通信业务总量897亿元，同比增长53.4%；软件技术服务消费2 239.3亿元，同比增长16.3%；信息终端产品消费1 592.3亿元，同比增长21.4%。

面向消费升级的智能网联汽车、可穿戴设备、数字家庭产品、智能服务机器人等信息产品加速向智能化、高端化、融合化优化升级，例如，厦门金龙汽车公司与百度公司合作，加快研发无人驾驶巴士。大力实施“数控一代”示范工程，启动百个示范项目和百家示范企业评比，推广一批具有典型“机器换工”意义的自动化示范生产线，涌现出一批创新能力强、成长性好、产业化程度高、社会经济效益显著的龙头企业。九牧厨卫股份有限公司投资15.6亿元，建设生产过程智能管控与动态优化的高度智能化生产线，生产效率提高120%，运营成本降低32%，产品研制周期缩短40%，不良品率降低30%，能源利用率提高15%。

推进信息消费试点城市建设，部署制定试点工作方案，以福州市、厦门市、泉州市、石狮市为重点，推进试点工作深入开展。福州市着力发展公共服务信息消费项目，在全国率先开通基于三维成像技术的旅游电子信息系统，实现全市4A级景区3D全景导览；建成“福州教育区域云学习中心”，推进“数字青少年宫活动室”在农村中心小学以上学校的全覆盖。厦门市大力推进信息消费体验，初步构建“城市综合展示、企业市场运营、社区便民体验”三级架构的信息消费体验体系；建成“i厦门”一站式惠民服务平台和“海峡两岸信息消费体验馆”。泉州市重点实施“数控一代”示范工程，加快信息技术与传统产业融合发展，推进产业优化升级。石狮市重点推进信息服务创新，实施“东方米兰”计划，加大投资和梯次推进甲骨文纺织服装创新发展云平台等信息服务项目，组织企业抱团发展电子商务。

［供稿：福建省工业和信息化厅］

江 西 省

【概况】 2017年，江西省电子信息产业继续保持平稳较快发展态势。全年电子信息产业实现主营业务收入3 730.3亿元，同比增长16.8%；实现利润总额253.5亿元，同比增长15.2%；重点地区和主导产业运行情况良好，龙头企业实力不断提升。

【电子信息制造业】 2017年，江西省电子信息制造业实现主营业务收入2 173.2亿元，实现利润总额131.7亿元，同比增长16.4%。

全省11个设区市电子信息工业总产值基本实现同比增长，其中，南昌市发展尤为迅猛，全年实现规模和增速双第一。南昌市、吉安市的电子信息制造业总产值分别达792.1亿元和607.5亿元，分别同比增长31.1%和23.6%，规模排在第3位的赣州市增速24.3%，除九江市、景德镇市、鹰潭市外，其他设区市都实现增速10%以上。

全省三大主导产业全年完成主营业务收入1 537.5亿元，同比增长20.3%，占全行业的比重为70.7%。其中，半导体照明产业439.6亿元，同比增长35.9%；移动终端产业691.2亿元，同比增长17.8%；数字视听产业406.7亿元，同比增长10.5%。

全行业培育壮大一批龙头骨干企业，涌现出智慧海派科技有限公司、欧菲生物识别技术有限公司、联创电子有限公司、合力泰科技股份有限公司等主营业务收入超10亿元企业；过百亿元企业新增2家，共有4家，分别为欧菲生物识别技术有限公司、欧菲光电技术有限公司、智慧海派科技有限公司、合力泰科技股份有限公司，全年分别累计完成主营业务收入110.3亿元、102.7亿元、101.9亿元和125.7亿元，分别同比增长9.0%、57.9%、16.7%和44.7%。截至2017年年底，全行业规模以上企业575家，比上年增加119家。

全省共培育南昌高新区光电及通信、井开区通信终端、信丰数字视听、吉安县数字视听、新余光电、抚州高新区电子信息产业集群等12个集群，产业集群规模不断扩大，集群效应不断显现，全年完成主营业务收入2 363.6亿元，同比增长28.1%。

受国内光伏分布式市场加速扩大和国外新兴市场快速崛起双重因素影响，全省光伏产业收入规模增速自2012年以来首次实现两位数增长，企业经营效益亦为近年较好水平，对外贸易保持良好势头。全省规模以上光伏企业实现主营业务收入1 089.6亿元，同比增长16%；实现利润78.1亿元，同比增长8.1%。太阳能电池出口5 448万个，同比增长117.4%；实现出口额10.6亿美元，同比增长13.1%。产业规模继续保持全国第一方阵，上饶市、新余市、九江市等产业集群不断壮大。

【软件和信息技术服务业】 2017年，江西省软件产业保持平稳发展，主营业务收入与经济效益保持稳定增长，全年实现营业收入180.6亿元，同比增长12%；实现软件业务收入107.4亿元，同比增长19.3%；实现利润19.8亿元、利税总额23.5亿元；全省27家企业主营业务收入过亿元，主营业务收入合计占全省软件产业的82%；4家企业营业收入超过10亿元；全省国家规划布局内重点企业4家，全国软件百强企业1家。

【科技进步与应用】 2017年，以南昌光谷光电工业研究院为依托单位建设的硅衬底半导体照明创新中心获批首个电子信息类省级创新中心。睿宁高新技术材料（赣州）有限公司、合力泰科技股份有限公司分别获得国家发展和改革委员会、工业和信息化技术改造项目资金支持；南昌欧菲光电技术有限公司和联创电子有限公司分别获得智能制造项目和绿色制造项目支持。

【信息基础设施】 2017年，江西省深入实施“宽带中国”江西工程，开展信息通信基础设施建设，实现全省所有设区市建成“光网城市”，扩大光纤网络覆盖范围，全省所有城区小区的光纤化改造基本完成，全省实现 100% 行政村通宽带和 100% 行政村 4G 信号全覆盖。信息接入水平有效提升，电话用户 3 926.2 万户。其中，移动电话用户 3 449.2 万户，增长 9.8%；固定电话用户 477 万户，下降 7.8%。互联网省际出口带宽新增 2 200Gbps，累计 25 231Gbps，省际出口网速大大加快，固定互联网宽带接入用户 977.1 万户，其中，光纤到户（FTTH）用户 647.4 万户。广播综合人口覆盖率 98.4%，电视综合人口覆盖率 98.9%。

【信息产业基地和园区】 南昌高新区光电及通信产业集群抓住国内手机等移动智能终端产业向内地加速转移的趋势，引进手机终端整机配套项目，重点开展移动智能终端产业链补链、强链工作，发展手机通信终端配套产业，初步形成手机摄像头、闪光灯、指纹识别、受话器、显示屏的手机通信整机完整产业链。涌现出欧菲生物识别技术有限公司、欧菲光科技有限公司等一批移动智能终端配套企业，引进华勤通讯、闻泰科技、与德通讯等一批整机项目。拥有手机整机及配套企业 27 家，全年完成主营业务收入 410 亿元，手机产业链在区内配套率 80%。

吉安电子信息产业基地是江西省唯一的国家新型工业化产业示范基地，通过紧抓转型升级、招商方式、管理机制、人才培养等方面的转变，以园区升级推动产业升级，以产业升级带动发展升级，产业规模稳健增长，产品档次加快升级，产业集聚日益显现，培育年主营业务收入超 10 亿元的电子企业 10 家，电子信息产业中国驰名商标及江西省著名商标、名牌产品 15 件，高新技术企业 46 家，省级企业技术中心（工程技术中心或重点实验室）18 家，省级电子信息产业集群 9 个。红板（江西）有限公司、合力泰科技股份有限公司 2 家企业入选全国电子信息百强企业，博硕科技（江西）有限公司被列为省博士后创新实践基地，优特利科技有限公司为“江西省创新型试点企业”，江西绿洲人造板有限公司技改项目创造当年开工、当年投产的佳绩。

【电子政务】 2017 年，江西省印发《江西省关于推进公共信息资源开放意见》《关于印发全省政府网站信息内容建设情况通报制度的通知》《关于进一步加强政府网站管理工作的实施意见》《全省政府网站整合专项行动实施方案》《关于印发 2017 年度全省政府网站绩效评估工作实施方案的通知》等一系列文件。

提出《关于建立全省电子政务统筹协调机制的请示》意见，提出成立省电子政务统筹推进小组，主要职责包括统筹规划全省电子政务发展，研究审议重大事项和协调重大问题，组织开展评估评价、督查考核等。

每季度对 30% 的政府网站进行抽查，并不定期对网站进行日常监测，全年共抽查政府网站 1 118 家，发现和整改政府网站存在的突出问题几十万个。

制定《全省政府网站整合专项行动实施方案》，将现有 1 351 个政府网站整合至 800 个以内。统一网站技术平台，强化网站内容保障能力，截至 2017 年年底，关停迁移政府网站 667 个，保质保量完成既定目标。

【两化融合】 2017 年，江西省两化深度融合全面推进，开展两化融合园区、企业、项目典型示范，在全省组织申报和遴选 50 家两化融合示范企业和 3 个两化融合示范园区，从示范企业和园区中组织申报两化深度融合示范项目，遴选出 20 个示范项目，通过示范引领全省制造业向价值链高端攀升。

宣传和推广两化融合管理体系，召开全省两化融合管理体系贯标培训会，组织咨询服务机构和企业现场咨询对接，促进企业在信息化环境下的管理转型，70 家企业启动两化融合管理体系贯标工作，11 家企业通过贯标评定，40 家企业列入国家贯标试点，九江石化公司和洪都航空工业集团 2 家企业列入全国贯标示范企业。

加快制造业与互联网融合创新，向国家推荐一批制造业与互联网试点示范项目，合力泰科技股份有限公司的企业云应用平台建设项目被列为 2017 年工业和信息化部制造业与互联网融合发展试点示范典型。打造一批两化融合典型示范样板。围绕信息系统集成创新、数字工厂（机联网）、协同管控（总部型企业）、制造业与互联网融合、智能产品以及物联网、云计算与大数据应用，在鹰潭高新区、上饶高新区创建示范园区，构建基于互联网的“一站式”园区管理服务模式，确定方大特钢科技股份有限公司等 50 家企业为示范企业。

持续开展两化融合评估诊断。依托中国两化融合服务平台及省级两化融合评估服务分平台，全省 1 018 家企业开展两化融合发展水平评估诊断，采集到全省两化融合发展水平的一手资料，全省 33.2% 的企业处在起步建设阶段，50.8% 的企业处在两化融合发展单项覆盖阶段，12.6% 的企业处在集成提升阶段，3.3% 的企业处在创新突破阶段。

【信息安全】 2017 年，江西省以构建信息安全保障体系为中心，重点开展信息安全政策法规建设、工业控制系统信息安全检查、重点网站安全监测预警、信息安全宣传培训等工作。全省信息安全态势有所改善，但还存在安全经费投入不足、产业支撑能力不强、安全防护措施不完善等问题，部分重要系统及党政机关、事业单位网站等关键信息基础设施还存在高危漏洞或发生入侵篡改等安全事件，需引起高度重视。

【物联网】 2017 年，江西省在全国率先发布移动物联网发展战略，出台移动物联网发展规划。成立移动物联网产业联盟，联盟成员 160 多个。加强移动物联网基础设施建设，推动 NB-IoT 网络全省覆盖。鹰潭市在全国率先启动窄带物联网（NB-IoT）试点城市建设，开展移动物联网的建设和应用，打造移动物联网先行示范区，在网络、平台、应用和产业 4 个方面推进移动物联网发展，成为全球 NB-IoT 设备连接数（9.3 万个）及应用场景数（33 个）最多的城市，也是全球第一个万量级单项 NB-IoT 商用项目（智能水表）落地的城市。2017 年 9 月，科学技术部、工业和信息化部、江西省人民政府共同签订框架协议，江西省成为“新一代宽带无线移动通信网”国家科技重大专项成果转移转化试点示范基地。

【云计算与大数据】 2017 年，江西省印发《江西省人民政府办公厅关于印发江西省大数据发展行动计划的通知》（赣府厅发〔2017〕39 号），确定大数据发展的四大重点工程，明确到 2020 年大数据产业发展和重点应用的目标任务和各部门责任分工。编制上报《全省大数据发展情况的报告》。

突出发挥地方特色和优势，谋划大数据产业布局，重点支持推进上饶市、抚州市、宜春市等设区市大数据发展。上饶市以“一园区、九中心、一基地”为核心成立 4 个大数据专业研究机构，引进和培育 400 余家大数据技术支撑及关联企业；抚州市建设政务大数据应用示范中心、互联网金融示范中心、碳交易中心、制造业升级示范中心、全省政务大数据备用中心 5 个中心，统筹推进大数据及相关产业；宜春市推进大数据与锂电新能源产业深度融合，打造锂电新能源产业大数据中心。

推动华为技术有限公司、浪潮集团等重点企业的一批大数据重点项目在江西省开工建设和投入运营。投资 6 000 万元的抚州中科曙光云计算中心一期已上线运行 99 项业务项目，入驻 56 家用户；投资 15 亿元、占地 300 亩的抚州卓朗云计算大数据中心主体工程已完工；投资 12 亿元、占地 30 亩的上饶华为云数据中心已完成基建主体工程；与华为技术有限公司共同建设赣州云计算数据中心，首批设备已完成安装调试；新余市、鹰潭市与浪潮集团合作设立的云计算中心正在加紧建设中。

启动省大数据专家库建设，截至 2017 年年底，入库专家 200 余人。中国科学院与上饶市合作设立的大数据研究院成为江西省首家大数据领域具有较大影响力的创新型研发机构，研究院与落户上饶市的大数据企业共同设立 4 个研发中心，截至 2017 年年底，已孵化相关企业 30 多家。

【重点信息化项目】 2017 年，江西省人民政府与华为技术有限公司在南昌市签订战略合作协议，双方明确在物联网等新一代信息技术产业、新型智慧城市、人才培养和企业管理体系建设等方面开展深入合作，共同打造“云上江西”。

【产业环境】 2017 年，江西省出台《关于支持移动通信基站建设的意见》（赣府厅发〔2017〕21 号），从统筹规划、公共资源开发、基站保护、推进机制等方面提出工作意见；出台《江西省电子认证服务管理办法》，实现江西省在电子认证服务行业规范管理的突破，进一步完善江西省信息安全政策法规体系。

【主要问题】 江西省自主技术优势未能转化产业优势。全省硅衬底 LED 芯片原创技术产业化进程虽然取得较大进展，且已经形成规模化生产能力，但技术优势转化为市场和产业优势的能力还有待加强，全国 95% 左右的市场被蓝宝石衬底 LED 技术占据。省内大多数光电企业也未使用硅衬底 LED 技术，尚未形成有效的商业运作环境。

产业集聚度有待进一步提升。全省各设区市发展电子信息产业大多各自为战，雷同性较高，同一园区内企业相似度高而专业化水平低，集群之间、企业之间竞争有余而合作不足。产业上中下游有机联系不强，尚未建立起良好的配套关系。手机、半导体照明和车载视听产品基本都是由母公司统一购置部件，然后发给江西省组装生产的。

产业链低端化特征较为明显。除硅衬底LED技术外，全省具有产业化和市场前景的自主技术较少。本土企业以中小企业为主，处于产业价值链的低端，技术层次不高、产品附加值低，多依靠低成本、低价格优势参与市场竞争，抵抗市场风险的能力偏弱。

【统计数据】

表 1　2017 年江西省软件和信息技术服务业人员构成情况

企业类别	企业数（家）	从业人员年末人数（人）	人员构成			
			管理人员（人）	在总人数中所占比例（%）	软件开发研究人员（人）	在总人数中所占比例（%）
内资企业	183	27 121	3 741	13.8	5 312	19.6
国有企业	20	3 918	162	4.1	799	20.4
股份合作企业	1	68	3	4.4	19	27.9
有限责任公司	127	17 084	2 607	15.3	2 442	14.3
股份有限公司	28	5 727	931	16.3	1 931	33.7
私营企业	6	196	20	10.2	54	27.6
其他内资企业	1	128	18	14.1	67	52.3
港、澳、台商投资企业	3	521	22	4.2	102	19.6
三资企业	2	1 614	5	0.3	183	11.3

表 2　2015—2017 年江西省软件和信息技术服务业基本情况

项目名称	单位	2015 年	2016 年	2017 年
软件业务收入	万元	864 093	903 091	1 073 693
软件业务出口收入	万美元	10 903	9 625	9 234
软件产品销售收入	万元	299 863	351 177	369 997
流动资产平均余额	万元	879 067	824 530	1 053 900
固定资产投资额	万元	12 589	10 210	16 393
资产总计	万元	1 389 364	1 858 484	2 226 313
负债总计	万元	602 206	927 031	1 090 954
利润总额	万元	139 203	121 552	198 278

续表

项目名称	单位	2015 年	2016 年	2017 年
应交所得税	万元	17 662	13 249	13 641
从业人员年末人数	人	17 816	25 615	29 256
从业人员工资总额	万元	129 053	174 802	214 482

表 3　2015—2017 年江西省软件和信息技术服务业三资企业基本情况

项目名称	单位	2015 年	2016 年	2017 年
软件业务收入	万元	79 409	82 714	79 689
软件业务出口收入	万美元	10 818	9 600	9 156
软件产品销售收入	万元	76 111	80 049	76 330
流动资产平均余额	万元	93 006	113 497	127 438
固定资产投资额	万元	493		4 058
资产总计	万元	101 801	145 207	140 761
负债总计	万元	69 032	89 576	102 546
税金总额	万元		1 870	1 085
利润总额	万元	13 409	12 203	10 190
应交所得税	万元	1 800	16	1 381
从业人员年末人数	人	821	1 557	1 614
从业人员工资总额	万元	10 437	19 001	19 883

注：表 1~ 表 3 数据来源于江西省工业和信息化厅。

［供稿：江西省工业和信息化厅］

山　东　省

【概况】 2017 年，山东省信息技术产业（含制造业、软件业）统计内规模以上企业 5 760 家，实现主营业务收入 1.4 万亿元、利润 901.7 亿元、利税 1 385.4 亿元，分别同比增长 8.7%、11.3% 和 10.3%。新一代信息技术产业发展快速，北斗导航、云计算、数字家庭、新一代网络通信、物联网、大数据、虚拟现实等新产业增速保持在 20% 以上。软件业占全省信息技术产业的 35%，产业结构更加科学合理。

2017 年，海尔集团公司、海信集团有限公司、浪潮集团有限公司、歌尔股份有限公司、润峰电力有限公司、鲁鑫贵金属有限公司 6 家企业入围全国电子百强企业，海尔集团公司、浪潮集团有限公司、海信集团有限公司、东方电子集团有限公司、中创软件工程股份有限公司5家企业入围全国软件收入百强企业。服务器、平板电视等一批新一代信息技术特色产品，在国内具有较高的市场占有率。浪潮集团有限公司继续保持国产服务器国内市场占有率第一，政务云应用走在全国前列；歌尔股份有限公司的虚拟现实等产品市场占有率居全球前列；海信液晶电视连续多年蝉联中国液晶电视销量冠军，激光家庭影院技术位居世界前列；中创软件工程股份有限公司是国内基础软件领域唯一的中间件骨干企业。

青岛市、烟台市和威海市作为全省信息技术制造业龙头，产业规模持续保持在全省前3位，3市合计占全省的68%。济南市成为全国第2个"中国软件名城"，济南市和青岛市的产业规模占全省的90%。全省拥有4个被认定为国家新型工业化产业示范基地的信息技术产业聚集区、2个国家级软件产业园、8个信息技术产业省级新型工业化产业示范基地、22个省级信息技术产业园区和17个省级软件产业园。

重视创新载体建设，成立中国宽禁带功率半导体、集成电路设计等多个产业联盟，培育认定10个集成电路设计中心、116个软件工程技术中心、25个工程技术中心等一批创新载体，推动企业创新发展。打造北斗产业作为创新亮点，推动北斗导航在交通物流、北斗授时、智慧养老等领域的推广应用。培育智慧健康养老产业发展，国家智慧健康养老示范街道和示范企业数量位居全国第一。

【信息技术制造业】 2017年，山东省信息技术制造业主营业务收入、利润和利税分别实现9 226.9亿元、565.8亿元和757.9亿元，分别同比增长5.9%、8.4%和6.5%；实现出口交货值1 716.5亿元，占规模以上工业的21.5%。

推动北斗数据中心建设列入省工作要点和全省新旧动能转换项目库，初步完成国家北斗导航数据山东分中心建设工作。截至2017年年底，数据运营服务平台已研发完成并投入运行，实时接入交通、气象、海洋3个行业数据和政府经济统计数据，平台服务各类北斗终端约23万台，日平均实时在线终端超过10万。

在摸底调查基础上建立全省智慧健康养老项目库，举办山东省智慧健康养老创新发展论坛，推荐3家企业、9个街道（乡镇）、2个基地入选国家智慧健康养老应用试点示范。入选企业、街道（乡镇）数量居全国首位，基地数量居全国第3位。

引导济南集成电路设计产业化基地争创国家芯火双创基地（平台），引进6英寸强茂电子晶圆生产线项目在淄博市开工建设，突破全省集成电路制造领域空白。

推动在青岛市召开2017国际虚拟现实创新大会，成立山东省虚拟现实产业联盟和VR教育生态联盟。指导潍坊市制定《潍坊市打造千亿级虚拟现实产业配套政策》，推进虚拟现实产业基地建设。

【软件和信息技术服务业】 2017年，山东省软件和信息技术服务业坚持创新引领、应用驱动、融合发展，不断优化布局，着力提升产业核心竞争力，整体运行态势良好。全年实现软件业务收入4 933.1亿元，居全国第4位，同比增长14.3%；实现利润336.0亿元、利税627.5亿元，分别同比增长16.1%和15.3%。

2017年，济南、青岛两市共完成软件业务收入4 427.9亿元，占全省的89.7%，产业聚集度进一步提高。济南市培育壮大产业新载体，全年实现软件业务收入2 557.6亿元，同比增长12%；青岛市创建"中国软件名城"，软件和信息技术服务业较快发展，全年实现软件业务收入1 870.3亿元，同比增长16.2%，增速居副省级城市前列，拉动全省软件行业增长6个百分点。

以软件名城、名园、名企、名品"四名"工程为切入点，促进软件产业健康快速发展。继续支持引导济南市建设高水平中国软件名城，引导并协助青岛市启动中国软件名城创建工作。2017年11月，工业和信息化部、山东省、青岛市在青岛市共同签署《部省市协同开展中国软件名城创建合作工作备忘录》，标志着青岛市"中国软件名城"创建工作正式进入试点阶段，成为工业和信息化部正式发布《中国软件名城管理办法》后全国首个"中国软件名城"创建试点城市。

根据《山东省软件产业园区管理办法》和《山东省软件工程技术中心认定管理办法》，启动新一轮省级软件园区、中心申报工作，截至2017年年底，全省培育认定省级软件产业园区17个、省级软件工程技术中心116个，成为全省软件产业创新发展的重要载体，其中，2017年新认定5个省级软件产业园区和10个技术中心。

加快布局大数据产业，推动云计算、大数据加快应用落地，带动产业向智能化、网络化方向延伸，使信息技术服务成为拉动全行业增长的主力。制定出台《关于促进我省大数据产业加快发展的意见》，提出到2020年大数据产业发展的总体要求、发展目标、重点任务以及保障措施，并组织召开大数据产业发展情况新闻发布会，及时进行政策解读，对首批大数据产业集聚区、大数据重点骨干企业以及大数据重点产品进行宣传推介。起草完成《关于加快云计算产业发展的指导意见》。协助济南市、青岛市申报国家大数据综合试验区，引导济南市启动"数创公社"建设并发布《济南市"数创公社"2020发展行动计划》。组织开展省级大数据产业集聚区培育认定和全省重点骨干企业、优秀大数据产品及解决方案的评选工作，重点培育3个省级大数据产业集聚区、20个大数据重点企业和30个大数据优秀产品和解决方案。2017年，全省实现信息技术服务收入2 276.5亿元，同比增长20.2%，高于上年同期2.1个百分点，规模、增速稳居行业首位，拉动全行业增长8.8个百分点。

增值服务外包业务逆势增长。受国际市场影响，软件出口形势趋紧，全省软件业务出口16.1亿美元，同比增长10.9%，增幅低于上年同期5.7个百分点；嵌入式系统软件出口10.9亿美元，同比增长8.9%，低于上年同期13个百分点。在软件产品外包、网络与数字增值业务服务外包的强力支撑下，全省软件外包服务实现收入2.8亿美元，同比增长15.1%，高于上年同期14.9个百分点，拉动软件业务出口增长2.6个百分点。

【信息基础设施】 截至2017年年底，山东省全面建成"全光网省"，17市全部实现全光网城市，城区80%以上家庭具备100Mbps光纤接入能力，宽带用户平均接入速率10Mbps以上，行政村通光纤基本实现。

2017年，全省固定互联网宽带接入用户2 588.7万户，同比增长9.4%。其中，光纤宽带用户2 130万户，占比82.3%；50Mbps以上高速率固定宽带接入用户占比55.5%。移动互联网用户8 508万户，其中，手机上网用户7 673.3万户；全省电话用户10 827.8万户。其中，移动电话用户9 943.9万户，居全国第2位，4G移动电话用户6 242.6万户，渗透率62.8%。

【制造业与互联网融合】 2017年，山东省颁布实施《关于贯彻国发〔2016〕28号文件深化制造业与互联网融合发展的实施意见》，加强制造业与互联网融合发展的政策支持。编制完成2016年《山东省两化融合发展数据地图》，形成基于数据的政府精准施策和精准服务新模式，自2014年全省开始两化融合评估以来，累计参评企业1.89万家次。

开展试点示范，探索形成可复制、可推广的新业态和新模式，增强制造业转型升级新动能，全国70家试点企业中，山东省列入11家，居全国首位。展示发展成效，举办全国制造业与互联网融合发展深度行（山东站）暨第二届中国制造业与互联网融合发展高峰论坛、山东工业互联网峰会，进一步展示融合发展成果，解读互联网作为工业发展基础设施的作用与价值。

搭建制造业"双创"平台，重点依托工业转型升级22个重点行业的龙头企业，打造一批行业性公共服务平台，为中小企业提供普惠服务。目前，海尔集团公司、红领集团、浪潮集团有限公司等一批制造业企业"双创"平台建设成效显著，其中浪潮集团有限公司的"双创"示范平台获得工业和信息化部2 000万元奖励。

加快两化融合管理体系国家贯标试点进程，前4批国家贯标试点企业中，山东省共列入211家，居全国第3位。其中，前3批的157家中有62家通过国家认定；第4批中山东省列入54家，居全国第3位。在全国首创"云服务券"财政补贴制度，开展"云行齐鲁"企业上云行动，上云企业超过5 000家，减少企业信息化支出1.5亿元；实施"山东工业云"平台二期改造工程，新增150套付费软件服务，每年可为上线企业减少软件费用支出2.5亿元以上。

【工业电商】 2017年，山东省工业电商持续快速发展。重点调度的200家重点企业全年电子商务销售额5 520亿元，同比增长15%；"好品山东"带动企业完成电商交易额798.2亿元，同比增长11.3%。

"工业电商百县行"活动为企业提供工业电商解决方案培训、电商发展规划咨询、工业企业与电商企业对接等服务，推动企业电子商务快速发展。截至2017年年底，累计开展活动85场，培训企业7 632家，帮助1 327家企业开展网络营销。

通过各市推荐申报、专家评审和试点运行，在全省130个行业电商平台中筛选19个平台作为示范平台进行培育，着力围绕全省具有实体产业优势的工业品、原材料、消费品等领域打造一批具有省内外知名度的重点行业平台，进一步推进制造业与互联网融合发展。

全新设计的山东工业云平台及省工业云体验中心完成公开招标并展开全面建设。项目完成后每年新增不少于6 000家企业在平台上开展免费软件服务，服务企业软件适用率30%，新增上线企业每年减少软件费用支出至少2.5亿元，创造间接经济效益6亿元以上。截至2017年年底，山东工业云平台服务企业的数量超过1万家。

【信息化建设扶贫】 2017年，山东省首批32个“信息化扶贫示范镇”建设按照《“信息化扶贫示范镇”创建活动实施方案》要求持续推进，与试点乡镇签订建设任务合同书，明确时间进度安排和“信息网络基础设施”等6项具体考核指标，并定期跟进，总结推广先进经验和做法，发挥示范引导和带动作用。第二批“信息化扶贫示范镇”试点启动实施，初步确定对贫困村镇较为集中的菏泽市、临沂市、聊城市、泰安市、滨州市、枣庄市给予财政专项资金拨付，覆盖全省264个扶贫重点乡镇、1 960个扶贫重点村，其中，有第一书记派驻的重点村595个。

【智慧山东】 2017年，智慧山东建设不断完善提升，全省各地智慧城市建设健康有序发展，前两批58个“智慧园区”试点进展顺利。潍坊市、淄博市、济宁市（含任城区）、威海市（含文登市）等两批国家级信息消费试点以及22个省级信息消费试点县（市、区）建设加快推进。

物联网示范平台和物联网应用示范基地创建工作对加快推进物联网产业发展产生较好示范带动作用。全省物联网产业在行业应用、运营平台、产业培育等方面均取得较大进步，物联网企业规模不断扩大，发展的质量和效益稳步提升。从整体来看，物联网企业在核心产业发展上立稳脚跟，但仍不能作为支撑一个地区发展的支柱产业，与浙江省、江苏省等南方先进地区仍存在一定差距。

【电子政务与信息资源共享】 2017年，山东省电子政务基础环境和设施支撑能力显著提升。信息资源标准体系、目录体系建设等基础性工作顺利完成，初步展开政务信息资源目录梳理工作，省级政务云平台、共享交换平台功能进一步完善，实现与国家共享平台试点数据共享交换。省级电子政务云平台应用取得阶段性成效，62个部门的516个系统完成迁移或部署，占省一级预算单位的48%。

【信息安全】 2017年，山东省信息安全保障能力进一步加强。开展政府网站安全监测和防护，组织工业控制系统信息安全检查，有效加强应急能力建设。8月，集安全态势监测和恶意攻击防御为一体的山东省电子政务云防御平台正式上线运行，进一步提高政务网站的安全性。

【主要问题】 山东省信息技术产业影响力不大，规模仅占全国信息技术产业的7%，与广东省、江苏省等发达地区差距较大。

信息技术产业带动力不强，在全省国民经济总量构成中的比重偏低。其中，信息技术制造业主营业务收入仅占全省工业的6.5%。2017年投资新建的信息技术制造业大项目较少，电子信息制造业整体增长相对乏力。特别是胶东半岛多为外资或合资来料加工或代工厂，在全球电子行业还没有形成新的换代升级潮流下，很难有大规模增长突破。

信息技术产业创新能力已经远远落后于发达省份，全省绝大多数企业的研发投入强度低于5%，研发投入成本高、风险高等问题制约企业研发的积极性和主动性。

虽然服务器等信息技术产品竞争力位居国内厂商顶尖，但是高附加值的新一代信息技术产业产品偏少，在科技含量高、产业链最核心环节的大规模集成电路晶圆制造、高世代液晶面板生产等领域缺失。全省信息技术产业80%以上企业从事代工制造和组装加工贸易，总体仍处于价值链中低端，产品附加值相对较低。

【统计数据】

表 1 2017 年山东省电子信息制造业人员构成情况

企业类别	企业数（家）	从业人员年末人数（人）
国有企业	13	74 274
集体企业	3	50 412
股份合作企业	57	103 648
有限责任公司	182	71 298
私营企业	360	53 120
其他内资企业	7	703
港、澳、台商投资企业	12	7 101
三资企业	129	88 801

表 2 2015—2017 年山东省电子信息制造业主要经济效益指标完成情况

项目名称	单位	2015 年	2016 年	2017 年
总资产贡献率	%	14.0	11.3	3.2
资产保值增值率	%	120.0	110.6	122.9
资产负债率	%	62.6	65.1	65.3

表 3 2015—2017 年山东省软件和信息技术服务业基本情况

项目名称	单位	2015 年	2016 年	2017 年
软件业务收入	万元	37 503 294	42 654 551	49 331 164
软件业务出口收入	万美元	123 536	189 766	160 603
软件产品销售收入	万元	14 389 301	15 700 555	18 233 222
税金总额	万元	316 474	209 300	2 915 611
利润总额	万元	2 397 833	2 673 000	3 359 957
应交所得税	万元	733 080	905 783	876 086
从业人员年末人数	人	467 983	498 056	546 102
从业人员工资总额	万元	2 962 185	3 171 308	3 455 491

注：表 1 ~表 3 数据来源于山东省工业和信息化厅。

[供稿：山东省工业和信息化厅]

河 南 省

【概况】 2017 年，河南省电子信息制造业实现主营业务收入 5 048 亿元，同比增长 15.9%；规模以上电子信息制造业增加值比上年增长 16.1%，高于全省规模以上工业增速 8.1 个百分点；手机产量近 3 亿部，同比增长 14.5%，占全国手机产量的 15.6%，较上年提高 3 个百分点。软件和信息技术服务企业呈现聚集发展态势，超过 90% 的企业集中在郑州市、洛阳市两地，其中，郑州市企业数量占全省企业数量的 80% 以上；实现软件业务收入 310 亿元，同比增长 4.7%。

【电子信息制造业】 2017 年，河南省将电子信息产业确定为河南省首批转型发展攻坚的重点产业之一，研究制定《河南省电子信息产业转型升级行动计划（2017—2020 年）》（豫政办〔2017〕140 号，以下简称《行动计划》），建立重点项目库，形成“一个产业、一套班子、一本规划、一抓到底”的工作推进机制。召开全省电子信息产业转型发展工作会议进行动员部署。各地建立工作机制、制定专项方案，结合本地特点推动电子信息产业转型发展。

全省规模以上电子信息制造业总体保持较快增长态势，进入加快转型、增强核心竞争力、提升发展质量和效益、由规模扩张向价值提升转变的关键时期。自“十一五”末以来，河南省抢抓产业转移机遇，走出一条以智能终端为突破口的电子信息产业转型发展的道路，引进一批智能终端龙头项目，产业集聚发展趋势良好，手机产业规模保持高速增长。智能终端产业逐步成为全省调结构、促转型、稳增长、带动外向型经济发展的重要引擎。

全省各地按照“着眼前沿、抢占高端”的要求，加快推动电子信息产业向价值链高端跃升。郑州航空港经济综合实验区引入合晶硅材料衬底硅片等一批龙头型、技术引领型项目，智能终端产业基地核心配套能力不断提升。许昌市襄城县利用煤焦化循环经济链条优势，推动传统产业向电子信息产业的跨行业转型，依托平煤隆基新能源科技有限公司等骨干企业加快建设高纯硅材料产业集群。郑州市加快建设信息安全产业基地，着力打造“安全芯片设计 + 安全智能终端生产 + 移动安全服务”产业链，推动以安全芯片为主导的信息安全产业迅速做大做强。

全省电子信息龙头企业自主创新能力不断增强。汉威科技集团股份有限公司形成以传感器为核心，覆盖多门类检测仪表及行业物联网应用的整体布局，自主研发生产的气体传感器国内市场占有率约 75%。河南仕佳光子科技有限公司的 PLC 光分路器芯片填补国内空白，占国内市场份额的 50% 以上，打破国外垄断局面，产品性能在国际上位居前三。作为国内首家研发制造高世代 TFT-LCD/AMOLED 用钼靶材的生产企业，洛阳四丰电子材料有限公司的 TFT-LCD/AMOLED 用高纯钼靶材产业化项目，建成国内首条全世代新型显示用高纯钼靶材生产线，掌握高品质钼靶材的生产技术，实现新型显示关键基础材料的本土化生产。

【软件和信息技术服务业】 2017 年，河南省以贯彻落实《软件和信息技术服务业发展规划（2016—2020 年）》和新一代信息技术产业目录为指导，以“互联网 +”、两化融合、云计算、大数据等战略为驱动，通过创新驱动发展、优化产业结构、坚持自主可控，推动软件和信息技术服务业稳步发展。

重点企业发展较快，软件和信息技术服务业营业收入超 5 亿元企业 3 家；超亿元企业 26 家；亿元以上企业营业收入累计 78.5 亿元，同比增长 26.2%，占全省规模以上软件和信息技术服务业营业收入的 61.9%。全市上市企业中，2 家企业 A 股上市，4 家企业创业板上市，近 30 家企业在新三板挂牌。

优势特色领域突出，在信息安全、图像识别、行业应用软件等领域形成自己的特点和优势。信大捷安信息技术股份有限公司在国内移动信息安全领域处于领先地位，已经构建“安全芯片 + 安全终端 + 安全平台 + 安全服务”全产业链条；山谷网安科技股份有限公司在政府机关网站安全监测和服务上处于领先地位，为党政机关、军工单位、电子商务和物联网企业提供网络安全一体化全程服务；金惠计算机系统工程有限公司专注于以深度学习为核心的图像智能识别技术，构建人工智能、大数据分析产品和行业解决方案，打造国内一流的以图像识别技术为核心的人工智能公司；威科姆科技股份有限公司开发的中小学教育信息化平台以及北斗授时系列产品市场占有率全国第一；新天科技股份有限公司成为中国智慧能源、智能表及系统的行业龙头企业；思维自动化设备股份有限公司是国内领先的轨道交通安全控制与信息化系统提供商；辉煌科技股份有限公司产品覆盖轨道交通电务、工务、机务、供电、运营等专业领域，成为轨道交通设备运维设备供应商及运营维护集成化解决方案提供商。

【信息基础设施】 2017 年，河南省光缆线路长度新增 1.3 万千米，达到 175.1 万千米，较上年增长 0.7%。移动电话基站新增 3.2 万个，达到 33.4 万个，较上年增长 10.8%，其中，4G 基站新增 3.2 万个，达到 17.9 万个，较上年增长 22.2%。互联网宽带接入端口新增 135.9 万个，达到 4 475.9 万个，较上年增长 3.1%。互联网省际出口带宽新增 15 526.9Gbps，达到 26 630.9Gbps，较上年增长 139.8%。

互联网用户新增 1 525.3 万户，达到 9 670.8 万户。互联网宽带接入用户新增 361.2 万户，达到 2 128.4 万户。固定宽带家庭普及率 65.5 部 / 百户，比全国平均水平低 6.6 部 / 百户。其中，光纤接入用户占比 91%，比全国平均水平高 6.7 个百分点；50Mbps 以上宽带接入用户占比 98.4%，比全国平均水平高 28.4 个百分点；100Mbps 以上宽带接入用户占比 43.2%，比全国平均水平高 4.3 个百分点。移动互联网用户新增 1 164.2 万户，达到 7 542.4 万户。

【信息产业基地和园区】 2017 年，河南省郑州市高新区、金水区、郑东新区、经开区形成西、中、东 3 个发展相对集中的产业集群。西区有国家 863 中部软件园、河南省大学科技园等园区，形成以软件开发、计算机系统、新一代信息技术、服务外包、动漫游戏为重点的产业基地；中区有金水区的河南科技园区、金水科教园区、创意产业园等园区，形成以软件开发、系统集成、信息安全、工业设计软件等为重点的产业基地；东区有郑东新区的龙子湖大数据产业园、经开区的河南省软件园等园区，形成以大数据、云计算等为重点的软件开发集聚区。郑州市信息安全产业示范基地启动暨战略合作签约仪式在金水科教园区举行。

郑州市先后引进新华三大数据、猪八戒网、华为公司软件开发云、腾讯众创空间、启明星辰信息安全等项目。2017 年 3 月，新华三集团在高新区注册成立新华三大数据技术有限公司，2017 年营业收入 2.2 亿元；5 月，猪八戒网河南总部园区在高新区国家大学科技园（东区）正式成立；9 月，郑东新区管理委员会与华为软件技术有限公司签订《软件开发云战略合作协议》，华为软件开发云正式落户郑东新区；9 月，腾讯企鹅号城市计划（郑州站）暨腾讯众创空间（郑州）开园仪式在高新区国家大学科技园（东区）举行，标志着腾讯众创空间正式落户郑州；11 月，启明星辰信息技术集团股份有限公司在郑州注册成立郑州启明星辰信息安全技术有限公司，入驻郑州高新区赛微产业园区。

【电子政务】 2017 年，河南省组织开展电子政务网络扩容改造工作。电子政务外网省直城域网具备省直部门 1 000 兆接入能力，累计接入省直部门 110 个，并完成 1 000 兆扩容接入单位 79 家。纵向骨干网实现 18 个省辖市和 10 个直管县互联接入，累计接入县（市 / 区）135 个、乡（镇 / 街道办）438 个，县级以上行政服务中心网络覆盖率达 70% 以上。组织推进省政府办公厅 MSTP 专网建设。

推进电子政务外网建设与管理。规范河南省电子政务外网管理，印发《河南省电子政务外网管理办法（试行）》（豫信办〔2017〕2 号）和《进一步完善市县级电子政务外网网络的通知》，规范河南省电子政务外网使用、接入和安全管理等工作。组织召开全省电子政务外网安全接入工作会议，及时督促市县加快推进电子政务外网建设。

【两化融合】 2017 年，河南省坚持试点示范引领，着力培育新业态、新模式。一是推动制造业“双创”。围绕“双创”资源要素的整合集聚和开放共享，支持制造企业建设“双创”平台，鼓励地方建设制造业与互联网融合“双创”基地，为创新创业者提供技术资源和配套服务。众品食业基于生鲜供应链管理“双创”平台等6个项目入选国家制造业“双创”平台试点示范，认定省级制造业“双创”平台9个、“双创”基地7个。二是加快智能化改造。选择基础条件好、示范带动力强的制造企业建设智能工厂50个、智能车间73个，推动制造企业生产装备数字化、智能化升级和信息系统综合集成。推动省政府与航天科工集团签订智能化改造战略合作协议，为企业智能化改造提供综合性服务。三是发展服务型制造。引导制造企业发展基于互联网的在线增值服务，实现由制造向“制造＋服务”转型升级。大信整体厨房科贸有限公司等4家企业入选国家服务型制造示范企业，全省认定省级示范企业（平台、项目）36个。

坚持政策体系保障，着力强化融合发展支撑。一是制定政策措施。出台《河南省深化制造业与互联网融合发展实施方案》，先后印发《河南省发展服务型制造专项行动指南（2017—2020）》《河南省推动物联网、云计算和大数据发展，加快培育新业态新模式行动指南（2017—2020年）》，明确“十三五”期间的发展方向和实施路径。二是加大资金支持。运用省先进制造业发展专项资金，对省级认定的智能工厂/智能车间和两化融合重点项目，按照事后奖补方式予以补助，激发企业内生动力和创造活力，2017年支持项目18个、金额3 089万元；2018年拟支持项目23个、金额4 000万元。三是建设支撑机构。指导成立省工业互联网产业联盟、省制造业与互联网融合发展联盟、省首席信息官联盟、中国两化融合服务联盟河南省分联盟等行业组织，整合制造企业、互联网企业、高等院校、科研机构资源，为各项工作开展提供支撑。四是组织贯标对标。引导重点企业参与两化融合管理体系贯标评定和对标诊断，推动企业建立完善两化融合管理体系，促进业务流程再造和组织方式变革。天瑞集团郑州水泥有限公司等73家企业入选国家贯标试点，全省贯标企业122家、对标企业1 112家，其中15家通过贯标评定。

【信息安全】 2017年，河南省通过河南省网络与信息安全管控平台对18个省辖市、10个省直管县（市）政府和54家省直单位共108个网站进行监测扫描，根据平台监测结果，对发现安全事件和漏洞的单位进行及时通报，限期整改复查，取得良好效果。研究起草河南省关于国家网络安全规划的具体贯彻落实意见和网络安全事件应急预案。研究部署“十三五”期间河南省网络安全建设的重点工作，建立健全全省网络安全事件应急工作机制。

组织专业技术队伍对11个重点行业的27家单位的关键信息基础设施进行现场检查和技术检测，对发现的风险隐患进行及时督促整改。检查的2 803台主机和149个应用系统中，32.1%的主机和48.3%的应用系统存在高危漏洞；8家单位的应用系统能够从互联网渗透成功；12家单位的应用系统能够从内网渗透成功；8家单位的内网存在可疑安全行为或病毒。通过检查，进一步掌握全省关键信息基础设施的安全状况，同时为构建关键信息基础设施安全保障体系提供基础性数据和参考。

组织开展河南省工业控制系统信息安全检查工作。重点对各省属企业、各省辖市和省直管县（市）的重要工业控制系统（含重点物联网设备）进行年度网络安全检查。检查共收集各省属企业、各省辖市和省直管县（市）的3 026套重要工业控制自查表，并对7家企业的工业控制系统进行现场抽查。通过及时发现风险隐患、堵塞安全管理漏洞、改善薄弱环节，有效提升全省工业控制系统安全管理和技术防护水平。

加快推进智慧城市网络安全标准化建设，研究制定的《智慧城市信息安全建设指南》（DB41/T 1399–2016）自2017年3月29日正式实施，为指导全省智慧城市健康发展提供安全保障。

【物联网】 2017年，河南省物联网用户新增708.4万户，达到1 151万户，较上年增长134.3%。IPTV用户新增214.4万户，达到529.4万户，较上年增长68.1%。

【主要问题】 河南省电子信息制造业整机代工产业占比较大，集成电路、高清显示等关键核心产业缺乏，锂电池、电子材料等具备一定区域优势的产业规模也较小，短板、弱项明显；在产业竞争力和企业研发创新方面明显偏弱，缺乏研发高端产品和技术的能力，亟待在信息安全、智能传感器等领域开展产学研用协同创新，突破关键技术，逐步实现向中高端发展；专业技术人才引入难、留住难的问题突出，人才向优势企业、产业环境好的城市转移明显；产业园区普遍存在龙头企业少、集群配套发展不够的问题。

软件和信息技术服务业总体产值规模较小，占全省GDP的0.7%，尤其郑州市作为国家中心城市和新一线城市，与其他国家中心城市及全国软件名城相比，差距巨大；企业大都规模较小，缺乏在国内具有突出影响力的龙头企业，尤其缺乏量大面广、能充分带动产业链发展的航母型企业；软件园区产业规模小、定位不清晰、特色不突出，没有形成在全国有影响力的园区和品牌；适宜软件人才发展的软硬件环境的营造力度不够，高端、高级人才吸引困难，缺乏专业的软件人才服务机构，省内各高校相关专业培养与市场脱节，产学研结合较弱。

对两化融合的思想认识有待提高，对新常态下抢抓新一轮产业变革机遇实现"变道超车"的重要性和紧迫性认识不足，导致对信息化建设不愿意投入、不敢投入；两化融合总体水平偏低，根据中国两化融合服务联盟发布的《中国两化融合发展数据地图（2017）》显示，2017年河南省两化融合发展指数46.9，比全国平均水平低4.9，与制造业大省地位不匹配；智能装备、工业软件等领域发展滞后，尤其缺少能够提供智能制造综合解决方案的企业，企业实施信息化建设高度依赖对外采购产品和服务，核心技术和知识产权受制于人；物联网、云计算、大数据等新一代信息技术产业规模偏小，缺少拥有系统集成能力的骨干企业，尚未形成完善的产业体系和完整的产业链条。

【统计数据】

表1　2015—2017年河南省电子信息制造业基本情况

项目名称	单位	2015年	2016年	2017年
主营业务收入	万元	42 458 188	45 645 000	50 479 000
利润总额	万元	1 805 663	1 817 000	1 733 000

注：数据来源于工业和信息化部。

表2　2015—2017年河南省主要电子信息产品产量情况

项目名称	单位	2015年	2016年	2017年
移动通信手机	万部	19 841.8	25 919.5	29 658.4

注：数据来源于河南省统计局。

[撰稿：李洋　李菲　邓凯　李湛杰　张攀科　审稿：卢钦华　耿萌]

湖　北　省

【概况】 2017 年，湖北省电子信息产业实现主营业务收入 5 394 亿元，同比增长 13.9%。其中，电子信息制造业主营业务收入 3 862 亿元，同比增长 13.5%；软件业务收入 1 532 亿元，同比增长 15.1%。全年主营业务收入超过亿元的企业有 523 家，比上年增加 31 家；三资企业 105 家，比上年增加 3 家，共实现产值 437.1 亿元，同比增长 6.2%；产业从业人员 64.8 万人，同比下降 2.8%。

【电子信息制造业】 2017 年，湖北省 968 家规模以上电子信息制造企业实现主营业务收入 3 862 亿元，同比增长 13.5%，占全省规模以上工业销售产值的 7.2%，比上年提升 0.3 个百分点。实现利润总额 236 亿元，同比增长 35.6%；实现税金总额 115 亿元，同比下降 11.5%。全行业工业总产值超 100 亿元企业 6 家，比上年增加 1 家；超 50 亿元企业 10 家，比上年增加 5 家；超 10 亿元企业 57 家，比上年增加 1 家；超亿元企业 392 家，比上年下降 9.9%。全年全行业从业人员 34.9 万人，比上年下降 11.6%。

2017 年，全省电子信息制造业区域发展基本协调。武汉市电子信息制造业实现主营业务收入 2 841 亿元，占全省电子信息制造业主营业务收入的 73.6%，比上年提高 4.2 个百分点。其他市（州）加速发展，有 9 个市电子信息制造业主营业务收入增速超过 2 位数，其中，荆门市、荆州市、咸宁市、宜昌市、潜江市、天门市、十堰市增速均超过 20%。襄阳市、孝感市电子信息制造业主营业务收入分别达 335 亿元、131 亿元。

2017 年，全省电子信息制造业上市（含挂牌）公司 48 家，比上年增加 3 家，实现主营业务收入 763 亿元，占全行业主营业务收入的 19.8%，比上年提高 2.3 个百分点。全年被纳入全省电子信息制造业重点监测的 20 家企业实现主营业务收入 1 681.5 亿元，占全行业主营业务收入的 43.5%，比上年下降 3.3 个百分点。

【软件和信息技术服务业】 2017 年，湖北省纳入统计的软件企业 2 640 家，软件和信息技术服务业实现主营业务收入 2 131 亿元，其中，软件业务收入 1 532 亿元。全省软件产业从业人员 38.3 万人。

2017 年，全省软件业务收入过亿元软件企业 227 家，比上年增加 28 家。通过国家信息技术服务标准（ITSS）符合性评估的企业共 60 家，其中，二级 16 家，三级 40 家，四级 4 家。通过计算机信息系统集成资质认证企业 352 家，其中，一级 5 家，二级 43 家，三级 221 家，四级 83 家。天喻信息产业股份有限公司、盛天网络技术股份有限公司等 60 余家软件企业分别在主板、创业板、新三板等资本市场上市；武汉斗鱼网络科技有限公司、盛天网络技术股份有限公司、换车网（武汉）网络技术有限公司入选 2017 年中国互联网企业 100 强。

全省软件上市（含挂牌）公司 47 家，比上年增加 4 家。规模领先的软件企业主要有烽火通信科技股份有限公司、软通动力技术服务有限公司、武汉烽火信息集成技术有限公司、武汉佰钧成技术有限责任公司、武汉百捷集团股份有限公司等。发展形势较好、收入大幅增长的软件企业主要有武汉光迅科技股份有限公司、武汉斗鱼网络科技有限公司、湖北航天信息技术有限公司、杭州海康威视数字技术股份有限公司武汉分公司、瑞达信息安全产业股份有限公司等。

【电子产品进出口贸易】 2017 年，湖北省 7 家电子信息企业名列全省出口前 20 名，比上年减少 1 家，累计出口 92.7 亿美元，同比增长 18.5%，占全省外贸出口总额的 30.4%，比上年同期高出 0.4 个百分点。其中，联想移动通信贸易（武汉）有限公司、武汉烽火国际技术有限责任公司、冠捷显示科技（武汉）有限公司、名幸电子（武汉）有限公司分别同比增长 67.0%、47.7%、33.6% 和 3.1%；摩托罗拉（武汉）移动技术运营中心有限公司、武汉新芯集成电路制造有限公司、鸿富锦精密工业（武汉）有限公司分别同比下降 1.3%、12.1% 和 4.0%。

【科技进步与应用】 2017 年 10 月，工业和信息化部批准国家信息光电子制造业创新中心落户武汉市（依托武汉邮电科学研究院组建）；11 月，科学技术部批准组建武汉光电国家研究中心（依托华中科技大学组建）。

全年技术创新成果丰硕。武汉光谷北斗控股集团有限公司被科学技术部认定为“北斗及地球空间信息产业国际科技合作基地”，立得空间信息技术股份有限公司、武大吉奥信息技术有限公司等 7 家企业入选 2017 中国地理信息产业百强企业；长飞光纤光缆有限公司、武汉华中数控股份有限公司、武汉光迅科技股份有限公司获得国家科技进步二等奖；武汉新芯集成电路制造有限公司获得国家技术发明二等奖。

【信息基础设施】 2017 年，湖北省固定宽带用户 1 551 万户（未含广电、长宽用户）。全省行政村在上年 100% 通宽带基础上实现 100% 通光纤。3G、4G 手机用户数突破 4 000 万户，移动宽带 4G 网络行政村覆盖率 99%。建成 800 兆赫、900 兆赫 2 个无线窄带物联网，全省抽样路测覆盖率超过 97%。根据第四届世界互联网大会首次发布的《中国互联网发展报告 2017》蓝皮书，对全国各省市互联网发展状况进行评估排名，湖北省居全国第 10 位、中部首位。

推动互联网、大数据在农村经济和社会管理中的运用。农村网络供给能力不断提升，全省部分行政村 4 个光网和 3 个移动网全部通达，为农民上网提供更多选择。三网融合项目“幸福新农村”平台应用逐步深入，覆盖 9 000 多个行政村，上线用户 60 万户，较上年净增 30 万户，包含村镇党务、政务、农务、服务、商务，实现农民办事不出村、不出户，已覆盖全省 40% 以上的行政村；宜昌市结合实际，将电子村务、电子学务、电子服务、电子商务集成到“幸福新农村”项目平台，通过“三屏”互动、“四务”服务，让惠民政策进千村入万户，收到较好效果。互联网应用层出不穷，促进农村基本公共服务均等化。摄像头连到派出所，村小学实现互联网教学，有的乡村还利用三网融合技术实现远程巡诊和农民健康普查；外出打工的年轻人逐渐回乡创业，“淘宝村”“有机农业小镇”等特色电商不断涌现。

【两化融合】 2017 年，湖北省两化融合试点示范企业超过 800 家，新增 156 家；基于互联网的制造业“双创”平台试点示范项目 21 家。此外，分行业、分领域向全省征集一批两化融合典型案例，30 家企业的两化融合典型案例被收录汇编成册，并发送给相关企业学习借鉴。向工业和信息化部推荐优秀企业及项目，争取国家试点。国家两化融合管理体系贯标试点企业 107 家，新增 37 家；新增国家两化融合贯标示范企业 1 家，通过两化融合管理体系贯标评定 30 家，新增 17 家；中德智能制造合作试点示范项目 2 项，制造业与互联网融合发展试点示范项目 4 项，制造业“双创”平台试点示范项目 1 项。

推进两化融合培训及评估诊断和对标引导工作。全年举办 2 期全省两化融合管理体系高级研修班，累计培训 600 人次。开展两化融合评估诊断和对标引导工作，累计完成近 1 000 家企业的参评任务。开展区域两化融合水平评估，以此为依据评估全省信息化发展水平指数。

【信息消费】 2017 年，湖北省互联网端口 2 605.5 万个，其中光纤到户端口占比 82%，全面实现光网城市，全面实现“村村通光纤”，武汉市、襄阳市、宜昌市等 6 个地市率先成为光纤网络全覆盖的“宽带中国”示范城市；4G 基站 11.4 万个，4G 信号实现对 100% 的行政村、高速公路、高铁和旅游景点的全面覆盖，4G 网络覆盖能力和质量位居全国前列；启动湖北 5G 网络试验及规划建设。

【工业云平台】 2017 年，湖北省与用友网络科技股份有限公司签订战略合作协议，合作建设湖北省工业云（用友）平台。平台将为全省企业提供各类领域云应用产品和服务，不仅能为省内企业提供优质信息化服务，还将推动大中型骨干企业网络化协同制造。平台建成后将加强信息共享和业务协同，并与湖北楚天云平台实现数据对接和资源共享。

【制造业“双创”】 2017 年，湖北省印发《省人民政府关于深化制造业与互联网融合发展的实施意见》（鄂政发〔2017〕26号），向工业和信息化部推荐制造业“双创”平台，并在全省范围内遴选2017年湖北省基于互联网的制造业“双创”平台（企业）试点示范项目。全省1个项目成为国家级制造业“双创”平台试点示范项目，21个项目成为省级制造业“双创”平台试点示范项目。

【智慧家庭】 2017年，湖北省智慧家庭产业实现主营业务收入1 071.7亿元，同比增长9.1%。智慧家庭产业链已从单纯的设备制造向设备制造、系统集成、业务和内容提供、服务及运营等多个领域延伸。

在设备制造领域，拥有烽火通信科技股份有限公司、鸿富锦精密工业（武汉）有限公司、精伦电子股份有限公司、武汉丰天信息网络有限公司、武汉兴火源科技有限责任公司等一批实力型企业。

在系统集成领域，集聚国家系统集成一级资质的武汉烽火信息集成技术有限公司，以及武汉安通科技产业发展有限公司、领航动力信息系统有限公司、武汉兴得科技有限公司等一大批智慧家庭系统集成商。

在数字内容领域，汇聚武汉江通动画传媒股份有限公司、湖北长江出版传媒集团（股份）有限公司、湖北盛泰文化传媒有限公司、武汉银都文化传媒股份有限公司、武汉超级玩家科技股份有限公司等文化创意及内容提供企业。

在运营服务领域，中国电信股份有限公司湖北分公司、湖北省广播电视信息网络股份有限公司、中国移动通信集团湖北有限公司、中国联合网络通信有限公司湖北省分公司等运营商开展的智慧家庭业务，正在不断丰富全省智慧家庭业务内容。

【电子商务】 近年来，湖北省电子商务发展非常迅速，企业运用迅速普及，网络消费持续增长，电子商务对传统服务业和流通业的带动作用日益增强，已进入全面的爆发期和高速的推进新阶段。2017年，湖北省电子商务交易额1.7万亿元，同比增长22.3%，规模稳居中部首位。网络零售额1 780亿元，同比增长27.1%。

【重大项目】 2017年，湖北省加大招商引资力度，加快重大项目建设，项目建设进展顺利。主要包括：总投资1 600亿元的武汉国家存储器基地项目主体工程建设如期推进，项目一期主厂房于2017年9月提前一个月封顶，产品研发实现较大突破，第一代32层3D NAND闪存芯片产品于2017年10月下线；武汉华星光电技术有限公司的T4项目于2017年6月开工，12月主厂房封顶，4.5代研发线于9月点亮；武汉天马微电子有限公司的二期6代LTPS AMOLED项目于2017年4月实现产品点亮投产，成为全球第一条同时点亮刚性和柔性显示屏的第6代AMOLED生产线。基本建设已完成并发挥作用的项目包括武汉邮电科学研究院的通信产品及解决方案扩产、摩托罗拉（武汉）移动技术通信有限公司的移动通信终端扩产、长飞光纤光缆股份有限公司的光纤光缆扩产、宜昌惠科科技有限公司的电视机和显示器新投产、华讯方舟科技（湖北）有限公司的天谷新投产及扩产等。

【产业环境】 2017年，湖北省先后出台《湖北省云计算大数据发展“十三五”规划》（鄂经信规划〔2017〕17号）、《湖北省软件和信息技术服务业“十三五”发展规划》（鄂经信规划〔2017〕18号）、《湖北省信息化与工业化融合“十三五”发展规划》（鄂经信规划〔2017〕19号）、《湖北省集成电路产业“十三五”发展规划》（鄂经信规划〔2017〕20号）、《湖北省信息化发展“十三五”规划》（鄂经信规划〔2017〕137号）、《省人民政府办公厅关于调整和组建省六个重点项目建设指挥部的通知》（鄂政办发〔2017〕22号）、《省人民政府关于深化制造业与互联网融合发展的实施意见》（鄂政发〔2017〕26号）、《省人民政府办公厅关于有序推进全省光伏扶贫工作的指导意见》（鄂政办发〔2017〕85号）。

【统计数据】

表 1　2017 年湖北省电子信息制造业人员构成情况

企业类别	企业数（家）	从业人员年末人数（人）	其中：研发人员（人）
内资企业	891	297 931	47 804
国有企业	37	14 209	2 655
集体企业	4	219	18
股份合作企业	7	3 428	444
联营企业	11	3 637	231
有限责任公司	491	159 097	22 455
股份有限公司	132	41 088	7 590
私营企业	144	31 696	2 575
其他内资企业	65	44 557	11 836
港、澳、台商投资企业	24	31 992	1 191
三资企业	53	19 378	2 534

表 2　2015—2017 年湖北省电子信息制造业基本情况

项目名称	单位	2015 年	2016 年	2017 年
工业总产值（现行价）	万元	34 521 136	39 067 682	39 100 614
工业销售产值	万元	34 521 136	38 352 059	38 330 996
出口交货值	万元	5 247 120	6 017 912	7 082 801
流动资产平均余额	万元	32 537 525	40 121 417	30 782 452
固定资产净值平均余额	万元	5 756 391	7 427 624	6 940 851
资产总计	万元	45 607 107	56 295 526	47 610 832
负债合计	万元	24 908 623	28 205 267	24 961 886
主营业务收入	万元	32 656 146	34 034 925	38 620 336
税金总额	万元	1 174 883	1 305 636	1 150 204
利润总额	万元	1 738 724	1 741 185	2 364 091
应交所得税	万元	385 071	409 774	344 055
从业人员年末人数	人	340 750	395 224	349 301
从业人员工资总额	万元	1 937 352	2 758 573	2 818 600

表 3　2015—2017 年湖北省电子信息制造业三资企业基本情况

项目名称	单位	2015 年	2016 年	2017 年
工业总产值（现行价）	万元	3 583 136	4 032 124	2 041 322
工业销售产值	万元	3 583 136	3 900 715	2 017 143
出口交货值	万元	280 664	265 021	277 491
流动资产平均余额	万元	2 402 807	2 065 544	1 589 419
固定资产净值平均余额	万元	747 836	573 834	529 877
资产总计	万元	3 486 554	3 486 473	2 581 753
负债合计	万元	1 801 599	1 371 820	1 133 524
主营业务收入	万元	3 663 144	3 964 462	2 045 782
税金总额	万元	120 230	129 801	45 097
利润总额	万元	300 756	217 511	106 442
应交所得税	万元	102 161	88 420	19 814
从业人员年末人数	人	35 753	43 565	19 378
从业人员工资总额	万元	186 851	366 491	152 341

表 4　2015—2017 年湖北省主要电子信息产品产销量情况

产品名称	单位	产量			销量		
		2015 年	2016 年	2017 年	2015 年	2016 年	2017 年
手机	部	54 971 306	63 107 857	42 791 493	54 805 931	63 106 532	43 034 236
台式微型计算机	台	1 613 651	2 068 634	1 247 724	1 613 651	2 068 634	1 247 811
显示器	台	12 956 959	13 481 886	8 149 396	12 875 981	13 295 815	8 193 192
平板显示器	台	9 236 545	13 175 235	8 334 609	9 238 867	13 019 945	7 678 185
集成电路	万片	2 345	1 327	1 265	2 345	1 307	1 231
光纤	千米	53 515 711	82 340 900	93 782 205	55 173 747	82 893 604	93 777 411
光缆	芯千米	42 547 317	71 106 246	106 215 292	40 803 015	74 184 587	109 869 589

表 5　2017 年湖北省软件和信息技术服务业人员构成情况

企业类别	企业数（家）	从业人员年末人数（人）	人员构成			
			管理人员（人）	在总人数中所占比例（%）	软件开发研究人员（人）	在总人数中所占比例（%）
内资企业	2 559	367 586	32 385	8.8	111 919	30.4
国有企业	55	43 027	3 061	7.1	6 807	15.8

续表

企业类别	企业数（家）	从业人员年末人数（人）	人员构成			
			管理人员（人）	在总人数中所占比例（%）	软件开发研究人员（人）	在总人数中所占比例（%）
集体企业	6	1 826	51	2.8	182	10.0
股份合作企业	8	810	74	9.1	167	20.6
联营企业	9	4 491	95	2.1	369	8.2
有限责任公司	1 564	220 296	19 981	9.1	66 159	30.0
股份有限公司	133	31 075	2 741	8.8	9 543	30.7
私营企业	745	63 191	6 152	9.7	27 742	43.9
其他内资企业	39	2 870	230	8.0	950	33.1
港、澳、台商投资企业	20	2 949	396	13.4	1 251	42.4
三资企业	61	12 123	1 156	9.5	4 365	36.0

表 6　2015—2017 年湖北省软件和信息技术服务业基本情况

项目名称	单位	2015 年	2016 年	2017 年
软件业务收入	万元	10 152 365	13 305 111	15 315 250
软件业务出口收入	万美元	13 281	19 555	22 592
软件产品销售收入	万元	5 331 530	6 937 091	7 488 995
流动资产平均余额	万元	18 479 067	23 088 278	23 493 097
固定资产投资额	万元	1 110 736	1 441 329	1 396 311
资产合计	万元	30 232 721	38 607 765	40 251 112
负债合计	万元	15 517 153	19 991 661	20 773 887
税金总额	万元	568 017	717 000	787 439
利润总额	万元	1 264 173	1 648 998	2 074 303
应交所得税	万元	174 301	236 541	285 433
从业人员年末人数	人	377 464	369 044	382 658
从业人员工资总额	万元	2 584 583	3 596 485	3 852 985

表 7　2015—2017 年湖北省软件和信息技术服务业三资企业基本情况

项目名称	单位	2015 年	2016 年	2017 年
软件业务收入	万元	325 381	423 624	435 798
软件业务出口收入	万美元	992	2 274	1 909
软件产品销售收入	万元	233 915	298 819	268 597
流动资产平均余额	万元	542 043	782 132	894 097
固定资产投资额	万元	44 475	97 064	50 680
资产合计	万元	885 074	1262 209	1390 518
负债合计	万元	375 571	520 134	655 868
税金总额	万元	17 182	23 000	24 384
利润总额	万元	108 398	139 466	75 649
应交所得税	万元	14 441	19 916	13 148
从业人员年末人数	人	8 690	8 492	12 123
从业人员工资总额	万元	61 041	81 553	116 442

注：表 1 ~表 7 数据来源于湖北省经济和信息化厅。

[供稿：湖北省经济和信息化厅]

湖　南　省

【概况】 2017 年，湖南省进一步抢抓电子信息产业加速转移的重大机遇，加强自主创新，推进结构调整，优化产业布局，保持产业稳定快速增长。全年实现主营业务收入 3 068.1 亿元，其中，电子信息制造业、软件和信息技术服务业分别实现主营业务收入 2 624.7 亿元、443.4 亿元，增速分别达 18.5%、11%。

【电子信息制造业】 2017 年，湖南省电子信息制造业增加值同比增长 15.9%，较全省工业平均水平高 8.6 个百分点；实现主营业务收入 2 624.7 亿元，同比增长 18.5%。行业增加值和主营业务收入增速分别较上年提高 4 个百分点和 7.9 个百分点。行业效益快速回升。2017 年，全行业实现利润总额 118.6 亿元，同比增长 23.4%；上缴税收 45.5 亿元，同比下降 6.8%。

全年占全省电子信息制造业增加值规模 80% 以上的长沙市、株洲市、湘潭市、衡阳市、郴州市均实现增长，其中占比近半的长沙市同比增长 21.6%。中车时代电气股份有限公司连续 5 年入围全国电子信息百强企业。衡阳富士康集团、蓝思科技集团引领省内工业企业出口，电子信息制造企业在省内出口额排名前 10 的工业企业中占据 4 席。以北美、日本和欧洲等海外市场为主的消费电子企业——安克创新科技股份有限公司营业收入增速超过 50%，居省内规模前 20 位的电子信息制造企业中，有 80% 的企业实现增长。重点地区和龙头企业快速增长，保障全省电子信息制造业稳定增长。

一批重点项目建设陆续建成或开工。投资 40 亿元的中兴通讯长沙基地一期、总投资55亿元的浏阳欧智通项目一期、投资10亿元的富泰宏（衡阳）IDX产业园扩产（一期）建成投产。中电软件园二期、蓝思科技3D曲面智能手机玻璃面板项目、彩虹集团邵阳盖板玻璃等项目开工建设。此外，群显显示模组项目、日写蓝思触摸传感器项目、中国长城科技集团总部基地、伟创力智能制造产业园项目、中国电科智能制造装备产业园、中兴全球类终端智能制造总部基地、中电熊猫智能制造项目等一批重大项目签约落地湖南省。

企业融资取得突破。高斯贝尔数码科技股份有限公司、国科微电子股份有限公司、奥士康科技股份有限公司、株洲宏达电子股份有限公司等企业成功上市。国科微电子、长沙景嘉微电子引入国家集成电路“大基金”，标志着湖南省与“大基金”合作不断深入。2017年11月，证监会核准蓝思科技股份有限公司期限6年、总额48亿元可转换公司债券，进一步促进企业竞争力提升。株洲中车时代电气股份有限公司、湖南麒麟信安科技有限公司、湖南麒麟信息工程技术有限公司、进芯电子科技有限公司等企业获得国家集成电路重大项目、工业强基、核高基等专项支持。全年专项安排电子信息制造业项目20多个，资金过亿元。

【软件和信息技术服务业】 2017年，湖南省纳入统计的移动互联网产业完成营业收入845亿元，比上年增长43%，是2013年的12倍，其中2013—2016年年均增长101.1%。2017年，全省实现软件业务收入443.4亿元，同比增长11%。

截至2017年年底，工商登记的全省软件和移动互联网企业43 028家，同比增长37.6%，长株潭占全省总量的56%。全年新注册软件和移动互联网企业11 753家，长株潭占全省总量的60%。

截至2017年年底，全省45家软件及互联网企业营业收入超亿元，其中10家企业超10亿元。湖南华凯文化创意股份有限公司等4家企业上市，截至2017年年底，湖南省在A股上市的软件和互联网企业共11家。

2017年，快乐阳光互动娱乐传媒有限公司、拓维信息系统股份有限公司、竞网智赢网络技术有限公司3家企业进入全国互联网百强，株洲中车时代电气股份有限公司进入全国软件企业百强。农商通电子商务股份有限公司获得“2017—2018年度国家电子商务示范企业”、中央网信办网络扶贫双百企业。基石通信技术有限公司在第六届中国创新创业大赛中获得全国总决赛优秀企业奖。惠农网移动端应用App——手机惠农在第四届“创青春”中国青年创新创业大赛总决赛获得金奖。

截至2017年年底，全省有中电软件园等9个专业园区获评省级软件和信息服务产业园。长沙信息产业园在商务部对全国100个国家电子商务示范基地的考核排名中获得第4名。中电软件园、长沙智能制造研究总院获评工业和信息化部“2017制造业双创平台试点示范企业”。马栏山视频文创产业园正式揭牌，湖南广电和长沙广电作为首批项目正式入园。移动互联网集聚区——长沙高新区全年引进移动互联网企业1 622家，全区移动互联网企业总数4 877家。

截至2017年年底，中兴通讯股份有限公司等11家知名软件和互联网企业在湖南省设立全国总部或区域性总部。娄底市引进谷歌中南大数据中心、陌陌直播、北京金股链有限公司（区块链）、58同城、顺德造、联联共享单车、供应链金融等一批互联网项目。

推进产业（工业）互联网。华菱集团以云创平台为抓手，通过推进“互联网+钢铁”产业链协同创新平台、智慧衡钢等智能制造示范工程建设，在“互联网+制造”深度融合方面率先取得新突破。三一集团、长沙智能制造研究总院等企业搭建的工业云平台已走在全国前列。三一集团打造的基于工业大数据的“根云平台”在国内已成为与航天云网、海尔等并驾齐驱的三大平台之一。长城计算机、中联重科、铁建重工3个项目入选工业和信息化部制造业与互联网融合发展试点示范项目名单。步步高与京东、腾讯达成深度合作发力新零售。爱尔眼科联手英特尔探路医疗人工智能，推动“互联网+医疗”生态的发展。

【科技进步与应用】 2017年1月，湖南红太阳新能源科技有限公司投资1.3亿元的200兆瓦高效光伏组件智能制造示范线正式投产，可实现高效光伏组件的批量生产，制造成本降低0.06元/瓦，劳动效率提高50%以上，是目前国内自动化程度最高、人均生产效率最高、能耗最低的智慧型透明工厂。作为省内唯一的高效光伏组件智能制造示范线，从备料开始，经过自动焊接、自动层压、自动包装等30多道工序，整个环节可全程信息控制和管理，实现人与机器、机器与机器间的高效对话。生产线还有强大的生产制造执行系统和可视化生产管理系统，利用物联网、监控可视、数据集成等持续加强信息化管理服务，构建高效、节能、绿色、环保、舒适的人性化工厂，打造光伏行业智能制造的标杆。

全省 3 个集成电路项目入选第 11 届中国半导体创新产品和技术项目。其中，湘潭芯力特电子科技有限公司 RS485 通信接口芯片 SIT485E 和国科微电子股份有限公司 SSD 控制器芯片 GK2101 获评集成电路创新产品和技术，株洲中车时代电气股份有限公司 3 300V IGBT 产品获评分立器件创新产品。

2017 年 4 月，中国高端芯片联盟第二次理事大会暨第二次会员大会在深圳市召开。大会审议通过 5 家新会员单位，其中 3 家是湖南省企业，分别是长沙景嘉微电子股份有限公司、国科微电子股份有限公司和总部即将落户湖南省的中国长城科技集团股份有限公司。

【信息基础设施】 2017 年，湖南省新增移动基站 21 543 个，移动基站总数 22.3 万个，其中新增 4G 基站 25 392 个，4G 基站总数近 13 万个。宽带端口总数 2 436 万个，其中新增光宽带接入端口 268.4 万个，光宽带接入端口总数 2 009 万个，宽带端口中光宽带接入端口占比 82.5%。全年累计新增移动电话用户 690 万户，移动电话用户总数 5 683 万户，其中 4G 电话用户 4 086 万户，占比 71.9%。固定电话用户 674.4 万户，同比减少 8.4 万户。全省固定宽带用户新增 248.6 万户，总数 1 315.5 万户，同比增长 23.3%。其中，家庭宽带用户 1 014.7 万户，同比增长 33%，固定宽带家庭普及率 52.3%。移动互联网用户 4 923 万户，同比增长 13.1%。其中，手机上网用户 4 744 万户，占移动互联网用户的 96.4%，4G 手机上网用户升至 3 566 万户，占移动互联网用户的 72.4%。全省移动宽带人口普及率 65.6%。

【信息产业基地和园区】 浏阳经济技术开发区是湖南省唯一的电子信息类国家新型工业化产业示范基地。2017 年，园区电子信息产业实现产值 656.8 亿元，同比增长 28.2%，占园区总产值的 54.7%。园区全年工业增加值的总量、增速在长沙市 5 个国家级园区中排名第 2 位。在全省 134 个省级以上产业园区发展综合评价中排名首位。园区电子信息产业主要发展方向为消费类电子，注重两大主导产业的深度融合，挖掘两大主导产业的发展潜力，重点发展智能终端产品及与生物医药融合的电子产品，逐步形成以蓝思科技股份有限公司、蓝思智能机器人（长沙）有限公司、利尔电子材料有限公司等企业为代表的电子信息产业集群。园区也成为湖南省重要的智能终端产业生产基地，可生产应用于苹果、三星、华为等知名品牌高端智能手机的玻璃面板，以及应用于智能家居的无线上网卡、平板电脑、大屏幕触控一体机、智能精密仪器等。

【两化融合】 2017 年，湖南省组织两化融合试点示范和项目建设。组织开展两化融合深度行活动，在装备制造、钢铁产业、有色金属、石油化工、烟花陶瓷、医药食品、纺织服装 7 个行业推进“制造业 + 互联网”示范工程。全年移动互联网专项资金共安排 3 690 万元支持 59 个制造业与互联网融合应用项目。根据工业和信息化部的部署，组织开展工业互联网、制造业与互联网融合发展试点示范，先后有三一集团等 10 家骨干企业进入工业和信息化部试点示范。

推进工业互联网融合发展。省内一批工业制造企业应用互联网推进产业组织、商业模式、供应链、物流链创新。华菱电子商务有限公司研发的供应链定制化服务系统为钢铁行业互联网定制化解决方案提供平台；中联重科股份有限公司通过搭建“互联网 + 新商业”模式创新平台获得众多相关发明专利与软件著作权；三一集团物联网云平台每年生产性服务收入超过 30 亿元，利润占公司的 15% 以上；株洲中车时代电气股份有限公司通过引入智能传感、大数据等新兴技术在轨道交通领域的应用，向高端装备系统解决方案供应商转型；远大住宅工业集团股份有限公司通过整合分享乡村闲置的土地、房屋和原生态的度假资源，将互联网的“分享”理念带入乡村度假旅游领域。全省有 12 家企业先后入选工业和信息化部互联网与工业融合创新试点企业、制造业与互联网融合发展试点示范企业。

推进企业两化融合管理体系贯标对标。2014—2017 年，全省有 50 家企业被列为工业和信息化部两化融合管理体系贯标试点，其中 12 家企业通过贯标体系认证。三一集团有限公司、株洲中车时代电气股份有限公司、中联重科股份有限公司 3 家企业列入工业和信息化部两化融合管理体系贯标试点示范。全省先后组织 10 多次贯标试点企业和服务机构专题培训会，搭建贯标工作交流平台。组织20多期两化融合人才培训班，培训各类管理和技术干部6 000多人次。组织编辑《湖南省信息化和工业化融合典型案例集》，通过会议资料或培训参考书的模式面向全省工业企业免费赠送，指导企业开展两化融合项目建设。

多渠道组织企业两化融合对接。组建互联网服务商联盟，组织联盟企业深入特色产业集聚区，开展“互联网＋特色产业”对接活动。多次组织国内外信息技术企业与省内工业企业开展合作对接，推动一批两化融合项目在对接会上签约。全省形成物流公共信息服务平台、商康医药电子商务平台、裕邦智能法律服务平台、华菱钢材电子商务公共服务平台、移动支付集成应用综合服务平台等一批信息化公共服务平台，为全省中小企业提供物流信息、法律咨询、移动支付等公共信息服务。以装备制造、钢铁有色、石油化工、食品加工等11个重点行业作为推进两化融合的重点领域，推广行业信息化解决方案，指导企业进行信息化建设。

制造企业积极建设互联网双创平台。一批大型制造企业利用闲置土地、上下游客户资源、人才优势等建设互联网双创平台，创造创新活跃、高效协同的双创新生态，涌现出三一众智新城、远大P8创新社区等成功案例。三一集团打造的双创基地——三一众智新城已入驻60多家初创企业和创业团队；轻工盐业集团建立开门生活电商平台，依托平台鼓励和支持集团内部员工创业。

【主要问题】 湖南省重大项目布局不够。带动力强的项目不多，省内实施的高水平龙头整机类产品、平台类产品少，尚未实现具有突破性带动作用的单个投资过百亿级的项目“零”突破。

龙头带动能力不够。从企业规模看，全省规模以上电子信息制造业企业687家，其中，100亿元以上企业2家，30亿元以上企业8家，骨干企业的数量、规模偏少、偏小，没有大体量的整机企业，导致对产业链完善和产业生态培育的带动和支撑不足；从产业集群看，引领、支撑产业持续快速发展的主导产业缺乏，尚无500亿元以上级别的产业集群，无法形成较强势的品牌效应，打造国际国内有影响力的优势产业集群仍然任重道远；从区域发展看，长株潭是全省电子信息制造业的核心区，占全省总量的70%，特别是长沙市占比接近50%，但电子信息产业占比偏低，对周边城市群的带动作用也有待提高。

产业投入力度不够。投资规模偏低，全年全行业完成固定资产投资增长17%，较全国行业平均水平低8.3个百分点；国有资本参与电子信息制造业项目建设数量不多、投入力度不大、带动效果不明显；没有专门用于电子信息制造业的财政性产业扶持资金，财政示范引导作用不断弱化，影响企业和社会资金投入的积极性，导致产业投入不足，既制约全省电子信息制造业当前发展，也造成发展后劲的弱化。

［撰稿：易永彤　审稿：彭涛］

广　东　省

【电子信息制造业】 2017年，广东省电子信息制造业整体表现稳中向好，质量效益提升明显，拉动全省规模以上工业增加值增长3.0个百分点，对全省规模以上工业增加值增长的贡献率42.1%。根据工业和信息化部首度发布的中国电子信息产业综合发展指数，广东省电子信息制造业综合发展指数为79.1，位列全国首位，并连续3年实现发展指数的增长，产业规模、企业和产品竞争力、产业效益3项一级指标值位居全国首位。

2017年，广东省电子信息制造业实现销售产值3.6万亿元，同比增长12.8%，增幅高于上年同期3.7个百分点；实现出口交货值17 764.49亿元，同比增长11.9%，增幅高于上年同期11个百分点；实现主营业务收入 3.6 万亿元，同比增长 11.5%，增幅与上年同期持平；实现利润总额 1 904.9 亿元，同比增长 27.0%，增幅高于上年同期 22.9 个百分点。程控交换机、手机、彩色电视机等多种主要电子信息产品产量位居全国首位。其中，程控交换机产量 843.3 万线，手机产量 8.3 亿台，彩色电视机产量 8 399.8 万台，光电子器件产量 7 544.4 亿只，集成电路产量 262.9 亿块。

在彩电行业持续低迷的状态下，全省 4K 电视产销量逆势上涨，成为电视企业的主要利润增长点。2017 年，四大彩电企业（TCL、创维、康佳、广东长虹）电视机产量 4 389 万台，同比下降 3.7%，而其中 4K 电视产量 1 553 万台，同比增长 16%。可提供 4K 节目时长 5 025 小时，远超出年底达到 1 000 小时目标的要求。4K 机顶盒用户 980 万户，占电视总用户的 35%。一批创新性强的 4K 超高清技术产品和应用服务得到快速发展。TCL 集团推出 110 英寸全球最大 4K 电视“中华之星”，成为行业唯一 4K 电视全尺寸覆盖的企业；华为海思 4K 芯片技术全球领先，已完成端到端布局，4K 电视芯片占据全球 16% 份额；广东联通成立“中国联通 4K 实验室（广东）”，引领 4K 机顶盒、数字家庭网关技术研发，构建 4K 全视频平台。

2017 年，广东省有 25 家企业入围全国电子信息百强企业名单，华为技术有限公司连续多年位居全国百强企业首位，并入围 2017《财富》世界 500 强企业名单，排名第 83 位。电子信息制造业重点企业技术创新活跃，尤其在通信设备制造领域，创新成果丰硕。根据国家知识产权局的数据显示，2017 年，广东省华为、OPPO、vivo、魅族等手机厂商共申请专利 6 918 件，其中，发明专利申请 6 067 件，实用新型专利申请 628 件，外观专利申请 223 件。全省有 3 家手机厂商进入全国发明专利授权量前十榜单，其中，华为以 3 293 件位居第 2 位，中兴通讯以 1 699 件位居第 5 位，OPPO 凭借 1 222 件数量位居第 8 位。

广东省电子信息制造业基本形成以深圳、东莞、惠州、广州 4 个市为制造核心，辐射其他地区的整体产业布局，平板显示、智能手机、智能终端、集成电路、4K 等产业集聚区逐渐形成。其中，深圳、东莞、惠州 3 个地市电子信息制造业较发达，在通信设备制造、计算机、彩色电视机、基础元器件等电子信息制造业高端领域和新兴领域开拓创新，不断涌现新亮点，成为全省电子信息制造业发展中心和行业倍增器。

广东省电子信息制造业在通信设备、新型显示、集成电路、智能终端等多个重点领域形成较为完善的产业生态链，产业结构日趋合理，成为全球和中国最主要的电子信息制造产品生产加工基地。以手机产业为例，经近 10 年的发展，广东省手机产业已经从单纯的组装加工发展为涵盖方案设计、零部件生产、整机制造、应用开发等全链条的完备产业。特别是在芯片、显示屏等核心器件方面取得一定突破：海思麒麟系列芯片达到国际先进水平，结束手机 CPU 长期依赖进口的局面；华星光电第 11 代 TFT-LCD 及 AMOLED 新型显示器件生产线项目推进，进一步扩大广东省在 TFT-LCD 产业中的市场份额，填补广东省在大尺寸、高端显示产品的市场空缺；惠州信利 AMOLED 生产线投产，高端手机屏幕实现自主配套。

广东省各地市以重大项目为牵引，优化产业生态环境，推动“广深惠新型显示产业集聚区”“深莞惠河智能终端产业集聚区”“广深珠集成电路产业集聚区”三大集聚区建设。在新型显示领域，创维集团投资约 70 亿元在广州市建设中国最大智能电视研发制造基地；乐金显示公司在广州市投资 305 亿元建设大尺寸 OLED 面板工厂；康宁显示科技公司在广州市增城区总投资近 20 亿元，将与富士康 8K 项目同步投产；TCL 华星光电高世代模组子项目、柔宇科技 5.5 代柔性 OLED 生产项目、聚华印刷显示公共平台以及深天马新型显示产业总部及研发基地项目相继落地，不断壮大广东省新型显示及相关上下游产业发展实力。

【软件和信息技术服务业】 2017 年，广东省软件和信息技术服务业规模以上企业 4 400 多家，从业人员近 100 万人，累计实现软件业务收入 9 681.2 亿元，同比增长 17.7%，产业规模占全省电子信息产业的 20.1%；实现利润总额 1 871.0 亿元，增长 23.3%，全行业销售利润率 15.9%，比上年提高 1.1 个百分点。信息技术服务收入保持较快增长。全年实现信息技术服务收入 4 919.9 亿元，同比增长 26.3%，增速高出全行业 8.6 个百分点；占全行业比重超过 50%，比上年提高 3.4 个百分点，对全省软件业务收入贡献率超过 70%，拉动全行业增长 12.4 个百分点。嵌入式系统软件收入增速提升，累计实现嵌入式系统软件收入 2 599.3 亿元，同比增长 9.8%，比上年提高4.7个百分点。软件业务出口278.1亿美元，同比增长10.9%。其中，软件外包服务出口13.8亿元美元，同比增长25.7%；嵌入式系统软件出口164.1亿美元，同比增长9.3%。华为技术有限公司、中兴通讯股份有限公司的嵌入式系统软件出口规模持续扩大，成为全省软件出口主要力量。

2017年，广东省软件业务收入超亿元企业914家，比上年增加106家。全行业在境内外上市企业累计超过500家。17家企业入选2017年中国软件业务收入前百家企业名单，软件收入合计2 683.5亿元，占全国软件百家企业收入总和的40.5%。华为技术有限公司连续16届蝉联全国前百家之冠。深圳市腾讯计算机系统有限公司、广州多益网络股份有限公司等10家企业入选2017年中国互联网企业百强排行榜。全省形成以广州、深圳2个软件名城为核心，珠三角地区为主体，辐射带动东西两翼和粤北协调发展的产业格局。全年珠三角地区完成软件业务收入9 656亿元，占全省软件业务收入的99.7%；广州、深圳2个软件名城作为珠三角地区核心，完成软件业务收入超千亿元，占全省软件业务收入的89.6%；珠海、东莞、惠州3个市软件业务收入超百亿元，收入总和占全省软件业务收入的9.2%。

2017年，广东省软件和信息技术服务企业开展技术创新，研发投入持续增长，研发产出能力进一步增强。全省软件业研发费用合计131.5亿元，同比增长11.8%；全行业研发投入比11.2%；企业研发人员占总从业人数的52.6%。全年软件著作权登记数21.98万件，同比增长139.7%；PCT（专利合作协定）国际专利申请量2.68万件，同比增长13.8%。

2017年，广东省继续加快信息化建设，深化制造业与互联网融合。完成信息基础设施建设三年行动计划，光纤接入用户累计2 558万户，光纤入户率提升至79%，移动物联网基站3万座。工业互联网发展开局良好，推动阿里工业云总部、树根互联总部、海尔、浪潮、航天云网、思科等企业落户广东。召开中国工业互联网大会，建设省工业互联网产业生态供给资源池。实施“互联网+”行动，首批18个“互联网+”小镇产值规模达6 760亿元。

广东省不断深化粤港澳在云计算、大数据应用和服务模式推广等领域的合作。支持成立粤港澳大湾区ICT产业联盟，推进实施第六届粤港ICT青年创业计划。其中，“粤港青年创业计划”创意微型基金已连续举办6年，共有来自粤港30多所大学的近万名学生参与活动，55个团队项目获得总金额550万港币的资助。

【信息基础设施】 广东省实施信息基础设施三年行动计划，截至2017年年底，全省主要宽带指标达到全国先进水平，基本建成高水平全光网省。光纤接入用户2 642.2万户，光纤入户率从23.3%大幅提升至79.9%。4G基站累计29.7万座，4G用户11 751.4万户。农村光纤接入用户累计580.8万户，开通光纤入户行政村累计1.9万个，2 277个省定贫困村均具备50Mbps以上光纤接入能力，满足4K电视传输条件。WLAN热点累计11.6万个，超额完成12%；AP累计131.9万个，超额完成135%。省公共区域无线接入服务项目“i-Guangdong”为106.8万户提供免费接入服务。

2017年，广东省三网融合发展取得显著成效。截至2017年年底，广东IPTV播控平台覆盖全省全部地市（共21个地市），全省IPTV累计1 052万户，近两年IPTV业务产值超26亿元。广东广播电视台推出“云视听”互联网电视客户端软件，同时与创维、腾讯等公司合作，推出互联网电视机顶盒，截至2017年年底，“云视听”累计下载量7 000万，日活跃用户近700万户。截至2017年年底，全省18家企事业单位获得移动互联网视听节目服务资质，分别推出相应客户端软件。广东广播电视台与广东移动公司、广东电信公司合作推出付费手机电视软件“悦TV”“翼TV”等多个移动流媒体手机视频产品，用户累计700万户。

【云计算与大数据】 2017年，广东省云计算服务产业规模超过1 600亿元，同比增长45.6%。其中，软件运营服务收入87亿元，同比增长61.1%；平台运营服务收入1 501亿元，同比增长45.1%；基础设施运营服务收入24亿元，同比增长27.4%。全省云计算产业主要布局在珠三角地区，打造一批国内领先的云计算数据中心和云制造基地。广州市布局华南最大的云计算数据中心——亚太信息引擎，“天河二号”（超级计算机）运算速度已超过5亿次/秒。深圳超算中心计算资源使用率位居国内国家级超算中心之首。在云制造领域，深圳、广州、东莞、惠州等市已具备一定规模，集聚发展一大批龙头企业。

2017年，广东省强化政策支持引导大数据产业，出台《珠江三角洲国家大数据综合试验区建设实施方案》，明确综合试验区建设的各项具体任务及分工、目标以及推进措施。培育大数据产业集聚发展，发布第二批7个省级大数据产业园，同时推进已有的8个省级大数据产业园建设；对园区建设和产业发展予以资金扶持，共扶持7个大数据产业园，其中包括3个省级大数据产业园；组织2017年广东省大数据骨干（培育）企业遴选工作，确定17家广东省大数据骨干企业、13家广东省大数据培育企业。以应用示范带动大数据应用推广，确定10个2017年大数据应用示范项目，在钢铁、电器、食品等制造行业推荐5个数据工厂示范项目，探索数据驱动制造新模式。推动大数据创业创新，举办广东省大数据开发者大会暨2017云栖大会广东分会、2017广东政务数据创新大赛；支持成立省大数据标准化技术委员会，为大数据创业创新提供支撑。开展全省企业情况综合数据采集工作，全年累计完成12.6万家企业数据采集。开展企业数据资源综合利用试点工作，确定广州市白云区、广州开发区、中山市石岐区、东莞市石龙镇为2017年企业数据资源综合利用试点地区。

【两化融合】 2017年，广东省两化融合新增国家级贯标试点企业48家、省级贯标试点企业411家，部省级贯标试点企业1 207家。通过评定的企业数量144家，总数221家。试点企业涵盖全省21个地市，覆盖主要支柱行业。在5个地市举办8期两化融合管理体系贯标专题培训班，帮助企业提升两化融合管理体系理论水平，加深企业对两化融合评估关键指标的认识和理解。制定《关于深入推进信息化和工业化融合管理体系的实施意见》，引导两化融合管理体系评估、诊断、对标，开展两化融合管理体系贯标试点，推动两化融合管理体系贯标试点企业通过评定，提升全省两化融合质量水平。

【信息消费与物联网】 2017年，广东省推动物联网发展，出台《关于加快推进广东省物联网标准化工作的实施意见》，加快建立健全物联网先进标准体系。推动广州市黄埔区建设面向5G技术的物联网与智慧城市示范区，开展基于NB-IoT的智能路灯、智能停车、智能水电煤抄表等示范项目建设，2017年年底前建成智慧社区、智慧养老等示范场景6个及NB-IoT基站280座，实现全区移动互联网覆盖。开展信息化交流和培训，召开粤港信息化合作专责小组第12次会议和广东省—澳大利亚新南威尔士州第26次联合经济会议智慧城市分论坛筹备工作会议；举办全省物联网企业网络安全培训班、物联网技术与应用研修班、智慧城市与信息消费研修班，支持举办2017第五届中国（广州）国际智慧城市大会。

【统计数据】

表1　2015—2017年广东省电子信息制造业基本情况

项目名称	单位	2015年	2016年	2017年
销售产值	亿元	32 716.2	33 231.5	36 076.9
出口交货值	亿元	17 139.5	16 625.1	17 764.5
主营业务收入	亿元	38 755.6	32 675.1	36 096.0
主营业务成本	亿元	32 739.1	27 727.1	30 557.5
利润总额	亿元	1 690.4	1 513.0	1 904.9

表 2　2015—2017 年广东省主要电子信息产品产量情况

产品名称	单位	2015 年	2016 年	2017 年
程控交换机	万线	1 246.9	1 103.1	843.3
其中：数字程控交换机	万线	593.7	534.3	826.5
电话单机	万部	9 682.5	9 294.6	6 166.6
传真机	万台	161.5	174.6	225.9
移动通信手持机（手机）	万部	84 447.8	96 752.2	82 750.1
电子计算机整机	万台	5 098.6	4 911.1	5 795.2
微型计算机设备	万台	3 241.7	3 344.9	3 778.9
其中：笔记本电脑	万台	714.0	728.3	574.0
彩色电视机	万台	7 003.6	8 116.9	8 399.8
其中：显像管彩色电视机	万台	72.0	55.2	174.8
液晶电视机	万台	6 388.2	7 620.2	8 118.9
电子元件	万只	14 778.9	16 461.4	19 937.0
光电子器件	万只	33 744 283.6	55 044 680.5	75 443 702.4
其中：发光二极管	万只	27 394 410.3	50 075 185.4	72 189 615.4
液晶显示屏	万片	108 796.2	111 066.0	154 734.1
液晶显示模组	万套	76 329.7	59 031.8	80 721.3
集成电路	亿块	162.7	219.2	262.9
数字激光音、视盘机	万台	16 175.3	15 119.5	13 012.4
组合音响	万台	8 447.4	7 860.7	9 643.2
半导体存储器播放器（含 MP3、MP4）	万个	645.9	531.9	476.4
锂离子电池	万只	236 433.1	334 436.3	444 133.8

注：表 1 ~表 2 数据来源于广东省统计局。

表 3　2015—2017 年广东省软件和信息技术服务业基本情况

项目名称	单位	2015 年	2016 年	2017 年
软件业务收入	万元	71 051 485	82 233 915	96 812 074
软件业务出口	万美元	2 393 628	2 507 067	2 781 020
流动资产平均余额	万元	71 512 719	86 149 291	100 105 045
固定资产投资额	万元	1 522 214	1 457 415	2 254 201

续表

项目名称	单位	2015 年	2016 年	2017 年
资产合计	万元	129 470 452	158 607 108	145 783 292
负债合计	万元	67 157 463	88 911 008	73 919 987
税金总额	万元	1 058 143	1 110 462	1 283 218
利润总额	万元	13 432 596	15 180 753	18 710 355
从业人员年末人数	人	878 008	917 564	999 463
从业人员工资总额	万元	10 060 524	12 044 416	14 391 148

注：数据来源于广东省工业和信息化厅。

表 4　2017 年广东省五大手机厂商专利申请情况

厂商	发明专利申请（件）	实用新型专利申请（件）	外观专利申请（件）
魅族	555	51	60
OPPO	3 102	341	49
华为	313	6	72
vivo	1 665	200	29
金立	432	30	13

注：数据来源于国家知识产权局。

[供稿：广东省工业和信息化厅]

广西壮族自治区

【概况】 电子信息产业是广西壮族自治区（以下简称广西）14 个千亿元产业之一。2017 年，广西电子信息产业继续保持平稳增长态势，经济运行情况稳中有增。电子信息制造业完成工业总产值 1 882.9 亿元；软件和信息技术服务业完成主营业务收入 147 亿元。全区初步形成以北海、南宁、桂林 3 个市为区域中心的电子信息产业聚集区。电子信息制造业主要集中在北海、南宁、桂林 3 个市，软件和信息技术服务业主要集中在南宁、桂林、北海、柳州 4 个市，梧州、玉林、贵港、钦州、贺州、柳州等市电子信息产业逐渐发展壮大，发展趋势向好。

【电子信息制造业】 根据广西工业和信息化厅 2017 年行业统计年报不完全统计，2017 年，广西电子信息制造业列入统计范围的企业 97 家，全行业从业人员年末数 86 837 人，完成工业总产值 1 882.9 亿元，完成工业销售产值 1 860.2 亿元，完成出口交货值 314.3 亿元。

全区电子信息制造业主要产品有微型计算机、计算机零部件等电子计算机产品，移动终端、光通信、微波通信设备等通信设备产品，数显量具、医疗分析仪、医疗超声仪器等医疗电子产品，彩色电视机、显示器等家用视听产品，电容器、电位器等电子元器件产品，太阳能电池、太阳能组件、太阳能灯具等太阳能光伏产品，以及 LED、电机电子、汽车电子等产品。

全区电子信息制造业重点企业主要有建兴光电科技（北海）有限公司、德昌电机（北海）有限公司、广西朗科科技投资有限公司、广西三诺电子有限公司、广西三创科技有限公司、冠捷显示科技（北海）有限公司、广西惠科科技有限公司、冠德科技（北海）有限公司、广西新未来信息产业股份有限公司、南宁富桂精密工业有限公司、丰达电机（南宁）有限公司、广西佳微科技股份有限公司、桂林光隆光电科技股份有限公司、桂林斯壮微电子有限责任公司、桂林市思奇通信设备有限公司、桂林海威科技股份有限公司、桂林尚华新能源有限公司、桂林尚鼎新能源股份有限公司、领冠电子（梧州）有限公司、广西鑫华通科技有限公司、优耐电子（岑溪）有限公司、钦州富仕通科技有限公司、广西钦州宇欣电子科技有限公司、广西天山电子股份有限公司等。

【软件和信息技术服务业】 根据广西工业和信息化厅 2017 年行业统计年报不完全统计，2017 年，广西软件和信息技术服务业列入统计范围的企业 174 家，全行业从业人员年末数 24 926 人。其中，国有企业 8 家，有限责任公司 42 家，股份有限公司 15 家，私营企业 107 家，其他企业 2 家。主营业务收入 1 000 ~ 5 000 万元的企业 94 家，5 000 ~ 10 000 万元的企业 14 家，超过 1 亿元的企业 21 家。全年完成营业收入 147 亿元，同比增长 11.4%。

全区软件产品涉及工业、酒店、电力、动漫游戏、金融、交通、旅游、教育、医疗、北斗、城市综合管理等领域，主要产品有酒店信息管理系统软件、网络游戏软件、项目综合管理系统软件、工业软件、智能交通软件、旅游服务软件和信息化产品、通信应用系统软件开发、电子信息智能化产品研发、互联网金融大数据等。

全区软件和信息技术服务业重点企业主要有北海石基信息技术有限公司、广西博联信息通信技术有限责任公司、广西广播电视信息网络股份有限公司、广西航天信息技术有限公司、广西宏道信息技术有限公司、广西交通科学研究院、广西巨拓电子科技有限公司、广西南宁商佳信息科技有限公司、广西润信通信服务有限公司、广西苏中达科智能工程有限公司、广西天道信息技术有限公司、广西通信规划设计咨询有限公司、广西星宇智能电气有限公司、广西壮族自治区公众信息产业有限公司、广西壮族自治区通信产业服务有限公司、桂林力港网络科技股份有限公司、桂林信通科技有限公司、桂林智神信息技术有限公司、润建通信股份有限公司、新三科技有限公司、中国—东盟信息港股份有限公司等。

【电子产品出口贸易】 2017 年，广西电子信息制造业完成出口交货值 314.3 亿元。主要出口产品有通信网络产品、电机产品、液晶显示器、液晶电视、卫星电视接收转发设备、微波通信设备、通信测试分析仪、电子印刷设备、数显量具、电子铝箔等。主要出口企业有南宁富桂精密工业有限公司、建兴光电科技（北海）有限公司、丰达电机（南宁）有限公司、冠捷显示科技（北海）有限公司、桂林思奇通信设备有限公司、广西桂东电子科技有限责任公司等。

【科技进步与应用】 2017 年，广西印发《关于下达 2017 年自治区工业和信息化发展专项资金（产品升级）项目计划的通知》，下达自治区工业和信息化发展专项资金产品升级项目计划，其中安排电子信息产业项目 4 项，总投资 0.9 亿元，安排补助资金 310 万元。具体项目是桂林海威科技股份有限公司“公共区域照明节能应用产品技术提升及产业化项目”、桂林市思奇通信设备有限公司“射频单频网适配器产业化项目”、北海市深蓝科技发展有限责任公司“新型智能集成电力电容装置的产业化项目”、广西新未来信息产业股份有限公司“零起火防雷模块的产业化项目”，推动广西电子信息产业科技进步与应用。

2017 年，广西认定企业技术中心认定电子信息行业企业技术中心 1 家，为北海星沅电子科技有限公司技术中心。

【信息基础设施】 2017 年，广西制定通信基础设施建设相关政策，统筹协调通信基站选址问题。与中国铁塔股份有限公司协商达成一致意见后形成《广西壮族自治区人民政府、中国铁塔股份有限公司战略合作协议（报送稿）》及《会见和签约仪式方案（送审稿）》，报送自治区人民政府。根据广西人民政府与中国铁塔股份有限公司签订的战略合作协议，双方将扩大信息基础设施投资，全面提升规划建设水平。推动各市协调通信基站选址工作，广西 14 个市均与各地铁塔分公司建立常态化的沟通对接机制，其中贺州、来宾、梧州、崇左等市已出台文件推动通信基站建设疑点、难点选址问题；高铁沿线需补盲站点 392 个，选址问题得以解决 257 个，解决率 65. 6%；“环广西公路自行车世界巡回赛”沿线城市需补盲站点 625 个，选址问题得以解决 216 个，解决率 34.6%。

协调和推动广西全面开展三网融合工作。广西广电网络公司以全网双向化改造和三网融合统一智能终端为切入点，推进智慧广电技术和应用的发展。2017 年 9 月，启动“智慧广电升级工程”，将占用频点资源较多的 MPEG-2 模式数字电视频道停传，全面升级为占用频点资源较少的 H.264 模式传输，以此释放更多的频点资源，实现广西有线数字电视网络向“五全”（全网整合、全网高清、全网互动、全网宽带、全网智慧融合）的方向升级。

【两化融合】 2017 年，广西两化融合以智能制造为主攻方向，促进制造业与互联网深度融合，推进 100 项重大项目，培育壮大新业态新模式，推进制造业数字化、网络化、智能化，推动传统产业生产变革，培育融合发展新生态，促进新动能发展壮大。

印发《广西壮族自治区关于贯彻落实 <“十三五”国家信息化规划 > 的实施方案》（桂工信推进〔2017〕586 号）、《广西壮族自治区人民政府关于深化制造业与互联网融合发展的实施方案》（桂政发〔2017〕1 号）、《广西工信委关于促进大数据发展的实施方案》（桂工信推进〔2017〕450 号）等文件，贯彻落实国家和自治区相关政策，加快推进广西“十三五”信息化工作，打造持续转型升级的产业生态，落实国家网络强国战略，推动制造业与互联网融合发展。

组织实施 2017 年国家智能制造新模式应用项目，重点在离散型制造、流程型制造等方面开展智能制造新模式推广应用。2017 年 6 月，广西推荐 8 个项目申报 2017 年国家智能制造新模式应用项目，其中，广西汽车集团有限公司轻量化汽车底盘关键零部件智能工厂新模式项目通过工业和信息化部组织的专家评审并获得资金支持。

开展智能制造试点示范行动，逐步扩大试点示范的行业和覆盖面。2017 年 6 月，广西推荐 9 个项目申报 2017 年国家智能制造试点示范项目，有效推动重点行业企业智能制造试点示范。其中，桂林福达重工锻造有限公司年产百万件曲轴数字化锻造车间系统的研制与应用示范项目列入 2017 年国家智能制造试点示范项目。

实施工业云和工业大数据试点示范建设。南宁市工信企业管理服务有限公司等 5 个项目被认定为 2017 年广西工业云和工业大数据（工业云公共服务平台）试点示范项目，广西柳工机械股份有限公司等 19 个项目被认定为 2017 年广西工业云和工业大数据（工业云与大数据应用）试点示范项目。

开展两化融合贯标体系推广，推动管理模式变革。广西玉柴机器股份有限公司被评为 2017 年国家级两化融合管理体系贯标示范企业。

【信息安全】 2017 年，通过加强网络安全技术力量建设和加大重点信息系统安全监测力度等措施，广西信息安全保障体系建设取得新进展，未发生网络安全重大事故。

2017 年 4 月，布置开展广西工业控制系统摸底调查工作；4 月底至 5 月，组织开展广西 2017 年工业控制系统信息安全专项检查和风险评估工作，检查范围是与国家安全、国家经济安全、国计民生紧密相关的企业，如钢铁、有色、化工、装备制造等工业生产领域中的重要工业控制系统，涉及广西 13 个地级市、118 家企业，总计 466 个重要工业控制系统；6 月，印发《关于开展广西能源行业工业控制系统信息安全专项检查工作的通知》，组织 14 个市相关企业开展能源行业工业控制系统信息安全自查；6 月，广西工业和信息化委员会派员并安排广西信息安全测评中心技术人员参加由自治区党委网信办组织的广西关键信息基础设施专项检查和风险评估工作。

支持广西信息安全测评中心依托国家工业控制系统信息中心建设广西工业控制系统信息安全势态感知和监测预警平台。指导专业技术机构重点建设 2 ~ 3 个面向行业的工业控制系统信息安全仿真测试实验室，开展离线仿真信息安全测评和应用实验。

重视并采取措施防范勒索病毒对广西工业企业工业控制系统的攻击。转发国家工业信息安全发展研究中心《恶意勒索软件“WannaCry”肆虐对工业信息安全造成严重威胁》《关于“Petrwrap” 勒索病毒风险预警及处置建议》等文件，组织各市工信委通报本市重点企业，做好风险防范、排查和应对工作。

加强对工控漏洞和风险信息的预警。收集国家相关部门最新工控漏洞与风险信息，研究分析重点行业信息安全隐患，编制印发 2017 年《工业控制系统信息安全漏洞及风险提示》。

开展工业控制信息系统安全培训工作。2017 年 4 月中旬，组织召开广西工信系统信息安全工作培训会，邀请专家讲解工业控制系统技术发展现状和存在问题，提高对工业控制系统信息安全面临严峻形势的风险意识和责任意识。

贯彻落实国务院积极推进“互联网 +”行动指导意见行动计划和广西人民政府《关于印发广西积极推进“互联网 +”行动实施方案的通知》，提出广西“互联网 +”制造业专项行动的网络安全实施意见。加强广西工业控制系统信息安全保障体系建设，提高重点领域信息安全防范水平和能力，提出 2017 年广西信息安全协调工作指导意见。推进广西大数据产业发展，提升政府服务和监管能力，提升大数据安全保障能力，制定《广西工业大数据信息安全保障方案》。

推进广西重要领域国产密码应用工作。举办广西工信系统信息安全培训班，传达有关文件精神，促进重要工业控制系统国产密码应用，并开展国产密码应用情况自查工作。

【重点信息化项目】 2017 年，广西在全区范围内组织企业申报 2017 年自治区两化融合专项资金项目，安排 2 000 万元财政补贴支持北斗综合应用项目，支持项目 23 个，涉及跨境车船与物流、西江智能船舶、智慧糖业、城市精细化管理等领域的北斗终端应用；在全区范围内组织软件和信息技术服务业企业申报 2017 年自治区信息服务业发展专项资金项目，安排 1 500 万元自治区信息服务业发展专项资金，支持项目 39 项，重点支持云计算、大数据、移动互联网、北斗卫星导航、面向广西重点产业的工业软件、工业互联网、重点行业解决方案、嵌入式软件、基于 ICT 的信息服务、信息安全、具有广西特色的电子商务服务等，推动广西软件和信息技术服务业发展。

【产业环境】 2017 年 3 月，广西印发《广西电子信息制造业发展“十三五”规划》和《广西软件和信息技术服务业发展“十三五”规划》，并组织实施；10 月，印发《关于印发 < 广西智慧健康养老产业发展实施方案（2017—2020 年）> 的通知》(桂工信电软件〔2017〕850 号)，发各市工业和信息化委、民政局、卫生计生委组织实施。

【主要问题】 广西电子信息产业产业规模不大，龙头企业不多；新增项目和企业少，产业增长动能不足；受市场竞争和企业经营等因素影响，部分市的产值出现下降或负增长；高端人才紧缺，引进人才难，人员流动较大，招工困难，用工成本较高；企业自主创新能力偏弱，缺乏技术积累；融资难度较大，融资成本较高；物流成本较高，企业负担重。

［撰稿：罗家泰　审稿：张阳］

海 南 省

【概况】 2017 年，海南省信息产业实现营业收入 409.3 亿元，增长 22.2%。其中，软件和信息技术服务业发展迅速，实现营业收入 218.6 亿元，同比增长 53.4%；电子信息制造业实现产值 60.9 亿元，同比下降 13.5%。

【电子信息制造业】 海南省围绕国际旅游岛建设，形成以旅游业为龙头、服务业为支撑、热带农业为特色的产业体系。2017 年，海南省电子信息制造业规模以上企业共计 11 家，包括海南金盘智能科技股份有限公司、海南英利新能源有限公司、海南威特电气集团有限公司、康宁（海南）光通信有限公司、海南美亚电缆厂有限公司、海南宝通实业公司、海南展创光电技术有限公司等企业，主要涉及电气设备制造、电线电缆制造、光通信、太阳能电池组件制造等领域。

【软件和信息技术服务业】 海南省围绕产业增长目标，采取有效措施，不断加大对本土企业的培育力度，涌现一批发展势头强劲的本土企业。2017 年，全省软件和信息技术服务业实现营业收入 218.6 亿元，同比增长 53.4%。营业收入过亿元的企业有 31 家，比上年增加 9 家；营业收入超过 5 000 万元的企业有 49 家。易建科技股份有限公司、新生飞翔文化传媒股份有限公司等 11 家互联网企业在新三板挂牌上市。

截至 2017 年年底，海南省累计 235 家企业获得计算机系统集成资质，同比增长 38.2%。其中，一级 1 家，二级 1 家，三级 32 家，四级 201 家；拥有海南省软件企业有效资质企业 36 家；拥有高新技术资质企业 250 家，其中，互联网产业企业 108 家，占全省高新技术企业数量的 43.2%；累计 13 家企业通过 ITSS（信息技术服务）运行维护服务能力成熟度符合性评估。

【信息产业园区】 海南生态软件园规划面积分为一期 2 平方千米，二期 14.5 平方千米，重点发展互联网、文化创意等产业。截至 2017 年年底，海南生态软件园建成 100 万平方米；实现税收 14.3 亿元，同比增长 27.7%；已入驻企业 2 481 家，集聚腾讯公司、东华软件公司、浪潮集团等龙头企业，其中，2017 年新增入园企业 1 178 家，占全部入园企业总数的 47.5%。

海口美安生态科技新城地处海口市与澄迈县交界处，规划面积 39.9 平方千米，重点发展生命健康、高端低碳轻型制造、总部经济、现代服务业等产业。截至 2017 年年底，入驻企业 28 家，在建项目 47 项，全年完成投资 42 亿元。

清水湾国际信息产业园规划总用地 209 公顷，重点发展新一代“互联网 +”为基础的移动互联、云端物联、数字创意、服务外包等产业。截至 2017 年年底，园区已注册企业 47 家，中科软科技股份有限公司、迪信通商贸股份有限公司等行业领先企业和新兴企业入驻；园区全年累计完成投资 6.7 亿元，完成一期建筑面积 18.8 万平方米。

三亚创意产业园规划面积约 16.4 平方千米，重点发展深海科技、创新创意等产业。园区注册企业 710 家，中兴通讯股份有限公司、新道科技股份有限公司等 126 家企业入驻。2017 年，产业园计入产值税收的企业共计 14 家（含配套），全年实现总产值 33.3 亿元。

【信息基础设施】 截至 2017 年年底，海南省累计完成信息基础设施投资 47.9 亿元，超额完成 1.7 亿元，同比增长 9.9%，为历年来投资最高的一年；光网快速覆盖，不断纵向延伸。在城区覆盖的基础上，全省 2 573 个行政村光纤宽带网络在整体上实现全覆盖，覆盖率 99.9%。全省 17 227 个自然村光纤宽带网络覆盖率 66.6%，4G 网络覆盖率 82.1%。光网大面积覆盖，为城镇、农村的人民群众享用现代通信成果。网速全国排名持续上扬。中国宽带发展联盟数据显示，海南省 2017 年第四季度固网宽带可用下载速率在全国排名中居第 11 位，移动互联网下载速率在全国排名中居第 13 位，固定宽带接入签约速率在全国排名中居第9位，固定宽带家庭普及率在全国排名中居第13位，移动宽带用户普及率在全国排名中居第7位。虽然海南省经济体量和人口总量极小、地处边陲，也处于全国通信网络拓扑的末梢，但全省固定宽带下载速率在全国的排名成效显著。

【电子政务】 2017年，海南省基于大数据的政务信息化取得四个突破。一是在信息整合上实现突破，建成省政务数据管理运行中心，统筹建设全省数据中心和云计算中心，全省非涉密政务信息共享率大幅提升，共享率近100%；二是在信息共享交换上实现突破，形成全省统一的政务大数据公共服务平台和数据开放平台，打通省平台与国家电子政务外网的信息共享交换；三是在政务信息化应用上实现突破，省政府部门无纸化办公基本实现全覆盖，基本建成政务数据管理运行中心展示项目，全流程互联网“不见面审批”上线，“一张审批网”覆盖全省99%以上的行政村；四是在督办推进机制上实现突破，把政务信息建设纳入绩效考核，提高各方面加大信息化建设应用的积极性，2017年海南省政务信息公开得分居全国第1名、省级政府网站绩效评估居全国第7名、省级数据开放水平居全国第7名。

【信息安全】 2017年，海南省开展网络和信息安全保障工作，每月利用网络与信息安全综合管理服务平台定时扫描全省党政机关网站和重要信息系统，及时跟踪安全情况，做好安全指导；完成全省“海南省关键信息基础设施网络安全态势感知平台”的建设，实施预警并通报整改，使全省网络安全监测预警实现跨越式的转变；做好2017年度关键信息基础设施网络安全摸底和检查工作；举办海南省第三期党政机关国家注册信息安全专业人员资质认证培训班，提高网络与信息安全从业人员的网络与信息安全意识，提高安全管理水平，增强防范能力，提升超前预防和控制风险的能力。

【产业环境】 2017年，海南省谋划产业发展和布局，各市县也纷纷出台一系列信息产业发展政策，全方位促进信息产业发展。重点扶持海口高新区、三亚创意产业园、海南生态软件园和清水湾国际信息产业园等重点信息产业园区、园区企业以及省政府重大信息产业项目；扶持信息产业创业项目孵化、市场主体培育、创新创业平台打造、公共服务平台建设、人才引进培养、产业环境营造等；使用财政专项资金开展信息产业天使投资和股权投资，突出政府担当，降低企业融资门槛，通过市场化运作，满足不同发展阶段互联网企业的融资需求，特别是缓解由于风险太高，一般社会资本看不上、不愿投、不敢投的创新项目。

【主要问题】 海南省信息产业专业性技术人才、高级管理人才等高层次人才供给不足，加上优质企业不多、人才政策、教育、医疗、就业等配套条件不够等原因，招人难、留人难的问题依然突出。

信息产业总体规模较小，缺乏龙头企业带动，尚未形成鲜明的产业特色。全省还没有主板上市企业，新三板企业只有10家，企业吸引资本投资的竞争力不强。

产业发展环境亟待加快完善，如财政专项资金的使用效益和撬动作用还不够、园区体制机制与产业发展还不太适应等。

【发展预测】 建设人才培养体系，做好人才引进工作。贯彻落实《海南省人民政府关于引进人才落户实施办法的通知》，引进优秀人才落户海南。研究出台更有针对性的政策措施，加大对信息产业企业和信息产业人才的支持力度，吸引和留住优秀企业、人才。

完善和落实激励企业自主创新的相关政策。修订完善《关于加快发展互联网产业的若干意见》，改革优化省互联网产业发展专项资金使用方式，进一步强化资金使用效益和放大效用，使企业能真正享受到政策带来的优惠，激励企业增加研发投入，提高自主创新能力。

做大做强信息产业。加大力度培育本土信息产业企业，扶持发展壮大；有针对性地开展产业招商，针对已落地的国内外知名企业，再次主动上门深度沟通，加强支持力度，推动落地企业加大发展；采取走出去、请进来、境外招商等方式扩大招商，争取更多龙头企业落地海南，发挥集聚效应。

推动信息产业国际化、开放化发展。启动琼港国际海底光缆建设，建设国际离岸创新创业基地，打造数字经济国际交流合作平台，充分利用自由贸易试验区的优势推动信息产业国际化发展。

[供稿：海南省工业和信息化厅]

重 庆 市

【概况】 2017年，重庆市电子信息产业实现产值5 870.3亿元，同比下降2.7%。其中，电子信息制造业实现规模以上工业总产值4 656.9亿元，同比下降6.8%；实现软件业务收入1 213.4亿元，同比增长18.4%。

【电子信息制造业】 2017年，重庆市累计生产电子计算机整机7 644.7万台，同比增长13%，其中，笔记本电脑5 955.9万台，同比增长1.9%；显示器2 368.6万台，同比下降10.8%；打印机1 450.9万台，同比增长5.6%；手机1.58亿部，同比下降45.0%；集成电路4.6亿块，同比增长39.3%；集成电路圆片54.0万片，基本保持不变；液晶显示屏9 128.2万块，同比增长6 195.0%；印制电路板622.3万平方米，同比下降64.8%。

2017年，重庆市电子信息制造业产业结构进一步优化。电子计算机整机产业产值占全行业比重37.3%，手机产业产值占全行业比重18.1%，笔记本电脑及手机配套产业产值占全行业比重13.5%，其他电子产业合计占全行业比重31.1%，初步形成各产业多点开花、齐头并进的较为合理的结构。

手机产业结构持续优化。全市现有手机整机企业110家，其中规模以上企业94家。全国前20强手机品牌商有7家落户重庆，全国前20强手机代工企业有8家落户重庆。全市智能机出货量占比52%，较上年提升12个百分点，产品单价由2016年的382元提升到425元。

核心零部件产业取得突破。在集成电路领域，重庆市有2条6英寸芯片生产线、1条8英寸功率及模拟芯片生产线、1条12英寸FLASH芯片封测线等，奥特斯封装载板项目一期已建成投产，基本构建起IC设计—晶圆制造—封装测试—原材料配套集成电路全产业链。在平板显示领域，京东方科技集团股份有限公司在重庆市布局1条8.5代TFT-LCD面板线，月投片量15万面，并将在重庆市建设1条6代AMOLED面板线，月投片量4.8万面；惠科股份有限公司在重庆市布局1条8.6代TFT-LCD面板线，还建有年产1 000万台电视机/显示器的生产线；康宁公司在重庆市建有25万平方米玻璃基板裁剪封装生产线；基本构建起光学材料—玻璃基板—液晶面板—显示器件全产业链条。

配套产业保持快速发展。全年实现笔记本电脑配套产值730亿元，同比增长18.0%。手机配套体系不断完善，全市有手机配套企业294家，全年实现产值200亿元，同比增长105.5%。中光电、联创电子、帝晶、天实精工等重点项目相继投产，显示模组、触摸屏、摄像头、玻璃盖板等部分关键零部件均实现在重庆市生产。

【软件和信息技术服务业】 2017年，重庆市软件和信息技术服务业规模突破1 200亿元。全市软件和信息技术服务业招商引资取得新突破，推动阿里巴巴集团、百度公司、腾讯公司3家互联网龙头企业从集团层面和市政府深化合作；滴滴出行、Cloudera（肯睿）、东华软件、腾龙集团、新钶电子等52个企业项目先后落户市内各区县园区，协议投资金额约30亿元，涉及软件开发、大数据、区块链、云计算、加速器等领域；腾龙集团成为重庆市引进的首个总部在渝的数据中心运营商，预计3年后单独上市；华为技术有限公司、中软国际有限公司、软通动力信息技术（集团）有限公司等龙头企业与市政府达成初步合作协议。

【电子产品进出口贸易】 2017年，重庆市电子信息制造业实现出口交货值2 556.5亿元，同比增长7.4%，占全市工业出口交货值的84.0%，比上年提升5个百分点。重庆国际电子商务交易认证平台交易认证业务量持续增长，截至2017年11月底，平台认证金额16.5亿美元，同比增长46.7%。

【科技进步与应用】 2017年，重庆市新增计算机软件著作权超过5 500件，较上年同期增长30.0%，历年累计软件著作权登记数量超过 18 500 件。全市有 66 家企业通过国家信息技术运行维护标准（ITSS）认证。

2017 年，重庆大学、中国电子科技集团公司第 26 研究所参与的核高基课题分别获得立项，获得 9 378 万元国拨资金支持。

【信息基础设施】 2017 年，重庆市在西部率先全面建成“全光网城市”，实现城市光纤到户家庭全覆盖，20Mbps 以上宽带用户占比超过 60%。推进光纤宽带由行政村向有条件的自然村延伸覆盖，加快已通光纤行政村和自然村的“光纤到户”建设，打通行政村光纤覆盖“最后一公里”。江津区、潼南区、荣昌区 3 个区的 92 个试点行政村均按要求发展光纤宽带用户，用户数超过 800 户，平均速率 77.6Mbps。制定《重庆市信息通信业推动深度贫困地区信息通信基础设施建设实施方案》，3 家通信运营企业计划投资 5 000 万元，建设 4G 通信基站 253 个，完成 18 个乡镇 92 个行政村的宽带网络和 4G 网络覆盖。

骨干直联点完成整体工程建设。成为全国互联网顶层架构的关键节点和重要的骨干核心，实现同全国 21 个省份的 29 个城市网内直联，实际开通互联带宽是直联点开通前扩容带宽的 9.5 倍。

【信息产业基地和园区】 2017 年，重庆市两江国际云计算产业园形成八大高等级数据中心齐聚格局。两江互联网产业园新建成 28 万平方米载体，累计商务楼宇约 60 万平方米，已集聚企业 350 余家，从业人员近 1 万人。渝北仙桃数据谷新投运 14 万平方米，累计面积 26 万平方米。

加强市区联动，推动在渝中区成立 20 万平方米的重庆市区块链产业创新基地，在涪陵市打造 2 万平方米的互爱科技孵化产业园；配合大渡口启动移动互联网产业园扩容工作，计划在现有园区基础上再扩容 50 万平方米；配合江北区、九龙坡区结合下一步发展思路进行产业载体选址工作。

以全市“互联网 +”产业基地创建工作为抓手，加强全市“4+11+*N*”产业载体统筹工作，全市 28 个单位（其中，综合类 4 个、特色类 12 个、创业类 12 个）申报创建“互联网 +”产业基地，建筑面积共计 140 余万平方米，企业 1 634 家，从业人员 3 万余人。经初审、专家评审等程序，确定其中 9 个申报单位启动重庆市“互联网 +”产业基地的创建工作。

【电子政务】 2017 年，重庆市电子政务云平台服务水平进一步提升。全年全市累计迁移 4 580 台设备，电子政务云平台服务器虚拟化率 51.4 %，比上年年底提升 3.4 个百分点，计算、存储资源服务价格比上年平均下降 30% 以上，发现并责成相关单位及时处理高危漏洞 100 余个、普通漏洞 1 万余个。

完善信息化系统集约化体系。开发电子政务云平台运营管理系统；降低政务云平台费用，计算资源服务（虚拟服务器）价格平均降低 30%，存储资源服务价格平均降低 34%，机柜机位价格降低 35%，机柜整租价格降低 19%，电容量增加 40%，单机柜可容纳的服务器由 6 台提升到 10 台；通过公开招标确定重庆信息通信咨询设计院为云平台技术支撑机构，共进行资源申请审核 50 余次；完成政务云平台信息安全等级保护三级测评；进行平台网站漏洞深度扫描，发现具有安全风险的平台网站，通知用户单位进行整改；增加信息安全手段，提供免费的软防火墙、软件防篡改等新技术，提高政务网站防护水平。

建立政务云平台管理体系。编制《重庆市电子政务云平台运行维护管理制度》《重庆政务云平台人员信息安全管理制度》《重庆市电子政务云计算中心服务质量规范》《重庆市电子政务云计算中心服务质量考核办法》《重庆电子政务中心云管理策略与规范》《重庆市电子政务云平台系统上线审核办法》和《重庆电子政务云中心应急响应制度》等系列管理规范文件。

制定电子政务标准规范体系框架，初步确定由电子政务体系类、电子政务基础设施（云）类、基础数据资源类、数据共享交换类、其他技术标准和规范共 43 个标准组成。编制完成《重庆市社会公共信息资源共享交换平台接口规范》《重庆市社会公共信息资源共享目录》《重庆市社会公共信息资源核心元数据》和《重庆市社会公共信息资源编码》等数据采集交换标准。

【两化融合】 2017 年，重庆市深入推进制造业与互联网融合发展、服务型制造、企业智能化管理水平，两化融合发展稳步推进，企业两化融合发展水平 53.8，高于全国水平 2 个点，居全国第 6 位。

2017 年，全市开展两化融合管理体系贯标企业 204 家，其中国家级试点企业 67 家，累计通过国家评定 38 家，居全国第 8 位、西部首位；川仪自动化公司成为国家级贯标示范企业，市级贯标示范企业 58 家；促进企业打造研发创新、制造流程及全生命周期管控、产供销集成管控、设计制造协同、在线支持服务等以数据驱动并与发展战略相结合的新型能力 80 余项；长安汽车、集创家 2 个项目入选国家级制造业与互联网融合试点示范；重庆联通、重庆信通院、猪八戒 3 个平台入选国家级制造业与互联网融合双创试点示范平台；组织实施玛格家居"柔性智能化定制系统"等 55 个制造业与互联网融合市级试点示范项目，推进重庆浪潮云计算"面向中小企业的大数据双创服务平台"等 5 个工业云平台建设。

【信息安全】 2017 年，重庆市推动《工业控制系统信息安全防护指南》在企业落地实施，常态化开展全市工业信息安全年度检查。初步检查全市重点工控系统 520 套，涉及电力、化工、制造、轨道交通、燃气、水务等领域，其中，工业控制网络 507 个，SCADA 系统 461 套，DCS 系统 88 套，PLC 系统 3 400 套，仪表 38 127 台，网络通信设备 2 720 台，服务器 3 379 台，系统软件 2 113 套，基本涵盖当前典型的工控系统类型和应用领域，初步形成全市工控系统数据库。支持国产商用密码在工业领域的应用。

组织专业技术队伍对食品、能源、物联网、民爆、电力、燃气、装备等行业的 12 家企业的 15 个联网重点工控系统进行风险排查，关闭不必要的联网系统 3 个，问题整改率 100%。

【信息消费】 2017 年，重庆市按照《国务院关于进一步扩大和升级信息消费、持续释放内需潜力的指导意见》（国发〔2017〕40 号）部署，拟制《重庆市关于进一步扩大和升级信息消费、持续释放内需潜力的实施方案》。围绕生活类信息消费、公共服务类信息消费、行业类信息消费和新型信息产品消费等重点领域，从提升信息消费供给能力和水平、拓展信息消费覆盖广度和深度以及打造信息消费发展良好环境 3 个方面，提出 15 个类别的多项重点任务。随着该方案的推进实施，将进一步扩大和升级全市信息消费，持续释放内需潜力，促进智能产业发展和智能化应用，助推全市经济转型升级。

【物联网】 2017 年，重庆市物联网产业实现产值 408 亿元，增长 36.9%。召开以"创新物联 • 开放共享"为主题的 2017 重庆物联网技术创新与应用推进大会，发布"重庆市第二批物联网十大应用案例"，涵盖工业、交通、环保等领域的典型应用，充分展现重庆市物联网应用的最新成果。启动南岸区国家物联网产业示范基地核心区"物联地带"产业园建设。

中移物联网"OneNET 物联网开放平台"和中科云丛"人工智能基础资源公共服务平台"入选国家发展和改革委员会"互联网 +"重大工程；部市合作"基于宽带移动互联网的智能汽车与智慧交通应用示范"项目一期已投入使用；新标医疗"区域化远程心电检查与监测系统"在 17 个省市投入使用，累计开展远程心电检查 1 500 余万例；广睿达"城市扬尘污染智能监测与管控一体化平台"在重庆市、河南省等 5 个省市开展规模化应用；"市政管网气体监测预警系统"在主城和永川、合川等区县应用；中科云丛科技有限公司研发的人脸识别自助通关、大规模动态人群监测、智能图像侦查、重点人群身份识别等系统在江北机场等重点区域应用。凯泽科技股份有限公司建设全国首个人脸与图像识别产业园，引进相关应用开发企业超过 10 家，聚集开发者超过 200 人；暴风科技公司打造虚拟现实产业生态平台，募集 1 亿元数字创意股权投资基金；北京微链国信系统集成有限公司投资 2 000 万元建设机器人研发服务销售中心。

【云计算与大数据】 2017 年，重庆市启动《重庆市大数据发展应用促进条例》立项工作，推进重庆市大数据发展公司组建工作。推进大数据关键技术及产品研发与产业化、工业和新兴产业大数据创新、大数据产业链试点、大数据产业支撑能力提升 4 个专项行动，推动启动重点项目 146 个，总投资约 68 亿元，确定 94 个项目作为 2017 年重庆市大数据创新应用试点项目。《中国大数据产业发展评估报告（2017 年）》显示，重庆大数据产业发展指数 12.23（平均水平 9.9），居全国第 10 位、西部第 2 位。

每月定期召开重点云计算企业专题协调会，联通数据中心获评国家第一批绿色数据中心，腾龙数据中心项目已进场施工，推动腾讯公司、网宿科技公司等市外用户和马上消费金融股份有限公司、西南证券股份有限公司等市内企业加大数据资源投放，截至2017年年底，全市投运服务器超过3万台。

以市政府办公厅名义下发《关于培育和发展分享经济的意见》，加强政策统筹，建立全市分享经济重点企业及项目库，遴选21个重点项目作为试点，项目总投资25.9亿元，其中，盼达用车、聚土网等分别成长为细分领域的领先企业。

【重点信息化项目】 神州数码控股有限公司、中国科学院大学、中国科学院控股公司等参与的国家健康医疗大数据区域中心及产业园建设项目落地沙坪坝区。

IBM公司、南京云创大数据科技股份有限公司等国际国内优势企业初步达成参与重庆市环保大数据产业链及生态圈建设意向。

推动城乡建设智慧云平台建设，推动城乡建设大数据融合共享、开放应用，组织专家团队形成《城乡建设智慧云服务平台总体设计方案》。

启动智能无线局域网建设工作。推进“扩大公共场所免费WiFi覆盖范围”工作。组织国内具有免费WiFi建设运营经验的优势企业、互联网龙头企业、本市国有企业等编制完成《重庆市免费智能无线局域网（WiFi）建设实施方案》。

建设移动支付智慧城市。与腾讯公司签订《移动支付智慧城市建设战略合作框架协议》，共同推进基于金融大数据基础的信息消费和信用惠民服务，为重庆市市民提供一个真正便捷高效的公共服务平台。

【产业热点】 2017年，重庆市招商引资成效明显。60余个项目已进行商务洽谈，在谈项目投资额超2 000亿元，预计销售收入近1 000亿元。分别有：华星光电11代面板项目计划总投资465亿元，新建一条9万片/月的11代液晶面板生产线；惠科二期项目计划投资90亿元，新建一条8.6代液晶面板生产线；世界先进12英寸芯片制造项目计划投资22.8亿美元，分两期建设6万片/月、110～40纳米工艺的12英寸晶圆生产线；SK海力士M8项目投资约6亿美元，建设8.5万片/月的8英寸芯片生产线。

重大项目有序推进。SK海力士项目持续放量，产能扩充为7 500万只/月，全年实现产值95亿元，同比增长48.5%；奥特斯IC封装载板项目全年实现产值11亿元，是上年同期的3倍；超硅半导体项目8英寸片实现量产，产能为2万片/月，良率控制在95%以上，产线运行稳定，12英寸片设备正在进行安装调试；京东方8.5代液晶面板项目实现产能16万片/月，全年实现产值170亿元，同比增长47%；京东方智慧电子系统智能制造项目于年底前竣工；惠科金扬液晶显示器项目生产规模不断扩大，全年实现产值100亿元，同比增长15%；惠科金渝8.6代液晶面板项目产能爬坡顺利，实现产值30亿元；康宁玻璃基板项目进展顺利，全年实现产值11亿元；合川恒芯天际项目进展顺利，全年实现产值50亿元。

【产业环境】 2017年，重庆市编制并发布《重庆市加快传感器产业发展行动计划（2017—2020年）》，出台《重庆市推动战略性新兴产业发展实施方案（2017—2020年）》等文件，进一步明晰人工智能、物联网等新兴产业的发展路径。

联合重点企业和社会力量，成立重庆市智能传感器产业技术创新联盟、重庆市信息安全产业技术创新联盟、重庆市两化融合（信息安全）技术服务中心和重庆市服务型制造联盟，凝聚产业发展共识，营造发展生态和环境。

在全国率先出台《关于加快区块链产业培育及创新应用的意见》，抢抓发展机遇。举办“2017重庆·国际手机展”。本次展会是全国首届专业手机展和高峰论坛，参展企业200余家。

【主要问题】 重庆市电子信息制造业核心零部件本地化供应有待进一步提高。处理器、硬盘、存储器等核心部件缺失，电化学原料、衬底片等相关原材料产业须进一步发展。

软件和信息技术服务业产业规模不大，缺乏在全国知名的总部型、平台型及从事底层技术研发的大型企业，难以形成以龙头为带动、具有核心竞争力的产业集群。

核心技术不强，研发力度不够，信息产业研发投入低于全国平均水平，具备核心技术的企业数量较少。

专业技术人才供给不足，全市高校信息技术专业的毕业生数量远不能满足信息产业发展的需求。

【统计数据】

表 1　2017 年重庆市电子信息制造业规模以上企业人员构成情况

企业类别	企业数（家）	从业人员年末人数（人）	企业类别	企业数（家）	从业人员年末人数（人）
内资企业	518	148 867	私营企业	321	79 136
国有企业	2	417	其他内资企业	1	60
股份合作企业	1	48	港、澳、台商投资企业	54	75 325
有限责任公司	155	60 067	三资企业	48	59 138
股份有限公司	38	9 139			

表 2　2015—2017 年重庆市电子信息制造业基本情况

项目名称	单位	2015 年	2016 年	2017 年
工业总产值（现行价）	万元	40 755 573	49 986 800	46 568 681
工业销售产值	万元	40 031 335	49 304 700	44 832 002
出口交货值	万元	21 060 878	23 799 800	25 565 242
资产总计	万元	11 280 246	11 943 964	27 376 668
负债合计	万元	8 189 598	8 332 380	17 276 437
主营业务收入	万元	28 981 549	23 615 096	44 107 517
利润总额	万元	720 514	806 287	1 869 879
从业人员年末人数	人	150 000	152 000	283 330

表 3　2015—2017 年重庆市电子信息制造业三资企业基本情况

项目名称	单位	2015 年	2016 年	2017 年
工业总产值（现行价）	万元	11 639 241	19 880 443	12 334 261
工业销售产值	万元	11 402 944	20 208 417	11 887 487
出口交货值	万元	8 974 458	17 975 454	10 577 789

表 4　2015—2017 年重庆市电子信息制造业主要经济效益指标完成情况

项目名称	单位	2015 年	2016 年	2017 年
产品销售率	%	98.2	104.6	96.2
资产负债率	%	72.6	64.3	63.1

表 5　2015—2017 年重庆市电子信息制造业三资企业主要经济效益指标完成情况

项目名称	单位	2015 年	2016 年	2017 年
产品销售率	%	98.0	101.6	96.3
资产负债率	%		75.5	69.9

表 6　2015—2017 年重庆市主要电子信息产品产量情况

产品名称	单位	2015 年	2016 年	2017 年
电子计算机整机	台	61 807 865	67 646 513	76 446 747
其中：笔记本电脑	台	55 751 350	58 421 589	59 559 070
移动通信手持机（手机）	台	176 050 758	287 083 594	157 947 353
印制电路板	平方米	15 280 686	17 671 382	6 222 786
集成电路圆片	万片	42	54	54
显示器	台	19 497 824	26 543 038	23 686 289
打印机	台	14 477 060	13 746 166	14 509 284
光电子器件	万只（片）	59 927	109 752	184 878

注：表 1 ~ 表 6 数据来源于重庆市统计局。

表 7　2015—2017 年重庆市软件和信息技术服务业基本情况

项目名称	单位	2015 年	2016 年	2017 年
软件业务收入	万元	8 535 978	10 249 597	12 133 955
软件业务出口收入	万美元	19 799	14 709	16 681
软件产品销售收入	万元	1 973 811	2 386 354	2 860 969
流动资产平均余额	万元	12 899 923	4 519 112	8 447 220
固定资产投资额	万元	192 732	197 174	265 000
资产合计	万元	13 286 772	13 905 010	23 494 563
负债合计	万元	5 628 805	4 905 398	9 967 228
税金总额	万元		176 448	678 027
利润总额	万元	1 767 287	665 218	876 738
应交所得税	万元	149 476	110 189	329 461
从业人员年末人数	人	122 794	147 419	180 314
从业人员工资总额	万元	1 012 186	1 101 303	1 332 774

注：数据来源于重庆市软件行业协会。

［供稿：重庆市经济和信息化委员会］

四 川 省

【概况】 2017 年，四川省电子信息产业完成主营业务收入 8 135 亿元，同比增长 18.9%。其中，电子信息制造业完成主营业务收入 4 272 亿元，同比增长 16.6%；软件和信息技术服务业完成营业收入 3 863 亿元，同比增长 22.5%。

【电子信息制造业】 2017 年，四川省规模以上电子信息制造业实现利润总额 202.1 亿元，税金总额 84.9 亿元，同比增长 15.0%；规模以上工业增加值同比增长 19.2%。全省规模以上电子信息制造业三资企业完成工业总产值 2 603.8 亿元，同比增长 10.2%；完成工业销售产值 2 582.5 亿元，同比增长 21.0%；实现主营业务收入 1 975.6 亿元，同比下降 7.8%；实现利润总额 72.5 亿元。

2017 年，四川长虹电子控股集团有限公司、四川九洲电器集团有限责任公司入围中国电子信息百强企业，分列第 6 位和第 30 位。

【软件和信息技术服务业】 2017 年，四川省实现软件业务收入 2 782 亿元，同比增长 14.8%；利润总额 326.7 亿元，同比增长 18.3%。其中，实现软件产品销售收入 1 049.5 亿元，同比增长 9.5%；信息技术服务收入 1 668.6 亿元，同比增长 15.1%；嵌入式系统软件收入 64.0 亿元，同比增长 407%。从业务收入分类来看，收入排名前 3 位的领域分别是信息系统集成实施服务、电子商务平台服务、应用软件产品。实现税金总额 159.5 亿元，同比增长 47.6%；软件业务出口 14.7 亿元；从业人员 30.3 万人，同比增长 6.7%。

中国电子科技网络信息安全有限公司、四川省通信产业服务有限公司、四川九洲电器集团有限公司入选 2017 年中国软件业务收入百强企业和 2017 年中国软件企业综合竞争力 100 强企业。

【电子产品进出口贸易】 根据四川省商务厅数据，2017 年，四川省电子产品进出口贸易保持增长态势，进出口总额 2 838.3 亿元，同比增长 54.6%。电子产品进口额 1 258.3 亿元，同比增长 52.3%，总量占全省的 60.9%。集成电路及微电子组件是进口额最大的单项产品，进口额 1 131.3 亿元，同比增长 54.8%，占全省进口总额的 54.7%，占电子产品进口额的 89.9%。电子产品出口额 1 580.0 亿元，同比增长 69.2%，占全省出口总额的 62.2%。出口产品以大中小微型计算机、集成电路及微电子组件为主。其中，大中小微型计算机产品出口额 915.4 亿元，同比增长 38.5%；集成电路及微电子组件出口额 457.7 亿元，同比增长 226.5%；有线载波及有线数字通信设备出口额 105.6 亿元，同比增长 111.3%。

【科技进步与应用】 截至 2017 年年底，四川省拥有电子信息产业国家级企业技术中心 8 家，省级技术中心 107 家；电子及通信设备制造企业 498 个，研究与开发活动企业 254 个，研究与开发人员 23 919 人，研究与开发经费内部支出 64.5 亿元，研究与开发经费外部支出 3.5 亿元，新产品开发项目 1 577 项，开发经费 78.1 亿元，新产品销售收入 958.3 亿元（其中出口 37.6 亿元），申请专利 5 263 件（其中发明专利 2 689 件），有效发明专利 7 945 件，研发机构 110 个。

2017 年，四川省电子信息项目获得省科技进步奖 1 个一等奖、5 个二等奖、7 个三等奖。其中，电子科技大学的“近场通信（NFC）天线用磁性基板材料及产业化”项目获得四川省科技进步一等奖；电子科技大学的“多元功能氧化物薄膜电子器件制备与集成关键技术”、四川长虹电器股份有限公司的“基于变频技术的家电控制系统集成化研究及应用”、成都信息工程大学的“嵌入式 4K 自由立体视频转换与播放系统关键技术及应用”、四川九洲电器集团有限责任公司的“低小慢目标探测系统”、成都信息工程大学的“基于服务体系架构的软件开发平台研发及行业应用”获得四川省科技进步二等奖。

【信息基础设施】 2017年，四川省推动城乡光纤网络覆盖和扩容提速，成都国家级互联网骨干直联点持续扩容优化，千兆光网建设全面启动，全省城镇地区实现光纤宽带和4G网络全覆盖，光缆线路长度221万千米，互联网省际出口总带宽26.6Tbps，行政村光纤通达率91.5%，成都、绵阳、泸州、内江等市跨入“千兆城市”行列；移动互联网用户6 899万户，4G基站18.3万个，行政村4G覆盖率93.6%，4G网络规模居中西部第一，IPTV用户规模和家庭普及率居全国第一；实施5G实验和布局，全球首个“5G通信系统实验外场”落地成都，成都获批全国首批5G网络试点城市，纳入三大运营商5G规模组网工程布局。

应用基础设施快速发展。成都、泸州、眉山、资阳等一批云计算大数据中心集中上线，引进浪潮超算中心、华为软件开发云等项目，落地中国移动（成都）数据中心基地、中国联通四川天府新区IDC中心和成都云计算中心基地，以及移动医疗系统、全媒体数据分析平台系统等40多个试点示范项目，全省在用在建数据中心近百个，设计机架总数近10万架。四川电信公司建成窄带物联网（NB-IoT）基站2.2万个，覆盖率95.7%，NB-IoT网络规划及部署进度位列国内领先水平。

【信息产业基地和园区】 2017年，四川省成都高新区国家新型工业化产业示范基地实现地区生产总值1 665.8亿元，同比增长10%；投资总量逼近千亿元大关，其中工业投资322亿元（含技改投资250.8亿元）；实现外贸进出口总额2 735.4亿元，同比增长59.7%。实现一般公共预算收入156.8亿元，同比增长8.9%，其中地方税收占比86.2%。电子信息产业规模以上企业实现总产值2 515.7亿元，同比增长16.9%；完成固定资产投资228.6亿元，其中京东方公司、格罗方德公司完成投资209.4亿元，占工业投资总额的65%。国内首条全柔性AMOLED生产线——京东方成都第6代柔性AMOLED生产线实现量产，打破三星在OLED显示行业的垄断地位。

绵阳市数字视听产业示范基地·四川绵阳高新技术产业开发区实现地区生产总值310.9亿元，同比增长9.9%；实现工业总产值1 125.4亿元，同比增长12.5%，其中，主导产业实现总产值1 068.6亿元，产业集中度90.1%；完成固定资产投资133.1亿元，同比增长20.0%；完成工业投资80.5亿元，同比增长51.9%；技改投资79.3亿元，同比增长66.0%；实现进出口总额47.7亿元，同比下降16.3%；规模以上企业研究与试验发展（R&D）经费支出34.0亿元，占园区地区生产总值的10.9%；高新技术企业68家，科技型中小企业1 823家。

崇州市国家新型工业化产业示范基地规模以上工业增加值增长16.1%；完成工业投资135.1亿元，同比增长28.4%；技改投资98亿元，同比增长52.3%；15个亿元以上重大工业项目完成投资36.7亿元，完成全年投资计划的152.9%；华研精工项目等9个项目竣工投产；新增规模企业20家；园区企业累计获得金融机构贷款65亿元；争取政策性奖励、补助等资金4 000余万元，土地指标近600亩。

【两化融合】 2017年，四川省两化融合发展水平得分50.8，位居全国第10位、西部第2位，同比提升7位；数字化研发设计工具普及率59.7%，同比提升24.4%；关键工序数控化率45.2%，同比提升10.8%；进入两化融合集成提升与创新突破阶段的企业比例18.5%，同比提升7.9%。出台《四川省“十三五”信息化和工业化融合发展指导意见》，加强四川省在加快建设先进制造强省、推动信息化和工业化深度融合方面的指导作用。

2017年，四川省新增32家国家级、61家省级两化融合管理体系贯标，3家企业获批国家级贯标示范，累计12家企业通过贯标评定。组织省内2 000余家企业参与两化融合评估诊断和对标引导，参评企业数居全国第8位，同比提升9位，企业数增长100%。

【信息消费】 2017年，四川省持续推动成都国家电子商务示范城市建设、下一代互联网示范城市建设、物联网区域示范应用，成功争取绵阳获批创建国家电子商务示范城市。全省共有3家企业、3个基地、9个街道（乡镇）获批工业和信息化部、民政部等联合评审的试点示范，获批试点示范数量与浙江省并列第一。

2017年，四川省电商交易额实现27 572亿元，同比增长29.9%，较上年提升3.7个百分点，高出全国1.1

个百分点。其中，网络零售额 3 321 亿元，同比增长 34.9%，较上年提升 6.7 个百分点，高出全国平均水平 1 个百分点。网络零售额相当于全省社会消费品零售总额的 19%，比上年提升 3 个百分点；网络零售额与社会消费品零售总额增速差达 23 个百分点，较上年进一步扩大 6.5 个百分点。

【物联网】 2017 年，四川省组织编制《四川省物联网产业发展报告》，物联网产业相关企业超过 1 000 家，初步构建起以成都市为中心，以绵阳、乐山、遂宁、内江等市为支撑的物联网产业发展集聚区，基本形成集终端、元器件、平台及应用服务等较为完善的物联网产业链。截至 2017 年年底，全省物联网接入终端用户规模 1 049 万户。

【产业热点】 2017 年，四川省信息安全产业实现产值 360 亿元。总投资 130 亿元的中国电科（成都）网络信息安全产业园项目包括网络信息安全产业园、时频通导安全产业园和电磁安全产业园，已全面启动建设；海康威视成都科技园项目落户成都天府新区。

四川省北斗产业以北斗芯片为核心和支撑、以应用为突破、以终端制造为抓手，通过成立产业联盟、编制路线图、争取专项支持、推进示范应用工程、建设高精度增强系统、授牌北斗导航服务（数据）中心（平台）、设立北斗新时空创新孵化基金等工作，取得快速发展。据不完全统计，2017 年全省北斗及导航产业规模达 80 亿元。

2017 年，四川省新型显示产业实现产值 100 亿元，总投资超千元的新型平板显示四大项目取得进展。总投资 465 亿元的京东方成都 6 代 AMOLED 项目已量产；总投资 465 亿元的京东方绵阳 6 代 AMOLED 项目已加快建设；总投资 280 亿元的中国电子 8.6 代液晶面板项目首台曝光机顺利搬入；总投资 125 亿元的信利（仁寿高端）正在筹备中。

2017 年，四川省集成电路产业实现产值 820 亿元。英特尔骏马项目一期工程投产，全年新增产值约 80 亿元；海威华芯第二代、第三代半导体集成电路芯片项目竣工投产；总投资 2 000 亿元的紫光集团成都 IC 国际城项目首期投资 43 亿元，总规模 1 500 亿元的中国电子信息产业集团成都芯谷项目已签约；投资 100 亿美元的格罗方德 12 英寸晶圆项目已完成厂房封顶；国家集成电路公共服务平台西南平台“核芯空间”项目已签约动工；大唐电信科技股份有限公司、中芯国际集成电路制造有限公司注资四川集成电路设计企业已落实。

2017 年，四川省智能终端产业实现产值 800 亿元。宜宾市已落地项目 50 个，项目总投资 181 亿元，预计达产后年总产值超过 948.6 亿元；泸州市签约智能终端项目 72 个，投资额近 300 亿元，年产值超过 500 亿元；自贡市有 11 家智能终端生产企业，投资额近 150 亿元，年产值超过 190 亿元；广安市有 9 家智能终端生产企业，年产值超过 40 亿元。

四川航天云网工业云平台上线，德阳装备制造工业云获 2017 年工业和信息化部工业云公共服务平台试点示范，四川长虹电子控股集团有限公司制造业与互联网融合“双创”平台获 2017 年工业和信息化部基于互联网的孵化能力开放平台试点示范。

根据 2017 年《中国大数据产业发展评估报告》显示，四川省大数据发展综合排名居全国第 6 位。映潮科技股份有限公司、数联铭品科技有限公司等 8 家企业上榜 2017 年《中国大数据企业排行榜》。崇州市加快建设大数据新型工业示范基地，郫县打造大数据特色产业基地；绵阳市成立科技城大数据产业研究院，大数据产业链逐步完善；眉山市将大数据产业定位为重点投入和发展的战略新兴产业，携手华为创建有四川特色的大数据产业示范园区；泸州市在泸州国家高新区规划 3 平方千米建设西南云海泸州大数据产业园，开展政务、商贸、医疗健康、智慧城市等大数据应用，泸州华为四川大数据中心已上线。

【统计数据】

表 1　2017 年四川省电子信息制造业人员构成情况

企业类别	企业数（家）	从业人员年末人数（人）	人员构成	
			研发人员（人）	在总人数中所占比例（%）
内资企业	534	222 481	27 974	12.6
国有企业	18	88 475	12 862	14.5
股份合作企业	1	110		
有限责任公司	226	64 718	7 211	11.1
股份有限公司	54	29 617	4 217	14.2
私营企业	224	36 215	3 433	9.5
其他内资企业	11	3 346	251	7.5
港、澳、台商投资企业	9	70 763	2 365	3.3
三资企业	37	146 452	5 553	3.8

表 2　2015—2017 年四川省电子信息制造业基本情况

项目名称	单位	2015 年	2016 年	2017 年
工业总产值（现行价）	万元	40 196 258	43 292 651	49 056 094
工业销售产值	万元	40 262 538	40 175 976	48 428 464
出口交货值	万元	20 806 214	15 978 617	23 311 277
资产总计	万元	25 594 384	29 487 982	40 561 332
负债合计	万元	17 370 284	17 415 905	26 389 645
主营业务收入	万元	34 962 555	36 762 000	42 719 978
税金总额	万元	1 031 873	738 209	848 663
利润总额	万元	482 577	1 255 000	2 020 686
应交所得税	万元	658 348	180 245	256 498
从业人员年末人数	人	290 714	298 698	368 933
从业人员工资总额	万元	1 765 191	1 952 989	2 008 286

表 3　2015—2017 年四川省电子信息制造业三资企业基本情况

项目名称	单位	2015 年	2016 年	2017 年
工业总产值（现行价）	万元	22 171 807	23 638 323	26 038 332
工业销售产值	万元	20 881 498	21 338 712	25 825 404
出口交货值	万元	16 482 328	14 621 504	21 882 903
资产总计	万元	9 269 019	10 720 818	15 064 302
负债合计	万元	6 535 359	6 782 426	11 262 876
主营业务收入	万元	15 704 374	21 427 872	19 755 911
税金总额	万元	583 143	171 218	34 746
利润总额	万元	–192 606	1 081 347	725 203
应交所得税	万元	564 744	62 846	85 334
从业人员年末人数	人	140 541	104 784	146 452
从业人员工资总额	万元	894 513	684 634	648 788

表 4　2015—2017 年四川省电子信息制造业主要经济效益指标完成情况

项目名称	单位	2015 年	2016 年	2017 年
流动资产周转率	次	2.1	2.1	1.5
产品销售率	%	87.0	92.8	98.7
总资产贡献率	%	13.0	9.0	7.1
资产保值增值率	%	119.5	136.3	113.9
资产负债率	%	67.9	59.1	65.1

表 5　2015—2017 年四川省电子信息制造业三资企业主要经济效益指标完成情况

项目名称	单位	2015 年	2016 年	2017 年
流动资产周转率	次	2.3	2.8	1.7
产品销售率	%	70.8	90.2	99.2
总资产贡献率	%	5.3	9.5	5.5
资产保值增值率	%	170.4	251.2	118.1
资产负债率	%	70.5	63.3	74.8

表 6　2015—2017 年四川省主要电子信息产品产销量情况

产品名称	单位	产量			销量		
		2015 年	2016 年	2017 年	2015 年	2016 年	2017 年
彩色电视机	万台	1 055.7	1 111	1 222.5	970.7	1 153.7	1 226.6
笔记本计算机	万台	1 779.2	2 428.5	2 687.5	1 779.2	2 428.5	2 677.5
平板计算机	万台	4 436	4 099.6	2 455.8	4 436	4 099.6	2 377.8
手机	万部	3 375.3	4 486.7	2 824.2	3 174.5	4 486.7	2 736.1
机顶盒	万台	853.9	843.4	1 437	852.8	843.4	1 467.6
集成电路	万块	369 669	332 328.9	261 363.3	369 669	332 328.9	260 360.8
电子元件	万只	808 534.1	926 422.5	1 137 729.4	845 991.8	926 422.5	1 114 766
电子器件	万只	14 027 456	10 092 000	11 142 820	14 048 302	10 092 000	10 838 740

表 7　2015—2017 年四川省三资企业主要电子信息产品产销量情况

产品名称	单位	产量			销量		
		2015 年	2016 年	2017 年	2015 年	2016 年	2017 年
笔记本计算机	万台	1 779.2	2 428.5	2 676.4	1 779.2	2 428.5	2 667.6
平板计算机	万台	4 436.0	4 099.6	2 356.6	4 436.0	4 099.6	2 278.6
彩色电视机	万台	127.3	122.7	189.7	127.3	122.7	171.4
电子元件	万只	176 812.0	202 586.8	334 038.6	176 812.0	202 586.8	321 715.1
电子器件	万只	6 173 548.0	4 441 343.8	6 541 505.7	6 173 548.0	4 441 343.8	6 404 448.2

表 8　2017 年四川省软件和信息技术服务业人员构成情况

企业类别	企业数（家）	从业人员年末人数（人）	人员构成			
			管理人员（人）	在总人数中所占比例（%）	软件开发研究人员（人）	在总人数中所占比例（%）
内资企业	1 631	276 123	26 492	9.6	53 416	19.3
国有企业	40	65 730	8 240	12.5	6 928	10.5
集体企业	1	10 813	451	4.2	262	2.4
股份合作企业	2	180	21	11.7	70	38.9
有限责任公司	690	96 683	7 912	8.2	20 677	21.4
股份有限公司	163	45 380	3 890	8.6	11 154	24.6
私营企业	725	56 732	5 930	10.5	14 163	25.0
其他内资企业	10	605	48	7.9	162	26.8
港、澳、台商投资企业	24	9 460	615	6.5	2 244	23.7
三资企业	76	17 897	1 337	7.5	6 656	37.2

表 9　2015—2017 年四川省软件和信息技术服务业基本情况

项目名称	单位	2015 年	2016 年	2017 年
软件业务收入	万元	21 259 096	24 230 870	27 822 349
软件业务出口收入	万美元	139 414	147 393	147 169
软件产品销售收入	万元	8 297 108	9 586 500	10 495 827
流动资产平均余额	万元	7 628 517	8 751 771	12 698 534
固定资产投资额	万元	658 235	505 497	388 270
资产合计	万元	16 480 077	15 815 884	101 377 956
负债合计	万元	11 286 355	7 056 853	45 459 183
税金总额	万元	47 401	1 080 499	1 595 322
利润总额	万元	3 152 583	2 761 702	3 266 506
应交所得税	万元	176 742	302 994	332 034
从业人员年末人数	人	251 851	284 510	303 480
从业人员工资总额	万元	2 331 643	3 019 178	3 712 453

表 10　2015—2017 年四川省软件和信息技术服务业三资企业基本情况

项目名称	单位	2015 年	2016 年	2017 年
软件业务收入	万元	1 552 231	1 341 266	928 110
软件业务出口收入	万美元	102 237	104 354	41 280
软件产品销售收入	万元	396 832	193 841	191 594
流动资产平均余额	万元	430 821	477 821	301 908
固定资产投资额	万元	228 240	86 545	13 320
资产合计	万元	712 316	898 341	574 033
负债合计	万元	316 297	339 652	362 269
税金总额	万元	7 074	51 470	82 381
利润总额	万元	338 560	315 256	87 311
应交所得税	万元	11 966	16 178	6 438
从业人员年末人数	人	20 122	22 099	17 897
从业人员工资总额	万元	265 844	291 432	285 078

注：表 1 ~表 10 数据来源于四川省经济和信息化厅。

[供稿：四川省经济和信息化厅]

贵 州 省

【电子信息制造业】 2017年，贵州省电子信息制造业完成工业总产值810.1亿元；完成主营业务收入642.1亿元，对工业贡献率达15.3%，对工业拉动1.5个百分点；实现税金总额0.3亿元，利润总额18亿元。全省规模以上电子信息制造企业189家，较上年新增81家；规模以上工业增加值同比增长86.3%，高于全省规模以上工业平均增速76.8个百分点。全年生产手机3 051.4万部，同比增长207.8%；平板电脑12.7万台，同比增长280.1%；彩色电视机（平板电视）205.5万台，同比增长7.4%；集成电路15 175.9万块，同比增长29.7%；电子元器件30.9亿只，同比下降0.4%。

贵州省电子信息制造业主要分布在贵阳市、遵义市、安顺市、贵安新区等地。2017年，贵州省加快打造智能终端产品制造基地，遵义新蒲新区、贵安电子信息产业园以智能终端生产企业为主体率先突破100亿级，贵阳小孟园区等突破50亿级；产业结构优化升级成效显著，一批新产品、新技术填补省内空白，形成手机、电视机、平板电脑、电子元器件、集成电路、电子材料等产品为主的生产体系；引进培育壮大汤姆逊公司、翰瑞电子公司等一批优强企业并落地投产，实施贵州省企业百强和民营企业百强的“双百强”工业企业培育，促进振华集团、航天电器股份有限公司等龙头企业、高成长性企业加快转型升级壮大。

【软件和信息技术服务业】 2017年，贵州省软件和信息技术服务业实现软件业务收入129.7亿元，同比增长1.5%。其中，软件产品收入19.1亿元，信息技术服务收入102.7亿元，嵌入式系统软件收入7.9亿元。实现利润总额17.2亿元，年末从业人员25 738人。全省纳入工业和信息化部监测的软件和信息技术服务业企业共225家，其中，软件业务收入过亿元企业14家，A股上市公司2家，新三板上市公司10家，通过信息系统集成与服务资质认证企业83家。

2017年，全省软件和信息技术服务业的研发投入占比4.9%，获得高新技术企业认定的软件企业38家，软件著作权登记数1 705件，科技企业孵化器和国家级众创空间分别超过40家和20家，在孵企业1 456家。

贵阳朗玛信息技术股份有限公司入围2017年中国互联网企业百强榜单，排名第50位，成为贵州省唯一连续两年入围该榜单的企业。白山云科技有限公司集云分发、云存储、云聚合为一体的“云链服务”，已经覆盖国内300多个城市，服务微软、腾讯、搜狐等近300家知名互联网企业和中国70%的互联网用户，落地贵安新区两年多来销售额增长60多倍。

【信息基础设施】 2017年，贵州省信息基础设施三年会战超额完成三年累计投资500亿元目标，全省信息基础设施发展水平从全国第29位提升到第18位。建成贵阳·贵安国家级互联网骨干直联点，进入中国互联网顶层架构，拥有更好的带宽和网速，省内互联时延由原来的30余毫秒降至3毫秒左右，丢包率接近于零，跨网访问国内网站平均速度提升2倍。贵阳市、遵义市、安顺市、贵安新区通信同城化。通信光缆90万千米，互联网出省带宽能力达6 730Gbps，家庭宽带平均下载速率居西部第2位，100%的行政村通4G网络，98%的行政村通光纤，多彩贵州广电云“户户用”有序推进。

【云计算与大数据】 截至2017年年底，苹果、高通、微软、华为、腾讯、阿里巴巴等知名大数据企业落户贵州。与微软共建“块数据”实验室，与英特尔合作人工智能开放平台、人工智能创新加速器。提升政府治理能力大数据应用技术国家工程实验室、大数据协同安全技术国家工程实验室已揭牌。建成贵州省大数据产业发展研究院等一批大数据科研平台，成立贵阳大数据创新产业（技术）发展中心等一批大数据创新平台。货车帮科技有限公司成为全球科技创业“独角兽”企业，2017年获得4.3

亿美元融资，诚信注册会员车辆 450 万辆，诚信注册货主会员 88 万家，每天发布货源信息 500 万条，日促成交易 14 万单，日促成运费结算超 17 亿元；与江苏满运软件科技有限公司（运满满）宣布战略合并，共同成立满帮集团，估值超过 20 亿美元，覆盖全国 80% 的货车司机及货主，引领全国“大数据 + 物流”的转型升级。

开展“大数据 + 产业深度融合 2017 年行动计划”，发展关键应用软件和行业解决方案，加快传统产业网络化、数字化、智能化转型，特别是加快制造业向生产服务型转型，打造一批产业服务平台和融合应用技术标准，探索建立全国首个面向大数据与实体经济深度融合指标评估体系。瓮福集团利用大数据打造“福农宝”“粮食银行”和“福农宝新型农业服务站”平台，为农户提供精准农业服务和整套生产方案，实现化肥生产商到农业全产业链服务商的转型；贵航电器公司与西门子合作共建精密电子元器件智能制造样板车间，公司销售收入增长 20.4%，运营成本相对降低 20% 以上；农产品价格和成本监测平台对 105 种农产品 660 余万条历史数据导入，可及时反映主要农产品价格变化和市场需求，有效促进区域间大宗农产品合理流通。

加强大数据关键技术产品研发和产业化，开展云计算应用示范，打造和产生一批很实在、可推广、受欢迎的好应用。“数据铁笼”工程在公共资源交易、交警执法、项目工程监管、综合治税等领域实现“人在干、数在转、云在算”；“云上贵州 App”实现全省各级政务服务在移动端统一呈现，汇聚 3 856 项政务民生服务，可在手机上直接办结服务 167 项；省网上办事大厅实现省市县乡村五级全覆盖，集中 51 万项事项涉及民生 27 万多项，注册用户 270 多万，已服务 8 400 多万人次，行政审批事项承诺办理时限由平均法定办理时限 22.6 个工作日压缩为 10.9 个工作日。

加快建设中国南方数据中心，打造国家电子政务云数据中心体系南方节点，截至 2017 年年底，基本形成以贵安新区为核心，贵阳市、黔西南州为补充的数据中心布局，全省投入运营及在建大型数据中心 16 个，服务器超过 7 万台。6 家数据中心进入国家绿色数据中心名单（第一批），数量居全国第 2 位。

2017 年贵阳“数博会”升格为国家级平台展会，成为国际大数据领域规格最高、影响力最大、专业性最强、业界精英汇聚最多的盛会之一；举办第三届中国国际大数据挖掘大赛并上升为国家级大赛，提供 14 个政府开放数据平台的 9 000 多个数据集、1 600 多个数据接口给参赛的 2 万多支队伍挖掘数据价值，寻找技术难题解决方案。实施信息安全保障能力提升工程，发展关键信息安全技术和产品，加强信息安全保障能力建设；提出大数据安全保护“1+1+3+*N*”总体思路和“八大体系”建设架构；推进贵阳国家级大数据安全靶场、大数据及网络安全技术创新中心、应用示范中心和科研培训、技术验证等基地建设；贵阳市获批全国首个大数据安全试点示范城市。

【产业热点】 2017 年，贵州省抓重点产业培育，推进产业结构升级。以“千企改造”、强基补链等工作为主要抓手，编制手机、平板电脑、平板电视等智能终端产业链分析报告，指导布局形成集成电路产业加快起步，打造手机全产业链配套体系的产业格局，集成电路产业领域已实现服务器处理器芯片设计并流片，在手机全产业链实现触摸屏、主板和其他配套件的本地化。

抓重点项目建设，增强产业发展后劲。完善重点项目库，定期开展监测调度，加强服务协调力度，主动服务企业争取国家级、省级专项资金支持，年产 2 万吨锂离子电池正极材料、超大屏幕 ULED 平板电视产业化等一批项目建成投产。

抓企业培育，提升市场竞争力。以“千企改造”为抓手，发布电子信息制造业 18 家龙头企业、高成长性企业名单，按省政府出台的扶持政策予以倾斜支持。同时，支持企业开展信息消费、智慧健康等试点，进一步拓展新业态。

【产业环境】 2017 年，贵州省着力抓顶层设计统筹推进。紧抓创建国家大数据（贵州）综合试验区、贵阳 • 贵安大数据产业集聚区契机，配合编制出台《贵州省数字经济发展规划（2016—2020）》及数字经济实施意见，统筹规划布局全省电子信息制造业发展，明确发展目标、产业布局、重点任务等。贵州省电子信息制造业培育发展新动能，加快促进转型升级，增速跃居全省工业前列，对经济稳增长、调结构、促转型贡献突出，成为全省创新驱动、转型升级和经济发展的重要引擎。

【主要问题】 贵州省电子信息制造业总体规模偏小；

产业结构需加快转型升级，整机制造实力较薄弱，上下游配套体系尚不完善；主导产业发展偏弱，存在小、散等问题，特色产业、优势产业有待培育和规划引导；骨干企业较少，大型企业带动作用有待提升；产业创新投入不足，企业融资渠道较为单一，领军人才、高端复合型人才缺乏，大部分产品处于价值链低端、附加值不高。

软件和信息技术服务业总体规模偏小，缺乏龙头企业带动，数据驱动作用未能有效发挥，并且缺少既懂技术、又懂市场和企业经营管理的融合解决方案服务商，在融合软件特别是工业软件的研发和应用上能力欠缺；在专业人才结构方面矛盾突出，领军型人才、复合型人才和高技能人才紧缺，大数据机构人才缺口大，缺乏既懂行政管理（实体经济）又熟悉大数据技术的复合型人才，大多传统企业缺少信息化、大数据应用的相关人才；技术创新环境、发展基础环境、配套体制机制等还滞后于软件和信息技术服务业发展需求。

[供稿：贵州省工业和信息化厅　贵州省大数据发展管理局]

云南省

【概况】 2017年，根据云南省统计局数据，全省信息产业实现主营业务收入1 004亿元，同比增长21.6%。其中，电子信息制造业263亿元，同比增长25.9%；信息传输及软件和信息技术服务业586亿元，同比增长19.1%。由电子信息制造业、信息传输及软件和信息技术服务业构成的信息产业核心产业实现主营业务收入850亿元，同比增长21.1%。全省信息产业完成投资284亿元，新上亿元以上重点项目40个，引入亿元以上招商引资项目21个。

【电子信息制造业】 根据行业统计，2017年，云南省电子信息制造业实现工业总产值（现行价）242.5亿元；出口交货值100.5亿元；利润总额26.3亿元；从业人员年末人数23 927人；从业人员工资总额22.8亿元。云南省电子信息产业统计内企业240家，其中，电子信息制造企业32家，软件和信息技术服务企业208家。主要电子产品中，通信终端设备制造产量7 697万个；液晶电视机产量49万台，出口40.4万台；彩色显示器产量65万台，出口65万台；平板电脑产量15.9万台，出口15.9万台；3G手机产量94.0万部，出口7.4万部；手机产量297.8万部，出口255.0万部；北斗导航终端产量33.2万部；银行自助服务终端产量1.2万部。

【软件和信息技术服务业】 根据行业统计，2017年，云南省软件和信息技术服务业实现软件业务收入78.7亿元；软件产品销售收入18.2亿元；利润总额3.5亿元；从业人员年末人数19 540人；从业人员工资总额17.5亿元。

据工业和信息化部监测数据，2017年1—8月，全国西部地区完成软件业务收入3 986亿元，占全国软件业务收入的11.5%，增长18%；增速居首位的云南省软件业务收入增长40.2%，实现近10年来首次领涨西部地区。

【信息基础设施】 2017年，云南省印发《关于加快推进信息通信基础设施建设实施方案的通知》（云政办函〔2017〕37号），加速信息基础设施建设。进一步优化移动通信基站环评审批、用地审批、电力引入审批等流程，规范信息通信基础设施建设政府收费项目及标准。第一批电信普遍服务试点项目通过竣工验收。4G网深度覆盖城乡热点、交通干道、景区景点。窄带物联网正进行全省覆盖性建设；国际通信枢纽建设稳步推进；华为技术有限公司、浪潮集团等云计算大数据基础设施和农业、林业、禁毒、绿色能源等行业大数据中心正在建设中。

【信息产业基地和园区】 2017年，云南省初步形成一批信息产业聚集区，构建特色突出、优势互补、错位发展的空间格局。在制造业领域，光电子器件、金融电子、电子专用材料及元器件、企业综合自动化物流系统、半导体照明衬底材料、工业电子装备等产业继续保持传统特色优势，昆明、玉溪、保山、红河、德宏、文山、曲靖等有条件的州市进一步完善信息产业园区规划布局。昆明市高新区重点布局软件和信息技术服务业、呈贡区打造新一代信息技术产业和经开区高端光电子产品制造业集群；玉溪市重点发展太阳能光伏、LED 蓝宝石基片、数控机床、锂离子电池、生物制药和云计算、大数据、移动电子商务等为代表的战略性新兴产业集群；保山市致力于打造“国际数据服务贸易区”；红河州打造集成电路、软件、光电显示、计算机制造和网络通信产品重要生产基地和外向型产业集群；德宏州构建外向型新型显示器制造业集群；文山州重点布局砚山电子信息产业园等为主的智能终端制造集群；曲靖市重点打造冶研新材料等企业为主的电子材料及装备制造集群。在服务业领域，传统的软件和信息技术服务类企业主要集中在云南软件园、昆明软件园、昆明科技创新园、科技部 863 软件孵化器昆明基地、昆明高新五华科技园、昆明信息产业基地等软件园区。玉溪、红河、保山等地也在加快布局信息服务类企业，努力延长产业价值链条，推进集群化发展。

【两化融合】 2017 年，云南省持续做好规划引领和环境营造，印发《云南省深化制造业与互联网融合发展实施方案》，拟制《关于对云南省制造业与互联网融合发展实施方案进行任务分解的通知》。持续推进两化融合贯标和推广，11 家企业被工业和信息化部遴选为 2017 年两化融合管理体系贯标试点企业。推动智能制造试点示范，根据工业和信息化部统一部署，云南省遴选昆明钢铁控股有限公司“昆钢网络化协同制造工业云平台”等 7 个项目推荐上报工业和信息化部。

【信息安全】 2017 年，云南省组织开展全省工业控制系统信息安全检查工作。检查覆盖全省 16 个州、市及省属重点企业，涉及重要工业控制系统运营企业 180 余家、涵盖工业控制系统 740 余套。

为贯彻落实《国务院关于深化制造业与互联网融合发展的指导意见》，推动《工业控制系统信息安全防护指南》落地实施，筹备组建云南省工业控制系统信息安全专家组，完成专家推荐报送工作共计 55 人。

为贯彻落实《网络安全法》，依照工业和信息化部《工业控制系统信息安全事件应急管理工作指南》及《云南省网络安全事件应急预案》要求，初步制定云南省《工业控制系统信息安全事件应急预案》，对工业控制系统信息安全事件的应急响应流程、响应工作内容以及日常防范工作要求、应急通信等进行规定细化。

做好平台的日常运维与安全监测，及时通报并处置平台发现的安全事件。全年平台运行未发生重大事件，运行稳定，网络连通性正常。

【信息消费】 2017 年，为贯彻落实《国务院关于进一步扩大和升级信息消费、持续释放内需潜力的指导意见》（国发〔2017〕40 号），云南省制定并发布《云南省人民政府关于印发云南省进一步扩大和升级信息消费、持续释放内需潜力实施方案的通知》，提出云南省扩大和升级信息消费的主要目标、重点任务和保障措施。

在教育方面，搭建手机 App 自主学习平台，重点帮扶“直过民族”和人口较少民族建档立卡等。在卫生健康方面，加强医院信息化建设，发展智慧医疗服务；全省 75% 的三级医院、30% 的二级医院能够提供预约诊疗服务，84% 的三级医院、33% 的二级医院能够提供候诊提醒（排队叫号）服务，60% 的三级医院、53% 的二级医院能够提供便民结算服务，47% 的三级医院、30% 的二级医院能够实现检查检验结果推送。在交通方面，推动云南省智慧高速建设，完成 2 条已建高速公路机电系统智慧化提升改造工作，出台高速公路收费站标准化 ETC 专用车道建设和改造方案；加大高速公路多方共建共享，开展智慧高速试点工程。在创意内容和服务方面，动员、指导和帮助音像电子出版单位、党报的民文网站策划多种民语（文）音像电子出版项目，有 2 种音像、1 种数字出版项目获得民族文字出版专项资金扶持；指导出版单位申报国家出版基金，完成 9 个项目申报资料审核和上报工作；通过运用“云南省网络出版监管系统”自动检测和人工审查、强化“三审”制和日常审读工作机制建设，加强出版的事前、事中、事后审读力度。在产业支撑方面，发挥电子商务市场拓展和品牌培育打造功能，引导、鼓励农业龙头企业、农民专业合作社等新型经营主体实施农产品电子商务应用，推进与阿里巴巴、京东、苏宁易购等国内知名大型电商平台合作；推进工业互联网建设，推动企业上云上平台，探索新型生产制造方式，建立协同创新、合作共赢的融通发展模式。

【云计算与大数据】 2017年，云南省大数据发展环境不断完善。一是起草并报请省政府办公厅印发《重点行业和领域大数据开放开发工作的指导意见》（云政办发〔2017〕71号），组织举办“全省推进重点行业和领域大数据开放开发工作动员会暨指导意见政策解读会”；二是以省信息化和信息产业领导小组名义印发《重点行业和领域大数据开放开发工作实施办法》；三是组织开展3次大数据领域项目申报工作，全省共推荐智慧健康养老应用试点示范项目8个，推荐大数据优秀产品和应用解决方案20个。其中，推荐申报的6个智慧健康养老类项目进入工业和信息化部候选名单，智慧健康养老应用试点示范现场核查小组已对其完成现场抽查。

【主要问题】 云南省电子信息制造业产业链上下游配套不健全，电子零配件、注塑、包装等较为缺乏或不能满足产业发展需求，配套产品从珠三角或长三角采购，成本增加，效率降低；云南省辐射全国的物流中枢尚未形成，电子产品云南制造“两头在外”，物流问题仍是制约企业发展的重要瓶颈。

产业园区公共配套基础设施不完善，缺乏集成测试、工程实验室、智能化园区、产业互联网公共服务等产业发展基本配套要素，现有孵化器、加速器在硬件设施、配套功能、政策咨询等重要板块仍存在不同程度缺失；劳动力素质不高、技能型人才不足，专业技术人才和企业管理人才匮乏，进一步加剧产业园区用工结构性矛盾。

受经济下行压力影响，部分项目投资力度减弱、投资周期拉长，缺少投资强度大、带动效应强的重大后备项目，对以后的投资增长支撑不足；企业在扩大生产经营过程中所需的融资难、融资贵仍然突出，在融资担保方面未能形成突破。

全省城乡之间社会发展不均衡，信息化基础设施和应用水平的差距明显，在扩大和升级信息消费方面存在不同步发展的情况。

【统计数据】

表1 2017年云南省电子信息制造业基本情况

项目名称	单位	2017年	项目名称	单位	2017年
工业总产值（现行价）	万元	2 424 993	主营业务收入	万元	2 735 281
工业销售产值	万元	2 397 410	利润总额	万元	262 523
出口交货值	万元	1 004 638	应交所得税	万元	38 034
资产总计	万元	2 847 581	从业人员年末人数	人	23 927
负债合计	万元	1 361 448			

表2 2017年云南省软件和信息技术服务业基本情况

项目名称	单位	2017年	项目名称	单位	2017年
软件业务收入	万元	787 128	资产合计	万元	1 411 949
软件业务出口收入	万美元	200	负债合计	万元	716 359
软件产品销售收入	万元	181 533	利润总额	万元	34 896
流动资产平均余额	万元	882 198	应交所得税	万元	8 887
固定资产投资额	万元	37 479	从业人员年末人数	人	19 540

注：表1～表2数据来源于云南省统计局、云南省工业和信息化厅。

［供稿：云南省工业和信息化厅］

西藏自治区

【概况】 2017 年，西藏自治区发展壮大数字经济，推动信息化建设，加快互联网建设步伐，推进工业和信息化融合发展，提升工业园区承载力和集聚力，推动工业和信息化高质量发展，为全区经济发展和社会稳定提供重要支撑。

【软件和信息技术服务业】 2017 年，西藏自治区现有专业从事软件开发、系统集成和信息服务的企业 54 家。其中，本地企业 39 家，内地公司在藏设立的分公司或子公司 15 家。自治区国有西藏高驰科技信息产业集团有限责任公司于 2017 年 12 月筹备成立。西藏珂尔信息技术有限公司、金采科技股份有限公司、华盛信息技术有限公司等一批本地优秀软件和信息技术服务企业不断壮大。此外，自治区继续推进藏文信息技术标准、藏文软件研发与应用推广，逐步培育西藏特色信息产业，指导有关企业筹备发起成立自治区电子信息行业协会，帮助本地软件和信息技术服务企业提高相关服务资质等级水平，为本地信息化建设提供有力支撑。全区获得国家计算机信息系统集成三级资质的企业有 6 家，获得四级资质的企业有 5 家；获得信息系统工程监理甲级资质的企业有 1 家。2017 年，全区规模以上企业实现销售收入 3 亿元。

【信息基础设施】 截至 2017 年 12 月，西藏自治区电话用户 337.6 万户，电话用户普及率 102.1 部 / 百人；固定电话用户 47.3 万户，固定电话用户普及率 14.3 部 / 百人；移动电话用户 290.3 万户。固定互联网宽带用户 61.2 万户，移动互联网用户 198.7 万户。

推动出台《西藏自治区人民政府关于印发“宽带西藏”战略及实施方案的通知》（藏政发〔2017〕30 号）。截至 2017 年 12 月，全区互联网宽带接入端口 154.6 万个；在固定宽带接入用户中，20Mbps 以上接入速率用户占比 90.7%，50Mbps 以上接入速率用户占比 79.1%；全区建设通信光缆线路 16.2 万千米，其中，长途光缆 3.7 万千米，本地网中继光缆 5.6 万千米，接入网光缆 6.9 千米。

推进消除移动通信盲区工作，增加并实现 104 个自然村的移动通信覆盖；对那曲、阿里 2 个区部分道路沿线及景区的移动通信覆盖情况开展调研，制定工作方案；做好易地扶贫搬迁点的移动通信覆盖工作。

【电子政务与电子商务】 2017 年，西藏自治区电子政务工程通过初步验收，实现全区 914 个部门外网终端接入，制定 19 项标准规范体系，开发部署办公管理、政务服务、监督管理、决策辅助、移动办公、电子公文交换等办公资源系统，建设完成网络与信息安全检测预警处置一体平台，组织开展全区电子政务培训和电子签章制作。

电子商务工程四大核心业务平台（零售、批发、资产、第三方）已开发完成并进入试运营，拉萨运营中心已开工建设，成都、上海、北京运营中心建成并开始运营。指导企业依托电子商务工程在芒康、米林县开展县域电商试点，同时，选取 5 个村作为第一批信息进村入户电子商务示范点开展农村电商示范工作。指导支持企业建立规范的网络交易中心，推动比如县虫草交易规范化、网络化，形成示范应用。截至 2017 年年底，电子商务工程资产电商平台成交金额 70.9 亿元；“淘宝特色中国——西藏馆”累计入馆商家 235 家，实现销售收入 3 亿元。2017 年，全区信息消费总额 43 亿元。

【两化融合】 2017 年，西藏自治区制定印发《西藏自治区信息化和工业化深度融合专项行动计划》（藏工信发〔2017〕63 号），明确以后一个时期全区两化融合工作的总体目标、主要任务和具体措施。组织开展 2017 年全区两化融合工作会议暨制造业与互联网融合发展培训活动；开展两化融合体系贯标工作；组织各地（市）

及区内规模以上工业企业开展2017年两化融合试点争创工作，西藏高争民爆股份有限公司等8家企业被工业和信息化部列为国家级两化融合管理体系贯标试点企业。指导西藏华泰龙矿业开发有限公司以联合体申报2017年国家智能制造试点示范项目，获得补助资金1 080万元，成为自治区首次获得国家工业转型升级资金支持的项目。开展两化融合发展水平评估诊断，2017年，全区两化融合指数41，同比提高5个百分点。信息化和工业化融合水平稳步提升。

【农村信息化】 2017年，西藏自治区升级改造自治区农村综合信息服务平台，开发藏汉双语手机App，搭建农村综合信息服务站监测系统，培训1 600多名村点信息员；协调银行、保险、邮政、农牧、交通等部门，整合渠道，建立益农信息服务社，开展农村电商试点。农村综合信息服务站覆盖全区57%的行政村、62%的农牧民，信息进村入户工作稳步推进，信息惠农强农力度不断加大，网络扶贫作用开始显现。

【产业热点】 西藏华泰龙矿业开发有限公司获得“全国十佳两化融合管理者代表奖”；按照《电子行业特有工种职业技能鉴定二级站管理办法》的相关要求，对西藏职业技术学院申报材料内容进行审查，并上报工业和信息化部教育与考试中心，获得职业技能鉴定二级站资格。

【产业环境】 2017年，西藏自治区推动出台《西藏自治区“十三五”信息化发展规划》（藏政办发〔2017〕54号）、《西藏自治区人民政府关于推动云计算应用大数据发展培育经济发展新动力的意见》（藏政发〔2017〕34号）、《西藏自治区政务信息化项目管理暂行办法》（藏工信发〔2017〕464号）、《西藏自治区“十三五”网络安全规划》；确定自治区统一基础云平台、“互联网+政务服务”平台、政务信息系统整合共享平台的建设方案。

整合成立自治区信息产业发展领导小组，统筹全区信息化建设和发展；组建专家咨询委员会和专家库，为全区重大信息化项目提供技术支撑和决策依据；组建大数据发展管理中心，负责推进全区数据资源的开放共享和开发应用。

促成中国电子科技集团、普天集团、联想集团等国内知名信息技术企业与自治区人民政府签订战略合作协议，引进技术、人才、资本，支持推动自治区信息化建设和信息产业发展；加强与西藏大学、藏语委办、国家信标委的沟通协调，加快推动藏文信息技术标准及软件的研发应用。

［供稿：西藏自治区经济和信息化厅］

陕 西 省

【概况】 2017年，陕西省电子信息产业以集成电路、智能终端、平板显示三大产业为重点，强化重点领域精准招商，推动重点项目落地及建设，促进重大项目扩能达效，培育打造电子信息新的经济增长点，全省电子信息产业保持平稳快速增长。

2017年，陕西省电子信息产业实现主营业务收入3 132亿元，同比增长21.8%。其中，电子信息制造业规模以上企业实现销售收入1 377亿元，同比增长21.7%；软件和信息技术服务业实现业务收入1 755亿元，同比增长22.2%。其中，软件产品销售收入509亿元，同比增长21%；信息技术服务收入1 088亿元，同比增长22.8%；嵌入式系统软件收入158亿元，同比增长15.8%。软件出口13.6亿美元，同比增长49.2%。

【电子信息制造业】 2017年，陕西省电子信息制造业继续保持较高的增长速度，形成以西安、宝鸡、咸阳3个中心城市为聚集地的电子信息产业带。

陕西省现有集成电路企业、科研院所及相关机构

200余家，其中，设计企业超过90家，晶圆制造企业8家，封装测试企业15家，材料设备及相关配套企业近百家，相关科研机构近20所，从业人员超过5万人。2017年，陕西省集成电路产业实现销售收入506.8亿元，较上年增长25.9%。在集成电路设计领域，全年集成电路设计业实现销售收入77.2亿元，产品涵盖通信、计算机、多媒体、导航、模拟、功率和消费类等多个领域，存储器、光电子和功率器件等技术水平处于国内领先，目前最高量产芯片设计水平为25纳米。在封装测试领域，全年封测业销售收入突破92.1亿元，较上年增长24.6%。在分立器件领域，全年半导体分立器件产业实现销售收入48.3亿元。在材料领域，全省已形成从硅材料拉晶、切割、研磨、抛光等环节的完整工艺链，并初具规模，但硅片纯度较低。

陕西省智能终端产业通过引进中兴、比亚迪等智能终端重大项目，支持产业链上下游协作配套，省内智能终端产业得到迅速发展。在核心芯片研发方面，培育发展一批从事终端芯片设计的企业，产品主要有三星闪存芯片、英特尔基带芯片、高通射频芯片、龙腾手机屏驱动芯片等。在移动终端设计方面，每年都有数十款智能手机设计定型并投放市场；手机整体方案领先的华勤集团、锐嘉科集团均已在西安市设立研发中心。在智能终端制造方面，中兴通讯股份有限公司智能终端制造基地落户西安，产能1 500万部，并将继续扩大生产规模；比亚迪智能终端代工项目开始建设，将形成5 000万部以上的代工能力。

陕西省平板显示产业的核心项目为总投资280亿元的咸阳彩虹光电8.6代液晶面板生产线，该项目于2017年12月点亮投产，带动上下游配套企业19家。陕西省平板显示产业链的企业和产品还包括彩虹集团的TFT-LCD玻璃基板、西安瑞联公司的液晶材料、偏转集团的液晶显示器线路覆铜板、冠捷科技集团的液晶监视器和大尺寸液晶电视等。中电彩虹集团依托平板显示玻璃工艺技术国家工程实验室，G8.5液晶玻璃基板精细加工生产、溢流法高铝盖板玻璃等关键技术达到国际先进水平。

典型企业　陕西电子信息集团有限公司是陕西省电子信息、太阳能光伏和半导体照明产业的龙头企业，现有一级企业22家，在岗职工3万余人，拥有国家级企业技术中心1个、国家地方联合工程研究中心2个、国家级科技企业孵化器1个、院士专家工作站3个、博士后科研工作站5个、省级企业技术中心13个、省级工程研究中心6个、省级工程技术研究中心7个。截至2017年年底，集团累计获权专利1 146件，其中发明专利234件；获得中国驰名商标认定2件，获得省级著名商标认定6件，获得软件著作权13件，获得集成电路布图设计权3件；首家通过省知识产权局的企业知识产权管理规范贯标试点验收；拥有电磁环境实验室、可靠性摸底实验室、环境实验室、三防实验室、电声实验室等共52个。2017年，集团实现营业收入146.9亿元，资产总额322.1亿元，在第31届电子百强名单中排名第49位。

彩虹集团公司于2017年11月更名为彩虹集团有限公司，拥有全资、控股、参股公司56家，下属2家上市公司；集团现有员工约7 800人，总资产173亿元。在平板显示领域，集团重点发展液晶玻璃基板、液晶面板、盖板玻璃等关系国家产业安全的关键领域。其中，液晶玻璃基板填补国内空白，打破国外垄断，并获批建设中国首家平板显示玻璃工艺技术国家工程实验室和国内首批、行业唯一的智能制造试点示范项目；G8.6液晶面板生产线项目投资280亿元打造“丝路第一板”，是咸阳市历史上投资规模最大的项目。在新能源领域，集团重点发展光伏玻璃及电站、光伏组件、LED芯片及外延等优势产业。为进一步提升企业创新链、价值链，不断增强企业自主创新能力，彩虹集团大力拓展新产业新业态新模式，形成智慧医疗、智慧照明、智能制造及大数据等高新技术产业。

西安中兴新软件有限责任公司是中兴通讯股份有限公司在西安市设立的全资运营公司，主要从事通讯设备及终端设备、业务应用、网管系统、通讯设备系统驱动、通讯服务性业务软件开发、生产、销售和咨询业务。中兴西安二区即中兴通讯西安研发生产基地一期工程已形成年产智能终端2 500万部的生产能力，具备终端研发、无线系统产品研发、IC芯片产品研发及全球云服务中心等功能，其中西安全球数据中心是中兴通讯四大全球数据中心之一。中兴通讯智能终端总部项目于2017年4月签约落户西安高新区，项目计划投资10亿元，预计2018年年底实现竣工投产，项目建成后可新增年产智能终端1 500万部的生产能力。

华天科技（西安）有限公司是陕西省最大的内资封装测试企业，也是西部最大的高端集成电路封测企业，主要从事高端集成电路封装测试研发、生产及销售业务，年封装测试能力60亿块，封装良率99.9%；在智能移动终端领域和基板类先进封装技术、成本、基板类产品上均保持国内领先优势。截至2017年年底，公司拥有员工3 745人，总资产35.7亿元，负债13.9亿元，总产值27.9亿元；营业收入26.2亿元，比上年同期增长64.8%；利润2.6亿元，比上年同期增长106.4%,；进出口总值46 597.4万美元，比上年同期增长47.9%，其中出口创汇22 260.8万美元，比上年同期增长74.9%。

【软件和信息技术服务业】 2017年，陕西省软件和信息技术服务企业2 200家，其中，世界500强企业35家，中国软件百强企业40家，上市企业37家；从业人员超过18万人。

经过近20年发展，陕西省形成七大优势产业版块，包括行业应用软件、嵌入式软件、集成电路设计与测试、物联网、移动互联网、信息技术服务、数字出版及游戏动漫，聚集一批有影响力的行业企业和知名产品。

打造世界级高端研发产业集群。聚集Intel、三星、IBM等35家世界500强。其中，华为西安研究所达到1.4万人规模，成为华为全球最大的研究所；三星、施耐德、IBM、艾默生软件研发人员均向千人以上扩张。聚集中兴通讯股份有限公司等40家中国软件百强企业和过亿元的软件企业128家，成为众多国际知名公司高端研发承载地。

提升本土企业自主创新能力。截至2017年年底，高新技术认定企业累计343家，软件著作权累计6 500余项，平均每家企业拥有著作权近7件。西电捷通的“WAPI标准”、三茗科技的数据恢复软件、航天华迅的导航芯片、美林数据的Tempo大数据分析平台等产品和技术具有广泛的知名度和影响力。天和防务技术股份有限公司等近37家软件企业上市上柜；新昆信息科技有限公司等6家动漫企业通过国家文化部动漫企业认定。

筹谋下一代互联网产业集群。围绕下一代互联网技术，在基础软件开发、核心芯片设计、云计算、大数据、AR/VR及移动互联网领域形成产业聚集。智多晶微电子有限公司研发出国内首款拥有自主知识产权的海鸥系列FPGA芯片产品，性能和指标达到国际同类产品水平；极客软件科技有限公司研发的手机软件文件大师拥有海内外活跃用户超过1亿户；易点天下网络科技有限公司成立首家谷歌广告字体验中心，是中国最大的企业国际化智能平台，目前已成长为独角兽企业，进入IPO阶段。

【西安软件园】 作为陕西省、西安市软件和信息技术服务业聚集度最高的园区，西安软件园形成“一核、一轴、一城”的产业布局。“一核”即占地600亩，建筑面积55万平方米的示范区；“一轴”即占地210亩，建筑面积40万平方米的国家服务外包基地；“一城”即规划面积14平方千米，计划扩区至20平方千米的西安软件新城，目前投用面积132万平方米，聚集企业400家，从业人员超过5万人。

西安软件园采取自建加外引模式，自建移动梦工场、创智空间孵化器，招引光照、Plug and Play、中关村意谷等9家孵化器，形成战略性新兴产业创新孵化器群，总孵化面积超过2万平方米，孵化企业近70家，吸纳就业人数1 246人。

西安软件园成立11个产业联盟、1个协会和20个公共技术服务平台。推行“以市场凝聚企业，以联盟拓展市场”的模式，支持云计算等11家企业联盟开展企业间技术交流和合作；成立陕西省动漫游戏行业协会，注册企业会员107家，个人会员87人，协会下设7大专业方向管理委员会，漫画、原创动画、网络游戏等。

西安软件园继续建设、完善和扩充“四库九平台”。在原有建成人才库、企业库、项目库、资源库，以及产业统计、市场拓展、人才服务、产业扶持等九平台的基础上，建设3G应用开发实验室、微软嵌入式公共服务平台、甲骨文技术资源中心、数据挖掘服务平台等。2017年，智慧园区公共服务软件平台投入使用，一卡通系统运行，智慧停车系统即将开通，为园区企业和员工提供快捷服务；软件和信息技术服务业统计平台上线，提供产业统计和分析手段，减少企业工作量；园区大数据创新中心和展示中心已经启动建设。

西安软件园提供专业人力资源服务，打造国内最大的IT和软件专业人才基地。建设1个专业IT人才服务平台——芹菜网，致力于为求职者提供专业化、精准化、便捷化的综合人力资源服务，打造成西部唯一的软件和信息服务业人力资源服务平台，目前IT企业注册过千家，个人注册简历超过万份；重点打造1个培训品牌——未来学习中心，举办关于云计算、大数据等主题的系列培训；发布1个人力资源报告——《西安软件和信息服务业人力资源白皮书》。

【主要问题】 陕西省电子信息产业总体产业规模小，产业影响力弱，产业链整体竞争力不强；龙头企业支撑作用突出，但缺乏成长性好、创新性强、有市场竞争力、可支撑和带动产业发展、能逐步发展为骨干企业的中小企业群体；缺乏规模化的整机产品和终端消费品，区域内企业配套率低，产业链各环节缺乏协同；省内企业之间在技术创新、产品生产等方面的横向、纵向合作较少，未能形成协同发展的合力。

【发展预测】 陕西省继续协调推动三星芯片二期、中兴智能终端二期、奕斯伟硅材料基地等项目建设，力争尽快建成投产。协调推动中兴智能终端一期、彩虹 8.6 代线、冠捷显示器等已建成重大项目尽快达产达效。

推动平板显示、智能终端、集成电路等产业链发展，谋划重点项目和配套项目，开展产业协作配套工作，推动电子信息多个产业集群共同发展。以龙头企业为依托，抓住产业链关键节点，延伸并拓展产业链，支持有基础的企业做大做强，培育骨干企业群体。在集成电路领域，依托三星、卫光、771 等芯片生产线，向上游发展电子级硅材料和硅片，支持碳化硅和氮化镓等第三代半导体技术发展，提升集成电路设计能力，向下游推动华天、美光、力成等现有封装工艺技术升级和产能扩充，引进高水平存储器混合封装测试项目；引导集成电路与功率器件协同发展，发展功率器件等特色生产线。在智能终端领域，依托中兴、比亚迪智能终端生产线，向上游带动关键芯片设计，提高省内液晶面板、关键元器件等重要部件的配套率。在平板显示领域，依托彩虹 8.6 代液晶面板线，带动上游液晶基板玻璃、盖板玻璃、偏光片、液晶材料的发展，向下游发展液晶模组、液晶显示器件等。

依托陕西半导体先导技术中心和陕西光电子集成电路先导技术研究院等平台，推动以第三代化合物半导体、功率器件和光电子集成为核心的技术创新，开展关键技术研发、成果转化、企业孵化、人才培养，培育电子信息产业自主创新能力，打造产业核心竞争力。

【统计数据】

表 1　2017 年陕西省电子信息制造业人员构成情况

企业类别	企业数（家）	从业人员年末人数（人）	其中：研发人员（人）
内资企业	56	122 201	26 049
国有企业	29	54 127	9 655
有限责任公司	14	59 105	15 424
股份有限公司	8	6 740	605
私营企业	5	2 229	365
港、澳、台商投资企业	11	10 120	2 033

表 2　2015—2017 年陕西省电子信息制造业基本情况

项目名称	单位	2015 年	2016 年	2017 年
工业总产值（现行价）	万元	8 302 379	11 312 178	13 502 144
工业销售产值	万元	8 173 927	11 135 250	12 365 515

续表

项目名称	单位	2015 年	2016 年	2017 年
出口交货值	万元	2 568 134	3 489 058	3 896 245
流动资产平均余额	万元	8 207 287	9 594 366	10 651 388
固定资产净值平均余额	万元	3 621 577	4 251 236	5 513 629
资产总计	万元	15 024 639	19 624 533	22 639 256
负债合计	万元	9 908 765	10 585 263	12 223 650
主营业务收入	万元	7 868 571	9 865 502	13 774 055
税金总额	万元	135 594	176 272	246 108
利润总额	万元	544 295	986 725	1 572 436
应交所得税	万元	58 296	75 784	105 808
从业人员年末人数	人	129 399	130 324	132 321
从业人员工资总额	万元	601 605	705 905	726 721

表 3　2015—2017 年陕西省主要电子信息产品产销量情况

产品名称	单位	产量			销量		
		2015 年	2016 年	2017 年	2015 年	2016 年	2017 年
电子元件	亿只	56.4	80.7	78.5	50.2	85.6	75.2
半导体电子器件	亿只	35.7	36.5	37.4	32.6	33.8	34.7
集成电路	亿只	1.4	0.9	1.2	1.0	0.9	1.0

表 4　2015—2017 年陕西省软件和信息技术服务业基本情况

项目名称	单位	2015 年	2016 年	2017 年
软件业务收入	万元	11 397 369	13 006 494	17 550 100
软件业务出口收入	万美元	73 950	91 054	135 853
软件产品销售收入	万元	3 165 409	4 206 155	5 089 431
流动资产平均余额	万元	8 632 805	10 603 792	16 021 882
固定资产投资额	万元	493 935	531 895	738 781
资产合计	万元	16 089 323	23 844 265	34 707 090
负债合计	万元	8 656 994	12 953 614	17 754 510
税金总额	万元	626 038	680 804	744 633

续表

项目名称	单位	2015 年	2016 年	2017 年
利润总额	万元	795 119	774 880	1 943 858
应交所得税	万元	92 733	149 004	176 140
从业人员年末人数	人	153 989	166 392	201 581
从业人员工资总额	万元	1 041 295	1 899 017	2 791 711

表 5　2015—2017 年陕西省软件和信息技术服务业三资企业基本情况

项目名称	单位	2015 年	2016 年	2017 年
软件业务收入	万元	1 849 151	2 073 299	3 584 853
软件业务出口收入	万美元	23 348	37 847	52 059
软件产品销售收入	万元	505 317	668 700	309 375
流动资产平均余额	万元	1 749 026	1 933 835	2 001 147
固定资产投资额	万元	99 868	115 996	460 198
资产合计	万元	2 541 006	2 831 718	5 753 933
负债合计	万元	1 340 700	1 418 173	1 251 520
税金总额	万元	91 622	111 146	169 747
利润总额	万元	120 748	169 014	907 556
应交所得税	万元	18 766	21 474	16 920
从业人员年末人数	人	30 455	32 074	37 150
从业人员工资总额	万元	245 973	260 338	276 508

表 6　2015—2017 年陕西省软件和信息技术服务业主要经济效益指标完成情况

项目名称	单位	2015 年	2016 年	2017 年
全员劳动生产率	元 / 人	637 503	781 678	925 314
流动资产周转率	次	1.1	1.2	1.5
产品销售率	%	27.8	32.3	37.3
总资产贡献率	%	8.8	6.1	5.6
资产保值增值率	%	106.4	154.3	166.4
资产负债率	%	53.8	54.3	51.2

表 7　2015—2017 年陕西省软件和信息技术服务业三资企业主要经济效益指标完成情况

项目名称	单位	2015 年	2016 年	2017 年
全员劳动生产率	元 / 人	482 371	646 411	964 967
流动资产周转率	次	0.7	1.1	2.0
产品销售率	%	29.5	31.0	35.5
总资产贡献率	%	8.2	9.9	15.8
资产保值增值率	%	149.2	117.8	119.4
资产负债率	%	54.2	50.1	21.8

注：表 1 ~表 7 数据来源于陕西省工业和信息化厅。

[供稿：陕西省工业和信息化厅]

甘　肃　省

【概况】　2017 年，甘肃省电子信息产业实现主营业务收入 190.4 亿元，同比增长 30.8%。其中，电子信息制造业完成主营业务收入 112.1 亿元，同比增长 35.0%；软件和信息技术服务业实现主营业务收入 78.4 亿元，同比增长 27.2%，其中，软件业务收入 45.8 亿元，同比增长 9.9%。实现软件产品收入 12.6 亿元，同比增长 17.5%；信息技术服务收入 32.6 亿元，同比增长 5.4%。

【电子信息制造业】　2017 年，甘肃省电子信息制造业形成以集成电路封装测试业为核心，带动集成电路设计、模具、封装材料、芯片制造等聚集发展的产业特色。全年完成工业总产值 122.7 亿元，同比增长 24.5%；完成出口交货值 51.0 亿元，同比增长 43.8%；实现利润总额 11.4 亿元，同比增长 52.1%；应交所得税 1.6 亿元，同比增长 51.5%；从业人员总数 14 897 人，同比增长 21.8%。骨干企业实力增强，以天水华天电子集团、天水华洋电子科技股份有限公司、天水天光半导体有限责任公司为代表的集成电路企业收入占全省电子信息制造业的 80% 以上。

典型企业　天水华天电子集团是中国最早从事集成电路和半导体元器件研发、生产的半导体领军企业之一，主导产品有塑封集成电路、半导体功率器件、模拟集成电路等十大类 2 000 多个品种。2017 年，集团完成主营业务收入 83.6 亿元，同比增长 32.9%，集成电路年封装能力 290 亿块、测试能力 120 亿块；完成工业总产值 90.1 亿元，半导体封测产品产量 280.8 亿只，销售额 90.1 亿元，利润总额 10.1 亿元，上缴税金 3.9 亿元，同比分别增长 33.9%、42.8%、35.2 %、72.4% 和 18.1%；完成进出口总值 32.7 亿元，其中，进口 15.2 亿元，出口 17.5 亿元，同比分别增长 20.3%、8.6% 和 32.7%。

天水华洋电子科技股份有限公司是围绕天水华天科技集团等国内集成电路封装测试龙头配套的民营股份制企业，主要生产半导体集成电路引线框架，具备机械冲压和化学蚀刻两种工艺年产 105 亿只集成电路引线框架的生产能力。公司集成电路引线框架二期扩建、续建项目被列入国家《“十三五”国家战略性新兴产业发展规划》和国家集成电路重大生产力布局规划工程。拥有国内唯一一条卷对卷光学蚀刻全自动生产线，蚀刻工艺的湿菲林电镀和卷对卷先镀后蚀工艺为国内首创。2017 年，公司主营业务收入增长 5.6%，利润总额增长 8.4%。

天水铁路电缆有限责任公司是以设计、制造、销售铁路数字信号电缆、铁路内屏蔽数字信号电缆、铁路信号电缆、通信电缆、光缆等为主导产品的国有大型骨干企业，是国家电线电缆定点生产企业、中国电器工业协会及电线电缆分会的理事单位。公司拥有产品技术专利30项，其中发明专利1项。25项产品通过省级成果鉴定或科技成果鉴定，6项产品获国家重点新产品。2017年，公司签订主营产品供货合同2.8亿元，累计生产各种型号规格电缆及电线1.3万千米，实现工业总产值1.8亿元，主营产品累计实现营业收入2.0亿元。

【软件和信息技术服务业】 2017年，甘肃省软件和信息技术服务业实现利润总额4.4亿元，同比增长50.8%；应交增值税1.4亿元，同比增长50.8%；从业人员12 496人，同比增长27.4%。现有信息系统集成资质企业180家，其中，一级资质企业2家，二级资质企业9家；主营业务收入过千万元的企业110家，过亿元的企业19家；11家企业通过信息技术服务标准符合性评估，其中，5家企业取得运行维护服务能力成熟度二级符合性证书，6家企业取得运行维护服务能力成熟度三级符合性证书。

2017年，甘肃省软件和信息技术服务业共计投入研发费用3.2亿元，研发经费投入强度为6.9%，共拥有软件著作权1 123件，同比增长30%以上；通过软件评估的企业有59家，软件评估产品331个；61家软件和信息技术服务企业设有研发机构。初步形成以兰州、天水、敦煌3个城市软件园区建设为重心，带动东、中、西区域软件服务业发展的新格局；全省95%以上的软件企业集中在兰州市，收入占全省软件收入的95%以上；天水市以工业软件研发及应用为重心；敦煌市以文化创意产业园为平台，推进软件服务本地化发展。

典型企业　兰州飞天网景信息产业有限公司是国家认定的火炬计划软件产业基地骨干企业、重点高新技术企业，一直从事与信息系统相关的计算机软硬件和网络产品的研制、开发、销售以及信息系统集成、互联网信息增值运营等，拥有高技术人才450多名，从事技术研发工作的人员有167名。

甘肃信业科技有限责任公司是专门从事系统集成工程设计、建筑智能化工程建设以及通信设备开发、生产和销售等为主的充满活力的高新技术企业。2017年，公司发挥信业物流管理系统、移动终端跟踪管理软件、信业幼儿园OA系统、信业校讯通用户管理系统等软件的优势，巩固开拓市场，实现软件销售收入500万元。

兰州大方电子有限责任公司是集软件开发、网络系统集成、建筑智能化、安防工程、信息咨询与服务、网络及信息安全产品销售和服务为一体的综合性高科技IT企业，形成以甘肃省为中心、辐射甘青陕宁四省、扩展西北的市场格局。2017年，公司实现销售额1.7亿元，其中支付各项税费258万元，同比分别增长30%和59%。截至2017年年底，公司自主研发的软件产品有33项取得计算机软件著作权登记证书，申请国家专利1项。

甘肃紫光智能交通与控制技术有限公司是国家规划布局内的重点软件企业，被甘肃省人民政府命名为第一批战略性新兴产业骨干企业，被工业和信息化部评为“重点子行业骨干企业”交通软件前五名，被中国软件行业协会评定为3A级最高信用等级。2017年，公司完成产值6.6亿元，其中，软件服务产值675.3万元，运营维护产值5 373.5万元，产品销售完成1 143.2万元，实现净利润8 552万元。全年资产总额8.8亿元，比上年增长4 349.9万元；净资产总额4.8亿元，比上年增长7 357.9万元。

甘肃万维信息技术有限责任公司是具有国家信息系统集成一级、国家信息安全服务一级、国家规划布局内重点软件企业资质的企业，获得中国软件服务业企业信用评价3A级，是国家软件产业基地骨干企业、科技部火炬计划优秀高新技术企业，拥有实用新型技术专利2件，受理专利39件，取得软件著作权共计193件。2017年，公司完成主营产品销售2.8亿元，主营业务增长率28%，利润总额增长率22%。

【科技进步与应用】 2017年，天水华洋电子科技股份有限公司研发创新的分光光度控制技术和先镀后蚀工艺应用于70%的光学蚀刻高端产品生产，引线框架入围全球集成电路封测前三强企业供应商名录，光学蚀刻集成电路引线框架扩建第二期续建项目累计完成投资1 135万元，项目自研自制设备完成26%。

天水华天电子集团依托国家级企业技术中心、甘肃省微电子封装工程技术研究中心等研发平台，与中国科学院微电子研究所、复旦大学等科研院所开展项目合作，全年申报国内专利 79 项，其中发明专利 43 项，获得专利授权 59 项。截至 2017 年年底，集团拥有国内授权有效专利 409 件，其中发明专利 118 件（含国外授权专利 35 件），实用新型专利 283 件，外观设计专利 8 件；共获软件著作权登记 56 件。华天科技公司的发明专利《密节距小焊盘铜线键合双 IC 芯片堆叠封装件及其制备方法》获第 19 届中国专利奖优秀奖。《基于 TSV、倒装和裸露塑封的指纹识别芯片系统级封装技术》获第 11 届中国半导体创新产品和技术。

甘肃万维信息技术有限责任公司全面推进“互联网 +”平台化战略，建设的中国第一个“互联网 + 精准扶贫”——甘肃省精准扶贫大数据管理平台，成为国家扶贫办唯一试点平台，在全国 16 个省推广和应用，市场占有率超过 41%，位居全国首位。

兰州北科维拓科技股份有限公司牵头的国家电子行业标准三维数字社会服务管理系统技术规范第一部分已发布，第 2 至第 6 部分通过工业和信息化部 2017 年一季度标准立项评审，系统在 16 个省市共计 30 多个县区推广应用。

甘肃百合物联科技信息有限公司是以先进的老人福祉信息技术为基础、科技助力养老为宗旨、遵循市场规律为中国老龄事业服务的国家高新技术企业。公司设计并运营的百合智慧健康养老解决方案采用“平台 + 终端”联动的服务模式，将居家、社区、医学机构的养老信息及服务进行无缝整合集成，进而形成一个完整的、医养结合的慢性病防治服务云平台。2017 年，公司实现智慧健康养老相关收入 810 万元，研发运营投入 252 万元。

【信息基础设施】 2017 年，甘肃省多部门协调推动宽带中国、光网城市、宽带乡村、中西部中小城市基础网络完善工程和农村电信普遍服务等重点工程建设。率先在西北五省区建成“全光网省”，14 个市州、86 个县区市全部实现光网覆盖，全省光缆总长度 69.4 万千米。城区光纤化改造率 90%，20Mbps 以上用户占比 84.4%，50Mbps 以上用户占比 64%，100Mbps 以上用户占比 53.8%，城市宽带用户平均接入速率提升至 66.8Mbps。电信普遍服务试点三批试点项目 12 个市州共获国家补助资金 16.8 亿元，拉动项目总投资 44 亿元，完成 1.1 万个行政村 12Mbps 以上光纤网络覆盖，其中第一批 5 个市州的试点项目在全国率先竣工验收，行政村通宽带率 96.7%。移动电话基站 13.7 万个，其中 4G 基站 6.0 万个，95% 以上的行政村实现 4G 网络覆盖。

【信息产业基地和园区】 天水华天电子科技园计划总投资 36 亿元，截至 2017 年年底，累计共完成投资合同金额 38.2 亿元，实际付款金额 34.8 亿元。已交付使用约 26 万平方米基础建设工程，其他相关室外配套工程建设与厂房建设同步进行。通过园区内实施半导体集成电路封测产业相关产业升级、技术改造和扩大规模等项目，有效带动上下游配套企业的快速发展，形成以集成电路封测、芯片制造、半导体功率器件封测为核心产业，半导体引线框架制造、封测设备、模具、备件、专用材料、专业工程安装和物流等为辅的较完善的产业链。

兰州软件园于作为国家火炬计划软件产业基地，截至 2017 年年底，软件园在册软件与信息服务业企业总数 134 家，同比增长 5.5%；完成营业收入 23.4 亿元，同比增长 15%；完成软件收入 20.6 亿元，同比增长 8.4%；上缴税金 1.1 亿元，同比增长 9.7%；软件从业人员总数 2 727 人，同比增长 4.6%。软件园内双软认证企业 52 家，CMMI 二级至四级评估企业 4 家，高新技术企业 40 家。7 家企业营业收入超 1 亿元以上，16 家企业软件收入超 4 000 万元以上。

【电子政务】 2017 年，甘肃省制定出台电子政务总体方案、政务信息系统整合共享实施方案等政策文件，推进电子政务内外网、数据交换平台和云平台等基础设施建设，电子政务外网覆盖所有县区，政务专网和外网初步打通。推动公共信息资源开放、信息系统整合等重大项目建设，加快全省电子政务数据中心集约化建设。组建甘肃省电子政务专家咨询委员会，建立甘肃省电子政务专家库，推动“互联网 + 政务”服务建设。

【两化融合】 2017 年，甘肃省组织全省两化融合深度行系列活动，深入兰州、白银、天水、定西等 9 个市开展政策法规解读、两化融合贯标宣贯、制造业与互联网融合经典案例成果展示、工控系统安全指导、典型经验交流等内容的培训，全省工信系统及相关企业负责人共计 1 200 人参加培训。

全年新增 19 家国家级贯标试点企业，4 家企业通过工业和信息化部两化融合管理体系贯标，甘肃电投“基于融合发展下的大数据生态产业链构建及应用示范”项目获得全国制造业与互联网融合发展试点示范项目。

甘肃工大电子科技有限公司被中国两化融合服务联盟推荐为两化融合管理体系贯标咨询服务机构，省内落地的具备国家授予资质的各类两化融合服务机构有2家。全省参加两化融合评估诊断和对标引导工作的企业累计1 144家，55家企业被工业和信息化部列为两化融合管理体系贯标试点企业。

【电子商务】 2017年，甘肃省建成75个县级电商服务中心，实现贫困县全覆盖，建成1 159个乡级电商服务站，5 360个村级电商服务点，分别覆盖70%的贫困乡和50%的贫困村，县、乡、村三级电商服务体系日臻完善，功能配套和作用发挥得到进一步增强。加强与“苏宁云商”等国内知名电商大平台合作，新建2家（兰州、平凉）市县网上特色馆，全省共建成40个苏宁直营县级服务站。兰州银行“百合生活网”平台入驻商户、交易规模不断扩大，并在兰州市开设近100家O2O便利店。极具代表性的民族电子商务平台甘南州“藏宝网”已有甘肃、四川、青海、西藏、云南等地700多家藏族企业成功入驻。甘南州“藏宝网”、敦煌“智慧旅游公司”2家企业被商务部评为国家电子商务示范企业。

【云计算与大数据】 2017年，甘肃省统筹推进大数据基础设施建设，中国移动“丝绸之路西北大数据产业园”一期、中国电信西北云计算大数据中心一期建成投用，工业和信息化部2017年制造业与互联网融合发展试点示范项目——金昌紫金云大数据产业园区一期开工建设，兰州新区国际通信专用通道获批建设。

成立西北中小企业云服务与产业创新联盟，着力培育大数据以及云计算产业链。一批支撑两化融合公共服务的云计算、大数据平台陆续建成，西北中小企业云平台通过“以租代建、按需购买、即开即用”应用接入服务，面向全国提供云服务，2017年上线云主机、云管家、云销售等应用131项，服务甘肃本省中小企业2.1万多家。

基于甘肃爱城市进行平台设计改造的公共服务云平台，可对公共服务、政务服务资源进行快速接入，并具备开放用户统一认证、LBS、统一支付、商户接入、对账结算等能力。已接入7项服务资源、800余家餐饮商家、50余家汽车服务商家，提供各类优惠服务超过260余种。甘肃爱城市成为省内区域化App最大用户群的一个应用，累计用户136万户，全年新增用户32万户，月活跃率19.3%，其中，智慧交通使用人数占比83%，手机预约挂号占比由23%提升至43.6%，本地新闻月均浏览量超过180万次。

加快重点行业和重点民生领域的应用示范，推动“三维数字”社会服务管理服务系统实现资源共享、层级联动、闭环反馈、便民利民的社会服务管理新模式。“三维数字”社会服务管理服务系统标准获得工业和信息化部批准，上升为国家信息技术社会服务管理行业标准，在全国范围15个省市共计30多个县区推广应用系统。

【丝绸之路信息港】 2017年，甘肃省成立丝绸之路大数据公司及丝路辉煌大数据交易中心，组建甘肃省大数据研究院、甘肃省大数据产业联盟等产学研合作机构，打造丝绸之路信息港。编制完成《甘肃省大数据产业“十三五”规划》和《甘肃省大数据综合试验区的专题报告》，启动大数据综合试验区申报工作。组织编制《丝绸之路信息港工作方案》《丝绸之路信息港规划方案》《丝绸之路信息港建设方案》等一整套方案。“丝绸之路信息港股份有限公司”企业名称获得国家工商总局预核准批复，丝绸之路信息港总体规划框架和公司组建方案工作已基本完成。

【产业环境】 2017年，甘肃省印发《甘肃省信息化发展指导意见》（甘办发〔2017〕57号）、《关于促进移动互联网健康有序快速发展的实施意见》（甘办发〔2017〕52号）、《甘肃省促进大数据发展三年行动计划（2017—2019年）》（甘工信发〔2017〕520号）和《关于推进分享经济健康快速发展的通知》（甘发改高技〔2017〕891号），协调推动相关部门制定印发“互联网+政务服务”、政务信息系统整合、大数据发展等方面的政策规划文件，提出产业环境优化工程、产业集聚发展工程、信息应用示范工程、品牌塑造推广工程、产业活力提升工程等重大工作，引领行业发展。

【主要问题】 甘肃省电子信息产业总体规模偏小，产业配套环境条件弱，产业链延伸不长，主导产品多数是配套产品，处于产业链的中低端，附加值偏低。

核心竞争力较弱，产业创新能力和研发投入不足，缺乏“牵引力”，持续创新能力亟待加强，拥有自主品牌、具有较强竞争力的龙头骨干企业较少。

人才和资金短缺依然是制约企业发展的最主要因素，投融资体系有待健全，高端技术管理人才、高学历高素质的复合型人才难招、难留。

产业供给结构有待优化，云计算大数据等新兴产业发展不足，软件服务、嵌入式软件业务比重较低，信息技术服务与工业生产融合度不深。

【统计数据】

表 1　2015—2017 年甘肃省电子信息制造业基本情况

项目名称	单位	2015 年	2016 年	2017 年
工业总产值（现行价）	万元	843 442	1 288 473	1 226 890
工业销售产值	万元	785 137	903 258	1 206 529
出口交货值	万元	235 828	354 806	510 241
资产总计	万元	1 825 943	1 570 295	2 140 279
负债合计	万元	538 172	558 717	711 702
主营业务收入	万元	725 778	830 086	1 120 568
税金总额	万元	43 802	35 953	45 464
利润总额	万元	69 745	75 373	114 467
应交所得税	万元	8 839	10 539	15 970
从业人员年末人数	人	13 657	12 212	14 897
从业人员工资总额	万元	53 258	52 144	68 861

表 2　2015—2017 年甘肃省主要电子信息产品产销量情况

产品名称	单位	产量			销量		
		2015 年	2016 年	2017 年	2015 年	2016 年	2017 年
综合电缆	千米	11 317	10 609	7 404	11 317	10 591	7 551
电真空器件	万只	1.3	0.74	1.5	1.2	0.77	1.9
集成电路封装测试	万只		1 869 137	2 686 390		1 829 918	2 650 692

表 3　2017 年甘肃省软件和信息技术服务业人员构成情况

企业类别	企业数（家）	从业人员年末人数（人）	人员构成			
			管理人员（人）	在总人数中所占比例（%）	软件开发研究人员（人）	在总人数中所占比例（%）
内资企业	120	12 443	1 454	11.7	2 789	22.4
国有企业	8	871	89	10.2	246	28.2
有限责任公司	34	3 855	470	12.2	727	18.9
股份有限公司	6	1 800	165	9.2	667	37.1
私营企业	70	5 075	631	12.4	1 129	22.2
其他内资企业	2	842	99	11.8	20	2.4
三资企业	1	53	3	5.7	7	13.2

表 4　2015—2017 年甘肃省软件和信息技术服务业基本情况

项目名称	单位	2015 年	2016 年	2017 年
软件业务收入	万元	357 162	416 362	457 531
软件产品销售收入	万元	114 796	107 352	126 134
流动资产平均余额	万元	503 950	390 148	542 863
固定资产投资额	万元	10 356	51 744	27 861
资产合计	万元	777 513	818 928	1 135 594
负债合计	万元	389 952	423 219	540 440
税金总额	万元	18 126	25 081	29 175
利润总额	万元	40 875	29 028	43 780
应交所得税	万元	4 658	7 659	8 801
从业人员年末人数	人	9 427	9 809	12 496
从业人员工资总额	万元		59 822	78 583

表 5　2015—2017 年甘肃省软件和信息技术服务业三资企业基本情况

项目名称	单位	2015 年	2016 年	2017 年
软件业务收入	万元	808	598	796
软件产品销售收入	万元	396	287	270
资产合计	万元	1 810	1 786	1 581
负债合计	万元	713	712	485

续表

项目名称	单位	2015 年	2016 年	2017 年
税金总额	万元	37	9	5
利润总额	万元	9	25	25
应交所得税	万元			6
从业人员年末人数	人	65	63	53
从业人员工资总额	万元	194	162	130

注：表 1 ～表 5 数据来源于甘肃省工业和信息化厅。

［供稿：甘肃省工业和信息化厅］

青 海 省

【电子信息制造业】 2017 年，青海省电子信息制造业骨干企业 13 家，实现主营业务收入 60.3 亿元；利润总额 10.7 亿元，同比增长 129.7%；工业销售产值 81.0 亿元。从主要产品产量来看，单晶硅 12 795.4 吨，同比增长 301.2 %；多晶硅 14 220.9 吨；电解铜箔 19 689 吨，同比增长 5.0%；单模光纤 342.1 万芯千米，同比增长 101.4%；锂离子单体电池（电芯）159.6 万千瓦时，同比增长 106.8%；多晶硅电池组件 2.4 亿兆瓦，工交电子应用仪器 118 856 台。

【软件和信息技术服务业】 2017 年，青海省共有信息传输、软件服务业企业法人单位 339 家，从业人员 14 294 人。骨干软件企业完成营业收入 5.8 亿元。其中，软件业务收入 11 892.7 万元，信息技术服务收入 7 007.7 万元，嵌入式系统软件收入 1 972.3 万元。

【科技进步与应用】 2017 年，青海省以“百项创新攻坚工程项目”和“百项改造提升工程项目”为抓手，引导企业加大科技研发投入，全年完成企业研发投入 11.5 亿元，完成改造投资 210.7 亿元。取得“一种光伏电站数据采集系统的数据处理方法”“高海拔光伏电站电网扰动模拟监测设备后台操作监控系统”等 11 件发明专利，“高海拔光伏电站电网故障模拟测试系统移动监测平台”“一种 3D 打印房屋油墨及其制备方法”等 46 件实用新型专利以及“青稞麦片”等 9 件外观专利；“基于 P 型硅衬底的背接触式太阳能电池及其制备方法”等 9 项创新成果通过鉴定；制定“锂电池隔膜用高纯超细氧化铝”“蓝宝石级高纯氧化铝”等企业标准 15 项。新培育青海聚能钛业股份有限公司、青海雪峰牦牛乳业有限责任公司等 4 个省级企业技术中心。“48 对棒还原炉研发及规模化应用”“光伏方阵多性能移动检测平台开发”均达到国际领先水平，“铅优先浮选锌硫混合浮选再分离工艺”“全火焰水解法 ACD+OVD 生产工艺”等技术成果达到国内一流，金属镁一体化建设、盐湖提锂、EFG 导模法批量生产蓝宝石大尺寸窗口片、G652.D 单模光纤预制棒关键技术研究、立卧转换型五面加工中心等一批关键核心技术实现新突破，黄河水电青海省光伏工程技术研究中心、亚洲硅业青海省硅材料工程技术研究中心等企业自主研发机构为企业创新发展提供技术支撑。

【信息基础设施】 2017 年，青海省固定宽带用户新增 20.5 万户，达 120.2 万户；光纤接入用户（FTTH/O）新增 25.5 万户，达 108.2 万户；3G/4G（移动宽带）用户数新增 129.2 万户，达 513.1 万户；固定宽带家庭普及率 54.6%；3G/4G 用户普及率新增 18.3 个百分点，达 86.5%。全省 20Mbps 及以上宽带用户累计新增 31.5 万户，用户总数 103.4 万户，50Mbps 及以上宽带用户 74.7 万户，占全省宽带用户的 63.8%。移动互联网接入流量资费水平同比下降 62.3%，降幅居全国第 3 位；手机流量资费水平同比下降 70.9%，降幅居全国首位；互联网宽带接入资费水平同比下降 14.5%，降幅居全国第 5 位。

【电子政务】 2017 年，青海省电子政务外网建成 1 个省级中心、8 个市州级中心、46 个区县级中心，网络覆盖全省各级党政机关 2 218 家，其中省级部门 79 家，市州、区县两级党政机关 2 139 家，网络承载国家、省、市州、区县四级各类业务系统 80 多个，为各单位业务系统迁移上云和云上应用提供安全高效的网络环境，为全省各级部门开展跨层级、跨地区、跨部门、跨系统、跨业务的协同管理和服务提供网络支撑。省级电子政务云已建成上线运行，具备为省直各部门提供服务的基本能力，已有 14 个单位的 21 个系统迁移上云，12 个单位的 16 个系统正在迁移。政务服务集约化平台项目正式上线运行。

【两化融合】 2017 年，青海省立足产业基础，紧盯发展前沿，以推动企业数字化、网络化、智能化改造提升为主线，以优化政策环境、强化要素支撑、推动试点示范、夯实基础工作为主要路径，推进互联网、大数据、物联网等新一代信息技术与工业企业融合发展；规模以上工业企业关键工序数控化率 59.5%，生产装备数控化率 59.2%，电子商务应用率 47.7%，制造业与互联网融合各项指标大幅提升，《青海省制造业“双创”平台》等 2 个项目入围工业和信息化部 2017 年制造业“双创”平台试点示范。

统筹安排信息服务专项资金 6 000 万元，集中支持 58 项重点项目，带动投资近 10 亿元。其中，《盐湖资源综合利用信息一体化》等信息技术改造提升项目推动传统产业降本增效取得显著成效，《晶体硅太阳能电池数字化生产车间》等两化融合重点项目助力新兴产业生产模式迭代创新，大美煤业智能工厂建设全面推进，西部矿业两化融合管理体系贯标重塑企业新型能力获得实质性进展。

有效发挥示范带动作用，推动企业转型升级。亚洲硅业（青海）有限公司等 6 家企业入围国家级两化融合管理体系贯标试点企业，盐湖工业股份有限公司等 9 家企业获评全省制造业与互联网融合优秀企业，青海能发集团公司等 5 家企业被评为省级两化融合贯标试点企业，省测试计算中心等 2 家机构入选省级两化融合支撑服务机构，信息化推动工业经济转方式、调结构、增效能的倍增和带动作用不断显现。

【信息消费】 2017 年，青海省信息消费规模 362.6 亿元。其中，通信业务收入完成 59.7 亿元，电子信息制造和软件产业收入完成 62.9 亿元，信息服务消费完成 221.9 亿元，信息终端产品消费完成 18.1 亿元。重点项目主要有光网推进工程完成投入 11.7 亿元，4G 无线宽带推进工程完成投入 22.8 亿元，畅通安全网络工程完成投入 9.2 亿元，高原信息港工程完成投入 3.1 亿元，农牧区信息化推进工程完成投入 1.4 亿元，数字生态建设工程完成投入 0.3 亿元，数字政务建设工程完成投入 4.7 亿元，数字民生建设工程完成投入 4.8 亿元，数字产业建设工程完成投入 29.8 亿元，数字城镇建设工程完成投入 3.2 亿元。

【云计算与大数据】 2017 年，青海省推动新兴产业融合发展，培育发展新动能。落实现有云数据中心享受大工业电价优惠政策，夯实大数据产业发展基础；联合中国电子技术标准化研究院开展《青海省新能源大数据发展研究》课题研究，推动青海省大数据与新能源产业融合发展；重点支持《青藏高原国家云数据中心》《生态大数据平台研究开发与应用项目》等 3 项大数据应用项目，支持资金 400 万元，带动投资 4 268 万元；稳步推动青海省大数据产业研究院筹建，以逐步形成集人才培养、大数据应用、大数据分析和交易的产业链，实现研究、开发、产业化与孵化同步推进；推荐申报的《青海省旅游云数据平台项目》成功入选全国 2017 年度云计算优秀典型案例。

【重点信息化项目】 2017 年，青海省信用工作在信用平台、信用网站建设推广及信用数据归集、共享、交换、公示、应用等方面取得阶段性成果。完成目录梳理 61 家（厅、局、委、办），完成数据对接 58 家，累计归集入库各类信用信息数据 4 600 万条。依托信用平台设计开发联合奖惩系统，已与省高法、省工商局、省国税局、省地税局、省住建厅等部门相关业务系统进行有效对接，失信被执行人、企业异常名录、重大税收违法案件、A级纳税人等红黑名单信息在相关单位之间已实现实时共享。智慧农牧业大数据平台建设取得实质进展。采取政府与社会资本合作方式，引入合作伙伴青海宝讯溯源科技有限公司，开启政府与企业合作共建模式。智慧农牧业大数据平台采用新兴互联网、云计算、物联网、人工智能等技术，将新一代信息技术与农牧业产业链深度融合，实现农牧业生产智能化、管理在线化、经营网络化、服务在线化。省级层面已完成大数据平台14个板块的框架设计及系统研发工作；完成省级农牧业大数据平台与42个已有的农牧业信息系统的数据对接；智慧渔业、GIS智能管控、智慧乡村、综合信息服务、农畜产品质量安全、在线诊断等6个手机端App完成开发。已完成种植业、畜牧业、渔业、草原“四大板块”1 755家生产主体GPS定位上图。

在电子信息制造产业方面，支持《电子级多晶硅工艺系统优化改进》《应用于可穿戴智能电子产品的蓝宝石长晶工艺研发及产业化》等6项电子信息制造项目资金710万元，带动投资14 502万元；在软件产业方面，支持《光伏发电信息采集分析示范项目》《矿热炉运行优化节能控制系统》等3项软件研发项目资金200万元，带动投资6 713万元。在大数据产业方面，重点支持《青藏高原国家云数据中心》《生态大数据平台研究开发与应用项目》等3项大数据应用项目，支持资金400万元，带动投资4 268万元。

【产业环境】 2017年，青海省制定出台《信息化和宽带青海建设办公室贯彻落实<“十三五”国家信息化规划>工作方案》，制定出台《信息化和宽带青海建设办公室贯彻落实<“十三五”国家信息化规划>工作方案》，从信息基础设施建设等4个方面进一步明确全省各领域“十三五”信息化工作的目标任务。建立“以典型带应用、用应用促发展”的两化融合工作机制，完成《青海省智能工厂和数字化车间认定管理办法》拟定和《青海省信息服务专项资金管理办法》修订工作，两化融合发展政策环境进一步优化；工业企业对两化融合工作的认识切实提高；电信运营企业推动工业园区和工业企业信息通信基础设施建设步伐显著加快；信息技术服务企业融入两化融合发展大局、助力工业信息化建设的积极性和主动性进一步提升。

【统计数据】

表1 2015—2017年青海省电子信息制造业基本情况

项目名称	单位	2015年	2016年	2017年
工业总产值（现行价）	万元	895 436	2 165 252	868 597
工业销售产值	万元	810 600	880 690	809 748
出口交货值	万元	7 149	2 208	717
资产总计	万元		1 341 621	1 455 592
负债合计	万元		856 688	882 551
主营业务收入	万元	867 300	901 050	603 365
利润总额	万元		46 434	106 639
应交所得税	万元	−11 400		14 701
从业人员年末人数	人	5 274	5 154	4 885
从业人员工资总额	万元		29 051	19 491

表 2　2015—2017 年青海省软件和信息技术服务业基本情况

项目名称	单位	2015 年	2016 年	2017 年
软件业务收入	万元	12 142	11 541	11 893
软件产品销售收入	万元	2 962	3 983	55 369
流动资产平均余额	万元	11 387	5 966	1 203
固定资产投资额	万元			88 513
资产合计	万元	13 448	13 494	42 010
负债合计	万元	5 508	5 921	14
税金总额	万元	28	9	-845
利润总额	万元	-170	-154	232
应交所得税	万元	2	48	1 541
从业人员年末人数	人	876	861	1 406
从业人员工资总额	万元	2 630	4 953	8 923

表 3　2015—2017 年青海省软件和信息技术服务业主要经济效益指标完成情况

项目名称	单位	2015 年	2016 年	2017 年
资产保值增值率	%		73	113
资产负债率	%	41	44	47

注：表 1 ~表 3 数据来源于青海省工业和信息化厅。

［供稿：青海省工业和信息化厅］

宁夏回族自治区

【电子信息制造业】　2017 年，宁夏回族自治区（以下简称宁夏）规模以上电子信息制造企业完成工业总产值 138.2 亿元，完成工业增加值同比增长 44.8%，高于全区工业增加值增速 36.2 个百分点。全区电子信息制造业 25 家，其中，规模以上企业 15 家，从业人员 8 275 人。

2017 年，宁夏规模以上光伏企业完成工业总产值 124 亿元，同比增长 68.9%，占电子信息制造业产值近 90%。全区单晶硅棒产量 39 362 吨，多晶硅锭产量 5 848 吨，光伏组件 400 兆瓦。其中，隆基硅材料有限公司全年产值 91 亿元，成为全球最大的光伏单晶生产企业。

宁夏工业蓝宝石、锂电池及正极材料、电极箔等新项目已建成投产。龙能科技（宁夏）公司 3.5 亿安时高端锂离子电池芯项目开始试生产；宁夏杉杉能源公司一期 1 万吨锂离子电池正极材料项目已投产达效，新增产值约4亿元。

【软件和信息技术服务业】 2017年，宁夏规模以上软件企业完成软件业务收入15.6亿元，同比增长17.8%。其中，软件产品销售收入4.6亿元，同比下降25.3%；信息技术服务收入10.6亿元，同比增长71.7%；嵌入式系统软件收入0.4亿元，同比下降55.9%。实现营业利润总额1.5亿元，同比下降14.2%。全区软件和信息技术服务企业300多家，其中，规模以上企业80家，新增29家，从业人员5165人，同比增长25.8%。

宁夏软件企业快速向信息系统集成服务商转变，从单纯软件产品开发服务，向网络、设备、软件整体性集成服务发展。全区具有信息系统集成及服务资质的企业77家，信息系统集成服务收入增长71.7%，占软件业务收入的68%。随着微信、阿里、华为等云平台软件的广泛应用，传统软件产品市场开始萎缩，软件产品收入下降明显。部分软件企业产品积极转型，集成互联网应用，向平台化、云端化发展，服务模式向信息技术服务转变。

宁夏电通物联网公司研发的电梯安全监管物联网系统接入近万部电梯，获批国家发展和改革委员会“电梯物联网安全监管技术”国家地方联合工程研究中心。宁夏希望信息股份公司中标“新疆互联网+政务服务平台建设”，建设的“小事儿”平台用户突破100万户。银川方达电子公司是全国最早从事医疗社保信息系统研发的企业之一，建设的医疗社保一卡通平台每年完成医疗结算近100亿元，保障全区人民就医结算。宁夏亚视电子科技公司自主研发远程互动智慧课堂共享平台。宁夏计算机软件和技术服务公司建设和运维的宁夏教育考试院，连续10多年保障全区高考、研究生考试和录取工作。

【信息产业基地和园区】 宁夏中关村科技园西部云基地承载大数据存储和处理服务，亚马逊AWS数据中心一期3栋机房已建成；誉成云创数据中心一期2栋机房4万平方米已建成，二期4栋机房6万平方米已封顶；中国移动宁夏数据中心开始安装调试服务器；炫云西部云渲染数据中心已封顶；中国联通宁夏数据中心、风云气象卫星数据中心正在推进。

银川IBI育成中心聚集全区75%的软件企业，一期15万平方米、二期39万平方米、三期8万平方米已全部建成，入驻宁夏希望信息产业有限公司等本地软件企业200多家，产值占全区软件业务收入70%以上。

银川滨河新区智慧产业园吸引城市管家、好大夫互联网医院、平安互联网医院等智慧城市建设和“互联网+医疗”服务企业；银川大数据中心一期1栋机房已建成，可承载1万台服务器，服务银川市行政审批和智慧城市建设，二期2栋机房已封顶；3万平方米（14层）的智慧产业研发大厦已经完工，装修基本完成。

银川中关村创新创业科技园由“一中心一基地”构成。其中，中心及银川中关村创新中心选址靠近银川市中心的10万平方米商业综合体，已经完成装修，入驻24家企业；基地选址西夏区，规划土地富足，靠近大学城，人才充足，已经开工基础建设。

【云计算与大数据】 亚马逊AWS数据中心一期2.5万台服务器已上线运营；美利云数据中心一期已交付奇虎360公司1.1万台；中国移动数据中心土建工程已完工，开始安装机电设备；中兴智慧银川大数据中心一期为智慧川建设、互联网医院布局服务器约1万台。推进“互联网+”行动，通过制定互联网医院和医生管理办法，在银川市第一人民医院开始应用试点，吸引全国20家互联网医院到宁夏发展，使优质医疗资源普惠更多群众。建设“宁夏工业大数据综合管理与应用系统”，为全区工业和信息化系统、工业园区、重点企业提供行业运行、项目申报、物联网技术应用等服务，为自治区提供决策支持。推荐的“区域性医疗集团一体化服务管理大数据平台”“智慧银川大数据基础服务平台”和“宁夏工业大数据综合管理与应用系统”获得工业和信息化部大数据优秀服务和应用解决方案，“基于智慧银川大数据分析的企业云管理服务平台”和“教育资源公共服务平台”获得工业和信息化部云计算优秀典型案例。

【工业与互联网融合】 2017年，宁夏开展互联网与工业融合创新试点示范工作，通过项目征集、专家评审、行业处室审核、综合评价等环节，在原材料、化工、装备、轻纺、食药和电子信息等行业遴选宁夏钢铁（集团）互联网融合创新发展等10个互联网与工业融合创新试点示范项目，引导企业充分发挥互联网在企业生产组织、资源配置、产品形态和商业模式中的优化集成作用。争取国家各项试点示范企业，吴忠仪表服务型制造“双创”平台建设、宁夏如意“互联网+”数字化智能纺纱生产新模式、维尔铸造中国标准动车组铝合金枕梁生产制造3个项目被列为国家“双创”平台试点示范项目，项目的实施激发制造企业的创新活力、发展潜力和转型动力。

【主要问题】 宁夏电子信息产业总体规模依然较小，仅占工业总产值的3%；企业数量有限，规模以上企业仅有95家；企业布局分散，产业关联度差，产业链关键环节缺失，产品附加值不高，未能形成集聚效应。电子信息制造两头在外，原辅材料需外购，产成品需要外运，增加企业物流成本。缺少龙头企业、知名企业、拳头产品。云计算以大数据存储为主，应用较少，带动效应缓慢。

电子信息企业大多轻资产，贷款比较难，资金投入不足。缺乏光伏组件、锂电池组件、嵌入式系统、云计算、大数据、信息安全、系统测试等方面的技术开发、管理经营、市场融资等方面的创新人才。区内企业、高校和科研院所缺少电子信息相关技术中心、重点实验室、产学研联盟、开源社区等创新平台。全区互动协同创新机制不健全，协同创新研发能力不足。

【发展趋势】 争取工业和信息化部大数据产业试点示范项目支持，开展自治区工业大数据试点示范工作，支持软件企业参与工业自动化、数字化、智能化技术改造，支撑工业智能制造。推进9家光伏制造企业开展对标工作，帮助光伏企业率先实现智能制造。

调整云计算企业享受所得税的条件和程序，提高电子信息制造企业用电直接交易量，降低企业用电成本。指导企业申报和利用企业技术中心、产业创新中心、工程研究中心、“双创”基地等创新平台。联合卫计委等部门做好互联网+健康养老调研，引导企业积极参与智慧健康养老等应用试点示范项目。

研究制定电子信息产业发展计划图，盘活区内区外两种资源，细化光伏制造和锂电池产业发展优势及产业合作图，力争每年有2～5个招商项目落地。建立项目管理台账，将投资过0.3亿元的新建项目和全部拟投产项目纳入台账，力争尽快投产达效。

推进隆基硅5吉瓦切片、腾辉2吉瓦组件等7个光伏大项目建设。加大同江苏省等地光伏制造企业的有效对接，主动承接向西部转移的光伏制造业。加快推进宁夏杉杉能源公司1.2万吨正极材料、江苏瑞盛宁夏锂电池材料分公司1万吨正极材料等建设。引导企业研发安全、轻薄、大容量锂离子电池产品，将锂电池产业培育成工业经济新的增长点。

支持中卫西部云基地、银川滨河新区智慧产业园、银川IBI育成中心发展，形成1～2个省级大数据产业聚集区。发挥扶持云计算产业税收、土地、气候、能源、网络等优势，吸引大型互联网企业落户聚集发展，推进亚马逊数据中心、美利云数据中心、中兴智慧银川大数据中心的商业应用。

发挥南京邮电大学科技教育人才优势，开展政用产学研深入合作。以点带面，实现与更多信息技术类高校、研究机构的合作，引导先进技术和人才向宁夏转移。

研究出台新政策，细化服务方式，培育工业蓝宝石、工业软件、物联网、半导体、集成电路等前景好高成长性前沿产业。搭建互动交流平台，形成区内光伏、锂电池、软件、大数据上下游企业交流协作、本地配套、抱团发展新机制。

【统计数据】

表1　2017年宁夏回族自治区电子信息制造业人员构成情况

企业类别	企业数（家）	从业人员年末人数（人）	人员构成					
			工程技术人员（人）	在总人数中所占比例（%）	管理人员（人）	在总人数中所占比例（%）	研发人员（人）	技术工人（人）
内资企业	15	8 275	703	8.5	1 149	13.9	554	5 869
私营企业	15	8 275	703	8.5	1 149	13.9	554	5 869

表 2　2015—2017 年宁夏回族自治区电子信息制造业基本情况

项目名称	单位	2015 年	2016 年	2017 年
工业总产值（现行价）	万元	658 838	943 523	1 381 775
工业销售产值	万元	567 478	884 966	1 230 517
出口交货值	万元	504	1 243	800
流动资产平均余额	万元	393 378	983 180	1391 361
固定资产净值平均余额	万元	104 802	440 644	611 909
资产总计	万元	1 495 112	1 783 875	2 210 564
负债合计	万元	813 843	946 187	1 130 219
主营业务收入	万元	807 767	1 171 009	1 654 068
税金总额	万元	7 600	11 733	33 033
利润总额	万元	22 317	97 028	214 001
应交所得税	万元	2 837	7 761	14 563
从业人员年末人数	人	6 014	7 026	8 275
从业人员工资总额	万元	34 517	25 725	48 247

表 3　2015—2017 年宁夏回族自治区电子信息制造业主要经济效益指标完成情况

项目名称	单位	2015 年	2016 年	2017 年
全员劳动生产率	元 / 人	1 095 507	1 342 902	1 669 818
产品销售率	%	86.1	94.7	90.0
资产负债率	%	54.4	53.0	51.1

表 4　2015—2017 年宁夏回族自治区主要电子信息产品产销量情况

产品名称	单位	产量			销量		
		2015 年	2016 年	2017 年	2015 年	2016 年	2017 年
单晶硅棒	吨	19 000	22 800	39 362	16 360	21 600	39 148
多晶硅锭	吨	13 000	9 200	5 848	11 190	9 110	5 873

表 5　2017 年宁夏回族自治区软件和信息技术服务业人员构成情况

企业类别	企业数（家）	从业人员年末人数（人）	人员构成			
			管理人员（人）	在总人数中所占比例（%）	软件开发研究人员（人）	在总人数中所占比例（%）
内资企业	80	5 165	893	17.3	1 854	35.9
国有企业	6	686	248	36.2	130	19.0
私营企业	74	4 479	645	14.4	1 724	39.5

表 6　2015—2017 年宁夏回族自治区软件和信息技术服务业基本情况

项目名称	单位	2015 年	2016 年	2017 年
软件业务收入	万元	114 051	132 037	155 508
软件产品销售收入	万元	45 573	61 855	46 186
流动资产平均余额	万元	105 496	55 532	148 200
固定资产投资额	万元	3 639	8 450	28 188
资产合计	万元	192 145	245 671	329 614
负债合计	万元	97 335	118 406	146 342
税金总额	万元	5 532	8 621	9 434
利润总额	万元	14 386	17 442	14 973
应交所得税	万元	1 743	2 672	2 820
从业人员年末人数	人	3 848	4 105	5 165
从业人员工资总额	万元	25 531	22 365	37 220

表 7　2015—2017 年宁夏回族自治区软件和信息技术服务业主要经济效益指标完成情况

项目名称	单位	2015 年	2016 年	2017 年
全员劳动生产率	元 / 人	118 556	128 660	120 431
流动资产周转率	次	1.7	2.4	1.5
产品销售率	%	100.0	100.0	100.0
总资产贡献率	%	11.1	10.6	8.8
资产保值增值率	%	144.0	143.0	106.0
资产负债率	%	50.7	48.2	44.4

注：表 1 ～表 7 数据来源于宁夏回族自治区工业和信息化厅。

［供稿：宁夏回族自治区工业和信息化厅］

新疆维吾尔自治区

【概况】 2017年，新疆维吾尔自治区（以下简称新疆）电子信息产业抓住“一带一路”发展机遇，推进供给侧结构性改革，产业整体保持稳步增长。信息产业实现主营业务收入605亿元；实现信息消费规模665亿元，同比增长15%以上。电子信息产业实现主营业务收入343.9亿元，同比增长8.8%；利润27.1亿元，同比增长43.8%；完成项目投资125.6亿元，同比增长57%。全区两化融合发展水平指数62.8。

【电子信息制造业】 2017年，新疆电子信息制造业贯彻实施“煤—电—硅”“煤—电—铝”发展战略，发挥资源、能源优势，加强技术创新，推动重点项目实施，推进硅、铝下游产业和电子产品组装业发展，产业保持较快增长。全行业实现主营业务收入250.2亿元，同比增长7.2%；利润总额22亿元，同比增长45.0%；出口交货值3.7亿元，同比增长2 772.6%；完成基本建设投资额同比增长61.2%，完成技改项目投资额同比增长1 391.5%。硅基、铝基电子材料产量增长较快。多晶硅、电极箔产量大幅增长，多晶硅产量4.9万吨，同比增长40.5%。

全区尤其是南疆地区坚持把电子产品组装业作为招商重点，通过承接中东部产业转移，加大劳动密集型电子产品组装企业落户，全力推进电子产品组装业集群发展。截至2017年年底，新疆已落地广泓能源科技有限公司、恩科电子有限公司等35家电子产品组装加工企业，实现就业1万余人，为新疆脱贫攻坚和维护社会稳定发挥积极作用。

随着国家“一带一路”倡议的推动实施和“光伏扶贫”工作的开展，新疆光伏发电应用迎来新一轮的发展机遇。截至2017年年底，新疆太阳能发电装机容量907.6万千瓦，新增光伏装机容量15万千瓦，太阳能发电量102.6亿千瓦时，同比增长54.4%，弃光率为21.5%，同比下降11.5个百分点。

【软件和信息技术服务业】 2017年，新疆131家规模以上软件和信息技术服务企业实现主营业务收入96.5亿元，同比下降0.5%；实现软件业务收入54.5亿元，同比下降25.7%。其中，软件产品收入保持快速增长，全年收入12.8亿元，同比增长21.5%；信息技术服务收入40.9亿元，同比下降34.7%。嵌入式系统软件收入7 902万元，占软件业务收入的1.4%，同比增长553.1%。软件外包服务收入9644万元，同比增长10.1%。软件业务外包出口收入首次实现零的突破，达278.7万元。利润总额5.6亿元，同比下降9.6%；从业人员10 617人，同比下降27.2%。

根据新疆软件行业协会计算机信息系统集成企业年检数据显示，全区726家软件和信息技术服务企业实现主营业务收入161.9亿元，同比增长38.3%；从业人员3.4万人。全年完成4批计算机信息系统能力评估申报工作，新增175家。截至2017年年底，全区系统集成企业726家，其中，甲级125家，乙级164家，丙级334家，丁级103家。

为促进软件和信息技术服务业发展，新疆发布《软件企业评估规范》和《软件产品评估规范》。按照新的评估规范，全年受理软件企业评估28家。截至2017年年底，全区软件企业148家，软件产品164项。全年登记软件著作权123项，累计登记软件著作权2 978项。

【信息基础设施】 2017年，新疆固定电话用户472万户，移动电话用户2 244万户，互联网宽带接入用户550万户，其中，50Mbps以上宽带接入用户占比近75%；全疆行政村通宽带率75%，全疆IPTV+乐播TV用户500万户。免费提升区内中小微企业宽带速率至50Mbps。推动完成国家普遍服务资金投资18亿元，完善区内农村、边境及南疆四地州信息通信基础设施建设。

【工业信息安全】 2017年，新疆颁布实施符合区情的网络安全地方立法。《自治区网络安全管理条例》于2017年9月27日通过自治区十二届人大常委会第三十二次会议审议，10月1日颁布实施。

做好工业控制系统信息安全工作。在全区范围内开展工业控制系统信息安全自查工作，208家运营单位报送2 204套重要工业控制系统；督促和指导物联网运营单位从认识上、制度上建立网络与信息安全的风险意识，强化运营单位物联网信息安全的重要性；在自查工作基础上，组织专业技术队伍对电力、化工、装备制造、铁路、民航、城市供水等重点领域和相关工业14家单位的重要工业控制系统进行现场抽查和深度核查，对运营单位的工业控制系统的安全软件选择与管理、配置和补丁管理等11个方面实施检查；依托技术支撑单位利用“新疆工业控制系统信息安全监测、验证、审查平台”（试运行）对全区连接互联网工业控制系统进行扫描，及时发现风险隐患，并通报整改；帮助企业开展国产密码在工业控制系统中的应用工作，新疆众合股份有限公司被自治区党委密码局定为重要工业控制系统应用示范企业；第一时间将国家、自治区相关单位发布的网络风险防范信息通报区内各工业控制信息系统使用单位和相关部门，做好自身网络安全防范工作。

“未来网络”应用研究和项目示范工作取得实质进展。组织召开新疆“未来网络”应用研究和项目示范试点工程推进会；成立由新疆广电网络公司为主体的新疆“未来网络”工程技术实验室，组成新疆“未来网络”技术专家组，并讨论通过《新疆“未来网络”应用研究和项目示范试点工程实施计划》。

【两化融合】 2017年，新疆新增5家企业被列入国家两化融合管理体系贯标体系试点企业，总数达16家；遴选8个国家级健康养老项目、11个双创平台、2家医院骨科手术机器人、12个大数据优秀平台案例，总计六类48个项目，入选项目近20家；新疆新特能源股份有限公司被列为制造业与互联网融合试点企业，国家财政支持9 000万元；通过自治区电子发展专项资金，遴选16个两化深度融合项目，安排财政支持资金800万元，预计可带动近1亿元企业信息化建设投入资金，助推全疆企业转型升级；自治区两化融合发展水平指数62.8，机电、汽车、光伏、风电等装备行业大型企业的数字化设计工具普及率超过52%，石油、煤炭、钢铁、建材、纺织等行业大型企业关键工艺流程数控化率超过58%；进一步促进地州两化深度融合工作，指导和支持乌鲁木齐市、喀什地区、巴州等地州举办5场两化融合专题培训；助推自治区小微企业转型升级，以“小微企业信息化服务券”的创新形式资助小微企业的信息化建设，全年共筹措近300万元财政资金，扶持“互联网＋小微企业”发展，形成自治区“双创”良好氛围。

【物联网】 2017年，新疆建设完成覆盖20多个委办局的政务应用系统，横向覆盖区本级100余个政务部门、4 000多个地县级政务部门；乌鲁木齐、奎屯等9个市被列入国家智慧城市示范城市名单，实施一批“数字强政”“数字城管”“数字慧民”等重点工程；对区地县三级166个政府网站进行绩效评估；继续推进社保、工商、交通、旅游、水利、文化、体育、环境保护、质量监督、扶贫等领域信息化，构建和完善自治区信息惠民体系。

乌鲁木齐市大力引进国内外知名智慧安防企业，成立产业联盟，建设占地2 700亩的智慧安防产业园，初步形成特种车辆、太赫兹安检门（仪）、无人机、特种机器人、智慧安防信息系统等为特色的智慧安防产业链，2017年产业规模突破400亿元。

【云计算与大数据】 2017年，新疆云计算与大数据基础设施建设不断完善。在新疆周边跨境光缆系统中进行17条光缆直连，出疆带宽6 600Gbps。乌鲁木齐—昌吉、克拉玛依云计算数据中心建设稳步推进，7个数据中心投运，设计机柜数3万余个，建成机柜数约1万个，投用机柜数约7 000个，有效促进数据资源集聚、融合和共享，提升数据资源利用价值。

云计算与大数据基地集聚效应初步显现。克拉玛依云计算产业园区聚集中兴通讯股份有限公司、北京超图软件股份有限公司等6类50余家业内知名企业。位于乌鲁木齐云计算基地的新疆软件园引入浙大网新科技股份有限公司、深圳一体集团等5家企业；园区工商注册企业累计263家，入驻129家，创客团队26家；累计获得专利51件，软件著作权279件，就业人数4 500余人；园区高新技术企业19家，新三板上市企业5家，其中，营业收入过亿元企业5家。

【产业环境】 2017年，新疆在制定完成《新疆维吾尔自治区经济和社会发展信息化“十三五”规划》及11个信息化子规划的基础上，进一步修改完善，文件于8月正式印发；起草并促请自治区人民政府印发《新疆维吾尔自治区制造业与互联网融合发展实施意见》；根据《2017年全疆深化改革工作计划》要求，起草完成《自治区信息产业投融资平台实施方案（送审稿）》，并提交自治区人民政府审定；起草《新疆维吾尔自治区关于进一步扩大和升级信息消费、持续释放内需潜力的实施意见》。

2017年4月，全疆信息化工作现场会在阿勒泰召开，全疆各地、各部门通过现场观摩、交流和学习，及时总结、推广先进地区、先进部门在信息化工作方面的好做法、典型经验，形成示范带动，推动自治区信息化整体建设；5月，举办2017新疆物联网产业联盟大会暨新疆物联网产业联盟高峰论坛；搭建基于移动互联网的新技术、新产品、新模式的演示交流、投融资对接、项目孵化等方面的平台，举办“移动杯”新疆App创新创业大赛；11月，“融合创新·智造未来——新疆首届制造业与互联网融合发展产业对接会”在乌鲁木齐市举办，全疆各地州经信委及近100家企业代表参会。

【主要问题】 新疆电子信息制造业产业基础较为薄弱、产业配套不完善。总体规模相对偏小，龙头企业数量有限，带动性不强，产业协同发展能力不足，电子材料占全行业的95%；产业技术开发、技术创新能力不足，企业融资难、融资贵的问题仍然较为突出；部分工业园区基础设施和生活配套设施建设相对滞后。

电子产品向西出口规模较小，市场拓展不足，走出去的步伐较为缓慢，“丝绸之路经济带核心区”优势没有发挥。过境货多，本地产品少，没有有效带动新疆本地电子产品制造业的发展。

电子产品组装业发展正在起步，劳动者素质与产业需求仍存在一定差距，领军人才和复合型人才仍较为匮乏；企业培训成本较高、用工不稳定的情况仍较为突出，人力资源的结构性矛盾仍是将来一段时期制约产业发展的瓶颈之一。

【统计数据】

表1　2017年新疆维吾尔自治区电子信息制造业人员构成情况

企业类别	企业数（家）	从业人员年末人数（人）	人员构成					
			工程技术人员（人）	在总人数中所占比例（%）	管理人员（人）	在总人数中所占比例（%）	研发人员（人）	技术工人（人）
内资企业	17	12 777	3 422	26.8	482	3.8	1 655	7 218

表2　2015—2017年新疆维吾尔自治区电子信息制造业基本情况

项目名称	单位	2015年	2016年	2017年
工业总产值（现行价）	万元	1 990 454	2 263 672	2 341 566
工业销售产值	万元	1 859 360	2 167 768	2 301 686
出口交货值	万元	34 108	1 305	37 488
流动资产平均余额	万元	1 534 148	2 005 493	2 327 809
固定资产净值平均余额	万元	226 065	1 741 869	1 633 721
资产总计	万元	4 274 779	4 574 841	4 888 797

续表

项目名称	单位	2015 年	2016 年	2017 年
负债合计	万元	2 644 610	2 712 806	2 979 540
主营业务收入	万元	2 192 533	2 334 018	2 501 962
税金总额	万元	6 454	3 336	19 350
利润总额	万元	104 869	151 514	219 794
应交所得税	万元	4 922	13 703	18 297
从业人员年末人数	人	14 577	13 832	12 777
从业人员工资总额	万元	124 655	121 323	880 391

表 3　2015—2017 年新疆维吾尔自治区电子信息制造业主要经济效益指标完成情况

项目名称	单位	2015 年	2016 年	2017 年
流动资产周转率	次	1.21	1.16	0.99
产品销售率	%	93.4	95.8	98.3
总资产贡献率	%	2.4	5.0	3.2
资产保值增值率	%	153.3	120.7	135.0
资产负债率	%	61.9	59.3	61.0

表 4　2015—2017 年新疆维吾尔自治区主要电子信息产品产销量情况

产品名称	单位	产量			销量		
		2015 年	2016 年	2017 年	2015 年	2016 年	2017 年
热敏电阻	万只	506	721	406	590	222	216
硅片	万片	4 395	2 790	551	4 430	3 056	608
多晶硅	吨	31 429	35 263	49 009	31 341	34 885	49 020
电子铝箔	吨	21 947	22 072	24 798	23 464	21 923	27 071
电极箔	万平方米	1 633	1 803	692	1 584	1 783	738
碳化硅晶片	万片	1.3	1	1.2	1.3	1	1.1
碳化硅	吨	48 056	67 313	2 071	57 828	59 613	17 088
蓝宝石	千克	145 029	141 789	141 383	105 333	122 840	111 054

表 5　2017 年新疆维吾尔自治区软件和信息技术服务业人员构成情况

企业类别	企业数（家）	从业人员年末人数（人）	人员构成			
			管理人员（人）	在总人数中所占比例（%）	软件开发研究人员（人）	在总人数中所占比例（%）
国有企业	7	2 088	252	12.1	122	5.8
集体企业	1	220	19	8.6	161	73.2
股份合作企业	1	41	6	14.6	26	63.4
国有独资公司	1	59	7	11.9	9	15.3
其他有限责任公司	22	1 308	229	17.5	290	22.2
股份有限公司	13	2 804	276	9.8	748	26.7
私营独资企业	3	106	13	12.3	4	3.8
私营合伙企业	2	64	11	17.2	10	15.6
私营有限责任公司	74	3 158	487	15.4	573	18.1
私营股份有限公司	5	428	41	9.6	72	16.8
其他企业	2	341	42	12.3	30	8.8

表 6　2015—2017 年新疆维吾尔自治区软件和信息技术服务业基本情况

项目名称	单位	2015 年	2016 年	2017 年
软件业务收入	万元	418 295	733 527	545 280
软件业务出口收入	万美元			279
软件产品销售收入	万元	104 590	104 994	127 611
流动资产平均余额	万元	456 323	446 065	637 046
固定资产投资额	万元	21 112	7 053	9 134
资产合计	万元	791 271	894 736	1 133 191
负债合计	万元	475 780	494 607	690 041
利润总额	万元	55 796	62 223	56 407
应交所得税	万元	9 385	9 264	8 249
从业人员年末人数	人	12 887	14 602	10 617
从业人员工资总额	万元	101 328	114 647	108 201

注：表 1 ~ 表 6 数据来源于新疆维吾尔自治区工业和信息化厅。

［供稿：新疆维吾尔自治区工业和信息化厅］

大 连 市

【电子信息制造业】 2017年，大连市145家规模以上电子信息制造业企业（主营业务收入1 000万元及以上）实现工业总产值637.1亿元，同比增长6.2%；主营业务收入692.1亿元，同比增长1.8%；出口交货值350.6亿元，同比增长18.2%。全年生产12英寸集成电路43万块，同比增长218.5%；移动通信基站17.0万信道，同比下降13.6%；激光视盘机189万台，同比下降11.3%；汽车音响926万台，同比下降9%；打印机28.9万台，同比下降42.9%。

中国华录集团有限公司、大连辽无二电器有限公司2家企业完成主营业务收入143.2亿元，同比增长12.2%，占全行业的20.7%，所占比重同比增长1.9个百分点；出口交货值40亿元，同比下降0.5%，占全行业的11.4%，所占比重同比下降2.1个百分点。

74家民营企业实现主营业务收入93.5亿元，同比下降30.8%，占全行业的13.5%，所占比重同比下降6.5个百分点；出口交货值8.8亿元，同比增长11.8%，占全行业的2.5%，所占比重同比下降0.2个百分点。民营企业整体发展规模偏小，多以单点形式存在，缺少具有带动作用的大企业和优势企业，相当一部分产品处于产业链中低端，核心竞争力不强。环宇集团由于通信领域部分老产品逐渐下线，新产品刚刚推向市场，效益尚未显现，收入的下滑对民营企业整体经济指标产生一定的影响。

69家外资及港、澳、台企业完成主营业务收入456.7亿元，同比增长18.9%，占全行业的66%，所占比重同比增长4.7个百分点；出口交货值302.2亿元，同比增长21.5%，占全行业的86.2%，所占比重同比增长2.4个百分点。其中，日资企业52家，完成主营业务收入293.2亿元，同比下降8%；出口交货值178.5亿元，同比下降10.2%。很多在连日资企业生产自动化程度高、工艺先进、产品优良率高于其他分公司，订单转移趋势有所减缓，甚至重新转回到大连公司生产，日资企业经营收入下滑态势放缓。

细分领域 大连市数字视听行业（含广播电视设备、视听设备、智能硬件设备）有8家企业，主要产品有激光投影电视、激光视盘机整机及机芯、智能家居产品、音视频矩阵产品等。全年完成主营业务收入178.1亿元，占全市电子信息制造业总量的25.7%。代表企业有中国华录集团有限公司、大连辽无二电器有限公司、大连阿尔派电子有限公司、大连科迪视频技术有限公司、大连鼎创科技开发有限公司等。

大连市虚拟现实产业相关企业有近20家，包括大连新锐天地传媒有限公司、大连博涛文化科技股份有限公司等发展态势良好的企业。新锐天地的“多多喝儿童智能保温杯”项目研发成功，已经量产并在全国销售；博涛文化的VR游戏产品——极限飞球项目在全国推广，已在近30个景区及娱乐场所落地。

大连市通信网络行业有5家企业，主要产品有程控交换机、移动通信基站、对讲机及相关配套产品、船舶引航监控系统等。全年完成主营业务收入35.4亿元，占全市电子信息制造业总量的5.1%。代表企业有大连环宇阳光集团、大连贝斯特电子有限公司。大连市信息安全创新中心被认定为市级制造业创新中心，联合产学研用单位启动移动网域平台建设与试制、4G网络信息安全防护系统研发。

大连市应用电子行业（含电子计算机及外设、电子测量仪器、电子信息机电产品等）有31家企业，主要产品有打印机及暗盒、微型马达、医疗电子产品、通信线缆等。全年完成主营业务收入116.2亿元，占全市电子信息制造业总量的15.7%。代表企业有佳能大连有限公司、大连中盈科技有限公司、东芝大连有限公司、日本电产（大连）有限公司、大连现代高技术集团有限公司。

大连市专用设备及材料行业（包括电子工业专用设备、电子信息产品专用材料）有48家企业，主要产品有软焊料装片机、SOP芯片装片机、大功率LED固晶机等集成电路封装设备，光引发剂树脂、高纯电子气体等电子工业专用材料、锂离子电池及模组、锂离子电池负极材料、电子模具等。全年完成主营业务收入113.7亿元，占全市电子信息制造业总量的18.3%。代表企业有大连佳峰电子有限公司、大连连城数控机器股份有限公司、科利德化工科技开发有限公司、大久制作（大连）有限公司、大连中比动力电池有限公司、大连宏光锂业股份有限公司。

大连市电子元器件行业（包括电子元件、电子器件）有53家企业，主要产品有芯片、LED芯片、传感器、电子印刷电路板、LED照明、液晶显示器等。全年完成主营业务收入245.0亿元，占全市电子信息制造业总量的35.1%。代表企业有英特尔半导体大连有限公司、大连德豪光电科技有限公司、大连阿尔卑斯电子有限公司、大连崇达电路有限公司、大连吉星电子有限公司、大连日佳电子有限公司、大连艾科科技开发有限公司、大连龙宁科技有限公司、大连科发传感器有限公司、大连兰科科技有限公司、国彪电源集团、大连藏龙光电子科技有限公司、大连芯冠科技有限公司、大连维德集成电路有限公司。

【软件和信息技术服务业】 2017年，大连市软件和信息技术服务业规模以上（软件业务收入500万元以上）企业708家，外资企业170家左右，近70家世界著名跨国公司在大连市设立全资的研发中心和信息技术服务中心。全行业实现软件业务收入1 053亿元，实现软件业务出口收入28.5亿美元。2017年出口业务中，对日出口比重为41%，受到日元汇率的影响小幅下降，欧美市场已占出口总量的40%。

2017年年底，大连市软件从业人员20.1万人。在国内一线城市人力成本快速攀升的大背景下，因大连市人力成本相对较低，且IT人才聚集数量众多，大连市成为众多IT企业降成本、转移研发业务的首选区域。

大连市以华为软件开发云为重点，加快推动云计算产业发展，在政府补贴政策落实和大力推广下，华为软件开发云在大连市快速落地，在全国形成示范效应，大连市推动云计算产业发展的举措被定义为“大连模式”。大连市承办的工业和信息化部云计算发展三年行动计划宣贯会暨云平台建设经验交流现场会顺利召开，促进大连乃至全国云计算产业发展。

推动产业开放合作成效显著。BAT互联网企业及华为技术有限公司的软件服务业务有所增长，互联网共享类业务和金融保险领域为主的客服、技术支持等业务量明显增加。东北亚大数据中心和东北亚大数据研究中心落户大连，软银大连公司升级为中国区总部，IBM中国区最大创新工作室揭牌，世界最大医药开发企业美国科文斯公司医疗数据管理中心落户大连市高新区，世界领先的爱尔兰旅游科技及产品服务提供商OpenJaw入驻大连。Colt（科尚）集团、拜耳共享中心落户大连。随着各大型企业的落户，软件人才迅速在大连市聚集。

支持兴办行业组织和产业联盟。受国家简政放权等大环境影响，政府编制缩减，权力下放，行业协会、技术联盟等社团组织快速发展起来，为产业发展创造良好氛围，成为产业发展的催化剂。中国工业软件产业发展联盟CAE分联盟等11个国家、省、市级产业创新联盟成立，大连软件行业协会、半导体协会影响力不断扩大，围绕新技术的大数据协会、人工智能产业联盟、区块链联盟等纷纷成立，在活跃市场的同时为企业提供更丰富的服务。

鼓励企业加快创新创业氛围初显。2017年，大连市制定《大连国家自主创新示范区三年行动计划（2017—2019年）》，印发《大连市支持科技创新若干政策措施》。研发费用加计扣除政策落实较好，企业享受该政策的比例大幅提高，实现加计扣除额3.5亿元，比上年翻一番，为企业减税8 945万元。涌现出一批创新企业和自主创新产品，秘阵科技有限公司在成立不到两年时间里申请和取得19项国际国内发明专利和软件著作权，研发的安全身份认证系统入选“国家品牌创新工程”；英特工程仿真技术（大连）有限公司入选2017年度中国工业软件十大优秀企业，其研发的通用多物理场耦合分析软件获得中国工业软件优秀产品奖；华信公司大连云计算公共服务平台建设获得2017年度云计算优秀典型案例称号。

【信息基础设施】 2017年，大连市召开相关部门工作会议，组织开展全市信息基础设施建设情况梳理工作，完成与各相关单位的数据核实，形成全市信息基础设施建设情况报告。全面实施“宽带大连”工程，建设全光纤网络城市。深化“无线城市”建设，重点推动“i-Dalian”无线网络项目建设。在时代广场、罗斯福广场、大商集团股份有限公司等40家大型商场超市建设免费、安全、高速的WiFi网络覆盖，实现大连市90%以上的大型商场超市的智慧化升级和WiFi网络覆盖。拓展部分医院、景区、学校、文体中心、公共交通等区域的免费WiFi网络，累积铺设的无线接入点数量1万个，累积注册用户数超过420万户。

【信息产业基地】 金州新区电子信息产业示范基地于2010年12月被工业和信息化部授予“国家新型工业化产业示范基地”称号，产业链条较为完整，产业特色鲜明，产业规模较大。

金普新区电子信息产业在产业规模、吸引外资、出口创汇等方面持续保持国内开发区领先地位。区内规划建设有“IT产业园”和“光电产业园”，为进一步发展电子信息产业积累较好的产业基础和产业经验。金普新区电子信息产业主要以外向型经营为主。外向型的经济模式使得电子信息产业在开拓市场空间、跟踪先进技术、提高企业管理水平等方面具有较强优势。金普新区电子信息制造业主营业务收入和出口交货值占大连市全行业的比重分别为72.6%和87.5%。

金普新区现有规模以上及重点电子信息企业98家，拥有国家级企业技术中心或研发机构3个、省级企业技术中心或研发机构1个，从业人员47 324人，是大连市电子信息产业主要集聚区和战略性新兴产业发展核心区，主要以半导体集成电路、LED芯片、通信与电子设备、办公设备与家电、电子元器件生产为主，尤其在半导体芯片、LED芯片制造领域处于行业领先地位。2017年，规模以上及重点电子信息企业实现主营业务收入502.5亿元，同比增长16.2%；出口交货值306.7亿元，同比增长30.5%。

【两化融合】 2017年，大连市引导和鼓励企业开展国家两化融合管理体系贯标试点工作，促进传统企业转型升级。大连奥拓股份有限公司、大连隆生服饰有限公司、大连冶金轴承股份有限公司、大连铭源控股集团有限公司、大连獐子岛集团股份有限公司5家企业成为2017年工业和信息化部两化融合贯标试点，推进中国华录集团、辽宁红沿河核电有限公司、中冶焦耐工程技术有限公司3家企业通过贯标认证。出台《大连市两化融合管理体系贯标试点企业专项资金管理办法》；组织召开大连市两化融合管理体系贯标试点企业工作推进会议，对列入国家试点企业进行专题培训和先进经验介绍。

推动制造业与互联网融合发展。推进大连冶金轴承股份有限公司、大连亚明汽车部件股份有限公司等重点企业开展制造业与工业互联网融合发展应用试点。推进大连应达实业物联网供热平台建设，完善功能扩大应用覆盖面。

【信息技术应用】 2017年，大连市完成《大连市智慧城市顶层设计方案》的编写，明确夯实信息化基础设施、促进社会平安和谐、推动民生幸福便捷、打造陆海物流通畅、提升城市宜居宜游、加快产业创新发展6个方面的重点建设内容和实施路径。推进物联网、云计算、大数据、移动互联网等新一代信息技术与大连城市发展和产业繁荣的融合创新；促进全市经济社会发展基于互联网的网络互通化、信息共享化、业务融合化、产业智能化，实现全市优质资源、生产要素的互联互通、广泛共享、有效聚合和充分释放。

以智慧应用建设带动智慧产业发展。引进国内知名企业，加快推动联通集团智慧城市数据产业基地建设项目和北京千方科技股份有限公司智慧交通产业发展战略合作项目的落地实施。

推进人口、法人、宏观经济和空间地理四大基础数据库建设，形成全市政务数据共享基础。开展各类证照的电子证照库建设，支撑以公民身份证、企业信用代码证为标识的政务服务事项“一号申请”。深化政务数据共享与应用，实现跨层级、跨地域、跨系统、跨部门、跨业务的协同管理和服务。

推进以企业法人库为代表的城市基础数据库建设，整合资源，打通“信息孤岛”；完成公安系统视频监控项目前期工作，确保国家“雪亮工程”项目按期完成；开展交警信息化平台、环保大数据、食品药品安全服务平台等80余个项目前期工作。

推动电子政务云中心建设工作，编写完成《大连市电子政务云计算中心购买服务模式招标建设指导性要求》《大连市电子政务云计算中心建设主要指标要求》等文件，指导电子政务云中心下一步的招标和实施工作。

【统计数据】

表 1　2017 年大连市电子信息制造业人员构成情况

企业类别	企业数（家）	从业人员年末人数（人）	其中：研发人员（人）
内资企业	92	32 887	3 052
国有企业	1	164	55
集体企业	11	13 799	861
股份合作企业	1	151	
有限责任公司	36	11 537	829
股份有限公司	7	1 756	290
私营企业	34	5 246	993
其他内资企业	2	234	24
港、澳、台商投资企业	12	2 646	346
三资企业	41	30 697	451

表 2　2015—2017 年大连市电子信息制造业基本情况

项目名称	单位	2015 年	2016 年	2017 年
工业总产值（现行价）	万元	6 132 352	5 999 215	6 371 117
工业销售产值	万元	6 156 004	6 049 892	6 344 668
出口交货值	万元	3 016 185	2 967 001	3 506 192
流动资产平均余额	万元	6 611 175	5 879 707	4 626 102
固定资产净值平均余额	万元	2 103 467	2 558 225	1 651 464
资产总计	万元	10 058 608	10 327 768	7 848 647
负债合计	万元	4 930 424	5 077 581	3 699 172
主营业务收入	万元	6 704 636	6 798 872	6 921 042
税金总额	万元	1 415 100	105 404	143 322
利润总额	万元	511 533	513 194	382 446
应交所得税	万元	56 211	81 829	52 901
从业人员年末人数	人	83 245	74 056	66 230
从业人员工资总额	万元	625 668	514 148	506 924

表 3　2015—2017 年大连市电子信息制造业三资企业基本情况

项目名称	单位	2015 年	2016 年	2017 年
工业总产值（现行价）	万元	3 885 548	3 822 659	3 747 082
工业销售产值	万元	3 927 405	3 868 199	3 774 919
出口交货值	万元	2 415 628	2 474 160	2 591 572
流动资产平均余额	万元	2 390 792	1 981 022	1 815 954
固定资产净值平均余额	万元	1 033 816	1 889 718	1 218 580
资产总计	万元	3 869 853	4 405 595	1 984 674
负债合计	万元	1 280 344	1 920 397	900 523
主营业务收入	万元	3 841 969	3 884 198	3 732 831
税金总额	万元	62 058	64 512	67 662
利润总额	万元	270 183	354 767	103 505
应交所得税	万元	31 559	65 228	21 871
从业人员年末人数	人	56 233	48 902	3 334
从业人员工资总额	万元	447 647	364 739	320 355

表 4　2015—2017 年大连市电子信息制造业主要经济效益指标完成情况

项目名称	单位	2015 年	2016 年	2017 年
流动资产周转率	次	1.0	1.2	1.5
产品销售率	%	100.4	100.8	99.6
总资产贡献率	%	6.5		6.1
资产保值增值率	%	106.6	104.6	155.0
资产负债率	%	49.0	49.2	47.1

表 5　2015—2017 年大连市电子信息制造业三资企业主要经济效益指标完成情况

项目名称	单位	2015 年	2016 年	2017 年
流动资产周转率	次	1.6	2	2.1
产品销售率	%	101.1	101.2	100.7
总资产贡献率	%	8.6		2.8
资产保值增值率	%	111.7	98.6	108.8
资产负债率	%	33.1	43.6	45.4

表 6　2015—2017 年大连市主要电子信息产品产销量情况

产品名称	单位	产量			销量		
		2015 年	2016 年	2017 年	2015 年	2016 年	2017 年
移动通信基站	信道	266 280	196 470	169 710	266 280	196 470	169 710
激光视盘机	万台	253	252	189	251	248	194
打印机	万台	60	51	29	56	55	29
半导体分立器件	万只	144 475	136 660	92 383	133 099	129 706	93 800
集成电路	万块	14 428	15 629	8 815	13 239	16 031	10 047
汽车音响	万台	1 001	1 023	926	1 024	1 213	1 082
雷达	部	2 689	3 277	1 156	2 668	3 305	3 305

表 7　2015—2017 年大连市三资企业主要电子信息产品产销量情况

产品名称	单位	产量			销量		
		2015 年	2016 年	2017 年	2015 年	2016 年	2017 年
集成电路	万台	14 428	15 629	8 815	13 239	15 031	10 047
汽车音响	万块	226	523	535	225	473	690

表 8　2017 年大连市软件和信息技术服务业人员构成情况

企业类别	企业数（家）	从业人员年末人数（人）	人员构成			
			管理人员（人）	在总人数中所占比例（%）	软件开发研究人员（人）	在总人数中所占比例（%）
内资企业	544	129 868	12 302	9.5	95 943	73.9
三资企业	164	70 785	6 948	9.8	57 499	81.2

表 9　2015—2017 年大连市软件和信息技术服务业基本情况

项目名称	单位	2015 年	2016 年	2017 年
软件业务收入	万元	15 068 197	10 147 487	10 533 847
软件业务出口收入	万美元	373 881	271 334	285 181
软件产品销售收入	万元	6 084 642	4 051 052	4 203 132
流动资产平均余额	万元	4 642 652	2 289 806	5 807 970
固定资产投资额	万元	153 125	95 207	106 640
资产合计	万元	12 527 468	7 014 508	9 315 800

续表

项目名称	单位	2015 年	2016 年	2017 年
负债合计	万元	6 961 563	4 268 761	5 321 239
税金总额	万元	1 002 166	773 773	477 892
利润总额	万元	570 892	685 870	810 198
应交所得税	万元	196 106	160 837	177 082
从业人员年末人数	人	216 612	180 368	200 653
从业人员工资总额	万元	1 296 344	1 685 013	1 980 472

表 10　2015—2017 年大连市软件和信息技术服务业三资企业基本情况

项目名称	单位	2015 年	2016 年	2017 年
软件业务收入	万元	4 651 217	1 075 736	4 404 792
软件业务出口收入	万美元	249 798	203 504	240 353
软件产品销售收入	万元	1 279 825	1 075 736	1 373 146
流动资产平均余额	万元	734 306	610 203	843 865
固定资产投资额	万元	28 839	12 822	51 787
资产合计	万元	2 665 407	2 531 645	2 056 934
负债合计	万元	829 541	74 673	1 532 431
税金总额	万元	238 762	224 073	229 388
利润总额	万元	144 902	155 250	290 927
应交所得税	万元	61 605	59 237	62 981
从业人员年末人数	人	59 218	80 077	70 785
从业人员工资总额	万元	590 492	728 073	877 851

注：表 1 ～表 10 数据来源于大连市工业和信息化局。

[供稿：大连市工业和信息化局]

宁 波 市

【电子信息制造业】 2017年，宁波市982家规模以上电子信息制造企业实现工业总产值1 919.2亿元、工业销售产值1 844.6亿元、出口交货值743.1亿元，分别同比增长15.1%、17.2%和11.5%，增速比上年分别提高11.6个百分点、14.9个百分点和14.8个百分点；实现主营业务收入1 856.0亿元，内销产值1 101.5亿元，分别同比增长17.1%和21.4%，增速比上年分别提高14.8个百分点和14.4个百分点，全行业增速创新高，产业规模达历史最高水平。

龙头企业引领全行业健康发展，全市规模以上电子信息产品制造业企业工业总产值超百亿元企业3家，超50亿元企业4家，超10亿元企业9家；3家企业入围全国电子信息百强企业。

新一代信息技术产业继续保持高速增长，2017年实现工业总产值599.7亿元，累计增速25.2%，占全市战略性新兴产业工业总产值的14.7%；工业增加值累计增速20.4%，超出全市战略性新兴产业工业增加值平均增速4.7个百分点。

产、销、出口等主要经济指标增速均创新高，电子信息制造业产值占全市工业总产值的13.6%，实现全市工业近三成出口，对全市工业总产值增长贡献率达11.3%，对全市工业出口交货值增长贡献率达29.5%。十大细分行业中，家电产品制造、电子器件行业、通信设备制造行业占据前三榜，增速均超过37%以上；而广播电视行业、电子元件行业、电子信息机电产品、电子测量仪器、电子信息专用材料也实现较快增长；全行业中比重较大的电子信息机电产品、光伏产品出口加速带动明显，对全行业的全年稳定增长产生积极意义。139家重点监测中大型电子信息制造企业生产、出口及利润增速分别为24.5%、19.5%和36.7%，对全行业生产销售及出口增长起绝对主力支撑作用。

全市规模以上电子信息制造业新产品产值994.5亿元，增速22.9%，明显快于行业工业总产值及销售产值增速。电子信息制造业工业总产值绝对值增加252.3亿元，其中，185.1亿元是由新产品产值增加而带动的。全行业完成科技活动经费支出48.7亿元，同比增长14.6%；科技活动经费支出占主营业务收入的2.7%，比上年同期高出0.1个百分点。

【软件和信息技术服务业】 2017年，宁波市软件和信息服务业规模532.5亿元，同比增长18.2%。软件业服务化、平台化趋势明显，实现信息技术服务收入280.5亿元，同比增长29.8%，其中，运营服务收入148.9亿元，同比增长31.3%；实现电子商务平台服务收入122.3亿元，同比增长30.5%；服务性收入增速高于行业平均增速，一云通、家电云、生意帮、纺织服装云、工业数据云等一批服务平台不断发展壮大。

工业软件在实施“制造业＋互联网”工程、推进工业物联网产业发展等制造强国建设中发挥重要作用。全年实现嵌入式系统软件收入172.0亿元，占软件和信息服务业总规模的32.3%，在各软件细分行业中居首位；在汽车、塑机、纺织服装等全市制造业重点领域，吉利汽车研究院、均胜电子股份有限公司、弘讯科技股份有限公司、海天驱动有限公司、云鸟软件科技有限公司等一批软件企业快速成长。软件企业承建全市打造的4个制造业重点服务平台中的3个。

鄞州区、高新区两地实现软件业务收入284.9亿元，占全市总收入的53.5%。随着信息经济示范区建设的推进，软件业呈现进一步集聚趋势，示范区引领产业增长的势头明显，鄞州区、余姚市、慈溪市等已认定的省级信息经济示范区软件业收入增长较快，分别同比增长27.8%、38.5%和20.3%，均高于全市平均增长速度。

【电子产品进出口】 2017年，宁波市电子信息行业出口逐步好转，出口增速在2月份由负转正，扭转自2015年3月以来连续负增长的局面，且呈现较快回升态势。

太阳能电池组件出口 138 亿元，同比增长 32.6%；二极管及类似半导体电子元件出口 140.2 亿元，同比增长 32.0%；电线电缆出口 103.3 亿元，同比增长 13.2%；移动通信终端设备出口产值比上年增长 50% 以上。

【科技进步与应用】 宁波均胜电子股份有限公司、舜宇集团有限公司和东方日升新能源股份有限公司 3 家企业入选第 32 届全国电子信息百强企业，分列第 30 位、第 39 位和第 61 位；13 家企业入围全省电子信息百家企业名单；芯路通讯科技有限公司获得全省领军型创业团队称号，研发成功首颗汽车 MCU 芯片；金瑞泓科技股份有限公司通过国家 02 专项验收，国产大规模硅片有望量产；锦浪新能源科技股份有限公司获得第六批国家光伏制造业规范条件企业；激智科技、江丰电子成功登陆 A 股市场；着力打通集成电路产业链薄弱环节，中芯宁波项目顺利推进，全市电子信息制造业呈现良好发展态势。

【信息基础设施】 2017 年，宁波市互联网城域出口带宽 6 500Gbps，城乡宽带网络平均接入能力分别达 100Mbps 和 50Mbps，4G 用户超 850 万户。基本完成城区 NB-IoT 网络覆盖建设，已在海曙区开通服务。全市主要公共场所已全面覆盖免费无线宽带网络，并在城市公交上进一步拓展应用，覆盖 400 辆公交车。“iNingbo”无线网络注册用户 248 万，日用户使用量 10 万余次，近 6 万人使用。加快城市基础设施智能化改造，完成城市公共设施物联网平台建设，已接入城管、公交总公司、邮政管理局等部门的系统，逐步为全市公共设施管理行业及各产业提供相关平台服务。

【电子政务】 2017 年，宁波市完善浙江政务服务网宁波平台建设，累计办件量 904 万件，全年访问量 280 万次。“统一受理”平台已建成启用，实现“一网全城通办”事项 2 744 项，共完成 22 家市级部门 45 个系统 247 个事项对接工作。推进数据共享，全市数据共享平台已有 20 类主题、408 个资源、130 多万条数据。构建一体化服务体系，实现在线申报事项数 5 万余项，网上申报件 543 万件，共申请电子印章 375 个，11.8 万余件电子档案归档。推进行政处罚系统建设，全年全大市行政处罚总办件量 44 347 件，梳理处罚裁量总量 28 171 项，公布行政处罚结果 93 882 件。统一网上办事服务入口，通过统一网上申报平台实现网上申报的行政审批事项 8 209 项，占全大市行政审批事项数的 46.8%。

抓好政府网站建设，全年市政府门户网站共添加整理中文信息 2 万余条，开展网上调查 5 次、意见征集 20 次，通过市政府门户网站进行《政务直播间》访谈 8 次。“宁波政务”微信服务号全年共发布、推送信息 800 余条，App 全年累计推送信息 264 条。打造宁波市政府网站集约化平台，60 家网站依托市政府网站集约化平台进行网站建设。做好全国政府网站普查，全年共计抽查政府网站 622 个，下发问题报告 622 份。

【两化融合】 2017 年，宁波市区域两化融合发展总指数 87.25，居全省第 2 位，比上年指数提高 1.41，处全省第一梯队位置。10 个区县（市）中，海曙区、奉化区、象山县进入全省二类地区，其余 7 个地区跻身全省第一梯队。5 个国家两化融合示范区总指数遥遥领先，其中，鄞州区和慈溪市分别为 94.60 和 93.86，分别居全省第 4 位和第 5 位；镇海区、北仑区、余姚市的总指数跻身全省 TOP 15。

基础环境不断优化，指数位居全省第一，为两化融合发展提供基础保障。政策扶持精准有力，部署智能制造、“制造业 + 互联网”、服务型制造、大数据等多个细化扶持政策，推进企业信息化水平提升。两化深度融合国家示范区建设成果显现，慈溪市和余姚市工业应用指数突破 40，慈溪市、鄞州区和北仑区应用效益指数突破 30，镇海区在工业增加值占 GDP 比重、第二产业全员劳动生产率、单位工业增加值工业专利量指数 3 项指标均居全省第一，两化融合水平领跑全省。

企业信息化应用不断深入，2017 年样本企业中均应用 ERP、MES、PLM、SCM 系统的企业有 88 家，占 44.0%，企业信息化应用向集成创新方向发展。加快推动制造服务化转型，拥有省级以上两化深度融合示范试点企业 20 家，当年认定市级两化深度融合示范企业 53 家。浙江中之杰软件技术有限公司、宁波东方电缆股份有限公司入选工业和信息化部 2017 年制造业与互联网融合发展试点示范项目单位。全市 29 家国家级贯标试点企业中，有 10 家企业通过国家两化融合贯标评定。搭建行业平台，成功建成家电云、纺织云、模具云等一批制造业行业云平台。全面实施“企业上云”工程，全年新增上云企业 32 142 家。

智能制造工程推动产业智造升级，累计实施“机器换人”技改专项 451 个，组织开展 4 个市级自动化（智能化）成套装备改造试点项目建设，确定宁波欣达（集团）有限公司的数字化电梯生产车间等 9 个项目作为第一批数字化车间 / 智能工厂市级示范项目。制订《关于加快促进企业实施技术改造三年行动计划（2017—2019 年）》，安排 9 000 万元专项资金，用于智能化改造诊断服务和初步解决方案设计的补助，市县两级新增智能制造工程服务公司 80 余家。

【信息安全】 2017 年，宁波市加强网络与信息安全工作的协调部署，组织召开信息安全等级保护专家评审会，举办“全市工业控制系统网络安全管理人员培训班”“全市基础网络与重要信息系统网络安全管理人员培训班”等相关培训和网络安全应急演练。开展 2017 年全市工业领域工业控制系统信息安全检查，组织市信息安全测评中心、电力、石化、信息技术等行业专家组成联合检查组，对市重点企业和重要工控系统开展专项检查，涉及全市化工、石油、石化、电力、钢铁、有色、装备制造等领域的 80 余家工业企业 450 余个工业控制系统。

【工业物联网】 2017 年，宁波市工业物联网企业数量约 180 家，全年工业物联网产业规模约 200 亿元。部分传感器和仪表企业居国内领先地位，全市有各类传感器及仪器仪表企业 30 多家，涉及压力、电流、光电、速度、位移、温度等领域。其中，宁波柯力称重传感器在国内市场占有率居首位，中车时代传感器产品在国内轨道交通装备领域市场约占 30% 份额，宁波水表股份有限公司、宁波三星电气股份有限公司、浙江蓝宝石仪表科技有限公司等企业分别在水表、电表、燃气表等仪表生产行业居全国领先水平。控制装置及设备制造快速发展，均胜电子股份有限公司、宁波江宸智能装备股份有限公司、宁波舜宇智能科技有限公司等企业均在各自领域形成一定规模。工业软件及信息服务能力不断增强，全市从事工业物联网系统集成在内的系统集成企业 102 家，其中，三级资质 26 家，二级资质 4 家。中小企业云制造平台“一云通”服务于 1 000 多家中小微制造企业，浙江文谷软件有限公司为企业提供工业云服务、工业大脑智能管理系统等产品和服务。

工业物联网技术应用水平不断提高，中银（宁波）电池有限公司自主研发基于物联网的碱性电池无人化车间；宁波欧琳厨房电器有限公司研发智能吸油烟机和燃气灶等系列产品，提升产品智能化水平和附加值。个性化定制服务深入发展，宁波慈星股份个性化定制云平台被工业和信息化部列为智能制造试点示范项目；贝发集团打造大规模定制业务信息化支持平台，被评为省级个性化定制试点示范企业。服务型制造转型速度加快，宁波新胜中压电器有限公司利用互联网技术实现业务模式创新，海天集团搭建的海天注塑云平台已在浙江省范围内全面推广。

【云计算与大数据】 2017 年，宁波市抓数据，加快政务大数据发展。市政务云计算中心已入驻政务云的单位有 89 个，在政务云上已投入使用和测试的系统 184 个，归集 20 个市级部门的 148 张表共 2.35 亿条有效数据记录，共享数据超过 3 亿条，融合加工 7 286 万条有效数据资源。开展智慧城市运营中心研究，结合中国科学院与宁波市的 CityGo 研究项目，对全市智慧城市运营中心进行大量前期研究工作，为下一步项目启动打下基础。

抓应用，加快行业大数据应用发展。成立宁波市工业大数据应用推广中心，通过论坛、培训等形式面向全市工业企业 350 人次推广工业大数据应用技术和成果。完成城市公共设施物联网平台建设，截至 2017 年年底，宁波市物联网开放平台已经创建产品 157 个，接入企业 38 家，接入设备数 146 856 个。推广优秀应用案例，在工业和信息化部组织的 2017 年云计算优秀典型案例评选中，宁波云医院有限公司的宁波云医院、宁波航运交易所有限公司的宁波航运订舱平台和浙江中之杰智能系统有限公司的中小企业云制造平台入选。

抓培育，大力发展大数据产业。建立市级大数据应用项目库，共有 51 个项目入库，总投资约 14 亿元。全面实施“企业上云”工程，全年新增上云企业 32 142 万家，超过浙江省政府年初定下 18 300 家的目标，22 家企业入围 2017 年全省上云标杆企业。推进产业基地建设，百度云智（宁波）大数据产业基地正式启动，截至 2017 年年底，完成运营公司注册，注册资金 1 000 万元，团队人员 15 人。

【重点信息化项目】 2017 年，宁波市智慧健康继续创新优化服务。公众健康服务平台新增 10 家医疗机构的预约挂号服务，开设远程医疗服务中心 44 个，在线云诊室 273 家，全市注册云医生 3 193 人，医疗机构 347 家，受益人群 21 500 人次；开展健康大数据应用，出具健康评估报告 83 万份。宁波云医院获得 2017 年信息社会世界峰会大奖。搭建交通信息采集平台，共接入交警、城管、气象等 20 个单位 200 余项数据以及约 1.2 万个视频，平均每天入库超过 6 000 万条，“宁波通”下载数量已破 406 万次，注册用户数 21 万户，日均活跃用户数 1.2 万户。智慧教育学习平台汇聚优质资源 200 余万个，累计容量近 100TB，总点击量突破 3 000 万次，“甬上云校”年度开课近 300 节。

基层社会综合服务管理信息系统全国领先，基层社会治理数据中心已全面汇聚全市 26 个部门的 2 500 多万条数据，落实到网格的实有人口数据 1 004 万条、组织机构 70.4 万条、房屋 152.3 万条、地理信息 860.7 万条，生成工作记录 4 127.29 万条；系统在全市 156 个乡镇（街道）推广应用，网格自结案率达 99.9%。社会信用体系加速健全。依托覆盖全社会的信用信息平台建设，集聚 39 个部门的 2.5 亿条自然人信用信息和 46 个部门的 6 300 万条企业信用信息。食品药品智慧监管效率逐步提高，食品安全检验检测信息共享系统覆盖全市 280 多家食品安全监管部门、检验检测机构的食品安全检验检测信息，累计录入 37 万余批次、430 多万项次食品检测数据。

【产业热点】 2017 年，宁波市以智能经济为主攻方向，确定以加快发展以新材料、高端装备和新一代信息技术为代表的三大战略引领产业，做强做优以汽车制造、绿色石化、时尚纺织服装、智能家电、清洁能源等为代表的五大传统优势产业，培育以生物医药、海洋高技术、节能环保为代表的一批新兴增长产业和以工业创新设计、软件和信息服务业、科技服务、检验检测为代表的一批生产性服务业，打造形成“3511”新型产业体系。重点聚焦稀土磁性材料、高端金属合金材料、石墨烯、专用装备、关键基础件、光学电子、集成电路、工业物联网等八大主攻细分行业，力争打造一批细分行业新的千亿级产业和世界级先进制造业集群。

【统计数据】

表 1　2017 年宁波市电子信息制造业人员构成情况

企业类别	企业数（家）	从业人员年末人数（人）	其中：研发人员（人）
内资企业	66	81 479	8 544
国有企业	1	183	26
股份合作企业	2	162	21
有限责任公司	20	12 696	893
股份有限公司	16	47 116	5 167
私营企业	26	20 880	2 387
其他内资企业	1	442	50
港、澳、台商投资企业	23	13 004	1 287
三资企业	20	43 919	4 061

表 2　2015—2017 年宁波市电子信息制造业基本情况

项目名称	单位	2015 年	2016 年	2017 年
工业总产值（现行价）	万元	16 167 559	16 881 261	19 192 019
工业销售产值	万元	15 448 490	15 949 700	18 445 559
出口交货值	万元	7 016 049	6 801 269	7 431 034
流动资产平均余额	万元	10 355 469	11 358 592	12 295 267
固定资产净值平均余额	万元	5 346 833	5 948 412	5 793 655
资产总计	万元	15 702 301	17 307 004	13 099 212
负债合计	万元	8 755 187	9 114 452	10 016 801
主营业务收入	万元	15 486 970	16 004 195	18 560 098
税金总额	万元	331 339	330 863	413 295
利润总额	万元	876 577	1 023 130	963 411
应交所得税	万元	267 599	265 075	206 578
从业人员年末人数	人	237 987	230 240	239 182
从业人员工资总额	万元	1 303 906	1 389 416	1 555 257

表 3　2015—2017 年宁波市电子信息制造业三资企业基本情况

项目名称	单位	2015 年	2016 年	2017 年
工业总产值（现行价）	万元	2 998 832	3 699 389	4 556 320
工业销售产值	万元	2 703 293	3 182 359	4 227 379
出口交货值	万元	1 618 755	1 752 016	2 033 454
流动资产平均余额	万元	1 724 659	1 905 229	2 161 918
固定资产净值平均余额	万元	419 750	613 385	589 874
资产总计	万元	2 554 315	2 869 195	3 339 062
负债合计	万元	1 385 555	1 407 525	1 560 647
主营业务收入	万元	2 867 828	3 116 191	4 135 464
税金总额	万元	50 994	44 795	60 919
利润总额	万元	157 335	297 547	415 408
应交所得税	万元	18 952	31 258	45 336
从业人员年末人数	人	26 673	34 454	43 919
从业人员工资总额	万元	155 624	236 781	306 422

表 4 2015—2017 年宁波市电子信息制造业主要经济效益指标完成情况

项目名称	单位	2015 年	2016 年	2017 年
全员劳动生产率	元 / 人	127 956	145 032	153 248
流动资产周转率	次	1.5	1.6	1.5
产品销售率	%	95.6	97.6	96.1
总资产贡献率	%	8.9	9.0	8.3
资产保值增值率	%	104.1	108.9	111.3
资产负债率	%	54.7	52.0	51.5

表 5 2015—2017 年宁波市电子信息制造业三资企业主要经济效益指标完成情况

项目名称	单位	2015 年	2016 年	2017 年
全员劳动生产率	元 / 人	193 368	234 501	186 452
流动资产周转率	次	1.7	1.7	1.9
产品销售率	%	90.2	98.8	92.8
总资产贡献率	%	7.5	9.8	16.0
资产保值增值率	%	114.0	123.2	116.4
资产负债率	%	54.2	50.1	46.7

表 6 2015—2017 年宁波市主要电子信息产品产销量情况

产品名称	单位	产量			销量		
		2015 年	2016 年	2017 年	2015 年	2016 年	2017 年
手机	万部	562	759	973	576	746	972
液晶显示器	万台	1	1	2	1	1	2
电子元件	万只	576 087	547 033	668 360	579 369	541 682	654 650
其中：新型元件	万只	125 888	122 435	145 614	137 864	133 249	139 440
半导体分立器件	万只	7 012 599	7 126 973	9 817 214	6 243 373	7 091 167	10 653 936
太阳能电池	千瓦	132 382	1 473 942	7 259	109 350	1 354 776	7 259
液晶显示模组	万片	3 677	2 781	3 334	3 718	2 685	3 039
半导体发光二极管（LED）	万只	110 187	112 053	126 541	87 827	93 460	119 510

表 7　2015—2017 年宁波市三资企业主要电子信息产品产销量情况

产品名称	单位	产量			销量		
		2015 年	2016 年	2017 年	2015 年	2016 年	2017 年
手机模组	万套	23 532	33 114	23 855	25 947	25 496	31 580
触感屏	台		27 621 215	33 020 362		27 745 260	32 871 341
碱性锌锰电池	万只	211 225	216 246	267 223	213 907	213 180	258 093
平板电脑	台	20 913	6 713	450	20 913	6 713	450
晶体振荡器	万只	105 763	112 182	121 158	105 021	110 747	119 964
多晶硅电池	兆瓦	52.1	28.6	7.3	54.2	31.6	7.3
单晶硅电池组件	兆瓦	4.6	3.5	17.2	4.4	5	17.6
多晶硅电池组件	兆瓦	80.8	108.7	14.4	87.2	59.5	38.4
微机主机板	块	4 163 804	3 738 452	3 109 753	4 166 747	3 713 323	3 144 693
传感器	万只	3 015	3 806	4 230	3 011	3 719	4 020
液晶显示模组	万套	3 677	2 781	3 334	3 718	2 685	3 039

表 8　2017 年宁波市软件和信息技术服务业人员构成情况

企业类别	企业数（家）	从业人员年末人数（人）	人员构成			
			管理人员（人）	在总人数中所占比例（%）	软件开发研究人员（人）	在总人数中所占比例（%）
内资企业	563	119 505	11 276	9.4	11 611	9.7
国有企业	5	418	37	8.9	179	42.8
集体企业	1	68	6	8.8	31	45.6
股份合作企业	3	774	106	13.7	4	0.5
联营企业	1	54	3	5.6	50	92.6
有限责任公司	168	22 236	2 665	12.0	3 434	15.4
股份有限公司	49	23 218	1 120	4.8	1 619	7.0
私营企业	331	71 969	7 285	10.1	6 147	8.5
其他内资企业	5	768	54	7.0	147	19.1
港、澳、台商投资企业	40	22 275	2 096	9.4	1 433	6.4
三资企业	32	8 378	649	7.7	1 287	15.4

表 9 2015—2017 年宁波市软件和信息技术服务业基本情况

项目名称	单位	2015 年	2016 年	2017 年
软件业务收入	万元	3 859 992	4 505 103	5 406 094
软件业务出口收入	万美元	56 778	90 678	64 882
软件产品销售收入	万元	979 287	1 145 695	1 703 819
流动资产平均余额	万元	2 695 802	4 819 496	8 201 260
固定资产投资额	万元	85 204	249 900	494 010
资产合计	万元	4 600 239	10 463 897	15 868 715
负债合计	万元	2 317 190	5 859 524	9 158 951
税金总额	万元	180 600	231 261	487 904
利润总额	万元	264 122	722 300	1 421 033
应交所得税	万元	58 228	87 117	299 442
从业人员年末人数	人	97 397	129 064	150 158
从业人员工资总额	万元	509 875	1 008 973	1 089 059

表 10 2015—2017 年宁波市软件和信息技术服务业三资企业基本情况

项目名称	单位	2015 年	2016 年	2017 年
软件业务收入	万元	371 121	687 246	831 567
软件业务出口收入	万美元	6 292	26 733	27 378
软件产品销售收入	万元	48 817	173 916	213 916
流动资产平均余额	万元	185 652	1 511 648	1 587 230
固定资产投资额	万元	4 375	95 168	98 023
资产合计	万元	418 800	2 582 898	2 712 042
负债合计	万元	267 999	1 394 039	1 449 800
税金总额	万元	21 195	45 191	46 727
利润总额	万元	11 935	127 550	176 776
应交所得税	万元	9 786	22 772	23 910
从业人员年末人数	人	6 432	26 426	8 378
从业人员工资总额	万元	32 640	182 954	188 442

表 11　2015—2017 年宁波市软件和信息技术服务业主要经济效益指标完成情况

项目名称	单位	2015 年	2016 年	2017 年
全员劳动生产率	万元 / 人	16.5	21.1	15.9
流动资产周转率	次	4.7	3.1	2.0
产品销售率	%	37.0	30.0	31.5
总资产贡献率	%	18.0	19.8	24.0
资产保值增值率	%	134.0	118.0	136.0
资产负债率	%	56.5	56.0	57.7

表 12　2015—2017 年宁波市软件和信息技术服务业三资企业主要经济效益指标完成情况

项目名称	单位	2015 年	2016 年	2017 年
全员劳动生产率	万元 / 人	19.8	22.9	12.2
流动资产周转率	次	1.9	1.9	2.0
产品销售率	%	33.8	24.3	35.5
总资产贡献率	%	7.6	11.4	17.1
资产保值增值率	%	110.0	112.4	90.1
资产负债率	%	51.8	54.0	47.7

注：表 1、表 3、表 5 ～表 12 数据来源于宁波市经济和信息化局，表 2、表 4 数据来源于浙江省经济和信息化厅。

[供稿：宁波市经济和信息化局]

厦　门　市

【概况】　2017 年，厦门市电子信息制造业完成工业总产值 2 232 亿元，同比增长 12.8%，占全市工业总产值的 37.7%；软件和信息技术服务业实现软件业务收入 1 282.9 亿元，同比增长 16.4%。规模以上信息传输、软件和信息技术服务业增长 21.1%，其中，互联网和相关服务业、软件和信息技术服务业保持高速增长，分别增长 31.3% 和 27.9%。在行业细分领域中，互联网信息服务业、数据处理和存储服务、软件开发为支柱行业，合计对规模以上信息传输、软件和信息技术服务业营业收入的贡献率近九成，营业收入分别增长 36.8%、35.5% 和 30.1%。美图网科技有限公司等 30 家软件企业营业收入翻倍增长。

【电子信息制造业】　2017 年，厦门市主要电子信息制造企业发展势头良好。厦门宏发电声股份有限公司作为专业从事继电器研发、生产与销售的高新技术企业，全年继电器出货量 18 亿只，全球排名第一；拥有 40 余家下属企业，已建成厂房面积 71 万平方米，新项目及在建厂房面积 30 万平方米，全年总营业额 84.8 亿元；入选“国家汽车零部件出口基地企业”，是业内唯一入选企业；2017 年 12 月，获得工业和信息化部“中国制造业单项冠军示范企业”称号。联芯集成电路制造（厦门）有限公司专业从事集成电路制造，提供 12 英寸晶圆代工服务；联芯项目总投资 62 亿美元，2017 年 5 月顺利导入 28 纳米制程，能同时提供 Poly/SiON 和 High-K/Metal Gate 工艺技术，量产良率均达到 95% 以上；公司全年实现营业额 11.8 亿元，获评“中国对外贸易 500 强企业”“2017 年省龙头企业”和“厦门市重点工业企业”等称号。

【软件和信息技术服务业】 2017 年，厦门市主要软件和信息技术服务企业示范带动作用明显。厦门市美亚柏科信息股份有限公司全年实现营业收入 13.4 亿元，同比增长 34%；实现净利润 2.7 亿元，同比增长 49%；入选 2017 年度中国软件和信息技术服务综合竞争力百强企业。四三九九网络股份有限公司作为一家集互联网游戏研发、发行、运营、推广、服务于一体的综合互联网休闲娱乐游戏资源平台；截至 2017 年年底，公司旗下网页游戏平台累计注册用户突破 6 亿人次，公司移动游戏平台——4399 游戏盒拥有超过 1 000 万月活跃用户，公司自主研发超过 30 款畅销网络游戏。厦门吉比特网络技术股份有限公司是一家专业从事网络游戏创意策划、研发制作及商业化运营的国家级重点软件企业，全年实现营业收入 14.4 亿元，同比增长 10.3%，其中，游戏业务实现营业收入 14.38 亿元；在 2017 年“互联网企业 100 强”名单中居第 51 位。厦门意行半导体科技有限公司是中国最早从事民用毫米波雷达射频前端集成电路产品开发及提供雷达解决方案的高科技企业，继 2016 年获得第 11 届“中国芯”最具潜质产品奖后，2017 年获得第 12 届“中国芯”最具投资价值企业奖，是厦门市首批“双百计划”高科技企业。厦门芯阳科技股份有限公司的智能控制器产品涵盖厨房小家电智能控制器、环境家居电器智能控制器、个人护理智能控制器、智能插座及其他类智能控制器，全年实现营业收入 1.8 亿元，同比增长 67.7%。

【科技进步与应用】 2017 年，厦门市新增一批国家、省、市级企业技术中心。厦门华联电子有限公司、厦门金达威集团股份有限公司 2 家企业被认定为国家级企业技术中心。金牌橱柜股份有限公司、大博医疗科技股份有限公司被认定为 2017 年国家技术创新示范企业。新增省级技术中心 5 家、市级 12 家。新增全国质量标杆企业 1 家、省级企业 2 家。新增国家高新技术企业近 200 家，规模以上高新技术产业增加值占规模以上工业的 67.7%。

推进企业技术创新及产学研合作。一是落实研发经费补助政策。全年 1 584 家科技企业申报研发费用税前加计扣除备案，涉及研发经费额 78.2 亿元，企业享受减免税总额 9.8 亿元，获得补助资金 5.0 亿元。二是产学研协同创新持续深化。厦门红相电力设备股份有限公司“谐波特性分析与责任计算方法研究”等 14 个项目为 2017 年厦门市产业转型升级专项（重点产学研）支持项目，支持资金 220.8 万元。三是开展技术创新交流活动。召开在厦大专院校、科研院所产学研合作座谈会，了解在厦高校科研院所产学研合作情况以及可产业化项目情况；召开研发创新与知识产权运用交流会，组织 60 多家企业近 80 人参加交流活动；组织企业参加创新项目成果推介会以及石墨和石墨烯产业产学研对接暨项目招商对接会等活动。

加强质量品牌建设。大博医疗质量管理经验被认定为工业和信息化部 2017 年工业企业质量标杆；2 家企业被认定为福建省质量标杆企业；出台《关于联合开展 2017 年工业质量品牌行动的意见》；开展 2017 年品牌培育试点示范工作，召开全市品牌培育工作培训交流会，近 30 家企业 40 多人参加培训；召开厦航质量管理经验交流会，50 多家企业近 70 人参加交流活动。

【信息产业基地和园区】 2017 年，厦门软件园（一、二、三期）实现营业收入 838.7 亿元，同比增长 19.6%。连续 2 年在国家火炬计划软件产业基地评比中，综合性指数居第 7 位，成长性指数蝉联首位。2017 年，软件园三期建设发展取得长足进步，截至 2017 年年底，累计入驻企业 672 家，入驻企业员工 1.2 万余人，落地企业注册资本金约超 45 亿元。

厦门软件园立足五大细分行业领域，形成特色鲜明的产业集群。在智慧城市及行业应用领域，为医疗、交通、金融、安防、消费、能源等行业提供智慧化解决方案和应用软件开发，园区拥有易联众信息技术股份有限公司、罗普特科技集团股份有限公司、精图信息技术有限公司等国内知名企业。在大数据人工智能领域，园区拥有美亚柏科信息股份有限公司、南讯软件科技有限公司、雅迅网络股份有限公司等骨干企业。在数字创意领域，作为国家动画产业基地，园区涌现出咪咕动漫、吉比特网络技术股份有限公司、飞鱼科技国际有限公司等一批优质的动漫游戏企业。在电子商务领域，园区拥有厦门市绝大部分电子商务企业，主要有易名科技股份有限公司、又一城网络科技有限公司、四美达科技发展有限公司等企业。在移动互联领域，美图公司、美柚信息科技有限公司、同步网络有限公司等成长为各自细分领域的明星企业。

厦门火炬高技术产业开发区（以下简称厦门火炬高新区）围绕打造千亿产业链群的目标，推进国家创新型科技园区建设，发展平板显示、计算机与通信设备、电力电器、软件与信息服务、微电子与集成电路、LED 六大重点产业，成为集研发创新、孵化创业和高新技术企业成长为一体的高新技术创新基地、高新技术产业化基地、高新技术产品出口基地、高新技术企业孵化基地、科技人才和科技型企业家集聚基地。在 2017 年科技部火炬中心公布的 147 个国家高新区综合评价排名中，厦门火炬高新区综合排名再上一位，进入全国 20 强，连续 3 年实现争先进位。

2017 年，厦门火炬高新区完成规模以上工业总产值 2 428.9 亿元，同比增长 13.3%，占厦门市工业总产值的 41.1%；完成高新技术产业产值 1 993.6 亿元，占总产值的 82.1%，高于厦门市 13.5 个百分点；出口总额 520 亿元，同比增长 18.7%，高于厦门市 13.2 个百分点。园区通过高新技术企业认定的企业有 611 家，新增高层次人才 86 人，总数达 425 人；新增国家级众创空间 10 家，总数达 17 家；3 家单位获评国家级科技企业孵化器优秀（A 类），并建立一批国际孵化器和专业孵化器；111 家企业分别获评厦门市科技小巨人和科技小巨人领军企业，36 家企业获评厦门市创新型企业，133 家企业获评厦门市创新型试点企业。园区光电显示产业全年实现产值 1 223.1 亿元，占园区规模以上工业总产值的五成，在全国电子信息产业光电显示细分行业排名第一；集成电路产业实现产值 143.8 亿元，同比增长 38.4%；LED 产业实现产值 141.8 亿元，同比增长 30.7%，LED 芯片出货量全国第一；园区全年新增 5 家境内上市企业，11 家企业在“新三板”挂牌企业；园区全年实际利用外资 5.77 亿美元，合同利用外资 7.64 亿美元，分别居厦门市第 1 位、第 2 位。

【电子政务】 2017 年，厦门市建设并完善电子政务平台。在国内率先开展电子政务云平台建设，已开设虚拟机 580 个，部署近 200 个应用系统。虚拟技术应用和电子政务集约化建设模式降低电子政务成本，市级政府部门基本实现服务器集中托管，为数据中心云计算应用创造基础条件。从全市政务储存资源需求和网络安全的需要出发，探索进行政务云外包服务，将市政府网站群和业务吞吐较大系统托管到服务和安全能力更强的落地云服务商，先行试点探索政务云服务新模式。

开展跨部门协同综合运用建设，基于信息资源库和信息共享协同平台，厦门建成“i 厦门”一站式惠民服务平台，社区网格化服务平台、多规合一业务平台、商事登记管理平台、交通信息共享平台、信用信息共享平台、城市公共安全管理平台、智慧综治平台和积分入学在线申报系统、居住证网上办理等一系列跨部门协同综合应用和共享应用。

【物联网】 2017 年，厦门市物联网产值 370 亿元，同比增长 23.3%，其中，规模以上企业 114 家，各类上市公司 27 家。培育美亚柏科信息股份有限公司、乃尔电子有限公司、信达物联科技有限公司、路桥信息股份有限公司等一批行业领军企业。

政策有效落地实施。出台《厦门市人民政府关于印发厦门市促进物联网产业发展若干措施的通知》（厦府〔2017〕145 号），启动 2017 年厦门市产业转型升级资金（物联网）项目申报工作，支持方向包括物联网关键技术研发、智能硬件产品研发、物联网应用项目研发、物联网特色应用平台建设等，共有 67 家企业申报，项目相关专利、软件著作权 300 余项，对符合条件的 33 个项目予以 2 262 万元资金支持。

产业创新体系基本形成。初步形成包括射频识别、传感器、设备、软件、系统集成、电信运营及物联网服务在内较为完整的产业链体系。在高端智能传感器、射频识别电子标签、GPS/ 北斗定位系统等领域取得关键性技术突破，诞生 COT、ZETA 等本地低功耗协议及相关应用，孵化一批拥有自主知识产权和较强市场竞争力的产品。

产业配套服务日益完善。设立物联网产业研究院，加强市物联网协会协调作用，完善科技孵化、检验检测、人才培训、招商引资、产学研对接等配套服务工作。

【云计算与大数据】 经过多年发展，厦门市拥有一批在各自细分领域取得突出成就的大数据企业，并实现大数据技术与公共安全、娱乐生活、电子商务、健康医疗、交通运输的融合。在信息安全大数据领域，主要有美亚柏科信息股份有限公司、瑞为信息技术有限公司等企业；在生物信息大数据领域，主要有美图公司、中控智慧科技股份有限公司等企业；在电子商务大数据领域，主要有南讯软件科技有限公司；在健康医疗大数据领域，主要有易联众信息技术股份有限公司、智业软件股份有限公司等企业；在交通大数据领域，主要有厦门卫星定位应用股份有限公司等。

【重点信息化项目】 2017年，厦门市市民卡App正式上线。厦门市市民卡App是全国首个推出的以信用服务模式、按全市统一二维码技术规范建设的手机应用客户端，通过“一码多用”和“多卡合一”管理模式，实现市民卡虚拟卡账户管理及行业应用融合，有效推进厦门市智慧城市诚信体系建设的创新升级，被列入厦门市政府2017年为民办实事工程。市民卡App依托“全市统一实名身份认证服务体系”及“i厦门”等项目的建设成果，实现市民卡用户与各政务服务部门用户体系的互认互通，在市民卡App上整合医社保、交通、医疗、文体、公共事业缴费、消费支付等功能，打造出线上线下无缝对接的“多卡融合”服务体系。

厦门市医院公共WiFi平台投入试运行。市第一医院、中山医院、中医院、仙岳医院、儿童医院和第二医院共6家首期试点单位接入平台，WiFi覆盖6家医院的门诊、取药、候诊和急症等公共区域，为医患人员提供便捷的免费WiFi上网服务。平台具有合规完备的统一认证、运管平台以及流控与审计设备，采用微信认证方式进行上网实名认证。截至2017年12月15日，平台认证用户数已超过17 600个，用户体验良好，初步达到预期效果。

在厦门会晤注册系统的建设过程中，组织开展一系列安全检测和整改工作，并按照国家信息安全等级保护三级标准进行定级、备案与安全测评。系统于2017年2月6日上线运行，至8月25日，注册系统服务金砖国家领导人厦门会晤、新兴市场国家与发展中国家对话会、金砖国家工商论坛、金砖国家第一次协调人会议、金砖国家卫生部长会议、金砖国家文化部长会议共20场金砖会议，服务天数212天，线上注册人数7 978人次。在2017年厦门会晤期间，完成厦门会晤注册中心、制证中心、媒体取证中心、工商论坛注册中心的改造工作，并完成厦门会晤期间的保障工作。

举行第十三届海峡两岸信息化论坛暨闽台青年创新创业对接洽谈会，对接两岸新型智慧城市建设和青年创新创业新需求，推进两岸智慧城市合作试点建设。其中，中国台湾地区云端服务协会与厦门银行着眼于云数据应用，推动信用信息的互助查询和服务中国台湾地区青年创新创业进行签约，为两岸信用信息的对接开启破冰之旅；厦门市信息协会、厦门市物联网协会、厦门市大数据产业协会、厦门市科技交流合作协会签约成立推进厦门新型智慧城市建设协会联合体；中国台湾地区物联网协会在厦门市设立物联网创业服务中心，引进10多家会员企业入驻厦门市。闽台信息化和信息产业的交流与合作深入推进。

【产业热点】 2017年，厦门市软件和游戏企业移动化服务转型加快。智业软件推出智业互联网医院和艾嘉健康服务产品；吉比特成功在上交所挂牌上市，《问道》手游于4月上线，首月活跃用户超600万人次，月流水超4亿元；四三九九“4399游戏盒”上线，目标是成为国内最大移动小游戏平台，游戏企业从端游到手游转型基本完成。

动漫游戏企业跟进新领域。动漫企业利用咪咕手机动漫平台跟进IP授权交易的步骤，找到变现渠道。翔通信息、中天启航等CP在咪咕手机动漫平台收入超过1 000万元；翔通动漫、青鸟动画、中科亚创等老牌动漫企业，通过IP授权在咪咕手机动漫平台的收入大幅增长。2017年11月，第十届厦门国际动漫节在厦门市举办，171家行业协会和动漫游戏企业参展，参观人流量8万人次。展会邀请“一带一路”沿线国家代表性企业，同时依托国内实力雄厚的动漫游戏企业，共同就“一带一路”国家动漫游戏渠道、市场、政策、服务外包等展开经验分享，实现产业对接。

【产业环境】 2017年，厦门市出台《厦门市促进大数据发展工作实施方案》（厦府〔2017〕51号），成立厦门市促进大数据发展工作领导小组，全面开展大数据产业推动工作。

成立集成电路产业发展工作领导小组，重点推动发展集成电路产业，争取到2025年，集成电路设计、制造、封装测试、装备与材料等产值突破1 000亿元。2017年，厦门市集成电路产业完成产值143.8亿元，同比增长38.4%。厦门市已有集成电路企业170家，产品覆盖LED驱动芯片、光通信芯片、射频及模拟器件、电源管理IC、小家电控制专用集成电路和智能传感器等，部分重点企业具有28纳米IC产品设计、制造能力，基本形成涵盖集成电路IC设计、制造、封测、装备与材料以及上下游配套应用产业的全产业链。

【主要问题】 厦门市电子信息产业产业链不够完善，缺少产业发展人才，机制创新力度不足，基础平台建设相对滞后。

软件和信息技术服务业的多数企业在细分行业占有一定优势，但在全国范围内影响力普遍偏小，缺少龙头企业，辐射带动作用尚不明显。

企业综合生产成本受原材料涨价、物流和人工成本上升等因素影响上涨较快，融资难、融资贵等问题依然存在，2017年工业贷款余额占全市贷款余额比重仅占13.6%，远低于工业占GDP比重。部分企业大幅减产。

重大项目接续不足，天马微、联芯等项目陆续投产，投资额度逐月减缩，华天恒芯、芯光润泽、九星天翔等新开工项目投资体量相对较小。在谈亿元以上的重点项目、高科技项目储备不足。新投产项目偏少，主要依靠部分存量企业支持拉动增长。

【统计数据】

表1 2015—2017年厦门市电子信息制造业基本情况

项目名称	单位	2015年	2016年	2017年
工业总产值（现行价）	亿元	1 962	1 985	2 232

表2 2015—2017年厦门市软件和信息技术服务业基本情况

项目名称	单位	2015年	2016年	2017年
软件业务收入	万元	9 218 448	11 028 071	12 829 480
软件业务出口收入	万美元	25 261	34 549	39 891
软件产品销售收入	万元	2 306 490	2 950 396	3 413 738
流动资产平均余额	万元	16 091 365	23 321 053	25 817 159
固定资产投资额	万元	129 723	161 184	201 252
资产合计	万元	18 187 135	26 264 026	30 662 509
负债合计	万元	14 478 801	20 935 049	23 895 186
税金总额	万元	117 593	129 035	137 963
利润总额	万元	1 346 890	1 721 148	1 915 054
应交所得税	万元	134 921	144 064	149 962

续表

项目名称	单位	2015 年	2016 年	2017 年
从业人员年末人数	人	144 028	152 122	174 629
从业人员工资总额	万元	1 362 166	1 641 667	1 586 319

注：表 1 ~表 2 数据来源于厦门市经济和信息化局。

[撰稿：章燕宝　审稿：陈振超]

青 岛 市

【电子信息制造业】 2017 年，青岛市规模以上电子信息制造企业累计完成产值 2 414.8 亿元（本地口径），同比增长 13.5%，占全市规模以上工业总产值的 13.6%，其中，视听设备制造、电子元件制造产值分别增长 11.2% 和 19%。完成出口交货值 451.8 亿元，同比增长 10.3%。全市电子信息制造业主要产品中，生产电冰箱（冰柜）1 330.7 万台，同比下降 4.6%；空调 1 004.5 万台，同比增长 37.2%；洗衣机 603.4 万台，同比下降 0.6%；电视机 1 703 万台，同比下降 19.4%；移动电话 2 826.5 万部，同比下降 12%；电子元件 37.2 亿只，同比下降 6.5%；电力电缆 10.8 万千米，同比增长 4%。

2017 年，海尔集团、海信集团有限公司、澳柯玛股份有限公司、乐金浪潮数字通信有限公司分别完成产值（本地口径）923.4 亿元、532.6 亿元、60.4 亿元和 56.1 亿元，同比分别增长 15%、11.1%、10.9% 和 3.2%，占全市电子信息制造业产值的 65.1%，较上年同期提高 0.7 个百分点。2017 年，在中国电子信息百强名单中，海尔集团、海信集团有限公司分列第 3 位、第 7 位，均较上年提升一名。

海尔集团、海信集团有限公司、歌尔声学股份有限公司 3 家企业入选 2017 年（第三届）中国电子信息行业创新能力 50 强。海尔集团牵头的家电业智能制造创新中心、歌尔公司牵头的虚拟现实创新中心入选山东省首批制造业创新中心试点。海尔集团以“线性压缩机技术”夺得本年度中国专利最高荣誉的专利金奖，另获两项外观设计专利金奖，是本届获金奖最多的家电企业；牵头制定智慧家庭行业首个 NB-IoT 应用标准，面向智能家电的物联网课题成为家电行业唯一获批核高基国家重大专项。海信电视 129 亿日元收购日本东芝电视，加速全球战略；扩容硅谷研发机构，开展显示技术、芯片、光通信、人工智能核心技术研究，在全球率先突破 100G PON 光模块技术，引领 100G 超宽带接入的到来。

北斗导航产业加速集聚，北斗（青岛）导航位置服务数据中心已经建成并运营，组织制定青岛北斗导航地基增强系统建设方案，高新区北斗大厦集聚北斗导航企业 40 余家。增材制造产业以年平均 43% 的增速在全市 25 个高技术产业中名列第 9 位。三迪时空集团牵头组建的国际增材制造创新中心及国际增材制造研究院已经挂牌成立。虚拟现实产业扩大影响，青岛（崂山）国家虚拟现实高新技术产业化基地成功获批，启动十大虚拟现实研究院建设，虚拟现实 / 增强现实技术及应用国家工程实验室、青岛市虚拟现实科技创新中心等重点项目落户。举办国际虚拟现实创新大会，来自法国、美国、日本等国家业内专家，以及微软公司、华为技术有限公司等国内外 800 余家知名企业参会。

【软件和信息技术服务业】 2017 年，青岛市列统涉软企业 1 697 家，实现软件业务收入 1 873.6 亿元，同比增长 16.5%。软件产品、信息服务、嵌入式软件分别完成业务收入580.5亿元、696亿元和597.1亿元，保持同步较快增长。海尔集团、海信集团有限公司分列2017年中国软件收入百强第2位、第5位。推进海克斯康智慧产业园、浪潮大数据基地、科创慧谷等总投资1 000亿元的42个重点软件项目建设。

2017年5月，青岛市启动软件名城创建工作，成立市名城创建领导小组，全面梳理产业现状，组织编写《名城创建试点工作方案》等文件，完成各项基础工作。2017年11月，在世界互联网工业大会上签订《部省市协同开展中国软件名城创建工作合作备忘录》，成为工业和信息化部新办法发布后全国首个获批中国软件名城创建试点的城市。

2017中国（青岛）国际软件融合创新博览会暨信息通信技术博览会以"ICT助力产业升级"为主题，集"展、会、赛"三位一体，设置软件与信息通信技术成果展、信息通信技术高峰论坛、电子竞技精英挑战赛和系列发布对接活动四大板块。来自国内外的200多家软件企业参展，展示面积2万平方米，专业观众4万多人次，达成意向金额2.8亿元，其中，500万元以上重大项目合作意向36个。

针对软件企业需求，指导青岛市软件行业协会组织开展政策解读、标准宣贯、资质评审等近百项精准服务。软件企业增值税退税突破10亿元，复核30家企业共享受所得税优惠2.2亿元，对6家软件上规模企业奖励350万元，累计奖励30家软件企业共计2 800万元。印发《关于促进先进制造业加快发展若干政策》（青政发〔2017〕4号）及其实施细则，设立6项做大做强软件信息服务业奖补资金，总额度5 000万元。

抓好软件业与制造业融合对接，征集90家企业200个工业软件产品，编制《青岛市工业软件产品及解决方案汇编手册》（第二编），向工业企业推荐本地产品及解决方案。组织开展智慧青岛典型案例评选，从217个案例中评选出智慧交通、智慧社区等9类十佳典型案例对外推广。发挥互联网工业服务商（国际）联盟作用，举办2017联盟大会，开展对接交流。

【科技创新与应用】 2017年，青岛市电子信息产业新增市级以上企业技术中心9家，累计拥有市级以上企业技术中心64家，其中，国家认定企业技术中心5家。实施市级企业技术创新重点项目421项，研发费预算总额20.8亿元，较上年均有较大幅度的增长。企业围绕集成电路、新型显示技术、大数据、云计算、物联网、人工智能、移动智能终端、虚拟现实等开展新技术、新产品、新工艺研发。青岛镭创光电技术有限公司参与完成的"低发散角半导体光子晶体激光器关键技术及应用"获得国家技术发明二等奖。青岛海信网络科技股份有限公司参与完成的"高效视觉特征分析和压缩关键技术"获得国家技术发明二等奖。

【信息基础设施】 2017年，青岛市推进宽带提速、光纤到户、无线城市、三网融合，基础网络和基础数据中心支撑能力进一步增强。率先建成光网城市，光纤到户覆盖用户合计超过900万户，城乡家庭光纤接入能力达100Mbps。全面建成2G、3G、4G、WLAN互补的无线网络，移动通信基站数量接近5万个，其中3G和4G基站4.3万个，占基站总数的比例超过86.8%，开通AP接入设备减至13.5万个，移动互联网用户超过1 100万户，普及率超过100%。三网内容融合步伐加快，IPTV和高清互动电视用户超过120万户。

【信息产业基地和园区】 青岛市产值过百亿元的电子信息制造业集聚区有6个，其中，黄岛家电电子产业集聚区产值超过千亿元。崂山国家通信产业园、城阳电子信息产业集聚区、即墨家电电子产业集聚区、平度家电电子零部件产业集聚区、胶州有住智能家居产业园等一批骨干和新培育的产业园区发展态势良好，产业集聚度不断提高。实施"东园西谷北城"软件产业发展战略，打造千万平方米软件产业园区，2017年，园区载体建设年内竣工50万平方米，累计竣工633万平方米，入驻涉软企业600多家。

【工业互联网】 2017年，青岛市落实《青岛互联网工业发展行动方案》，建立互联网工业项目库，入库项目354个，启动互联网工业"555"试点示范专项行动，累计认定8个互联网工业平台、16个智能（互联）工厂项目、148个数字车间和自动化生产线项目。海尔集团等4个企业项目入选工业和信息化部2017年制造业与互联网融合发展试点示范项目；中德生态园和海尔工业智能研究院中德智能制造培训基地入选中德智能制造试点示范项目；海信集团有限公司等7个企业项目入围首批省级智能制造试点示范项目；一汽解放青岛汽车有限公司、青岛森麒麟轮胎股份有限公司 2 个企业项目成为 2017 年度国家智能制造试点示范项目；中车青岛四方机车车辆股份有限公司等 4 个企业项目获批国家智能制造综合标准化与新模式项目。

指导 6 家企业实施第三批两化融合管理体系贯标工作，推荐 14 家企业成为第四批两化融合管理体系贯标试点企业。2017 年，全市规模以上工业企业两化融合评估中，青岛市两化融合发展指数 79，排名居山东省首位。

举办 2018 世界互联网工业大会，大会以“新动能、新制造、新经济”为主题，通过主题演讲、主题报告、平行论坛、集中签约四大板块的活动，全面展示全球范围内制造业与互联网融合发展的最新成就，促进理论领域的智慧碰撞和行业之间的交流合作，共同推动“互联网 + 先进制造业”进入发展新阶段。

加快建设纵横兼容的产业创新平台和管控兼备的 CPS 产业技术平台，用互联网工业平台构建产品全生命周期、全价值链的产业生态体系。海尔集团将互联工厂通过软件云化成 COSMOPlat，构建行业首个自主知识产权的中国版 CPS 平台，成为企业实现智能制造转型升级管控一体的工业互联网平台。酷特智能打造酷特 C2M 平台，从服装定制领域拓展到其他行业应用，把消费者、设计者、供应商、制造商、物流商等相关方进行互联互通，完成个性化产品的大规模定制，产成品在平台上实现直销与配送。

【物联网】 2017 年，青岛市聚集以海尔集团、海信网络科技股份有限公司等为代表的物联网企业 100 余家，涉及传感器、芯片设计、终端集成、嵌入式软件、网络设备制造、系统集成等产业链各环节。拥有青岛物联网应用技术研究院、青岛物联网协会、中国 RFID 产业联盟海尔开放实验室、国家城市道路交通装备智能化工程技术研究中心、数字化家电国家重点实验室、数字家庭网络国家工程实验室等创新平台。在数字家庭、智能制造、智能电网、智能交通、智慧物流、智慧健康养老等应用领域具有较强的国际和国内竞争力。

青岛市是全国第一个 RFID 无线射频应用试点示范城市，率先开展物联网技术在港口管理、现代物流等 7 个领域的试点和示范，后期在智能家电、精准农业、无人码头等诸多领域进一步推广应用，产生良好的示范作用和社会效益。

青岛港基于物联网技术的无人码头，通过精准的数据采集和运营，实现对闸口、车辆、货物、堆场的有效管理；海尔集团发布首个智慧家庭物联网操作系统 UHomeOS，推动智能家电产业发展；海信网络科技股份有限公司作为国内智能交通领域的骨干企业，拥有一批智能交通领域的物联网技术与产品成果；软控股份有限公司在融合 RFID 和胎压感知等诸多技术手段的数字化轮胎方面在国际上居领先地位；崂山风景区通过应用景区电子商务系统、高清视频监控系统、路灯节能联网控制系统，推动景区智慧旅游发展。

【云计算与大数据】 2017 年，青岛市出台《关于促进大数据发展的实施意见》，明确大数据发展的总体思路、重点工程，推动大数据、云计算应用，已投入运营的互联网数据中心 IDC 机柜近 2 万个，阿里、腾讯、百度、新浪等国内排名前 20 位的互联网企业均已入驻。在全国率先建成政务云计算与灾备一体化平台，为市政府部门提供基础设施、平台、应用等共享服务；率先建成市中小企业云服务平台，线上公益化与线下市场化，提供政务、融资、认证认可、检验检测等 12 类 450 多项服务。突出发展工业大数据示范应用，制定《青岛市推进“企业上云”工作行动计划》，计划到 2020 年，全市新增“企业上云”企业达到 5 万家以上。

【智慧青岛】 2017 年，青岛市智能交通、智慧环保、数字城管等一批项目发挥作用。城市道路智能交通系统可实现重要路口信号自适应、交通出行引导、电子警察、数据分析等八大功能，获得世界智能交通年会最佳应用奖，系统上线后市区整体路网平均速度提高约 9.7%。

智慧工商、智慧地税、智慧物价等一批项目升级。创新融合工商电子营业执照与“e 证通”企业数字证书平台，提升市场主体网络身份识别、签名验证等服务效率；国家发展和改革委员会城市和小城镇改革发展中心于 2017 年 9 月发布中国城市治理智慧化水平评估报告，青岛市居首位。

智慧教育、智慧人社、智慧气象等一批项目发挥功用。建成智慧教育中心平台、教育资源平台、教育管理平台，推进智慧校园建设，探索翻转课堂，普及电子书包，形成青岛经验；召开2017国际教育信息化大会。

智慧制造、智慧旅游、智慧农业等一批项目促进产业转型发展。率先发展互联网工业，COSMOPlat、三迪时空、特来电等一批开放性的工业互联网平台投入运营，双星、森麒麟、德胜机械等一批智能制造企业形成示范效应，海尔互联工厂、酷特大规模个性定制等一批新模式显现。海尔COSMOPlat获批“基于工业互联网的智能制造集成应用示范平台”，成为全国首家国家级示范平台。

【产业环境】 2017年，青岛市出台《青岛市“十三五”制造业转型升级发展规划》《青岛市“十三五”开放型经济发展规划》等一系列发展规划，提出打造国家重要的互联网工业强市和具有国际竞争力的智能制造基地，目标到2020年，高新技术产业产值占全市工业产值的比重提高到45%，生产性服务业增加值占全市服务业增加值的比重提高到60%。

出台《关于促进先进制造业加快发展的若干政策》，围绕支持企业做大做强、加快产业转型升级、培育壮大新兴产业和高技术制造业、大力发展服务型制造业、提高支撑保障能力5个方面，推出15条具体政策措施。加快建立和完善现代企业制度，增强经济中长期发展韧性。出台《关于进一步降低实体经济企业成本的实施意见》（青政发〔2017〕18号）、《青岛市积极稳妥降低企业杠杆率实施方案》（青政发〔2017〕19号），进一步降低实体经济企业融资、税费、人工、用能用地和物流等运营成本，优化产业发展环境，促进实体经济企业平稳健康发展。

出台《青岛市加快推进工业创新发展转型升级提质增效行动方案》（青政办发〔2017〕33号），提出到2020年，规模以上工业总产值超过2万亿元，规模以上重点工业企业研发经费占销售收入比重达到3%，高新技术产业产值比重达到46%，技术改造投资占工业投资比重达到60%以上等发展目标。

【主要问题】 青岛市电子信息制造业发展处于新旧动能转换的关键期，面临转型的压力。集成电路、显示面板、电子器件等核心关键产业发展滞后，严重影响新一代信息技术、智能家电等产业的发展。外部市场竞争激烈，上游基础原材料价格上涨过快，给企业规模和效益增长带来较大压力。

软件产业增速趋缓。主要原因是经济下行压力加大、市场竞争加剧、自主创新能力不足、专业人才缺乏，影响企业发展后劲。

新兴产业规模较小。大数据、云计算、人工智能等新兴产业缺少具有强大核心竞争力的龙头企业带动，产业集聚效应尚未完全形成。

【统计数据】

表1 2017年青岛市软件和信息技术服务业人员构成情况

企业类别	企业数（家）	从业人员年末人数（人）	人员构成			
			管理人员（人）	在总人数中所占比例（%）	软件开发研究人员（人）	在总人数中所占比例（%）
内资企业	1 650	162 170	9 820	6.1	3 080	1.9
国有企业	12	38 815	1 603	4.1	697	1.8
集体企业	4	30 187	3 409	11.3	311	1.0
联营企业	1	115	6	5.2	9	7.8
有限责任公司	1 047	56 368	2 731	4.8	783	1.4
股份有限公司	226	15 110	869	5.8	694	4.6

续表

企业类别	企业数（家）	从业人员年末人数（人）	人员构成			
			管理人员（人）	在总人数中所占比例（%）	软件开发研究人员（人）	在总人数中所占比例（%）
私营企业	354	20 958	1 152	5.5	562	2.7
其他内资企业	6	617	50	8.1	24	3.9
港、澳、台商投资企业	10	1 013	56	5.5	104	10.3
三资企业	47	3873	199	5.1	389	10.0

表 2　2015—2017 年青岛市软件和信息技术服务业基本情况

项目名称	单位	2015 年	2016 年	2017 年
软件业务收入	万元	13 014 088	16 085 362	18 736 154
软件业务出口收入	万美元	78 291	133 724	187 682
软件产品销售收入	万元	4 150 229	5 009 730	5 804 881
流动资产平均余额	万元	10 340 960	11 740 820	18 366 474
固定资产投资额	万元	26 383	72 809	111 024
资产合计	万元	32 960 817	13 282 624	13 796 557
负债合计	万元	23 337 509	8 459 365	4 344 556
税金总额	万元	209 242	180 668	377 152
利润总额	万元	991 526	1 348 230	1 321 139
应交所得税	万元	304 674	156 535	57 963
从业人员年末人数	人	155 319	132 250	166 043
从业人员工资总额	万元	949 410	803 384	1 074 262

表 3　2015—2017 年青岛市软件和信息技术服务业三资企业基本情况

项目名称	单位	2015 年	2016 年	2017 年
软件业务收入	万元	464 689	215 848	330 740
软件业务出口收入	万美元	619	387	3 008
软件产品销售收入	万元	111 487	81 536	134 577
流动资产平均余额	万元	189 462	228 454	345 054
固定资产投资额	万元	327	1 517	1 833
资产合计	万元	133 213	96 947	143 105

续表

项目名称	单位	2015 年	2016 年	2017 年
负债合计	万元	76 196	50 178	72 166
税金总额	万元	9 260	6 131	9 124
利润总额	万元	8 471	15 889	23 768
应交所得税	万元	94	162	419
从业人员年末人数	人	2 710	2 367	3 873
从业人员工资总额	万元	23 096	14 464	23 945

表 4　2015—2017 年青岛市软件和信息技术服务业主要经济效益指标完成情况

项目名称	单位	2015 年	2016 年	2017 年
全员劳动生产率	元 / 人	386 302	401 324	416 938
流动资产周转率	次	1.26	1.33	1.34
产品销售率	%	99.2	99.2	99.3
总资产贡献率	%	11.6	11.3	11.4
资产保值增值率	%	107.9	107.8	107.8
资产负债率	%	52.5	52.8	52.7

表 5　2015—2017 年青岛市软件和信息技术服务业三资企业主要经济效益指标完成情况

项目名称	单位	2015 年	2016 年	2017 年
全员劳动生产率	元 / 人	451 475	461 200	458 761
流动资产周转率	次	1.45	1.46	1.46
产品销售率	%	99.2	99.2	99.3
总资产贡献率	%	9.3	9.2	9.4
资产保值增值率	%	107.9	108.1	108.1
资产负债率	%	54.8	54.7	54.5

注：表 1 ～表 5 数据来源于青岛市工业和信息化局。

[供稿：青岛市工业和信息化局]

深　圳　市

【电子信息制造业】　2017年，深圳市电子信息制造业完成产值18 200.9亿元，同比增长11.4%，其中，完成规模以上销售产值17 500.7亿元，同比增长12.7%；规模以上工业增加值同比增长11.2%，占全市规模以上工业增加值近六成，支柱产业地位明显。

通讯设备制造业优势继续保持。2017年，全市生产手机终端33 569.9万台，同比增长3.1%；卫星导航接收机385.2万部，同比增长81%；程控交换机752.0万线，同比下降27.2%；移动通信基站设备25 976.3万线，同比下降20.3%。华为技术有限公司全年实现销售收入6 036亿元，同比增长16.0%，实现净利润475.0亿元，同比增长28.1%。其中，智能手机出货量1.5亿台，销售收入2 830亿元，增幅达57.0%，较上年增速提高13.0个百分点；成为全球最大的电信设备制造商，占全球移动基础设施业务市场份额的28%，较上年增长3个百分点。中兴通讯股份有限公司全年实现营业收入1 088.2亿元，同比增长7.5%；利润总额67.2亿元，同比增长975.1%；净利润45.7亿元，同比增长293.8%，占全球移动基础设施业务市场份额的13%。

集成电路产业优势突显。2017年，全市集成电路产业实现收入649.5亿元，同比增长14.1%。其中，集成电路设计业实现收入579.2亿元，同比增长17.4%；集成电路制造业实现收入15.8亿元，封装测试业实现收入54.5亿元。全市拥有集成电路企业约180家。4家企业入围2017年中国十大集成电路设计名单。2017年，海思半导体有限公司的麒麟处理器在全球手机处理器市场的营收份额为8%，在华为出货的1.53亿部智能手机中，有7 000多万部使用麒麟芯片，占华为手机出货量的45.8%；推出的人工智能芯片麒麟970达到国际主流旗舰水平。2017年年底，总投资106亿元的中芯国际65纳米、12英寸芯片产线具备工程样片生产能力；总投资60亿元的中芯国际0.13微米、8英寸产线扩建工程完工，将达到每月6万片产能。

高端视听设备制造布局有力。2017年，全市累计生产彩色电视机3 695.4万台，同比下降5.2%；生产液晶显示屏106 454.6万片，同比下降11.9%。虽受国内有效市场需求不足影响，内销部分有所下滑，但试听设备制造企业寻求拓展海外市场取得一定成效，同时布局高端显示产业，产业整体情况良好。康佳集团全年利润实现大幅度增长，实现营业收入312.3亿元，同比增长53.8%；利润总额66.6亿元。创维数字股份有限公司全年实现营业收入72.6亿元，同比增长22.4%；利润总额1.5亿元，同比下降74.0%；实现净利润0.95亿元，同比下降80.6%。华星光电技术有限公司T1与T2产线玻璃基板投片量为338.7万片，同比增长19.9%；T3产线开发多款全面屏产品供应一线品牌客户，出货量持续增长。

电子元器件制造业增长较快。2017年，全市生产半导体分立器件143亿只，同比增长12.9%；电子元件150.8亿只，同比增长7.8%。由于全国手机终端等产量快速增长，全市电子元器件制造业整体实现近两位数的较快增长。深南电路股份有限公司全年实现营业收入56.9亿元，同比增长23.7%；制造的硅麦克风微机电系统封装基板大量应用于苹果和三星等智能手机中，全球市场占有率超过30%。深圳欧菲科技股份有限公司全年实现营业收入337.9亿元，同比增长26.3%；实现利润总额12.0亿元，同比增长46.4%。

计算机设备制造业下滑明显。受平板电脑、大屏智能手机冲击，全球PC市场规模逐年缩小，深圳市计算机设备制造业近几年均为负增长。2017年，全市计算机设备制造业企业累计生产微型计算机设备2 706.7万台，同比下降25.1%；笔记本计算机设备562.4万台，同比下降22.8%。深圳长城计算机有限公司全年实现营业务收入95.1亿元，实现利润总额7.8亿元。

【软件和信息技术服务业】　2017年，深圳市实现软件业务收入 5 555.7 亿元，同比增长 14.1%。其中，信息技术服务收入 2 788.9 亿元，同比增长 28.0%，占软件业务收入的 50.2%；软件产品收入 863.4 亿元，同比增长 4.4%，占软件业务收入的 15.5%；嵌入式系统软件收入 1 903.5 亿元，同比增长 2.1%，占软件业务收入的 34.3%。

软件产业出口额平稳增长，全年实现软件出口额 238.2 亿美元；软件产业实现利润 1 103.6 亿元，同比增长 17%；软件企业研发投入经费 750.1 亿元，占软件业务收入的 13.5%；软件和信息技术产业贡献税收 405.8 亿元，同比增长 11.4%，软件产品实现退税 135 亿元；软件从业人员近 40 万人，同比增长 3.3%，人均实现软件收入 139.2 万元。

骨干企业持续壮大。2017 年，新增包括腾讯公司在内的 2 家世界 500 强企业，累计达到 7 家；新增境内外上市软件企业 14 家，累计上市软件企业 260 家。全市软件收入超千万元企业 1 361 家，增长 12.9%；超亿元企业 316 家，增长 9.3%；超 10 亿元企业 32 家，超 50 亿元企业 7 家，超 100 亿元企业 4 家，超 1 000 亿元企业 1 家。

品牌实力不断加强。197 家世界 500 强企业、45 家世界 100 强企业均选择华为技术有限公司作为数字化转型合作伙伴；2017 年新成立的 Cloud BU 一级部门，已上线 14 大类 99 个云服务，以及制造、医疗、电商、车联网、SAP、HPC、IoT 等 50 多个解决方案。腾讯视频用户和收入市场份额不断增长，成为中国网络视频平台中以日均移动活跃用户及付费用户计算的第一，打造王者荣耀等智能手机游戏爆款，其网络文学平台阅文集团 2017 年在香港上市。大族激光科技产业集团全年营业收入突破百亿达 109.5 亿元，实现 49.1% 的高速增长；中兴通讯股份有限公司扭亏为盈，实现营业收入 1 088.2 亿元，营业利润 66.8 亿元，同比增长 473.2%。

技术创新能力不断加强。2017 年，新认定国家级高新技术软件企业 465 家，占全市新增国家高新技术企业数量的 14.8%，国家级高新技术软件企业累计 1 609 家。全市专利申请量 17.7 万件，授权量 9.4 万件，同比分别增长 34.8% 和 25.6%；发明专利申请量 6 万件，授权量 1.9 万件，同比分别增长 22.6% 和 7.1%；PCT 国际专利申请量 2 万件，占全国的 43.1%；有效发明专利维持 5 年以上的比例达 86.3%，位居全国大中城市第一；获中国专利金奖 5 项，占全国数量的 20%；获中国商标金奖 3 项，大疆、华为获马德里商标注册特别贡献奖；新登记计算机软件著作权 8.4 万件，占全国登记总量的 11.6%。

工业软件化水平持续提升，助力制造业转型升级。2017 年，全市工业软件实现收入 68.8 亿元，同比增长 36.8%，工业信息化程度的持续提升促进软件产业与传统行业深度融合，快速推动制造业转型升级。华制智能制造技术有限公司推出三维智能工厂平台、工业大数据智能决策平台，成功运用于山西复晟铝业有限公司智能制造、昆明龙津药业股份有限公司智能制造，推进数字工厂建设，形成智能制造工厂标准，实现在线模拟仿真、设备管理和运维、品质在线检测等信息化改造，有效降低企业运营成本，提高生产效率。

国际化发展水平持续提升。围绕关键核心技术和海外研发人才队伍进行的国际投资并购成效显著。中兴通讯股份有限公司收购土耳其最大通讯企业、华大基因股份有限公司收购美国 CG 公司等。谋划布局境外研发中心，强化创新驱动能力，华为技术有限公司在俄罗斯、瑞典、芬兰、英国、美国等国家设立 40 多个海外研发中心和联合创新中心；中兴通讯股份有限公司在全球拥有 18 个研发中心，其中 7 个海外研发中心全部设在美国或欧洲。重点企业海外市场占有率不断提升，华为技术有限公司、中兴通讯股份有限公司、海能达通信股份有限公司等企业海外市场贡献 50% 以上的营业收入。

【电子政务】 2017 年，深圳市人口、法人、空间地理、房屋等基础信息资源库汇集 29 家单位的 492 类信息资源、140 亿多条数据，形成约 1 810 万人口、288 万法人、82 万栋楼、1 330 万间房屋的公共基础信息资源，并实现身份证号码、组织机构代码和房屋编码的“三码关联”，可以结合空间地理信息为领导决策、公共资源配置、政务服务与管理提供基础数据支撑。政府数据开放不断推进，截至 2017 年 12 月，市政府数据开放平台在交通运输、金融财税、文化休闲、教育科技、生态资源等 14 个领域试点向社会开放政务数据，包括 1 022 项数据集、4 200 多万条数据。

深化“政务信息共享”绩效评估，推动各部门利用信息化和信息共享开展管理和服务创新，让信息多跑路、群众少跑腿，推动解决基层群众“办证多、办事难”的问题。按照 2017 年考评情况，全市各部门需要使用本市其他部门信息开展业务的办事事项515项，通过信息共享取消提交原件的事项508项，跨部门共享业务实现率98%，有效缓解市民办事需要重复递交材料的问题。各部门探索同城通办、主动服务、就近办理、一站式服务等创新模式，公共服务水平明显提升。

【两化融合】 2017年，深圳市参与广东省工业互联网产业生态供给资源池建设。全市入池企业28家，数量约占全省的1/4。其中，平台服务商5家，解决方案商23家。

实施两化融合扶持计划，支持企业两化融合项目建设。2017年，扶持相关项目184个，引导企业加大信息化项目建设力度，拉动企业在信息化方面投入超过6亿元。

2017年，深圳两化融合发展水平63.9，比全国平均水平（51.8）高23.4%。

【信息安全】 2017年，深圳市加强对信息安全行业指导，促进信息安全产业发展。首次组织实施深圳市战略性新兴产业新一代信息技术信息安全专项2017年扶持计划，已资助20个企业的20个项目。对全市网络与信息安全重点企业开展调研，形成全市网络与信息安全行业调查分析报告。启动《工业控制系统信息安全管理体系咨询》服务。

推进落实“互联网+政务”有关工作。加强电子政务重要领域国产密码应用工作，选取龙岗区、市经贸信息委2家试点单位开展密码应用试点工作，并编制《深圳市电子政务领域使用数字证书应用系统国产密码改造技术指南》。

【信息消费】 2017年,深圳市信息消费规模6 673亿元,同比增长2.7%。电子商务交易额2.3万亿元，同比增长15.1%。其中，网络零售交易额3 101.8亿元，同比增长35.2%。

【云计算与大数据】 2017年，深圳市大数据产业规模达459亿元，形成互联网企业、传统IT厂商、数据服务商三足鼎立共同引领大数据技术创新和应用的态势，包括以腾讯计算机系统有限公司、迅雷络技术有限公司为代表的互联网企业，以华为技术有限公司、中兴通讯股份有限公司为代表的IT设备和整体解决方案厂商，以华傲数据技术有限公司、天源迪科信息技术股份有限公司为代表的新兴数据服务企业，形成在全国有重要影响力的大数据产业集群。

在行业应用市场方面，互联网、电信、金融三大行业的市场规模仍然占据市场总额的60%以上。随着智慧城市的建设与应用落地，医疗、交通和政府领域对大数据的投资力度将逐渐提升，投资增速将超过其他行业。

【主要问题】 深圳市电子信息制造业发展压力很大，制造业营商成本相对较高，劳动密集型生产制造竞争力下降，高端制造、工业增加值率与发达国家相比还有相当差距；产业用地紧缺，工业园区存在“小、散、乱”等情况。

产业新动能尚未形成有效支撑，欧美发达国家以及上海、广州等国内先进城市都在提前布局人工智能等新兴电子信息产业，有关管理部门在出台政策措施、引进培育项目等方面的动作较慢；除新一代信息技术产业外，其他新兴电子产业尚未形成较大规模的产业集群。

核心技术瓶颈有待突破，大多数企业存在技术储备和技术来源不足、核心竞争力不强、关键基础设施中使用的核心技术产品和关键服务还依赖国外，软件、芯片、标准等方面的自主研发水平与发达国家相比还存在较大差距，在集成电路制造、封测及材料、高速高频低功耗SoC设计技术、基础软件技术等关键领域仍然较为薄弱，在超高频芯片、虚拟化技术及分布式数据处理等新兴领域核心技术的竞争中依然处于弱势。

电子信息产业对高技术人员、技术研发人员、高水平技工人才和高素质人才的需求逐渐增加，首先对电子、半导体、集成电路的高技术人才需求旺盛，其次为互联网、电子商务以及计算机软件人才。深圳市电子信息产业的人才结构大体呈现两头小、中间大的特征，中端人才数量庞大，行业高端人才需求缺口较大，难以适应行业发展与信息化建设的需要。

［供稿：深圳市工业和信息化局］

新疆生产建设兵团

【概况】 2017年，新疆生产建设兵团（以下简称兵团）围绕深化兵团改革、向南发展等一系列重大决策部署，推进各项工作，兵团电子信息产业发展取得积极成效。国家“三去一降一补”成效不断显现，电子信息制造领域市场不断回暖，兵团电子信息产业经济效益不断提升，以多晶硅、碳化硅、蓝宝石、高压电极箔产业为代表的电子信息制造行业发展态势继续向好，市场需求不断增大，实现持续快速发展。软件和信息服务业产业结构调整步伐加快，云计算、大数据等新一代信息技术的运用助推行业快速发展。据不完全统计，截至2017年年底，兵团软件和信息技术服务业实现营业收入1.9亿元，信息传输业实现主营业务收入22亿元，电子信息制造业实现总产值26亿元，较上年有较大提高。

【信息基础设施】 2017年，通过实施电信普遍服务试点和宽带提速工程，兵团扩大互联网接入带宽和覆盖范围，兵团城市区域光网覆盖率达100%，3G网络覆盖兵团100%的师市、团场和90%的连队，4G网络覆盖100%的师市、团场与85%的连队。师市、团场中心区域无线覆盖率达95%，工业园区光缆通达率达90%，连队及周边区域无线覆盖率达85%。存量基站铁塔数量5 300余座，电信普遍服务试点和提速降费等工作改造提升兵团边境团场和贫困连队的通信网络质量，同时大幅降低企业套餐资费，降低企业信息成本，使通信服务进一步普惠化。

【两化融合】 2017年，兵团组织开展试点示范项目申报工作。组织企业申报工业和信息化部大数据产业发展试点示范项目、信息消费试点示范项目，八师天富能源公司和奎屯瑞豪公司分别被列入国家试点示范企业。围绕推广两化融合管理体系标准，组织开展石化、农副产品、纺织等行业共200余家企业开展两化融合水平评估，帮助企业在精益管理、风险管控、供应链协同、市场快速响应等方面找出差距，提升水平。组织开展两化融合专题培训班，培训学员80人，解读国家出台的有关两化融合、工业互联网平台、企业上云、财税等政策文件，指导企业进一步提升两化融合创新管理的意识和能力。为切实做好工业控制系统信息安全管理，组织开展工控系统信息安全检查工作，针对检查中发现的安全隐患进行整改加固。组织企业申报工业和信息化部开展的工业控制系统应用项目库、企业上云典型案例征集，经筛选报送13个工业控制系统应用项目和2个企业上云典型案例。

【存在问题】 兵团电子信息产业受市场环境影响较大，产业规模偏小，实力不强，缺少具有明显优势的龙头企业带动本地信息产业的发展；产业创新能力不足，自主研发产品比例较低，大多数企业的研发机构设在内地公司总部，在兵团的企业只是承担产品粗加工等生产；资金、技术、管理和人才的支撑能力欠缺，持续发展后劲不足。

【发展预测】 持续推进信息基础设施建设。结合产业扶贫和南疆规划的实施，推进光纤宽带接入网络全面覆盖师（市）产业园区、团场城镇和连队作业点，加速推进电信普遍服务试点，开展连队网络延伸和质量提升工程，重点加强边境团场和贫困连队4G网络建设。引导企业开发推广适合兵团实体产业需求的应用软件，为职工群众提供从生产资料到生活消费、从电子商务到实体店面、从金融服务到移动互联网的全方位互联网综合应用。

支持电子信息企业做大做强。推动兵团与疆外大企业、大集团战略合作协议加速落地，引导疆外电子信息龙头企业利用资金优势、技术优势、人才优势在兵团注册分支机构，提升兵团电子信息产业整体水平。

加强信息技术融合应用。以研发设计、流程控制、企业管理、市场营销等关键环节为突破口，推进信息技术与传统工业结合，提高工业自动化、智能化和管理现代化水平。组织开展行业应用试点示范工程，支持大数据、信息消费、跨行业跨领域工业互联网平台等产品和系统的应用。

[供稿：新疆生产建设兵团工业和信息化局]

附　录①

2017年世界电子信息产业发展态势与特点

【综述】

2017年，世界经济形势继续好转，但不稳定因素依然存在，经济复苏仍不完善。发达经济体经济增长普遍提速，中国和亚洲新兴经济体经济增长依然强劲，拉美、独联体国家等的经济出现一定的改善迹象，世界经济总体增速有所提升。根据国际货币基金组织（IMF）10月发布的《世界经济展望》，2017年，全球经济增长3.6%，高于此前1月（3.4%）、4月（3.5%）和7月（3.5%）的预测。发达经济体增速预计为2.2%，受经济活动放缓和政策不确定性影响，美国、英国增速下调0.1个百分点，与此同时，欧元区、日本、亚洲新兴国家、欧洲新兴国家和俄罗斯的增速预测值普遍上调，发达经济体总体增速仍比4月上调0.2个百分点。得益于中国更强劲增长预期的推动，新兴和发展中经济体的增速比4月预期上调0.1个百分点至4.6%，中国的增速预期为6.8%，比4月上调两个百分点，超过印度0.1个百分点，重回全球第一的位置，新兴和发展中经济体仍为全球增长的主要驱动力量。

2017年，信息技术产业对经济社会转型发展的基础性驱动作用持续释放，美国、日本、欧盟、中国等主要经济体均出台一系列促进政策，进一步加快布局新兴技术研发和产业化，抢占技术变革先机，推动产业发展。在人工智能、物联网、大数据等革新技术推动下，智能化应用场景迅速拓展，新兴市场需求持续增长，带动产业与技术创新不断涌现。在发达经济体普遍复苏，新兴经济体快速增长的双重带动下，2017年世界电子信息产品产销额均保持较快增长态势，新兴市场国家的高速增长表明其仍是世界电子信息产业增长的重要推动力。

一、世界电子产品加速复苏，电子元器件增长强劲

2017年，全球经济继续保持低速增长态势，增速略有提升，经济增长依然面临不确定因素的影响，复苏尚不明朗。美、日、欧等发达经济体总体回暖，发展中经济体保持较快增长速度，是推动全球增长的重要力量。2017年，世界电子信息产品制造业持续复苏，在上年略有增长的基础上，增速提升2.95个百分点，产销值均保

注①　本栏目文章收录在社会科学文献出版社2018年6月出版的“工业和信息化蓝皮书”《世界信息技术产业发展报告（2017—2018）》中。

持较快增长态势。根据《世界电子数据年鉴 2017》（*The Yearbook of World Electronics Data 2017*）测算，2017 年，世界电子产品产值达到 17 911.37 亿美元，同比增长 4.02%，销售额达到 17 561.39 亿美元，同比增长 3.03%，与 2014 年相比，产销值恢复较快增速，销售摆脱衰退态势，复苏形势整体向好。

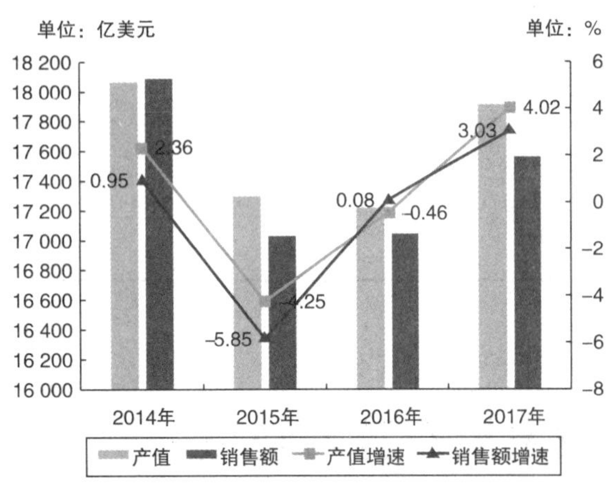

图 1　2014—2017 年世界电子产品产销值及增速

注：2017 年为预测值

数据来源：*The Yearbook of World Electronics Data 2017*

在各类产品中，电子元器件占据最大市场份额，高达 34.37%，其次是电子数据处理设备、无线通信设备、控制与仪器设备，分别占据 23.87%、18.13% 和 8.24% 的市场份额。与上年相比，细分产品门类的市场占比总体保持稳定，其中，电子元器件增幅最大，市场份额同比上升 2.33 个百分点，上升态势较为显著；电子数据处理设备降幅最大，市场份额同比下降 1.36 个百分点，与上年相比，份额持续下滑，降幅有所扩大。

2017 年，在智能硬件等新兴市场的带动下，电子元器件成为增长最快的产品门类，控制与仪器设备、无线通信设备保持较高增速，消费电子产品、办公设备同比下滑，其中办公设备的下滑态势最为显著。从产值看，办公设备、消费电子产品同比负增长，其他各产品门类均实现正增长。其中电子元器件产值增速为 8.72%，控制与仪器设备、无线通信设备产值分别增长 3.46% 和 3.10%，办公设备、消费电子产品产值分别下降 3.54% 和 0.12%，总体产值增长 4.03%。从销售额看，除办公设备、消费电子产品同比下滑外，其他各门类产品均实

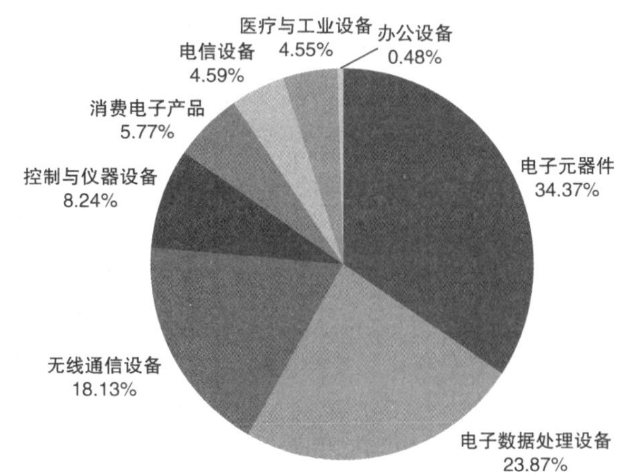

图 2　2017 年各类电子产品市场份额

数据来源：*The Yearbook of World Electronics Data 2017*

现正增长，电子元器件销售额增速最快，增长 6.64%，办公设备下滑最显著，下降 3.31%，电子产品整体销售额增长 3.03%。作为最大产品门类的电子元器件的强势增长带动电子产品整体产销值较快增长，其他门类的产销值增速均在平均值以下，仅控制与仪器设备销售额增速略超均值。

二、发达经济体普遍复苏，新兴经济体较快增长

受全球经济增长提速影响，发达经济体和新兴经济体电子产品产销值普遍呈现增长态势。中国、美国、韩国、新加坡、中国台湾地区成为拉动全球电子产品产销值增长的主要力量，新加坡、越南、中国台湾地区和韩国增速最快，日本成为排名前十的国家和地区中唯一增速下降的经济体，墨西哥是唯一未摆脱衰退的国家。

在电子产品产值方面，受全球经济向好影响，2017 年世界排名前十的国家和地区中仅墨西哥仍处于衰退中，但降幅有所收缩。中国仍居产值榜首位，2017 年产值达到 6 824.91 亿美元，同比增长 3.45%，产值规模约为排名第二的美国电子产品产值的 3 倍，中国作为世界第一大电子产品制造国的地位稳定。韩国超过日本成为第三大电子产品产地，越南取代巴西进入产值榜榜尾。新加坡成为产值规模前十位的国家和地区中增长最快的国家，2017 年电子产品产值增速达到 14.38%，比上年提高 9.25 个百分点，产值超过德国。中国台湾地区电子产品产值增速排名第三位，2017 年电子产品产值增长

9.36%，比上年提升 7.45 个百分点。中国、美国、德国、马来西亚摆脱负增长态势，其中马来西亚增速提高 8.5 个百分点，墨西哥增速小幅提升，但仍为负增长，日本成为榜单中唯一增速下降的经济体，被韩国超越后位居第四。

在电子产品市场规模方面，世界主要国家和地区市场均呈现增长态势，与上年半数呈现衰退相比，市场复苏迹象明显，前十大经济体排名没有发生变化。中国电子产品市场规模达到 4 708.00 亿美元，同比增长 6.02%，继 2015 年超过美国成为全球最大电子产品市场以来，榜首地位得以进一步稳固。美国市场规模为 4 252.32 亿美元，同比增长 1.57%，扭转负增长态势。摆脱衰退的国家和地区还包括英国、墨西哥、韩国、法国，其中英国增速提高 14.56 个百分点，但仍不足以超过印度而使排名得以提升。越南持续成为榜单中电子产品市场规模增长最快的国家，增速高达 9.47%。印度、中国紧随其后，分别增长 7.02%、6.02%。日本是前十大经济体中唯一增速下降的国家，由于与排名第四的德国之间存在巨大的体量差距，其仍保持第三的位置。

三、技术变革开启智能时代，产业竞争聚焦智能应用

当前，世界正处在新一轮科技与产业革命的交汇点，信息技术是当前创新最活跃、带动性最强、渗透性最广的领域，新一代信息技术正处于加速成长期，新产品、新服务不断涌现。在技术变革带动下，产业格局正在发生深刻变革。信息技术对工业的带动作用正在不断释放，随着信息化与工业化深度融合，工业转型升级正成为全球关注焦点，以智能制造为目标的新兴智能产业，如机器人、工业互联网加速兴起，成为智能硬件、物联网等新兴市场的重要组成部分。信息技术的变革产生一系列智能产品和智能服务模式，增加人类社会各个领域的智能化需求，交通、金融、医疗、能源、家居、公共服务等领域的智能化水平不断提升，进一步促进信息经济和智能硬件市场的成长壮大。人工智能成为当前行业发展的热点，围绕深度学习算法的产业生态逐渐形成，基于云端和移动端的应用快速拓展。技术变革强化信息产业在经济社会发展中的基础性作用，智能化改造和应用需求旺盛并持续爆发，智能时代已经来临。

在智能时代背景下，产业竞争的焦点围绕实现智能化应用的基础设施、技术开发、模式创新、场景拓展、生态布局展开。各国政府纷纷出台引导性政策，加快本国在技术前沿领域的布局，国际巨头企业在工业互联网、物联网、数据中心、人工智能领域展开竞争，通过部署研发、开展并购等手段抢夺未来市场份额。在工业应用领域，瑞士 ABB 与 IBM 合作开发数字化解决方案平台 ABB Ability；华为开发基于物联网操作平台的智慧工厂以及可溯源的生产管理系统；微软、亚马逊等互联网巨头依托云服务切入工业垂直行业 SaaS 领域。在人工智能领域，英特尔以 153 亿美元收购无人驾驶公司 Mobileye；谷歌收购印度人工智能公司 Halli Labs；Facebook 收购 Facebook 人工智能初创公司 Ozl；百度收购智能语音企业 KITT.AI；苹果推出 A11 Bionic 芯片，内嵌“神经网络引擎”；华为推出麒麟 970 芯片，内置基于寒武纪 NPU 的人工智能计算平台。在物联网领域，ARM 公司推出首个行业通用构架——平台安全构架 PSA（Platform Security Architecture），包含安全固件、可编程安全核心和一条安全调试通道，用于打造安全的互连设备；高通推出 Qualcomm Network 物联网连接平台，包括面向物联网终端、中枢和网关部署的一系列特性，可集中管理复杂多样的连接技术和生态系统；中国三大运营商启动窄带物联网基站建设，已建成数量达数十万个；华为发布首款窄带物联网芯片 Boudica120，并于上半年出货。

【统计数据】

表 1　2014—2017 年世界电子产品产销值统计

单位：亿美元

产品名称	2014 年		2015 年		2016 年		2017 年		2017 年增长率（%）	
	产值	销售额	产值	销售额	产值	销售额	产值	销售额	产值	销售额
电子数据处理设备	4 612.13	4 773.26	4 194.6	4 327.64	3 927.06	4 162.93	3 941.20	4 192.69	0.36	0.71

续表

产品名称	2014 年		2015 年		2016 年		2017 年		2017 年增长率（%）	
	产值	销售额	产值	销售额	产值	销售额	产值	销售额	产值	销售额
办公设备	83.19	102.44	79.37	90.40	76.21	86.80	73.51	83.93	-3.54	-3.31
控制与仪器设备	1 450.86	1 465.59	1 375.94	1 393.85	1 390.77	1 402.32	1 438.95	1 446.49	3.46	3.15
医疗与工业设备	871.40	806.53	850.22	766.51	853.34	777.91	877.83	799.24	2.87	2.74
无线通信设备	3 663.59	3 230.06	3 675.40	3 134.99	3 708.05	3 134.33	3 823.12	3 184.14	3.10	1.59
电信设备	764.20	837.57	738.65	786.22	762.79	790.91	784.16	806.38	2.80	1.96
消费电子产品	1 242.80	1 185.25	1 131.41	1 058.67	1 062.67	1 028.72	1 061.37	1 012.68	-0.12	-1.56
电子元器件	5 376.99	5 688.14	5 251.61	5 471.25	5 437.09	5 660.09	5 911.23	6 035.83	8.72	6.64
总计	18 065.17	18 088.83	17 297.21	17 029.53	17 217.96	17 044.02	17 911.37	17 561.39	4.02	3.03

表 2　2017 年世界电子产品产值排名前十的国家和地区

单位：亿美元

国家和地区	2014 年	2015 年		2016 年		2017 年	
	产值	产值	增长率（%）	产值	增长率（%）	产值	增长率（%）
中国	6 675.35	6 694.95	0.29	6 597.50	-1.46	6 824.91	3.45
美国	2 345.37	2 310.06	-1.51	2 294.64	-0.67	2 340.51	2.00
韩国	1 154.29	1 079.92	-6.44	1 116.45	3.38	1 217.17	9.02
日本	1 258.58	1 130.74	-10.16	1 159.82	2.57	1 163.53	0.32
中国台湾地区	712.96	676.26	-5.15	689.20	1.91	753.68	9.36
新加坡	592.96	562.82	-5.08	591.70	5.13	676.78	14.38
德国	641.27	555.74	-13.34	553.82	-0.35	565.16	2.05
马来西亚	594.43	518.48	-12.78	502.33	-3.11	529.42	5.39
墨西哥	508.76	497.37	-2.24	494.94	-0.49	493.65	-0.26
越南	291.36	367.18	26.02	403.53	9.90	448.92	11.25

表 3　2017 年世界电子产品市场规模排名前十的国家

单位：亿美元

国家	2014 年	2015 年		2016 年		2017 年	
	市场规模	市场规模	增长率（%）	市场规模	增长率（%）	市场规模	增长率（%）
中国	4 191.69	4 255.63	1.53	4 440.68	4.35	4 708.00	6.02
美国	4 206.57	4 221.26	0.35	4 186.63	-0.82	4 252.32	1.57

续表

国家	2014 年	2015 年		2016 年		2017 年	
	市场规模	市场规模	增长率（%）	市场规模	增长率（%）	市场规模	增长率（%）
日本	1 421.13	1 218.18	-14.28	1 273.30	4.52	1 281.11	0.61
德国	747.35	627.93	-15.98	629.02	0.17	639.58	1.68
韩国	504.57	495.50	-1.80	489.41	-1.23	505.17	3.22
墨西哥	443.52	446.64	0.70	440.25	-1.43	451.42	2.54
印度	371.74	400.68	7.79	407.29	1.65	435.88	7.02
英国	456.57	424.12	-7.11	363.38	-14.32	364.27	0.24
法国	380.55	318.56	-16.29	317.77	-0.25	322.80	1.58
越南	236.84	260.16	9.85	280.43	7.79	307.00	9.47

注：表 1 ~表 3 数据来源于 *The Yearbook of World Electronics Data 2017*。2017 年为预测值。

2017 年美国电子信息产业发展情况

【综述】

美国经济反弹势头强劲，2017 年 GDP 增速达到 2.2%，高出上年 0.6 个百分点。受劳动力市场活跃、工资上升以及个人所得税预期下调的影响，个人消费将进一步增加，原油价格提高以及企业所得税下调的预期则将激励商业投资，未来美国经济将呈现复苏态势。对美国电子信息产业来说，2017 年电子产品产值和市场规模回升态势显著，电子元器件增势突出，电子产品创新不断涌现，各大企业积极开拓新兴业务领域。

一、电子信息产业平稳发展，回升态势显著

近年来，美国电子信息产业保持相对稳定的发展态势。根据《世界电子数据年鉴 2017》（*The Yearbook of World Electronics Data 2017*）预测，在全球半导体市场增长强劲以及向好的国内外经济环境带动下，2017 年美国电子产品产值增长 2.0%，达到 2 340.51 亿美元；美国电子产品市场规模为 4 258.56 亿美元，较上年增长 1.6%。受益于特朗普政府提出的贸易政策，美国制造业“回流”势头逐渐显现。

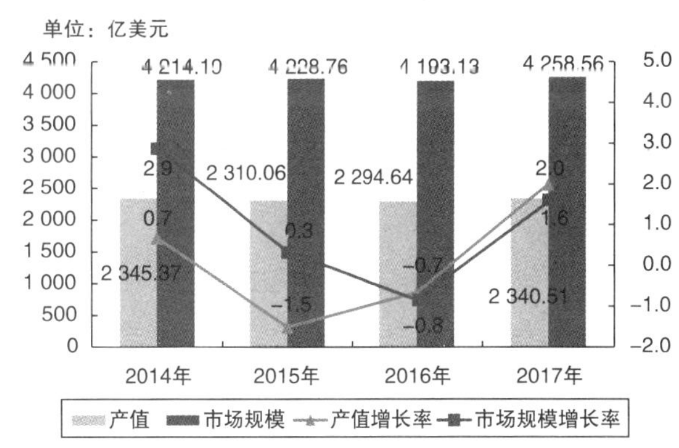

图 1　2014—2017 年美国电子产品产值与市场规模

注：2017 年为预测值

数据来源：*The Yearbook of World Electronics Data 2017*

二、细分行业发展格局稳定，电子元器件增势突出

2017 年，从美国电子产品细分行业产值来看，无

线通信与雷达设备产值所占电子产品总产值比例仍居于首位，产值达769.54亿美元，同比增长2.4%，占产值总额的32.9%，占比较上年提高0.1个百分点。第二是电子元器件，受益于全球市场对半导体的旺盛需求，产值达到574.14亿美元，同比增长3.5%，占产值总额的24.5%，较上年下降0.3个百分点。第三是控制与仪器设备，产值达422.38亿美元，占产值总额的18.0%，占比较上年下降0.1个百分点。医疗与工业设备的产值为296.59亿美元，占比较上年增长0.1个百分点，达到12.7%。电子数据处理设备产值受生产外包比例扩大影响持续下降，2017年为200.53亿美元，同比下降3.0%，占产值总额的8.6%，占比较上年降低0.4个百分点。办公设备的产值占比较上年下降0.1个百分点，为0.5%，电信设备和消费类电子产品产值比例保持稳定，分别占产值总额的2.5%和0.3%，消费类电子产品产值极小，这主要是由于电视机制造大多迁往墨西哥，电视机产量几乎为零。

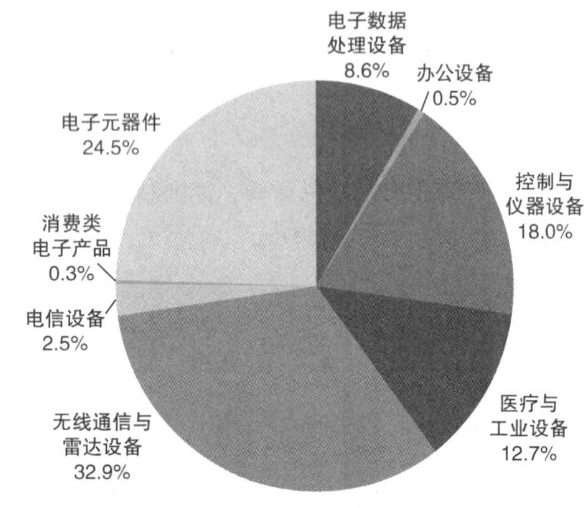

图2 2017年美国各类电子产品产值份额

注：2017年为预测值

数据来源：*The Yearbook of World Electronics Data 2017*

2017年，从美国电子产品细分行业市场规模来看，无线通信与雷达设备、办公设备和消费类电子产品市场规模同比下滑，其他细分行业市场规模则实现同比增长。无线通信与雷达设备市场规模占电子产品市场规模总额的比重仍居首位，市场规模达1 196.57亿美元，同比下降0.4%，占市场总额的28.1%，占比较上年下降0.6个百分点；第二是电子数据处理设备，市场规模为1 023.78亿美元，同比增长0.5%，市场份额由上年的24.3%下降至24.0%；第三是电子元器件，市场规模为862.91亿美元，同比增长6.0%，占市场总额的20.3%，占比较上年提升0.9个百分点。

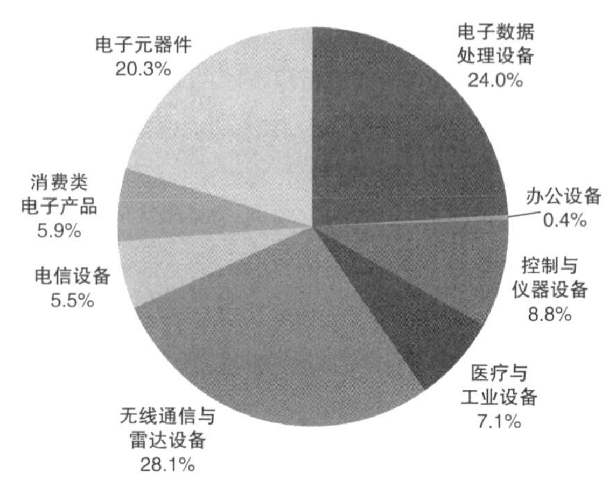

图3 2017年美国各类电子产品市场份额

注：2017年为预测值

数据来源：*The Yearbook of World Electronics Data 2017*

三、继续引领全球产业创新，新技术应用加速推进

美国作为电子信息产业第一强国，引领着世界信息技术的发展。2017年，美国企业继续引领在无人驾驶、人工智能、虚拟现实等领域的产业创新，加速推进新技术应用。

近年来，无人驾驶发展进入快车道，在美国政府的大力支持下，美国企业包括特斯拉、福特、通用等传统车厂和Uber、谷歌、苹果等互联网企业，以及英特尔、高通和英伟达等芯片厂商均积极挺进智能驾驶及汽车电子领域，广泛开展产业链上下游合作，大力推进无人驾驶汽车测试。如福特入股人工智能初创公司Argo AI，Uber在美国洛杉矶等城市开通无人驾驶汽车服务，高通推出专为车辆间通信设计的C-V2X系列芯片组等。

继上年谷歌AlphaGo战胜多位中韩围棋世界冠军后，2017年，卡内基梅隆大学的人工智能系统Libratus打败4名世界顶级德州扑克玩家，进一步引发人工智能的热潮，美国企业加速将人工智能融入智能终端、智能驾驶等应用领域，如iPhone X使用人脸识别技术，英特尔推出开放式人工智能车辆计算平台 DRIVE PX2 等。

尽管虚拟现实行业由上年的火爆逐步归于平静，但早先处于观望的巨头企业也逐步加入这一领域的竞争，2017 年，谷歌发布其 Daydream VR 平台的 2.0 版本，微软发布来自宏碁和惠普的混合现实头盔开发者套件，苹果则宣布其两条重要产品线 iMac 和 iPhone 均加入对虚拟现实和增强现实的支持。

四、巨头企业积极转型布局，发展新兴业务领域

2017 年，美国电子信息产业巨擘的发展有喜有悲，但是发展战略均呈现出一个共同特征，即注重在云计算、物联网、人工智能等新兴领域的布局，积极顺应电子信息产业发展趋势。

尽管个人计算机、手机、Xbox 游戏机业务持续下滑，但微软在云业务领域的发力取得显著成果。云平台 Azure 及基于其建立的办公软件 Office 365、商业软件 Dynamics 365 均实现较大幅度的增长，以云订阅的方式售卖软件为微软带来可观的营收。

IBM 营收持续下滑，目前专注于业务转型，将重点放在利润较高的云计算、数据分析、移动计算、社交和安全业务中。2017 年，IBM 来自云计算与移动计算、数据分析、社交软件与安全软件等业务的收入实现平稳增长，系统硬件等传统业务则继续下滑。

2017 年，苹果营收止跌回升，iPhone 虽然仍占据苹果营收一半以上的份额，但由于创新乏力，占比持续下降。9 月，苹果在其秋季新品发布会上推出为 iPhone 诞生十周年而特别准备的 iPhone X，还推出 iPhone 8 和 iPhone 8 Plus。苹果的服务业务表现突出，包括 iTunes、iCloud、Apple Music、Apple Pay、Apple Care 和 App Store 服务，近三年来营收实现持续增长。

英特尔旗下最大的业务仍是个人计算机芯片业务，但由于计算机需求减少，该业务持续承压，英特尔正将其业务从个人计算机芯片扩展到云服务、物联网和人工智能等新领域。3 月，英特尔斥资 153 亿美元收购无人驾驶技术公司 Mobileye，这家于 1999 年成立的以色列公司是宝马、奥迪、特斯拉、沃尔沃、福特等 27 家大牌汽车厂家高级驾驶辅助系统（ADAS）和自动驾驶技术的供应商。

无线和安全产品是目前思科增长较快的业务领域，但尚未形成支撑。由于交换机和路由器业务表现不佳，思科正努力向物联网和云计算领域转型。3 月，思科完成对云应用性能管理平台 AppDynamics 的收购。10 月，思科与谷歌签署云计算合作协议，将共同开发相关产品。在 Cisco Live 2017 用户大会上，思科公布一系列新的物联网解决方案，发布物联网连接管理平台 Control Center 7.0，同时还推出威胁防护和智能安全、流量细分两项新的增值服务。

由于与苹果在专利技术授权费用问题上仍在法律协调中，高通的技术许可业务营收受到影响，但从长期来看，受益于高通在全球拥有超过 300 项自由协商的技术许可协议以及众多重要的无线和移动计算设备技术组合，技术许可业务仍将是高通的重要营收来源。此外，高通 CDMA 技术的设备与服务业务持续增长，与此相关的汽车电子、射频前端、物联网等业务迅猛发展。

2017 年日本电子信息产业发展情况

【综述】

2017 年，日本整体经济趋于好转，根据世界银行的预测，2017 年，日本 GDP 增长约为 1.18%。日本是全球第三大电子信息产业国，2017 年，电子信息产业的总产值保持小幅增长态势。在细分领域，消费电子的产值再次下滑，工业电子装备、电子元器件的产值均实现不同程度的增长；全年进出口均呈增长态势，集成电路仍是出口额最大的类别；日本电子信息企业的盈利基本都来自非电子信息业务，但依靠创新与应用，日本在绿

色高性能计算领域取得不错的成果。

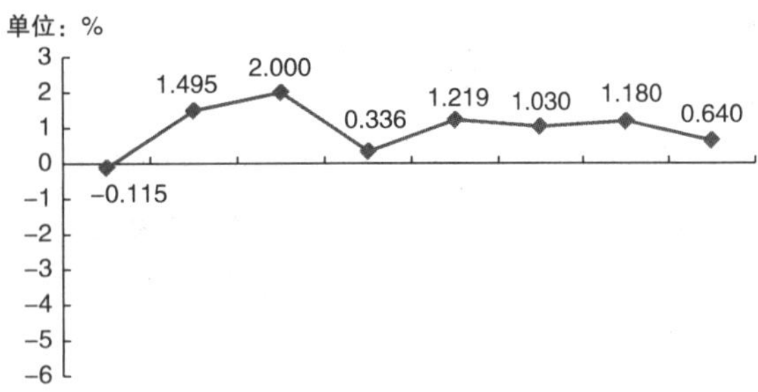

图 1 2011—2018 年日本 GDP 增长情况

注：2017 年和 2018 年为预测值

数据来源：根据世界银行 2017 年 12 月统计数据与 *The Yearbook of World Electronics Data 2017* 的数据整理

一、产值小幅增长，占全球比重再次下滑

作为全球第三大电子信息产业国，日本的实力仍不可忽视。自上年大幅下滑后，日本电子信息产品的产值于 2017 年开始回暖，全年总产值约为 119 889.85 亿日元，同比增长 6.9%，2014—2016 年的产值分别为 117 961.75 亿日元、124 040.35 亿日元和 112 151.40 亿日元。

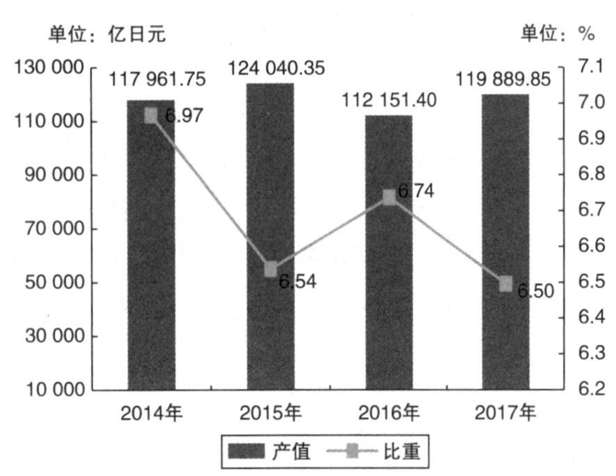

图 2 2014—2017 年日本电子信息产业产值及其在全球总量中的比重

注：2017 年为预测值

数据来源：根据日本电子信息技术产业协会与 *The Yearbook of World Electronics Data 2017* 的数据整理

尽管日本电子信息产业的产值实现小幅增长，但其在全球电子信息产业的产值中比重再次出现下滑，与上年的 6.74% 相比，2017 年日本电子信息产业的产值约占全球总量的 6.50%，从 2014—2017 年的比重变化看，其快速下滑趋势并未得到缓解。

二、细分领域继续调整，消费电子再次下滑

2017 年，日本电子信息产业结构持续调整，除消费电子同比下滑 3.26% 外，工业电子装备、电子元器件均实现不同程度的增长。电子元器件在所有电子产品中的比重达到 65.60%，同比增长 9.87%。2017 年 1—9 月，日本电子信息产品产值同比增长 6.72%，达到 88 359.31 亿日元；工业电子装备同比增长 2.03%，达到 25 721.17 亿日元；消费电子则下滑 3.26% 至 4 672.08 亿日元。

从产值所占的比例来看，集成电路和电子元件是产值最大的产品，并且这两类产品在整个电子信息产品中的比重均有所增加，分别占电子产品总产值的 43.7% 和 21.9%，由于日本在计算机及相关设备以及通信设备领域采取战略撤退政策，其产值分别仅占电子产品总产值的 8.8% 和 8.6%。

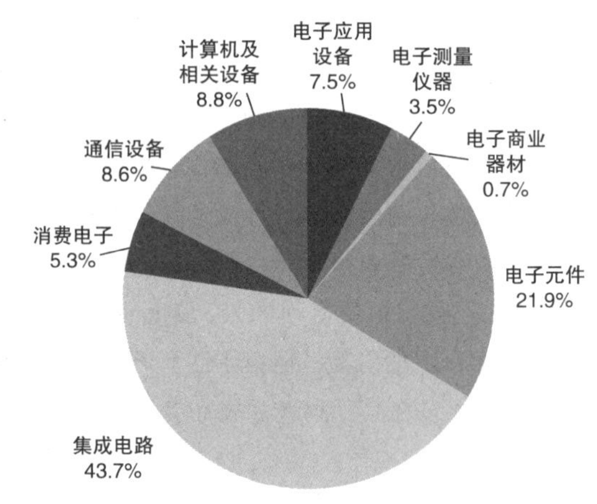

图 3 2017 年 1—9 月日本电子产品产值所占比重

数据来源：日本电子信息技术产业协会，2017 年 12 月

消费电子的产值未能保持上年的增长态势，2017 年再次回落，占电子产品总产值的比重已经降至 5.3%，为近五年最低。

三、进出口稳步增长，集成电路仍是出口额最大的门类

日本电子信息产业进口仍呈现增长态势。根据日

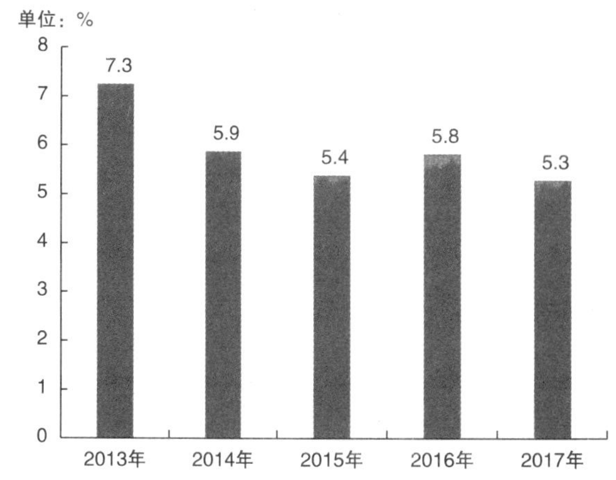

图 4　2013—2017 年日本消费电子产值在电子信息产业中的比重

数据来源：根据日本电子信息技术产业协会数据整理，2017 年 12 月

本电子信息技术产业协会的统计，2017 年 1—9 月，日本电子产品进口总额由上年的 71 322.56 亿日元增长为 77 876.60 亿日元，同比增长 9.19%，其中消费电子同比增长 17.08%，工业电子装备同比增长 7.61%，电子元器件同比增长 9.88%，增幅均比上年同期有所增加，消费电子增幅最大，其中视频产品的增幅已经达到 21.80%。从进口产品类别来看，进口数量最多的产品仍是集成电路、计算机及相关设备、通信设备、电子零配件，这几类产品共占据着 80.98% 的进口份额。

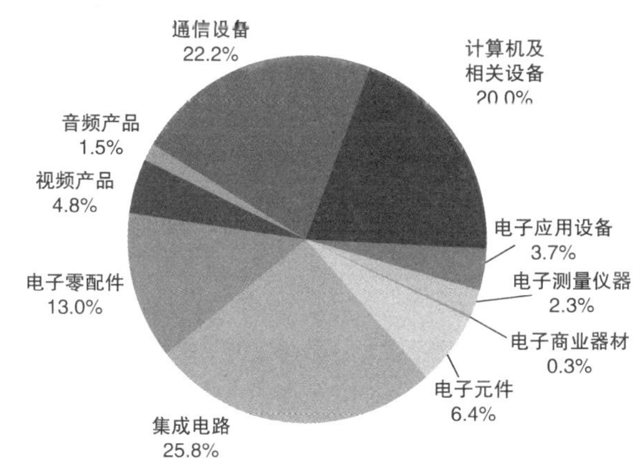

图 5　2017 年 1—9 月日本电子产品进口分类比重

数据来源：日本电子信息技术产业协会，2015 年 12 月

日本电子信息产业出口同样呈现稳步增长态势。根据日本电子信息技术产业协会的统计，日本电子信息产业出口从 2014 年触底反弹后，2015 年至今均持续增长。2017 年 1—9 月，日本电子信息产品出口总额为 71 699.8 亿日元，同比增长 9.92%，其中电子元器件仍是出口额最大的门类，也是增幅最大的门类，占整个出口额的 80.62%，同比增长 11.93%，工业电子装备占整个出口额的 14.68%，同比增长 3.24%，但占比有所下降，消费电子继续保持下滑态势，但下滑幅度不断减小，2017 年 1—9 月同比下降 0.63%。从出口产品类别来看，出口数量最多的产品是集成电路、电子零配件、电子元件，占据着出口总额 80% 以上的市场份额。

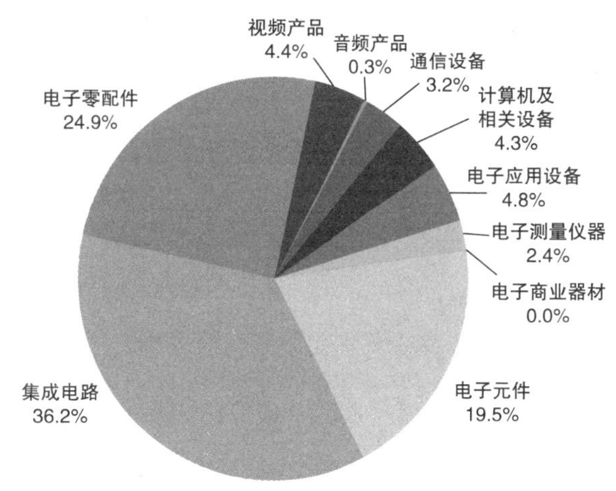

图 6　2017 年 1—9 月日本电子产品出口分类比重

数据来源：日本电子信息技术产业协会，2017 年 12 月

四、电子信息相关企业持续亏损，高性能计算增势明显

由于受中国、韩国等国家与地区的挤压，以及汇率等因素的影响，日本电子信息企业总体业绩仍在不断下滑。目前，在全球消费电子与家电等行业中，日本企业让位于韩国和中国后，集成电路、电子元器件等领域也受到中国与韩国等国家与地区的挤压，企业盈利能力逐年减弱。继索尼、松下等通过业务整合、出售不盈利业务以避免企业破产外，东芝也在出售其芯片业务与家电业务。

2017 年 11 月，理化学研究所的超级计算机“京”在世界超级计算机实用性能排行榜“HPCG”中第二次位列第一，体现其在产业发展与行业应用等方面具有一定的优势，在世界超级计算机 500 强中，“京”位列第十。2017 年 11 月公布的绿色 500 强中，由日本 ExaScaler/PEZY 公司设计制造的 Shoubu system B、Suiren2 和 Sakura 分别排在前三位，前十位中有八套都来自日本，超级计算机 500 强的第五名 Gyoukou 在绿色 500 强中排第四位，Gyoukou 用名为“LINPACK”的计算程序，消耗 1W 电力可计算约 146.9 亿次。日本取得的这些成绩也为全球高性能计算在绿色环保等方面的发展提供参考和借鉴。

【统计数据】

表 1　日本电子产品产值情况

单位：亿日元

细分领域	2016 年 1—9 月	2017 年 1—9 月	同比增长（%）
消费电子	4 829.39	4 672.08	-3.26
工业电子装备	25 210.50	25 721.17	2.03
通信设备	7 588.29	7 635.59	0.62
计算机及相关设备	7 984.78	7 765.37	-2.75
电子应用设备	6 278.61	6 589.58	4.95
电子测量仪器	2 815.73	3 097.70	10.01
电子商业器材	543.09	632.93	16.54
电子元器件	52 757.00	57 966.06	9.87
电子元件	18 789.31	19 393.15	3.21
集成电路	33 967.69	38 572.91	13.56
合计	82 796.89	88 359.31	6.72

表 2　日本电子产品进口情况

单位：亿日元

细分领域	2016 年 1—9 月	2017 年 1—9 月	同比增长（%）
消费电子	4 220.74	4 941.84	17.08
视频产品	3 080.83	3 752.32	21.80
音频产品	1 139.91	1 189.52	4.35
工业电子装备	35 092.58	37 762.07	7.61
通信设备	16 959.70	17 311.69	2.08
计算机及相关设备	13 485.78	15 553.25	15.33
电子应用设备	2 771.24	2 872.25	3.64
电子测量仪器	1 685.93	1 826.88	8.36
电子商业器材	189.92	198.00	4.25
电子元器件	32 009.23	35 172.69	9.88
电子元件	4 501.87	4 971.25	10.43
集成电路	18 282.23	20 103.43	9.96

续表

细分领域	2016 年 1—9 月	2017 年 1—9 月	同比增长（%）
电子零配件	9 225.14	10 098.01	9.46
合计	71 322.56	77 876.60	9.19

表 3　日本电子产品出口情况

单位：亿日元

细分领域	2016 年 1—9 月	2017 年 1—9 月	同比增长（%）
消费电子	3 389.22	3 367.78	-0.63
视频产品	3 138.88	3 156.29	0.55
音频产品	250.34	211.49	-15.52
工业电子装备	10 194.77	10 525.41	3.24
通信设备	2 193.19	2 324.26	5.98
计算机及相关设备	2 862.70	3 079.16	7.56
电子应用设备	3 232.10	3 411.99	5.57
电子测量仪器	1 883.38	1 694.29	-10.04
电子商业器材	23.39	15.72	-32.79
电子元器件	51 644.44	57 806.61	11.93
电子元件	12 224.90	13 992.59	14.46
集成电路	22 726.78	25 981.74	14.32
电子零配件	16 692.77	17 832.27	6.83
合计	65 228.44	71 699.80	9.92

注：表 1 ～表 3 数据来源于日本电子信息技术产业协会，2017 年 12 月。

2017 年欧盟推动产业发展的政策措施

【综述】

2017 年，得益于个人消费活跃、失业率下降以及投资增速加快等积极因素，欧盟经济复苏势头良好。根据欧盟委员会 2017 年 11 月发布的数据预计，2017 年欧盟的 GDP 增速将为 2.2%，创近十年新高。其电子信息产业也呈现明显回暖态势，电子产品产值及市场规模均较上年稳步增长。

一、行业总体产值持续增长，销售规模有所提升

《世界电子数据年鉴 2017》的统计数据显示，欧盟主要成员国在 2017 年的电子产品产值达到 1 701.29

亿美元，较上年的 1 672.27 亿美元增长 1.74%。与此同时，电子产品销售值为 2 461.2 亿美元，较上年的 2 428.39 亿美元增长 1.35%。

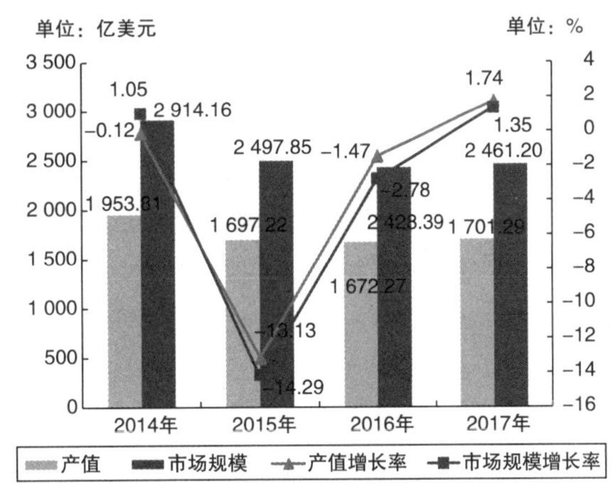

图 1　2014—2017 年欧盟主要成员国电子产品产值和市场情况

注：2017 年为预测值

数据来源：*The Yearbook of World Electronics Data 2017*

根据各国电子产品产值进行具体分析，德国 2017 年的产值为 565.16 亿美元，居欧盟主要成员国首位，较上年增长 2.05%，在欧盟主要成员国总产值中的占比约为 33.22%；法国的产值达到 233.38 亿美元，较上年增长 0.88%，居欧盟主要成员国第二位，在欧盟主要成员国总产值中的占比约为 13.72%；英国产值为 196.68 亿美元，较上年增长 1.25%，占欧盟主要成员国总产值的 11.56%，仅次于德国、法国，居第三位。

二、数据处理设备受市场追捧，各领域份额基本稳定

2017 年，欧盟主要成员国在电子产品细分领域的产销值相比于上年，各领域产值、市场份额的占比情况均保持稳定。

在产品的产值方面，控制与仪器设备、电子元器件及无线通信与雷达设备三个领域在 2017 年的占比达到 69.95%。控制与仪器设备产值约占整个电子信息产业产值的 29.89%，为 512.18 亿美元；电子元器件产值约占整个电子信息产业产值的 24.03%，为 395.15 亿美元；无线通信与雷达设备产值占比约 16.03%，达到 286.11 亿美元。

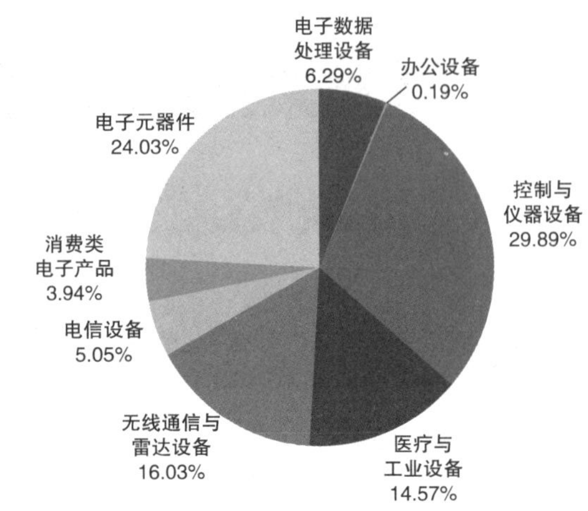

图 2　欧盟主要成员国 2017 年各领域电子产品产值份额

注：2017 年为预测值

数据来源：*The Yearbook of World Electronics Data 2017*

在产品的市场份额方面，电子数据处理设备、电子元器件及无线通信与雷达设备三个领域在 2017 年的占比达到 65.24%。电子数据处理设备约占电子信息产品总销售额的 30.1%，为 771.62 亿美元；电子元器件约占电子信息产品总销售额的 19.09%，达到 463.47 亿美元；无线通信与雷达设备在电子信息产品总销售额中的占比约 16.05%，为 408.58 亿美元。

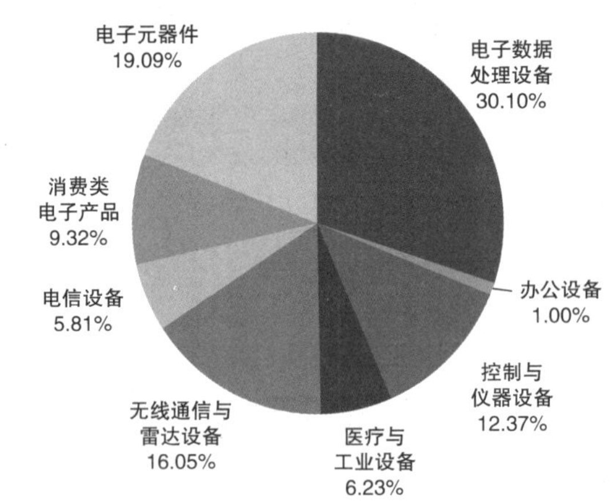

图 3　欧盟主要成员国 2017 年各领域电子产品市场份额

注：2017 年为预测值

数据来源：*The Yearbook of World Electronics Data 2017*

三、核心成员国聚焦电子信息产业，出台重点领域支持政策

2017 年，以德国、英国、法国为代表的欧盟成员国聚焦电子信息产业发展，在推动微电子、移动通信、

人工智能等领域提升方面制定相关战略及政策。

作为欧盟经济的龙头，2017 年德国经济持续平稳增长。德国政府 2017 年 10 月发布的数据预计，2017 年德国 GDP 将增长 2.0%。德国工业联合会预测 2017 年德国制造业（不包括建筑业）的生产将增长 3%，全球贸易将比上年增长 4%，达 2011 年以来的最高水平。根据《世界电子数据年鉴 2017》的数据预计，德国 2017 年的电子产品产值将达到 565.16 亿美元，较上年增长 2.05%；电子产品的市场销售额为 639.58 亿美元，较上年增长 1.68%。2017 年 4 月，德国教研部启动“德国微电子研究工厂”项目，投资 3.5 亿欧元，组建跨地区的技术团队，共同开展研究，以增强半导体与电子行业的全球竞争力。研发工作主要聚焦 4 个未来技术领域：硅基技术、化合物半导体及特定衬底、异质整合和设计检测及可靠性。这些领域的技术突破是开发重要应用领域的基础条件之一，也是德国及欧洲在国际竞争中所必需的实力。弗劳恩霍夫模块化固体物理研究组（EMFT）、电子纳米系统研究所（ENAS）、高频物理和雷达技术研究所（FHR）、通信技术研究所（HHI）、应用固体物理研究所（IAF）、集成电路研究所（IIS）、系统集成和元件研究所（IISB）、微电子电路和系统研究所（IMS）、光电微系统研究所（IPMS）、硅技术研究所（ISIT）、可靠性和微集成研究所（IZM）等 11 家弗劳恩霍夫协会的研究所，与莱布尼茨微电子创新研究所（IHP）、莱布尼茨高频技术研究所（FBH）等 2 家莱布尼茨学会的研究所共同参与。

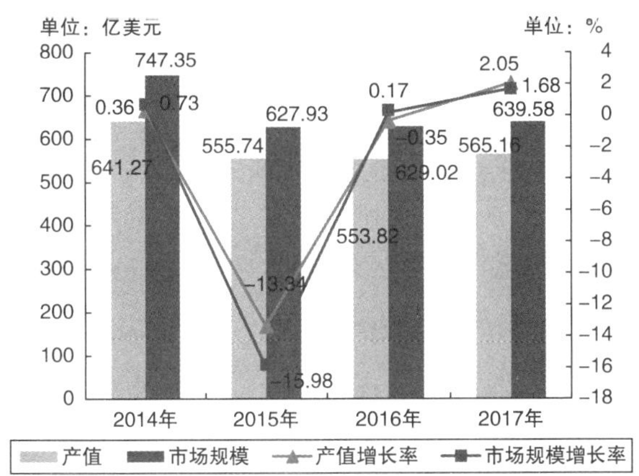

图 4　2014—2017 年德国电子产品产值与市场情况

注：2017 年值为预测值

数据来源：*The Yearbook of World Electronics Data 2017*

由于英国脱欧的影响持续发酵，2017 年英国经济出现一定下滑。英国政府于 2017 年 11 月发布的数据显示，英国 2017 年的 GDP 将增长 1.5%，低于近年来的平均增速。与此同时，根据《世界电子数据年鉴 2017》的数据预测，英国的电子产品产值在 2017 年将达 196.68 亿美元，较上年增长 1.25%；销售额为 364.27 亿美元，较上年增长 0.24%。英国政府高度重视下一代移动通信技术的发展，英国文化、媒体及体育部于 2017 年 3 月发布《下一代移动技术：英国 5G 战略》，声明为确保英国在全球下一代移动技术和数字通信领域的领先地位，将开展 5G 及全光纤计划，在数字基础设施建设领域投资 11 亿英镑，并将带动约 50 亿英镑的私营资本投资。英国的 5G 战略政府行动主要包括以下方面：①政府负责制定战略，电信部门支持战略实施并有效促进监管框架的发展；②建立数字基础设施领导组，统筹项目以保障设施满足长期的容量需求；③设立 5G 专业中心，以实施国家级的 5G 试验计划；④成立数字基础设施执行团队，跟踪并反馈计划实施的情况。

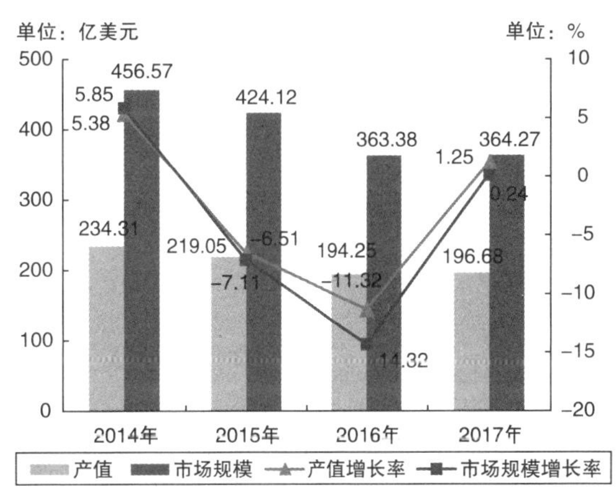

图 5　2014—2017 年英国电子产品产值与市场情况

注：2017 年为预测值

数据来源：*The Yearbook of World Electronics Data 2017*

2017 年法国经济复苏的态势日益明朗，失业率持续下降，经济稳步增长。法国政府 2017 年 10 月发布的数据预计，2017 年法国 GDP 将增长 1.8%，有望实现 2011 年以来的最快增长速度。根据《世界电子数据年鉴 2017》的数据预测，法国 2017 年电子产品产值较上年增长 0.88%，将为 233.38 亿美元；市场销售额较上年提升 1.58%，将为 322.8 亿美元。2017 年 3 月，法国制定《人工智能战略》，旨在制定法国在人工智能领域的发展计划。《人工智能战略》对具体政策提出超过50项的建议，涉及从研发到技术培训等多个领域，主要建议包括：建立战略委员会以实施策略；制定一个识别、吸引和保留人工智能人才的计划；资助一个相互合作的研究基础设施；建立一个公私联营的联合体，以确定或创建一个人工智能中心；确保人工智能是公共机构创新的优先事项；在五年内投资2 500万欧元，投资10家创业公司。

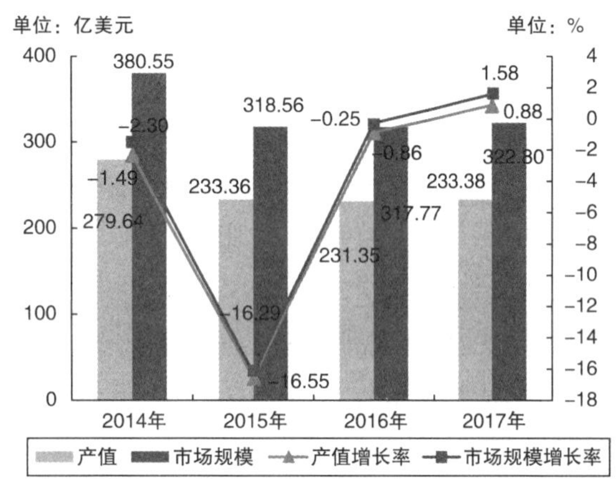

图6 2014—2017年法国电子产品产值与市场情况

注：2017年为预测值

数据来源：*The Yearbook of World Electronics Data 2017*

四、部分厂商实现快速增长，通信企业呈现发展颓势

2017年，得益于智能制造、能源管理、汽车电子等领域的快速发展，欧盟地区部分电子信息厂商实现增长。意法半导体发布的2017年前三季度财报数据显示，由于在物联网、智能手机、工业和智能驾驶等重点应用领域的产品需求强劲，2017年前九个月，意法半导体净收入58.8亿美元，较上年的51.1亿美元增长15%；净利润为4.94亿美元，较上年同期5300万美元的净利润实现大幅增长。受数字化工厂、智能交通、智能楼宇等业务高速增长的带动，2017财年西门子公司的营收实现4%的增长，达到830亿欧元；实体业务利润额同比增长8%，达95亿欧元。英飞凌公司在电动汽车、自动驾驶、可再生能源发电和高效用电等业务的带动下，2017财年也实现平稳增长，营业收入达到70.63亿欧元，较上年同期的64.73亿欧元提升9.1%；全财年净利润为7.9亿欧元，较上年同期的7.44亿欧元提升6.2%。

与此同时，欧洲通信企业发展呈现颓势。爱立信公司2017年前三季度销售额为1 441亿瑞典克朗，较上年同期降低8.5%；净亏损163亿瑞典克朗，较上年同期17亿瑞典克朗的净利润同比转亏。诺基亚公司2017年第三季度实现销售额55亿欧元，同比下降7%，净亏损为1.9亿欧元，较上年同期的净亏损1.19亿欧元增长60%。

【统计数据】

表1 2017年欧盟主要成员国各领域电子产品产值与市场情况

单位：亿美元

电子产品分类	产值	占比（%）	销售值	占比（%）
电子数据处理设备	116.56	6.29	771.62	30.10
办公设备	2.37	0.19	23.68	1.04
控制与仪器设备	512.18	29.89	302.62	12.37
医疗与工业设备	241.33	14.57	153.84	6.23
无线通信与雷达设备	286.11	16.03	408.58	16.05
电信设备	85.76	5.05	144.68	5.81
消费类电子产品	68.40	3.94	229.90	9.32
电子元器件	395.15	24.03	463.47	19.09

注：数据来源于*The Yearbook of World Electronics Data 2017*。2017年为预测值。

2017年韩国电子信息产业发展情况

【综述】

全球经济出现好转，韩国电子信息产品产销值实现反弹，进出口实现两位数增长。受益于物联网、人工智能、大数据、自动驾驶等领域需求的激增，半导体行业增长势头强劲，支撑韩国电子信息产业高增长。

一、电子信息产品产销反弹，信息技术产品进出口均实现两位数增长

2017年，全球经济延续复苏态势，经济总量持续扩张，通胀总体温和。近2/3的国家经济增速高于上年，预计韩国2017年经济增长率达3.1%。韩国电子信息产品产值和销售额双双实现快速反弹。根据《世界电子数据年鉴2017》（*The Yearbook of World Electronics Data 2017*）的数据，2017年，韩国电子产品产值为1 217.17亿美元，较上年增长9.02%；韩国电子信息产品的销售额为505.17亿美元，较上年增长3.22%。

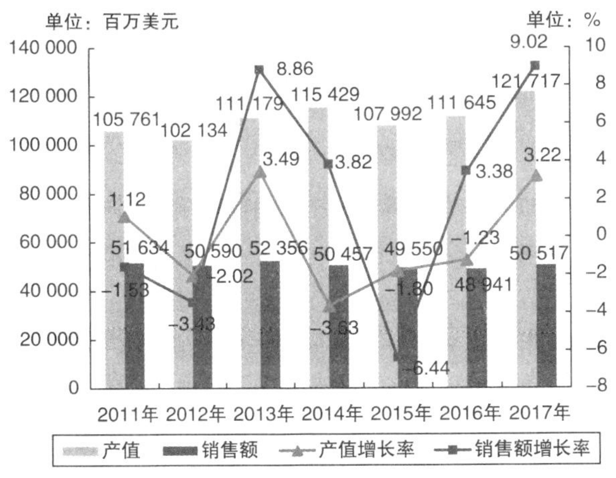

图1　2011—2017年韩国电子产品产值与销售情况

注：2017年为预测值

数据来源：*The Yearbook of World Electronics Data 2017*

韩国经济复苏在很大程度上依靠全球半导体行业向好，半导体是韩国出口规模最大的产品类别，是支撑韩国经济的代表产业。2017年，韩国DRAM、NAND闪存、存储器MCP、系统半导体等产品增势明显，显示器、电脑及周边产品也有不同程度的增长。韩国信息通信技术产品出口连续11个月保持两位数增长。1—10月，韩国信息通信技术产品出口额达1 614.3亿美元，同比增长21.4%；进口额达836亿美元，同比增长14.4%。1—10月，半导体出口额达818.6亿美元，占信息通信技术产品出口总额的50.7%，主要受益于存储芯片价格猛增。

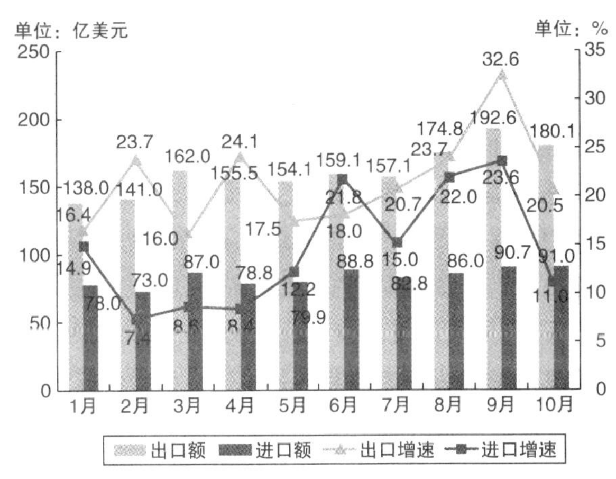

图2　2017年韩国信息通信技术产品进出口情况

数据来源：韩国未来创造科学部

二、半导体产品稳居全球领先地位，电视手机市场份额有所下滑

2017年，韩国企业在存储领域居于世界霸主地位，垄断全球市场，但在消费电子领域市场份额正在被蚕食。

在半导体产品领域，2017年前三季度三星和SK海力士的DRAM产品分别位列全球营业收入前两名，市场占有率合计达73.9%，合计营业收入达368.08亿美元，其中移动存储二者合计份额更是高达83.8%，垄断全球

市场；三星和SK海力士的NAND产品分列第一和第五位，全球市场占有率合计达46.3%，合计营业收入达186.59亿美元。

在液晶电视领域，2017年前三季度三星电子和LG分列前两名的位置，二者合计出货量达4 945万台，合计市场份额占33.8%，较上年同期下滑0.7个百分点；在移动设备领域，三星电子和LG分列智能手机排名第一和第七的位置，市场份额较上年同期小幅下滑。

2017年，韩国的大尺寸面板供给率被中国大陆和中国台湾地区超越，下降至28.8%，相较于上年的34.1%下降5.3个百分点。

三、企业加大OLED和NAND投资力度，不断研发新技术新产品

韩国主要半导体和显示器制造商计划在2024年之前在韩国市场合计投资51.9万亿韩元（约合458亿美元），以刺激韩国本土经济和创造就业。

三星和LG不断加大OLED工厂的投资力度，扩大OLED面板产量。三星电子计划于2021年前投资21.4万亿韩元在韩国京畿道和忠清南道建造新的OLED面板厂；LG Display计划在未来3年内斥资15万亿韩元在京畿道和庆尚北道建造OLED面板厂。韩国新创企业Material Science开发出可取代日本出光兴产握有专利的蓝色OLED掺杂物，Material Science利用新材料结构与合成技术，开发出具有差异化的蓝色OLED掺杂物，向面板业者提供更多的材料。

在存储器方面，三星的技术一直处于领先地位。2017年，三星电子已经开始量产首款512Gb嵌入式通用闪存（eUFS），该产品不仅可以用于下一代移动设备，也可以用在未来的SSD产品上。该款闪存采用3个最新的64层512Gb V-NAND芯片和1个控制器芯片。此外，三星电子完成8纳米LPP工艺验证工作，可以进行量产。8纳米LPP相比10纳米LPP效率提升10%，面积减小10%。

四、构建韩国物联网全国商用网络，推广物联网商业化服务

在物联网领域，IDC发布的报告显示，韩国成为亚太地区物联网商业化发展最好的国家，韩国在物联网支出占GDP比重、科技发展状况、新创环境、经商友善程度、打造具有吸引力的物联网投资环境等方面都获得高分。2017年，KT与LG U+表示已经完成对“窄带物联网”全国商用网络的构建，与SK Telecom构建的物联网“LoRa”展开竞争。“窄带物联网”与“LoRa”都属于低功耗广域（LPWA）技术，但分属许可带域与非许可带域。

2017年4月开始，KT在首尔以及首都圈附近推动“窄带物联网”商业化，提供示范性服务，该“窄带物联网”的覆盖率是现有网络的1.2 ~ 1.5倍。此后，KT完成在道路、港湾、邑、面、洞等地构建全国网络的工作。自8月起还推出煤气管制、失踪儿童管理等服务。LG U+以煤气远程抄表示范项目为起点，逐步推广商业化服务，将把构建全国网络作为踏板，加速推出煤气远程抄表、汽车管理、煤气设备管理等服务。KT与LG U+还公布通过“窄带物联网开放实验室”交互工作以打造生态系统的合作方案，双方将共享位于京畿道城南市盆唐区板桥以及首尔麻浦区上岩洞的开放实验室，中小型开发公司在任意一个开放实验室都可以进行交互测试。KT与LG U+将开发共同认证说明书，运行相互认证体系。此外，双方还决定在开发共同认证说明书、芯片组、模块等核心技术方面加强合作。

SK电信与车辆租赁子公司SK Rent-a-car，共同发布采用LoRa物联网的车辆行驶管理系统Smart Link。该系统除了可记录行驶距离之外，还可管理油耗等实时信息，且成本较低。未来韩国将开发利用大数据分析的保险、车辆安全联机等多项服务，增强联网车解决方案市场竞争力。

五、建设自动驾驶模拟城市，加快推动无人驾驶应用

2017年5月，韩国国土交通部宣布，韩国将在京畿道城市汽车安全研究院附近建设一块完全模拟城市路况的自动驾驶汽车实验场地K-City，该场地将于2018年投入使用。该K-City由韩国国土交通部、SK Telecom、Naver、三星等公司联手打造，占地面积是M-City的3倍，京畿道成为世界上规模最大的自动驾驶汽车测试模拟城市。K-City对韩国汽车工业而言意义重大，各家厂商将不再需要复杂的审批手续，路上的测试车也不会给主要城市造成拥堵和交通安全方面的困扰。韩国政府对自动驾驶技术持大力支持态度，已经制定2020年促使Level

3级别自动驾驶车辆上路的计划。

除现代和起亚两大汽车厂商外，三星和LG也积极布局自动驾驶技术研发领域，三星以80亿美元的价格收购哈曼国际工业集团，创立ADAS（高级驾驶辅助系统）战略业务部门。三星将不仅提供传感器、电子元器件及软件系统等，还要开发第三等级的自动驾驶功能。LG电子在韩国成功研发出基于LTE的V2X（车联网）终端及自动驾驶汽车安全技术。

【统计数据】

表1 2017年前三季度韩国电子信息产品全球市场份额

产品	单位	企业	排名	2016年前三季度	2017年前三季度	市场份额（%）
DRAM（营业收入）	亿美元	三星	1	135.76	227.46	45.7
		SK海力士	2	73.43	140.62	28.2
		总量		281.99	498.21	
移动DRAM（营业收入）	亿美元	三星	1	74.04	107.59	59.4
		SK海力士	2	29.38	44.09	24.4
		总量		118.7	180.98	
NAND（营业收入）	亿美元	三星	1	96.772	145.396	36.1
		SK海力士	5	25.834	41.195	10.2
		总量		268.389	402.481	
液晶电视（产量）	万台	三星电子	1	3 240	3 005	20.5
		LG	2	2 120	1 940	13.3
		总量		15 541.5	14 641	
智能手机（产量）	万部	三星电子	1	23 591.21	23 691.69	24.0
		LG	7	5 207.5		
		总量		95 562.2	98 800.6	

注：数据来源于DRAMeXchange、IHS、Display、WitsView等研究机构数据综合整理。

2017年印度电子信息产业发展情况

【综述】

2017年，印度经济继续保持平稳增长态势。受“废钞令”、商品与服务税改革的双重影响，2017年初经济增速大幅放缓，据印度政府消息，印度2017年第二季度国内生产总值（GDP）增长5.7%，与第一季度相比大幅下降，并且这一增速比上年同期7.1%的增速要慢的多。但随着市场对新政策的逐渐适应，印度经济增速正逐步回升。根据国际货币基金组织（IMF）的预测，2017年印度经济增速为7.2%，仍将是亚洲乃至世界经济增长最快的主要经济体之一。印度经济的快速增长为其电子信息产业的发展营造良好的氛围，政策影响逐渐消退，产业回升态势显著，细分领域快速增长，加速布局新能源汽车、智能制造等热点领域。

一、政策影响逐渐消退，产业回升态势显著

2016 年，莫迪政府先后颁布“废钞令”、商品与服务税改革等政策，新政策的出台不仅对印度经济产生了冲击，也对印度电子信息产业的发展造成影响。大额纸币的废除对印度产品的销售、流通均造成不小的影响，直接导致 2016 年印度电子信息产业销售额增速由 2015 年的 7.79% 下滑至 1.65%，呈现近几年来最低点，对产业发展造成不小的打击。2017 年，随着政策影响的逐渐消除，印度电子信息产品产销出现回升。根据《世界电子数据年鉴 2017》（*The Yearbook of World Electronics Data 2017*）的测算，2017 年印度电子信息产品产值为 246.69 亿美元，同比增长 14.03%，销售额为 435.88 亿美元，同比增长 7.02%。

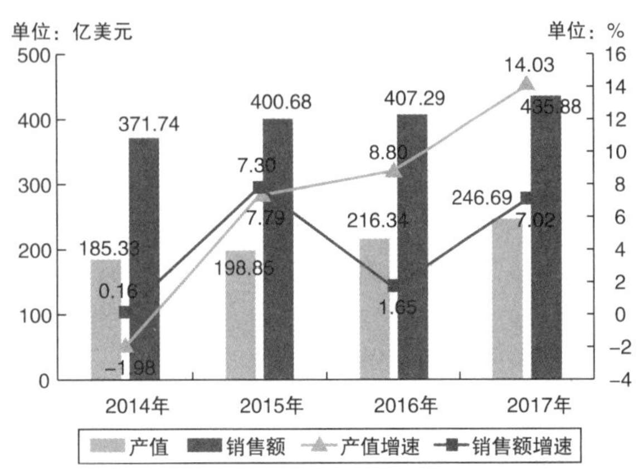

图 1　2014—2017 年印度电子信息产品产销值及增长率

数据来源：*The Yearbook of World Electronics Data 2017*

二、细分领域快速增长，无线通信设备占据市场主导地位

在印度政府一系列政策措施的推动下，2017 年，除办公设备外，印度细分电子产品产销值均呈现增长态势。在产值方面，无线通信设备、控制与仪器设备以及电子数据处理设备增长最为突出，产值分别增长 22%、14.99%、6.98%。在销售额方面，电子元器件、控制与仪器设备以及无线通信设备增长最快，销售额分别增长 13.92%、7.99% 和 6.50%。

从电子信息产品产值来看，2017 年，随着印度制造业的快速发展、移动通信产业的崛起以及本土消费市场的不断释放，无线通信设备、电子数据处理设备和控制与仪器设备产值占据行业总产值的 72.41%，构成印度电子信息产品的主要组成部分。其中，无线通信设备产值 118.01 亿美元，占总产值的 47.84%；电子数据处理设备产值 33.24 亿美元，占总产值的 13.47%；控制与仪器设备产值 27.38 亿美元，占总产值的 11.10%。

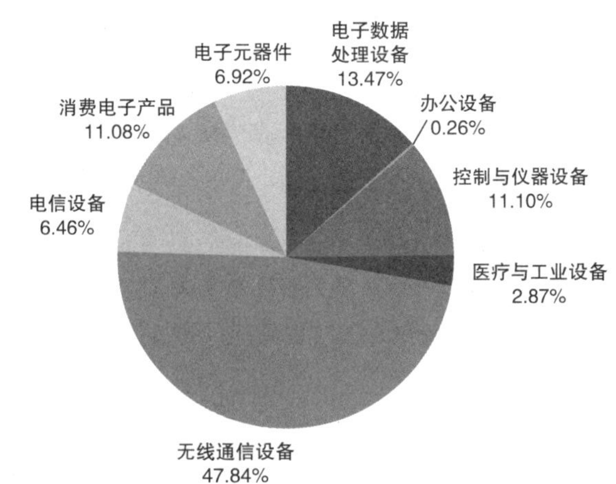

图 2　2017 年印度电子信息产品产值占比

数据来源：*The Yearbook of World Electronics Data 2017*

从电子信息产品销售额来看，2017 年，无线通信设备、电子元器件和电子数据处理设备销售额占据总销售额的 69.47%，占据市场主导地位。其中，无线通信设备销售额 144.74 亿美元，占总销售额的 33.21%；电子元器件销售额 91.43 亿美元，占总销售额的 20.98%；电子数据处理设备销售额 66.59 亿美元，占总销售额的 15.28%。

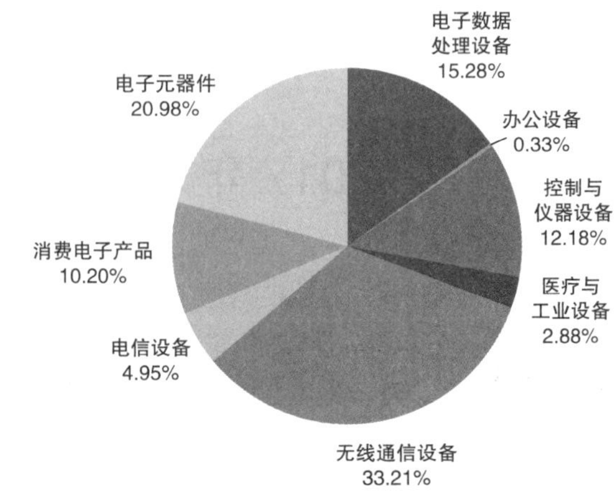

图 3　2017 年印度电子信息产品销售额占比

数据来源：*The Yearbook of World Electronics Data 2017*

三、推动汽车电动化，加速布局新能源

印度是全球第五大汽车市场，在电动汽车全球市场占有率不断提升的背景下，印度政府也积极推进汽车电动化。2017 年，印度政府发布一份名为《印度移动转变解决方案》的报告称，印度政府计划于 2018 年年底组建一家电池工厂，并在 2032 年之前实现所有汽车的电动化，全面停止以石油燃料为动力的车辆销售。同时，印度的政府智囊团还建议降低对电动汽车的征税额度和贷款利息，从而进一步提升电动汽车的销量。此外，为减少城市车辆的污染排放，印度政府积极推动电动巴士在城市的运行，2017 年，印度政府分别完成对塔塔汽车旗下的电动巴士和金石公司的电动巴士的测试，目前，电动巴士已在印度德里、班加罗尔和普纳三个城市成功运行。

在政府一系列措施的推进下，印度本土及海外汽车企业也加速在印度布局电动汽车。2017 年 9 月，印度马恒达汽车集团与美国福特集团签署合作协议，拟联合在印度建造一条电动汽车生产线，目前双方已就相关事宜进行谈判。此外，美国最大的网约车服务平台 Uber 在 2017 年 11 月宣布，选择马恒达汽车集团作为合作伙伴，共同进行电动汽车的开发。Uber 表示将在德里和海德拉巴先期投放数百辆电动汽车，而后将视情况逐步增加。深耕印度市场多年的日本铃木集团也在 2017 年宣布，将于 2020 年左右向印度市场投放电动汽车，并将在古吉拉特邦建造锂电池工厂。

四、本土公司与外企共同发力，积极推进智慧工厂建设

自执政以来，莫迪政府大力推进“印度制造”，2017 年，印度本土公司与外国先进制造企业共同发力，通过设厂、自主研发、技术合作等方式推进智慧工厂建设。

2017 年 5 月，瑞士机器人巨头 ABB 公司宣布在印度的两个新厂正式投产，以支持印度实现数字化转型、推广节能技术、提高工业生产率。此外，在班加罗尔，ABB 设立印度第一个针对节能变频器解决方案的数字化远程服务中心，并新增一条数字化低压变频器生产线。该远程服务中心能够实现对客户工厂变频器的全天候远程访问，并为其提供支持，从而帮助电力、水泥、石油天然气、金属、食品饮料等行业的客户实现预测性维护和状态监测。

印度本土公司也积极加强自主研发。2017 年 8 月，印度 TAL 制造解决方案公司通过自主研发的工业机器人 Brabo 展示一种新型的焊接解决方案。Brabo 不仅是 TAL 公司自主研发的首台工业机器人，也是首台印度制造的工业机器人，该机器人售价约为 133 000 美元，是针对三级和四级供应商的极具性价比的解决方案。

此外，印度本土公司也积极与国外制造业先进企业开展合作，借助其在软件行业的重要地位，提升在智能制造领域的话语权。Infosys 是印度顶级软件企业，近年来，Infosys 在智能制造、工业互联网等领域动作频繁。一方面，Infosys 积极投身于理论标准的制定，与工业 4.0 概念的提出者——德国国家科学与工程院联合开展工业 4.0 成熟度模型研究，并在 2017 年 4 月汉诺威工博会上发布该模型。另一方面，Infosys 强化和德国知名企业的结盟，如库卡公司宣布和 Infosys 结成工业 4.0 合作伙伴，联合打造工业 4.0 云平台，通过云技术来增强设备的连接，从而打造生产制造的智能生态系统。此外，Infosys 还与 SAP 公司在工业企业三维数据建模标准制定、与宝马公司在商业智能系统建设等方面开展合作，这些企业均为德国工业的标杆性企业，可见，印度软件公司介入智能制造领域的起点非常高。

【统计数据】

表 1　2014—2017 年印度电子信息产品产销值情况

单位：百万美元

产品名称	2014 年		2015 年		2016 年		2017 年		2017 年增长率（%）	
	产值	销售额	产值	销售额	产值	销售额	产值	销售额	产值	销售额
电子数据处理设备	3 016	7 139	3 107	7 124	3 107	6 529	3 324	6 659	6.98	1.99
办公设备	78	124	70	127	65	143	63	146	-3.08	2.10

续表

产品名称	2014 年		2015 年		2016 年		2017 年		2017 年增长率（%）	
	产值	销售额	产值	销售额	产值	销售额	产值	销售额	产值	销售额
控制与仪器设备	2 049	4 571	2 188	4 788	2 381	4 916	2 738	5 309	14.99	7.99
医疗与工业设备	705	1 110	680	1 280	677	1 192	707	1 254	4.43	5.20
无线通信设备	6 967	12 198	8 125	13 533	9 673	13 591	11 801	14 474	22.00	6.50
电信设备	1 508	2 096	1 523	2 076	1 518	2 075	1 594	2 158	5.01	4.00
消费电子产品	2 651	4 325	2 639	4 271	2 617	4 258	2 733	4 444	4.43	4.37
电子元器件	1 558	5 611	1 552	6 868	1 597	8 026	1 708	9 143	6.95	13.92
总计	18 533	37 174	19 885	40 068	21 634	40 729	24 669	43 588	14.03	7.02

注：数据来源于 *The Yearbook of World Electronics Data 2017*。

2017 年中国台湾地区电子信息产业发展情况

【综述】

随着新技术（云计算、人工智能、汽车电子）的迅速发展，全球电子信息产业强势复苏。中国台湾地区国际化程度深，受全球电子信息产业格局变动影响较大，尤其是近年来中国大陆、印度等新兴经济体电子信息产业的迅速崛起，对中国台湾地区电子信息产业的发展产生较大影响，加之岛内供电能力有限，中国台湾地区电子信息产业虽有增长，但较为缓慢。尤其是面板产业，受中国大陆和韩国的夹击，2017 年中国台湾地区显示面板厂更是全面退出苹果供应链，正在探索新的发展方向。

一、电子产品产值和市场逐步回暖，电子元器件增长明显

据《世界电子数据年鉴 2017》（*The yearbook of World Electronics Data 2017*）的统计，2017 年，中国台湾地区电子产品产值为 753.68 亿美元，同比增长 9.36%，增速较上年提升 7.45 个百分点，回暖势头明显。其中，电子元器件仍然是最大门类，产值为 630.69 亿美元，占产值总额的 83.68%；无线通信与雷达设备位居第二，产值为 42.33 亿美元，占产值总额的 5.62%；医疗与工业设备紧随其后，产值为 34.55 亿美元，占产值总额的 4.58%。与上年相比，电子元器件增长势头明显，占比较上年提升 5 个百分点，其他产品门类产值规模较上年均有所下降，消费类电子下降幅度最大，占比由上年的 2.37% 降至 0.88%。

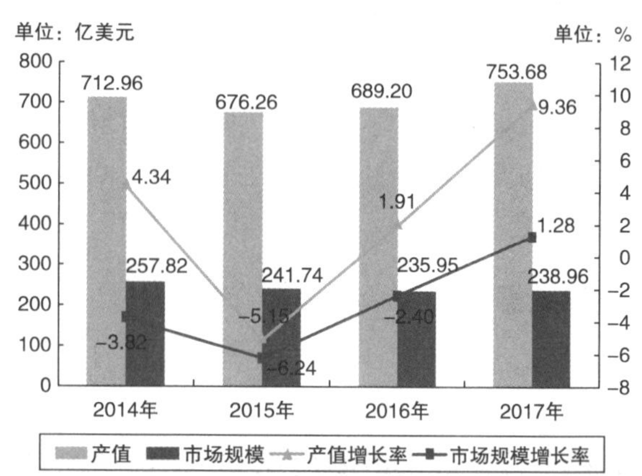

图 1　2014—2017 年中国台湾地区电子产品产值与市场情况

注：2014 年、2015 年数据采用当年汇率，2016 年、2017 年数据采用 2016 年汇率

数据来源：*The yearbook of World Electronics Data 2017*

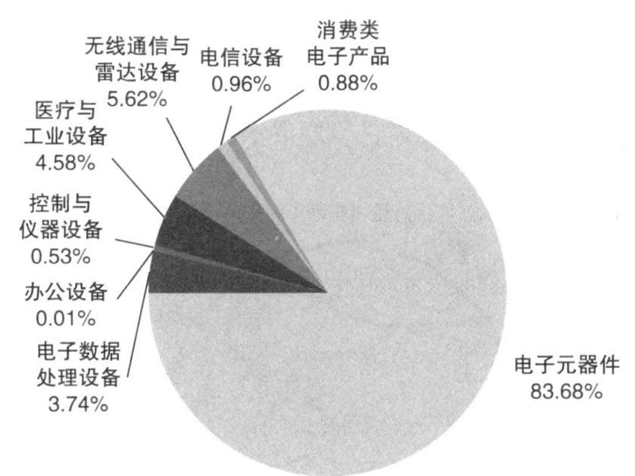

图 2　2017 年中国台湾地区各类电子产品产值份额情况

数据来源：*The Yearbook of World Electronics Data 2017*

2017 年，中国台湾地区电子产品市场总额为 238.95 亿美元，市场规模同上年相比基本持平，同比增长 1.28%，产业进一步回暖，实现自 2012 年以来的首次正增长。从产品门类看，电子元器件稳居首位，市场规模为 128.45 亿美元，占市场总额的 53.76%；电子数据处理设备位居第二，市场规模为 40.75 亿美元，占市场总额的 17.05%；控制与仪器设备和无线通信与雷达设备紧随其后，市场规模分别为 30.06 亿美元和 23.15 亿美元，分别占市场总额的 12.58% 和 9.69%。与上年相比，各产品门类市场份额基本保持稳定。

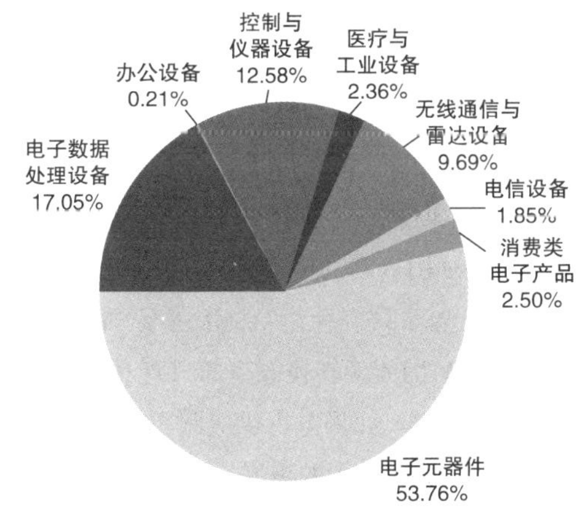

图 3　2017 年中国台湾地区各类电子产品市场份额情况

数据来源：*The Yearbook of World Electronics Data 2017*

二、IC 产业增长缓慢，设计业降幅较大

根据研调机构 Gartner 预估，2017 年全球半导体产值可望达 4 111 亿美元，将较上年增长 19.7%，是七年来成长最强劲的一年。而在这一形势下，2017 年中国台湾地区 IC 产业增长与上年基本持平，增长缓慢。2012—2014 年，随着智能手机及平板电脑等产品的热销，中国台湾地区 IC 产业发展形势大好，年产值增长率达 15% 以上。但自 2015 年开始，受中国大陆 IC 产业的迅猛发展、智能终端出货趋缓、中国台湾地区自身基础设施的承受能力限制，增长幅度锐减。据台湾工业技术研究院（IEK）预估，2017 年，中国台湾地区 IC 产业整体产值与上年持平，全年产值为新台币 2.4 604 万亿元（折合人民币 5 417.5 亿元），年增长率仅为 0.45%。

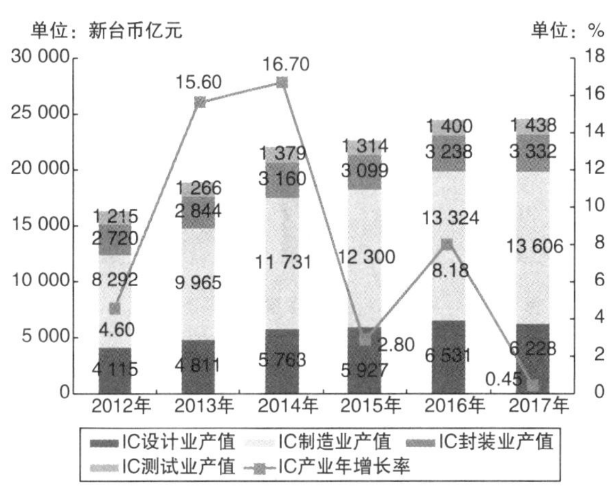

图 4　2012—2017 年中国台湾地区 IC 产业情况

注：2017 年为预测值

数据来源：台湾工业技术研究院（IEK）

IC 设计业衰退明显。受中国大陆 IC 设计业迅猛崛起的影响，IEK 预测 IC 设计业产值为新台币 6 228 亿元（折合人民币 1 371 亿元），同比下降 4.6%。

IC 制造业增长逐年放缓。尽管近三年来存储器和其他制造业产值持续衰退，但随着芯片代工产业占比份额的逐年增加（2017 年中国台湾地区芯片代工产业占 IC 制造业的 87.7%，而这一数字在 2013 年为 76.2%），中国台湾地区 IC 制造业依旧维持增长态势，但增速放缓。IEK 预测，IC 制造业产值为新台币 1.3 606 万亿元（折合人民币 2 996 亿元），年增长率为 2.1%。

IC 封装和测试业持续增长。IEK 预计，IC 封装和测试业产值为新台币 4 770 亿元（折合人民币 1 050 亿元），同比增长 2.85%。其中，IC 封装业产值为新台币 3 332 亿元（折合人民币 733.7 亿元），同比增长 2.9%；IC 测试业产值为新台币 1 438 亿元（折合人民币 366.6 亿元），同比增长 2.7%。

三、芯片代工产业增长放缓，全球市场占有率稳定

2017年，中国台湾地区芯片代工产业增长放缓，全年第一、第二季度未沿袭上年末产业迅速增长的势头，降幅明显，受益于第三、第四季度的产业回温，全年芯片代工产业实现3.8%的增长。

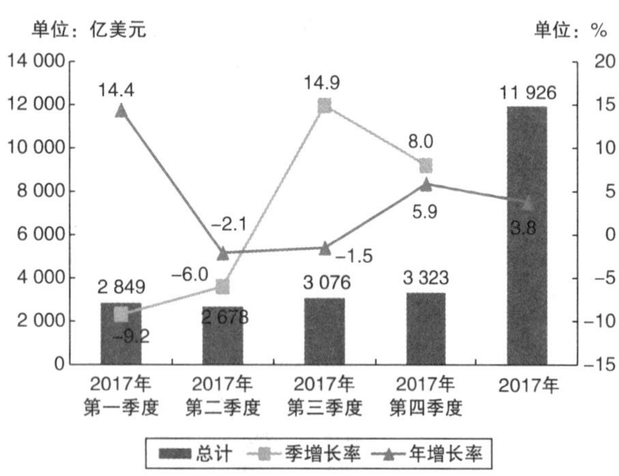

图5 2017年各季度中国台湾地区芯片代工产业发展情况

注：2017年第四季度数据为预测值

数据来源：TSIA，台湾工业技术研究院（IEK），2017年11月

拓墣产业研究院最新报告指出，受到高运算量终端装置以及数据中心需求的带动，2017年全球晶圆代工总产值约573亿美元，较上年增长7.1%，全球芯片代工产值连续五年的年增长率高于5%。其中，中国台湾地区有4家芯片代工厂上榜，分别为台积电（台湾积体电路制造股份有限公司）、联电（联华电子股份有限公司）、力晶（台湾力晶半导体股份有限公司）和世界先进（世界先进积体电路股份有限公司），市场占有率高达2/3。

四、台显示面板厂退出苹果供应链，大力发展Micro LED

在苹果最新公布的200大供货商名单中，已再无中国台湾地区显示面板厂的身影，最后一家显示面板厂——友达光电显示股份有限公司（友达）被排除在供货名单之外。在触控面板方面，仅剩下宸鸿科技集团（TPK）和业成集团（GIS）两家中国台湾地区触控面板厂。

近年来，韩国面板厂大举推进OLED技术研发及生产线建设，中国大陆面板厂LCD产能大开，中国台湾地区面板厂面临的竞争加剧，亟须探寻新的出路。如今，台湾工业技术研究院及部分台厂开始致力于下一代显示技术Micro LED的研发，以期寻求突破。

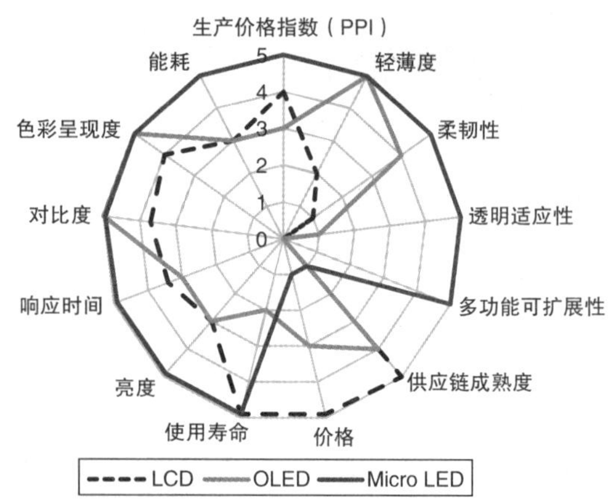

图6 LCD、OLED、Micro LED显示技术特点比较

数据来源：Trend Force LED inside

五、“缺电”已成为制约半导体产业发展的重要因素

随着半导体产业的快速发展，对于电力供应的需求也与日俱增。在中国台湾地区半导体厂商中，台积电一直是用电大户。相关资料显示，过去五年，中国台湾地区增长的电量中，1/3都被台积电给消耗了。根据台积电发布的企业社会责任报告书，2016年用电量高达88.53亿度，较上年增加11%。台积电仅在竹科的代工厂耗电功率就已经超过72万千瓦。然而，随着半导体产业步入后摩尔时代，半导体的工艺推进也愈发困难，预计5nm工艺须引入新的极紫外光（EUV）微影技术才能实现。目前全球只有荷兰ASML一家可以生产EUV光刻机，而EUV的能源转换效率却只有0.02%，因此导致用电量持续剧增。如果电力供应跟不上，那么半导体产业的发展必将受到巨大的阻碍。

然而，中国台湾地区当局“2025非核家园”计划的持续推进，使得中国台湾地区缺电问题更为严峻。按照“2025非核家园”的规划，到2025年，中国台湾地区天然气发电占总发电的比例为50%，燃煤为30%，绿色能源为20%。而截至2017年，中国台湾地区核供电占总电量的16%（有资料显示为14%），绿色能源供电在总电量中的占比不到3%。为了保证供电，火电不断加码，且超标排放，这直接导致中国台湾地区空气污染

问题加剧，雾霾天气增加。中国台湾地区当局迫于压力，令台中火力电厂减少煤炭的使用量，这一举措直接导致电厂供电量减少，未来中国台湾地区供电形势会愈发严峻。“缺电”已成为制约中国台湾地区半导体产业发展的重要因素。

【统计数据】

表 1　全球前十大芯片代工厂排行榜

排名	公司名称	2016 年营收（百万美元）	2016 年市占率（%）	2017 年营收（百万美元）	2017 年市占率（%）	年增长率（%）
1	台积电	29 437	55.0	32 040	55.9	8.8
2	格罗方德	4 999	9.3	5 407	9.4	8.2
3	联电	4 587	8.6	4 898	8.5	6.8
4	三星	4 284	8.0	4 398	7.7	2.7
5	中芯	2 914	5.4	3 099	5.4	6.3
6	高塔半导体	1 249	2.3	1 388	2.4	11.1
7	力晶	870	1.6	1 035	1.8	19.0
8	世界先进	801	1.5	817	1.4	2.0
9	华虹宏力	721	1.3	807	1.4	11.9
10	东部高科	666	1.2	676	1.2	1.5
其他		2 972	5.6	2 735	4.8	-8.0
总计		53 500	100.0	57 300	100.0	7.1
中国台湾地区总计		35 695	66.7	38 790	67.7	

注：数据来源于拓墣产业研究院。统计涵盖的 IDM 厂有三星和力晶，表内数据是对其芯片代工收入的预估。

2017 年集成电路产业发展回顾与展望

【综述】

2017 年，数据中心、物联网、车联网、汽车电子、人工智能等新兴市场持续成长，集成电路市场持续向好；受益于存储器价格的持续高涨，整体市场呈现爆发性增长态势。领先企业整体业绩提升，三星超越英特尔成为全球最大半导体企业。在市场较快增长的同时，一些关键事件正对行业带来重大影响。东芝拆分引发全球存储器格局变革，结果利好增势强劲的韩系厂商；博通强并高通再次引发行业震动，在 5G 即将商业化的节点，移动芯片领域走向值得关注。工艺技术继续演进，10 纳米工艺芯片面市，新工艺竞争已然显现；人工智能硬件嵌入移动处理器成为行业亮点，并将持续影响整个行业。

一、2017 年集成电路产业发展态势

（一）半导体市场全面爆发，集成电路市场增速最快

2017 年全球半导体市场呈现全面爆发态势，市场规模增长 20.6%，其中集成电路市场增速最快，增速高达 22.9%，相比上年的微弱增长（0.8%），本年度彻底摆脱颓势。存储器市场同比暴涨 60.1%，是整体市场大幅增长的关键。

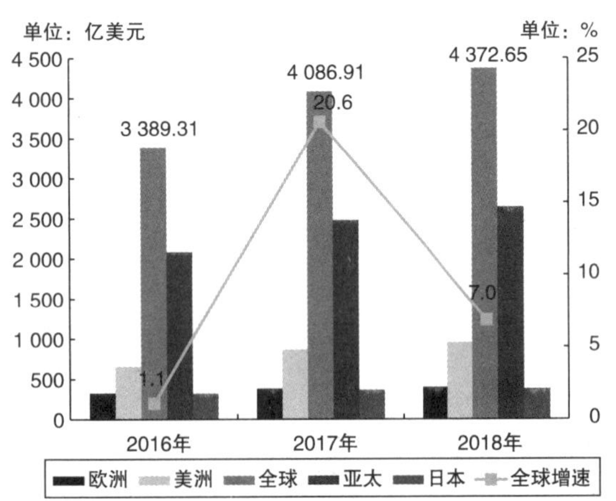

图 1　2016—2018 年全球半导体市场规模和增速

数据来源：WSTS，2017 年 11 月

根据 WSTS 的统计，2017 年全球半导体市场规模突破 4 000 亿美元大关，达到 4 086.91 亿美元，同比增长 20.6%，摆脱了 2015 年以来的颓势，并大幅超过 2014 年 9.9% 的增速。

从地区上看，各地区均实现高速增长。作为全球最大市场的亚太地区继续保持增长，增速为 18.9%，比 2016 年的 3.6% 有大幅提升；日本市场保持增势，在上年摆脱衰退（3.8%）后，继续增长 12.6%；欧洲市场强势增长 16.3%，与上年的衰退（–4.5%）相比，复苏势头明显；美洲市场则成为表现最为强势的地区市场，增速由上年的 –4.7% 大幅提升为 31.9%，创地区市场最快增速，彻底摆脱持续衰退态势。亚太地区凭借巨大的市场体量和较快增速，成为全球半导体市场高速增长的最大来源，美洲市场则凭借强劲的增长势头贡献了 30% 的增量。

从产品门类上看，各细分门类市场均实现快速增长，三类产品市场增速上双。上年度增长最快的传感器市场增速下滑 6.8 个百分点，但仍保持两位数增速，为 15.9%；光电器件市场摆脱负增长（–3.8%），增速达到 7.7%；分立器件市场增速由 4.3% 提高到 10.7%；集成电路市场呈现爆发性增长态势，增速由 0.8% 大幅提升为 22.9%，成为增长最快的细分市场。

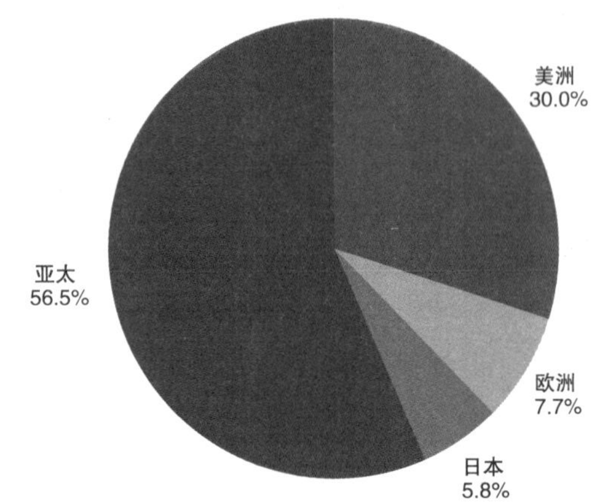

图 2　2017 年全球主要地区半导体市场增量占比

数据来源：WSTS，2017 年 11 月

作为规模最大的半导体细分市场，2017 年集成电路市场规模为 3 401.89 亿美元，同比增长 22.9%。其中，存储器市场暴涨 60.1%，增势最为强劲，相比上年的负增长（–0.6%），实现强势复苏，超过逻辑器件成为第一大细分市场；逻辑芯片市场实现加速增长，增速为 10.8%，比上年提高 10 个百分点；模拟芯片增长 10.2%，增幅有所扩大；微处理器实现正增长，增速为 4.2%，比上年提升 5.4 个百分点。前两大产品门类的高增速是本年度集成电路市场高速增长的主要驱动因素，而存储器市场的爆发是集成电路市场爆发的关键原因。

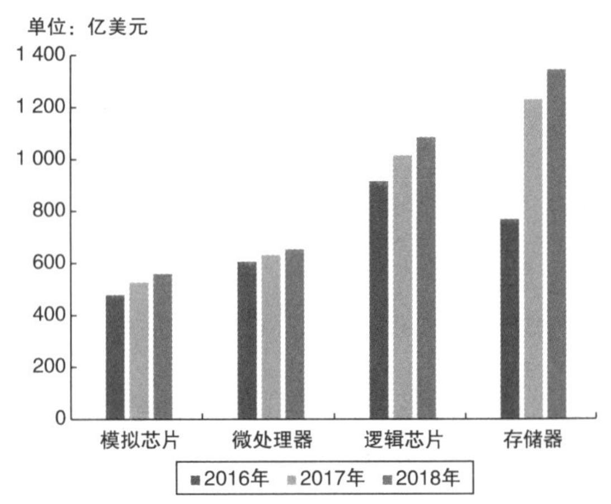

图 3　2016—2018 年集成电路细分市场规模

数据来源：WSTS，2017 年 11 月

（二）领先企业排名变革，三星超越英特尔居首

在半导体市场强势增长的形势下，全球领先企业普遍实现高速增长，受细分市场差异化影响，企业排名发生较大变化，特别是长期占据榜首地位的英特尔被三星超越。

自 1993 年以来，英特尔长期占据半导体企业营收榜首，近十几年来，三星崛起，长期占据第二的位置。根据市场调研机构 IC Insights 的数据，2016 年第一季度，英特尔销售额高出三星 40%，至 2017 年第二季度，三星营收首次超越英特尔跻身榜首，IC Insights 11 月的最新数据预测，2017 年三星营收将暴涨 48.1%，达到 656 亿美元，英特尔营收增长 7.0%，达到 610 亿美元，三星将超越英特尔成为最大的半导体企业。2017 年英特尔营收增速与上年基本持平，但在前十大企业中增速偏低。

另外两家存储器巨头 SK 海力士和美光营收实现快速增长，增速分别高达 75.8% 和 73.3%，成为前十大半导体企业中增速最快的企业，排名也均超过高通分列第三、四位。东芝营收也凭借存储业务获得 23.9% 的增速，稳住排名。除上述几家存储器供应商外，受益于数据中心和深度学习训练的拉动， GPU 供应商英伟达的崛起十分显著，2017 年营收将增长 46%，排名跃升 6 个位次，排名第 9，首次进入前十。与此同时，移动芯片企业联发科跌出前十，作为联发科竞争对手的高通虽然获得较高增长，增速为 11%，仅高于英特尔和恩智浦，但在半导体市场普遍向好的态势中，并不足以稳住排名，而是下滑 3 个位次居第 6。恩智浦则表现不佳，2017 年营收下滑 3.2%，成为前十大企业中唯一衰退的企业。此前恩智浦收购飞思卡尔成为全球最大的汽车电子公司，合并营收进入前十，但近两年来业绩持续下滑。博通营收增长 15.8%，与 2015 年的大衰退、2016 年的微弱增长相比，业绩实现强势反弹，超过高通位居第 5。

（三）企业并购势头减弱，关键交易影响行业格局

近两年全球半导体并购集中爆发的态势进入 2017 年后明显减缓。根据 IC Insights 年中数据，2017 年上半年已经宣布的十几起并购案总金额不过 14 亿美元，即便考虑到未计入统计的英特尔 153 亿美元并购案，与 2015 年创纪录的 726 亿美元相比仍显著回落；进入下半年，虽然贝恩资本等以 180 亿美元收购东芝闪存业务，但总体上看，并未出现多个大额交易，与 2016 年相比并购势头减弱。

尽管全年并购额明显下降，但全球半导体领域的并购活动依然频繁，几起关键交易进展极大影响了行业未来格局。3 月 13 日，英特尔宣布以 153 亿美元收购无人驾驶公司 Mobileye，以强化英特尔在无人驾驶汽车领域领先技术供应商的地位，与英伟达、高通等抗衡，该典型交易代表了国际巨头竞相布局无人驾驶等人工智能领域。9 月 20 日，东芝董事会与贝恩资本达成基本协议，将旗下闪存业务以 2 万亿日元（约合 180 亿美元）的价格出售给由贝恩资本牵头的财团（包括苹果、戴尔、SK 海力士、Hoya 集团等），持续了 8 个月的东芝闪存并购案宣告结束，东芝是 NAND 闪存领域的领先供应商，工艺技术先进，此次并购将极大影响未来存储器的市场格局。高通收购恩智浦遭遇波折，欧盟宣布对该交易的审核将延续到 2018 年，打破了高通在本年内完成收购的原计划，高通跨界布局面临挑战。11 月 6 日，高通证实接到收购要约，博通拟以创纪录的 1 300 亿美元收购高通，一周后，高通拒绝了博通的报价，此后博通仍致力于完成收购，该交易一旦成功，将创造年营收超过 300 亿美元的全球第三大半导体企业，并将极大影响移动芯片、汽车电子、物联网芯片等领域的格局。

（四）存储器价格持续上涨，韩系厂商借势崛起

存储器市场的强势表现带动整个半导体市场高速增长，存储器价格的持续上涨是最重要的驱动因素。IC Insights 数据显示，存储器平均售价自 2016 年第三季度开始上涨，2016 年第四季度增速达到高峰，进入 2017 年，虽然增速不断放缓，但全年价格保持上涨态势。2016 年第三季度到 2017 年第二季度，DRAM 售价的平均季度增速为 16.8%，NAND 为 11.6%，预计 DRAM 售价全年增速将达到 63%，创自 1993 年以来增速新高，驱动 DRAM 市场规模增长 74%，预计 NAND 闪存售价年增长 33%。在高价格的支撑下，全球存储器市场实现 60.1% 的高速增长，达到 1 229 亿美元规模，巩固了第一大细分市场门类地位，与 2016 年相比，市场增量达到 461.5 亿美元。作为对比，2017 年全球半导体市场增量为 697.6 亿美元，存储器市场贡献率达到 66%。

存储器价格的持续高涨受益于两方面的因素，一方面，智能硬件对存储器的需求持续攀升，造成全球产能紧张；另一方面，三星、SK 海力士、美光等企业在适当增产后，通过控制产能增长保持存储器价格高位，以赚取超常利润。数据显示，几大存储器供应商年度营收均实现暴涨，三星更凭借存储器业绩超过英特尔，成为全球最大的半导体企业。三星、SK 海力士等韩系厂商借势崛起，随着 SK 海力士参与的财团收购东芝闪存业务，韩系厂商在存储器市场中的地位进一步加强。

（五）旗舰机型嵌入 10 纳米芯片，人工智能成亮点

进入 2017 年，各主要移动芯片品牌采用 10 纳米工艺的新一代产品陆续量产，第一季度，三星、台积电 10 纳米产品正式推出，骁龙 835、Exynos 8895、Helio X30 领先面市，进入 9 月，采用台积电 10 纳米工艺的麒麟 970 和苹果 A11 Bionic 先后面市。Galaxy S8、Galaxy Note 8、小米 6、一加 5、LG V30、魅族 PRO 7、美图 V6、华为 Mate 10、荣耀 V10、iPhone 8、iPhone X 等旗舰机型嵌入 10 纳米处理器，智能手机正式进入 10 纳米时代。

随着专用芯片的成熟，人工智能计算硬件在移动端的应用落地成为行业亮点。2017 年 9 月，华为和苹果相继推出新一代手机处理器，麒麟 970 搭载寒武纪 NPU 处理器，A11 Bionic 内嵌“神经网络引擎”模块，人工智能硬件首次应用于智能手机，如华为 Mate10、苹果 iPhone X 和 iPhone 8。苹果 A11 Bionic 芯片中的“神经网络引擎（Neural Engine）”模块是苹果基于 ASIC 的深度学习解决方案，实现了高准确率，以及比基于通用芯片（GPU、FPGA）方案更低的功耗。该专用芯片聚焦语音识别和图像识别领域，支持 Face ID 技术，该技术采用结构光解锁方案，代替了传统指纹解锁的 Touch ID，安全性更高，Face ID 的错误率为百万分之一，而 Touch ID 的错误率高达五万分之一。该人工智能芯片还支持 AR 功能。

二、未来发展趋势

（一）半导体市场持续增长，集成电路保持高增速

随着汽车电子、车联网、物联网、人工智能等新兴市场逐渐成长，以及存储器市场增势的延续，全球半导体市场将继续保持较高增速。但新兴市场需求尚不足以支撑较高增速，而存储器市场的增长势头也将减缓，半导体市场的增速将有较大回落。集成电路市场也将同步进入增速调整期，整体上看仍保持较高增速。

根据 WSTS 的预测，2018 年，全球半导体市场规模将继续增长 7.0%，达到 4 372.65 亿美元，增速与 2017 年相比将回落 13.6 个百分点。从地区看，预计各主要地区市场增速均呈回落态势，美洲市场保持最高增速，增长 10.3%，亚太地区增速回落到 6.6%，仍是整体市场保持较高速增长的最大贡献力量。从细分市场看，2018 年，主要细分市场均大致呈回落态势，仅光电器件市场增速进一步扩大提升，提升 0.5 个百分点，成为增长最快的细分市场。

集成电路市场增长势头大幅放缓，预计 2018 年增速回落 15.9 个百分点，降到 7.0%，市场规模达到 3 640.34 亿美元。从产品门类看，存储器市场增速由 60.1% 急剧滑落到 9.3%，但仍然是整体市场增长的最大来源，其他门类市场增速也不同程度放缓。

（二）工艺竞争持续深入，7 纳米工艺即将量产

2017 年，采用 10 纳米工艺的主流芯片不断面市，但 10 纳米工艺的量产并不顺利，业界普遍认为 10 纳米仅为过渡性工艺，随着极紫外光刻设备的引入，7 纳米工艺的开发提上日程。目前，台积电、三星、格罗方德、英特尔均发布了开发计划，7 纳米正成为全球领先半导体厂商对市场主导权争夺的焦点。台积电计划从 2017 年开始测试 7 纳米芯片的制造工艺，年中宣布已有 12 个产品设计定案，赛灵思、Arm、Cadence 等企业已与台积电宣布合作开发下一代芯片，并计划在 2018 年初试产，下半年开始量产；三星的规划图更加激进，计划在 2018 年年初下一代 Galaxy S9 上即使用新款 7 纳米工艺处理器；为追赶主流工艺，格罗方德跳过 10 纳米工艺，直接研发 7 纳米工艺处理器，2017 年 6 月推出 7 纳米工艺平台，预计 2018 年上半年试产，2018 年下半年实现量产；英特尔 10 纳米工艺芯片将在 2018 年出货，若能实现较高良率，仍将保持技术优势，其 7 纳米工艺处理器将在 2020 年量产。主流芯片品牌的下一代产品有望采用新一代工艺，比如苹果 A12、麒麟 980、高通 840/845 等，工艺良率和成本控制将成为量产的关键因素。

【统计数据】

表 1　2017 年全球半导体企业 10 强

2017 年预计排名	2016 年排名	企业名称	2016 年收入（亿美元）	2017 年预计收入（亿美元）	2017 年增速（%）	2017 年份额（%）
1	2	三星	443	656	48.1	15.0
2	1	英特尔	570	610	7.0	13.5
3	5	SK 海力士	149	262	75.8	6.0
4	6	美光	135	234	73.3	5.3
5	4	博通	152	176	15.8	4.0
6	3	高通	154	171	11.0	3.9
7	7	德州仪器	125	139	11.2	3.2
8	8	东芝	109	135	23.9	3.1
9	15	英伟达	63	92	46.0	2.1
10	9	恩智浦	95	92	-3.2	2.1

注：数据来源于 IC Insights，2017 年 11 月。

表 2　2017 年全球半导体主要并购案

序号	宣布时间	收购方	被收购方	收购金额（亿美元）
1	2 月 10 日	联发科	络达	5.75
2	3 月 13 日	英特尔	Mobileye	153
3	3 月 28 日	TDK	ICsense	
4	3 月 29 日	MaxLinear	Exar	4.72
5	4 月 11 日	超微	Nitero	
6	9 月 8 日	Littelfuse	IXYS	7.5
7	9 月 20 日	贝恩资本等	东芝闪存业务	180
8	9 月 23 日	Canyon Bridge	Imagination GPU 部门	7.5
9	10 月 10 日	Dialog	Silego Technology	2.76
10	10 月 25 日	苹果	PowerbyProxi	
11	11 月 20 日	美满	Cavium	

注：数据来源于新闻数据。

2017 年电子元器件产业发展回顾与展望

【综述】

2017 年电子元器件全球产值在上年企稳回升后快速上升，同比增长高达 8.72%，美国、西欧和亚太地区各主要国家和地区均呈现增长态势，新加坡以 21.65% 的增速领跑全球，中国大陆仍是唯一产值规模超过 1 000 亿美元的国家和地区。随着“摩尔定律”日益临近终结，半导体产业发展面临拐点，美国国防部联合产学研多方力量，启动“跳跃”（JUMP）、“电子复苏”（ERI）和“芯片”（CHIPS）三大项目，以重大应用需求为出发点，从技术创新和产业链重组两方面寻求突破，布局下一代半导体技术发展。光子学在项目推进、制造工艺、新型器件等领域获丰硕成果，沿着降低成本、提高技术成熟度、推动新型器件研发等方向继续迈进。宽禁带器件技术日益成熟，应用领域从军事快速扩展至商用领域，市场将呈现爆发式增长。硬件安全重要性不断凸显，多个硬件安全研究项目启动，相关技术成果纷纷涌现，从底层保障电子系统安全。

一、2016 年电子元器件产业发展态势

（一）全球产值企稳回升，中国大陆地区领跑发展

全球电子元器件产值规模经历了 2015 年的短暂回落后，在 2016 年和 2017 年呈现快速上升态势。2014—2017 年产值分别达到 5 376.99 亿美元、5 251.61 亿美元、5 437.09 亿美元和 5 911.23 亿美元，2015—2017 年同比增速分别为 -2.33%、3.53% 和 8.72%。

从地区来看，2017 年美国、西欧和亚太地区各主要国家和地区均呈现增长态势。其中，新加坡以 21.65% 的增速领跑全球，韩国、中国台湾地区分别以 14.57% 和 12.67% 两位数的增速居于增长率的第二位和第三位。中国大陆仍是唯一产值规模超过 1 000 亿美元的国家和地区，2017 年产值达到 1 514.74 亿美元，较上年增加

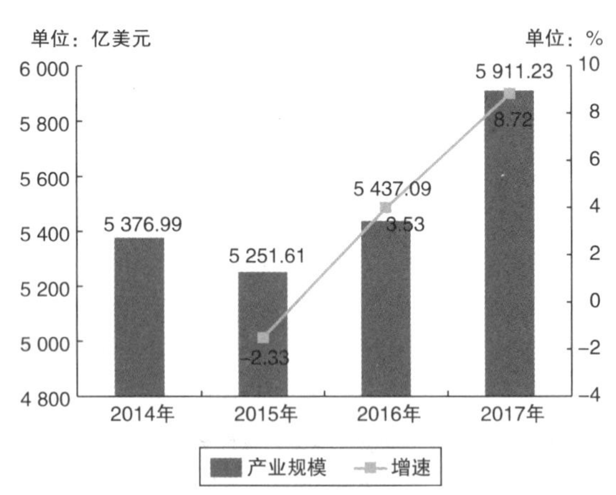

图 1　2014—2017 年全球电子元器件产值规模及增速

数据来源：*The Yearbook of World Electronics Data 2017*

8.69%，在全球总产值规模中的占比达到 25%，远超过排名第二的韩国（14%）。从 2014—2017 年复合年增长率（CAGR）看，新加坡和中国大陆分别以 10.51% 和 7.62% 位居第一名和第二名，韩国和中国台湾地区分别以 5.79% 和 4.35% 位居第三名和第四名，其他国家和地区则为负增长。

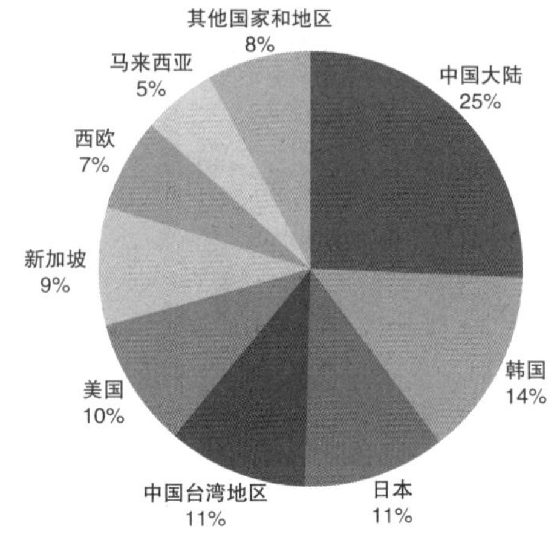

图 2　2017 年全球主要国家和地区电子元器件产值占比

数据来源：*The Yearbook of World Electronics Data 2017*

（二）美国启动三大项目，布局下一代半导体技术研究

当前，“摩尔定律”走向终结，半导体产业发展面临拐点，下一代半导体技术成为美国产、学、研和军方共同的关注热点。美国半导体研究联盟（SRC）和半导体产业协会（SIA）于2017年3月底共同发布《半导体产业发展愿景指南》（以下简称《指南》），全面梳理半导体产业需优先发展的14个技术领域及对应重点、在研机构和项目等。美国国防先期研究计划局（DARPA）一直是美国半导体技术创新的组织推动者，从20世纪80年代起先后启动“超高速集成电路”“微波毫米波单片集成电路”和“宽禁带半导体技术”等一系列重大半导体技术研发项目，这次其再次发挥组织创新优势，在《指南》的基础上，从2016年年底至2017年8月接连启动“跳跃”（JUMP）、“电子复苏”（ERI）和“芯片”（CHIPS）三大瞄准不同定位的项目，大胆创新、点面结合，以重大应用需求为出发点，从技术创新和产业链重组两方面寻求突破，力图扫清产业发展面临的技术和经济障碍，开启半导体产业发展新纪元。

“跳跃”项目突出协同创新，设立“二横（基础）四纵（应用）”6个呈网状的研究中心，鼓励围绕下一代半导体技术开展跨校/跨学科创新研究；项目为期5年、年均投资超过0.3亿美元。“电子复苏”项目突出下一代半导体基础技术研究，强调“微系统”发展思路，开展全新器件材料、设计和架构的系统性研发；项目为期4年、年均投资超过2亿美元。“芯片”项目突出系统级封装的灵活特性，大量引入商用先进知识产权和制造工艺，同时推进现有半导体器件的模块化和接口的标准化，实现多种具有先进功能、即插即用的“小芯片”。这些“小芯片”可根据特定军事用途快速、无缝拼接组装成所需“微系统”，将交付时间和成本减少70%，并支持系统的快速升级换代；项目为期4年，年均投资近0.2亿美元。

《指南》、“跳跃”和“电子复苏”项目显示美国将全面推进下一代半导体技术。基础研究从新器件和新系统架构两个层面同步展开。应用研究优先发展传感器与通信网络、分布式计算和网络、认知计算、智能存储系统等领域。“芯片”项目则着重完成现有器件/微系统的模块化及在未来系统中的最大程度复用，设计、验证和制造等传统产业链中的重要环节或可因此省略，还可实现商用先进技术和军用安全保障手段的优势互补，以及继续推进商/军用半导体产业链的深层融合。

（三）光子器件持续成为研究热点，突破电子发展瓶颈

光子器件将有力推动光互联、光通讯、光信号处理等器件的发展，数据传输速度有望达到每秒太比特，突破现有计算机、超大容量和超高速信息传输处理的发展瓶颈，带动从网络基础设施到数据中心，再到超级计算机的全方位发展，其发展受各国重视。2017年，光子学在制造工艺、器件、项目等多方面都取得较多进展。以下为2017年取得的部分重要成果。

在制造工艺方面，2017年10月，美国麻省理工学院研究人员开发出硅光子与层状二碲化钼集成新方法，根据新方法制备的器件既可以作为发光二极管，又可以作为光电探测器。该技术首次将二维材料实现的电光源集成在无源硅光子晶体波导上，二维光源和探测器单元有望提高光子器件的通信速率。二钛化钼的辐射波长不在硅吸收波长范围内，从而大幅减少硅的吸收损耗。将光源与有效片上调制器结合，有望进一步提高光耦合效率，还有利于实现波分复用。与传统Ⅲ-V族半导体光源相比，二碲化钼与硅集成制造出的器件尺寸更小。

在器件方面，2017年3月，比利时微电子中心（IMEC）成功研制毫米级896Gb/s硅光子收发器，朝未来TB级互联超紧凑型多通道光纤收发器的实现迈进一大步。该双向896Gb/s硅光子收发器将高密度56Gb/s锗硅电吸收调制器阵列、锗硅波导探测器和多芯光纤接口集成到了一起。硅光子收发器内包含一个由16个锗硅电吸收调制器和16个锗硅光电探测器组成的阵列，该阵列的通道间隔为100μm，阵列排布在单一的硅芯片上实现。锗硅电吸收调制器和锗硅光电探测器都是通过单一的锗硅外延生长工艺制造的，大大简化了硅光子收发器的加工方案。该芯片还集成了光功率分配器，并通过此方式实现了用单一激光源为多个发射通道提供光照。同时还集成了一个由美国Chiral光子公司生产的密集光纤光栅耦合器阵列，并与一个减距光线阵列（PROFA）相连接。

在项目方面，2017年7月，欧盟硅光子学供应链开发项目——“光子库与制造技术”（PLAT4M）项目完成，在欧洲建立了硅光子学供应链。该项目于2012年启动，目标是提高现有硅光子学制造技术，实现从技

术研究到商业化生产的无缝过渡。该产业链基于三个特征不同但互补的技术平台，分别来自法国电子信息研究院（CEA-LETI）研究中心、意法半导体公司和 IMEC。CEA-LETI 研究中心在高电阻率硅衬底上的 800nm 掩埋氧化物上开发了基于 1 310nm 硅膜的新型硅光子平台及专门用于多项目晶片（MPW）硅片光子技术的 3 种专业开发套件（PDK），满足 O 波段收发器和接收机的目标应用。意法半导体公司创建了结合最先进互补金属氧化物（CMOS）制造工具的先进光子纳米级环境，并开展功耗管理、降低光学超额损耗、信号复用和更高波特率器件实现更高数据速率传输等多种研究。比利时微电子研究中心巩固并进一步开发了基于 200mm 试验线的硅光子技术平台，以支持各种应用和市场的工业原型。

二、未来发展趋势

（一）市场规模持续增长，中国大陆仍领跑全球

对比 2014—2017 年全球电子元器件产值规模和 2014—2020 年已有和预期市场需求可以看出，产业规模一直未能有效满足市场需求。未来，在物联网、电子信息产业技术的持续发展下，电子元器件的市场规模将持续增长，预计在 2020 年达到 6 650.34 亿美元，2017—2020 年 CAGR 将达到 3.28%。

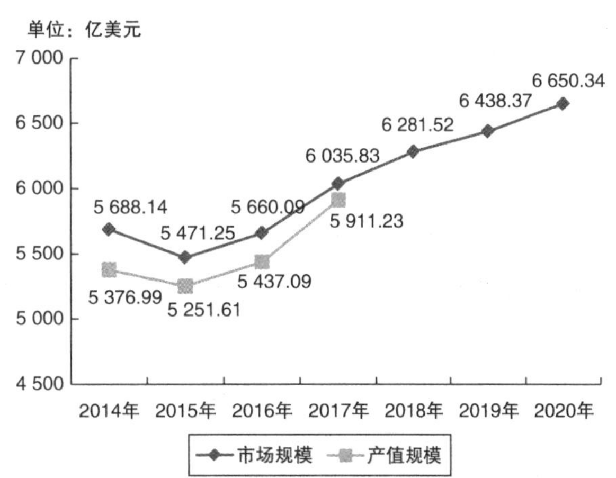

图 3 2014—2020 年全球电子元器件市场和产值规模对比

数据来源：*The Yearbook of World Electronics Data 2017*

就地区来看，中国大陆市场规模仍领跑全球，2020 年将达到 2 744.8 亿美元，2017—2020 年 CAGR 将达到 3.71%。美国位居第二，在 2020 年将达到 924.31 亿美元。马来西亚超越中国大陆成为增速第一的国家，2017—2020 年 CAGR 将达到 5.41%，2020 年市场规模达到 188.17 亿美元。中国大陆和韩国分列增速第二和第三位，2017—2020 年 CAGR 将分别达到 3.71% 和 2.59%。除中国大陆加速上涨外，全球主要国家和地区市场规模增长呈现总体平稳上涨的态势。

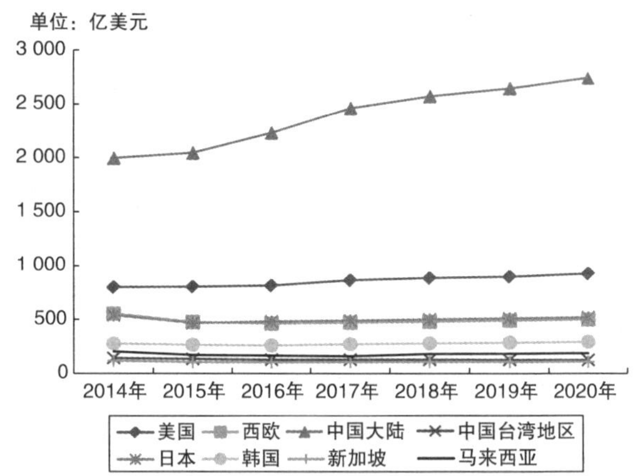

图 4 2014—2020 年全球主要国家和地区电子元器件市场规模

数据来源：*The Yearbook of World Electronics Data 2017*

（二）宽禁带器件继续受各国重视，市场保持超高速增长

随着技术快速成熟，以氮化镓（GaN）、碳化硅（SiC）为代表的宽禁带半导体在实现更高工作温度、更高功率、更小尺寸、更低成本功率器件方面扮演更重要的角色，在军事、电力、消费类电子等领域得到越来越广泛的应用，市场规模将迅速增长，带动全产业链的发展。

各国持续重视和推动宽禁带器件的发展。2017 年 4 月，美国功率电子产业联盟（PEIC）在美国国家标准和技术研究院先进制造技术协会（NIST AMTech）的资金支持下开展功率电子产业研究并发布报告，指出宽禁带半导体器件是美国重要的竞争优势，要保证美国在该领域的领导地位还需要在宽禁带半导体的技术研发方面开展更多的工作，包括 SiC、处于商品化初期的硅基氮化镓（GaN-on-Si）和性能处于探索阶段的 GaN，以及氧化镓（Ga_2O_3）、铝镓氮（AlGaN）和金刚石等。2017 年 8 月，美国能源部先期研究计划局（ARPA-E）启动“使用创新的拓扑结构和半导体创造新型可靠电路”（CIRCUITS）项目，投资 3 000 万美元资助 21 个子项目，

通过聚焦新型电路拓扑结构和系统设计，实现宽禁带器件性能的最大化，形成对现有硅功率器件的替代。2017年7月，印度科学研究院也初步获准投资5亿美元建立硅基氮化镓制造厂，满足军事和工业发展需求。

对于碳化硅市场，法国市场研究公司悠乐（Yole）在2017年8月发布数据，预测碳化硅功率电子器件市场将在2019年出现爆发，2020—2022年CAGR达到40%，2022年市场规模超过10亿美元。电源仍然是碳化硅最大的应用领域，光伏转换器、电动汽车及充电基础设施、轨道交通等都是重要应用领域。目前碳化硅分立器件仍占市场主导位置，但全碳化硅模块已开始进入市场，并获快速发展。

对于氮化镓市场，悠乐公司在2017年10月发布数据，预测氮化镓功率电子市场将在2017—2022年迎来爆发式增长，CAGR达到84%，产值在2022年底将达到4.5亿美元。GaN器件的最大应用领域为功率电源，激光雷达、电动/混动汽车等将成为GaN应用增长最快的领域。

（三）电子元器件硬件安全担忧凸显，多种安全技术将不断涌现

电子元器件一旦被发现存在硬件漏洞，或遭受硬件攻击，将出现比软件攻击更大的危害，且无法像软件漏洞一样通过补丁或升级的方式来弥补，只能替换，耗时耗力。2017年2月，美国国防科学委员会（DSB）发布名为《国防科学委员会网络空间供应链特别小组》的报告，指出美国国防电子元器件供应链面临严峻安全形势，不仅有伪冒元器件的大举泛滥，还可能出现软硬件漏洞的植入。

2017年各国继续加强电子元器件硬件安全的研究。美国DARPA分别于2017年4月和2017年11月启动“通过硬件和固件实现系统安全集成”（SSITH）和“配置安全”（ConSec）等项目。SSITH项目目标是设计出直接在硬件架构层级上保障安全的技术，能够保护硬件和电路级不受网络空间入侵者的攻击，而不再仅仅依赖基于软件的安全补丁。ConSec项目目标是提高军事领域用可负担和通用商用现货电子器件和子系统的可信计算能力，以及减少网络空间攻击的薄弱环节。美国空军于2017年10月发布“可靠和可信的微电子解决方案”（ATMS）项目公告，保证商业代工厂制造的微电子产品可信、可获和受保护，使更广泛的商用现货电子元器件能够用于军事系统。2017年11月，英国也依托贝尔法斯特女王大学安全信息技术中心（CSIT）成立了新的安全硬件和嵌入式系统研究所（RISE），以改进包括元器件在内的硬件安全，以及减少可实施网络空间攻击的薄弱环节。

在技术进展方面，2017年3月，法国CEA-LETI研发出“盾牌”技术，可帮助保护芯片不受来自芯片底面由红外激光器、聚焦离子束（FIB）、化学和其他方式实施的侵入式或半侵入式物理攻击，保护内嵌在联网设备、智能卡和其他系统中的芯片，为用户带来更多隐私、人身安全和财产安全保障。10月，美国空军研究实验室研发出嵌入式“迷你加密”（Mini Crypto）模块，可保卫无人机和爆炸军械处理机器人等系统间的通信和数据传输。该“迷你加密”是一个加密引擎，能够自主产生用于会话的“密钥”，设计小而轻，所需功耗与助听器相当，仅有400mW，符合美国国家安全局标准和最高加密标准，可保护最高秘密数据，可嵌入到多种通信设备中，用于保护数据和对通信设备的用户进行认证。未来，在各国的高度重视下，更多新型安全加密技术将不断涌现，以保障电子元器件硬件安全。

【统计数据】

表1　2014—2017年全球主要国家和地区电子元器件产值规模

单位：亿美元

国家和地区	2014年	2015年	2016年	2017年	2016—2017年增长率（%）	CAGR（%）
美国	593.09	566.88	554.61	574.14	3.52	-1.08
西欧	461.3	400.05	400.48	408.90	2.10	-3.94
中国大陆	1 215.3	1 315.05	1 393.60	1 514.74	8.69	7.62

续表

国家和地区	2014 年	2015 年	2016 年	2017 年	2016—2017 年增长率（%）	CAGR（%）
中国台湾地区	555.09	534.76	559.75	630.69	12.67	4.35
日本	676.89	628.84	634.68	641.09	1.01	−1.79
韩国	698.30	667.10	721.61	826.74	14.57	5.79
新加坡	381.85	367.19	423.60	515.30	21.65	10.51
马来西亚	346.30	310.75	307.41	330.47	7.50	−1.55
世界总和	5 376.99	5 251.61	5 437.09	5911.23	8.72	3.21

表 2　2014—2020 年全球主要国家和地区电子元器件市场规模

单位：亿美元

国家和地区	2014 年	2015 年	2016 年	2017 年	2018 年	2019 年	2020 年	2017—2020 CAGR（%）
美国	798.94	803.13	813.95	862.91	884.16	896.41	924.31	2.32
西欧	554.53	477.42	463	469.90	479.87	490.41	499.83	2.08
中国大陆	1 997.79	2 046.12	2 232.92	2 460.46	2 573.48	2 647.21	2 744.80	3.71
中国台湾地区	143.05	134.01	127.58	128.45	128.43	126.02	124.50	−1.04
日本	539.06	466.36	482.94	490.57	501.88	510.67	519.89	1.95
韩国	277.25	266.58	259.88	272.13	280.56	286.52	293.85	2.59
新加坡	117.61	106.42	103.80	105.31	107.09	108.10	109.91	1.44
马来西亚	203.01	173.03	165.64	160.67	182	184.14	188.17	5.41
世界总和	5 688.14	5 471.25	5 660.09	6 035.83	6 281.52	6 438.37	6 650.34	3.28

注：表 1 ~表 2 数据来源于 *The Yearbook of World Electronics Data 2017*。

2017 年消费电子产业发展回顾与展望

【综述】

受贸易前景的不确定性影响，全球消费电子市场依旧处于下行态势，市场增长乏力，部分产品出现下滑局面。智能手机是消费电子产品销售额最大的产品类别，占比接近一半。智能手机由增量市场转为存量市场，市场格局逐渐趋于稳定，中国品牌市场占有率不断攀升。产品创新空间显著减少，机身薄化、大屏幕、大内存容量、高像素摄像镜头、指纹辨识、大容量电池等都是主流高端智能手机硬件搭载趋势。受上游面板和元器件价格上涨的影响，整个电视市场重返低迷态势，市场从价格竞争回归到价值竞争。电视显示技术呈现多元化的趋势，OLED、量子点、

8K电视、激光电视等大量涌现，电视产品朝着更大、更清晰、更轻薄、画质更出色的方向不断进步。可穿戴设备市场稳健增长，智能手表和健康指数监测是主要增长点。可穿戴设备领域投资较为活跃，交易一直呈上升趋势。各种可穿戴设备的设计更加像传统产品（如手表、眼镜）的同类，使得可穿戴设备需求得到释放。

一、2017年消费电子产业发展态势

（一）消费电子市场依旧下行，智能手机占消费电子产品支出近五成

美元升值及英国“脱欧”等因素将加大全球贸易前景的不确定性，不利于消费电子产品销量增长。全球消费电子市场2017年以来都在出现不同程度的下滑，消费电子核心产品，如PC、平板电脑、智能手机、电视和相机等产品市场增长乏力，甚至出现下滑局面。受智能手机市场挤压，平板电脑和PC市场销量预计下滑6%。据《世界电子数据年鉴2017》（*The Yearbook of World Electronics Data 2017*）统计，2017年，消费电子产品产值预计为1 061.37亿美元，比上年的1 062.67亿美元微幅下降0.12%。从市场情况来看，2017年，消费电子产品销售值为1 012.68亿美元，同比下降1.56%。据美国消费技术协会数据，从产品类别看，2017年智能手机消费额将达4 320亿美元，占全球消费电子产品支出的47%。其中，新兴市场智能手机消费额占全球近60%；电脑产品（平板电脑、便携式电脑和台式电脑）的销量将下降6%至3.8亿台；平板电脑销量预计降至1.36亿台，同比下降10.3%。

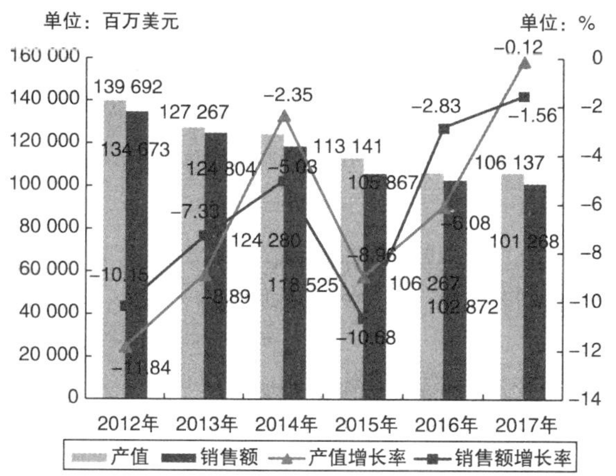

图1 2012—2017年消费电子产品产值与销售情况

注：2017年为预测值。消费电子产业涵盖音视频设备、个人消费电子、彩电、数码相机、DVD等产品

数据来源：*The Yearbook of World Electronics Data 2017*

（二）智能手机由增量市场转为存量市场，创新空间显著减少

智能手机由增量市场转为存量市场，市场格局逐渐趋于稳定。据Trendforce预计，2017年全球智能手机产量将达14.6亿部，同比增长7.35%。位列前三甲的品牌是三星、苹果和华为，产量分别为3.22亿部、2.16亿部和1.52亿部，市场占有率分别达22.1%、14.8%和10.4%。中国智能手机品牌表现突出。华为、OPPO、VIVO和小米合计占全球市场份额达31.6%。据IDC数据预计，2017年智能手机的平均售价将增长7%以上，这要归功于三星Galaxy Note 8、苹果iPhone周年纪念版、全新的Google Pixel和Essential手机等新品上市。5.5英寸以上屏幕的设备增长将超过34%。OLED面板日益受到智能手机行业的青睐，预计2017年OLED在整体智能手机市场的搭载率达到28%。18∶9全面屏推广迅速，在智能手机市场的渗透率达到9.6%。

智能手机产品的创新空间显著减少，机身薄化、大屏幕、大内存容量、高像素摄像镜头、指纹辨识、大容量电池等都是主流高端智能手机硬件搭载趋势。迭代产品的突破点主要在于更精致的外观、双摄像头的技术以及更智能的语音助手和应用系统。此外，快充技术和无线充电技术不断成熟，更高的防护等级，VR、AR的适配成为2017年的新趋势。综观2017年各大智能手机品牌搭载的新技术，苹果在新机iPhone X上运用人脸识别和无线充电等技术；华为率先发布全球首款人工智能手机芯片——麒麟970，并用于Mate10上；三星Note 7搭载虹膜识别技术；LG也正在研发虹膜识别技术；诺基亚申请可折叠屏幕手机的专利；华硕推出AR手机。

（三）电视市场重返低迷态势，显示技术成为厂商竞争焦点

受上游面板和元器件价格上涨的影响，主打价格战的互联网电视丧失了价格优势，呈现疲软态势，整个电视市场重返低迷态势。据WitsView统计，2017年全球电视出货量约为2.1亿台，同比减少4.2%。从品牌出货量来看，三星电子和LG电子出货量依然位居前两名，2017年前三季度，二者合计出货量达4 945万台，占全球市场份额达33.8%。据CTA预计，4K UHD电视是电视机行业增长最快的部分之一，2017年4K超高清电视

销量将达到 1 670 万台（同比增长 59%），将创造 146 亿美元的收入（同比增长 45%）。

电视市场从价格竞争回归到价值竞争。全球彩电业技术之争愈演愈烈，显示技术呈现出多元化的趋势，包括 OLED、量子点、8K 电视、激光电视、壁纸电视等在高端市场大量涌现，电视产品朝着更大、更清晰、更轻薄、画质更出色的方向上不断进步。

OLED 电视渗透率稳步提升。以韩国 LG 电子、日本索尼和中国创维为代表的企业不断发力于探索 OLED 显示技术，让 OLED 电视快速实现市场化。OLED 市场正逐渐形成完整的产业链。荷兰的飞利浦、德国的美兹、丹麦的 Bang & Olufsen 以及日本的松下、索尼等国外家电巨头也纷纷研发和推出 OLED 电视产品。根据 Digitimes 数据，预计 OLED 电视全球出货量将达 200 万台，同比翻番。

量子点技术关注度日益增加。以韩国三星电子和中国 TCL 为代表的企业将量子点技术应用于彩电领域。苹果公司也积极投入量子点应用相关专利研发，从近期量子点相关专利的获得情况来看，苹果公司正积极研究量子点技术导入消费电子产品的可能性，将量子点技术作为强化显示效果的关键技术。量子点广色域技术产品的研发日益受到重视，加速了材料和产业链的发展，三星斥资 7 000 万美元收购了美国量子点材料公司 QDVision，同时三星还是拥有超过 300 项量子点技术专利的德国 Nanosys 公司的主要投资人。

（四）可穿戴设备市场稳健增长，智能手表和健身监测是主要增长点

可穿戴设备市场正随着智能手表、健身追踪设备以及其他一系列产品，从初期概念阶段演进为更加成熟的产品类别而加速发展，每年都有大量可穿戴新产品问世，从运动手环、智能手表到各种基于虚拟现实、增强现实技术的头戴设备。可穿戴设备投资领域较为活跃，交易一直呈上升趋势。据 CB Insights 预计，2017 年，可穿戴设备领域将实现 150 宗交易，投资额约为 6.28 亿美元。

受益于智能手表添加了蜂窝通信功能，及各种可穿戴设备的设计更加像传统产品（如手表、眼镜等）的“同类”，而不是作为一种电子设备形态出现，例如大量传统手表厂商参与到智能手表市场中，研发的智能手表在外观上看起来与传统机械表无异，可穿戴设备需求得到释放。据 Gartner 预计，2017 年全球可穿戴设备销量将达 3.1 037 亿台，同比增长 16.7%；销售额将达 305 亿美元，同比增长 17%。其中，全球智能手表销量将达到 4 150 万件，同比增长 19.3%，销售额将达 93 亿美元；头戴显示器销量将达 2 201 万台，同比增长 36.8%；穿戴式摄像机销量将达 105 万台，同比增长 517.6%；蓝牙耳机销量将达 1.5 亿支，同比增长 16.7%；智能手环销量将达 4 410 万支，同比增长 26.1%；运动手表将达 2 143 万件，同比增长 9.1%；其他健身监测器将达 3 028 万台，同比增长 0.5%。

二、未来发展趋势

（一）全球贸易前景不确定，消费电子领域增长依然乏力

全球经济增长势头受诸多因素的制约和负面影响，如经济发展失衡严重，贸易保护主义蔓延，石油等（刚需）日用品价格上涨，各国通胀压力加大和全球利率普遍上调等因素，增加了全球贸易前景的不确定性，导致消费环境不利于消费电子需求增长。预计 2020 年消费电子产品销售额将实现 979.93 亿美元，较 2016 年下滑 4.74%，降幅有所收敛。中国、印度等亚洲新兴市场在消费电子领域仍然存在巨大潜力。

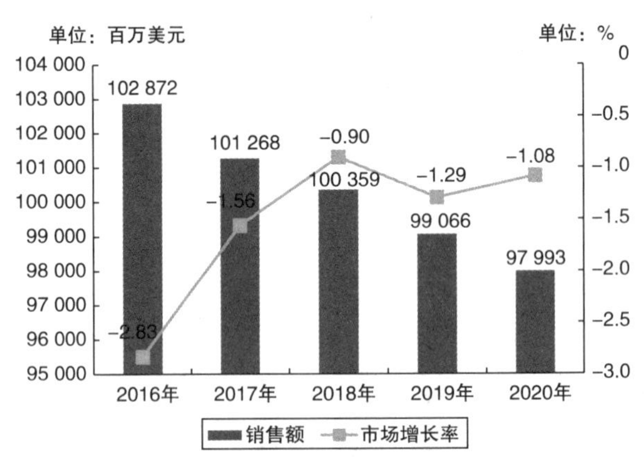

图 2　2016—2020 年世界消费电子产业销售额变化趋势

注：2017—2020 年为预测值

数据来源：*The Yearbook of World Electronics Data 2017*

（二）智能手机市场将持续增长，中国品牌市场地位更加稳固

全球智能手机市场将持续增长。IDC 的数据显示，至 2021 年年均复合增长率约为 3.3%。2018 年全球智能手机普及率将达 66%，全球五个国家和地区的智能手机普及率将超过九成，分别是荷兰（94%）、中国台湾地区（93%）、中国香港特别行政区（92%），挪威（91%）和爱尔兰（91%）。

智能手机市场格局将被改写。三星电子在高端市场受苹果挤压，在中低端市场受中国手机品牌围剿，市场占有率下滑。据 Strategy Analytic 公司预测，2018 年三星智能手机的出货量约为 3.15 亿部，市场占有率将会下降到 19.2%。中国的华为、小米、VIVO 以及 OPPO 等手机厂商的市场地位将愈加稳固。

（三）彩电将恢复增长趋势，大屏高端彩电需求激增

随着各大液晶面板厂产能陆续释放，面板供应紧张局面得到改善，面板价格进入回落区间，预计 2018 年电视市场进入调整期，世界杯、冬奥会都会引发彩电换机潮，电视市场将恢复增长趋势。4K、曲面、超薄产品在未来仍是市场的主流产品。消费能力的提升推动消费结构升级，大屏高端彩电的需求量正在激增。越来越多的 8K 产品开始出现，目前各面板厂商在产或在研中的 8K 面板产品多达 40 余款，尺寸范围从 65 寸覆盖到 110 寸，显示市场对于 8K 面板产品前景持乐观态度。2017 年人工智能初见成效，带有人工智能功能的电视将进入市场。

OLED、量子点、激光电视未来几年将出现大幅度增长。随着越来越多的电视品牌进入 OLED 电视市场，目前包括 LG 显示、索尼在内的 13 家电视厂商推出 OLED 电视，加上显示器良品率提升，预计 2018 年 OLED 电视在高端电视市场的出货量有望持续翻番。据 IHS 预计，到 2020 年 OLED 电视出货量将达到 520 万台，份额约为 2.1%，销售收入将达到 64 亿美元，市场份额约为 7.4%。量子点电视在三星、TCL、海信等厂商的大力推动下，未来增长潜力巨大。NPD DisplaySearch 的数据显示，到 2020 年全球量子点市场规模将达到 25 亿美元。激光电视将占领超大尺寸市场，据奥维云网数据，预计到 2020 年，激光电视销量 23.2 万台，年复合增长率达 51%，销售额 43.1 亿元，年复合增长率达 27%。

（四）可穿戴设备市场前景广阔，智能手表市场规模不断扩大

随着社会经济的发展和大数据时代的到来，以及传感器、柔性电子、太阳能电池等技术的不断改进，可穿戴设备应用范围将越来越广泛，市场前景广阔。医疗保健和健康被视为可穿戴设备在下一个阶段主要驱动力。可穿戴设备公司不仅关注健身和活动跟踪领域，还针对慢性病进行健康管理，如糖尿病和心脏问题。随着 AI、VR、AR 等技术的逐渐普及，可穿戴智能设备在生物识别、安全和数字支付等领域也将扮演越来越重要的角色。

智能手表将成为最大的可穿戴设备类别，紧跟其后的是健身追踪器和身体传感器。据 Gartner 预计，到 2021 年，全球可穿戴设备销量将达 5.05 亿台，其中智能手表销售量将接近 8 100 万支，占整个可穿戴设备市场的 16%；到 2021 年，全球可穿戴设备的销售收入将达到 550 亿美元，其中智能手表销售收入将高达 174 亿美元，是所有可穿戴设备中最具潜力的类别之一。儿童智能手表将成为增幅最明显的产品，在 2021 年将占整个市场的 30%。

2017 年计算机及网络产业发展回顾与展望

【综述】

2017 年，计算机行业整体仍处在调整期，PC 市场持续低迷，预计全年出货量仅为 2.63 亿台，是近几年出货量最低的一年；在中国市场的带动下，服务器市场出现回暖迹象，x86 架构设备在市场上仍占有绝对优势；高性能计算技术增速稳定，神威太湖之光为中国赢得了全球超级计算机 500 强排行榜的十连冠；受工业互联网、大数据、云计算、物联网等快速发展的影响，以太网交换机与路由器市场稳步增长。

一、2017年计算机产业发展态势

（一）PC行业持续低迷，出货量继续向大厂集中

2017年，全球PC市场持续下滑。截至2017年第三季度，由于组件短缺导致价格上涨等原因，整个PC市场出货量呈现低迷态势。研究机构Gartner预计，2017年全球PC出货量将从2016年的2.70亿台降至2.63亿台。不过，随着越来越多的公司升级至搭载Windows 10系统的PC，整个PC市场有望在2018年恢复增长态势。

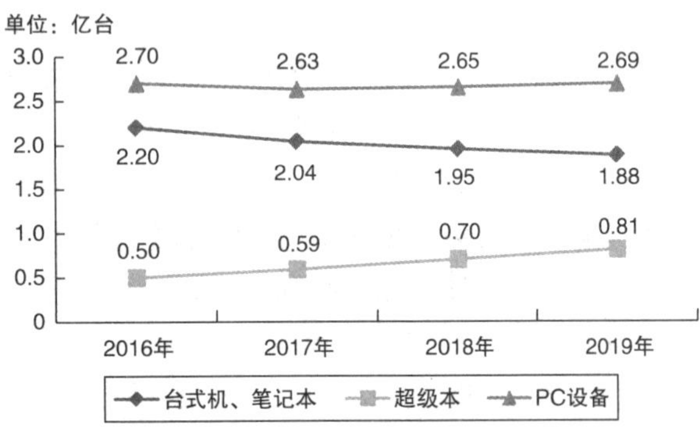

图1　全球PC产品出货量统计与预测

注：2017—2019年为预测值

数据来源：根据Gartner统计数据整理，2017年10月

PC市场持续向大厂集中的现象更加明显。前六大厂商（惠普、联想、戴尔、华硕、苹果、宏碁）的PC出货量在2017年第三季度达到全球总出货量的84%，创下历史新高，而这一数字在2016年同期是78%。惠普超过联想成为全球最大的PC厂商，2017年第三季度其出货量占全球PC市场的21.8%以上，联想以21.4%的占比紧随其后。

Windows仍是PC市场的主流操作系统，研究机构Net Applications 2017年12月的统计数据显示，Windows操作系统占据着PC市场88.39%的份额，比上年同期的90.89%略有下降，苹果Mac操作系统的市场份额由上年同期的7.50%增至9.05%。从具体操作系统的版本看，年初Windows 7的市场份额为45.75%，11月底则降至43.12%，年初Windows 10的市场份额为24.19%，11月底则增至31.95%，Windows 10的这一增长趋势仍将持续。

（二）服务器行业回暖，中国市场增速明显

2017年，全球服务器市场出现回暖迹象。受全球范围内市场需求不振的影响，2017年第一季度市场仍是下滑态势，出货量为260.2万台，同比下降4.14%，中国市场的需求仍较稳定，全年共出货57.9万台，销售额达到23.2亿美元。进入第二季度，受数据中心升级改造与扩建等影响，世界各地市场均表现出不同程度的增长，收入同比增长2.8%，出货量则同比增长2.4%。第三季度，虽然各地区市场增长情况不同，但云基础设施的扩建等推动了全球整体出货量和收入的持续增长，收入同比增长16%，出货量则同比增长5.1%。

惠普与戴尔仍是全球最大的两个服务器厂商，其市场份额均超过21%，IBM在大型服务器市场仍占有非常重要的位置，浪潮则保持超过100%的增速，成为市场增速最快的厂商。

整个服务器市场的收入仍然主要来自x86市场。2017年前三季度，x86服务器的出货量和收入继续保持增长，其中第三季度分别增长5.3%和16.7%。RISC/Itanium Unix服务器市场处于下滑阶段。大型服务器市场在上半年持续下滑，进入第三季度后，整个市场的收入同比增长54.5%。

（三）高性能计算能力稳定增长，中国实现十连冠

全球高性能计算能力持续大幅增长。在2017年11月发布的全球超级计算机500强排行榜中，上榜的超级计算机总的计算能力达到每秒845千万亿次，同比增长25.7%。

由国家并行计算机工程技术研究中心研制，位于国家超算无锡中心的神威太湖之光第四次居于全球超级计算机500强排行榜首位，实现中国超算在500强的十连冠，其峰值性能达到每秒125.43千万亿次，持续性能为每秒93.01千万亿次。

中国进入超级计算机500强中的数量大幅增加，在11月的榜单中，中国以202套超过美国的143套排名第一，而在6月的排行榜中，美国有169套超算入围，而当时中国仅有160套入围。排在第三到第六位的依次是日本、德国、法国和英国，上榜数量分别为35套、20套、18套和15套。

英特尔处理器在排行榜中仍占有绝对优势，500强中使用英特尔处理器的个数由上年同期的462套增至471套，使用IBM处理器的个数由上年同期的22套降至15套，使用AMD处理器的个数由上年的7套降至5套，使用Sparc处理器的有7套，还有2套使用神威处理器。值得注意的是，本次500强中全部使用Linux操作系统。

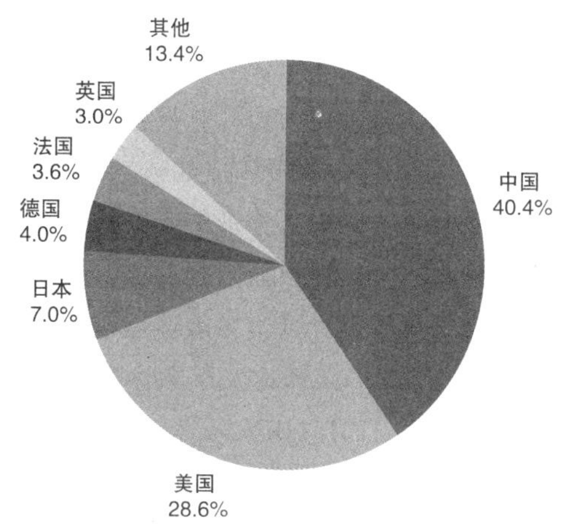

图 2　全球超级计算机 500 强的国家与地区装机数量分布

数据来源：http://www.top500.org，2017 年 11 月

采用加速器 / 协处理器技术的系统有 102 套，其中 86 套使用 NVIDIA GPU，12 套使用英特尔 Xeon Phi 协处理器技术，5 套使用 PEZY 计算加速器，不过，其中有两套系统组合使用了 NVIDIA GPU 和英特尔 Xeon Phi 处理器，另有 14 套系统使用 Xeon Phi 芯片作为主处理单元。

网络连接方面，本次 500 强中使用 10G 以太网的有 204 套，使用 InfiniBand 技术的系统有 163 套，使用英特尔 Omni-Path 技术的是 35 套，使用 25G/40G/100G 以太网的有 23 套。

惠普共有 122 套系统，相比上年同期的 140 套再次下降，但仍是 500 强中最大的供应商；联想从上年同期的 96 套降至 84 套，排名第二，浪潮以 56 套排名第三；克雷则由上年同期的 56 套降至 53 套，排名第四，曙光有 51 套。

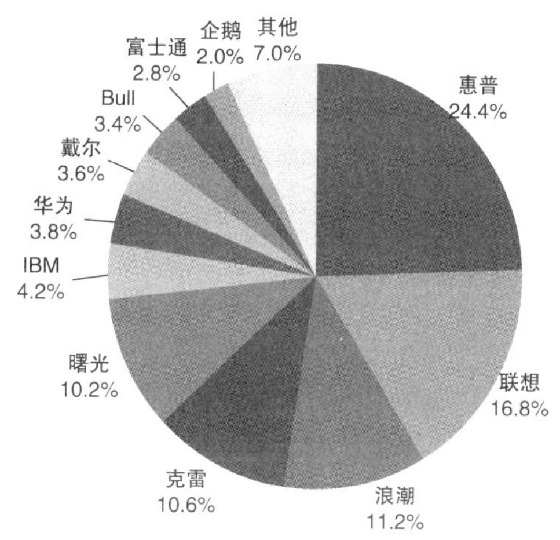

图 3　全球超级计算机 500 强的供应商分布

数据来源：http://www.top500.org，2017 年 11 月

与超级计算机 500 强同时发布的还有绿色 500 强，世界各国更加重视超级计算机的能耗与环保，在这一领域，日本的成绩较为突出。2017 年 11 月，在绿色 500 强中排名前三位的系统均部署在日本，分别是 Shoubu system B、Suiren2 和 Sakura，均由日本 ExaScaler/PEZY 公司建造，前十位中有八套都来自日本。另外，在超级计算机 500 强中第四名的 Gyoukou 在绿色 500 强中排第四位。

（四）市场需求持续增长，以太网设备市场增速稳定

在大数据、工业互联网、云计算等技术与相关产业的推动下，以太网设备市场仍然需求旺盛。市场研究机构 IDC 的数据显示，2017 年，全球 2 ~ 3 层以太网交换机市场增速稳定，前三季度的销售收入分别达到 56.6 亿美元、64.3 亿美元和 67.5 亿美元，同比增长分别为 3.3%、7.8% 和 9.4%。

100Gb 以太网设备已经成为大型云服务商和大型企业等的采购重点。2017 年第三季度，100Gb 以太网交换机的出货量达到近 120 万个端口，销售收入为 6.08 亿美元，占市场总收入的 9.0%，高于上年同期的 3.6%。25Gb/50Gb 以太网交换机产品也开始获得推动，并且在 2017 年第三季度出货量超过 75 万个端口，销售收入达到 8 500 万美元。25Gb、50Gb、100Gb 设备市场的增长对 40Gb 部分产生负面影响，第三季度 40Gb 出货量同比下降 36.7%，收入同比下降 20.0%。另外，10Gb 交换机出货量同比增长 49.6%，收入同比增长 5.2%；1Gb 交换机作为企业与产业园区和分支机构部署的主要联网技术，继续占据以太网交换市场的大部分份额，三季度的出货量达到 1.059 亿端口，同比增长 10.6%，占三季度全部端口的 66.6%，销售收入同比增长 2.4%，占三季度全部端口的 42.6%。

2017 年前三季度以太网路由器市场基本稳定，第一季度的销售收入为 33.5 亿美元，同比下降 3.7%；第二季度的销售收入为 39.2 亿美元，同比增长 6.7%；第三季度的销售收入为 39.1 亿美元，同比增长 9.4%。路由器的市场增长主要来自运营商部分，同比增长 14.8%，而企业市场部分则同比下降 6.4%。

思科仍然是全球最大的以太网设备商。根据市场研究机构 IDC 的统计，思科在 2 ~ 3 层以太网交换机领域的市场份额仍超过 60%。

二、未来发展趋势

（一）计算机市场有望进入低速增长阶段

受企业更新设备等的带动，以及中国市场等区域增长的推动，全球计算机行业有望止跌回暖，进入低速增长阶段。PC 市场在持续几年的低迷状态后，2018 年的出货量将会出现微量增长。惠普、联想、戴尔、华硕、苹果、宏碁等 PC 大厂的出货量总和仍会继续增加，全球范围内的并购仍将继续。在数据中心升级改造等因素的推动下，服务器市场将继续保持增长，x86 设备作为主流产品仍会继续巩固其相对于其他架构服务器的领先地位。随着世界各国对节能环保的要求不断提高，绿色高性能计算仍是未来几年的关注热点，计算机行业也将会迎来新一轮的创新发展，尤其是在高性能计算等领域，绿色节能等将成为衡量综合计算能力的重要指标，中国、日本、美国等将继续加大在这一领域的科研投入。

（二）人工智能将成为计算机行业创新发展的突破口

人工智能快速发展，为计算机行业带来了机遇。深度学习是人工智能的重要组成部分，大规模的深度学习对数据的收集、处理、分析与应用都提出更高的要求，由此带来巨大的计算能力的需求。目前，各大 IT 巨头都在以提高智能计算为突破口迅速切入人工智能领域。2017 年 5 月，英伟达发布 Volta 架构产品，该产品的峰值性能为 120TFLOPS/S；谷歌同期发布 TPU 二代产品，其峰值性能更是高达 180TFLOPS/S；IBM 的 AlphaGo2.0 计算机战胜围棋选手柯洁，其所用的计算量仅有 AlphaGo1.0 的 1/10；IBM 最新发布的 POWER 9 处理器也提高通用 AI 框架的性能。在人工智能大量计算的需求下，处理器的计算能力仍将持续大幅提升，并进一步推动计算机领域的创新发展，为整个产业的发展带来新的机遇。

【统计数据】

表 1　超级计算机 500 强排行榜前十名

排名	名称	安装地点	制造商	处理器数（个）	运算速度（万亿次/秒）
1	神威·太湖之光	国家超算无锡中心，中国江苏	国家并行计算机工程技术研究中心	10 649 600	93 014.59
2	天河二号	国家超算中心，中国广州	国防科学技术大学	3 120 000	33 862.7
3	Piz Daint	国家计算中心，瑞士	克雷	361 760	19 590
4	Gyoukou	横滨研究院，日本	ExaScaler/PEZY	19 860 000	19 135.8
5	泰坦（Titan）	橡树岭实验室，美国能源部	克雷	560 640	17 590
6	红杉（Sequoia）	劳伦斯－利弗莫尔国家实验室，美国	IBM	1 572 864	17 173.224
7	Trinity	美国能源部	克雷	979 968	14 137.3
8	Cori	国家能源研究科学计算中心，美国	克雷	622 336	14 014.7
9	Oakforest-PACS	东京大学高性能计算联合中心（JCAHPC），日本	富士通	556 104	13 554.6
10	京（K）	理化高级研究所（AICS），日本神户	富士通	705 024	10 510

注：数据来源于 http://www.top500.org，2017 年 11 月。

2017 年物联网产业发展回顾与展望

【综述】

2017年，全球物联网市场规模预计达到798亿美元，全球物联网连接设备数预计达到84亿，全球物联网支出超过8 000亿美元，并有逐年增长的态势。各国持续推进物联网发展：美国发布《物联网信任框架》作为未来物联网认证计划的基础，俄罗斯计划部署人造卫星作为物联网信息基础设施，韩国电信与研华科技合作进军工业物联网领域，中国发布物联网相关规划并持续推进物联网相关通信技术的发展。到2020年，物联网技术将被广泛应用于95%的电子产品中以实现产品的新型设计，相关电子信息产业将稳步增长。更多新兴物联网－通信技术得到关注，未来可能在不同应用场景中互补。随着跨行业安全方案在物联网安全架构中越来越成熟，物联网安全支出将大幅增长。

一、2017 年物联网产业发展态势

（一）市场规模持续扩大，全球物联网支出保持增长

全球物联网市场规模持续扩大。根据IC Insights 2017年数据分析，2017年全球物联网市场规模预计达到798亿美元，同比增长14%；2018年全球物联网市场规模将加速扩大，以30%的增长率突破千亿美元。同时，全球物联网连接设备数正逐年上升，Gartner预计到2020年这一数字将达到204.15亿。2016年，全球物联网连接设备数为63.82亿，此后将保持稳步上升态势。2017年全球物联网连接设备数预计达到83.80亿，同比增长31%。其中，消费类设备一直保持为占比最大的一部分，预计在2020年全球204.15亿物联网连接设备中有128.63亿是消费类设备。据移动通信商爱立信的数据分析，2015—2021年，全球物联网设备增长速度预计约为传统移动业务的7倍，基于蜂窝物联网和非蜂窝物联网的物联网设备增长率分别将达到27%和22%。

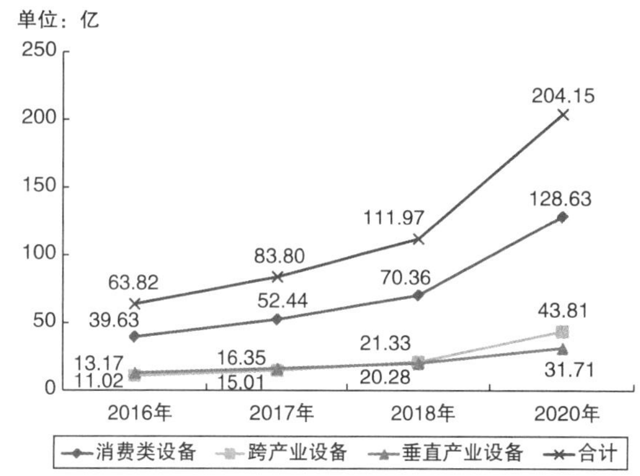

图 1　2016—2020 年全球物联网设备数

注：2017 年、2018 年、2020 年为预测值

数据来源：Gartner，2017 年 2 月

2017年全球物联网支出超过8 000亿美元，并有逐年增长的态势。IDC数据显示，2017年全球在物联网方面的支出预计超过8 000亿美元，同比增长16.7%，到2021年，这一数据将达到1.4万亿美元，包括全球企业在物联网软硬件、服务及连接解决方案上的投资。在应用方面，生产制造、货运监控和生产性资产管理将成为投资最多的细分领域，智能家居、新能源汽车等细分领域的投资将大幅增加；在技术方面，物联网硬件将成为投资最多的细分领域，这部分投资将集中于物联网网络模块和传感器方面。

（二）各国稳步推进物联网发展，力争营造良好产业生态

2017年，各国持续推进物联网发展。美国产业联盟发布的《物联网信任框架》可作为未来物联网认证计划的基础，俄罗斯计划部署人造卫星作为物联网信息基础设施，韩国电信与研华科技合作进军工业物联网领域，中国发布物联网相关规划并持续推进物联网相关通信技术的发展。

美国在线信任联盟（The Online Trust Alliance，OTA）

于 2017 年 1 月发布新版《物联网信任框架》，为未来物联网认证计划奠定基础。这一版《物联网信任框架》是在 2016 年 3 月发布的第一个版本的基础上进行了更新，包含大量公共及私有部门在物联网设备的保护方面取得的成果，并对美国政府机构如美国商务部、国土安全部等在物联网安全方面的建议进行了整合。该框架不仅可以作为物联网设备开发商、采购商和零售商的产品开发与风险评估指南，还有助于消费者作出物联网设备的购买决策。

俄罗斯计划到 2025 年在近地轨道部署约 200 颗人造卫星，用于保障物联网地面用户的数据通信，并承担将数据传输至控制中心的任务。这项信息基础设施被命名为“脉冲星”，现已引起俄罗斯航天集团公司和俄罗斯电子公司的关注，建成之后，预计能保障多达 5 亿地面用户的终端连接。这项工作的最终目标是建立一个全球信息基础设施，为物联网相关应用和服务的爆炸式增长提供保障。

韩国电信（Korea Telecom）与中国台湾地区的研华科技（Advantech）于 2017 年 6 月签订合作备忘录，进军工业物联网。韩国电信与研华科技计划合作推出支持 LTE-M 通信技术的物联网闸道器，不仅可应用于智慧城市、智慧环境等领域，还可适用于各种严苛的工业自动化领域，如工业资产管理、状态式监控及预测性维护等，并可直接连接韩国电信的物联网平台“IoT Makers”，进一步开展设备连接、数据收集等物联网服务。

中国发布物联网相关规划，并持续推进物联网相关通信技术的发展。2016 年 12 月，工业和信息化部（以下简称工信部）发布《信息通信行业发展规划（2016—2020 年）》，规划包含《物联网分册》，提出未来五年中国物联网发展的方向、重点、路径和目标。2017 年 2 月，工信部召开发布会，表示将加快 5G 等重点频率的规划进度，包括提出 5G 在 6GHz 以下频段的规划方案、做好 5G 技术试验毫米波段用频协调等工作。2017 年 6 月，工信部办公厅发布《关于全面推进移动物联网（NB-IoT）建设发展的通知》以推进窄带物联网的部署和物联网行业应用的拓展。

二、物联网产业未来发展趋势

（一）物联网技术将被广泛应用于电子产品，相关电子信息产业将稳步增长

据 Gartner 2017 年预估，到 2020 年，物联网技术将被广泛应用于 95% 的电子产品中以实现产品的新型设计。包含物联网解决方案的产品不仅能降低设备的管理维护成本，还可以为用户提供附加的功能和服务。相关由智能手机启用的物联网电子产品很可能在 2019 年初出现。一旦支持物联网应用的产品出现，用户对产品功能的兴趣和需求将迅速增长，进一步促使大部分供应商将物联网技术应用到产品中，届时，在相关电子产品中使用配套的物联网设备将会是一种非常经济的选择，且大部分产品很可能被设计为采取软件如智能手机应用程序来启用，部分电子产品如咖啡机、洗衣机、空调等将很快受到物联网技术的影响。

随着全球物联网架构越来越完善，大规模物联网应用服务将部署在城市环境中，相关电子信息产业将获得稳步增长。据 IC Insights 2017 年数据分析，2016—2020 年全球物联网用半导体销售额将保持 10% 以上的年增长率。在经历 2017 年 16% 的增长后，全球物联网用半导体销售额在 2017 年预计达到 213 亿美元。到 2020 年，全球物联网用半导体销售额预计达到 311 亿美元。其中，智能汽车领域的物联网用半导体在 2015—2020 年的复合年增长率在所有细分领域中最高，达到 32.9%。

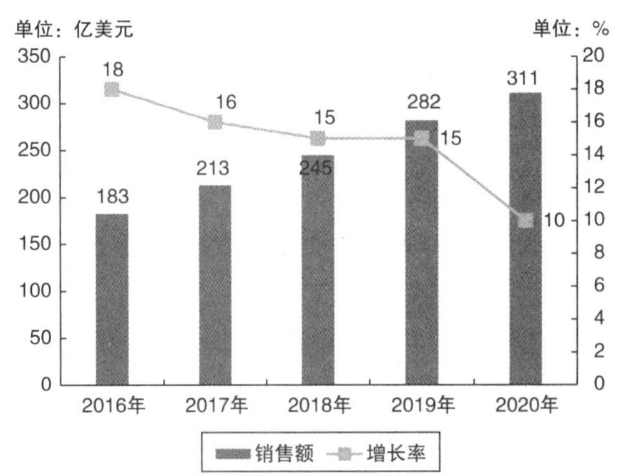

图 2　2016—2020 年全球物联网用半导体销售额

注：2017—2020 年为预测值

数据来源：IC Insights，2017 年 6 月

（二）更多新兴通信技术得到关注，将在不同应用场景中互补

物联网解决方案及终端设备以定制化为主，协议标准尚未统一，更多新兴通信技术正受到关注。根据 Gartner 2017 年发布的《物联网标准协议成熟度曲线》（*Hype Cycle for IoT Standards and Protocols 2017*）报告，LoRa、窄带物联网（NB-IoT）、Sigfox 这三种低功耗广

域网通信技术处于2017年物联网标准协议成熟度曲线的顶峰，正受到产业界的关注，被各厂商竞相营销炒作。据Gartner预估，LoRa的市场份额将在2018年达到峰值，占低功耗广域网市场总量的1/3，在未来10年内，通过LoRa连接物联网的设备数将保持增长态势；NB-IoT到2022年将至少占低功耗广域网市场总量的1/3。

在物联网领域，目前尚无某一种低功耗广域网通信技术能够完全取代其他技术，未来各通信技术可能形成互为补充之势。NB-IoT适于部署运营商级网络，在未来可与其他部署企业级或行业级网络的低功耗广域网通信技术互为补充。目前，已有在非授权频段的广域网通信技术如LoRa在智慧城市、行业或企业中得到应用，其产业规模和技术成熟度均高于NB-IoT。LoRa在非授权频段能够满足个性化的专用需求，可以快速进行热点覆盖，形成低功耗广域网络。截至2017年6月，Sigfox的网络部署已覆盖美国100多个城市，预计2017年年底将占美国网络覆盖率的40%。NB-IoT在授权频段，在处理干扰和网络重叠方面特性更好，能够提供与蜂窝协议网络一样的服务质量，在主流运营商和设备厂商的积极推动下，NB-IoT有望具备部署全国性广覆盖网络的技术和产业基础。基于现有产业发展态势，各低功耗广域网通信技术无法完全被替代。在多样化的物联网应用场景中，NB-IoT可以主攻运营商级网络，而以LoRa、Sigfox为代表的非授权频段广域网通信技术可在企业级或行业级网络中灵活部署，共同完善物联网的网络层。

（三）安全支出将大幅增长，半数预算将用于产品修复或召回

物联网安全解决方案还没有完全成熟，安全问题持续发生。2017年2月，美国一所大学遭到DDoS攻击，攻击源自校内多达5 000台的贩卖机、路灯等物联网装置；2017年3月，俄罗斯银行的自动取款机在恶意程序的攻击下自动吐钞。种种事故表明物联网被入侵后将危害系统运行和数据安全，保障物联网安全已成为物联网持续发展的必要条件。

物联网在产业界扩张的同时缺乏充分及正确的风险评估方法，未来半数安全预算将用于产品修复或召回。物联网技术在楼宇自动化、汽车系统、工业流程等物理安全至关重要的环境中的使用将会大幅增加；物联网在商业、工业等领域的快速扩展将会超过变更补丁等系统支撑的能力。其中，嵌入式物联网设备将会出现更多缺口，企业将不得不召回那些无法通过网络进行补丁修复的组件。在涉及生产、运营和安全的工业物联网用例中与涉及物理系统和网络系统整合的商业物联网用例中，一旦出现问题，数百万台设备将需要被更新。在低成本消费领域中，物联网的扩张同时引入了大量多样化无线网络，这些网络充满着被用以进行拒绝服务攻击的风险，一旦更新无法顺利进行，大量产品将被召回。据Gartner预估，到2022年，半数物联网安全预算将用于产品故障修复、召回等弥补措施而非预防保护措施。

随着跨行业安全方案在物联网安全架构中越来越成熟，物联网安全支出将大幅增长。根据Gartner 2017年提出的十大热点战略预测（Top Strategic Predictions for 2018 and Beyond：Pace Yourself，for Sanity's Sake），从2016年到2020年，物联网安全市场将以24%的年复合增长率（CAGR）持续扩大，到2020年，物联网安全市场总额预计达到8.405亿美元。物联网安全支出预计在2020年之后以超过50%的年复合增长率（CAGR）增加。届时，预估和管理风险方法的改进，一方面会使物联网在安全上的支出增长，一方面会吸引更多针对物联网基础设施和系统的攻击。包括物联网安全服务、安全系统和物理安全保障，以及对物联网攻击的修复，企业在物联网安全方面的支出将出现爆发性增长，这一数字在2020年年底将超过50亿美元。

2017年传感器产业发展回顾与展望

【综述】

2017年，物联网持续向各应用领域深入发展，在此带动下传感器产业继续保持高速发展。在基础研究领域，新原理、新材料和新工艺带来更多新型传感器，如加入石墨烯材料、引入3D打印技术、借助植物实现监测等。在传感器传统类型的发展上，光电传感器和低功耗传感器成为研究热点，以满足高精度、大面积、长时间、低功耗无线传感网络铺设的需要。下一步，在物联网产业的带动下，传感器产业将继续高速增长，其中指纹传感器和运动传感器增速最快，进而有力地推动和扩展其在消费电子、汽车等领域的更广泛应用。而大量的传感器的应用也进一步带来对开发架构、安全保障的巨大需求。

一、2017年传感器产业发展态势

（一）新原理、新机制、新工艺助力新型传感器发展

为了满足未来更多的发展需求，除了针对特定类型进行开发外，产业界和学术界还积极采用新材料、新原理和新工艺等方式探索前沿传感器技术，如实现超高工作温度、引入3D打印技术和借助自然界无处不在的植物等。

一是可工作在超高温的传感器。2017年5月，德国夫琅禾费研究所硅酸盐研究分所（ISC）的研究人员通过实现能够在高温部件上维持超声传感器运行的标准压电晶体，以及可耐高温和耐高温差的玻璃焊剂，成功开发出可在900摄氏度高温下持续工作的耐高温压电传感器，在所有应用中可至少稳定工作两年，而在部分领域寿命还可进一步达到数十年。当使用多个传感器用作发射器和接收器时，缺陷的位置可精确至数毫米，或覆盖数米的监测范围。

图1　可耐受900摄氏度的超声传感器

二是借助3D打印技术的传感器。2017年7月，英属哥伦比亚大学奥肯那根分校的研究人员采用3D打印技术设计一款小型化水质传感器，可实时、不间断监测多种水质参数，如浑浊度、pH值、电导率、温度和余氯等；制作成本低，可连续操作，并部署在供水系统的任一节点；无论水压或温度如何，都能提供精准的读数；支持无线功能，可独立工作并将数据报告传回测试站；即使其中一个传感器停止工作，也不会牵连到整个系统；采用3D打印技术，具有快速、便宜且易于制造的特性。

三是植物变身传感器。2017年10月，美国国防先期研究计划局（DARPA）拟启动“先进植物技术”（APT）项目，寻求将看起来简单的植物作为下一代情报搜集工具。该项目将通过修改植物的基因组，设计出健壮、基于植物的传感器，利用植物的自然机制来实现对环境刺激的感知和反馈，并拓展其检测化学物质、病原体、辐射和出现的电磁信号，且不会对植物的生存能力造成损伤。这些传感器在其生存环境中可自持续，并可使用现有硬件进行远程监控。

（二）石墨烯材料赋予传感器更多能力

石墨烯是一种碳原子排布形成厚度仅为一个原子的准二维材料，在电子元器件、材料等多个领域都显示出巨大的应用前景。石墨烯具有良好的化学和生物分子检测能力，非常适合做传感器。研究人员通过在传感器中

加入石墨烯材料，推动传感器的创新发展。

2016 年 12 月，日本富士通公司宣布开发出基于石墨烯的新型传感器。研究人员通过使用石墨烯替代硅晶体管的绝缘栅部分，开发出全球首款超灵敏气体传感器。研究人员发现，当气体分子附着于石墨烯时可改变后者的功函数，进而引起硅晶体管的阈值变化，而当气体分子脱离后，石墨烯又恢复其原始状态，从而实现高精度测量。图 2（左）为新开发的石墨烯绝缘栅传感器示意图，图 2（右）为传感器扫描电镜显微照片。该传感器能够探测浓度低于 10ppb（ppb 表示十亿分之一）的二氧化氮和氨气，实现实时环境气体监测，有望以此为基础进一步开发出能够快速、灵敏监测特定气体的气体传感器，满足大气污染、人体呼吸的有机衍生气体等领域的探测需求，有助于快速发现疾病。

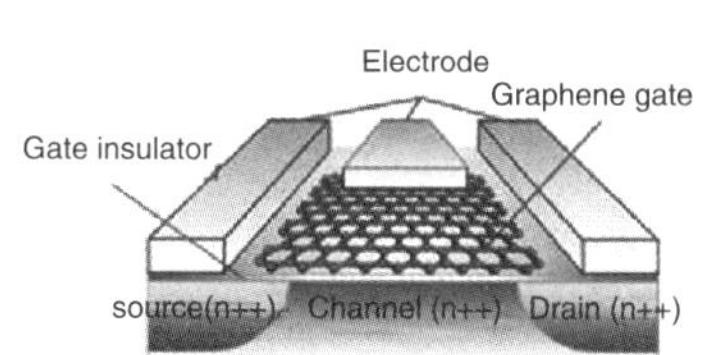

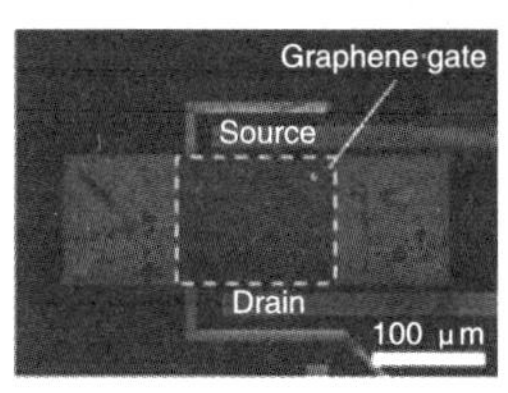

图 2　基于石墨烯绝缘栅的传感器

2017 年 2 月，阿卜杜拉国王科技大学（KAUST）使用一种激光划线技术，将柔性聚酰亚胺聚合物的局部加热至 2 500℃或更高，以在贴片表面形成碳化图形而开发出了一种新型石墨烯电极。这些黑色的贴片厚度约为 33μm，多孔特性能够使被测分子充分渗透材料。研究团队利用这款石墨烯电极开发了一款针对三种重要生物分子的传感器，包括抗坏血酸维生素 C、多巴胺以及尿酸。当被测分子到达电极表面时会释放出电子，产生与其浓度成比例的电流。每种分子的电化学响应具有不同的电压，传感器能够无干扰地同时测量多个被测分子的浓度，其灵敏度和检测下限均优于市面上的竞争产品。

2017 年 5 月，西班牙开发出首个石墨烯 - 互补金属氧化物晶体管（CMOS）单片集成图像传感器。该图像传感器易于在室温和环境条件下制造且成本低廉，无需复杂的材料处理或工艺，可轻松集成到柔性基板及 CMOS 集成电路上，可同时成像紫外线、可见光和红外光，应用于夜视、食品检验、消防、极端天气条件下可视等多个领域。

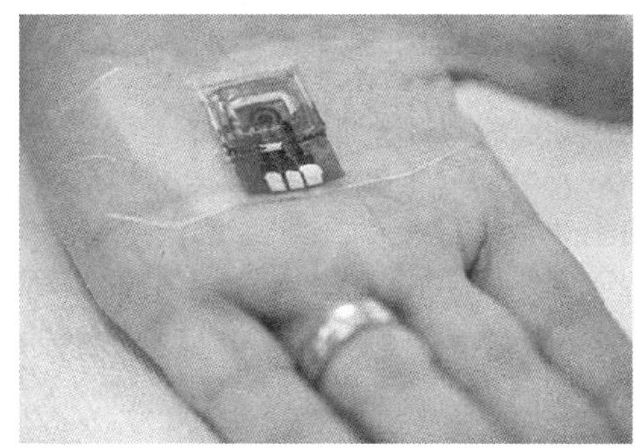

图 3　具有高检测灵敏度的石墨烯电极

（三）光学传感器应用领域继续延伸

光电传感器是采用光电元件作为检测元件的传感器，具有精度高、响应速度快、无需接触、可测量多个参数、结构简单、形式灵活等优点，并在 2017 年获得高速发展，应用领域不断延伸。

2017 年 4 月，美国集成光子制造创新中心（AIM Photonics）宣布获得美国国防部新项目，开发可用于环境监测、化学武器和生物武器检测、疾病诊断、食品安全等领域的光子传感器，通过对多个光子传感器的集成，可同时扫描多个生物和化学试剂，扩大化学或生物目标的探测范围。这种方法也将催生出更多的新技术，如“片上实验室”可帮助研究人员和临床医生在单一血液样本中扫描几种不同的蛋白质，也能持续监测饮用水中的危险毒素等。该项目也是美国国防部推进经济增长战略的一部分，强调光学、光电和成像领域的产业集群，以促进就业与产出。

2017 年 9 月和 10 月，英国 Teledyne e2v 公司先后获得欧空局（ESA）和美国国家加速器实验室（SLAC）的合同，将分别为 ESA 的荧光探测器（FLEX）卫星任务和 SLAC 的美国大口径综合巡天望远镜（LSST）提供定制电耦合器件（CCD）图像传感器。Teledyne e2v 公司为 FLEX 提供的 CCD 具有自定义的帧传输设计，符合 ESA FLORIS 设备的具体要求，定制封装设计紧凑，并且与其热性能紧密匹配，满足热机械要求，还具有两个柔性电缆，用于电连接以及与 FLORIS 焦平面阵列中传感器的精确对准。Teledyne e2v 公司为 LSST 提供的 CCD 通过极其平坦的焦平面实现优异的灵敏度和稳定的性能，表面平整度精度设计为人头发直径的 1/20，每次曝光可提供 3 200 万像素的图像数据，189 个 CCD250 传感内置在一个定制封装中，通过紧凑的马赛克形式形成三个千兆像素阵列，具有16个输出通道，图像读取速度达到几秒，并能进行高速率图像采集。

2017年11月，美国宾夕法尼亚州立大学研发出一种回音壁模式光学谐振腔，能够使光线围绕微小球体周围旋转数百万次，从而为多种应用提供一种超灵敏的基于微芯片的传感器。这种类型的传感器由固体球体组成，与微细加工方法不兼容，但宾州州立大学的研究人员开发一种创新的方法来生长片上玻璃微球体，具有超高灵敏度，可用于运动、温度、压力和生化传感。中空的硼硅酸盐玻璃球体是从密封和加压的圆柱形腔体上吹入硅基体上的，采用玻璃吹制技术，在高热和外部真空压力下，薄玻璃晶圆形成一个几乎完美的气泡。研究人员将球体阵列的直径从230微米增加到1.2毫米，壁厚在300纳米至10微米之间。这项技术带来多项可能性，如化学、蒸气、生物物理、压力和温度传感等。

（四）低功耗传感器待机功耗降至接近于零

现行传感器依赖有源电子器件探测振动、光、声或其他信号。电子器件持续耗能，并耗费大部分电能于时间处理和所需探测信号不相关的数据。在现行电池供电时，该能耗将传感器有效寿命限制在数周或数月，阻碍了新型传感器技术和能力的发展。发展超低功耗传感器成为满足物联网快速发展的先决条件。

2017年7月，加利福尼亚大学圣地亚哥分校使用“栅极泄漏”晶体管构建一种超低功耗电流源，以及使用直接将温度数字化并节省能量的创新系统，开发出一种温度传感器，其运行功率仅为113皮瓦。该温度传感器采用65纳米CMOS工艺制造，芯片面积为0.15×0.15平方毫米，工作温度范围为-20℃到40℃。该传感器的响应时间约为每秒更新一次温度，稍慢于现有温度传感器，但已足以用于人体、家庭和温度不会迅速波动的其他环境中运行的设备。这种近零功率温度传感器可从人体或周围环境等低能量源获取能量，可以延长智能家居监控系统、物联网设备和环境监控系统的可穿戴或可植入设备的电池寿命。

2017年9月，美国东北大学在DARPA“近零”项目的支持下，研发出一款零功耗红外探测器，本质上是基于一种微机械光开关技术，被美国东北大学的研究人员称之为“等离子体增强微机械光开关”。该款零功耗红外探测器巧妙地利用等离子体超材料、光学、热传导、

图4　温度传感器芯片阵列

力学、微机械加工等物理原理和工程技术，能够在有意义的被测信号出现前，保持零功耗的休眠状态，在红外特征信号到达器件后利用其本身携带的能量来驱动一个热敏微机械开关，进而接通负载电路开始工作，以实现整个传感器节点仅在特定红外光谱出现时被“唤醒”。

二、传感器产业未来发展趋势

（一）产业持续快速增长

在智能制造、工业互联网、物联网等技术快速发展的背景下，全球传感器产业保持高速发展态势。伴随着在电子、材料等多个领域不断取得的突破，特别是微机电系统（MEMS）工艺技术的快速发展和引入，集成更多功能的微型化、网络化、智能化传感器大量问世。

根据美国市场研究公司IC Insights在2017年5月发布的数据，2016年传感器销售额创纪录地达到73亿美元，比2015年所创新高的64亿美元继续上涨14%，利润上涨3.7%；在未来5年，整个传感器市场的复合年增长率（CAGR）将达到7.5%，并在2021年达到105亿美元。在细分领域，运动传感器、磁场传感器、驱动设备这几大类年销售额保持两位数的增长。除了减缓价格侵蚀外，受益于智能嵌入控制、新可穿戴系统和物联网应用扩展的广泛普及，传感器的出货量将大增。

（二）指纹传感器和运动传感器增长最快

法国著名行业研究公司悠乐公司在2017年年初发布的报告预测，至2022年以下10种传感器将保持高速增长态势，分别是温度、图像、压力、运动、指纹、液位、气体、磁场、位置和光传感器。

在前十大传感器中，指纹传感器市场预计将以最高的速率增长，占据主导地位的应用领域为包括智能手机、

笔记本电脑、平板电脑、智能可穿戴设备等在内的消费类电子。运动传感器则紧随其后，将在多个应用领域展现巨大机遇，占据主导地位的应用领域包括消费类电子、游戏和娱乐类电子、汽车电子、健康医疗和工业领域用电子设备等。其中消费类电子应用贡献最大，将领跑市场发展。MEMS 技术也将扮演更加重要的角色，未来将着重在传感器的功能性和智能化上寻求差异化发展，如通过在封装级别集成更多功能来提升产品价值。

（三）向开放架构、更安全方向发展

随着单一系统中传感器的大量使用，来自不同厂商的不同传感器将协同和匹配工作，不同传感器间的兼容性将成为决定产品是否被采纳的前提。因此，采用开放架构、统一接口成为传感器走向协作和融合的必经之路。同时，采用开放架构可从根本上改变传统开发模式，避免各公司再进行低效的重复开发，加快传感器研发的速度。例如，美军已提出并大力推进传感器开放系统架构（SOSA）。该架构创建了模块化的开放系统架构规范，实现跨平台和各军种之间关键传感器组件的通用。

传感器作为物联网感知层中的重要组成部分，随着物联网应用在汽车电子、消费电子、生物医疗、工业、农业等领域的持续深化，获得更广泛的应用。需要指出的是，在扩大应用的同时，必须对传感器的安全性赋予更多关注，因为传感器作为外界物理信息的来源和物联网的入口，一旦被破解，不仅会导致数据泄露和网络入侵，更有可能对后续整个物联网应用产生冲击，造成范围大、程度深和不可挽回的损失。未来传感器安全技术将继续深化在硬件和算法两方面的研究，通过软硬协同多方面保障传感器的安全。

2017 年新能源汽车电子产业发展回顾与展望

【综述】

2016 年，全球新能源乘用车销售 77.4 万辆，较上年同比增长 42%，占全球乘用车市场份额的 0.86%；2017 年，预计新能源乘用车占比有望提升至 1%。2016 年，中国新能源乘用车销售 35 万辆，较上年同比增长 62%，占全球已售新能源乘用车总量的 45%。可以看出，全球新能源汽车市场依旧火爆，而中国是全球新能源汽车市场的重要组成部分。伴随着新能源汽车市场的长久发展，新能源汽车电子产业也将不断增长。

一、2017 年新能源汽车电子产业发展态势

（一）市场规模持续扩大，行业集中度不断提高

受益于新能源汽车和智能网联汽车的发展，近年来，全球汽车电子市场规模持续扩大，2016 年已达到 2 348 亿美元，同比增长 16.3%，增速也有所提高；中国作为全球汽车电子市场的重要组成部分，2016 年市场规模达到 740.6 亿美元，全球占比超过 30%。

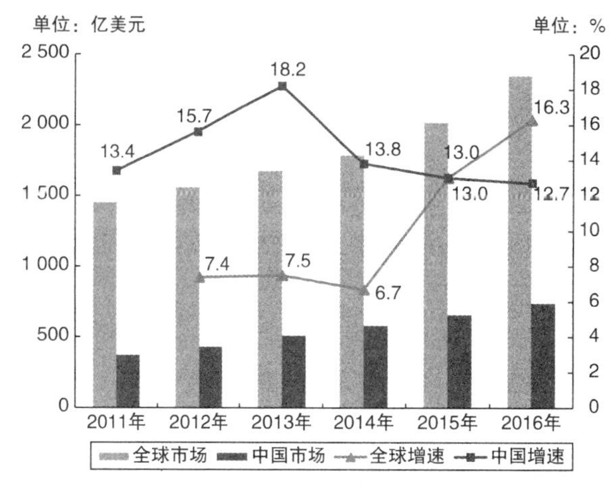

图 1　2011—2016 年全球及中国汽车电子市场规模及增速

数据来源：公开资料整理，2017 年 11 月

良好的市场环境导致企业兼并重组频繁发生，跨国并购屡见不鲜。在汽车芯片方面，高通力争收购恩智浦，瑞萨收购英特矽尔，致力于在车用半导体领域带来业务增长；在汽车安全系统方面，均胜电子收购日本高田，

一举将气囊市场份额从 8% 扩大至 25%。

国内汽车电子企业间的兼并重组也日益频繁。作为强势崛起的动力锂电池产销大国，中国的动力锂电池产业迎来快速发展机遇期，并购热潮持续升温，交易范围从上游的锂、镍、钴、锰、石墨等矿产资源到中游的正极材料、负极材料、电解液和隔膜等四大材料，再到下游的电池模组、电池管理系统 BMS、电池制造等，基本囊括动力锂电池全产业链。而且，伴随着市场规模的扩大，产业发展的红利甚至吸引到大批其他行业企业进行跨界并购，催生出一批跨界企业，家电 / 消费电子企业得润电子通过收购意大利汽车电子产品与解决方案提供商进入汽车电子领域，装备制造企业东方精工收购北京普莱德快速切入新能源汽车锂离子动力电池系统业务。与此同时，企业间的兼并重组巩固和扩大了优势企业的市场份额，各细分领域的龙头企业市场占有率不断提高，行业集中度得到提高。

（二）产业链绑定关系减弱，商业模式发生改变

以往，由于汽车芯片需要定制、需求量较智能手机偏低，汽车电子工作环境恶劣、对事故零容忍，以及汽车电子相关标准严格、认证时间需要若干年等，汽车电子产业链具有单个汽车厂商对芯片的需求量偏低、对产品可靠性和寿命要求极高、产品认证周期长和标准严格等特点。这些特点使得传统零部件供应商、整车厂商已形成强绑定的供应链关系，市场主要被欧美几个大厂掌握，对新进企业形成坚实的行业壁垒。但是，随着新能源汽车的普及以及智能网联汽车的发展，汽车电子行业的新进从业者不断涌现，此种产业链绑定关系逐渐减弱，带来商业模式的改变。

以互联网技术为代表的信息技术正加快孕育着新一轮的技术革命，对汽车电子产业的研发、生产、消费、金融以及相应的组织管理方式产生深刻而全面的影响。近几年来，互联网企业探索进入汽车行业，在新能源汽车、无人驾驶领域非常活跃，谷歌、百度、优步、阿里巴巴等均已宣布无人车的研发计划，谷歌和百度等企业更是实现上路实测，推动着传统汽车电子产业和其他产业之间的融合。同时，消费电子企业进军汽车电子，汽车电子市场增长稳定、前景可观，而智能手机、PC 市场增速下滑，促进消费电子企业进入汽车电子领域来巩固其市场地位。企业之间的跨界合作带来了新的机遇，不同行业之间的界限也将模糊化，商业模式逐渐改变。

（三）后市场成为竞争焦点，各类企业相继涌入

汽车电子作为汽车后市场中的一个重要组成部分，主要包括汽车影音、车用电子电器、汽车导航和配件，以及智能辅助驾驶系统等。自 2010 年以来，全球汽车市场进入稳步增长阶段，在市场驱动以及政策支持下，汽车电子后市场各种产品得到大规模应用：由于 4G 网的快速普及和智能化手段的发展，智能后视镜的 4G 大屏逐渐成为主流；随着行车记录仪性能的提升及其对行车安全的重要性渐显，以及 360 度全景记录仪的出现，行车记录仪逐渐成为刚需产品，其市场进一步扩大；凭借 ADAS 在车道偏离预警、车道保持系统、碰撞避免或预碰撞系统和夜视系统等方面的优势，加上政策倒逼，其渗透率大幅提升，有望迎来新的爆发点；由于中国在 2015 年全国汽车标准化技术委员会会议中对于 TPMS 汽车轮胎压力监测系统的强制安装达成共识，胎压监测成为促进后装市场发展的重要契机；语音交互可以减少开车玩手机的安全隐患，大幅提高行车安全性，成为车机产品的标配；除此之外，车载导航、中控大屏等也大大推动汽车电子后装市场的持续发展。2016 年，中国汽车后市场规模达到 8 800 亿元，已是名副其实的全球第一大汽车后市场，预计 2017 年将突破 1 万亿元。2017 年 6 月，工业和信息化部、国家发改委和科技部联合印发《汽车产业中长期发展规划》，提出要加快发展汽车后市场及服务业，推动汽车智能化水平提升，到 2025 年，重点领域全面实现智能化，汽车后市场及服务业在价值链中的比例达到 55% 以上。

伴随着新能源汽车、无人驾驶汽车的发展和汽车电子后市场的火爆，各类企业纷纷进入这一领域，跨界竞争愈发激烈。传统整车企业、互联网企业、消费电子企业、家电企业等，都不同程度地参与到汽车电子后市场的竞争，给新能源汽车电子市场带来新气象。

（四）新器件、新材料、新技术逐步问世，技术革新加快

新能源汽车逐步成为 SiC（碳化硅）功率器件的优势应用领域，对电能精细管理的需求驱动 SiC 器件技术的快速进步。应用碳化硅、氮化镓等新型材料的器件应运而生，和传统硅基材料相比，碳化硅、氮化镓等新型材料工作电压较高（20kv），工作温度、抗辐射能力、工作频率也都更具优势，国内对碳化硅的相关研究已经起步，相关芯片产品也已问世。高效能非易失性内存技术得到发展，富士通推出全新FRAM（铁电随机存储器）解决方案MB85RS128TY和MB85RS256TY，这两款器件可在125摄氏度的高温环境下运作，符合AEC-Q100标准规范，拥有高耐写度的特性，能进行高速随机存取，提高数据完整性。无线充电技术得到汽车厂商、汽车零部件企业和高校的重视，雷诺已对其无线充电技术进行测试，美国斯坦福大学实现简单的动态无线电力传输，奔驰等车企已就无线充电和其他企业或院校展开合作。多种新型电池技术问世，如固态电池、柔性超快充放电池、铝空气电池发电系统、无膜流动电池、锂玻璃电池等。新技术的应用可以提高电池能量密度，实现快充快放，延长充电周期，降低使用成本，为新能源汽车的发展提供更多选择。新型锂电池隔膜问世。由中科院上海硅酸盐研究所与华中科技大学合作研发的新型羟基磷灰石超长纳米线基耐高温锂离子电池隔膜，柔韧性高、力学强度好、孔隙率高、电解液润湿和吸附性能优良、热稳定性高、耐高温，比现今使用的聚丙烯隔膜组装的电池具有更好的电化学性能、循环稳定性和倍率性能，大幅提高电池的工作温度和安全性。

二、未来发展趋势

（一）产业规模将进一步扩大

随着各国政府，尤其是中国政府对新能源汽车产业的大力支持，新能源汽车的销量节节攀升，2016年，中国新能源汽车销量达到50.7万辆，较上年同期增长53%。在欧洲各国、印度及美国加州等国家和地区陆续制定燃油车禁售时间表，以及中国双积分政策开始实施的情况下，全球各国都在大力加快布局新能源汽车领域，新能源汽车全球化趋势愈发明显，销量仍将保持高速增长。

未来伴随着新能源汽车市场的发展，车内电子系统将得到更为广泛的应用，消费者对汽车娱乐性、安全性、便利性的更高要求使得车载电子产品成为汽车的必备功能；另外，各国政府针对汽车行业制定的安全性强制规定，如强制安装电子稳定控制系统和胎压监测系统等，都包括大量的电子产品。智能驾驶辅助系统还处在成长期，安全控制和车载信息娱乐系统也在快速发展，汽车的电子化进程将不断加速，成为推动未来新能源汽车电子市场快速增长的主要动力。

现阶段，新能源汽车中电子产品成本占整车的比例已经超过50%，在纯电动汽车中，该比例甚至超过65%。可以预见，随着汽车的电动化、智能化、网联化发展，汽车电子占整车成本的比重将不断攀升，新能源汽车电子产业规模还将进一步扩大。

（二）技术和产品向智能化集成化方向发展

汽车电子在快速发展的过程中，传感技术、计算机技术、网络技术都得到广泛应用，使得现代汽车朝着智能化的方向发展，实现“车、路、人、云”的智能协调。车辆控制系统的智能化主要体现在三个方面：实时感知、判断决策、操控执行。事实上，目前正在开发和推广使用的驾驶辅助系统等都具有相当高的智能化程度。

系统的集成包括物理的集成，即把电机、减速机、控制器全部集中在一块；还包括功能的集成、控制器的集成，如牵引电机的控制器，DC/DC和充电机。电控系统本身是一个机电一体的集成系统，包括传感器、执行器、控制器，当前最典型的两个集成领域为底盘一体化集成和动力传动系统的集成，集成控制系统通过总线进行网络通讯，使车辆的整体性能水平达到最佳，实现优化汽车稳定性、舒适性、燃油经济性的目的。

目前，大部分新能源汽车的供应商都来自工业控制行业，对汽车相关质量要求缺乏认知，为保证可靠性，需要有汽车的质量标准，器件的高可靠性要满足寿命、宽范围的环境适应性以及非常严苛的汽车验证等条件，同时在生产过程当中要保证质量，降低产品不良率，只有这样才能得到消费者的认可，实现产业的长久发展。

（三）汽车电子前装市场成为未来发展热点

当前，无论是国际市场还是国内市场，汽车产销量都在增加。2016年，全球汽车产销量分别完成9 497.66万辆和9 385.64万辆，比上年同期分别增长4.5%和

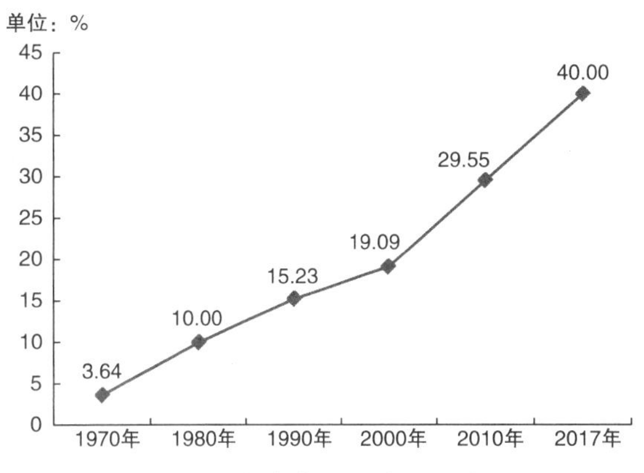

图2　汽车电子成本占比变化

数据来源：公开资料整理，2017年11月

4.7%；国内汽车产销量分别完成 2 811.9 万辆和 2 802.8 万辆，比上年同期分别增长 14.5% 和 13.7%。随着青年消费者第一辆车的购入以及老旧汽车淘汰更换等，未来全球和国内汽车产销量规模将继续提升。汽车生产厂家为保证其产品对于消费者的吸引力，不断将新技术、新产品、新应用用于车辆，促使新车电子化率不断提高，给汽车电子前装市场厂商带来巨大的发展空间。

未来，随着造车成本的降低、民众生活水平和消费水平的普遍提高，汽车电子将逐渐从中高端车型向中低端车型普及，尤其是新能源车型，电动力的加入带来汽车电子装置的大量使用，汽车电子成本占比不断提升，为汽车电子前装市场带来广阔的发展前景。同时，汽车信息可视化程度不断提高、车联网普及率逐渐提升、人们对未来出行便利性的要求逐步增加，这三个因素将主导未来汽车电子前装市场的发展。综上，汽车电子前装市场面临广阔的发展空间，未来将成为发展热点。

【统计数据】

表 1　全球及中国汽车电子市场规模

单位：亿美元

项目名称	2011 年	2012 年	2013 年	2014 年	2015 年	2016 年
全球	1 450.6	1 557.9	1 674	1 786.3	2 019	2 348
中国	372	430.4	509	579.2	657	740.6

2017 年医疗电子产业发展回顾与展望

【综述】

2017 年，全球医疗及工业设备产值及销售额分别达到 877.83 亿美元和 799.24 亿美元，其中，中国分别以 99.08 亿美元、103.77 亿美元的产值及销售额位居全球第二。到 2020 年，全球医疗及工业设备销售额预计达到 881.27 亿美元，中国预计达到 115.60 亿美元。各国电子科技巨头企业纷纷进军医疗电子领域，新型医疗方案正不断涌现，同时，在各国 3D 生物打印研究人员的积极研究下，3D 生物打印科研成果频现。未来，医疗电子产品在人工智能的冲击下将进一步向数字化方向迈进，以虚拟护理为代表的人工智能应用有望在医疗领域发挥更大作用，而在大数据支持下的医疗电子在给人们的生活带来便利的同时，医疗数据安全、个人隐私安全等一系列安全问题日益突出，在医疗设备网络环境中的薄弱环节上，还需要行业准则和安全方案的先行制定。

一、2017 年医疗电子产业发展态势

（一）全球医疗电子产值保持增长，产业发展态势良好

2017 年，全球市场对医疗电子产品的需求保持增加，带动全球医疗电子市场规模的持续扩大。根据《世界电子数据年鉴 2017》（*The Yearbook of World Electronics Data 2017*）统计，全球医疗及工业设备产值在经历 2015 年的负增长、2016 年的拐点后保持增长态势，在 2017 年达到 877.83 亿美元，同比增长 2.87%。

2017 年，全球医疗及工业设备销售额达到 799.24 亿美元，同比增长 2.74%，保持上年的增长态势。

中国已成为世界重要医疗及工业设备市场之一，产值与销售额均处于全球第二，但与位居第一的美国还有较大差距。2017 年，全球医疗及工业设备市场占比前四位的国家分别是美国、中国、德国、日本。其中，中国

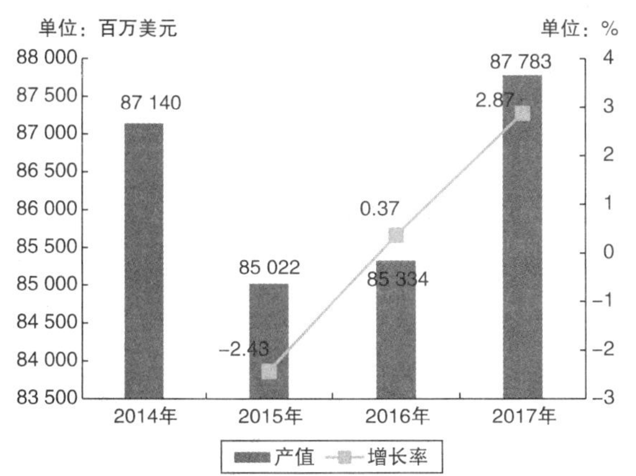

图 1　2014—2017 年全球医疗及工业设备产值与增长率

数据来源：*The Yearbook of World Electronics Data 2017*

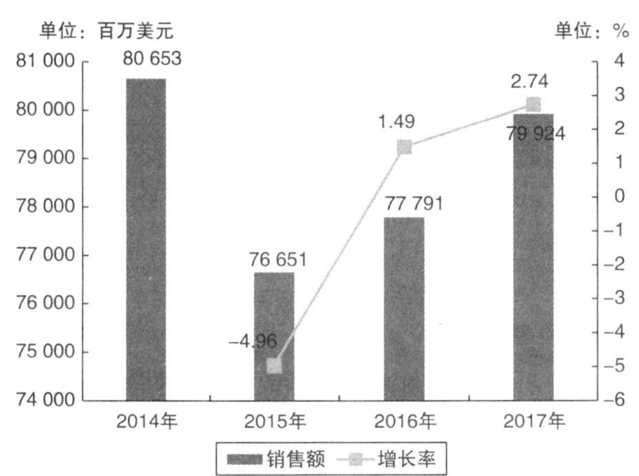

图 2　2014—2017 年全球医疗及工业设备销售额与增长率

数据来源：*The Yearbook of World Electronics Data 2017*

医疗及工业设备产值和销售额分别达到 99.08 亿美元和 103.77 亿美元，占全球医疗及工业设备产值和销售额的比重分别是 11.29% 和 12.98%，均处于全球第二。但和以 33.79% 的全球产值占比、37.68% 的全球销售额占比位列第一的美国相比还存在较大的差距。

（二）电子科技企业进军医疗领域，新型医疗方案不断涌现

随着医疗行业对数据信息的需求量日益增大，大数据、云计算等新兴信息技术在医疗行业中的潜力持续被挖掘，电子科技巨头企业积极进军医疗电子领域，新型医疗方案不断涌现。

2017 年 2 月，三星与 American Well 公司在远程医疗服务业务上展开合作，并计划发布一款基于物联网的医疗服务产品；2017 年 3 月，诺基亚与中国移动合作研发出独立 5G 端的电子医疗方案，这也是诺基亚首次推出面向电子医疗领域的 5G 端到端系统；2017 年 7 月，日本柯尼卡美能达公司 (Konica Minolta) 以 10 亿美元收购美国癌症基因检测公司 Ambry Genetics，计划进军医疗成像领域，并开发基于基因和生化检测的诊断技术；2017 年 9 月，中国美的集团与广药集团正式签署战略合作协议，双方将在机器人及医疗器械开发、健康数据应用、智能供应链建设、医疗投资、智能制造等细分领域进行多维度的合作。2017 年 10 月，高通研发出一款 VR 医疗软件以促使其 VR 平台尽快被应用到医疗领域，这款软件能够帮助医生进行中风病患的诊断。西门子已在医疗业务上投资了数十亿美元用于建立诊断系统，其医疗业务已成为企业出色的业务之一，2017 年 12 月，西门子计划在法兰克福上市其医疗解决方案部门。苹果近几年已在苹果手机、手表中加入强化健康监测的功能，并收购健康信息初创公司 Gliimpse 以增强电子病历的互操作性。微软公司在 DNA 数据数字化存储方面进行多项健康研究项目，并同匹兹堡大学（University of Pittsburgh）医学院针对创新性医疗服务产品进行研发合作。

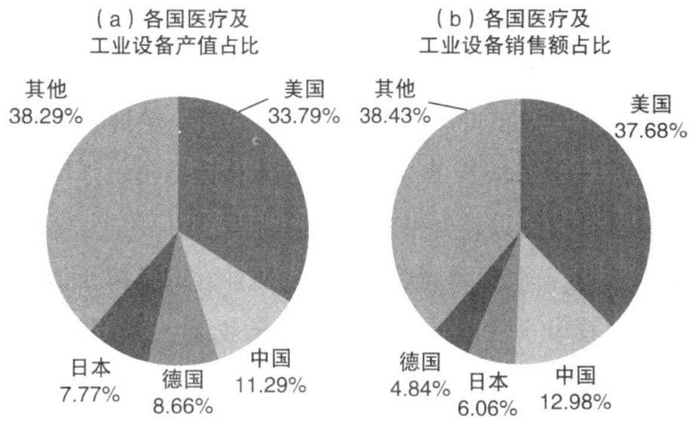

图 3　2017 年各国医疗及工业设备情况

数据来源：*The Yearbook of World Electronics Data 2017*

（三）3D 生物打印在医疗领域得到初步应用，科研成果频现

经过几年的发展，3D 生物打印技术已在医疗模型、个性化医疗植入物、仿生组织修复、药物试验等领域得到初步应用，有望成为推动各国医疗个性化、精准化、微创化和远程化发展的重要技术支撑。各国 3D 生物打印研究人员积极展开研究，科研成果频现。2017 年 3 月，加州大学圣地亚哥分校的研究人员用 3D 生物打印技术开发出功能性血管网络，并将其用在老鼠身上；2017 年 7 月，俄罗斯 3D Bioprinting Solutions 公司利用 3D 生物打印技术打印出甲状腺并将其成功移植到老鼠身上；同期，美国莱斯大学和贝勒医学院的研究人员用人类内皮细胞和间充质干细胞打印出功能性毛细血管。受材料和技术的限制，目前通过3D生物打印技术构建的植入体与人体原生器官相比只具有极其简单的结构，还不能完全模拟人体心脏、肝脏以及肾脏等复杂内脏器官的结构和功能。

随着市场需求的提升和技术的创新，3D生物打印在医疗领域中的优势将日益凸显。市场研究公司P&S Market Research发布的报告显示，未来五年全球3D生物打印市场年复合增长率将达35.9%，药物测试、器官移植以及整容手术等对3D生物打印市场发展将起到明显的支撑作用；市场研究公司Future Market Insights发布的报告显示，全球3D打印医疗设备市场在2016年达到2.796亿美元，并在未来十年保持17.5%的年复合增长率，预计到2022年，用于器官移植、药物研发、组织再生和生物药物的3D打印产品将是在医疗领域应用最广泛的产品。

二、医疗电子产业未来发展趋势

（一）市场规模持续扩大，产业增速稳步提升

未来几年，医疗行业将继续向信息化、移动化、智能化方向发展，带动全球医疗电子产业市场规模持续扩大。根据《世界电子数据年鉴2017》（*The Yearbook of World Electronics Data 2017*）数据，全球医疗及工业设备销售额自2017年起将以3.31%的年复合增长率（CAGR）持续增长，预计2020年达到881.27亿美元。

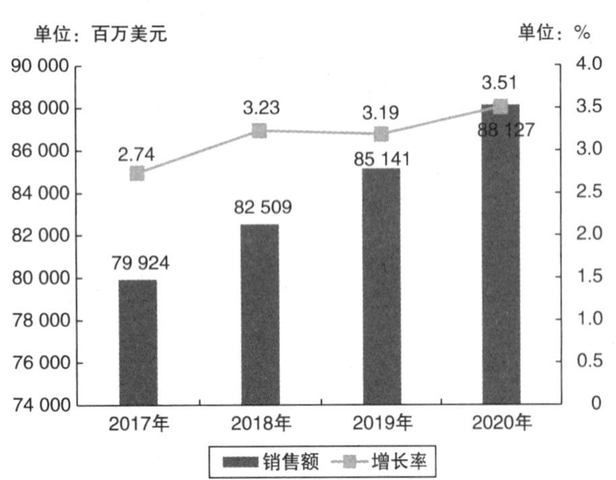

图4　2017—2020年全球医疗及工业设备销售额与增长率

数据来源：*The Yearbook of World Electronics Data 2017*

随着中国对全社会医疗服务体系的重视加深，智慧医疗、移动医疗等新型医疗模式受到关注，中国医疗及工业设备市场在未来几年将保持稳步增长态势，自2017年起将以3.66%的年复合增长率（CAGR）持续增长，预计2020年达到115.60亿美元。

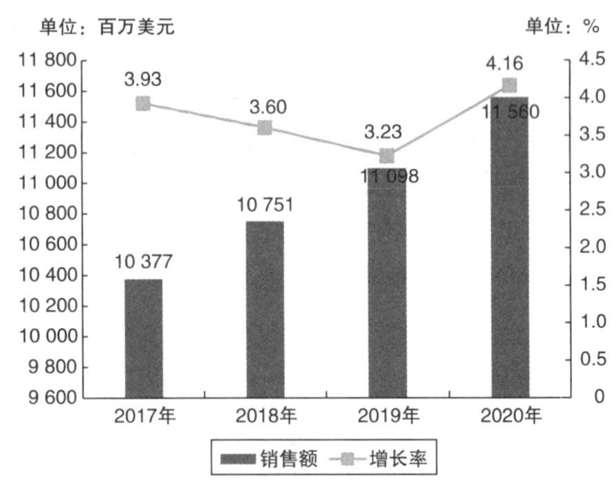

图5　2017—2020年中国医疗及工业设备销售额与增长率

数据来源：*The Yearbook of World Electronics Data 2017*

（二）产品研发迈向数字化，虚拟护理将发挥更大作用

医疗电子产品在人工智能的冲击下正向数字化方向迈进。2017年，人工智能在医疗健康领域已引起广泛关注，进而推动智能医疗产业的发展，也使医疗电子产品研发者更注重算法在产品中的融合应用。美国加州大学洛杉矶分校发明智能医疗助手，能够使所需医疗信息和数据被更快速地获取；斯坦福大学的研究人员开发了一种可以从肺癌组织的病理图像中识别出数千个目标特征的算法，并能通过机器学习让计算机软件程序来评估样本，以便计算机自动化地对癌症患者的病情发展进行预判；通用医疗（GE Healthcare）与美国加州大学洛杉矶分校（UCSF）合作，计划开发一个深度算法库以加速医疗过程中的鉴别和诊断，进而缩短治疗时间并优化患者的病情预判；美国Nuance公司研发出一款医疗虚拟助手，大大有益于医护人员简化临床工作流程。

以虚拟护理为代表的人工智能应用将在医疗领域发挥更大作用。在未来，对健康管理的灵敏度、准确度的追求将使消费者越来越希望采取数字化交互的方式进行医疗保健。巨大的医疗保健需求正面临初级保健医

生的短缺困境，亟待替代解决方案的出现，这也为医疗虚拟助手等人工智能医疗电子产品创造新的市场。2017 年，已有虚拟健康助理（Virtual health assistants，VHA）产品在医疗市场上出现，这类产品与美国电信公司 AT & T 和美国医疗保险公司 Aetna 等使用的聊天机器人类似，且更具个性化、参与度更高。虚拟健康助理具有帮助管理慢性病的巨大潜力，也具有与大量系统和数据源进行交互、整合的潜力。与人类健康助理相比，虚拟健康助理更能使患者保持对保健计划的遵从性，在与患者的互动上，虚拟健康助理具有更快的反应和更准确的管理方案。虽然目前市场上的虚拟健康助理产品并不多，但它可能对未来的医疗保健方式产生革命性的影响。据 Gartner《2017 预测：医疗供应商迈向数字化》（*Predicts 2017：Healthcare Providers Take a Step Toward Digital Business*）的预测，到 2022 年，20% 的慢性病患者将依靠虚拟健康助理进行健康医疗管理，届时，虚拟健康助理将成为虚拟护理战略的一部分，同时成为慢性病医疗管理的重要方案。

（三）大数据医疗网络安全受重视，行业准则及安全方案将先行发布

在大数据支持下的医疗电子给人们的生活带来便利的同时，医疗数据安全、个人隐私安全等一系列安全问题也日益突出。由于医疗行业的特殊性，医疗数据具有特殊的敏感性和重要性，其来源和范围也具有多样化的特征，包括病历信息、医疗保险信息、健康日志、医学实验、科研数据等。个人的医疗数据关乎个人的隐私保护，医疗实验数据、科研数据则不仅关乎数据主体的隐私和行业的发展，甚至关系到国家安全，相关安全隐患已引起国家重视。中国先后于 2016 年和 2017 年发布《关于促进和规范健康医疗大数据应用发展的指导意见》和《医疗器械网络安全注册技术审查指导原则》，以确保行业健康有序地发展。

近年来，电子信息结合大数据在医疗领域不断拓展和深入，行业内出现一批致力于医疗大数据平台及医疗电子研发的企业，但由于合理的运营机制和方案风险评估机制还没有建立完善，部分应用系统还停留在摸索阶段，一些安全隐患也随之产生。据 IDC 发布的《IDC FutureScape：2017 医疗及 IT 十大预测》，中国医疗机构的网络勒索病毒攻击在 2018 年将同比增长 20%。同样的，Gartner 在 2017 年发布的《揭示医疗设备的安全风险》（*Exposing the Security Risks of Medical Devices*）中指出，现今医疗设备的风险已由设备故障引起的医疗事故风险转换为由医疗数字控制系统、网络数据传输引起的网络安全风险。因此，在网络接入设备、安全补丁、用于传输医疗数据的通信认证等医疗设备网络环境中的薄弱环节上，还需要行业准则和安全方案的先行制定。

［供稿：国家工业信息安全发展研究中心］

索　　引

使用说明：

1. 本索引采用内容分析索引法编制。除大事记外，年鉴中有实质检索意义的内容均予以标引，以便检索使用。

2. 本索引基本上按汉语拼音音序排列。具体排列方法如下：以数字开头的，排在最前面；汉字标目按首字的音序、音调依次排列，首字相同时，则以第二个字排序，并依此类推。

3. 索引标目后的数字，表示检索内容所在的年鉴正文页码；数字后面的英文字母 a、b，表示年鉴正文中的栏别，组合在一起即指该页码及左、右两个版面区域。年鉴中用表格反映的内容则在索引标目后面用括号注明（表）字以区别于文字标目。

4. 为反映索引款目间的隶属关系，对于二级标目，采用在上一级标目下缩二格的形式编排，之下再按汉语拼音音序、音调排列。

0 ~ 9

A

B

C

D

F

G

H

L

M

N

O

Q

R

S

T

X

Y

Z